Conor Cruise O'Brien:
Belagerungszustand
Die Geschichte des Zionismus
und des Staates Israel

Aus dem Englischen von
Brigitte Gruss und Hilde Linnert

Deutscher
Taschenbuch
Verlag

dtv

Übersetzung der Einleitung zur Taschenbuchausgabe:
Angela Hausner.

Ungekürzte Ausgabe
August 1991
Deutscher Taschenbuch Verlag GmbH & Co. KG,
München

Titel der englischen Originalausgabe:
The Siege. The Saga of Israel and Zionism
Weidenfeld and Nicolson, London 1986

ISBN 3-85445-033-8
Umschlaggestaltung: Celestino Piatti
Umschlagabbildung: Michael Berwanger
(Foto: Wolfgang Borrs)
Gesamtherstellung: C. H. Beck'sche Buchdruckerei,
Nördlingen
Printed in Germany · ISBN 3-423-11424-X

Das Buch

Gut vierzig Jahre ist es her, daß Theodor Herzls Traum von einer Heimstatt der Juden Wirklichkeit wurde: Am 15. Mai 1948 rief der Jüdische Nationalrat den unabhängigen Staat Israel aus, abgesegnet durch eine Abstimmung der UN-Vollversammlung. Zwei Tage später führte Israel seinen ersten Krieg – und blieb ein Staat im Krieg, in Angst und Furcht, ein Staat, der seinerseits Schrecken und Besorgnis auslöst. Nach fast 2000 Jahren Wanderschaft war vor noch nicht hundert Jahren die romantisch-utopische Idee vom Judenstaat entstanden, die zur kraftvollen internationalen Bewegung des Zionismus wuchs, vorangetrieben von den weltpolitischen Ereignissen und dem grauenvollen Genozid an den Juden.
O'Brien ist als Ire besonders sensibel sowohl für das Gefühl ständiger Bedrohung – den »Belagerungszustand« – als auch für die Liaison von Religion und Nationalismus. Im ersten Teil des Buches erzählt er die wechselvolle Geschichte des Zionismus von seinen Anfängen im Ausgang des 19. Jahrhunderts bis zur Gründung Israels 1948 und verfolgt im zweiten Teil die Entwicklung im Nahen Osten bis Mitte der achtziger Jahre. Historisch genau, scharf pointiert, oft humorvoll läßt der Autor die Ereignisse und Personen vorbeidefilieren, die wichtige Rollen in diesen hochdramatischen Abschnitten der Weltgeschichte spielten. Durchsetzt mit persönlichen Zeugnissen und getragen von größtmöglicher Fairneß den widerstreitenden Interessen gegenüber, gelang dem Autor ein Werk zur Zeitgeschichte, wie es über den Staat Israel und seine Vorgeschichte bisher noch nicht geschrieben wurde.

Der Autor

Conor Cruise O'Brien, geboren am 3. November 1917, ist irischer Historiker und Publizist, zuletzt 1978 bis 1981 Herausgeber des ›Observer‹, außerdem war er irischer Parlamentsabgeordneter, Minister, Diplomat und hat als Mitglied der irischen UN-Delegation den Brennpunkt Nahost sehr unmittelbar erlebt. Er veröffentlichte zahlreiche zeitgeschichtliche und historische Bücher und gilt im angelsächsischen Sprachraum als moralische Autorität.

Inhalt

Zum Gedenken an Bethel, Edward und Vicky Solomons

Einleitung zur Taschenbuchausgabe

Zum Zeitpunkt, da ich dieses Vorwort schreibe, im Februar 1991, steht Israel unter Beschuß. Scud-Raketen werden von Abschußrampen im Westen des Irak über Jordanien und das besetzte Westjordanland hinweg in Richtung Tel Aviv und Haifa abgefeuert. Obwohl einige Raketen nicht in Israel selbst, sondern bereits im Westjordanland niedergegangen sind, haben Palästinenser bei großen öffentlichen Kundgebungen in Jordanien und in kleinerem Umfang auch im Westjordanland das irakische Vorgehen zur Zerstörung der jüdischen Städte begrüßt und Saddam Hussein als Befreier Palästinas gefeiert. Die einzige Klage, die von Palästinensern bisher über die Scud-Raketen zu hören war, betrifft die Tatsache, daß sie mit konventionellen Sprengköpfen ausgestattet waren. Palästinenser würden es begrüßen, wenn Israel durch chemische Waffen vernichtet würde.

Die offen gezeigte Begeisterung der Palästinenser über Saddam Hussein und über die mögliche Zerstörung Israels hat zweifellos einen negativen Einfluß auf die Aussichten zur Beilegung des Konflikts zwischen Israel und den Palästinensern auf dem Verhandlungsweg.

Alle Vorschläge für eine solche Beilegung gehen von der Zustimmung beider Seiten zur Resolution 242 des Sicherheitsrats der Vereinten Nationen vom 22. November 1967 aus. In der Resolution wird der »Rückzug der israelischen Streitkräfte aus beim jüngsten Konflikt besetzten Gebieten« (also im Sechstagekrieg) gefordert, außerdem die Anerkennung des Rechtes aller Staaten in dem Gebiet, »in Frieden innerhalb gesicherter, anerkannter Grenzen zu leben«. Israel stimmte damals der Resolution 242 zu, stellte jedoch klar, daß nach israelischer Auffassung mit »Gebieten« nicht *alle* während des Sechstagekrieges besetzten Gebiete gemeint seien. Die im Exil lebende PLO-Führung lehnte die Resolution zwanzig Jahre lang ab, stimmte ihr dann aber ebenfalls zu, um Zugang zu den Verhandlungen mit den Vereinigten Staaten zu erreichen.

Nach Ansicht derjenigen, die auf eine Beilegung des Konflikts auf der Grundlage der Resolution 242 hoffen, kann Israel eine friedliche Lösung mit den Palästinensern und den arabischen Staaten erreichen, wenn es einige oder alle der 1967 besetzten Gebiete wieder freigibt. In diesen Gebieten würde dann ein wie auch immer gestalteter »palästinensischer Staat« errichtet werden, und dieser Staat und Israel würden innerhalb sicherer und beidseitig respektierter Grenzen in Frieden zusammenleben.

Das ist eine verlockende Vision, und sie hat zahllose westliche Leitartikler und Politiker veranlaßt, in Kommentaren und Ermahnungen Israel die Weisheit einer solchen »Territorium-gegen-Frieden«-Lösung vor Augen zu führen. Diese Frage wird im Epilog des Buches behandelt. Dieser Epilog wurde vor fünf Jahren geschrieben, und er macht deutlich, daß ich damals nicht der Ansicht war, daß das »Territorium-gegen-Frieden«-Konzept eine echte Lösungsmöglichkeit darstellt.

Nichts, was seitdem geschehen ist, hat mich veranlaßt, diesen Weg heute für erfolgversprechender zu halten als 1986. Ganz im Gegenteil, im düsteren Schein des Golfkriegs wird nun überdeutlich, daß die Palästinenser keineswegs bereit sind, Israel in »gesicherten, anerkannten Grenzen« in Frieden leben zu lassen. Sie wollen nicht nur, daß sich Israel aus bestimmten Gebieten zurückzieht. Sie wollen den Staat Israel *und die dort lebenden Menschen* vernichten, und der Grund, warum sie im Golfkrieg Saddam Hussein zujubeln, liegt darin, daß sie in ihm den Mann sehen, der dies für sie erledigt. Darum jubeln sie über die Scud-Raketen.

Die Palästinenser sind bereit, einen – wie sie es nennen – »Mini-Staat« im Westjordanland und im Gazastreifen zu »akzeptieren«. Doch selbst wenn sie ihn bekommen, was höchst unwahrscheinlich ist, werden sie ihn nur akzeptieren als eine Art Anzahlung auf das, was ihnen ihrer Ansicht nach zusteht: das ganze Palästina, als arabischer Staat, ohne Juden. PLO-Sprecher im Westen ziehen es vor, in Gesprächen ihre Ziele enger zu stecken, doch angesichts der Reaktionen der Palästinenser in der Region selbst auf den Golfkrieg sollten die wirklichen Verhältnisse allen klar sein. Aufgrund dieser Situation wird keine israelische Regierung ihre Truppen hinter die Grenzen von 1967 zurückziehen und dadurch die, die – unter *allen* Umständen – Israels Feinde bleiben, bis auf fünfzehn Kilometer an jenes Tel Aviv heranlassen, das sie zerstören wollen.

Wie ich im Epilog ausgeführt habe, könnte Israel immer noch mit allen benachbarten arabischen Staaten zu einem Frieden gelangen. Unter der Voraussetzung, daß Saddam eindeutig besiegt wird, könnte die Situation nach dem Golfkrieg einer solchen Entwicklung förderlich sein. Doch das Problem der Palästinenser wird bestehen bleiben. Da der Vorschlag »Territorium gegen Frieden« keine wirkliche Option darstellt, wird Israels tatsächliche militärische Grenze weiterhin entlang des Jordanufers verlaufen und das Westjordanland besetztes Gebiet bleiben. Im Verlauf des Golfkrieges hat es aus westlichen diplomatischen Kreisen viele Verlautbarungen gegeben, die anders klangen. Doch mit diesen Äußerungen sollten die arabischen Verbündeten beschwichtigt werden; als Hinweise auf eine zukünftige Politik sollte man sie nicht allzu ernst nehmen.

Die öffentliche Meinung in Israel selbst wird nach dem Golfkrieg noch weniger als bisher bereit sein, einem Abzug aus dem Westjordanland zuzustimmen. Für Israels »Tauben« ist der Ausbruch unverhüllter Genozid-Emotionen unter den Palästinensern, der durch den Golfkrieg und Saddams Raketen ausgelöst wurde, ein schwerer Schlag. In Israel ist nun das »Territorium-gegen-Frieden«-Konzept insgesamt völlig diskreditiert. Unter den gegenwärtigen Umständen könnte Israel einzig und allein durch äußerst starken und anhaltenden Druck der USA dazu bewegt werden, sich aus dem Westjordanland zurückzuziehen. Ein solcher Druck ist bisher in der Geschichte nur einmal auf Israel ausgeübt worden, und zwar von der Regierung Eisenhower während der Suezkrise 1956/57. Es ist höchst unwahrscheinlich, daß der amerikanische Präsident Bush nach dem Golfkrieg einen ähnlich starken Druck auf Israel ausüben wird. Man wird nicht vergessen, wie Arafat Saddam Hussein umarmt hat. Die PLO wie auch ein großer Teil des palästinensischen Volkes haben sich als begeisterte Verbündete Saddam Husseins sowohl gegen seinen Hauptfeind, nämlich die USA, als auch gegen Israel gezeigt. Amerikaner vergessen so etwas nicht so leicht, und das amerikafreundliche Israel zugunsten der amerikafeindlichen Palästinenser zu bedrängen, wäre nach dem Golfkrieg in Amerika nicht gerade eine populäre Strategie. Alles weitere zu diesem Thema kann im Epilog dieses Buches nachgelesen werden.

Im wesentlichen geht es in diesem Buch nicht um die Argumente in einem Streitfall, sondern um Geschichte. Es handelt davon, wie und warum der israelische Staat entstanden ist (erstes Buch) und wie es ihm gelang, sich zu behaupten (zweites Buch). Seit dem Ende des 19. Jahrhunderts spürten die Zionisten, daß Europa ein unsicherer Ort für Juden wurde und daß sie einen eigenen Staat gründen mußten. Jüdische Überlieferungen und die uralte Sehnsucht nach Jerusalem bestimmten, wo dieser Staat liegen sollte. Fast alle Zionisten waren ursprünglich Assimilierte, also Juden, die freie und gleichberechtigte Bürger europäischer Nationen sein wollten, wobei es vor allem um Rußland, Österreich, Ungarn, Deutschland und Frankreich ging. Doch der Antisemitismus überzeugte sie davon, daß man sie niemals völlig akzeptieren würde und daß sogar ihr Überleben bedroht war. Bereits 1919 sprach Chaim Weizmann von »einer grundlegenden Tatsache – wir müssen Palästina haben, wollen wir nicht vernichtet werden«.

Die Gründe für die Entstehung des Staates Israel liegen in Europa, er ist ein Produkt europäischer Zurückweisung. Wir Europäer scheinen diese Grundtatsache manchmal zu vergessen, wenn wir den Israelis Vorträge darüber halten, wie sie sich verhalten sollen in dieser feindlichen Region, wo sie vor einem noch feindlicheren Europa Zuflucht gesucht haben. In Europa drohte ihnen der Genozid, und sollte ihre Widerstandskraft jemals nachlassen, so droht er ihnen auch im Nahen Osten.

Conor Cruise O'Brien
Dublin, Februar 1991

Danksagung

Ich danke Elaine Greene und Ilsa Yardley für das ermutigende Interesse, das sie dem Projekt von Anfang an entgegengebracht haben; George Weidenfeld, der die Idee wohlwollend und einfühlsam aufgenommen und durch seine erschöpfende Kenntnis der Materie zu ihrer Gestaltung beigetragen hat; Alice Mayhew für die genaue, freundliche und vernünftig kritische Aufmerksamkeit, die sie dem Buch in allen Stadien seiner Entstehung gewidmet hat; Linda Osband bei Weidenfeld and Nicolson und Henry Ferris, Pat Miller und Maria Iano bei Simon and Schuster für ihre verständnisvolle, systematische Mitwirkung an eben diesem Prozeß; Professor Ross Brann für seine fachkundige Hilfe bei Transkriptionsproblemen von hebräischen und arabischen Namen.

Ich möchte auch den Direktoren und dem Mitarbeiterstab der verschiedenen Institutionen danken, in denen ich gearbeitet oder mit denen ich korrespondiert habe, einschließlich der Library of Trinity College in Dublin und der National Library of Ireland, der Library of the Hebrew University und der Central Zionist Archives in Jerusalem sowie des Zeitungsarchivs der ›Jerusalem Post‹; der British Library, der Library of the School of Oriental and African Studies, der Library of the London School of Economics, des Public Records Office und der Wiener Library in London; der New York Public Library; der Baker Library am Dartmouth College in Hanover, New Hampshire; und der Library of Edinburgh University.

Ich danke Isaiah Berlin, der liebenswürdigerweise die ersten beiden Kapitel gelesen hat und dessen kluge wissenschaftliche Kommentare mir bei der allgemeinen Ausrichtung des Buches geholfen haben. Ich danke Mel Lasky für ein denkwürdiges Gespräch und für die Hinweise auf wichtige Quellen, die ich sonst vielleicht übersehen hätte.

Mein Dank gebührt mehr Freunden in Israel, als ich hier anführen kann, vor allem jedoch dem Bürgermeister von Jerusalem Teddy Kollek und den Mitgliedern seines Jerusalem-Komitees (ich habe seit 1982 die Ehre, diesem Komitee anzugehören) sowie Tom und Susan Sawicky, die es mir durch ihre freundliche Hilfe ermöglicht haben, das zeitgenössische Israel zu verstehen. Ich danke auch Michael und Joan Comay, Gideon und Nurit Rafael und Arieh und Roisin Eilan, meinen Freunden aus der Zeit meiner Tätigkeit bei den Vereinten Nationen; Yehuda Litani von Ha'ariz; Ari Roth und Alex Berlyne von der ›Jerusalem Post‹; Shlomo Avineri, Meron Benvenisti, Meron Medzini sowie Wim und Leah Van Leer, in deren entzückendem Haus ich oft die angenehme Illusion erlebte, mich gleichzeitig in Jerusalem und in

Dublin zu befinden. Dank Wims Fürsprache erhielt ich Zutritt zu einer von dem hervorragenden Gelehrten Rabbi Adin Steinsaltz geleiteten talmudischen Heder in Jerusalem; mein Dank gilt dem Rabbi und den übrigen Teilnehmern für eine einmalige intellektuelle und moralische Erfahrung.

Während ich an diesem Buch arbeitete, habe ich eine Zeitlang im entzückenden Mishkenot Shaanaim in Jerusalem unter der fürsorglichen Obhut von Ruth Bach und der übrigen Mitarbeiter des Mishkenot verbracht. Ich halte dankbar fest, wie sehr ich ihnen für ihren Beitrag zu diesem Buch verbunden bin. Ich danke Shula Eisner und Sezana Merin, die mir freundlicherweise halfen, Teddy Kolleks Jerusalem kennenzulernen und zu verstehen.

Besonderen Dank schulde ich auch Cindy Offenbacher, die in meinem Auftrag Nachforschungen angestellt sowie meine manchmal etwas vage formulierten Recherchen eigenständig weiterverfolgt und mir dadurch bei der Herstellung dieses Buches einen unschätzbaren Dienst erwiesen hat. Ich danke Akiva Offenbacher sowohl für die Geduld, die er für dieses zeitraubende Projekt aufgebracht hat, als auch für seine klugen Kommentare und Analysen.

Ich danke Kitty Quinn aus Dublin und Gail Patten vom Dartmouth College für ihre ins Detail gehende Hilfe bei der Entstehung des Buches und für ihr freundliches Interesse an dem Werk.

Und jetzt komme ich zu einer Gruppe von Menschen, bei denen ich mich aufrichtig bedanken muß und dies auch tue; damit sie meinen Dank überhaupt entgegennehmen können, muß ich ihn jedoch so abstatten, daß selbst eine unausgesprochene Andeutung meinerseits, sie hätten mein Buch gebilligt, vollkommen ausgeschlossen werden kann. Ich beziehe mich auf jene Gelehrten in Israel, die die verschiedenen Kapitel des ›Belagerungszustands‹ vom Gesichtspunkt ihrer speziellen Interessensgebiete aus gelesen haben.

Als ich einem israelischen Diplomaten erzählte, wen ich konsultiert hatte, zog er die Augenbrauen hoch und meinte: »Sie senden Kapitel Ihres Buchs an *Spezialisten* in *Israel,* damit sie es lesen? Sie sind ein sehr mutiger Mann, Dr. O'Brien!«

Die Reaktion war nicht so dramatisch, daß besonderer Mut erforderlich gewesen wäre. Dennoch gab es ein oder zwei Gelegenheiten, bei denen ich eine ungefähre Vorstellung davon erhielt, was mein diplomatischer Freund meinte. Alle Gelehrten, die ich zu Rate zog, stellten mir ihre Zeit und ihr Wissen uneingeschränkt zur Verfügung. Alle boten mir Richtigstellungen des Sachverhalts an, über die ich froh war und die ich berücksichtigte. Doch einige von ihnen – keineswegs alle – teilten mir höflich, aber entschieden mit, daß sachliche Richtigstellungen nie genügen konnten; daß meine Interpretation falsch war. Zu Recht oder zu Unrecht hielt ich überall dort an meiner Interpretation fest, wo sie meiner Meinung nach – wie es meist der Fall war – durch sachliche Einwände nicht hinfällig wurde. Aber ich bin es den betreffenden Gelehrten schuldig, in dieser Danksagung klarzustellen, daß die Aufnahme ihrer Namen in die Liste jener Personen, die mir geholfen haben, auf keinen Fall bedeutet, daß sie ›Belagerungszustand‹ gebilligt haben. Diese Feststellung ist um so wichtiger, als in der Liste der Helfer Namen von führenden Persönlichkeiten in den einschlägigen wissenschaftlichen Gebieten aufscheinen. Nach diesen warnenden Hinweisen möchte ich folgenden Gelehrten meinen tiefempfundenen Dank aussprechen: Dr. Yehuda Bauer – Jonah M. Machover, Professor für Holocaust-Studien und Leiter der Abteilung für Holocaust-Studien am Institut für Zeitgenössisches Judentum an der Hebräischen Universität von Jerusalem; Dr. Gabriel Cohen – Professor für Geschichte an der Universität von Tel Aviv; Yehoshua Freundlich – Herausgeber der Dokumente über die israelische Außenpolitik im israelischen Staatsarchiv; Mordechai Gazit – Senior Fellow am Truman Institut und am Leonard David Institut für Internationale Beziehungen an der Hebräischen Universität; Dr. Abraham Haim – wissenschaftlicher Koordinator am Misgav Yerushalayim, dem Institut für Forschungen über das sephardische und orientalische jüdische Erbe; Dr. Michael Heymann – stellvertretender Direktor der Zentralen Zionistischen Archive; Dr. Hedva Ben-Yisrael Kidron – Leiter der Abteilung für Geschichte an der Hebräischen Universität; Dr. Moshe Lissak – Professor für Soziologie an der Hebräischen Universität; Dr. Moshe Maoz – Vorsitzender und Professor der Abteilung für Islamische und Nahost-Studien an der Hebräischen Universität; Dr. Meron Medzini – Gast-Honorarprofessor an der Schule für Studenten aus Übersee an der Hebräischen Universität, Spezialgebiet israelische Außenpolitik; Dr. Dan Schueftan – Research Fellow am Truman Institut und am Yad Tabekin Institut für Verteidigungsstudien; Dr. Moshe Shemesh – von der Ben Gurion Universität des Negev in Beersheva und dem Ben Gurion Forschungszentrum in Sde Boker; Dr. Emmanuel Sivan – Professor für Geschichte und Nahostpolitik an der Hebräischen Universität und Chefredakteur des ›Jerusalem Quarterly‹; Dr. Matti Steinberg – Lehrbeauftragter für Nahostpolitik an der Hebräischen Universität und Research Fellow am Harry S. Truman Forschungsinstitut für die Förderung des Friedens an der Hebräischen Universität; Shmuel Toledano – Berater des Premierministers für arabische Angelegenheiten unter Eshkol, Golda Meir und Rabin; Dvorah Barzilay-Yegar – von der israelischen Akademie der Wissenschaften und Geisteswissenschaften in Jerusalem; Dr. Ronald W. Zweig – Gast-Honorarprofessor in der Abteilung für jüdische Geschichte an der Universität von Tel Aviv und Herausgeber der ›Studies in Zionism‹ (Institut für zionistische Forschung an der Universität von Tel Aviv).

Ich bin auch mehreren höheren Beamten im Außenministerium sowie anderen israelischen Beamten für ihre allgemeinen analytischen Kommentare zu Dank verpflichtet. Da ich selbst einmal (in Irland) Beamter im Außenministerium gewesen bin, halte ich es für besser, wenn man in einem Buch, das sowohl innerhalb als auch außerhalb Israels umstritten sein könnte, an aktive Staatsbeamte eine allgemeine Danksagung richtet und damit ihre Anonymität wahrt.

Das gleiche Prinzip habe ich mutatis sehr mutandis bei jenen Funktionären der PLO angewendet, mit denen ich 1981 im Südlibanon in Kontakt gestanden habe.

Ich bin auch folgenden Journalisten zu Dank verpflichtet: David Richardson von der ›Irish Times‹ und der ›Jerusalem Post‹, Colin Smith vom ›Observer‹; und vor allem Eric Silver, langjähriger Korrespondent des ›Guardian‹ und des ›Observer‹, der mir seine reiche Erfahrung genauso großzügig zur Verfügung gestellt hat wie Edmund Burke.

Ich danke auch den Nahostexperten außerhalb von Israel, die mir auf unterschiedlichste Weise geholfen haben, vor allem aber Professor P. J. Vatikiotis von der School of Oriental and African Studies in London, und Professor Elie Kedourie von der London School of Economics; sowie auch anderen Gelehrten mit einschlägigem Fachwissen, vor allem Professor Edward Alexander von der Washington University und Professor Michael Curtis von der Rutgers University. Besonderer Dank gebührt Bat Ye'or und David Littman für ihre großzügige, wertvolle Hilfe, besonders wenn es um die orientalischen Juden ging.

Ich danke Jan Lustick vom Department of Government am Dartmouth College. Jan war von 1984 bis 1985 mein Kollege in Dartmouth, und zahlreiche Gespräche und freundschaftliche Diskussionen mit ihm haben mein Verständnis für die arabisch-israelischen Beziehungen vertieft. Ich bestreite nicht, daß es eine weitere Vertiefung vertragen würde.

Mein langjähriger Freund Owen Dudley Edwards vom Department of History an der Edinburgh University hat einige Kapitel gelesen und mir geholfen, etliche Fehler bei Fakten und in der Perspektive richtigzustellen, vor allem in bezug auf die britischen und amerikanischen Aspekte. Er hat mich sogar zum Lachen gebracht, als er mir zeigte, wo ich mich geirrt hatte, was eine beachtliche Leistung darstellt.

Ich danke Ken und Harle Montgomery aus Chicago für ihr liebenswürdiges Interesse an den Fortschritten dieses Buches und an den damit zusammenhängenden Problemen während meiner Zeit als Montgomery Fellow am Dartmouth College 1984 bis 1985. Und ich danke auch Arthur Hertzberg, den ich kennenlernte, als wir beide Visiting Fellows in Dartmouth waren. Wenn ich ihn früher kennengelernt hätte, wäre dies ein besseres Buch geworden.

Ich danke auch etlichen Freunden in Irland, England und den Vereinigten Staaten, die mir geholfen haben, indem sie meinen Geist forderten und mich in bezug auf einschlägige und auch andere Themen auf dem laufenden hielten. Einige dieser Freunde sind Akademiker, andere Journalisten; einige beides zugleich, wie ich en Amérique professeur, en Angleterre journaliste. Einige lassen sich nicht kategorisieren. Ich danke im besonderen John Cole, Tony Howard, Terence Kilmartin, Colin Legum, Jonathan Mirsky und John Silverlight, meinen früheren Kollegen beim ›Observer‹ in London; David Astor und Arnold Goodman aus London; Vivian und Eilis Mercier aus Dublin und Santa Barbara; Marysa Navarro vom Dartmouth College; Patrick Lynch aus Dublin, und Sheila und Valentin Iremonger, ebenfalls aus Dublin; Thomas und Jean Flanagan aus Stony Brook, New York; Deirdre und Alan Bergson aus New York City, sowie Leonard und Jean Boudin, ebenfalls aus New York City; Bob und Roisin McDonagh aus Dublin und New York; Darcy O'Brien aus Tulsa, Oklahoma; Wilton Dillon aus Washington; Izzy Stone aus Washington; Judy Stone aus San Francisco; Bob und Treasa O'Driscoll aus Toronto; Bill Dunphy aus Toronto; Brian Garrett und Martin Dillon aus Belfast; Muiris und Maire MacConghaile aus Dublin; Jack und Doreen Brennan aus Dublin; Derwent May aus London; Marty Peretz und Leon Wieseltier aus Washington; Jack Beatty aus Boston; Alan Bloom aus Chicago.

Und schließlich möchte ich meiner Familie danken: meiner Frau Maire; meinen Kindern und ihren Ehegatten, Donal und Rita Cruise O'Brien, Fedelma und Nicholas Simms und Kate und Joseph Kearney; meinen jüngeren Kindern Patrick und Margaret; sie alle haben mir sehr viel unerläßliche Ermutigung, aber auch scharfsinnige Kritik zuteil werden lassen.

Kate hat eine besondere Beziehung zu ›Belagerungszustand‹. Sie hat es nach einem entsetzlich verworrenen, handgeschriebenen Manuskript getippt und hat mich während dieser Zeit äußerst hilfreich ermutigt und kritisiert.

Vorwort
Wie es dazu kam, daß dieses Buch geschrieben wurde

Es ist dreißig Jahre her, daß ich als unbedeutender Teilnehmer in die internationale Debatte über den arabisch-israelischen Konflikt verwickelt wurde. Mein Vaterland Irland war 1955 Mitglied der Vereinten Nationen geworden und nahm im Herbst 1956 zum ersten Mal an den Sitzungen der Generalversammlung teil. Ich vertrat Irland im politischen Sonderausschuß, dem Organ der Generalversammlung, das mit der »Frage der Palästinaflüchtlinge« befaßt war. Unter diesem Titel wurde alljährlich über diesen Konflikt debattiert.

Da die Sitzordnung nach dem Alphabet erstellt wird, hatte ich den Delegierten des Irak zu meiner Linken und den Israels zu meiner Rechten. Beide Herren begrüßten mich herzlich; ich brauchte einige Augenblicke, bis ich begriff, daß ich jeden von ihnen von einem äußerst unangenehmen Nachbarn erlöst hatte.

Die Debatte über »Die Palästinaflüchtlinge« beschäftigte den Ausschuß jeden Herbst einige Wochen lang, und ich nahm in fünf aufeinanderfolgenden Jahren daran teil. Es war eine erbitterte, unfruchtbare, statische Debatte, die hauptsächlich aus erregten Angriffen der verschiedenen arabischen Delegationen auf Israel und aus kühlen, unnachgiebigen israelischen Entgegnungen bestand. Irland fand zu jener Zeit, daß die Nahostangelegenheiten es eigentlich nichts angingen. Das war lang vor dem Yom-Kippur-Krieg und dem Einsatz des Erdöls als Waffe. Mein Beitrag zu der Debatte war daher beruhigend und »ausgewogen«; es war für jede Seite etwas drin, aber nicht viel.

Als ich nach meiner ersten Intervention zu diesem Thema den Sitzungssaal verließ, traf ich eine Bekannte, eine amerikanische Journalistin. Sie fragte mich, wie meine Rede angekommen war. Ich erzählte ihr, daß meine beiden Nachbarn, die Delegierten des Irak und Israels, mir dafür gedankt hatten. »Mein Gott«, antwortete sie. »War es tatsächlich so schlimm?« Ich habe seither oft an diesen Kommentar gedacht.

Im Herbst 1956 ging es in den Debatten des Plenums der Generalversammlung hauptsächlich um Suez. Unter dem Druck der Amerikaner und der Sowjets hatten sich Großbritannien und Frankreich bereit erklärt, ihre Streitkräfte aus der Suezkanal-Zone abzuziehen, und nun geriet Israel unter fast allgemeinen Druck, sich aus dem Sinai zurückzuziehen. Großbritannien schloß sich dieser Ansicht an. Der britische Delegierte, Commander Noble, erklärte der Versammlung, daß Großbritannien Israels Angriff auf Ägypten »nicht verzeihen« könne, und forderte Israel auf, sich zurückzuziehen.

Damals wurde allgemein angenommen – heute wird es zugegeben –, daß Großbritannien, Frankreich und Israel bei ihren gemeinsamen Angriffen auf Ägypten im geheimen Einverständnis gehandelt hatten. Daher war Commander Noble etwas schwer zu ertragen. Noch dazu ist aus historischen Gründen die Toleranzschwelle der Iren der offiziellen britischen Heuchelei gegenüber sehr niedrig. (Wir können ohne weiteres mit unserer eigenen Form von Heuchelei leben, aber das ist etwas ganz anderes.) Deshalb bereitete es mir Vergnügen, die Erklärung unserer Delegation zu diesem Thema aufzusetzen.

Diese Erklärung kam bei unseren Nachbarn zur Rechten gut an, und in jenen Jahren entwickelte sich zwischen den Delegationen Irlands und Israels eine angenehme Arbeits- und manchmal auch Scherz-Beziehung, die sogar besser war, als man angenommen hätte. Seit 1958 hatten der »Vatikanfaktor« und die Jerusalemfrage die Beziehungen zwischen Irland und Israel belastet. Irland hatte sich dem Standpunkt des Vatikans angeschlossen und eine internationale Kontrolle für Jerusalem gefordert, was die Aufnahme diplomatischer Beziehungen zwischen Irland und Israel erschwert hatte.

Die Beziehung zu meinen Nachbarn zur Linken, den Iraki, gedieh leider nicht im gleichen Ausmaß und auch nicht für lange Zeit. In den ersten Jahren – 1956 und 1957 – führte ich viele Gespräche mit unseren irakischen Nachbarn und erfuhr eine ganze Menge über die Probleme im Nahen Osten. Doch dann kam die irakische Revolution vom 14. Juli 1958, und als die Generalversammlung im September wieder zusammentrat, erblickte ich zu meiner Linken keine bekannten Gesichter mehr. Ich fragte den Leiter der neuen irakischen Delegation, ob er etwas über das Schicksal seines Vorgängers wisse. Ich gebe zu, daß es unter diesen Umständen eine naive Frage war. Ohne eine Miene zu verziehen, sprach mein neuer Nachbar ein einziges Wort: »Gehenkt.«

Verständlicherweise fand ich meine Nachbarn zur Rechten interessant, informativ und instruktiv, nicht nur, wenn es um den Nahen Osten aus der Sicht der Israelis ging, sondern auch in bezug auf die internationale Politik im allgemeinen, die ihren Niederschlag in den Vereinten Nationen fand. Schon damals hatten die Israelis nicht viel für die UNO übrig, doch sie begriffen weit besser als alle anderen, wie diese Organisation funktioniert. Sie waren ein erstklassiges, professionelles Team – bei weitem das beste in der Runde, einschließlich der Supermächte –, und ich holte sie gern aus, um es mild auszudrücken. Einige von ihnen waren wegen ihrer Schlagfertigkeit und ihrer bissigen, treffenden Bemerkungen besonders angenehme Nachbarn.

Meine letzte Erinnerung an die Generalversammlung der Vereinten Nationen hängt mit einer solchen Bemerkung zusammen. Es war ein düsterer, unfreundlicher Vormittag Anfang 1961, und Adlai Stevenson hielt eine weitschweifige Rede. Er sprach über die Schweinebucht und behauptete, daß die Vereinigten Staaten überhaupt nichts damit zu tun gehabt hätten. Natürlich bestand die Rede beinahe ausschließlich aus widerlichen offiziellen Lügen. Adlai versuchte offensichtlich, sich als menschliches Wesen von dem, was er zu sagen hatte, zu distanzieren. Sein Text war ein Musterbeispiel naturbelassener bürokratischer Prosa. Er las ihn, als hätte er ihn noch nie zu Gesicht bekommen, und stolperte immer wieder über einzelne Wörter, was nie der Fall war, wenn er seine Äußerungen selbst verfaßt hatte. Der Schluß von Adlais Rede war noch peinlicher als der Rest. »Ich habe Ihnen über Castros Verbrechen gegen *Menschen* berichtet. Aber es gibt Schlimmeres: Castros Verbrechen gegen *Gott*. Fidel Castro hat... die Freiheiten der Katholiken in Kuba *beschnitten*...« Gideon Rafael hob den Kopf und wandte sich mir zu. »Ich habe immer gewußt, daß man früher oder später uns dafür verantwortlich machen wird.« Es war ein Lichtstrahl an jenem dunklen Morgen.

1961 trennte ich mich von den Vereinten Nationen und von Irlands Außenministerium. Während der nächsten sechzehn Jahre gehörte der Nahe Osten nicht zu meinen vorrangigen Interessensgebieten. In der ersten Hälfte der sechziger Jahre befaßte ich mich hauptsächlich mit afrikanischen Angelegenheiten. Nachdem ich einige Jahre lang in New York an der Universität unterrichtet hatte, ging ich in meiner Heimat in die Politik und war vier Jahre in der parlamentarischen Opposition und vier Jahre als Regierungsmitglied tätig. Meine politische Karriere in Irland ging 1977 zu Ende, und 1978 wurde ich Chefredakteur des ›Observer‹ in London.

Durch den ›Observer‹ mußte ich mich berufsbedingt neuerlich mit dem Nahen Osten befassen. »Chefredakteur« klingt zwar gut, aber in Wirklichkeit handelte es sich um den berühmten primus inter pares, wobei sich die pares nicht unbedingt besonders um den primus kümmerten. In bezug auf den Nahen Osten war die redaktionelle Philosophie des ›Observer‹ in der Nähe der Philosophie der Brookings Institution angesiedelt. Wir glaubten an die Möglichkeit und Notwendigkeit einer umfassenden Regelung durch einen Vertrag zwischen Israel und der PLO. Wir traten in Leitartikeln und Berichten auf der Titelseite beredt für diese Regelung ein.

Meine Schwierigkeit bestand darin, daß ich unter gar keinen Umständen an eine solche Regelung glauben konnte. Trotz der Achtung, die ich für die Sachkenntnis meiner älteren Kollegen empfand, konnte ich mir nicht vorstellen, daß sich Vertreter Israels und der PLO auf eine Regelung einigten und daß sowohl die Knesset und das Volk von Israel als auch eine Versammlung der PLO-Mitglieder eine solche Regelung ratifizieren würden.

Solange ich Chefredakteur war, überließ ich den Nahen Osten

leicht besorgt unseren weisen Männern. Als ich mich jedoch 1981 aus dieser angenehmen, aber etwas vagen hohen Stellung zurückzog – wobei ich weiterhin für den ›Observer‹ schrieb –, beschloß ich, in das Gebiet zu fahren und mich selbst umzusehen, ohne übertriebene Rücksicht auf die Meinung der Spezialisten und ohne die geringste Rücksicht auf die Meinung meiner Kollegen zu nehmen. Ich besuchte das Gebiet zwischen 1981 und 1984 einige Male, wobei ich beinahe die ganze Zeit in Israel und in verschiedenen Teilen des unruhigen Libanon verbrachte. Von Zeit zu Zeit schrieb ich im ›Observer‹ Artikel zu diesem Thema.

Anfang 1982 gelangte ich dann zu der Erkenntnis, daß ich ein Buch schreiben müsse. Allerdings stellte ich mir damals etwas anderes als das vorliegende Werk vor. Es sollte ein nicht zu dickes Buch in der Art von »Tagespolitik« werden, in dem ein kurzer Prolog auf den Zionismus vor 1984 einging.

Doch als ich dann über den Zionismus las, fesselten mich das Thema und seine führenden Persönlichkeiten auf eine Art und Weise, die ich nicht erwartet hatte. Das kam zum Teil daher, daß die Geschichte an sich verblüffend ist – und ich hoffe, daß es mir in den ersten vier Kapiteln gelungen ist, meinen Lesern diese Verblüffung zu vermitteln. Doch es gab auch besondere Gründe für diesen Entschluß, die sich aus meinem religiösen, nationalen und familiären Hintergrund herleiten.

Das zentrale Geheimnis des Zionismus ist meiner Meinung nach die ihm innewohnende Verbindung von Religion und Nationalismus, wobei der Verdacht naheliegt, daß Religion und Nationalismus letzten Endes zwei Worte für den gleichen Begriff sein könnten.

Solange ich denken kann, sind mir Religion und Nationalismus ein Rätsel gewesen – oder sind es zwei Rätsel? Die meisten irischen Katholiken waren vermutlich immer der Meinung, daß ihre Religion und ihre Nationalität im wesentlichen das gleiche sind. In der Neuzeit behaupten sie jedoch im allgemeinen das Gegenteil: Religion und Nationalismus sind zwei verschiedene Begriffe; das irische Volk besteht aus Katholiken und Protestanten. Die Protestanten in Ulster lehnten diese Theorie ab und fanden, daß sie sowohl durch ihre Religion als auch durch ihre Nationalität den irischen Katholiken gegenüber als Ausländer anzusehen sind. Der seit fünfzehn Jahren in Irland schwelende »Krieg« entwickelt sich immer deutlicher zu einem Heiligen Krieg, in dem Nationalität und Religion untrennbar verbunden sind. Ich bin in der Randzone der katholischen Nation aufgewachsen und hegte ihr gegenüber ambivalente Gefühle. Der Hintergrund meiner Familie war ganz und gar südirisch und römisch-katholisch, aber mein Vater würde in der jüdischen Tradition als Maskil, das heißt als Aufgeklärter, jemand, der sich als Agnostiker bekennt, bezeichnet werden. Verwirrenderweise besuchte ich zu Lebzeiten meines Vaters eine katholische Schule, doch nach seinem Tod schickte mich meine Mutter, eine gläubige Katholikin, in eine protestantische Schule, um das Andenken meines Vaters zu ehren. Das erwies sich als eine ausgezeichnete Maßnahme, die zu Ambivalenz und Entfremdung führte. Um nicht noch mehr Komplexe zu bekommen, beschloß ich, diesen Zustand für intelligenz- und phantasiefördernd zu halten.

Im Grunde war die Schule, die ich besuchte, keine protestantische Schule im eigentlichen Sinn. Es handelte sich um ein liberales, nicht konfessionsgebundenes Institut, allerdings überwiegend protestantischen Charakters, das ungefähr zu gleichen Teilen von Katholiken, Protestanten und Juden besucht wurde. Uns waren die Unterschiede zwischen uns bewußt, doch uns war auch die Verbindung zwischen uns bewußt; wir waren Jungen, deren Eltern diese Schule für sie ausgewählt hatten. Sie war für den neuen, überwältigend katholischen Staat, in dem wir aufwuchsen – und der damals Irischer Freistaat hieß –, vollkommen atypisch.

Wie gesagt, solche Dinge führen zu einer gewissen Bindung. Wenn zum Beispiel ein katholischer Priester oder Laie feindselig über die Juden sprach, dann war er vermutlich unserer Familie nicht freundlich gesinnt – mein Vater war ein abtrünniger Katholik, meine Mutter war eine ungehorsame Katholikin, und ich besuchte gemeinsam mit Juden und Protestanten eine nichtkatholische Schule. Eine zufällige antisemitische Bemerkung konnte daher auch für mich ein Warnlicht sein. Das heißt, ich mußte genauso vorsichtig und wachsam sein, wie die Juden es zwangsläufig innerhalb einer nichtjüdischen Gesellschaft immer gewesen waren.

Vor diesem Hintergrund fand ich im Zionismus vieles, das mir zum Teil vertraut war. Pinskers Idee des »Fremden« war etwas, das ich in gewissem Maß nachempfinden konnte. Die Mutationen der Religion und des Nationalismus (innerhalb des Zionismus) kamen nicht vollkommen unerwartet. Es war für mich nicht überraschend, daß Religion und Nationalismus zwar *divergieren* – wie bei den zionistischen Maskilim Ende des neunzehnten Jahrhunderts –, jedoch auf einer anderen Ebene auch *konvergieren* konnten –, zu welcher Einsicht die Misrachim gelangt waren.

Es gab noch eine weitere Gemeinsamkeit. Irische Katholiken verfügen über ein gewisses atavistisches Verständnis dafür, was es bedeutet, zu einem gebrandmarkten Volk zu gehören. Ich will diesen Punkt nicht überbetonen, wie es oft geschehen ist. Tatsache ist, daß die irischen Katholiken zu Beginn der modernen Ära einige Jahrhunderte lang mehr Verfolgungen, Unterdrückungen und Stigmatisierungen ausgesetzt gewesen sind als jedes andere Volk in Westeuropa mit

Ausnahme der Juden. Einigen führenden Juden und Katholiken im Vereinigten Königreich waren im neunzehnten Jahrhundert die Ähnlichkeiten in der mißlichen Lage der beiden gebrandmarkten Völker bewußt.

Diese Zusammenhänge mögen manchem Leser dürftig erscheinen. Ich erwähne sie – ohne ihre Bedeutung zu überschätzen –, weil sie für mich bei der Behandlung dieses Themas und beim Schreiben dieses Buches wichtig gewesen sind. Es handelt sich hier um das Werk eines Außenseiters. Ein israelischer Gelehrter, dem ich eines der ersten Kapitel gezeigt habe, erklärte mir, daß ihm »das wahre Gefühl für das innere Wesen« des Zionismus fehlt. Das trifft zwangsläufig zu. Doch ich war für den Kommentar dankbar, weil er mir geholfen hat herauszuarbeiten, worum es in meinem Buch geht.

Im ›Belagerungszustand‹ geht es nicht um das innere, sondern um das äußere Wesen. Im Vordergrund steht immer das Kräftespiel um die Juden, um die Zionisten und dann um die Israelis: also um den Belagerungszustand. Das Buch will keine Geschichte des Zionismus und Israels sein, obwohl es sich ständig mit dieser Geschichte befaßt. Es ist die Geschichte einer Belagerung, und insbesondere die Geschichte der internationalen, kulturellen, politischen und diplomatischen Aspekte dieser Belagerung.

Ich hoffe, daß ein Teil der Ehrfurcht und der Verwunderung, die mich so oft erfaßten, während ich für dieses Buch las und es schrieb, hie und da auch den Leser erreichen. »Neuigkeiten«, hat ein großer Journalist einmal gesagt, »sind etwas, wobei der Leser ›Na sowas!‹ sagt.« Ich habe während der Arbeit an diesem Buch sehr oft etwas Ähnliches wie »Na sowas!« gesagt und habe nichts dagegen, wenn ich meine Leser dazu bringe, ebenfalls gelegentlich »Na sowas!« zu sagen.

Dieses Buch ist keineswegs für Gelehrte oder für Spezialisten auf diesem Gebiet gedacht, wie etliche von ihnen zweifellos zu gegebener Zeit bestätigen werden. ›Belagerungszustand‹ ist für den Durchschnittsleser bestimmt, der nicht unbedingt mehr über das Thema wissen muß, als ich zu dem Zeitpunkt wußte, zu dem ich begann, an diesem Buch zu arbeiten – nämlich nicht sehr viel.

Doch ich möchte diesen Aspekt nicht überbetonen. Ich bin gelernter Historiker und sicherlich nicht Amok gelaufen. Die Geschichte, die ich erzähle, ist eine wahre Geschichte, die die chronologische Reihenfolge respektiert, keine Erfindungen und propagandistischen Zielsetzungen enthält und auch nicht farbiger gestaltet wurde: Das Material ist an sich farbig genug und hat keine Ergänzungen nötig.

Es ist ein überaus persönliches Buch, was sich durch das von mir angewandte Ausleseprinzip ergibt. Ich habe Ereignisse und Menschen in das Buch aufgenommen, die ich für interessant und bedeutungsvoll halte, denn ich nehme an, daß sie auch für meinen Leser interessant und instruktiv sein werden. Das bedeutet auch, daß ich eine Menge Ereignisse und Menschen ausgelassen habe. Es hat zum Beispiel viele Menschen gegeben, die wichtige Rollen in der Geschichte der zionistischen Bewegung gespielt haben und deren Namen im ›Belagerungszustand‹ nicht vorkommen. Aber ich habe gefunden, daß ich die Geschichte des Zionismus am besten mittels seiner großen, archetypischen Figuren erzählen kann: Herzl, Weizmann, Jabotinsky, Ben Gurion. Das gleiche gilt für die Geschichte Israels.

Ich habe weder versucht, das moderne Israel zu verurteilen noch ihm zu schmeicheln; ich wollte es auch nicht mahnen oder warnen, denn es gibt genügend Leute, die all diese Dinge tun.

Erstes Buch

1
Der Fremde

»Der Jude ist der Fremde par excellence.«
Leon Pinsker

»Der Antisemitismus wächst weiter – genau wie ich.«
Theodor Herzl

»Es gab den Fußtritt ..., aber es gab auch die Sehnsucht.«
Rabbi Adin Steinsaltz

Hat Israel das Recht zu existieren? Der Staat Israel hat seit seiner Geburt – und sogar vor seiner Geburt – unter dem Druck dieser Frage gelebt, und dieser Frage ging eine andere voraus: Haben die Juden das Recht zu existieren?

Kaum jemand würde leugnen, daß zwischen diesen beiden Fragen ein Zusammenhang besteht. Einige Zionisten, vielleicht die Mehrzahl von ihnen – und daher die meisten Israelis –, glauben, daß die beiden Fragen in Wirklichkeit eine einzige sind. Chaim Weizmann, der geniale Unterhändler, der die Balfour-Erklärung erreichte und damit auch, daß die Juden in Palästina politisch Fuß fassen konnten, verwendete eine Ausdrucksweise, die den Antizionismus und den Antisemitismus scheinbar als ein und dasselbe darstellte. »Die wahren Gegner des Zionismus«, schreibt Weizmann in seiner Autobiographie, »können nie durch eine diplomatische Formulierung beschwichtigt werden: Sie haben gegen die Juden einzuwenden, daß es die Juden gibt, und in diesem speziellen Fall, daß es sie in Palästina gibt.«

Das ist zu geschickt ausgedrückt. Weizmann wußte besser als jeder andere, daß einige der gefährlichsten Gegner der zionistischen Bewegung keineswegs Antisemiten waren. Es waren Juden, und zwar anti-antisemitische Juden. Die westlichen Juden verabscheuten den Zionismus, weil sie der Ansicht waren, daß er den Antisemiten kostenlos ein wichtiges Argument lieferte.

In allen Ländern Westeuropas hatte es von Napoleon an Erklärungen gegeben, die besagten, daß die Juden keine Nation, sondern eine Religionsgemeinschaft darstellten. Die Antisemiten hatten diese Erklärungen ausnahmslos als falsch verworfen. Sie hatten festgestellt, daß die Juden nicht einfach Menschen mit einer eigenen Religion waren, die sich vollkommen in die Nationalität der Länder einfügen konnten, in denen sie lebten, sondern daß sie in Wirklichkeit ein gesondertes, fremdes Volk waren.

Der deutsche Nationalist Paul de Lagarde erklärte, daß es unmöglich sei, eine Nation innerhalb einer Nation zu dulden, und daß die Juden eine Nation und keine Glaubensgemeinschaft seien. Ein anderer führender deutscher Nationalist, Heinrich von Treitschke, machte die Juden darauf aufmerksam, daß die gesetzliche Grundlage der Emanzipation zusammenbrechen müsse, wenn das Judentum die Anerkennung seiner Nationalität fordern sollte. Daher bestätigten die jüdischen Führer in Europa, die die Emanzipation ihres Volkes anstrebten – die im größten Teil Westeuropas vor 1870 noch nicht vollzogen war –, daß die Juden eine Glaubensgemeinschaft und keine Nation darstellten. Und jetzt verkündeten die Zionisten die Botschaft, daß die angeblich assimilierten Juden unrecht und die Antisemiten recht hätten: Es *gab* eine eigene jüdische Nation, die ein Recht auf eine Nationale Heimstätte in Palästina besaß.

Der wohlhabende englische Jude Claude Montefiore empfand – wie viele andere erfolgreiche Juden im Westen – keineswegs das Bedürfnis nach einer Nationalen Heimstätte in Palästina. Er hatte das sehr deutliche Gefühl, daß er genau dort, wo er sich befand, nämlich in England, eine Nationale Heimstätte besaß, und er brauchte keine andere. Die Zionisten boten ihm keine Nationale Heimstätte: Sie halfen im Gegenteil seinen Feinden, ihn aus der einzigen Nationalen Heimstätte zu vertreiben, die er besaß oder besitzen wollte. In einer letzten verzweifelten Bemühung, das Zustandekommen der Balfour-Erklärung zu verhindern, schrieb er im Oktober 1917 dem Kriegskabinett einen Brief.

Dieser Einspruch gegen eine Nationale Heimstätte für die Juden in Palästina, den Stein zitiert, enthielt folgenden Satz: »Es ist äußerst bezeichnend, daß Antisemiten dem Zionismus immer sehr wohlwollend gegenüberstehen.«

Immer? Kaum. Aber einigen Antisemiten gefiel der Zionismus bestimmt. In den frühen Jahren der Nationalen Heimstätte stellt G. K. Chesterton dies in seinem Buch ›Das neue Jerusalem‹ (1921) jedenfalls klar. Er und seine Freunde, bemerkte er, waren wegen ihrer »Einstellung« scharf getadelt worden. Um welche Einstellung handelte es sich? »Sie wurde immer Antisemitismus genannt«, schrieb Chesterton, »aber es wäre viel richtiger gewesen, sie als Zionismus zu bezeichnen. Sie bestand ausschließlich darin, daß wir feststellten, Juden seien Juden; daher sind sie logischerweise weder Russen noch Rumänen, noch Franzosen, noch Engländer.« Und noch brutaler: »Wenn nämlich der Vorteil des Ideals für die Juden darin besteht, daß sie das Gelobte Land gewinnen, dann besteht der Vorteil für die Nichtjuden darin, daß sie das jüdische Problem loswerden ...«

Genau das hatte Montefiore befürchtet. Und die seiner Befürchtung zugrundeliegende Wahrheit war vielleicht eine der Ursachen für sein Scheitern. Man kann mit gutem Grund annehmen, daß den Urhebern der Balfour-Erklärung die Vorstellung einer Nationalen Heimstätte für die Juden in Palästina deshalb gefiel, weil sie ein Mittel war, die Zahl der Juden in England niedrig zu halten. »Man kann genausogut offen zugeben«, schrieb Leonhard Stein, der erste Historiker der Balfour-Erklärung, »daß sich unter den leidenschaftlichsten nichtjüdischen Pro-Zionisten Leute befanden, die den Juden solange keine besondere Zuneigung entgegengebracht hatten, bis sie mit dem Zionismus in Kontakt kamen.«

Stein ordnet Arthur James Balfour in diese Kategorie ein. Die Balfour-Regierung hatte 1904 die Aliens Bill eingebracht, um zu Beginn des Jahrhunderts nach der Einwanderungswelle infolge der zweiten Serie gewaltsamer antisemitischer Unruhen in Rußland die Einwanderung nach England genauer zu überwachen. Bei der zweiten Lesung versuchte Balfour am Ende der Debatte, die Gesetzesvorlage seiner Regierung von der jüdischen Frage zu trennen. Er sprach von der Intoleranz, der Unterdrückung, dem Haß, denen die jüdische »Rasse« so oft in fremden Ländern ausgesetzt gewesen war: »Die Behandlung der Rasse war eine Schande für die Christenheit, eine Schande, die ihren guten Ruf selbst jetzt noch besudelt und die im Mittelalter zu Greueltaten geführt hat, die jeden, der auch nur auf oberflächlichste Art von ihnen Kenntnis erlangt, mit Schaudern und Angstgefühlen erfüllen ...«

Für den kühlen, zurückhaltenden Patrizier war dies eine außergewöhnliche Ausdrucksweise – emotional, phantasievoll, abschweifend, verworren. Ich schließe daraus, daß Arthur Balfour den Juden mit zwiespältigen Gefühlen gegenüberstand und daß ein gewisses Schuldbewußtsein mitspielte.

Balfour fuhr fort: »Dieses Gesetz behandelt eine Frage, die überhaupt nichts mit der jüdischen Frage zu tun hat; es befaßt sich mit einem viel weitreichenderen Problem – dem Problem, ob ein Land das Recht hat zu entscheiden, wer von außen unter welchen Bedingungen in die Gemeinschaft aufgenommen wird.« Kurz, bei dem Gesetz ging es nicht um die Juden, sondern darum, wie man sie fernhalten konnte. Bei dieser Debatte stellte sich heraus, daß sich alle Sprecher mit den Juden beschäftigten: mit der unendlich großen, armen jüdischen Bevölkerung Osteuropas. Die verstärkte Verfolgung dieser Juden um die Jahrhundertwende führte sowohl zu einer verstärkten jüdischen Emigration als auch zu einem verstärkten Widerstand gegen die jüdische Immigration in den Gastländern.

Man befürchtete, daß diese Bevölkerung – falls die Unterdrückung zunahm – in sehr großer Zahl, vielleicht in Millionen, in Bewegung geraten und die westliche Welt von armen Juden überschwemmt werden würde. Besondere Sorge bereitete der englischen Regierung die Entwicklung in Amerika. Bis zu diesem Zeitpunkt hatte Amerika den Großteil der jüdischen Emigranten aufgenommen, doch 1905 hatte es den Anschein, als wäre Amerikas Aufnahmefähigkeit erschöpft. In den USA wurde zunehmend die Forderung nach wirksamen Einwanderungsbeschränkungen – nicht nur für Juden – laut, und die britische Regierung beeilte sich, diesen Einschränkungen zuvorzukommen, damit sich die Massen verzweifelter Juden und anderer Emigranten nicht von den verschlossenen Türen Amerikas ab- und Großbritannien zuwandten, um dort ein Zuhause zu finden.

Darin lag natürlich ein Paradoxon. Der Mann, der die jüdische Einwanderung nach England bremste, war gleichzeitig der Mann, der zwölf Jahre später dank der »Nationalen Heimstätte«-Bestimmung der Balfour-Erklärung Vorkehrungen für eine umfassende jüdische Immigration nach Palästina traf.

Vom Standpunkt eines heutigen Arabers handelte es sich um ein widerliches Beispiel von Heuchelei: Die Engländer, die die Juden unter dem Vorwand, sie seien »unerwünschte Ausländer« abwiesen, lenkten sie statt dessen unter dem fadenscheinigen Vorwand einer humanitären Gesinnung in ein arabisches Land um.

Man kann Balfour nicht eigentlich als Heuchler bezeichnen. Er war in der jüdischen Frage ehrlich ambivalent. Er stimmte mit G. K. Chesterton überein: daß Juden Juden, Engländer Engländer und Juden keine Engländer seien. Deshalb wollte er nicht, daß noch mehr Juden nach Großbritannien kamen, und hatte nicht viel für die englischen Juden übrig. Aber er hatte nichts gegen Juden einzuwenden, die keine Engländer waren und auch nicht behaupteten, daß sie es seien. Er schätzte Dr. Weizmann sehr, und Dr. Weizmann, der Balfour sehr gut verstand, war fähig, Balfour einen großen Teil seiner eigenen Begeisterung für die zionistische Sache einzuflößen. Denn der leicht antisemitische Balfour war philosemitisch, wenn es um die Welt ging. Er sah ein jüdisches Palästina nicht in erster Linie als Zufluchtsort für leidende menschliche Wesen. Die Vorstellung von der großen Rückkehr nach beinahe zweitausend Jahren zog den Romantiker in ihm an. Bereitete ihm vielleicht auch die mit der Aliens Bill zusammenhängende Notwendigkeit Sorge, ein Land außerhalb Englands zu finden, in das die osteuropäischen Juden auswandern konnten? Es gibt einige Hinweise darauf, daß er sich darüber Gedanken machte, und er hatte den Juden gegenüber ein schlechtes Gewissen. Er suchte bereits 1903 nach einem Land, in das sie einwandern konnten; in diesem Jahr hatte seine Regierung den Zionisten Siedlungsgebiete in Ostafrika angeboten.

Die Zionisten waren zunächst versucht gewesen anzunehmen, lehnten das Angebot aber schließlich doch ab. Balfour hätte gern den Grund dafür gewußt. Er wollte ihn im Januar 1906 immer noch wissen und bat Dr. Weizmann um ein Gespräch. Es fand während der allgemeinen Wahlen dieses Jahres statt. Balfour kandidierte in East

Manchester und Winston Churchill in Northwest Manchester. (Die Wahlen führten zu einem Erdrutsch für die Liberalen; Balfour verlor seinen Parlamentssitz, und Churchill errang einen spektakulären Sieg.) Churchill hatte sich gegen die konservative Aliens Bill ausgesprochen und war dadurch »für die mächtige jüdische Gemeinde in Manchester überaus akzeptabel« geworden, wie er feststellte.

Weizmann – der gemeinsam mit anderen russischen Juden in erster Linie für die Ablehnung des Ostafrika-Angebots durch die Zionisten verantwortlich gewesen war – setzte Balfour den Grund für diese Ablehnung auseinander. »Ich fragte«, erinnerte sich Weizmann später, »›wenn man Ihnen Paris statt London anböte, Mr. Balfour, würden Sie es annehmen?‹ Er sah mich erstaunt an. ›Aber London gehört doch uns.‹ Ich erwiderte: ›Jerusalem hat uns gehört, als London noch ein Sumpf war.‹« Balfour war tief beeindruckt. Der Same für die Balfour-Erklärung war gesät worden.

Balfour wußte, daß Palästina bereits bewohnt war, obwohl er sich erst 1920, als der arabische Widerstand gegen die Politik der Nationalen Heimstätte nicht mehr zu übersehen war, ausdrücklich auf die arabische Frage bezog. In London verlieh er in einer Rede vor einer jüdischen Zuhörerschaft der Hoffnung Ausdruck, daß die Araber – »eine große, eine interessante, eine attraktive Rasse« – sich daran erinnern würden, »daß es die Engländer gewesen waren, die sie von der türkischen Tyrannei befreit hatten«, und daß sie, »eingedenk dieser Tatsache nichts dagegen haben würden, wenn eine kleine Aussparung im zur Zeit arabischen Gebiet gemacht und dem Volk zurückgegeben wurde, das jahrhundertelang von ihm getrennt war«.

Balfour muß gewußt haben, daß die Menschen, denen er diesen rhetorischen Rat erteilte, ihn mit ziemlicher Sicherheit nicht annehmen würden, aber das erschütterte ihn bestimmt nicht. Balfour hatte Irland 1887 sehr streng regiert, und ein Ire hatte sich ihm gegenüber darüber beschwert, daß seine Politik dem irischen Volk die Gerechtigkeit verweigerte. »Gerechtigkeit?« fragte Balfour nachdenklich. »Die reicht nicht für alle.«

Antisemitismus und Antizionismus können nicht gleichgesetzt werden. Aber es ist eine gesellschaftliche Tatsache, daß der europäische Antisemitismus den Zionismus in eine politische Macht verwandelt und den Boden für die Entstehung des Staates Israel bereitet hat.

Vor 1880 betrug die jüdische Bevölkerung Palästinas weniger als fünfundzwanzigtausend Menschen, von denen zwei Drittel in Jerusalem lebten, wo sie die Hälfte der Einwohnerschaft ausmachten. Es handelte sich im allgemeinen um Menschen ohne politischen Ehrgeiz und ohne politische Interessen: fromme Juden, die in Jerusalem sterben wollten. Diese Juden lebten von den Almosen – Halukkah – anderer frommer Juden in der Diaspora, von denen sich einige auf die gleiche Reise und den gleichen Tod freuten. Die Araber bezeichneten zu jener Zeit die Juden in Palästina als »Kinder des Todes«. Doch nach 1881 begannen andere Juden in Palästina einzutreffen, die dort nicht sterben, sondern leben wollten. Dies war die Bevölkerungsbewegung, die als die erste zionistische Aliyah, das erste zionistische Fußfassen im Land Israel, bezeichnet wird.

Die erste Aliyah war eine Folge des Wiederauflebens der offiziell geduldeten antisemitischen Verfolgungen im russischen Zarenreich nach der Ermordung von Zar Alexander II. am 1. März 1881. Dieses Wiederaufleben der Verfolgungen betraf den Großteil der Juden der Welt direkt, weil die meisten von ihnen – über fünf Millionen – zu jener Zeit im Siedlungsgebiet zwischen der Ostsee und dem Schwarzen Meer am westlichen Rand des russischen Reichs lebten.

Als die Gebiete, in denen die Juden Zuflucht gefunden hatten, christianisiert wurden, holte der christliche Antisemitismus die Juden ein. Anfang des neunzehnten Jahrhunderts begannen die Ideen der Aufklärung die offiziellen russischen Ansichten und Praktiken zu beeinflussen. Gawrijl Romanowitsch Derschawin, der Hofdichter von Katharina der Großen gewesen war und unter Alexander I. zum Justizminister aufstieg, studierte für Zar Paul I. (Regierungszeit 1796–1801) die Lage der Juden in den westlichen Provinzen. »Da die Vorsehung zur Verwirklichung eines unbekannten Zwecks«, schrieb Derschawin, »dieses gefährliche Volk auf dem Antlitz der Erde belassen und es nicht vernichtet hat, sollte die Regierung, unter deren Herrschaft es lebt, es dulden.«

Das erste grundlegende, die Juden betreffende Gesetz im Zarenreich war im Prinzip assimilatorisch, in der Praxis jedoch vorsichtig. Es ließ die Juden an alle Schulen bis zur Universität zu und sah vor, daß jüdische Studenten gegen Verletzungen ihres Glaubens geschützt werden sollten.

Der liberale Impuls hielt jedoch nicht an. Die Juden litten unter der russischen patriotischen Reaktion auf die napoleonischen Kriege. Bereits 1809 nützte die Heilige Synode den russischen Nationalismus für ihre Zwecke aus, indem sie Napoleons Philosemitismus hochspielte.

Dadurch wurden die Juden, die so lange als Feinde Christi gelitten hatten, in eine noch viel gefährlichere Rolle gedrängt: Feinde der Nation. Dennoch unterstützten die meisten russischen Juden aus religiösen Gründen die russische Armee. Wie Dubnov berichtet, erklärte ein führender chassidischer Rabbiner jener Zeit: »Wenn Napoleon siegt, würden die Juden reicher und ihre Lage besser werden, aber ihre Herzen würden sich vom Vater im Himmel abwenden. Doch wenn unser Zar Alexander triumphiert, würden die Herzen der Juden sich zu unserem Vater im Himmel hinwenden, obwohl die Juden ärmer und ihr Status geringer werden würden.« Letzteres trat ein.

Die napoleonische Invasion und ihr Debakel schwächten die liberalen, westlich orientierten Kräfte in der herrschenden russischen Klasse, so daß die Patrioten sowie die Orthodoxen, die Feinde der Juden, erstarkten. Der nächste Zar, Nikolaus I. (Regierungszeit 1825–1855), mochte die Juden nicht. Dennoch notierte er in seinem Tagebuch: »Überraschenderweise ... verhielten sie sich 1812 uns gegenüber sehr loyal und unterstützten uns auf jede mögliche Art, sogar unter Einsatz ihres Lebens.«

Vielleicht im Hinblick auf diese Loyalität schaffte Nikolaus 1828 die alte Befreiung der Juden vom Militärdienst ab. Hätte man diese Maßnahme anders gehandhabt, so hätte sie zum Instrument der Liberalisierung werden können. Doch unter Nikolaus wurde die Rekrutschina zu einem Instrument des Leidens und des Todes, vor allem für die Kinder der armen Juden. Die Juden konnten laut Gesetz bereits mit zwölf Jahren, und in der Praxis oft mit acht oder neun Jahren, auf fünfundzwanzig Jahre zum Militärdienst eingezogen werden. Die Rekrutierung wurde benützt, um die Kinder zur Konversion zu zwingen; viele von ihnen ließen sich taufen, um am Leben zu bleiben; einige begingen Selbstmord.

Dennoch löste die Politik Nikolaus' I. trotz ihrer Grausamkeit noch nicht den »stimulierten Exodus« aus; dazu kam es erst unter Alexander III. Daß Völkermord eine mögliche Lösung darstellte, war damals noch niemandem eingefallen. Nikolaus strebte die Assimilierung der Juden an, indem er aus ihnen russisch sprechende russisch-orthodoxe Christen machte. Im Fall der Rekruten erreichte er dieses Ziel durch Gewalt, im Fall der anderen – der großen Mehrheit – durch List, indem er eine liberale Erziehungspolitik verfolgte. Die meisten russischen Juden betrachteten jedoch Nikolaus' Politik als Christianisierung und lehnten sie daher ab. Unter seiner eisernen Herrschaft konnte keine Rede von Massenpogromen sein – dazu kam es erst später. Unter Nikolaus wurden die Bauern, genau wie die Juden, an die Kandare genommen.

Die Thronbesteigung von Alexander II. (Regierungszeit 1855–1881) brachte den Juden eine gewisse Erleichterung; die Früchte seines Liberalismus, soweit er die Juden betraf, waren allerdings sehr dürftig. Dennoch verleitete die allgemeine Tendenz während seiner Regierung die gebildeten Juden zu der Hoffnung, daß der Liberalismus, wie überall in Europa, auch in Rußland siegen würde. In ganz Europa würden die Juden als Staatsbürger vor dem Gesetz den übrigen Staatsbürgern gleichgestellt sein und durch die Gesetze gleichermaßen geschützt werden.

Diesen Hoffnungen versetzte die Thronbesteigung Alexander III.

(Regierungszeit 1881–1894) einen schweren Schlag. Die Pogrome setzten neuerlich in einem Ausmaß ein, das es seit der Mitte des siebzehnten Jahrhunderts nicht mehr gegeben hatte. Die Behörden duldeten sie, ermutigten sie vielleicht, unternahmen aber sicherlich nichts gegen sie, und es wurde entsetzlich offenbar, daß sich das gesamte russische Volk – Bauern, Mittelstand und Zar – in seinem Haß gegen die Juden einig war. Die Ermordung von Zar Alexander II. ist einer der großen Wendepunkte in der Weltgeschichte und vor allem in der Geschichte der Juden. Sie ist der Augenblick, in dem die Vorstellung vom zwangsläufigen, allgemeinen Triumph der liberalen Ideen den ersten großen Rückschlag erlitt.

Bis zum Ende des neunzehnten Jahrhunderts hatte die Verbreitung der Ideen der Aufklärung und ihre politischen, gesellschaftlichen und legalen Folgen den Westjuden gewaltige Vorteile gebracht. Um 1871 war die Emanzipation der Juden in den meisten westlichen Staaten vollzogene Tatsache. Die Westjuden waren jetzt Staatsbürger mit den gleichen (oder beinahe gleichen) Rechten wie alle übrigen Staatsbürger.

In Osteuropa wurden die Juden allerdings noch weitgehend so behandelt wie im Mittelalter. Doch für gebildete Menschen im Osten, einschließlich der gebildeten Juden, war Rußland »rückständig«. Rußland würde aufholen müssen, und dann würde der gleiche Zustand eintreten wie in den westlichen Ländern; die russischen Juden würden russische Staatsbürger sein und im Schutz der Gesetze sicher leben. So hatten die gebildeten russischen Juden in den siebziger und achtziger Jahren bis zur Ermordung von Alexander II. gedacht.

Die neue Regierung begann mit einer Reihe von Pogromen. Zum ersten großen Pogrom kam es in Elisawetgrad (jetzt Kirowo) im April 1881 während der Osterfeiertage. Danach wurden alle großen jüdischen Gemeinden im russischen Reich sowie zahlreiche kleinere angegriffen. Bis Ende 1881 waren zweihundertfünfzehn jüdische Gemeinden in Süd- und Südwest-Rußland, wo die meisten Juden lebten, von Pogromen heimgesucht worden.

Eine zeitgenössische Schätzung, die Vital in ›Origins of Zionism‹ zitiert, spricht von zwanzigtausend Obdachlosen und hunderttausend wirtschaftlich Ruinierten und beziffert den Wert des zerstörten Eigentums mit achtzig Millionen Dollar. Es wurden nicht viele Juden getötet. Im allgemeinen handelte es sich um massive Plünderungen, Brandstiftung, betrunkene Brutalität, Vergewaltigungen und Körperverletzungen.

Alexander III. und sein wichtigster Berater, Konstantin Petrowitsch Pobedonostsew, waren nicht dafür, die Bevölkerung zu Pogromen anzustiften. Anders einige Leute in ihrer Umgebung, so daß örtliche

Beamte, die Pogrome unterstützten, straffrei blieben. Die Bauern mußten nicht angestiftet werden. Für sie war nur wichtig zu wissen, daß man sie nicht bestrafen würde, und das wußten sie. Von 1881 bis 1884 und dann wieder zu Beginn des zwanzigsten Jahrhunderts durften sich die Bauern austoben, und wenn sie weit genug gegangen waren, setzte man die Kosaken ein, die die Bauern zerstreuten. Einige Judenprügler – die Pogromschtschiki – wurden dann vor Gericht gestellt und einige von ihnen sogar bestraft. Dem Zaren und seinen Beratern war klar, wie die öffentliche Meinung im Westen auf solche Dinge reagierte, und sie mußten zeigen, daß Rußland ebenfalls ein zivilisiertes, modernes Land war. Von allen Leuten, gegen die die Bauern einen Groll hegten, waren die Juden die einzigen, die sie angreifen und berauben konnten, ohne eine Bestrafung befürchten zu müssen. Jedes Vergehen gegen einen Grundbesitzer, einen Beamten oder auch nur gegen einen russisch-orthodoxen Kaufmann oder reichen Bauern wurde äußerst streng bestraft. Nach den Maßstäben des zwanzigsten Jahrhunderts handelte es sich dabei um milde Erscheinungsformen des Antisemitismus. Nach den Maßstäben des neunzehnten Jahrhunderts waren diese Manifestationen außergewöhnlich und empörend. Doch für alle Juden – nicht nur für die in Rußland – war das Phänomen, das im Frühjahr 1881 auftrat, nicht einfach empörend, sondern entsetzlich.

Dieses Phänomen war der moderne, aggressive Antisemitismus. Seine russische Erscheinungsform, die bis zum Ende des Ersten Weltkriegs die bösartigste blieb, wies drei Hauptaspekte auf, die alle das Auftreten des Zionismus, die Balfour-Erklärung und die Schaffung des Staates Israel wesentlich beeinflußten.

Der erste dieser Aspekte bestand in der Normalität des neuen antisemitischen Regimes und ihrer Kombination mit seiner zentralen antisemitischen Politik, das heißt, daß es sich nicht um die vorübergehende Laune eines verrückten Despoten handelte. Alexander III. war ein großer, gleichmütiger, umgänglicher Mann. Auch Alexanders wichtigster Berater und Mentor in dieser Angelegenheit, Konstantin Petrowitsch Pobedonostsew, Oberprokurator der Allerheiligsten Synode, Erzieher von Alexander III. und Nikolaus II. und Schöpfer der herrschenden Ideologie des Zarenreiches, hatte nichts Wahnsinniges, Fanatisches an sich. Pobedonostsew war ein Intellektueller, der hervorragendste russische Jurist seiner Zeit und Verfasser einer großen Zahl von wissenschaftlichen Werken. Er war gefährlich kompetent und gewann uneingeschränkten Einfluß auf den Zaren und die russische Kirche.

Für ihn wie für Alexander III. war der Liberalismus der große Feind, und die wichtigsten Verbreiter des Liberalismus waren die Juden. Im Westen hatte das Fortschreiten des Liberalismus zuerst die gesellschaftliche Autorität der katholischen Kirche untergraben und dann das Ancien régime vernichtet. Der Liberalismus hatte sogar Rußland infiziert. Die erste Ansteckung war unter Katharina der Großen erfolgt; während der Herrschaft von Alexander II. hatte er sich zur Epidemie ausgewachsen und allen Arten von revolutionären und terroristischen Aktivitäten Tür und Tor geöffnet, bis er schließlich den Zaren das Leben gekostet hatte. Wenn das Heilige Rußland gerettet werden sollte, dann mußte dem liberalen Blödsinn in Rußland Einhalt geboten werden; um ihm Einhalt zu gebieten, mußte man vor allem dem heimtückischen Fortschritt der Juden Einhalt gebieten, da dieser Fortschritt nach Pobedonostsews Meinung die Grundlage für den liberalen Fortschritt bildete.

Für gewöhnlich spricht man Pobedonostsew von jeglicher Verantwortung für die Pogrome frei. Er machte sich sicherlich Gedanken über Rußlands »Image« im Westen, wie man es heute nennen würde, und befürchtete, daß einige seiner Kollegen offensichtlich zu weit gingen. Doch er war auch bestrebt, in Publikationen der Kirche und der Synode Artikel zu verbreiten und anzupreisen, die die mittelalterliche Legende vom »Ritualmord« anerkannten. Durch ihn wußte der orthodoxe Klerus, daß der Zar Predigten dieser Art billigte.

Es wurde behauptet, daß Pobedonostsew folgende Lösung für das jüdische Problem vorschlug: Ein Drittel der Juden bekehrte sich zum russisch-orthodoxen Glauben; ein Drittel emigrierte; und das restliche Drittel starb. Es ist höchst unwahrscheinlich, daß dieser Mann jemals etwas Derartiges gesagt oder gar etwas so Drastisches vorgehabt hat. Er hat mit dieser Absicht vermutlich das erreicht, was dann eintrat: Die meisten Juden wurden eingeschüchtert, viele emigrierten und einige starben.

Der Antisemitismus war nun die feststehende offizielle Politik. Anfang der achtziger Jahre war dies für viele Menschen vermutlich weniger wichtig als die brutale Tatsache der Pogrome. Aber die Pogrome hörten 1884 auf und setzten im neunzehnten Jahrhundert nicht wieder ein. Der Antisemitismus hingegen hielt bis in das nächste Jahrhundert an. Er hatte meist nichts Dramatisches an sich, sondern manifestierte sich in einzelnen Schritten, wie zum Beispiel der zunehmenden Reduzierung der Zahl der Juden, die zu höheren Schulen zugelassen wurden. Es war jedoch vollkommen klar, was er bedeutete. Viele Juden hatten angenommen, daß sich die Emanzipation unweigerlich auch im Osten durchsetzen mußte, genau wie sie sich im Westen durchgesetzt hatte, und das traf nicht mehr zu. Was jetzt geschah, war keine langsame Emanzipation. Es war eine langsame *Ent*-Emanzipation.

Ein moderner Historiker des Zionismus, David Vital, schrieb in seinem Buch ›Origins of Zionism‹: »In bezug auf die allgemeine Einstellung der russischen Regierung den Juden gegenüber war bald klar, daß die Politik ... jetzt viel schärfer neu formuliert wurde als jemals seit der ersten Teilung Polens ... Wahrscheinlich war es diese Intensivierung und Festigung des offen antisemitischen Charakters der russischen Politik ... und nicht die physische Brutalität des russischen Mobs, die die Juden zuerst beunruhigte, dann entsetzte und schließlich eine große Zahl von ihnen dazu brachte, aktiv entscheidende Abhilfe zu suchen.«

Die Normalität und Zentralität, die der Antisemitismus jetzt erlangte, stellen den ersten Aspekt des neuen Phänomens dar. Der zweite Aspekt war die überwältigende Popularität des Antisemitismus. Er war nicht nur bei den Bauern populär, sondern auch bei den herrschenden Klassen. Vom Standpunkt der Russen aus war es eine vernünftige, machiavellistische Politik, die alle Klassen in einer sonst tief gespaltenen Gesellschaft vereinte.

Rückblickend sind wir geneigt, die antisemitische Politik von Alexander III. (und nach ihm Nikolaus II.) als Verirrung, als letzten, verzweifelten Notbehelf eines dem Untergang geweihten Regimes zu sehen. Doch dem war nicht so. Die Ursache für den Untergang des Regimes war seine militärische Inkompetenz. Unter Nikolaus II. versagte das Regime in zwei Kriegen – 1904 bis 1905 und 1914 bis 1917.

Der dritte signifikante Aspekt des neuen Phänomens war, daß es im Westen allgemein akzeptiert wurde. Im Westen herrschte zwar allerorts Empörung über die Pogrome, aber das antisemitische System erregte dort keinen nennenswerten Abscheu. Alexander wurde in Frankreich gefeiert und umworben, und französisches Geld finanzierte Rußlands industrielle Revolution.

Bei der Betrachtung der unheilvollen Wendung, die ihre Geschichte seit dem März 1881 genommen hatte, blieben den russischen Juden nur zwei Möglichkeiten: bleiben und ertragen, mit wenig Hoffnung für die Zukunft, oder auswandern. Tragischerweise entschloß sich die große Mehrheit der Juden zum Bleiben und Ertragen. Sie waren an Leiden gewöhnt und ertrugen die Verfolgung so, wie es ihre Vorfahren unzählige Generationen lang in so vielen Ländern getan hatten, als einen Aspekt von Gottes Willen.

Eine relativ große Zahl von Juden fand sich jedoch nicht mit der hoffnungslosen Zukunft in Rußland ab. Die Emigration der russischen Juden in die Vereinigten Staaten – wohin die meisten Auswanderer wollten – hatte bereits vor 1881 zugenommen. Zwischen 1871 und 1880 waren es über vierzigtausend gewesen; in den achtziger Jahren stieg die Zahl auf hundertfünfunddreißigtausend; in den neunziger Jahren auf beinahe zweihundertachtzigtausend; und im ersten Jahrzehnt des zwanzigsten Jahrhunderts auf über siebenhunderttausend. (Die Zahlen stammen aus Barons Buch ›Russian Jew‹.) Sie ging nach 1910 in großem Umfang weiter, bis der Ausbruch des Ersten Weltkrieges eine Emigration aus Osteuropa beinahe unmöglich machte.

Es gab andere Juden – eine kleine, aber bedeutsame Minderheit –, die Rußland verlassen wollten, sich aber nicht damit zufriedengaben, sich wieder einmal in dem Land anderer Leute niederzulassen. Diese Männer faßten den erstaunlichen Entschluß auszuwandern, um ein Land für Juden zu schaffen. Sie waren die Minderheit einer Minderheit – Juden mit einer säkularen Erziehung –, die die russische Sprache beherrschten. Durch die neue Entwicklung gerieten die Gebildeten in viel größerem Ausmaß als die Mehrheit der Juden in Verzweiflung. Die Lage würde sich verschlechtern; über lange Zeiträume hinweg langsam, doch zu gewissen Zeiten entsetzlich schnell.

Für jene Juden des Zarenreichs, die bis 1881 Assimilationisten gewesen waren, gab es nur drei Wege. Der erste war die Auswanderung in ein westliches Land in der Hoffnung, dort assimiliert zu werden. Der zweite Weg war, in Rußland zu bleiben und für die Revolution zu arbeiten, von der man erwartete, daß sie gemeinsam mit allen übrigen Problemen auch das jüdische Problem lösen würde. Den dritten Weg, den Zionismus, schlug nur eine sehr kleine Minderheit ein.

Es hatte schon vor 1881 russische Zionisten gegeben – zum Beispiel Eliezer Ben Yehuda –, die beschlossen hatten, nach Palästina auszuwandern, um dort die Wiedergeburt Israels auf dem Boden seiner Vorfahren in die Wege zu leiten. Doch erst nach 1881 erhielt der Zionismus soviel Unterstützung, daß er zu einer organisierten Bewegung werden konnte. Nach dem März 1881 begannen in Moskau, St. Petersburg, Charkow und anderen Städten, kleine, entschlossene Gruppen von jüdischen Studenten zusammenzukommen und über den Zionismus zu diskutieren.

Aus diesen Zusammenkünften entwickelte sich die Bewegung, die als Hovevei Zion bekannt wurde: die Freunde Zions. Ein Zeuge beschrieb diese Zusammenkünfte in Moskau, zitiert von Vital: »Die Zusammenkunft, die natürlich wegen der Polizei heimlich stattfand, wurde in einem relativ großen Saal in der Karetnij Straße abgehalten. Er war gedrängt voll. Die Redner hatten Halsschmerzen, weil sie zuviel sprachen und zuviel rauchten. Die Diskussion verlief sehr stürmisch und dauerte vier bis fünf Stunden... Die Teilnehmer an der Diskussion befaßten sich ausschließlich mit der Wahl des Landes, in das emigriert werden sollte; es wurde nicht darüber debattiert, ob man Rußland verlassen und in einem anderen Land einen unabhängigen Staat errichten sollte; dieser Punkt stand fest... Als wir den Saal verließen, waren wir bereits begeisterte Hovevei Zion und hatten beschlossen, eine Gesellschaft von jungen Leuten zu gründen, die nach Erez Israel auswandern und sich dort niederlassen würde.«

Die Hovevei Zion hütete sich davor, öffentlich ein politisches Ziel zu verkünden. Dadurch hätte man nämlich die osmanischen Behörden gegen sich aufgebracht, denen Palästina gehörte, und damit die Besiedlung gefährdet. Die Gefahr wäre noch größer gewesen, hätten die russischen Behörden von einem politischen Vorhaben erfahren. Die Hovevei Zion hoffte, daß für die Behörden in Konstantinopel und St. Petersburg ihre Auswanderung genauso aussehen würde wie frühere Auswanderungen von religiösen Juden nach Palästina. Es steht jedoch zweifelsfrei fest, daß das endgültige Ziel des politischen Zionismus – ein jüdischer Staat in Erez Israel – bereits für einen Teil der Mitglieder der Hovevei ein feststehendes Programm darstellte.

Im November 1882, also sehr früh in der ersten Aliyah, hatte Ze'ev Dubnov aus Palästina an seinen Bruder Simon, den Historiker, geschrieben: »Mein endgültiger Vorsatz ist, zu gegebener Zeit von Palästina Besitz zu ergreifen und den Juden die politische Unabhängigkeit wiederzugeben, die man ihnen seit zweitausend Jahren vorenthält. Lach nicht, es ist keine Chimäre. Man könnte dieses Ziel erreichen, indem man in Palästina Kolonien von Bauern schafft sowie verschiedene Werkstätten und Fabriken errichtet, die allmählich expandieren – mit einem Wort, indem man danach trachtet, das gesamte Land und die gesamte Industrie in jüdische Hände zu bringen. Weiters wird es notwendig sein, die Jugendlichen und die künftigen jungen Generationen im Gebrauch von Feuerwaffen zu unterrichten ... Dann werden sich die Juden, wenn notwendig mit der Waffe in der Hand, öffentlich zu Herren ihres eigenen alten Vaterlandes ausrufen. Fünfzig Jahre sind für ein solches Unternehmen nur ein Augenblick der Zeit.« Es dauerte sechsundsechzig Jahre, bis Dubnovs erstaunliche Prophezeiung in Erfüllung ging.

Die Idee eines jüdischen Staates war nicht einmal damals ganz neu. Zwanzig Jahre zuvor hatte Moses Hess, ein deutscher Jude, ein Buch mit dem Titel ›Rom und Jerusalem‹ (1862) geschrieben. In diesem Buch schlug Hess vor, daß die Juden dem Beispiel der Italiener folgen und einen eigenen Staat gründen sollten. Hess wußte genau, wo er stand: »Die Juden sind keine religiöse Gruppe, sondern eine eigene Nation, eine besondere Rasse.« Hess, ein Mann von besonderem Scharfblick, begriff klar, daß der Antisemitismus nicht im Abklingen war. Er nahm einfach eine neue, eine »wissenschaftliche« Form an, die dem Geist der Zeit entsprach: den Rassismus. Hess drückte es kurz und bündig aus: »Die Deutschen hassen den eigentümlichen Glauben der Juden weniger als ihre eigentümlichen Nasen.«

Wie Hess es ausdrückt, klingt es komisch, aber es war überhaupt nicht komisch. Charakteristisch für den neuen Antisemitismus war, daß er unabwendbar und unversöhnlich war. Ein Jude konnte dem alten Antisemitismus entgehen, indem er die Religion wechselte, aber vor dem neuen gab es kein Entrinnen. Der Historiker des Zionismus Walter Laqueur hatte gemeint, daß der neue Antisemitismus das Ende der Assimilation, die vollkommene Ablehnung der Juden bedeutete. Denn gemäß der neuen Doktrin waren rassische Charakteristika unveränderlich: Durch einen Religionswechsel wurde ein Jude ebensowenig zu einem Deutschen, wie sich ein Hund in eine Katze verwandeln konnte.

Für die deutschen Juden um 1860 war Hess' Botschaft vollkommen inakzeptabel. Es war ihnen noch nie so gut gegangen und sie blickten zuversichtlich in die Zukunft. Die meisten deutschen Juden hatten nicht die geringste Lust, ihre angenehmen, interessanten, zivilisierten Wohnorte zu verlassen, vor allem nicht, um als Bauern dem trockenen, steinigen Boden Palästinas ihren kärglichen Lebensunterhalt abzuringen. Zwanzig Jahre später mußten die russischen Juden Hess' Botschaft neu erfinden und mit ihren eigenen Worten formulieren. Die Männer, die am meisten zu dieser Formulierung beitrugen, die Männer, die den Zionismus als Doktrin mit Anhängern und Mitarbeitern gründeten, waren Moses Leib Lilienblum, Leon (»Yehuda Leib«) Pinsker und Perez Smolenskin.

Pinsker war Assimilationist gewesen und stammte aus Odessa. Sein Vater und er gehörten der Haskala-Tradition an – deren Anhänger als Maskilim bezeichnet wurden –, der jüdischen Form der europäischen Aufklärung. Pinsker wollte, daß die russischen Juden als ersten Schritt auf dem Weg zur vollen Integration Russisch lernten – die meisten von ihnen sprachen nur Jiddisch. Er war einer der Gründer der ersten jüdischen Zeitung in russischer Sprache.

Man darf nicht vergessen, daß im neunzehnten Jahrhundert die russische Sprache und Literatur große Anziehungskraft besaßen. Es war das goldene Zeitalter der russischen Literatur und eine Zeit fieberhafter geistiger und dichterischer Aktivitäten in den großen russischen Städten. Für Menschen wie Pinsker war es selbstverständlich, daß die Juden daran voll teilhaben und Zugang zu der Hauptströmung der russischen Kreativität finden sollten.

Doch vom März 1881 an wurde deutlich, daß man die Juden nicht zu dieser Hauptströmung zulassen würde. Zwar verfaßte der Dichter und Philosoph Wladimir Sergejewitsch Solowiew eine Petition an Alexander III., die hundert angesehene Unterschriften enthielt, einschließlich der Tolstois. Für Pobedonostsew konnte diese Petition nur eine Bestätigung seines Verdachts sein: Liberale Intellektuelle standen den Juden wohlwollend gegenüber, weil die Juden die Verbreiter des Liberalismus waren, der auf den Untergang des Heiligen Rußlands abzielte. Die Regierung nahm die Petition nicht zur Kenntnis und verbot ihre Veröffentlichung.

Nach dem März 1881 gab Pinsker alle früheren Hoffnungen auf. Im September 1882 veröffentlichte er sein großes Manifest ›Autoemanzipation!‹, eines der zukunftweisenden Dokumente des Zionismus. Es ist in deutscher Sprache verfaßt, an die Juden im Westen gerichtet und einfach mit »ein russischer Jude« unterschrieben. Pinskers Botschaft an die Juden im Westen lautet, daß ihre auf die Emanzipation gegründete Hoffnung, voll in die verschiedenen europäischen Nationalstaaten integriert zu werden, eine Illusion ist. In diesen Gesellschaften werden die Juden immer Fremde bleiben. Nirgends mag man Fremde besonders und: »Der Jude ist der Fremde par excellence.« Doch andere Fremde besitzen eine Heimat, in die sie zurückkehren können. Der Jude besitzt keine eigene Heimat und ist deshalb in der Heimat anderer Leute Gegenstand besonderer Abneigung. Den Juden muß klar werden, daß diese Abneigung immer bestehen bleiben wird.

Für Pinsker sind die Juden in der Diaspora das Gespenst einer Nation, die gestorben ist, keine Heimat finden kann, umherwandert und allen Angst macht. Pinskers Lösung besteht darin, daß die Juden irgendwo eine territoriale Basis erwerben und einen eigenen Nationalstaat gründen müssen. Er fordert daher die westlichen Juden auf, die Führung zu übernehmen und einen nationalen Kongreß der Juden einzuberufen; dieser sollte ein Direktorat einsetzen, das für die finanziellen und anderen Regelungen zu sorgen hätte, die für die Gründung des jüdischen Nationalstaates erforderlich sind. Die Westjuden jener Zeit beachteten Pinsker wenig oder überhaupt nicht, genau wie sie seinerzeit Hess wenig oder überhaupt nicht beachtet hatten; auch die Gründe waren die gleichen. Das Manifest an die westlichen Juden fand bei den russischen Juden am meisten Gehör.

Doch im Hinblick auf das Ziel des Zionismus wies Pinskers Manifest einen großen Fehler auf; es bezeichnete Erez Israel nicht klar und deutlich als das Land, in dem der jüdische Nationalstaat errichtet werden mußte. Diesen Fehler behoben Moses Lilienblum und Perez Smolenskin.

Bezeichnenderweise waren sowohl Lilienblum als auch Smolenskin im Gegensatz zu Pinsker in einer Atmosphäre strenger religiöser Orthodoxie aufgewachsen. Der in Kaidan in Litauen geborene Lilienblum galt im Sinn der traditionellen Gelehrsamkeit als Gelehrter. Doch er hatte mit dieser Tradition gebrochen und sich der Haskala und der Assimilation genähert. Auch er war nach Odessa übergesiedelt. Nach dem März 1881 schlugen seine Gedanken die gleiche Richtung ein wie die Pinskers. Die Juden waren Fremde in den Nationalstaaten der anderen und mußten ein Land finden, in dem sie Staatsbürger und selbst Herren des Landes waren. Lilienblum wußte, daß dieses Land Erez Israel war. Sowohl die Orthodoxen als auch die säkularen Juden sollten gemeinsame Sache machen und in Erez Israel neuerlich einen jüdischen Staat schaffen.

Smolenskin war im jüdischen Siedlungsgebiet geboren und hatte in der Jeshiva (Zentrum für Talmudstudien) von Schklovi in Litauen studiert. Er übersiedelte ebenfalls nach Odessa und dann nach Wien. In einer Reihe von hebräischen Essays, die zwischen 1875 und 1877 unter dem Titel ›Es ist Zeit zum Siedeln‹ erschienen, argumentierte Smolenskin, daß die Juden nur im geistigen Sinn eine Nation waren.

All das änderte sich 1881. Die Juden, die versucht hatten, »so zu sein wie alle anderen Menschen«, wie Smolenskin es ausgedrückt hatte, wurden Opfer der Pogrome. In einem neuen Essay ›Laßt uns Wege suchen‹ (1881) trat Smolenskin jetzt für eine kollektive, auf nationaler Solidarität beruhende Emigration ein. Und: »Wenn die Welle der Emigration sich auf einen Ort richten soll, dann kommt sicherlich kein anderes Land auf der Welt in Frage als Erez Israel.«

Diese Verbindung zwischen säkularen und orthodoxen Juden war ein entscheidender Faktor in der Entwicklung des Zionismus. Der Zionismus als politisches Programm entstand bei den Maskilim, doch er bezog seine Lebenskraft und seine Orientierung auf Palästina aus dem religiösen Leben der orthodoxen jüdischen Bevölkerung des Shtetl, des typischen jüdischen Dorfs oder der Kleinstadt im Siedlungsgebiet, in dem die meisten Juden lebten.

Maurice Samuel schildert brillant die Geisteshaltung im Shtetl in bezug auf Palästina: »Die Hälfte der Zeit war das Shtetl einfach nicht da: Es befand sich im Heiligen Land, und es befand sich in der fernen Vergangenheit oder der fernen Zukunft in Gesellschaft der Patriarchen und Propheten oder des Messias. Seine Feste waren auf das Klima und den Kalender von Palästina abgestimmt; es feierte regelmäßig die Ernten, die seine Vorfahren vor Jahrhunderten eingebracht hatten; es betete um den Zoreh und den Malkosh, die subtropischen (frühen und späten) Regenfälle, ohne sich um die Bedürfnisse seiner Nachbarn zu kümmern, deren Gebete sich auf einen praktischen, örtlichen Zeitplan bezogen.«

Die beiden großen Führer, die den Zionismus im zwanzigsten Jahrhundert verwirklichten, waren beide im neunzehnten Jahrhundert in einem solchen Shtetl geboren: Chaim Weizmann 1874 in Motol in Westrußland in der Nähe der polnischen Grenze, und David Ben Gurion 1886 in Plonsk im russischen Polen, nicht weit von Warschau entfernt.

Weizmann erinnert sich in ›Trial and Error‹ an seine Kindheit: »Ihre Gedankengänge (die Gedankengänge der nichtjüdischen Nachbarn) waren uns fremd, jedem waren die Träume, Religionen, Feste, sogar die Sprache des anderen fremd. Es gab Zeiten, zu denen die nichtjüdische Welt praktisch aus unserem Bewußtsein ausgeschlossen war, zum Beispiel am Sabbath, und noch mehr bei den Frühjahrs- und Herbstfesten. Mein Vater war kein Zionist, aber das Haus war von der üppigen jüdischen Tradition durchdrungen, und Palästina stand im Mittelpunkt des Rituals, eine Hoffnung, die nie starb.«

Dennoch gelang es dem Zionismus nie, als faktisches Programm die Massen der Shtetl-Bevölkerung für sich zu begeistern. Das war zum Teil auf Gewohnheit, vor allem jedoch auf den jüdischen Hang zur Resignation in Verbindung mit der relativ geringen Attraktivität Palästinas für die praktisch Denkenden zurückzuführen. Teilweise beruhte es auf der ablehnenden Haltung der meisten Rabbiner dem Zionismus gegenüber, die die verheerenden Auswirkungen eines falschen Messianismus fürchteten. Doch auch die russischen Zionisten strebten zunächst nur die Auswanderung der Elite an, die den Weg für eine spätere Auswanderung großen Umfangs bereiten sollte.

Eine solche Elite konnte sich nur aus den Reihen der Maskilim rekrutieren, die sich vom orthodoxen Judaismus ab- und der Assimilation zugewandt hatten. Einigen von ihnen erschien der Zionismus als kühne, glänzende Lösung eines Problems, das herzzerreißend unlösbar wirkte: wie man sich der modernen Welt anpassen konnte, ohne daß man aufhörte, Jude zu sein. Paradoxerweise ist der Zionismus in einem seiner Aspekte eine kollektive Form der Assimilation; daß Juden ein eigenes Land besitzen – nicht nur im geistigen Sinn, sondern auch territorial –, bedeutet für sie, daß sie so sind »wie alle anderen Menschen«, weil sie ein Land besitzen, das so ist wie alle anderen Länder.

Die Maskilim vor 1881 hatten sich vom Shtetl und seinen Charakteristika losgesagt; die Zionisten waren stolz darauf. Für die in einem Shtetl geborenen Maskilim beendete der Zionismus ein seelisches Schisma. Der größte Teil jener Zionisten, die Maskilim waren, lehnten die Tendenz der Haskala zur individuellen Assimilation, aber nicht ihre moderne, wissenschaftliche, säkularisierende Tendenz ab.

Die meisten Exponenten des orthodoxen Judaismus lehnten den Zionismus ab, jedoch nicht alle. Bei einigen orthodoxen Juden existierte ein überlieferter praktischer Zionismus. Das wird in der ersten Hälfte des neunzehnten Jahrhunderts in den Lehren von zwei Rabbinern deutlich: Rabbi Yehuda Alkalai und Rabbi Zevi Kalischer. Der in Sarajewo geborene Alkalai gehörte zu den Sephardi; Kalischer, der in der kleinen Stadt Thorn in der Provinz Posen wirkte, war Ashkenasi.

Alkalai hatte eine mittelalterliche jüdische Überlieferung über den Messias weiterentwickelt und war zu einer wesentlichen zionistischen Interpretation gelangt. Dieser Überlieferung zufolge wird dem eigentlichen Erlöser, dem Messias, dem Sohn Davids, ein Vorbote, ein Messias vorangehen, der Sohn des Josef (Mashiah Ben Yosef) heißen und das Land Israel erobern wird. Gemäß Alkalais Interpretation symbolisiert der Mashiah Ben Yosef einen Prozeß, das Auftauchen einer politischen Führerschaft unter den Juden, die »den Beginn der Erlösung«

einleiten wird: »Die Erlösung wird ihren Anfang durch eine Anstrengung der Juden selbst nehmen: Sie müssen sich organisieren und vereinigen, Führer wählen und das Land ihres Exils verlassen«, heißt es bei Avineri. Kalischers Buch ›Derishat Zion‹ erschien 1862, im gleichen Jahr wie Moses Hess' ›Rom und Jerusalem‹: Bei beiden war das auslösende Moment das gleiche: das Risorgimento. Während die Italiener und andere Gleichdenkende ihr Leben für ihr Vaterland opfern, stellt Kalischer fest: »Wir, die Kinder Israels, deren Erbe das herrlichste und heiligste aller Länder ist, sind mutlos und schweigen. Wir sollten uns schämen.« Vom theologischen Standpunkt aus argumentiert Kalischer, daß die Erlösung Israels nach und nach vor sich gehen und der Strahl der Befreiung allmählich aufleuchten wird. All dies soll durch die schrittweise Rückkehr der Juden in das Land Israel und dadurch erreicht werden, daß sie sich in dem Land ansiedeln.

Diesen allgemeinen Standpunkt, den sowohl Alkalai als auch Kalischer vertraten, nahmen in den achtziger Jahren auch Rabbi Samuel Mohilever und Rabbi Isaak Jakob Reines ein. Mohilever betonte, wie wichtig eine Annäherung zwischen den Orthodoxen und den Maskilim als Vorbedingung für die Einheit des jüdischen Volkes sei. Reines gründete 1902 in Wilna die Misrachi (»Geistiges Zentrum«) genannte Bewegung, die man als die wichtigste religiöse Lobby innerhalb des Zionismus bezeichnen könnte. Sie hat die Entwicklung und das gesellschaftliche Leben Israels maßgebend beeinflußt und tut es noch heute. Die zionistische Bewegung wies von Anfang an sowohl eine religiöse als auch eine säkulare Seite auf. Weizmann, Ben Gurion und andere der Maskilim-Tradition verhaftete zionistische Führer konnten nicht in dem Sinn »religiöse Juden« sein, daß sie die Fülle von Vorschriften und Verboten akzeptierten, die das tägliche Leben des orthodoxen Juden bestimmt. Doch in einem weiteren Sinn konnten sie nichts anderes sein als sehr religiöse Juden; ein Hinweis darauf war ihr brennender Glaube an die Rückkehr des auserwählten Volkes in das Gelobte Land. So gesehen, waren sie vielleicht keine religiösen Führer, jedoch zumindest Männer, die jene führen konnten, die den Zionismus im wesentlichen als religiöse und nur der äußeren Form nach als säkulare Bewegung betrachteten. In den achtziger Jahren vereinten sich Orthodoxe und Maskilim zu gemeinsamer zionistischer Arbeit, die bald ganz Rußland erfaßte. In allen von Juden bewohnten Gebieten Rußlands entstanden lokale Gesellschaften nach Art der Hovevei Zion, und Pinsker und Lilienblum, die zusammenarbeiteten, organisierten die Kommunikation zwischen diesen Gesellschaften. Lilienblum überredete Pinsker dazu, den Nationalen Kongreß einzuberufen, den er den Westjuden vorgeschlagen hatte. Da die Westjuden auf diesen Appell nicht reagiert hatten, würde es eben ein Kongreß der russischen Juden sein.

Der Kongreß trat am 6. November 1884 in der schlesischen Stadt Kattowitz zusammen. Das eigentliche Ziel der Bewegung – die Errichtung eines jüdischen Staates Erez Israel – konnte aus Angst vor dem Zaren und dem Sultan nicht öffentlich erwähnt werden. Die Konferenz beschränkte sich auf Detailfragen in bezug auf Emigration und Ansiedlung.

Bis 1891 hatten sich erst zehntausend neue, politisch orientierte Siedler – die erste Aliyah – in Palästina niedergelassen, die meisten von ihnen in landwirtschaftlichen Siedlungen wie Rishon-le-Zion und Gedera, andere in den neuen Vierteln von Jaffa und Jerusalem. Ihre Zahl war überaus gering. Sie hätten vermutlich nicht überlebt, wenn sie auf die spärliche Hilfe der russischen Zionisten angewiesen gewesen wären. Was den Siedlern das Überleben ermöglichte, waren die Spenden, die sie aus Paris von Baron Edmond de Rothschild erhielten, obwohl dieser keineswegs erklärter Zionist im politischen Sinn war.

Diese erste Aliyah stellt einen entscheidenden Schritt auf dem Weg zum jüdischen Staat dar. Der Zionismus hatte in Palästina einen Brükkenkopf errichtet. Dort gab es zum ersten Mal eine jüdische Bevölkerung, die sich einem territorialen Ziel verschrieben hatte, der Errichtung eines Staates, in dem die Juden nicht länger Fremde waren.

Im letzten Jahrzehnt des neunzehnten Jahrhunderts nahm der Antisemitismus in West- und Mitteleuropa drastisch zu. Er betraf hauptsächlich den Mittelstand, der über die Folgen des Triumphs des Liberalismus verärgert war. Die Folge, die den meisten Unwillen erregte – vor allem in Frankreich, Deutschland und Österreich –, war die immer mehr zunehmende Beteiligung und Konkurrenz der Juden in zahlreichen Lebensbereichen des Mittelstandes. Es ging vor allem um die freien Berufe, das Geschäfts- und Finanzwesen, die Presse und die Kunst.

Im westlichen Antisemitismus dieser Periode gab es zwei Hauptströmungen, und es ist wichtig, zwischen ihnen zu unterscheiden. Die beiden Strömungen sind das christliche und das nationalistische Ressentiment. Das christliche Ressentiment war die Folge von Jahrhunderten christlicher Lehre, laut der die Juden verflucht sind und sich als Volk von anderen Völkern unterscheiden: das von Gott auserwählte Volk, das dann Seinen Sohn abgelehnt und gekreuzigt hatte. Doch nun warfen die Christen den Juden außerdem noch vor, daß sie die Ideen der Aufklärung verbreiteten und dadurch den christlichen Glauben sowie die christliche Macht schwächten. Wenn man den Juden die Schuld an dieser Entwicklung zuschob, brachte man gleichzeitig die Ideen der Aufklärung in Mißkredit, die den Juden mehr Vorteile eingebracht hatten als den Nicht-Juden. Christliche Schriftsteller forderten die Menschen auf, zu der guten alten Zeit zurückzukehren, als die gesamte Macht in christlichen Händen lag und die Juden wußten, wo ihr Platz war.

Zum nationalistischen Ressentiment kam es durch die Vorstellung, daß die Juden ein internationales Volk waren, also etwas, das es nicht geben durfte. Die französischen Juden sagten, daß sie Franzosen seien, während die deutschen Juden sagten, daß sie Deutsche seien. Wie konnte das gleiche Volk sowohl deutsch als auch französisch sein? Das war wider die Natur. Die Juden waren in Wirklichkeit Fremde, und daher war jegliche Macht, die sie erwarben, eine Entfremdung der nationalen Macht, etwas, das nicht geduldet werden durfte. Je mehr sich die europäischen Nationalisten ereiferten, desto mehr waren sie von der Vorstellung des feindlichen Fremden besessen und desto rassistischer wurden sie.

Das christliche Ressentiment nahm im Westen allmählich ab, obwohl es bis zum Ersten Weltkrieg immer noch bedeutend war. Die Entwicklung des Nationalismus zur vorherrschenden Geisteshaltung erwies sich jedoch als ein Ereignis, das entsetzliche Bedeutung erlangen sollte. P. G. J. Pulzer, eine Autorität auf dem Gebiet des Antisemitismus deutscher Prägung im neunzehnten Jahrhundert, bemerkt dazu, daß die Redner einfach aufhörten, von »den Mördern Christi« zu sprechen, und statt dessen über die Gesetze des Blutes sprachen. Damit bewirkten sie, daß der Antisemitismus elementarer und kompromißloser wurde. Die Ersetzung des Pogroms durch die Gaskammer stellte nur noch eine logische Entwicklung dar.

Der Antisemitismus in seinen verschiedenen Erscheinungsformen war ein gesamteuropäisches Phänomen. Doch der Antisemitismus in Deutschland, Österreich und Frankreich war von entscheidender Bedeutung für die Entwicklung des Zionismus und die Schaffung des Staates Israel. Daher muß der Antisemitismus dieser drei Staaten hier kurz untersucht werden.

Der deutsche Antisemitismus war im Gegensatz zu der österreichischen und französischen Spielart von Anfang an viel stärker von der nationalistisch-rassistischen und weniger von der religiösen Komponente bestimmt. Bereits um die Mitte des Jahrhunderts hatten die Schriften Richard Wagners, insbesondere ›Das Judentum in der Musik‹, und Heinrich von Treitschkes sehr viel dazu beigetragen, den nationalistischen Antisemitismus unter gebildeten Deutschen gesellschaftsfähig zu machen.

Die rassistischen Theorien des Engländers Houston Stewart Chamberlain und des Franzosen Comte Joseph Arthur de Gobineau fanden in Deutschland weit mehr Anklang als in jedem anderen Land. Chamberlain war der Ansicht, daß König David, die Propheten und Jesus Deutsche gewesen waren. Gobineau erklärte seinen deutschen Lesern, daß von den modernen Völkern nur die Deutschen die ethnische Reinheit als arische Rasse bewahrt hatten.

In den siebziger Jahren verschaffte sich der deutsche intellektuelle und rassistische Antisemitismus immer nachdrücklicher Gehör. Einer der Historiker des Antisemitismus in jener Zeit, R. F. Byrnes, erklärt dies so: »Als sich im neunzehnten Jahrhundert die liberale Bewegung in den deutschen Staaten verbreitete, kam es zur Emanzipation der Juden, bis sie... 1871 die vollkommene Gleichberechtigung erlangten. Dies war natürlich einer der Hauptgründe für den Angriff auf die Juden, der beinahe sofort einsetzte.«

Das Wort »Antisemitismus« tauchte zum ersten Mal auf in dem Buch ›Der Sieg des Judentums über das Germanentum‹ von dem deutschen, nationalistisch-rassistischen Journalisten Wilhelm Marr, einem skrupellosen Schreiberling. Doch Marr wurde von Eugen Dühring, einem blinden Professor für Wirtschaftslehre und Philosophie an der Universität von Berlin, übertroffen. Bereits 1865 war Dühring in dem philosophischen Werk ›Der Wert des Lebens‹ dafür eingetreten, daß man die jüdische Frage »durch Ertötung und Ausrottung« lösen solle.

In Deutschland, noch mehr in Österreich und in geringerem Maß in Frankreich, verlieh nach 1881 die Zunahme der Emigration aus dem Zarenreich dem Antisemitismus neuen Schwung und verschärfte ihn. Das war unvermeidlich. Die grundlegende Vorstellung war, daß die Juden Fremde waren, und die Neuankömmlinge kamen den Westeuropäern wirklich sehr fremd vor.

Die Reaktion vieler Deutscher auf die Einwanderung faßte Treitschke sehr gut zusammen: »Jahr um Jahr ergießt sich über unsere östliche Grenze... aus der unerschöpflichen polnischen Wiege eine Horde ehrgeiziger, Hosen verkaufender Jünglinge, deren Kinder und Kindeskinder eines Tages Deutschlands Aktienbörsen und Zeitungen beherrschen werden...« Treitschkes Antisemitismus war sowohl nationalistisch als auch christlich, und diese Art von Antisemitismus erlangte in den achtziger Jahren in Deutschland politische Bedeutung.

Adolf Stöcker, dessen christlichsoziale Partei in den achtziger Jahren zum Antisemitismus hinüberwechselte, war Hofgeistlicher am Kaiserlichen Hof. Seine politische Bewegung wurde eine Zeitlang von Bismarck unauffällig gefördert, weil sie über das Potential verfügte, die Fortschrittlichen und die Sozialdemokraten in Berlin zu unterminieren; Stöcker war jedoch kein hervorragender politischer Führer, und vor dem Ersten Weltkrieg gedieh der Antisemitismus in Deutschland nie zu einer eigenen politischen Bewegung. Doch er verbreitete sich in der gesamten Gesellschaft, einschließlich der politischen Parteien.

Es gab auch einige Anti-Antisemiten, sogar unter den deutschen Nationalisten. Der Historiker Theodor Mommsen trat 1895 aus der preußischen Akademie aus, als er erfuhr, daß Treitschke in sie gewählt worden war. »Neben ihm kann ich nicht bleiben«, erklärte Mommsen. In diesem Fall hielten Mommsens Zeitgenossen allerdings ihn und nicht Treitschke für überspannt. Doch erst in den achtziger Jahren wurde der potentiell genozide Zug in der deutschen Kultur deutlich: der antichristliche Antisemitismus, der in den Werken eines der größten deutschen Schriftsteller vorherrscht.

Bis dahin hatte der christliche Antisemitismus immer eine Grenze anerkannt, was auch die ›Encyclopaedia Judaica‹ bestätigt, in der es heißt, daß Thomas von Aquin der Ansicht war, die Juden seien infolge ihres Verbrechens zu ewiger Knechtschaft verurteilt, daß man ihnen aber dennoch nicht den lebensnotwendigen Bedarf vorenthalten dürfe. Das war das christliche Limit.

Eugen Dühring wollte dieses christliche Limit abschaffen. Aber er und seinesgleichen besaßen weder den Mut noch die Fähigkeit, einen umfassenden Angriff auf das Christentum und seine hemmende Ethik zu starten. Das wurde das Werk von Friedrich Nietzsche. Indem dieser den (begrenzten) christlichen Antisemitismus durch den (unbegrenzten) antichristlichen Antisemitismus ersetzte, trug er sehr dazu bei, den Nazis und dem Holocaust den Weg zu bereiten.

Mir ist sehr wohl bewußt, daß viele Leute diese Feststellung als übertrieben und sogar als empörend empfinden werden. Seit dem Zweiten Weltkrieg hat man sich darauf geeinigt, Nietzsche aus der intellektuellen Geschichte des Antisemitismus auszuklammern, in der er jedoch eine entscheidende Rolle gespielt hat. Es stimmt, daß Nietzsche den vulgären (und christlichen) Antisemitismus seiner Zeit, vor allem jenen seines Schwagers Bernhard Förster, verabscheute. Es stimmt auch, daß Nietzsches Schriften sich nicht hauptsächlich gegen die Juden, sondern gegen das Christentum richteten. Aber durch die Art, wie sie das Christentum angriffen, waren sie für die Juden viel gefährlicher als für die Christen.

Der antichristliche Antisemitismus an sich war nichts Neues. Neu an Nietzsche war jedoch der ethische Radikalismus seiner dauernden Angriffe auf das Christentum. Die Aufklärung hatte noch die christliche Ethik, die Bergpredigt, respektiert. Nietzsches Botschaft lautete, daß die christliche Ethik Gift sei; sie betonte das Mitleid und stand dadurch im Gegensatz zu den wahren arischen Werten: »Stolz, Strenge, Stärke, Haß, Rache.« Und die für diese Umwertung der Werte, die Wurzel alles Bösen, verantwortlichen Menschen waren die Juden.

Nietzsches wahrer Vorwurf an die christlichen Antisemiten seiner Zeit im üblichen Sinn bestand darin, daß sie nicht genügend antisemitisch waren; daß ihnen nicht bewußt wurde, daß sie selbst die Träger der semitischen Infektion, des Christentums, waren.

Nietzsche wurde 1889, dem Jahr, in dem Hitler zur Welt kam,

wahnsinnig. In den neunziger Jahren wurde der intellektuelle Einfluß von Nietzsches Schriften in ganz Westeuropa dominierend, und im ersten Jahrzehnt des zwanzigsten Jahrhunderts waren seine Werke (besonders in Deutschland und Österreich) in großen, billigen Ausgaben erhältlich. Seine Hauptthemen – vor allem die Vorstellung vom Christentum als jüdische Korrumpierung der echten, normalen arischen Wildheit – waren weit verbreitet. Es ist nicht bekannt, ob Hitler Nietzsche gelesen hat, aber er hat bestimmt seine antichristliche Botschaft und die Billigung der Wildheit erfaßt. Hitler hatte es nicht nötig, von Nietzsche Antisemitismus zu lernen; er lag rings um ihn in der Luft. Was er, direkt oder indirekt, von Nietzsche lernte, war die Tatsache, daß das traditionelle christliche *Limit* für den Antisemitismus Teil eines jüdischen Tricks war. Sobald die Werte, die die Juden umgekehrt hatten, wieder hergestellt waren, würde es kein Limit und keine Juden mehr geben.

Der Antisemitismus schaffte in den achtziger Jahren seinen verhängnisvollsten geistigen Durchbruch in Deutschland. Doch nicht in Deutschland, sondern in Österreich, und zwar in Wien, erzielte der Antisemitismus seinen ersten großen politischen Erfolg und fand seinen ersten großen politischen Führer. In Österreich wie in Deutschland nahm der politische Antisemitismus der achtziger Jahre sowohl nationalistisch-rassistische als auch christliche Formen an. Der ursprüngliche – jedoch nicht große – Führer der österreichischen Antisemiten, Georg von Schönerer, war ein doktrinärer Rassist (und der führende Exponent des Pangermanismus seiner Zeit). Er ging mit einer Leibwache von Studenten herum, die gegen die Juden hetzten und folgendes Liedchen sangen: »Was der Jude glaubt ist einerlei, in der Rasse liegt die Schweinerei.«

Schönerer setzte sich wie Stöcker in Deutschland für ein Verbot der jüdischen Einwanderung ein. Diese Forderung war populär, vor allem in Wien, wo sich die Zahl der Juden zwischen 1869 und 1890 im Verhältnis zu der Gesamtbevölkerung verdoppelt hatte, und zwar hauptsächlich durch die Einwanderung aus Osteuropa. Im Mai 1887 brachte Schönerer im Reichsrat ein Anti-Einwanderungsgesetz ein. Bei der Abstimmung stimmte nur eine kleine Minderheit, nämlich neunzehn Abgeordnete, für den Antrag, was ein Hinweis darauf ist, wie stark die liberale Tradition im Parlament in den achtziger Jahren noch war. Doch unter den neunzehn befand sich ein ernstzunehmender, ehrgeiziger Politiker: Karl Lueger. Luegers Rede zu Schönerers Gesetz war seine erste antisemitische Äußerung; sie wurde aufgrund der richtigen Überlegung gehalten, daß mit dem Antisemitismus Stimmen zu gewinnen waren.

Von dieser Erkenntnis ausgehend, baute Lueger in den neunziger

Jahren seine spektakuläre, erfolgreiche politische Karriere auf. Doch obwohl sich Lueger dem Antisemitismus verschrieb, achtete er darauf, nicht in Schönerers Rassismus zu verfallen. Seine Bewegung war eine populistische Reaktion des »gewöhnlichen Wieners« gegen die glitzernde kulturelle Elite der Stadt. Lueger war bewußt, daß viele seiner Wähler Katholiken waren und daß die Hauptströmung des österreichischen Antisemitismus katholisch war. Daher gründete er 1893 die christlichsoziale Partei, die sowohl den Katholiken als auch den sozialen Reformern und den Antisemiten etwas bot, das ihnen zusagte. Seine Partei errang 1895 bei den Gemeinderatswahlen einen Erdrutschsieg über die Liberalen: zweiundneunzig zu sechsundvierzig Stimmen.

Dieser Sieg in Wien sowie ein anderes Ereignis, das sich im gleichen Jahr in Paris abspielte, stellten, wie wir sehen werden, eine entscheidende Etappe in der Entstehung des Zionismus und der Schaffung des Staates Israel dar. Lueger erwies sich als ungeheuer erfolgreicher, reformierender Bürgermeister. Außerdem war er ein Charmeur nach Wiener Art. Macartney sagt von ihm: »Seine Integrität, sein anziehendes Äußere und sein freundlicher Humor verschafften ihm eine ungeheure persönliche Anhängerschaft; er war sowohl ein genialer Verwalter als auch ein skrupel- und rücksichtsloser politischer Taktiker.«

Lueger war in seinen persönlichen Ansichten vielleicht gar kein Antisemit. Er war es in der Praxis unter Umständen einfach deshalb, weil die meisten Wiener Antisemiten waren. In deutschsprachigen Ländern wurden Liberale, die sich gegen den Antisemitismus stellten, weggefegt, zum Beispiel auch in Wien. Andere Liberale fanden sich in den neunziger Jahren mit ihm ab. In Deutschland hatte das liberale Programm 1885 alle Agitationen gegen einzelne Klassen, vor allem aber die antisemitische Bewegung, verurteilt, weil sie einer zivilisierten Gesellschaft unwürdig war. 1891 schweigt das liberale Programm jedoch darüber.

Unter der Oberfläche der Normalität rührten sich bereits abnormale Kräfte. Adolf Hitler kam 1906 zum ersten Mal nach Wien, verbrachte 1907 und 1908 einige Zeit hier und lebte von 1909 bis 1913 in dieser Stadt. Die Jahre von 1906 bis 1910 waren die letzten Jahre von Luegers überaus erfolgreicher politischer Karriere (er starb 1910). Der junge Hitler war von Lueger ungeheuer beeindruckt: »... der beste Bürgermeister, den wir je hatten.« Hitler lernte von Lueger nicht den Antisemitismus, sondern pragmatische Politik: wie man den Antisemitismus benützen kann, um politische Macht zu gewinnen.

Ideologisch stand Hitler Schönerers fanatischem rassistischem Antisemitismus viel näher als Luegers relativ milder und offensichtlich christlicher Version. Doch politisch war Hitler für Lueger, nicht für Schönerer. Lueger, nicht Schönerer, hatte die Macht erlangt, indem er sich die Stimmen dort holte, wo es Wähler gab. Das war wichtiger als ideologische Reinheit.

Hitler gab zu, daß er von Lueger zwei wichtige politische Lektionen gelernt hatte: erstens, daß es weise ist, sich an bedrohte Klassen zu wenden, die tatkräftig kämpfen werden, und zweitens, daß man entschlossen sein muß, existierende Institutionen wie die Kirche, die Armee oder die Bürokratie dazu auszunützen, um auch die geringe politische Macht, die sie bieten könnten, an sich zu reißen.

Adolf Hitlers Laufbahn nach dem Ersten Weltkrieg zeigte, was man mit Hilfe der Lehren und Methoden von Karl Lueger erreichen konnte, wenn man sie in den Dienst eines aufrichtigen, leidenschaftlichen Antisemitismus stellte, und den Antisemitismus nicht zynisch und opportunistisch verwendete, wie Lueger es getan hatte.

In Frankreich war die Emanzipation der Juden, die mit der französischen Revolution begonnen hatte, die älteste und vollständigste in Europa. Bis zu den achtziger Jahren war der französische Antisemitismus nebensächlich: Er existierte vorwiegend in der Linken. Schriftsteller, die Proudhons Vorbild folgten, setzten Kapitalisten mit Bankiers und Bankiers mit Juden gleich. Doch ihre Bemühungen hatten keinen Erfolg. Nirgends sonst im kontinentalen Europa schienen die Juden so sicher wie in Frankreich.

Als in den achtziger Jahren der französische Antisemitismus als bedeutende Macht mit einer großen Gefolgschaft im Mittelstand auftauchte, wurde dieses Vertrauen schwer erschüttert. In gewissem Maß hat vielleicht das Eintreffen der Opfer der russischen Pogrome die Zunahme des Antisemitismus in Frankreich verursacht. Doch dieser wurde hauptsächlich durch den allgemeinen kulturellen Konflikt innerhalb Frankreichs ausgelöst, der in den Jahrzehnten nach Frankreichs militärischem Debakel von 1870 erbittert ausgetragen wurde.

Der neue französische Antisemitismus war hauptsächlich nationalistisch, katholisch und rechtsorientiert; sogar konterrevolutionär, doch er war auch deutlich populistisch angehaucht, wieder in der Proudhonschen Tradition. Er bezog einen großen Teil seiner Kraft aus dem französischen katholischen Ressentiment gegen die Dritte Republik und vor allem gegen den von 1877 an herrschenden Antiklerikalismus.

Bis 1880 hatten die französischen Katholiken dazu geneigt, die Freimaurer für ihre Schwierigkeiten verantwortlich zu machen. Doch sie hatten festgestellt, daß andere Leute sich nicht besonders für die Freimaurer interessierten. In den achtziger Jahren wurde dann klar, daß die Juden viel interessanter waren als die Freimaurer. Waren nicht die Juden, wenn man es sich recht überlegte, die Hauptnutznießer der Französischen Revolution und der Erziehungspolitik der Dritten Republik? Und mischten nicht die Juden bei der antiklerikalen Politik und dem antiklerikalen Journalismus mit? War es vielleicht so, daß sie und nicht die Freimaurer (oder beide zusammen) hinter allem steckten? Damit schlug in Frankreich die katholische Rechte in den achtziger Jahren in der Politik und im Journalismus den antisemitischen Kurs ein, den sie sechzig Jahre lang beibehalten sollte.

Der französische Antisemitismus fand nie einen politischen Führer vom Format eines Karl Lueger. Dafür brachte Frankreich jedoch den Mann hervor, der (nach Adolf Hitler) mehr zur Verbreitung von antisemitischen Ideen und Gefühlen beitrug als jeder andere Mensch auf dieser Welt: Edouard Drumont. Drumont ist als »soziologisch typischer Antisemit« bezeichnet worden. Bis zur Veröffentlichung seiner spektakulären, erfolgreichen antisemitischen Abhandlung ›La France juive‹ im Jahr 1886 war er ein »schwer arbeitender, ehrbarer, ehrgeiziger, aber frustrierter Journalist gewesen, der glaubte, daß seine großen Talente infolge von Kräften, die sich seinem Einfluß entzogen, geringgeschätzt und nicht beachtet wurden«, wie Byrnes feststellt.

Bis zur Mitte der achtziger Jahre war Drumonts Antisemitismus nicht in Erscheinung getreten. Möglicherweise war er, wie Lueger, nicht von antisemitischer Leidenschaft beseelt, sondern erkannte die beruflichen Möglichkeiten, die ihm die Ausschlachtung des zunehmenden Antisemitismus bot. Wie bei Lueger war die Form des Antisemitismus, für die sich Drumont entschied, eine Version des katholischen Antisemitismus. In Österreich hatte der katholische Antisemitismus Stimmen gebracht, und in Frankreich brachte er Verkaufsziffern. ›La France juive‹ erlebte innerhalb eines Jahres nach ihrem Erscheinen hunderteinundzwanzig Auflagen. Es war das meistgelesene Buch Frankreichs.

›La France juive‹ bestimmte über zwei Generationen lang den Ton des rechtsorientierten französischen Journalismus: erregt, weitschweifig – das Pamphlet beläuft sich auf zwei Oktavbände –, geschwätzig, ordinär, paranoid, krampfhaft fromm – und doch gelegentlich von überzeugender Beredsamkeit und Inspiration. Genau wie Pobedonostsew glaubte und verbreitete Drumont das Schauermärchen vom Ritualmord. Sein zentrales Thema ist jedoch, daß die Juden Christus nicht nur in der Vergangenheit gekreuzigt haben, sondern daß sie ihn heute noch in Frankreich immer wieder kreuzigen. Drumont ließ auf ›La France juive‹ eine Serie von weiteren antisemitischen Traktaten folgen, die beinahe genauso begeistert aufgenommen wurden, und gründete 1892 eine gutgehende antisemitische Tageszeitung, ›La Libre Parole‹.

Der französische Antisemitismus erreichte nie die gleiche allgemeine Verbreitung und den anerkannten Status des deutschen und österreichischen Antisemitismus; er blieb das Merkmal einer politisch-religiösen Sekte: rechtsstehend, katholisch, antirepublikanisch. Diese

Sekte wurde von vielen Franzosen abgelehnt. Die Tatsache, daß die Katholiken in den achtziger Jahren fanatisch gegen die Juden waren, veranlaßte die Linke, ihre proudhonistische (oder marxistische) Spielform des Antisemitismus aufzugeben; sie fand sich sogar unter bestimmten günstigen Voraussetzungen bereit, für die Juden einzutreten. In Frankreich war die Einstellung den Juden gegenüber politisch wesentlich polarisierter als in Österreich oder Deutschland.

Merkwürdigerweise wirkte sich der französische Nationalstolz sogar zugunsten der Juden aus. Die Große Revolution, die die Juden befreit hatte, war eine welthistorische französische Leistung, auf die die meisten Franzosen stolz waren. Wenn also die französische Rechte die Juden und die Französische Revolution im gleichen Atemzug angriff, hatte dies nach Meinung der meisten Franzosen positive Folgen für die Juden.

Der französische Antisemitismus dominierte einige Gruppen der Gesellschaft zur Gänze. Eine davon war die Armee. Die Zeitung, die die meisten französischen Offiziere in den neunziger Jahren abonniert hatten, war Drumonts ›La Libre Parole‹. Viele Offiziere provozierten mit diesem Blatt gern ihre jüdischen Kameraden, etwa dreihundert an der Zahl. Einer von ihnen war Hauptmann Alfred Dreyfus.

Am Montag, dem 29. Oktober 1894, erschien in Drumonts ›La Libre Parole‹ eine kurze Notiz: »Stimmt es, daß auf Befehl der Militärbehörden kürzlich eine höchst bedeutsame Verhaftung erfolgt ist? Der Verhaftete wird offenbar der Spionage beschuldigt. Wenn die Information stimmt, warum bewahren dann die Militärbehörden absolutes Stillschweigen?« Zwei Tage später war ›La Libre Parole‹ in der Lage, die ersehnte Schlagzeile zu bringen: »Hochverrat. Verhaftung des jüdischen Offiziers A. Dreyfus.«

Am 21. Dezember sprach ein Kriegsgericht Dreyfus des Hochverrats schuldig, und zwar hauptsächlich aufgrund der meineidigen Aussagen von Major Hubert Joseph Henry. (Henry beging vier Jahre später Selbstmord, weil Fälschungen aufgedeckt wurden, die er zur Untermauerung seines ursprünglichen Meineids begangen hatte.) Zur Verurteilung von Dreyfus schrieb Drumont: »Er hat kein Verbrechen gegen sein Vaterland begangen. Um sein Vaterland zu verraten, muß man eines haben.«

Dreyfus wurde zu lebenslänglicher Deportation, zum Verlust seines Offiziersrangs und zur Degradierung verurteilt. Die Zeremonie der Degradierung wurde für den 3. Januar 1895 in einem Hof der Ecole Militaire in Paris angesetzt. »Obwohl sich auf den Straßen eine Menschenmenge ansammelte«, berichtet Chapman, »erhielten nur einige wenige bevorzugte Journalisten die Erlaubnis, dem Spektakel beizuwohnen.«

Einer dieser bevorzugten Journalisten war der Pariser Korrespondent der Wiener ›Neuen Freien Presse‹, Theodor Herzl. Im darauffolgenden Jahr 1896 profilierte sich Herzl mit der Veröffentlichung seines Buchs ›Der Judenstaat‹ als intellektueller Führer des Weltzionismus. Sofort nach Erscheinen des Buchs gründete er die internationale zionistische Bewegung, erfüllte sie mit Leben und übernahm ihren Vorsitz. Er gilt daher als Begründer des Zionismus, obwohl er natürlich nicht der erste Zionist war.

Und zu Beginn der neunziger Jahre war Herzl noch keineswegs Zionist. Europa war gut zu Theodor Herzl gewesen. Er war ein angesehenes Mitglied seines Berufsstandes, Auslandskorrespondent einer großen europäischen Zeitung in einer großen Hauptstadt. Er war geistreich, eine stattliche Erscheinung, elegant gekleidet, von überschäumendem Temperament, phantasievoll, vor Leben sprühend. Es verstand sich von selbst, daß Männer wie Herzl oder Dreyfus Assimilationisten waren, die sich für assimiliert hielten. Anfang der neunziger Jahre war Herzl in den Berichten an seine Zeitung bestrebt gewesen, die Bedeutung des Antisemitismus herunterzuspielen. Das taten die meisten assimilierten Juden, solange es ihnen möglich war – also auch Hess, Pinsker, Lilienblum, Smolenskin. Und Herzl; er hatte mit dem für ihn typischen Überschwang und seinem Sinn für theatralische Effekte eine Massenkonversion der Juden zum Katholizismus auf einen Aufruf des Papstes hin vorgeschlagen, und zwar im Stephansdom »unter Glockengeläute«. 1892 hatte Herzl sogar die Existenz eines französischen Antisemitismus geleugnet.

Es heißt allgemein, daß die Verurteilung und Degradierung von Dreyfus Herzl zum Zionismus bekehrte. David Vital, ein Historiker des Zionismus, hat nichts für diese Version übrig. »Der Augenschein erhärtet nicht die Theorie«, erklärt er, »daß es der Fall Dreyfus war..., der den im Grunde konventionellen Literaten zu einem Andersdenkenden und einem Exalté werden ließ.«

Doch Herzl selbst behauptet etwas mehr als vierzig Jahre später, daß der Prozeß Dreyfus aus ihm einen Zionisten gemacht hat und daß der ›Judenstaat‹ unter dem erschütternden Eindruck des ersten Dreyfusprozesses entstanden ist. Herzl war ein sehr leicht zu beeindrukkender Mensch mit starker dramatischer Vorstellungsgabe – er war nicht nur Journalist, sondern auch Bühnenautor –, und die Verurteilung von Dreyfus, auf die die Szene in der Ecole Militaire folgte, wirkte wie ein rituelles Drama von gräßlicher Aussagekraft.

Zusammen mit Herzl stand an jenem Januarmorgen ein hervorragender, junger, französischer, nationalistischer und rassistischer Schriftsteller in der kleinen Gruppe der bevorzugten Journalisten – Maurice Barrès. Barrès hat uns einen ausgezeichneten Bericht über den Ablauf der Zeremonie hinterlassen, der die Stimmung und Atmosphäre äußerst bildhaft wiedergibt. Am eindrucksvollsten ist seine Formulierung, daß dem Verurteilten ein »Sturm des Hasses entgegenschlug«.

Herzl hat sicherlich den »Sturm des Hasses« in voller Stärke empfunden; er ging nicht nur von den schweigenden Soldaten, den schreienden Reserveoffizieren, dem brüllenden Mob auf der Straße, sondern auch von der Gruppe aus, in der er stand. Die Szene, die sich vor Herzls Augen abspielte, hätte er sich nur in seinen schlimmsten Alpträumen ausmalen können: die komplizierte, sakralisierte Ausstoßung eines assimilierten Juden inmitten von Rufen, die den Tod aller Juden forderten. Die Szene in der Ecole Militaire war bestimmt so beeindruckend, daß sie einen Meinungsumschwung herbeiführen konnte. Ihre Aussage wurde jedenfalls einige Monate später durch eine zweite Ausstoßung untermauert, diesmal in Herzls Adoptivstadt. Wie schon erwähnt, hatte Luegers antisemitische Christlichsoziale Partei die Wiener Gemeinderatswahl durch einen Erdrutschsieg gewonnen. Die liberale reformistische Strömung des neunzehnten Jahrhunderts hatte endlich die Demokratie nach Wien gebracht. Und die Wiener Demokratie hatte klargestellt, daß sie auf die Juden verzichten konnte.

Für Herzl waren Luegers Sieg und der Fall Dreyfus Teile ein und desselben Phänomens.

Die Hauptaussage des ›Judenstaates‹ lautete, daß es für die Juden in Europa keinen Platz und keine Hoffnung gab, daß sie ein Gebiet erwerben mußten, auf dem sie einen Staat errichten konnten. Herzl – und das ist seine große Stärke – ist davon überzeugt, daß dieses außergewöhnliche, undurchführbare Vorhaben verwirklicht werden kann: »Die Juden, die wollen, werden ihren Staat haben, und sie werden ihn verdienen.«

Herzls Buch bekehrte nur wenige, aber es erregte Interesse. Vermutlich brachten es Mitte der neunziger Jahre nur wenige Juden fertig, sich einzureden, daß der Antisemitismus etwas Vorübergehendes oder der Sieg der Assimilation unvermeidlich war. Die Idee eines jüdischen Staates an sich war interessant, auch wenn man sie für undurchführbar hielt. Herzl war ebenfalls interessant, und er sorgte dafür, daß er es blieb.

Für Herzl war das Erscheinen des ›Judenstaates‹ nicht Selbstzweck; es war der Beginn einer Kampagne. Herzl stürzte sich jetzt Hals über Kopf in den Zionismus und stellte im Frühjahr 1896 Kontakte zu den Hovevei Zion in Rußland und Polen her, die sich in der Zukunft als entscheidend erweisen sollten. In der ersten Zeit unterschätzte Herzl möglicherweise solche Kontakte und überschätzte andere. Er wollte mit Königen, Fürsten und Herzögen zusammenkommen, und er lernte einige kennen. Keine dieser Zusammenkünfte führte zu mehr als zu der Feststellung, daß sie stattgefunden hatten. Doch Herzl wußte, daß diese Feststellung an sich wichtig war, denn sie war ein Hinweis darauf, daß der Zionismus gesellschaftlich »angekommen« und politisch schon weit vorangekommen war; er war nicht mehr nur ein Credo für unbekannte, arme, machtlose russische Juden. All dies wies Herzl als Führer aus, und das hatte er beabsichtigt.

Herzl war ein großer Theatermann – oder Impresario, wie es damals hieß –, und das brauchte der Zionismus dringend; unter der Führung von Männern wie Pinsker und Lilienblum hatte er traurig und farblos gewirkt. Herzl brachte dem Zionismus noch etwas Wichtiges: *Präsenz*. Er war ein großer, würdevoller, gutaussehender Mann mit einem Kopf wie ein assyrischer Gott.

Arme, unterdrückte Menschen, die sich danach sehnen, ihre Würde geltend zu machen, lieben solche Führer. In dem vorangegangenen Jahrzehnt hatten die irischen Nationalisten Charles Stewart Parnell geliebt, weil er auf ihrer Seite stand und weil er wie ein König aussah und sich auch so benahm. Das zionistische Fußvolk liebte Herzl aus dem gleichen Grund.

Im Sommer 1896 reiste Herzl mit dem Orientexpreß nach Konstantinopel; er wollte versuchen, mit dem Sultan zu verhandeln. Als der Zug in Sofia einfuhr, erhielt Herzl den ersten Hinweis darauf, was seine Botschaft den armen Juden im Osten bereits bedeutete. In seinem Tagebuch hat er am 17. Juni 1896 die Szene am Bahnhof von Sofia festgehalten: »Vor dem Geleise, auf dem wir einfuhren, stand eine Menschenmenge, die meinetwegen gekommen war... Es waren Männer, Frauen und Kinder da, Sephardim, Ashkenasim, Knaben und Greise mit weißen Bärten..., sie feierten mich... als Führer, als das Herz Israels... Die Menschen riefen: ›Leshonoh Haboh Birusholayim‹ (Nächstes Jahr in Jerusalem). Der Zug fuhr ab.«

Bei seinem ersten Besuch in Konstantinopel gelang es Herzl nicht, mit dem Sultan zu sprechen, doch er sprach mit dem Großwesir und erhielt einen osmanischen Orden. Im großen und ganzen war es kein schlechter Anfang.

Auf dem Rückweg hielt Herzl in der Synagoge von Sofia am 30. Juni 1896 eine Ansprache an die Gemeinde. Er notierte in sein Tagebuch: »Ich stand auf der Altarerhöhung. Als ich nicht wußte, wie ich zu den Leuten mich wenden solle, ohne dem Allerheiligsten den Rükken zu kehren, rief einer: ›Sie können sich auch mit dem Rücken zum Altar stellen, Sie sind heiliger als die Thora.‹« Kein Wunder, daß die Rabbiner besorgt waren.

Bei seiner Rückkehr nach Westeuropa kam Herzl zum ersten Mal länger mit den armen jüdischen Einwanderern aus Osteuropa in Berührung. Er sprach im Juli 1896 in Whitechapel in London vor solchen Juden und schrieb in sein Tagebuch: »Ich hatte auf dem Podium der Arbeiterbühne am Sonntag eigentümliche Stimmungen. Ich sah und hörte, wie meine Legende entstand. Das Volk ist sentimental; die Massen sehen nicht klar. Ich glaube, sie haben schon jetzt keine klare Vorstellung mehr von mir.«

Von den ersten Manifestationen der zionistischen Bewegung an war in ihr ein messianisches Gefühl vorhanden gewesen, doch erst jetzt hatte dieses Gefühl eine Persönlichkeit gefunden, die fähig war, es zu erwecken. Herzl gestand im letzten Jahr seines Lebens Reuben Brainin, daß er als Junge »einen wunderbaren Traum« über Moses und den Messias gehabt hatte: »Der Messias rief Moses zu: ›Für dieses Kind habe ich gebetet!‹, und zu mir sagte er: ›Gehe hin und erkläre den Juden, daß ich bald kommen und große Werke und große Taten für mein Volk und für die ganze Welt vollbringen werde.‹« Joseph Nevada stellt dazu fest: »Die Kombination von Moses und dem Messias ist ein ständig wiederkehrendes Thema in Herzls Leben.«

Herzl achtete darauf, daß sich in seine öffentlichen Erklärungen, die ganz und gar säkular sind, nie eine Spur von Messianismus und Mystizismus einschlich. Er scheint jedoch die Möglichkeit erwogen zu haben, der Messias oder ein Vorläufer des Messias zu sein. In Rußland erklärte er ein Jahr vor seinem Tod: »Unsere Leute glauben, daß ich der Messias bin. Ich selbst weiß es nicht, denn ich bin kein Theologe.«

Herzl hatte in bezug auf die Meinung der Menschen über ihn recht. Die Überzeugung, daß Herzl der Messias war, verbreitete sich nach dem Erscheinen des ›Judenstaates‹ außergewöhnlich schnell unter den armen Juden. Viel später erinnerte sich der achtzigjährige David Ben Gurion daran, daß sich in dem Shtetl, in dem er damals lebte, »das Gerücht verbreitete, daß der Messias gekommen sei – ein großer, gutaussehender Mann –, natürlich ein ›Doktor‹ – Dr. Herzl.«

Christlichen Lesern muß ich an dieser Stelle erklären, daß in der jüdischen Tradition der Messias nicht der Sohn Gottes und auch keine andere Form der göttlichen Fleischwerdung ist. Er ist ein sterblicher Mensch, ein Vermittler von Gottes Willen. Sofern Herzl und seine Anhänger in ihm den Messias sahen, entsprach ihr Glaube dem Glauben von Oliver Cromwell und seinen Anhängern, daß Oliver das auserwählte Werkzeug der göttlichen Vorsehung war.

Herzls messianische Wirkung auf die Massen der armen Juden brachte die gebildeten Juden gegen ihn auf. Die meisten im Westen etablierten Juden – ausgenommen die eben erst angekommenen Einwanderer – waren aus Gründen ihrer Assimilation bereits gegen ihn. Infolge der Zunahme des Antisemitismus gab es im Westen nur einige Bekehrte, und darunter befanden sich zwei angesehene Schriftsteller – Max Nordau und Israel Zangwill –, aber Herzl erkannte bald, daß er das Ostjudentum haben mußte, wenn der Zionismus vorankommen sollte. Sowohl die Führer der Orthodoxen als auch der Maskilim in

Osteuropa wurden aus verschiedenen Gründen und in unterschiedlichem Maß von Herzls messianischer Anziehungskraft auf die Massen abgestoßen. Sie fürchteten die Folgen einer Massenverzückung. Selbst die führenden Hovevei Zion, deren einziger Lebenszweck ein jüdischer Staat war, zürnten Herzl, nicht nur, weil er sich wie ein Messias benahm, sondern weil er ihre Idee gestohlen und öffentlich bekanntgemacht hatte und ständig weiter über sie schwatzte. Wer konnte wissen, was er damit vielleicht in der Türkei oder in Rußland heraufbeschwor?

Im Herbst 1896 war Herzl von diesen negativen Reaktionen sehr enttäuscht, doch er riß sich bald zusammen und ergriff eine entscheidende Initiative. Am 7. März 1897 beschloß er, nachdem er sich in Wien mit einer Gruppe von Hovevei Zion aus Berlin beraten hatte, einen zionistischen Kongreß einzuberufen, der in der Schweiz stattfinden sollte. Herzl setzte jetzt seine gesamte Energie für die Organisation dieses dramatischen Ereignisses ein. Die Zionisten in aller Welt hätten vermutlich weiterhin endlos über Herzl geredet, jetzt mußten sie jedoch einen Entschluß fassen.

Die Einladung führte in der jüdischen Welt zu einer größeren Kontroverse. Die meisten veröffentlichten Reaktionen waren negativ, aber Herzl hatte bereits einen starken Eindruck gemacht. Der Kongreß wurde zu einem Ereignis. Die schicksalhafteste Antwort auf Herzls Einladung kam aus Rußland. Die Schlüsselgestalten unter den Hovevei Zion beschlossen trotz großer Vorbehalte und nach langen Auseinandersetzungen, Herzls Kongreß zu besuchen. Die russischen Zionisten waren später diejenigen, die die Zukunft der von Herzl ins Leben gerufenen Bewegung gestalteten.

Der Kongreß wurde am Sonntag, dem 29. August 1897, vormittags im Konzertsaal des Basler Städtischen Casinos eröffnet. Über zweihundert Männer und Frauen nahmen daran teil – manche als Delegierte von Gruppen, andere als Einzelbesucher; sie kamen aus vierundzwanzig Staaten und Gebieten.

Obwohl Herzl persönlich bei den Massen am besten ankam, war sein Kongreß infolge eines scheinbaren Paradoxons eine Veranstaltung des Mittelstandes. Doch es war eine besondere Art des Mittelstandes; er rekrutierte sich hauptsächlich aus jenen Maskilim des Zarenreiches, die vor 1881 Assimilationisten gewesen waren. Wie der Kongreß zeigte, standen die meisten Teilnehmer in ihrer Reaktion auf Herzl emotionell den Bewohnern der Shtetl nahe.

Obwohl nur die Hälfte der Anwesenden aus dem Osten – hauptsächlich aus dem Russischen Reich – kam, war ein großer Prozentsatz der Teilnehmer aus den westlichen Ländern in Wirklichkeit Ostjuden; die Hälfte der deutschen Teilnehmer zum Beispiel stammte ursprünglich aus Rußland. Und die meisten waren Hovevei Zion. Die Zeitung ›Jewish Chronicle‹ vom 10. September bemerkte: »Es schien, als wäre Dr. Herzl zu ihrem Kongreß und nicht sie zu seinem gekommen.«

Herzl achtete darauf, daß es nicht so aussah, als dominiere er den Kongreß, doch er kümmerte sich um jedes Detail der Inszenierung. Er wies Max Nordau, der im Gehrock gekommen war, an, nach Hause zu gehen und einen Frack anzuziehen.

Die wichtigste und berührendste Rede hielt nicht Herzl, sondern Nordau, der die Situation der europäischen Juden am Ende des neunzehnten Jahrhunderts und ihre mißliche Lage schilderte, auf die es nur die zionistische Antwort geben konnte: »Nachdem der Antisemitismus dreißig bis sechzig Jahre geschlafen hatte, brach er neuerlich aus der innersten Tiefe der Nationen hervor, und dem entsetzten Juden wurde seine wahre Lage enthüllt... Er hat das Haus des Ghettos verloren, doch das Land, in dem er geboren ist, wird ihm als Heimstätte verweigert. Er meidet seinen jüdischen Nächsten, weil ihn der Antisemitismus mit Haß erfüllt hat. Seine Landsleute weisen ihn zurück, wenn er sich ihnen zugesellen will. Er hat keinen Boden unter den Füßen, und es gibt keine Gemeinschaft, der er als vollwertiges Mitglied angehört. Er kann nicht damit rechnen, daß seine christlichen Mitbürger sein Wesen oder seine Absichten gerecht, geschweige denn mit freundlichen Gefühlen betrachten. Den Kontakt zu seinen jüdischen Mitbürgern hat er verloren. Er fühlt, daß die Welt ihn haßt, und er sieht keinen Ort, an dem er Wärme finden kann, wenn er sie sucht.« Die Anwesenden waren von Nordaus Rede, die den Höhepunkt des Kongresses bildete, tief berührt. Er erzählte seiner Frau nachher: »Alte Männer weinten wie Kinder.«

Herzl hütete sich vor übertriebenen Effekten. Seine Rede war ernst und würdevoll und strebte im Wesentlichen an, seine Zuhörer zu beruhigen. Jedoch ganz gleich, wie gedämpft Herzl sprach, die Wirkung seiner Persönlichkeit bei diesem großen, von ihm geschaffenen Anlaß war überwältigend. Sowohl Vital als auch Nedour zitieren den folgenden Bericht: »Als ich zum Casino ging (schrieb Mordecai Ben-Ami, ein Mitglied des Komitees aus Odessa), war ich so aufgeregt, daß meine Beine schwach wurden und ich stolperte... Herzl betrat ruhig das Podium... Es war nicht der Herzl, den ich kannte, mit dem ich erst am vorhergehenden Abend gesprochen hatte. Vor uns stand die herrliche Gestalt eines Sohnes von Königen, dessen Blick tief und konzentriert war ... Es war nicht der elegante Herzl aus Wien, sondern ein Mann aus dem Haus Davids, der plötzlich in seiner ganzen legendären Glorie aus dem Grab auferstanden war... Es schien, als wäre der große Traum, an dem unser Volk seit zweitausend Jahren festhielt, endlich wahr geworden, und Messias, der Sohn Davids, stünde vor uns.«

Selbst für Juden, die nie Zionisten werden sollten, besaß Basel eine ungeheure Bedeutung, da es das Judentum als eigene Nationalität bestätigte.

Freilich war die Lage auch reichlich paradox. Zwar ging es um die Schaffung eines jüdischen Staates, doch auf dem Kongreß durfte ein jüdischer Staat nicht erwähnt werden – genausowenig wie dreizehn Jahre zuvor in Kattowitz –, und zwar hauptsächlich deshalb, weil diese Erwähnung die jüdischen Siedler in Palästina gefährdet und eine weitere Ansiedlung in Frage gestellt hätte. Den Hovevei Zion, dem vorherrschende Element im Kongreß, war dies besonders bewußt. Herzl hatte zwar ursprünglich davon geträumt, daß ein jüdischer Staat durch ein Übereinkommen mit dem Sultan erreicht werden konnte; wäre diese Möglichkeit ernsthaft in Betracht gekommen, so hätte man es ohne weiteres öffentlich erwähnen können. Aber dies war nie ernsthaft geschehen. Abdul Hamid, ein moslemischer Herrscher, der über Moslems herrschte, hatte nicht die Absicht, Palästina den Juden zu überlassen. Und selbst wenn er dem Vorschlag nicht abgeneigt gewesen wäre, hätte er mit gutem Grund Rußlands Opposition und Intervention fürchten müssen. Rothschild hatte dies im Mai 1896 Max Nordau erklärt, als er ihm auseinandersetzte, warum er Herzls Unternehmen nicht unterstützte, obwohl er im Grunde vermutlich damit einverstanden war. Der Sultan fürchtete Rußland, erläuterte Rothschild Nordau, »und Rußland würde nie zulassen, daß Palästina unter jüdischen Einfluß gerät«.

Rothschild hatte recht, wenn man davon ausging, daß Palästina Jerusalem einschließt. Jeder russische orthodoxe Christ hätte mit Abscheu auf die Vorstellung reagiert, daß die Juden Herren von Jerusalem wurden. Hätte der Sultan einem solchen Vorschlag zugestimmt, so hätte ihm der Zar sehr wahrscheinlich mit der begeisterten Unterstützung seines orthodoxen Volkes und unter dem Jubel eines Großteils der Christenheit den Krieg erklärt. Es wäre ein Kreuzzug gewesen. Und was wäre während dieses Kreuzzugs mit den Juden in Rußland geschehen? Was man ihnen während der früheren Kreuzzüge angetan hatte, war schrecklich gewesen, obwohl sich diese Kreuzzüge in erster Linie gegen die Moslems gerichtet hatten. Doch nun wären die Juden der Hauptfeind gewesen, weil sie frevlerisch die Hände nach den Heiligen Stätten ausstreckten. Es war unvermeidlich, daß die Folgen für die Juden viel, viel schlimmer gewesen wären als die Pogrome in den achtziger Jahren und zu Beginn des neunzehnten Jahrhunderts und daß es zu einem allgemeinen Massaker gekommen wäre.

Angesichts dieser furchteinflößenden Möglichkeiten ist es beachtlich, daß so viele russische Juden nach Basel gereist und dort öffentlich unter dem Vorsitz des berühmten oder berüchtigten Autors des ›Judenstaates‹ zusammengekommen waren.

Bemerkenswert ist auch das Entgegenkommen des zaristischen Regimes dem Zionismus gegenüber. Die Zionisten wurden im neunzehnten Jahrhundert nicht stärker verfolgt als die anderen Juden, und der Zionismus wurde toleriert, obwohl er nie offiziell legalisiert worden war. Doch bei diesem geduldeten Zionismus handelte es sich um den öffentlichen, scheinbaren Zionismus: den Zionismus der Besiedlung ohne Erwähnung eines jüdischen Staates. Die Behörden mußten allerdings gewußt haben, daß die Idee eines jüdischen Staates in der Luft lag. Herzl machte jedenfalls keine Mördergrube aus seinem Herzen, und es war anzunehmen, daß die Juden, die nach Basel reisten, von dieser Idee angezogen wurden. Offenbar hielten die russischen Behörden – verständlicherweise – die gesamte Geschichte für so phantastisch, daß man sie nicht ernst nehmen konnte. Außerdem gab es einen praktischen Grund, warum sie den Zionismus tolerierten. Er lenkte die Juden von der revolutionären Bewegung in Rußland ab, und zwar die intelligenten, gebildeten, energischen Juden, die am ehesten dazu neigten, sich als Revolutionäre zu betätigen. Vom Standpunkt der Behörden aus war ein Zionist ein neutralisierter Jude.

Das stimmte natürlich nicht ganz. Das Entstehen eines jüdischen Staates in Palästina hing davon ab, ob sowohl das Osmanische als auch das Russische Reich zusammenbrachen. Aber wenn sich das türkische Reich auflöste und Rußland zu diesem Zeitpunkt noch eine Großmacht war, würde es dafür sorgen, daß die Heiligen Stätten, einschließlich Jerusalems, unter den Schutz einer oder mehrerer christlichen Mächte, vorzugsweise Rußland selbst, gestellt wurden.

Leon Trotzki und Rosa Luxemburg waren keine Zionisten. Sie gehörten zu den vielen Juden, die entschieden gegen den Zionismus waren. Dennoch bildete die Revolution, die sie anstrebten, eine Voraussetzung dafür, daß Herzls Ziel erreicht wurde. Wäre das Rußland der Romanoffs nicht zerstört worden, hätte der Staat Israel nicht entstehen können.

Sehr viel mußte geschehen, bevor der Traum vom jüdischen Staat wahr werden konnte, doch darüber durfte im Kasino von Basel nicht öffentlich gesprochen werden. Im Programm des Kongresses kam daher ein jüdischer Staat überhaupt nicht vor. Statt dessen wurde folgende Formel verwendet: »Der Zionismus strebt die Schaffung einer Nationalen Heimstätte für die Juden in Palästina an, die durch das internationale Recht garantiert werden soll.«

Nach dem Kongreß schrieb Herzl in sein Tagebuch: »Fasse ich den Basler Kongreß in einem Wort zusammen ..., so ist es dieses: In Basel habe ich den Judenstaat gegründet ... Vielleicht in fünf Jahren, jedenfalls in fünfzig, wird es jeder einsehen.«

Es dauerte neun Monate länger, als Herzl vorausgesagt hatte, bis sich seine Prophezeiung erfüllte. Am 14. Mai 1948 sprach David Ben

Gurion im Museum von Tel Aviv die historischen Worte: »Der Staat Israel ist entstanden«. An der Wand hinter ihm hing das Porträt Theodor Herzls.

2
Eine Heimstätte?
(1897–1917)

> »Die Regierung Seiner Majestät betrachtet die Errichtung einer Nationalen Heimstätte für das jüdische Volk in Palästina mit Wohlwollen und wird bemüht sein, die Erreichung dieses Ziels zu erleichtern, wobei als vereinbart gilt, daß nichts unternommen werden darf, das die bürgerlichen und religiösen Rechte der existierenden nichtjüdischen Gemeinschaften in Palästina oder die Rechte und den politischen Status der Juden in jedem anderen Land beeinträchtigt.«
>
> Balfour-Erklärung, 2. November 1917

Nach Basel existierten zwei zionistische Richtungen, die nur mit Unbehagen zusammenarbeiteten. Es gab Herzls Zionismus, der als »politischer Zionismus« bezeichnet wurde, und es gab den »praktischen Zionismus«, die Politik der russischen Hovevei Zion. Nach Basel machte die Hovevei Zion mit Ansiedlungen in kleinem Rahmen in Palästina weiter; diese Siedlungen wurden von den türkischen Behörden toleriert, zum Teil, weil sie klein waren, zum Teil, weil sie äußerlich der früheren religiösen Einwanderung ähnelten, und zum Teil, weil die zuständigen Beamten bestochen worden waren.

Der »praktische Zionismus« war natürlich auch »politisch«. Seine Anhänger strebten das gleiche Endziel an wie Herzl: einen jüdischen Staat. Doch die praktischen Zionisten waren der Ansicht, daß die Grundlagen für diesen Staat in unauffälligen Etappen im Lauf von vielen Jahren gelegt werden mußten. Herzl lehnte diese Vorgangsweise ab, teils, weil ihre undramatische Art nicht seinem Temperament entsprach, im Grund aber, weil er spürte, daß das Problem der europäischen Juden dringend war, daß die Zeit knapp wurde.

Herzl wollte die Juden mit einem spektakulären Handstreich retten. Er wollte auf höchster Ebene die Übertragung eines Gebiets aushandeln, auf dem die Juden in großer Zahl untergebracht werden konnten. Er wollte finanzielle Unterstützung in einem solchen Umfang erreichen, daß man dieses Gebiet zu einer Heimstätte für alle Juden ausbauen konnte.

Der Zweite Zionistische Kongreß wurde Ende August 1898 ebenfalls in Basel abgehalten. Die Teilnehmerzahl war beinahe doppelt so groß wie beim ersten Kongreß, und man konnte über Fortschritte berichten. Die Zahl der zionistischen Gesellschaften hatte sich seit dem vergangenen Jahr verneunfacht: Es gab jetzt auf der ganzen Welt neunhundertdreizehn solche Gesellschaften. Die Gesamtzahl der Mitglieder dieser Gesellschaften wurde nicht bekanntgegeben. Vital nimmt an, daß die Gesamtmitgliederzahl der Bewegung zur Zeit des Zweiten Kongresses weit unter hunderttausend lag, also ungefähr ein Prozent des gesamten Judentums umfaßte.

Obwohl die Verfahrensweise beim Zweiten Kongreß zwangsläufig die gleiche war wie beim ersten, war das Wachstum der zionistischen Bewegung zwischen den beiden Kongressen so beeindruckend, daß Herzl wieder in der Lage war, den Kongreß zu beherrschen.

In seiner Eröffnungsrede hämmerte er den Zuhörern seine Hauptbotschaft ein: »Aus dieser Emanzipation, die nicht rückgängig gemacht, und aus dem Antisemitismus, der nicht geleugnet werden kann, konnten wir einen neuen, wichtigen Schluß ziehen. Es kann nicht der geschichtliche Sinn der Emanzipation gewesen sein, daß wir aufhören, Juden zu sein, denn wenn wir versuchten, uns mit den anderen zu vermischen, wurden wir abgewiesen. Der geschichtliche Sinn der Emanzipation muß vielmehr gewesen sein, daß wir eine Heimstätte für unsere befreite Nation schaffen sollen. Wir wären vorher nicht in der Lage gewesen, dies zu tun. Wir können es jetzt tun, wenn wir es mit ganzer Kraft wollen.«

Herzl beriet nicht mit dem Kongreß darüber, wie dieses Ziel eigentlich erreicht werden sollte. Er nahm einfach an, daß der Kongreß ihm diese Entscheidung überlassen würde, und dieser war durchaus dazu bereit. Herzl behandelte den Kongreß mit seiner üblichen Selbstsicherheit und wies die orthodoxen Rabbiner zurecht, die gegen seine Bewegung waren: »Es wird immer eines der Kuriosa unserer Zeit bleiben, daß diese Herren für Zion beten und gegen Zion arbeiten.«

Dies trug ihm den begeisterten Applaus der beinahe zur Gänze säkularen Versammlung ein. Unter den Anwesenden befand sich ein junger Chemiestudent namens Chaim Weizmann. Weizmann wurde später Herzls Nachfolger, zwar nicht formell, aber als tatsächlicher Führer des Zionismus, und erreichte 1917 den Durchbruch, den Herzl nicht geschafft hatte.

In seinen letzten Jahren schrieb Weizmann eher abschätzig und manchmal ungerecht über Herzl, aber in Basel hat er bestimmt von ihm gelernt. Viele von Weizmanns Bemerkungen in späteren Jahren klingen wie Herzls Herausforderung an die Rabbiner: hart, sardonisch, klar, prägnant, witzig und ein bißchen unfair. Durch diese Kombination waren sie für den Gegner aufreizend, und das sollten sie auch sein.

Weizmann war in Motol in der Nähe von Pinsk im russischen Siedlungsgebiet zur Welt gekommen und schloß sich der russischen Gruppe innerhalb der zionistischen Bewegung an. Weizmann war derjenige, der feststellte, daß es zwei Führer des russischen Zionismus gab: einen »geistigen« und einen »politischen«.

Der geistige Führer war Asher Ginsberg, den alle Zionisten als Ahad Ha'am (»Einer aus dem Volk«) kannten. Unter diesem Namen schrieb und predigte er den kulturellen Zionismus. Er strebte eine jüdische Heimstätte in Erez Israel an, jedoch nicht als Zufluchtsort für die jüdischen Massen, sondern als geistiges Zentrum für das jüdische Volk, das zum großen Teil weiterhin in der Diaspora leben würde. Er war der Zionist, für den die Ansiedlung überhaupt kein dringendes Problem darstellte. Er war das genaue Gegenteil Herzls; für ihn gingen sogar die praktischen Zionisten zu schnell zu weit.

Der Ausdruck »Einer aus dem Volk« paßt nicht ganz zu seinem Träger. Ahad Ha'am war eine zurückhaltende, anspruchsvolle, gelehrtenhafte Persönlichkeit. Er stammte aus der kleinen Oberschicht der russischen Juden; sein Stil war entsprechend aristokratisch. Den westlichen Zionisten, von denen viele das Hebräische kaum beherrschten und auch keine besondere Lust hatten, es genauer zu lernen, ist Ahad Ha'am wahrscheinlich auf die Nerven gegangen. Herzls westliche Zionisten, die es buchstäblich brandeilig hatten, muß Ahad Ha'am zur Verzweiflung getrieben haben, weil er darauf bestand, daß das kulturelle Gepäck peinlich genau durchgesehen, instandgesetzt und verpackt wurde.

Kurz vor dem Ersten Kongreß, an dem Ahad Ha'am reserviert teilnahm, »ein Trauernder auf der Hochzeit«, wie er es ausdrückte, schrieb Herzl in einem Augenblick der Verbitterung, daß er »einer Armee von Knaben, Bettlern und Pedanten« vorstand.

Abgesehen von anderen Unterschieden ging die Uhr für Herzl und Ahad Ha'am jeweils anders. Der Antisemitismus, den Ahad Ha'am kannte, war ein *christlicher* Antisemitismus. Herzl war jedoch der neue Antisemitismus bewußt: dem Wesen nach rassistisch und »wissenschaftlich«, begann er jetzt, sich eine antichristliche Ethik anzueignen. Ahad Ha'am war für kulturelle Spannungen sensibler als Herzl. In seinen Schriften über den Zionismus beweist er eine pessimistische Klarheit, die an Masochismus grenzt. Hätte er im Westen gelebt, so hätte er es noch eiliger gehabt als Herzl. Da Ahad Ha'am jedoch in Rußland lebte, reagierte er leicht ironisch auf Herzls Eile.

Der politische Führer des russischen praktischen Zionismus war

Menachem Ussischkin. Wie Ahad Ha'am gehörte auch Ussischkin einer höheren Gesellschaftsklasse an als die meisten Zionisten. Er war orthodoxer Jude, was für zionistische Führer ungewöhnlich war, hatte jedoch eine moderne technologische Ausbildung erhalten (er war Ingenieur). Durch diese Kombination wurde er zu einem Angelpunkt in der zionistischen Bewegung, weil er sowohl von den säkularen Führern wie Pinsker und Lilienblum als auch von einem Teil der Misrachi um Rabbi Mohilever akzeptiert wurde. Seine beeindruckende Persönlichkeit wurde durch seine massige Gestalt unterstrichen. Weizmann schrieb über ihn, daß seine Haltung an eine Mischung aus türkischem Pascha und russischem Generalgouverneur erinnere.

Sowohl Ussischkin als auch Ahad Ha'am standen Herzl skeptisch gegenüber, gaben aber zu, daß er für die Bewegung nützlich war. Ahad Ha'am hatte den Ersten Kongreß als »große öffentliche Erklärung der Welt gegenüber« begrüßt, die bewies, »daß das jüdische Volk noch lebte und weiterleben sollte«.

Nach seinem ersten Besuch bei Herzl schrieb Ussischkin: »Sein größter Fehler wird sein nützlichstes Plus sein. Er hat überhaupt keine Ahnung von den Juden. Deshalb glaubt er, daß es für den Zionismus keine inneren, sondern nur äußere Hindernisse gibt. Wir sollten ihm nicht die Augen über die Tatsachen des Lebens öffnen, damit sein Glaube überzeugend bleibt.«

Der Mann, der keine Ahnung von den Juden hatte, wußte jedoch, daß die Führer des russischen Zionismus nicht an ihn und sein großes Vorhaben glaubten. Doch er wußte auch, daß ihre Anhänger an ihn glaubten wie an einen Messias.

In seiner Rede auf dem Zweiten Kongreß hatte Herzl auf den bevorstehenden Besuch Kaiser Wilhelms II. in Jerusalem angespielt. Herzl setzte seine Hoffnung auf den Kaiser und diesen Besuch. Das war natürlich, denn wenn es zu Herzls Lebzeiten einen Menschen gab, der Palästina den Juden überantworten konnte, so war es der Kaiser.

Das kaiserliche Deutschland trat jetzt als Schirmherr und Beschützer des Osmanischen Reichs unter Abdul Hamid II. auf, und der Besuch des Kaisers in Konstantinopel, Jerusalem und Damaskus im Oktober und November 1898 sollte diese Beziehung versinnbildlichen und stärken. Herzl erkannte in diesem Besuch seine Chance und ergriff sie zielstrebig. Durch seine aristokratischen Kontakte in Deutschland gelang es ihm, zum Kaiser vorzudringen und dessen Phantasie zu entflammen. Im Herbst 1898 wurde der Kaiser für kurze Zeit begeisterter Zionist. Er erklärte sich bereit, Herzl und eine zionistische Delegation in Jerusalem zu empfangen, und er erklärte sich auch bereit, sich beim Sultan für die Zionisten zu verwenden.

Wie viele seiner Zeitgenossen war der Kaiser gewohnt, die Juden en bloc zu sehen, und nahm deshalb an, daß er durch Herzl »die ungeheure, jedoch gefährliche Macht, die das internationale jüdische Kapital darstellt«, für die Unterstützung der kaiserlichen deutschen Einflußnahme im Nahen Osten vor seinen Wagen spannen konnte. Herzl verstand es sehr geschickt, solche Vorstellungen zu fördern. Wie Herzl wußte, nahm der Kaiser stillschweigend an, daß der jüdische Staat zumindest zu Beginn ein deutsches Protektorat sein würde, und er war bereit, diese Tatsache zu akzeptieren.

Der Kaiser empfing Herzl zum ersten Mal am 18. Oktober 1898 im Yildiz Kiosk, in dem der Kaiser als Gast des Sultans untergebracht war. Nach einem Gespräch, in dem der Kaiser ständig das Thema wechselte und auch über den Fall Dreyfus sprach – er hielt Dreyfus für unschuldig –, fragte er Herzl, was genau er vom Sultan verlangen solle. »Eine Chartered Company«, erwiderte Herzl, »unter deutschem Schutz.« »Gut, eine Chartered Company«, wiederholte der Kaiser und verließ den Raum. Fürst Bülow erinnerte sich später daran, daß der Kaiser zuerst von Begeisterung für die zionistische Idee erfüllt gewesen war, weil er hoffte, daß er auf diese Weise sein Land von vielen Elementen befreien konnte, die ihm nicht besonders sympathisch waren.

Doch als der Kaiser am 2. November 1898 in Jerusalem eine unter Führung Herzls stehende jüdische Abordnung empfing, wurde weder über die Chartered Company noch über die Fürsprache beim Sultan geredet. Der Kaiser hatte die Rolle des Beschützers der Juden genauso plötzlich fallengelassen, wie er sie aufgegriffen hatte. Er war im Begriff, in eine ganz andere, ja sogar damit unvereinbare Rolle zu schlüpfen. Am Ende seiner Reise trat der Kaiser in Damaskus als Beschützer des Islams auf und versicherte Seiner Majestät dem Sultan und den dreihundert Millionen Moslems, daß der deutsche Kaiser stets ihr Freund sein würde.

Der Kaiser hatte die Frage einer privilegierten Gesellschaft beim Sultan angeschnitten, hatte jedoch sofort eine höfliche, aber endgültig abschlägige Antwort erhalten. Von nun an stand die Wilhelmstraße auf dem Standpunkt, daß ein Eingreifen Deutschlands zugunsten von Herzls »Judenstaat« den deutschen Interessen in der Türkei nicht wieder gutzumachenden Schaden zufügen würde.

Rückblickend liegt in dieser Episode eine gespenstische, kosmische Ironie. Obwohl der Kaiser den Zionismus vollkommen fallen ließ, stellte sein Besuch im Nahen Osten dennoch ein Glied in der Kette von Ereignissen dar, die unter anderem zu der Nationalen Heimstätte und der Schaffung des Staates Israel führten.

Der diplomatische Historiker George Peabody Gooch, der die Außenpolitik des wilhelminischen Deutschland analysierte, schrieb: »In bezug auf die Weltpolitik standen zwei Wege offen – die Ausnützung der asiatischen Türkei und die Schaffung einer erstklassigen Flotte.

Der erste Weg mußte Rußland beunruhigen; der zweite würde unweigerlich England verärgern, auch wenn er noch so legitim war; nur einer von ihnen konnte eingeschlagen werden... Die Beherrscher Deutschlands, die ihre Stärke überschätzten, beschlossen, beide Wege gleichzeitig zu gehen.«

1898 war das entscheidende Jahr für beide Aspekte dieser Politik. Im März dieses Jahres lag das neue deutsche Flottengesetz zur Schaffung der erstklassigen Flotte auf dem Tisch. Die bombastische Orientreise des Kaisers Ende 1898 veranschaulichte die zweite Hälfte der leichtfertigen neuen Politik auf seltsame, beunruhigende Art. Seine abschließende Erklärung in Damaskus mußte sowohl England als auch Frankreich und Rußland beleidigen, die alle über große moslemische Bevölkerungsgruppen herrschten.

Doch sobald die jüdische Idee fallengelassen war, führte der Besuch in der Türkei zu wesentlichen Konzessionen für Deutschland. Im November 1899 verkündete Abdul Hamid, daß er beschlossen hatte, der Deutschen Bank die Konzession für eine Bahnlinie nach Bagdad und dem Persischen Golf zu erteilen. Ein Block begann, wenn auch noch undeutlich, Gestalt anzunehmen; er bestand aus Deutschland, Österreich-Ungarn und der Türkei. Der Drang des deutschen Kaiserreichs nach Osten sorgte für eine noch engere Bindung an Österreich-Ungarn, den Balkan und die Türkei, verärgerte Rußland und trug dazu bei, daß das verhängnisvolle neue Europa der Mittelmächte gegen die Entente entstand.

Die »Wege des Schicksals« waren seltsamer und weitaus unheilvoller, als selbst Herzl annahm. Die kaiserliche Reise, von der er sich so viel erhofft hatte, erwies sich als Glied in der teuflischen Kette, die zum Ersten Weltkrieg führte: Der Krieg brachte den Zionisten die Balfour-Erklärung, doch er ermöglichte auch den Aufstieg Adolf Hitlers, den Zweiten Weltkrieg, den Holocaust und erst danach den Staat Israel.

In bezug auf die unmittelbare Zukunft hatten Herzls kaiserliche Gespräche dem Zionismus Vorteile gebracht, allerdings viel weniger, als Herzl erhofft hatte. Alles, was den Kaiser – auch nur zeitweise – interessierte, weckte notwendigerweise das Interesse aller übrigen Mächte, besonders das Großbritanniens, und trug so dazu bei, den Weg für den wirklichen Durchbruch zu ebnen, der dreizehn Jahre nach Herzls Tod erfolgte.

Beim Dritten Zionistischen Kongreß, wieder in Basel, stieß Herzl auf mehr Kritik als früher, doch sie war nicht so heftig, daß er nicht damit fertig werden konnte. Die Tatsache, daß Herzl mit dem Kaiser zusammengekommen war – und das mehr als einmal –, kompensierte die Tatsache, daß die Gespräche zu keinem greifbaren Ergebnis geführt hatten. Herzl war jetzt darauf aus, das, was er sich vom Kaiser erhofft hatte, direkt vom Sultan zu erlangen. Er teilte dem Dritten Kongreß mit, daß man sich jetzt bemühe, von der türkischen Regierung eine Charter zu erhalten. Diese würde es den Juden ermöglichen, mit der Besiedlung in großem Maßstab zu beginnen. Herzl hatte nicht begriffen, daß der Sultan derjenige gewesen war, der dem Interesse des Kaisers an der Charter den Todesstoß versetzt hatte.

Die osmanischen Behörden hatten sich für den Zionismus bereits viel früher interessiert als Herzl. Erstaunlich früh, nämlich im Herbst 1881, hatten sie beschlossen, sich einer jüdischen Ansiedlung in Palästina zu widersetzen. Dem Sultan war vollkommen klar, was die Zionisten vorhatten. 1891 hatte er der Besorgnis Ausdruck verliehen, daß die jüdische Emigration später zur Schaffung einer jüdischen Regierung führen könne. Anläßlich von Herzls Annäherungsversuchen im Jahr 1896 hatte ihm der Sultan klarmachen wollen, daß er seine Pläne vergessen konnte, solange es ein Osmanisches Reich gab, doch Herzl war nicht fähig, in dieser Beziehung ein Nein zu akzeptieren.

Abdul Hamid hatte nie die Absicht gehabt, Herzl das einzige zu gewähren, woran dieser interessiert war: die Charter für Palästina. Herzl war für den Sultan deshalb interessant, weil er annahm, daß Herzl wichtige finanzielle Interessen vertrat, was dieser tatsächlich behauptete. Außerdem hoffte er, daß Herzl als bekannter Korrespondent einer der führenden Zeitungen Europas imstande sein würde, etwas für das Image des Sultans, wie man es heute ausdrücken würde, zu tun. Das in Frage stehende Image war zu dieser Zeit so schlecht, wie es nur sein konnte. Die Massaker an armenischen Christen in verschiedenen Teilen des Osmanischen Reichs in den vorangegangenen beiden Jahren hatten einen Großteil Europas entsetzt und Abdul Hamid in England den Namen eingetragen, den er in der Geschichte behalten sollte: Abdul der Verdammte.

Herzl konnte dem Sultan genauso wenig etwas geben wie der Sultan ihm. Herzl hatte nie über nennenswerte finanzielle Unterstützung verfügt, und gegen Ende des Jahrhunderts besaß er als Journalist nur wenig Einfluß oder Macht und schon gar nicht in bezug auf den Nahen Osten. Sein Eintreten für den Zionismus hatte ihn den jüdisch-assimilatorischen Eigentümern der ›Neuen Freien Presse‹ entfremdet, die den Zionismus aus Prinzip nicht zur Kenntnis nahmen.

Herzls wichtigster Mittelsmann bei diesen phantastischen Verhandlungen war ein unwahrscheinlicher, aber sehr bemerkenswerter Mann: Arminius Vambery, der wie Herzl ungarischer Jude war. Er war auch Schneiderlehrling, Erzieher am osmanischen Hof und britischer Spion gewesen, hatte sich in Mittelasien als Derwisch und in England als Protestant ausgegeben. Jetzt galt er, wie Vital berichtet, als meisterhafter Linguist, als Experte für die Völker und Sprachen Mittelasiens und als gelegentlicher Berater von Abdul Hamid, mit dem er viele Jahre lang auf ungewöhnlich gutem Fuß gestanden hatte. Wie zu erwarten war, fanden Vambery und Herzl Gefallen aneinander.

Vambery sorgte dafür, daß Herzl mit Abdul Hamid zusammenkam. Die Audienz fand am 17. Mai 1901 ebenfalls im Yildiz Kiosk statt. Herzl hat uns eine Beschreibung des Sultans hinterlassen, die in deutlichem Gegensatz zu seinem idealisierten Porträt des Kaisers steht. Obwohl zu dieser Zeit Abdul Hamids geistige und politische Macht bereits im Schwinden war, war Herzls Verachtung entschieden übertrieben und sehr »europäisch«.

Das Gespräch führte zu keinem Ergebnis, außer zu weiteren Kontakten und zu Korrespondenz, die ebenfalls zu nichts führte. Herzl kehrte mit der immer deutlicher werdenden Überzeugung nach Konstantinopel zurück, daß er vor einem unüberwindlichen Hindernis stand, dessen Wesen er offenbar nie richtig erfaßt hat. Der Einwand des Sultans gegen das Projekt beruhte auf der grundlegenden Erkenntnis, daß es auf die Zerrüttung seines Herrschaftsbereichs abzielte.

Nur sehr wenige zionistische Einwanderer wurden osmanische Untertanen; die meisten wählten den Schutz einer der europäischen Großmächte. Infolge der Kapitulationen (Verträge über Exterritorialitätsrechte) war der Sultan entschieden gegen die Einwanderung von Europäern, einschließlich der Juden. Und wenn er zuließ, daß Scharen von Juden nach Palästina einwanderten, lief er außerdem Gefahr, Besorgnis und Unruhe unter den Moslems auszulösen.

Wenn der Sultan den Zionisten gab, was sie verlangten, so stand dies im Widerspruch zu der Grundlage, auf der er von seinem Volk als Herrscher akzeptiert wurde. Herzl und andere Zionisten glaubten, daß sie diese Schwierigkeit umgehen konnten, indem sie ihr Ziel, den jüdischen Staat, verheimlichten und sich auf das unschuldig klingende Projekt einer Chartered Company (jüdische Landgesellschaft unter deutschem Protektorat) konzentrierten. Doch die osmanischen Diplomaten erkannten klar, worauf die Zionisten aus waren. In seinem Bericht über den Sechsten Zionistischen Kongreß (1903) erklärte der türkische Botschafter in Berlin, Achmed Tevfik, seiner Regierung, daß es dringend notwendig wäre, Sondergesetze zu erlassen, durch die den Zionisten der Ankauf von Land in Palästina verboten würde, um so die Kolonisierung des Landes zu verhindern, deren Ziel zunächst die Autonomie und dann die Schaffung eines unabhängigen Staates war.

Botschafter Tevfik hatte das zionistische Programm verstanden. Jeder Sultan, der ein Abkommen unterzeichnete, das die Verwirklichung dieses Programms anstrebte und letztlich darauf abzielte, Jerusalem, die drittheiligste moslemische Stadt, den Juden zu übergeben, gefährdete seine Herrschaft und sein Leben, sobald seine Untertanen begriffen, was er getan hatte. Deshalb war dieses Hindernis unüberwindbar, solange die Beherrscher Palästinas Moslems waren.

Herzl verbrachte einen Großteil des Jahres 1902 im Yildiz Kiosk und rannte immer verzweifelter gegen dieses Hindernis an. Sein ständiger Gefährte im Yildiz war sein Dolmetscher bei Hof, Ibrahim Bey, den er als aufrichtigen, höflichen Herrn mit dichtem, graumeliertem Bart schildert. Herzl fand ihn relativ sympathisch. Ibrahim Bey hatte seine eigene Meinung über Herzls Verhandlungen. Ein deutscher Diplomat, dem im Februar 1902 Herzls Anwesenheit im Yildiz Kiosk auffiel, fragte Ibrahim Bey, was Herzl wolle. »Des choses impossibles«, lautete die Antwort.

Obwohl Herzl die Hoffnung auf Palästina nie ganz aufgab, zog er jetzt ernsthaft die Möglichkeit in Betracht, den jüdischen Staat in einem anderen Teil der Welt zu errichten. Nach seiner Enttäuschung mit dem kaiserlichen Deutschland wandte er sich um Hilfe an England. Der Schauplatz des Vierten Zionistischen Kongresses wurde von Basel nach London verlegt. Herzl begann, an eine Chartered Company auf britischem Territorium – Zypern oder Ägypten – in der Nähe von Palästina zu denken.

Was England betraf, wirkten sich zwei Faktoren zu Herzls Gunsten aus. Der eine war der Wunsch, die jüdischen Emigranten von England fernzuhalten. Der andere war das Bestreben, die europäische Ansiedlung im Empire zu fördern. Herzl sagte vor der Königlichen Kommission für Einwanderung aus, deren Überlegungen das Vorspiel zur Aliens Bill und damit ein Stadium in der Entstehung der Balfour-Erklärung darstellten, und erklärte ihr, daß man das Problem nur lösen könne, indem man den Einwandererstrom ablenkte, der in wachsendem Ausmaß aus Osteuropa zu erwarten war. Die Juden Osteuropas konnten nicht dort bleiben, wo sie sich befanden – wohin sollten sie sich wenden? Man mußte eine Heimstätte für sie finden, die von Gesetzes wegen als jüdisch anerkannt werden sollte.

Herzls Schlußfolgerung wurde ernstgenommen. Joseph Chamberlain, Mitglied von Balfours konservativer Regierung und leitender Denker des Empire, begann sich für die Idee einer jüdischen Ansiedlung im Empire zu interessieren. Herzl traf im Oktober 1902 mit Chamberlain zusammen, und dieser stimmte – soweit es ihn persönlich betraf – einer jüdischen Ansiedlung bei El Arish auf dem Sinai in der Nähe der Grenze zu Palästina zu. Da aber Ägypten (einschließlich des Sinais) nominell unabhängig war, gehörte es zum Aufgabenbereich des Außenministeriums und im besonderen des mächtigen ständigen britischen Residenten und De-facto-Gouverneurs Lord Cromer. Zu dieser Zeit hatte das Außenministerium nicht sehr viel für die

Idee übrig – »sehr visionär« –, und Lord Cromer war entschieden dagegen. Wie der Sultan mußte auch er an Millionen moslemischer Untertanen denken. Ein technisches Komitee hielt die Idee für durchführbar, vorausgesetzt, daß große Bewässerungsanlagen errichtet wurden. Doch Lord Cromer stellte zweifelsfrei klar, daß er als Beherrscher Ägyptens nicht die Absicht hatte, das Wasser des Nils abzuleiten, um die Bedürfnisse einer jüdischen Kolonie im Sinai zu befriedigen. Im Mai 1903 mußte Herzl erkennen, daß die El-Arish-Idee ebenfalls einfach vorbei war.

Herzl litt an einer unheilbaren Herzkrankheit, und sein Wettlauf gegen die Zeit wurde zum Alptraum. Nachdem beinahe zwanzig Jahre Ruhe geherrscht hatte, begannen die russischen Pogrome von neuem in viel größerem Umfang als zu Beginn der achtziger Jahre. Vom 19. bis zum 20. April 1903 waren die Juden von Kischinew, der Hauptstadt Bessarabiens, der Willkür eines Mobs ausgesetzt, der durch die halboffizielle antisemitische Propaganda aufgestachelt worden war. Wir verdanken Vital detaillierte Angaben über die Zahl der Opfer – zweiunddreißig Männer, sechs Frauen und drei Kinder wurden sofort getötet, acht Personen erlagen später ihren Verletzungen, hundertfünfundneunzig Menschen wurden zum Teil schwer verletzt; es kam zu vielen Fällen von Vergewaltigungen, und einige Personen wurden verstümmelt. Auch der Sachschaden war beachtlich: etwa fünfzehnhundert Häuser, Werkstätten und Geschäfte wurden geplündert und zerstört, und ein großer Teil der jüdischen Bevölkerung der Stadt wurde obdach- und mittellos.

Kischinew erregte mehr weltweites Aufsehen als seinerzeit die Pogrome der achtziger Jahre. Zum Teil war dies auf die Verbesserung des Nachrichtenwesens zurückzuführen, aber auch auf den krassen Gegensatz zwischen den archaischen Ereignissen und den progressiven Vorstellungen, die das Jahrhundert eigentlich beherrschen sollten. Die Ereignisse von Kischinew hätten nicht ohne die Ermutigung, Anstiftung und das Einverständnis der russischen Behörden stattfinden können. In London machte die ›Times‹ V. K. Plehve, den Innenminister des Zaren, persönlich dafür verantwortlich.

Herzls Reaktion auf Kischinew war, daß er nach St. Petersburg fuhr und Plehve aufsuchte. Obwohl Herzl äußerst romantisch veranlagt war, handelte er vollkommen unsentimental, wenn es um sein großes Ziel ging. Die meisten Zionisten und die meisten Juden hätten es empört abgelehnt, mit dem Schlächter von Kischinew zusammenzukommen. Für Herzl war er deshalb interessant, weil Plehves Ziele sich zum Teil mit den seinen deckten. Plehve wollte keine Juden in Rußland haben, Herzl wollte die Juden aus Rußland herausholen. Vielleicht konnte man sich einigen.

Herzl traf am 7. August 1903 in St. Petersburg ein und kam mit dem

Finanzminister Graf S. Y. Witte zusammen. Witte war nach russischen Maßstäben ein Liberaler und teilte Herzl mit, daß er ein Freund der Juden sei. »Die Juden werden zu sehr unterdrückt«, stellte er fest. »Ich habe dem verstorbenen Zaren Alexander III. erklärt: ›Majestät, wenn es möglich wäre, die sechs oder sieben Millionen Juden im Schwarzen Meer zu ertränken, wäre ich absolut dafür. Da dies jedoch nicht möglich ist, muß man sie leben lassen.‹«

Der reaktionäre Plehve war im Gegensatz dazu höflich, ja sogar freundlich und scheinbar überaus entgegenkommend. Er interessierte sich für die Juden, zwar nicht aus den gleichen Gründen wie Pobedonostsew, aber teilweise als Konsequenz von dessen Politik. Die Juden waren jetzt in der revolutionären Bewegung stark vertreten. Von den über fünftausend politischen Verbannten in Sibirien waren etwa eintausendsechshundert oder einunddreißig Prozent Juden.

Wie Herzl angenommen hatte, brachte Plehves Interesse für die Juden ihn dazu, sich für den Zionismus zu interessieren, weil er die Möglichkeit bot, die Juden von revolutionären Umtrieben abzulenken und sie aus Rußland zu entfernen. Doch Plehve ging, zumindest mit Worten, viel weiter, als Herzl erwartet hatte. Er erklärte Herzl, daß Rußland für einen jüdischen Staat in Palästina wäre und versprach ihm, daß es in Konstantinopel zugunsten der Schaffung eines solchen Staates intervenieren würde. Herzl, der krank war und verzweifelt einen Durchbruch brauchte, redete sich offenbar ein, daß Plehve meinte, was er sagte.

Nach langem Drängen von Seiten Herzls wurde der russische Botschafter in Konstantinopel beauftragt, eine Démarche bei der Pforte vorzubringen. Er sollte die Pforte darüber unterrichten, daß Rußland dem Projekt der Zionisten, ihre Glaubensgenossen nach Palästina zurückzuführen, wohlwollend gegenüberstand. Das war alles, und sogar das war zuviel. Der Botschafter unternahm keine Démarche, und seine Vorgesetzten verfolgten die Sache nicht weiter.

Die Vorstellung, der Zar könne Druck auf die Türkei ausüben, damit sie Palästina in einen jüdischen Staat verwandelte, ist Wunschdenken. Daß Plehve selbst das Projekt nicht ernst nahm, kann man daraus ersehen, daß er in den Gesprächen mit Herzl die Heiligen Stätten nicht einmal erwähnte. Die russischen Zionisten sahen Plehve richtig, und Herzl beurteilte ihn falsch. Plehve brauchte den Zionismus als Ablenkung, und er brauchte Herzl aus dem gleichen Grund, aus dem ihn der Sultan gebraucht hatte: um Plehves düsteres Image im Westen zu beschönigen. Um das zu erreichen, war Plehve im Gegensatz zu Abdul Hamid bereit, des choses impossibles zu versprechen.

Aber es war bald unwichtig, was Plehve vorhatte oder nicht. Er wurde Ende Juli 1904 ermordet – zu diesem Zeitpunkt war Herzl ebenfalls bereits tot.

Herzl unterbrach die Rückreise von St. Petersburg im litauischen Wilna. Ihm zu Ehren wurde in einem Sommerhaus in der Nähe der Stadt ein Dinner gegeben, unterbrochen von einer Gruppe jüdischer Jugendlicher, die den sechsstündigen Marsch (hin und zurück) unternommen hatten, um Herzl zu sehen. Ein junger Arbeiter brachte einen Toast auf die Zeit aus, zu der König Herzl regieren würde.

Nach Kischinew hatte es Herzl mehr denn je eilig, die Juden aus Rußland und Europa heraus und in eine eigene Heimstätte zu schaffen. Doch trotz seines Optimismus war ihm klar, daß sich Palästina nicht so bald einer größeren jüdischen Einwanderung öffnen würde. Er war daher nach wie vor aufgeschlossen gegenüber dem Projekt einer Nationalen Heimstätte für die Juden irgendwo in der Welt, in der die Juden sicherer und ehrenvoller als in Europa leben konnten, bis sich ihnen die Tore Palästinas öffneten.

Und jetzt öffneten sich anscheinend neue Türen: die Ostafrikas, das zu dieser Zeit britisches Protektorat war. Auf seiner Afrikareise in den Jahren 1902 und 1903 war Chamberlain von den Möglichkeiten beeindruckt, die sich im ostafrikanischen Hochland – das später ein Teil von Kenia und dann allgemein als Uganda bezeichnet wurde – für die Besiedlung und Entwicklung durch Europäer boten. Er fand, daß die Juden einen Beitrag dazu leisten konnten. Das Kolonialministerium erhielt erst 1905 volle Autorität über dieses Gebiet, doch im Gegensatz zu Ägypten lag es weitgehend in Chamberlains Einflußbereich. Auf sein Drängen hin erklärte Außenminister Lord Lansdowne den Zionisten am 14. August 1903, daß er bereit wäre, »Vorschläge für die Errichtung einer jüdischen Ansiedlung oder Kolonie wohlwollend in Betracht zu ziehen, die es ihren Mitgliedern ermöglichen würde, ihre nationalen Bräuche einzuhalten«.

Lansdowne forderte die Zionisten auf, eine Delegation nach Ostafrika zu entsenden, um die Möglichkeiten selbst in Augenschein zu nehmen. Herzl entschloß sich jetzt, dieses Angebot anzunehmen. Damit zog er sich große, aber aufschlußreiche Schwierigkeiten zu.

Herzl überschritt die russische Grenze am 17. August und begab sich nach Basel, wo sich allmählich die Delegierten zum Sechsten Zionistischen Kongreß versammelten. Die Delegierten waren über Herzls Aussehen entsetzt. »Er wirkt alt und verbraucht.« Viele Delegierte waren auch darüber entsetzt, was Herzl ihnen von »seiner größten bisherigen Leistung« erzählte: Plehves Garantie und Lord Lansdownes Einladung. Vor allem die russischen Delegierten trauten Plehves Garantie nicht und waren auch entschieden gegen die Annahme von Lansdownes Einladung.

Der Kongreß nahm Herzls Vorschlag, eine Expedition nach Ostafrika zu entsenden, die dort Recherchen anstellen sollte, mit überzeugender Mehrheit an. Doch der scheinbare Sieg bedeutete in Wirklichkeit für das Projekt eine Niederlage. Die russischen Zionisten opponierten leidenschaftlich gegen dieses Ablenkungsmanöver dem Zionismus gegenüber, stimmten dagegen, daß der Vorschlag überhaupt in Betracht gezogen wurde, und verließen den Kongreß, als er angenommen wurde.

Einer der Gegner dieses Vorschlags war ein damals dreiundzwanzigjähriger Mann, der später eine führende und umstrittene Rolle im Zionismus spielen sollte, Wladimir Jabotinsky. Obwohl er Herzl vertraute und ihn bewunderte, stimmte er dagegen, eine Alternative für Palästina in Betracht zu ziehen. Gerade die leidenden, unterdrückten Juden wollten Zion nicht aufgeben. Herzl beteuerte, daß er Zion nicht aufgab. Er hatte anscheinend während dieses Kongresses zwei leichtere Herzanfälle erlitten und fand, daß er vor dem Siebenten Kongreß »Palästina bekommen« oder diesem Kongreß seinen Rücktritt unterbreiten müsse. Nach dem Kongreß kamen aus Rußland Signale dafür, daß man auch der geringsten Abweichung von dem Ziel Zion unnachgiebig entgegentreten würde.

Die Debatte über Ostafrika zeigte auch auf, wie dünn die säkulare Schicht über dem geheiligten Kern des Zionismus war. Die russischen Zionisten kamen im November 1903 unter dem Vorsitz von Ussischkin in Charkow zusammen. Sie schickten ein Ultimatum an Herzl, in dem er aufgefordert wurde, das Ostafrikaprojekt »vollkommen« und »schriftlich« spätestens beim Siebenten Kongreß zurückzuziehen. Wenn Herzl dieser Aufforderung nicht nachkam, würde man Schritte ergreifen, »um eine unabhängige zionistische Organisation ohne Dr. Herzl auf die Beine zu stellen.« Bei einem Treffen der zionistischen Komitees in Wien im April 1904 kam es zur Konfrontation zwischen Herzl und Ussischkin. Ussischkin siegte.

Das Ostafrikaprojekt wurde zwar nicht formell fallengelassen, aber von nun an hieß es: Palästina oder nichts. Herzl wußte, daß dies noch auf viele Jahre hinaus »nichts« bedeutete. Auch vom Yildiz Kiosk würden sicherlich keine Nachrichten kommen, die beim Siebenten Kongreß die Herzen erfreuen konnten.

Herzl hielt bis zum Schluß an seiner Überzeugung fest, daß direkte Gespräche mit den Großen für den Zionismus wertvoll waren. Vor seinem Tod kam er in Rom mit dem König von Italien Victor Emmanuel III. und mit dem Papst zusammen. Beide sprachen sich gegen das Projekt eines zionistischen Staates in Palästina aus. Herzl wußte, daß es für ihn jetzt an der Zeit war, von der Bühne abzutreten. »Machen wir uns nichts vor«, erklärte er einem befreundeten Arzt am 9. Mai, »bei mir ist es der dritte Vorhang.« Eine Woche später bricht sein Tagebuch ab. Herzl ist am 9. Juli 1904 im Kurort Edlach gestorben. Er war vierundvierzig Jahre alt.

Ahad Ha'am, selbst ein guter Regisseur, war mit diesem Ende einverstanden. »Er ist im richtigen Augenblick gestorben«, schrieb er. »Seine Karriere und seine Aktivitäten im Lauf der letzten sieben Jahre hatten etwas Romantisches an sich. Hätte ein großer Schriftsteller diese Erzählung geschrieben, so hätte er seinen Helden auch nach dem Sechsten Kongreß sterben lassen.«

Herzl wurde, wie er verfügt hatte, provisorisch in Wien beerdigt: »Bis zu dem Tag, an dem das jüdische Volk meine sterblichen Überreste nach Palästina überführt.«

Der Siebente Zionistische Kongreß (Basel, Juli und August 1905) verwarf das Ostafrika-Projekt ein für allemal – zur großen Erleichterung des britischen Kolonialministeriums. Der Kongreß beschloß vielmehr, sich endgültig und ausschließlich für die Errichtung einer jüdischen Nationalen Heimstätte (was in letzter Konsequenz einen Staat bedeutete) in Erez Israel einzusetzen. Doch die Tore Palästinas blieben einer jüdischen Einwanderung auf breiterer Basis verschlossen; in der Zeit zwischen Herzls Tod und dem Ersten Weltkrieg versuchte kein Zionist, Herzls heroisches Bestreben zur Öffnung dieser Tore zu wiederholen. Die zionistische Bewegung als Gesamtes folgte nun der Taktik der russischen Freunde Zions: praktischer Zionismus, schrittweise Gründung von Siedlungen, Infiltration auf kleiner Basis durch die durch Korruption entstandenen Risse in der Mauer des Osmanischen Reiches.

Herzls politischer Zionismus schien tot zu sein; in Wirklichkeit aber schlief er nur. Herzl hatte die internationale Diplomatie beeindruckt. Er hatte den Zionismus zu einer nicht zu übersehenden Figur auf dem Schachbrett der Diplomatie gemacht. Er war mit Großherzögen und Großwesiren zusammengetroffen, mit kaiserlichen Staatsmännern, mit dem deutschen Kaiser, dem Sultan, dem König von Italien und mit dem Papst, auch wenn die von Herzl geführten Verhandlungen größtenteils phantastischer und trügerischer Natur gewesen waren.

Aber die Tatsache, daß diese Treffen stattgefunden hatten, hinterließ einen unauslöschlichen Eindruck. Die Gebieter weltlicher und geistlicher Imperien hatten Herzl empfangen, der über gar nichts gebot und nur eine Idee vertrat. Das reichte aus, um der Idee Interesse und vorsichtigen Respekt zu sichern. Es bleibt fraglich, ob das britische Kriegskabinett im Jahr 1917 den Zionismus so ernst genommen hätte, hätte sich nicht auch der deutsche Kaiser bereits 1898 damit befaßt und hätte man nicht annehmen müssen, er könnte es wieder tun.

Innerhalb der zionistischen Bewegung verlor die Idee Herzls kurzzeitig an Bedeutung. Am meisten bemühte sich Chaim Weizmann, den Gedanken lebendig zu erhalten. Zu Herzls Lebzeiten hatte sich

Weizmann für den Weg der russischen Zionisten eingesetzt und die Bedeutung des praktischen Zionismus im Gegensatz zu Herzls politischem Zionismus unterstrichen. Auf dem Achten Kongreß in Den Haag (1907) stellte Weizmann den sogenannten »Synthetischen Zionismus« vor, eine Synthese beider Richtungen – der praktischen und der politischen. Obwohl Weizmann diese seine Synthese eher mit einer dem praktischen und nicht dem politischen Zionismus entstammenden Terminologie darlegte, war in ihr die Tendenz zur Rehabilitierung der damals in Ungnade gefallenen politischen Orientierung zu finden.

Weizmann bewarb sich damit um Herzls Diplomatenrock, auf den – mit Ausnahme von Wladimir Jabotinsky – zu dieser Zeit kaum ein anderer Zionist besonderen Wert legte. Solange die Szene der internationalen Politik weitgehendst unverändert blieb, bestand keine Hoffnung auf die von Herzl angestrebte Lösung. Doch irgendwann erwartete man große Veränderungen. Das Osmanische Reich konnte nicht mehr lange bestehen; nach 1905 zeigten sich auch im Russischen Reich Risse. Weizmann hatte Zeit; auch unter den Zionisten Westeuropas war während des ersten Jahrzehnts unseres Jahrhunderts keineswegs jene Ungeduld zu spüren wie zehn Jahre zuvor.

In Deutschland und Österreich war der Antisemitismus zwar nicht verschwunden, doch er hatte sich seit der Mitte der neunziger Jahre auch nicht wesentlich verstärkt. In Frankreich hatte sich die Lage eindeutig gebessert. Die Antisemiten waren in der Dreyfus-Affäre zu weit gegangen und mußten durch seine Rehabilitierung eine furchtbare Niederlage hinnehmen. Viele Juden in ganz Westeuropa sahen in der Rehabilitierung von Dreyfus eine Anerkennung ihres eigenen Status und ein Zeichen für die endgültige Niederlage des Antisemitismus. Jene, die in den Zionisten Panikmacher gesehen hatten, schienen recht zu behalten.

In Rußland gab es jedoch auch weiterhin Pogrome, und die Massenauswanderung nahm stetig zu. Doch selbst hier herrschte zu dieser Zeit ein verhängnisvoller Optimismus unter den Juden. Nach dem revolutionären Aufruhr des Jahres 1905 konnte man den heftigen Antisemitismus der ersten Jahre des Jahrhunderts erst recht als Teil des Todeskampfes des zaristischen Regimes betrachten. Verständlicherweise fanden es nun viele junge Juden richtig, zu bleiben und für die Revolution zu arbeiten.

Dennoch verließen sehr viele Juden Rußland. Um die Jahrhundertwende lag die Auswanderungsrate bei fünfzigtausend; 1905 verdoppelte sich die Zahl, und 1907 hatte sie sich verdreifacht. Dieser sprunghafte Anstieg wurde durch die Intensivierung und Ausweitung der Pogrome nach der Revolution von 1905 ausgelöst.

Die meisten Auswanderer gingen nach Nordamerika, das damals

noch für Masseneinwanderungen offenstand. Doch auch die Rate der Auswanderer nach Palästina nahm in verkleinertem Maßstab proportional zum Hauptstrom der Emigranten zu. Zwischen 1882 und 1903, der ersten Aliyah, zogen fünfundzwanzigtausend Menschen nach Palästina. Während der zweiten Aliyah von 1904 bis 1914 waren es vierzigtausend. Diejenigen, die sich für Erez Israel entschieden, taten es, obwohl ihnen auch der Weg nach Amerika offenstand. Und viele von ihnen wurden zu dieser Entscheidung nicht von den russischen Zionisten ermutigt, sondern gingen diesen Weg trotz deren Abraten. Männer wie Ussischkin äußerten sich entsetzt über die Möglichkeit einer Massenbewegung nach Palästina.

Vielen dieser Einwanderer gelang es dann auch nicht (wie Ussischkin vorhergesehen hatte), mit den Schwierigkeiten ihrer neuen Umgebung fertigzuwerden; sie verließen das Land sehr schnell wieder. Doch jene, die blieben, gründeten Familien. 1880 lebten hier zwanzig- bis fünfundzwanzigtausend Juden. 1914 betrug die Gesamtzahl fünfundachtzigtausend, wobei natürlich der Anteil an jungen Menschen prozentual wesentlich größer war. Im Jahr 1914 machten fünfundachtzigtausend Juden vierzehn Prozent der Gesamtbevölkerung Palästinas aus – gegen nur fünf Prozent im Jahre 1882. Wie mag nun die arabische Mehrheit diese Entwicklung empfunden haben?

Wie immer auch die Araber darüber denken mochten, sie konnten nicht viel gegen die Einwanderung tun. Das Osmanische Reich war keine Demokratie und wurde von Türken und nicht von Arabern beherrscht. Die Staatsangehörigen der europäischen Mächte genossen jedoch Immunität von der lokalen Rechtsprechung, und dieser Umstand kam den Zionisten zugute. Während Rußland die Juden also im eigenen Land verfolgte, beschützte es sie seit 1890 in Palästina.

Eine gewisse Ironie lag in der Tatsache, daß sich die Zionisten als die wahren Kinder des Landes sahen, in das sie zurückkehrten. Doch für die Behörden in Palästina und seine angestammten Einwohner waren sie Europäer. Das war nützlich und unerläßlich für ihr Fußfassen in Palästina. Damit aber bezog sich die Ablehnung der Araber gegenüber der Macht und Einflußnahme der Europäer automatisch auch auf die Zionisten; mit sinkender Macht der Europäer wuchs der Unwillen der Araber. Dieser Unwillen steigerte sich noch beträchtlich, als offenkundig wurde, daß diese Kategorie von Europäern das Land nicht wieder verlassen würde, da sie sich eben als *heimgekehrt* betrachteten.

Vor dem Ersten Weltkrieg richtete sich die Feindseligkeit der Araber die längste Zeit gegen die neuen Siedler, weniger gegen den Zionismus. Unwillen und Mißtrauen wurden den Juden hauptsächlich von zwei Gruppen von Arabern entgegengebracht: von den Christen und den Kaufleuten. Doch bereits vor der Jahrhundertwende hatten einige wenige die große Gefahr im Zionismus erkannt und versucht, ihre arabischen Landsleute davor zu warnen. Bereits 1891 erfolgte der erste Protest seitens der Araber gegen Neubesiedlungen durch Juden in Palästina; darin spiegelt sich die Konkurrenzangst der Kaufleute und Handwerker. In einem Telegramm an den Großwesir erhob man Einspruch gegen eine zu erwartende Einwanderungswelle von Juden. Man verlangte, sowohl der Einwanderung von Juden als auch dem Landerwerb durch Juden einen Riegel vorzuschieben.

1891 besuchte Ahad Ha'am Erez Israel zum ersten Mal. Ihm erschienen die Araber damals ruhig, da sie nach seinen Worten im Treiben der Juden keine zukünftige Gefährdung sahen, ja, einige profitierten sogar von den Zionisten. Doch man dürfe von den Arabern nicht erwarten, meinte er, daß sie im Falle einer Beeinträchtigung durch die Zionisten einfach nachgeben würden. Es sollte noch viel Zeit vergehen, bis andere Zionisten diese Ansicht teilten. Nach offizieller zionistischer Meinung gab es keinen Interessenkonflikt zwischen Arabern und Zionisten. Doch unter der Yishuv – der in Erez Israel ansässigen jüdischen Bevölkerung – wuchs die Erkenntnis, daß Ahad Ha'am die Wahrheit erkannt hatte.

Die Proteste des Jahres 1891 gingen wahrscheinlich von Moslems aus, doch ein unverhältnismäßig großer Teil der ersten arabischen Auflehnung gegen die jüdische Besiedlung – und später gegen den Zionismus – wurde von den christlichen Arabern getragen. Das war unvermeidlich, da der Anteil der Christen an der gebildeten, redegewandten Schicht besonders groß war. So verlieh das christliche Element der Empörung einen besonderen Charakter; sie war vom Antisemitismus der europäischen Christen gekennzeichnet.

In Europa gehörte der christliche Klerus zu den stärksten antisemitischen Gruppen in der Bevölkerung. Naturgemäß war dieser auch im Heiligen Land stark vertreten. Der französische Klerus, der durch seine Anti-Dreyfus-Einstellung später unter starkem weltlichem Druck stand, deutete diesen Druck als die »Rache der Juden«. Es ist erwiesen, daß der Klerus seine Interpretation des »jüdischen Problems« den Arabern – vor allem christlichen Arabern, aber auch westlich orientierten Moslems – vermittelte.

Die Verbreitung des europäischen Antisemitismus in der arabischen Welt hatte offensichtlich vier grundlegende Auswirkungen. Erstens legitimierte sie (als europäisch und damit »modern«) das bereits vorhandene und ständig wachsende antijüdische Empfinden. Zweitens brachte sie eine Intensivierung dieses Empfindens mit sich, da der europäische Antisemitismus einen hysterischen, verbissenen Zug an sich hatte und ihm die mehr gelassenen Formen des antijüdischen Empfindens fehlten, wie sie traditionsgemäß im Islam und im Nahen

Osten zu finden sind. Drittens – und dieser Punkt ist in seiner praktischen Auswirkung der wichtigste – wurde dadurch die Meinung verbreitet, daß die europäischen Juden, die jetzt nach Palästina kamen, von anderen Europäern weder als echte Europäer angesehen wurden noch als Einwanderer erwünscht waren. In diesem Licht gesehen, erschienen die jüdischen Einwanderer, im Gegensatz zu anderen Europäern, isoliert und verwundbar. Und schließlich spielte auch das stereotype Bild eine Rolle, das der Europäer vom Juden zeichnete: grundsätzlich ein Parasit, dem es an Charakterstärke fehlt, unfähig, auf eigenen Füßen zu stehen, und vor allem kein Kämpfer und auch nicht fähig, einer zu werden.

All dies zusammen bewirkte, daß sich die Araber in ihrer Ablehnung der Zionisten bestärkt fühlten. Und die Tendenz nahm zu, sowohl die Zionisten als auch den Aufwand zu unterschätzen, der von arabischer Seite notwendig wäre, um die Zionisten mit Gewalt auszumerzen. Im Endeffekt wirkte sich die Einführung der europäischen Formen des Antisemitismus in den Nahen Osten schädlicher für die Araber aus als für die Juden.

Sechs Monate nach dem Ersten Zionistischen Kongreß richtete ein Leser in Frankfurt die Anfrage an die arabische Zeitung ›al-Muktataf‹, was die arabische Presse über den Zionismus zu sagen habe. Die Antwort lautete, die arabische Presse habe den Kongreß erwähnt, ohne ihm jedoch besondere Aufmerksamkeit zu schenken. Das veranlaßte den Libanesen Raschid Rida, einen der führenden arabischen Denker, zum ersten veröffentlichten Protest gegen die Programme des Zionismus. Raschid Rida war wohl von einigen westlichen Klischeevorstellungen über die Juden beeinflußt, doch er war zu intelligent und zu gut informiert, um den Zionismus zu unterschätzen. Er empfahl seinen Landsleuten, »die Juden zur Kenntnis zu nehmen«.

Raschid Rida blieb nicht der einzige arabische Intellektuelle, den um die Jahrhundertwende die Ausbreitung des Zionismus mit Sorge erfüllte. Am 1. März 1899 schrieb Yussuf al-Khalidi, ein führendes Mitglied einer der hervorragendsten moslemischen Familien in Jerusalem, einen historischen Brief in französischer Sprache an Zadoc Kahn, den obersten Rabbiner in Frankreich; Zadoc Kahn war ein Bekannter Herzls und stand dem Zionismus eher neutral gegenüber. Yussuf al-Khalidi war ein unvoreingenommener, aufgeklärter und weitgereister Liberaler, der in den siebziger Jahren Mitglied des kurzlebigen osmanischen Parlaments gewesen war und später von Abdul Hamid aus Konstantinopel ausgewiesen wurde.

Theoretisch, so schrieb Yussuf al-Khalidi, sei die zionistische Idee »vollkommen natürlich, schön und gerecht... Wer kann die Rechte der Juden in Palästina anfechten? Bei Gott, historisch gesehen ist es ja wirklich euer Land!« In der Praxis konnten die Juden Palästina allerdings nicht ohne Gewalt einnehmen, doch sie verfügten nicht über Streitkräfte. Türken und Araber waren zwar im Augenblick den Juden freundlich gesinnt, konnten aber gegen sie aufgewiegelt werden. Al-Khalidi verwies auf den schwelenden Haß der Moslems gegen die Juden und empfahl, doch ein anderes Land als Palästina zu finden, in dem sich die Juden niederlassen und vielleicht einen Staat gründen konnten.

Zadoc Kahn gab den Brief an Herzl weiter, der eine beruhigende Antwort schrieb. Die Juden wurden von keiner Großmacht unterstützt, und sie selbst verfolgten keine militärischen Absichten. Es brauchte zu keinerlei Schwierigkeiten mit der ortsansässigen Bevölkerung zu kommen. Niemand versuchte, Nichtjuden auszusiedeln. Die Bevölkerung konnte vom Wohlstand, den die Juden bringen würden, nur Gewinn ziehen. Hinsichtlich des Wohlstandes hatte Herzl zumindest bezüglich der Grundeigentümer recht. Zu dieser Zeit profitierten auch die Bauern, denn die ersten Zionisten zahlten gute Preise und boten Arbeitsplätze.

Rückblickend ist jedoch leicht zu sehen, daß al-Khalidi realistische Schwierigkeiten aufzeigte und Herzl mit unrealistischen Antworten darauf reagierte. War er einfach nur ironisch? In einem Punkt traf das ganz bestimmt zu. Wenn der Verfasser des Buches ›Der Judenstaat‹ seinem Briefpartner versicherte, daß die Zionisten »treue und ergebene Untertanen« des Sultans sein würden, so wußte er, daß es unwahr war und unwahr bleiben würde. Im übrigen brachte er nur zum Ausdruck, wie sich die Dinge entwickeln würden, wenn es nach seinen Wünschen und Plänen ging. Es war weder sein Wunsch, Nichtjuden zu vertreiben, noch sein Plan, Gewalt anzuwenden. Was geschehen würde, wenn das, was er hoffte, nicht geschah, darüber dachte Herzl nie sehr viel nach. Es ist schade, daß Zadoc Kahn den Brief al-Khalidis nicht an Ahad Ha'am weitergab.

In den ersten fünf Jahren nach Herzls Tod ereigneten sich sowohl auf der Seite der Zionisten als auch auf der Seite der Araber Dinge, die es schwierig machten, Herzls Optimismus aufrecht zu erhalten.

Auf jüdischer Seite entwickelte sich im Lauf der zweiten Aliyah eine neue Spielart des Zionismus: eine härtere, sittenstrengere und rücksichtslosere. Wie so vieles andere in der Vorgeschichte Israels war auch diese neue Spielart auf die Zustände in Rußland zurückzuführen. Die Männer und Frauen der ersten Aliyah waren unter Alexander II. unter verhältnismäßig günstigen Bedingungen aufgewachsen, in einer Zeit, die für die Juden immer noch Hoffnung barg. Die Angehörigen der zweiten Aliyah wuchsen hingegen im Schatten des rauhen, bedrohlichen Rußlands von Alexander III. und Nikolaus II. auf. Die meisten unter ihnen sahen sich von Kindheit an fortwährend der kalten, systematischen Ablehnung der nichtjüdischen Welt gegenüber. Sie waren Pobedonostsews Kinder.

Pobedonostsews Politik machte aus vielen jungen Juden russische Revolutionäre. Andere brachten revolutionäre Härte in den Zionismus. Manche waren nicht sicher, ob sie russische Revolutionäre oder Zionisten sein wollten. Mitglieder der Po'alei Zion (Arbeiter Zions) beteiligten sich an der russischen revolutionären Bewegung und blieben dabei Zionisten.

Die Menschen der zweiten Aliyah, die besonders charakterfest waren, trugen ganz wesentlich zur Gestaltung der Neuen Yishuv bei. Viele Neuerungen, einschließlich der kooperativen landwirtschaftlichen Siedlungen, der Kibbuzim, gehen auf sie zurück. Die zweite Aliyah war auch für die Einführung des Hebräischen als Alltagssprache der Yishuv verantwortlich. Doch ohne es zu beabsichtigen, vergrößerten die Menschen der zweiten Aliyah auch die Feindseligkeit der Araber gegenüber den jüdischen Siedlern. Der Einfluß des neuen Typus der Zionisten wurde auf zwei verwandten Gebieten als besonders entscheidend empfunden, auf dem Arbeitsmarkt und in der Verteidigung.

Die älteren Zionisten waren im allgemeinen bereit gewesen, sowohl für körperliche Arbeiten als auch als bewaffnetes Wachpersonal Araber zu beschäftigen. Die neuen Zionisten – Mitglieder von Po'alei Zion und anderen Gruppen der zweiten Aliyah – lehnten ein solches System ab. Sie waren Sozialisten im weiteren Sinn und vertraten die Ansicht, Zionisten sollten vollkommen unabhängig sein, ihr Land auf kooperativer Basis selbst bebauen und es auch selbst verteidigen.

Diese Auffassungen beschleunigten den Konflikt mit den Arabern, der wahrscheinlich sowieso unvermeidbar war. Unter den früheren Formen des Zionismus bedeutete der Kauf eines arabischen Landbesitzes für die betroffenen arabischen Bauern nicht mehr als einen Wechsel des Arbeitgebers (oder Gebieters), in den meisten Fällen einen Wechsel zum Besseren. Somit war in der ersten Zeit des Zionismus die Auffassung berechtigt, daß der Zionismus sowohl Juden als auch Arabern Vorteile brachte. Aber wo immer die *neuen* Zionisten die Kontrolle übernahmen, bedeutete die Landübertragung von Arabern an eine zionistische Kooperative für die ansässigen Araber, daß sie damit Land und Arbeitsplatz verloren. Es überrascht nicht, wenn viele dieser Araber fanatische Antizionisten wurden.

Das Rußland, aus dem die neuen Zionisten kamen, war in zunehmendem Maß von Gewalt beherrscht. Die neuen Zionisten waren allesamt Menschen, die der uralten Tradition der Gewaltlosigkeit des Judentums der Diaspora mit panischer Angst gegenüberstanden, Angst davor, sich der gewaltsamen Unterdrückung zu unterwerfen, die Ausdruck des Willen Gottes war. Die neuen Zionisten waren fest dazu entschlossen, daß die Juden in Palästina für ihre Verteidigung selbst sorgen sollten. Bereits 1886 gab es Angriffe auf jüdische Siedlungen, doch damals handelte es sich nicht um eine politische Reaktion auf den Zionismus, sondern diese Überfälle zählten zu den häufigen ländlichen Streitigkeiten, meist um Weiderechte. Die ersten Zionisten hatten als Gegenmaßnahme ortsansässige Wachposten – Araber oder Tscherkessen – angeworben. Die neuen Zionisten lehnten das ab.

Im September 1907 fand im Dachgeschoß eines Fremdenheims in Jaffa eine historische Zusammenkunft statt. Israel Shochat, ein junger Mann aus Gomel, berichtete der Versammlung über die Organisation der jüdischen Selbstverteidigung in seiner Heimatstadt. Die anwesenden zehn jungen Männer beschlossen, sich als Wachposten zu verpflichten und den Gedanken der Selbstverteidigung innerhalb der Yishuv zu propagieren. Dieses kleine Unternehmen entwickelte sich zu Ha-Shomer (die Wächter), einer Einheit, der 1914 hundert gut bewaffnete Männer angehörten. Das war der winzige Kern der zukünftigen israelischen Streitkräfte.

Der Zionismus neuen Stils zielte auf ein selbstbewußtes, vollkommen unabhängiges Gemeinwesen in Palästina ab – und schließlich auf einen jüdischen Staat; eine Gemeinschaft und ein Staat, wo die Araber nicht gebraucht wurden. Die neuen Zionisten waren den Arabern weder feindselig noch besonders freundlich gesinnt. Sie waren bereit, die Araber als Nachbarn zu tolerieren, aber sie mußten erkennen, daß diese vielleicht nicht bereit waren, *sie* zu tolerieren.

Die Araber waren noch nicht in der rechten Verfassung anzugreifen. Wenige verstanden, worum es beim Zionismus ging. Nur in einigen Gebieten hatten die direkt Betroffenen bereits Erfahrungen mit dem neuen, selbstbewußten Zionismus gemacht. N.J. Mandel schreibt noch im Sommer 1908 über »allgemein gute Alltagsbeziehungen« zwischen Juden und Arabern in Palästina. Seiner Meinung nach trat zu dieser Zeit der arabische Antizionismus noch nicht eindeutig hervor. Auf der anderen Seite wuchs das Unbehagen über die sich ausbreitende jüdische Bevölkerung in Palästina und damit die Feindseligkeit ihr gegenüber.

Die Beziehung zwischen Juden und Arabern in Palästina änderte sich jedoch grundlegend durch die türkische Revolution im Juli 1908. Abdul Hamid, Sultan und Kalif, mußte seine absolute Herrschaft aufgeben und die Verfassung wiederherstellen. Im darauffolgenden Jahr wurde Abdul Hamid abgesetzt und ins Exil geschickt. Bis zum Ausbruch des Weltkrieges wurde das Osmanische Reich verfassungsgemäß von einer mit dem Westen sympathisierenden Oligarchie von Offizieren des Mittelstandes regiert. In der Beziehung zum Zionismus verfolgte diese Oligarchie die gleiche Linie wie der abgesetzte Sultan: Man war gegen eine jüdische Besiedlung Palästinas, konnte sie jedoch nicht verhindern. Aber auf die arabische Welt hatte das neue Regime revolutionäre Auswirkungen.

Die Presse spielte die wichtigste Rolle bei den revolutionären Veränderungen. Eines der wenigen klaren Ergebnisse, die der »Konstitutionalismus« erzielen konnte, war eine verhältnismäßig freie Presse.

Die Zionisten machten als erste von der neuen Pressefreiheit Gebrauch. Sie übten einige Zeit beachtlichen Einfluß auf die Presse im nachrevolutionären Konstantinopel aus. Wladimir Jabotinsky – später Begründer der Irgun und geistiger Vater von Menachem Begin – war der begabteste und kampflustigste Zionist. Er wurde der stellvertretende Herausgeber jenes Organs, das die Menschen als erstes zur Hand nahmen, wollten sie die Denkweise der türkischen Revolution kennenlernen: ›Le Jeune Turc‹. Ein komödiantisches Zwischenspiel in einer ansonsten tragischen Geschichte: Jabotinsky als junger Türke – nicht sehr überzeugend.

Weder der zionistische Einfluß noch die freie Presse waren in Konstantinopel von langer Dauer. Doch solange sie währten, hatte die Pressefreiheit in der arabischen Welt historische Auswirkungen. In Palästina gingen diese auf Kosten der Zionisten. Die freie Presse spielte bei der Auflösung des Osmanischen Reiches sicherlich eine Rolle, doch am wichtigsten war vielleicht ihr Einfluß auf die Konsequenzen, die aus dieser Auflösung resultierten. Naturgemäß richtet sich eine freie Zeitung an Angehörige derselben Sprachgruppe. Entsprechend wurde die freie Presse in den arabischen Ländern zum Instrument des arabischen Nationalismus.

Bedingt durch die unterschiedlichen Sprachen, betonte die arabische Presse nicht nur den Unterschied zwischen den Arabern und den übrigen osmanischen Untertanen, sondern auch ganz besonders den Unterschied zwischen den arabischen Moslems und den anderen Moslems. Die arabischen Christen stellten eine Minderheit dar; sie hielten es für besonders wichtig, die sprachliche und kulturelle Eigentümlichkeit aller Araber hervorzuheben und sich für die Verbindung mit den Arabern und das Wachstum des arabischen Nationalismus einzusetzen. Die christlichen Araber spielten – durch die ihnen aus ihrer Beziehung zum Westen erwachsenen bildungsmäßigen Vorteile – beim Aufbau der arabischen Presse eine führende Rolle.

Vor 1908 gab es in Palästina keine arabische Presse. Doch sobald sie in Erscheinung trat, begann sie mit ihren Angriffen auf die Juden. Die Presse protestierte nicht nur gegen die Einwanderung von Juden, sondern warnte die arabische Bevölkerung sehr eindringlich vor dem umfassenden, großangelegten zionistischen Plan.

›Al-Karmil‹ veröffentlichte in Haifa im Dezember 1910 den offenen Brief eines berühmten arabischen Nationalisten aus Damaskus, Shurki al-Asali, in dem dieser ein erstaunlich klares Bild vom aktuellen Stand der politischen Entwicklung des Zionismus in Palästina zeichnet: »Die Juden verkehren nicht mit den Osmanen. Jedes Dorf hat sein eigenes Verwaltungsbüro und eine Schule. Sie haben eine blaue Flagge mit dem ›Davidstern‹ und hissen diese Flagge anstelle der osmanischen ... Sie haben die Regierung getäuscht, als sie sich als osmanische Untertanen bekannten, denn sie besitzen nach wie vor ausländische Pässe, die sie unter den Schutz einer fremden Macht stellen ... Ihre Kinder erhalten auch eine körperliche Ausbildung, und man lehrt sie den Umgang mit Waffen ... Wenn die Regierung diesem reißenden Strom keinen Einhalt gebietet, wird Palästina in kürzester Zeit Eigentum der zionistischen Organisation sein.«

Neben scharfsinniger, weitgehend realistischer Kritik verbreitete die arabische Presse immer öfter auch aufhetzende, verächtliche antisemitische Berichte. Obwohl die arabische Presse und die Vertreter der arabischen Öffentlichkeit im allgemeinen der jüdischen Immigration feindlich gegenüberstanden und den Zionismus mit Besorgnis beobachteten, gab es immer noch die Hoffnung auf eine Art von Entente zwischen Arabern und Juden. Als der Zerfall des Osmanischen Reichs fortschritt und der Plan eines arabischen Staates (oder arabischer Staaten) immer deutlichere Formen annahm, spielten einige arabische Nationalisten mit dem Gedanken an eine solche Entente.

Der Plan führte zu nichts, denn auf arabischer Seite setzte man voraus, daß die Juden die arabische (ursprünglich »osmanische«) Nationalität annehmen und sich angleichen würden. Aber die Juden waren nach Palästina gekommen, weil sie Zionisten waren und sich nicht angleichen wollten; es war ihnen daher von vornherein unmöglich, einer Entente zuzustimmen, die eine Assimilation auch nur annähernd zur Bedingung machte. Bis Kriegsausbruch wurden komplizierte Diskussionen und indirekte Verhandlungen um den Gedanken einer Entente geführt; tatsächlich dienten sie aber nur dazu, das Fehlen jeglicher Grundlage für eine solche Entente zu demonstrieren.

Als der Erste Weltkrieg ausbrach, stellte der arabische Nationalismus bereits eine Macht in Palästina dar und verwendete schon den Ausdruck »Palästinenser«. Die arabischen Nationalisten wußten damals auch, daß die jüdischen Einwanderer keine gewöhnlichen Einwanderer waren: Sie waren jüdische Nationalisten. Und da diese beiden nationalistischen Bewegungen Anspruch auf dasselbe Land erhoben, waren sie naturgemäß unverträglich. Der christlich-arabische Nationalist George Antonius sollte später zusammenfassend in seinem berühmten Buch ›Das arabische Erwachen‹ (1938) sagen: »In Palästina kann nicht Platz für eine zweite Nation geschaffen werden, es sei denn durch Vertreibung oder Ausrottung des ansässigen Volkes.«

Die Verhältnisse waren nicht ganz so eindeutig. Das jüdische Volk in Palästina setzte sich aus Menschen zusammen, die sich freiwillig entschlossen hatten, ein Volk zu bilden, das zur heimatlichen Scholle zurückkehrt. Sie hatten viel zusammen erduldet, und das leidenschaftliche Bewußtsein einer gemeinsamen Bestimmung beseelte sie. Damals existierte in Palästina keine arabische Nation. Es gab eine arabische Welt, in der sich der arabische Nationalismus zu regen begann, und Palästina gehörte dazu. Die Zionisten hatten keineswegs eine palästinensische Nation vorgefunden; diese entstand vielmehr erst als Reaktion auf den Zionismus. Ende Juni 1914 wurde in Jerusalem ein anonymer Allgemeiner Aufruf unter den Palästinensern in Umlauf gesetzt; er war mit »ein Palästinenser« unterzeichnet. Es handelt sich dabei um die erste klare Äußerung eines spezifisch palästinensischen Nationalismus innerhalb des arabischen Nationalismus, und es ist ein auf theologischer Grundlage beruhendes, ausdrücklich moslemisches Dokument.

»Männer! Wollt ihr Sklaven und Diener von Menschen sein, die in der Welt seit Menschengedenken berüchtigt sind? Wollt ihr Sklaven der Zionisten sein, die gekommen sind, euch aus eurem Land zu vertreiben, indem sie sagen, es wäre das ihre? Seht, ich rufe Gott und seine Propheten als Zeugen gegen sie an! Sie sind Lügner! Sie lebten in diesem heiligen Land vor langer Zeit, und Gott verbannte sie und verbot ihnen, sich hier wieder niederzulassen. Warum recken sie sich jetzt die Hälse danach aus und wollen es wieder erobern, nachdem sie es zweitausend Jahre lang im Stich gelassen haben? Die Zionisten wollen sich in unserem Land niederlassen und uns daraus vertreiben. Seid ihr damit zufrieden? Wollt ihr untergehen?« Dieser Allgemeine Aufruf sollte die breite Masse der Araber erreichen, in deren Leben der moslemische Glaube das Wichtigste war.

Den Arabern wurde zu dieser Zeit langsam bewußt, was der Zionismus – im Unterschied zu der jüdischen Immigration – bedeutete. Ein Bauer fragte einmal einen nichtzionistischen Juden, »ob die Juden wirklich einen jüdischen König nach Jerusalem entsenden wollten«.

Wie Howard M. Sachar in seiner ›Geschichte Israels‹ schreibt, wurde zwischen 1905 und 1914 das Fundament für eine jüdische Nationale Heimstätte gelegt. Die russischen Zionisten, und nicht Herzl, hatten am meisten dazu beigetragen, daß dies in Palästina geschah. Doch der Erste Weltkrieg sollte schließlich die Bedingungen zur Verwirklichung von Herzls Traum schaffen: Die Errichtung einer Nationalen Heimstätte, die anfänglich unter dem Schutz einer Großmacht stand und international anerkannt wurde.

Mit Ausbruch des Krieges mußte der Zionismus als internationale Bewegung seine Aktivitäten unterbrechen. Das Sekretariat von »Zionist International« wurde von Berlin nach Kopenhagen verlegt, um überparteilich zu bleiben. Doch es war klar, daß nach Friedensschluß nur jene Zionisten Einfluß besitzen würden, die sehr wohl Partei ergriffen hatten, nämlich Partei für den Sieger. Großbritannien war in dieser Situation von größter Wichtigkeit, und Chaim Weizmann, ein Chemiker aus Manchester, war der Zionist, dem die größte Bedeutung zukam.

Großbritannien war deshalb so wichtig, weil es als einzige Großmacht bereits festen Fuß in jener Region gefaßt hatte, zu der auch Palästina gehörte. Kaum jemand erwartete, daß das Osmanische Reich den Krieg überleben würde. Großbritannien kontrollierte seit 1882 Ägypten. Das bedeutete, daß im Falle eines Sieges der Alliierten oder bei einem Friedensschluß Palästina wahrscheinlich ganz oder teilweise in die britische Interessensphäre fallen würde. Palästina lag zu nahe am Suezkanal, als daß Großbritannien es einer anderen Macht überlassen konnte. Das britische Interesse an Palästina implizierte auch – negatives oder positives – Interesse am Zionismus. Großbritannien war den Juden wesentlich besser gesinnt als jede andere Großmacht in Europa und hatte zur Zeit des Konstitutionalismus auch als Protektor der Juden in Palästina fungiert.

Andererseits waren auch die Zionisten an Großbritannien interessiert. »Von dem Augenblick an, da ich der Bewegung beigetreten war«, so schrieb Herzl 1898 während der Londoner Zionistischen Konferenz, »richtete sich mein Blick auf England, denn ich sah, daß hier der archimedische Punkt lag, an dem der Hebel angesetzt werden konnte.«

Schon zu Beginn des Krieges wußte Chaim Weizmann, daß die Zeit gekommen war, diesen Hebel anzusetzen. Bereits im September 1914 schrieb er an einen Korrespondenten in Amerika: »Wir sollten uns auf die kommende Friedenskonferenz vorbereiten.« Und im Monat darauf: »Ich zweifle nicht daran, daß Palästina in die englische Einflußsphäre fallen wird... Wir könnten (unter mehr oder weniger günstigen Bedingungen) innerhalb der nächsten fünfzig bis sechzig Jahre leicht eine Million Juden nach Palästina bringen...«

Im Dezember 1914 traf Weizmann wieder mit Arthur Balfour zusammen. Er stellte fest, daß sich Balfour an alles erinnerte, was sie acht Jahre zuvor besprochen hatten. Weizmann berichtete Balfour über die mittlerweile erzielten Fortschritte der Yishuv: ein Technisches College, das Projekt einer Universität, die Oberschule. Balfour erwiderte Weizmann: »Es könnte sein, daß Sie nach dem Krieg mit Ihrer Sache noch viel schneller vorankommen.«

Balfours Interesse am Zionismus war zu dieser Zeit persönlicher Natur und beinhaltete keinerlei offizielle Verpflichtung. Großbritannien hatte noch aus der Zeit vor dem Krieg ein rein strategisches Interesse an Palästina. Imperialistisch denkende Briten – wie Lord

Kitchener – waren der Meinung, daß es für Großbritannien günstig wäre, zum Schutz des Suezkanals Palästina als nördliche Barriere in britische Hand zu bringen. Die englischen Zionisten unterstützten natürlich diese Idee und brachten als zusätzliches Argument ein, daß die Errichtung einer jüdischen Nationalen Heimstätte diese Barriere wesentlich verstärken würde.

Die überwiegend liberale Regierung unter Asquith, die in den ersten Jahren des Ersten Weltkrieges im Amt war, wollte nicht die ausschließliche Verantwortung für Palästina tragen und war insgesamt nicht an einer jüdischen Nationalen Heimstätte interessiert. Das Sykes-Picot-Abkommen – offiziell Kleinasien-Abkommen – schlug eine Teilung des Nahen Ostens in zwei Zonen vor: Die eine sollte von Frankreich kontrolliert und beeinflußt werden und die andere von Großbritannien. Palästina wäre unter ein englisch-französisches Kondominium gekommen, ohne jegliche Verpflichtung gegenüber den Juden.

Der Sturz der Regierung Asquith Ende 1916 änderte die Lage sehr schnell zugunsten der Zionisten. Arthur Balfour war in der neuen Regierung unter David Lloyd George Außenminister. Die Tories und die imperialistische Denkweise waren im Aufstieg begriffen; ihnen erschien ein von Großbritannien kontrolliertes Palästina verlockender als ein englisch-französisches Kondominium. Bereits im März 1917 hatte Lloyd George die feste Absicht, Palästina unter britische Herrschaft zu bringen; er wußte, daß es durch britische Truppen erobert werden mußte, um die Aufhebung des Sykes-Picot-Abkommens, soweit es Palästina betraf, sicherzustellen. Im Lauf des Jahres 1916 war in Ägypten eine starke Expeditionstruppe aufgestellt worden, um einen entscheidenden Angriff auf die Türkei zu ermöglichen. Die geographische Lage würde Palästina zum Hauptkriegsschauplatz machen.

Der Zionismus spielte auch beim unmittelbaren Ziel, den Krieg zu gewinnen, eine Rolle. Als das Kriegskabinett der Balfour-Erklärung zustimmte, hatte es sich von Argumenten überzeugen lassen, die das Bestreben nach einer siegreichen Beendigung dieses Krieges zum Inhalt hatten. Balfours Außenministerium brachte seine Argumentation im Zusammenhang mit den tiefgreifenden Ereignissen zu Jahresanfang 1917 vor: die erste russische Revolution (Februar) und die Kriegserklärung Amerikas an Deutschland (April). Im Sommer und Herbst 1917 hatte Großbritannien (aber auch Frankreich) lebhaftestes Interesse an zwei Dingen: Rußland sollte so lange wie möglich am Krieg beteiligt bleiben, und Amerika sollte so rasch wie möglich in den Krieg eintreten.

Wie die Dinge lagen, fiel dem Zionismus hinsichtlich dieser beiden Interessen eine vielversprechende Rolle zu. In den beiden betroffenen Ländern war die öffentliche Meinung über den Krieg geteilt, und in beiden Ländern übten die Juden offensichtlich beträchtlichen Einfluß auf die Meinungsbildung aus. Die meisten Juden in Rußland und Amerika waren Zionisten. Man konnte also annehmen, daß eine prozionistische Erklärung, kurz bevor Großbritannien in Palästina einmarschierte, die Kriegsbemühungen dort, wo es am wichtigsten war, günstig beeinflussen könnte.

Später wurde mehrmals behauptet, daß die Balfour-Erklärung ein Fehler gewesen sei. Zur Zusage einer jüdischen Nationalen Heimstätte äußerte sich Elizabeth Monroe: »Wenn man ausschließlich die britischen Interessen berücksichtigt, war es der größte Fehler in unserer imperialistischen Geschichte.« Doch wie die *britischen* Interessen 1917 lagen, zur Zeit der schwierigsten und kritischsten Phase des Krieges, war dieses Zugeständnis keineswegs ein Fehler. Für das Kriegskabinett gab bei allen Vorschlägen ein Kriterium den Ausschlag: Nützt es den Kriegsanstrengungen? Der »russische« Teil der Berechnungen erwies sich schon sehr bald als falsch. Die Bolschewiken eroberten wenige Tage nach Veröffentlichung der Erklärung Petrograd, und die bolschewistischen Führer standen sowohl dem Krieg und den Mächten der Entente als auch den Zionisten extrem feindlich gegenüber.

Der amerikanische Teil der Rechnung ging jedoch auf. Die amerikanischen Juden begrüßten die Erklärung wärmstens. Die Juden in Amerika hatten sich allgemein gegen einen Kriegseintritt gestellt, der Amerika zum Verbündeten Rußlands unter Nikolaus II. gemacht hätte. Bereits vor dem Krieg führte der britische Botschafter in den Vereinigten Staaten, Sir Cecil Spring-Rice, das Nichtzustandekommen eines geplanten Abkommens zwischen den Vereinigten Staaten und Rußland auf jüdischen Einfluß zurück. Die Februarrevolution beseitigte zwar die Hauptursache für die jüdische Ablehnung der Sache der Alliierten, jedoch eine jüdische *Unterstützung* war noch immer nicht sicher. Durch die Balfour-Erklärung wurde nun ein Projekt, das ein inniges Anliegen vieler Juden war, zu einem Kriegsziel der Alliierten, die damit neue Unterstützung gewannen. Die Balfour-Erklärung war also keineswegs ein Fehler, sondern, ganz im Gegenteil, einer der größten Propagandacoups der Geschichte.

Die deutsche Regierung registrierte dies mit Bestürzung. Sie hatte bereits in den ersten Kriegsjahren den potentiellen Wert erkannt, den die von Haß auf Rußland erfüllte jüdische Gemeinde in den Vereinigten Staaten für sie darstellte. Das deutsche Kaiserreich hatte stets seine Rolle als zivilisierte Macht und seine freundliche Gesinnung gegenüber den Juden betont. In den von deutschen Streitkräften besetzten Gebieten Mitteleuropas wurden die Juden beschützt. Deutschland hatte wiederholt diplomatisch in Konstantinopel interveniert, um die Yishuv vor den ständigen Belästigungen durch den osmanischen Militärgouverneur in Palästina zu bewahren. Man schätzt, daß ohne die beharrlichen Interventionen Deutschlands – speziell als die Gefahr gegen Ende des Jahres 1917 am größten war – die Yishuv den Krieg vielleicht überhaupt nicht überlebt hätte.

Die deutschen Beamten und Publizisten erwogen den Gedanken einer offiziellen prozionistischen Erklärung Deutschlands, doch befürchtete man, den osmanischen Verbündeten zu verletzen. (Die möglicherweise bevorstehende Veröffentlichung einer solchen deutschen Erklärung war eines der Hauptargumente, die Balfour benutzte, um das Kriegskabinett zu beeinflussen.) Nachdem die Begeisterung des amerikanischen Judentums über die Balfour-Erklärung offenkundig war, versuchte Deutschland, verlorenen Boden wiederzugewinnen, doch vergeblich. Die Balfour-Erklärung hat vielleicht den Alliierten nicht wirklich zum Sieg verholfen, aber zu dieser Zeit glaubten sowohl die Alliierten als auch die Mittelmächte, daß sie es tun würde.

Für das britische Kriegskabinett war die auf den Krieg ausgerichtete Propagandawirkung der Erklärung wichtig. Für Balfour war die jüdische Nationale Heimstätte als solche wichtig. Für Lloyd George war die über den Krieg hinausgehende Propagandawirkung der Erklärung wichtig. Sie konnte ein Nachkriegsübereinkommen vorantreiben, durch das, wie er hoffte, Palästina an Großbritannien fallen würde. Sie konnte auch dazu führen, daß in Amerika eine Lobby entstand, die diese Bestrebungen unterstützte. Lloyd George wußte auch, daß die Englisch sprechenden Juden eher Großbritannien als Frankreich als Schutzmacht bevorzugten. Die Juden würden Lloyd George helfen, Frankreich aus Palästina fernzuhalten. Balfour wieder wollte Palästina nicht für Großbritannien, er wollte es für die Juden. Wenn er jedoch Lloyd George nicht dabei unterstützte, es für Großbritannien zu gewinnen, so konnte er nichts für die Juden tun.

Wieviel trug nun Balfours persönliches Engagement für den Zionismus zum Zustandekommen der Erklärung bei? Meiner Meinung nach sehr viel, auch wenn es gegensätzliche Ansichten darüber gibt.

Balfour schuf im Außenministerium ein für den Zionismus günstiges Klima. Er achtete darauf, daß Weizmann mit den richtigen Leuten zusammentraf, und ebenso darauf, daß die Argumente jener Beamten, die mit Weizmann gesprochen hatten, ins Kabinett gelangten. Er mußte sehr vorsichtig sein, damit der Zionismus nicht als sein persönliches Steckenpferd erschien. Es war besser, wenn er den Anschein erweckte, daß das Außenministerium auf ihn Druck ausübte, was aber nicht unbedingt den Tatsachen entsprach.

Die Balfour-Erklärung wurde erst gegen Ende 1917 verabschiedet, doch die zionistische Frage war bereits unmittelbar nach der Bildung der Regierung Lloyd George ins Gespräch gekommen.

Im April 1917 spielten Weizmann und der Zionismus eine nicht unwichtige Rolle im Kriegskabinett. Am 3. April – einen Tag nach dem Kriegseintritt Amerikas – traf Weizmann mit Lloyd George und Lord Curzon zusammen; Curzon, ehemaliger Vizekönig von Indien, war jetzt Angehöriger des Kriegskabinetts. Unmittelbar nach dem Gespräch mit Weizmann suchten Lloyd George und Curzon Sir Mark Sykes auf. Sir Mark war mitverantwortlich für das Sykes-Picot-Abkommen, half jetzt aber Lloyd George, dieses Abkommen in bezug auf Palästina zu annullieren. Sir Mark Sykes stand kurz vor seiner Abreise in den Nahen Osten, wo er als oberster politischer Beamter im Stab des Oberkommandierenden der in Palästina operierenden britischen Armee arbeiten sollte. Lloyd George und Curzon sollen Sir Mark davon überzeugt haben, wie wichtig es sei, der zionistischen Bewegung und ihrer Entwicklung unter britischem Schutz nicht entgegenzuwirken. Von da an bis zum Ende des Krieges und auch noch während der Friedensverhandlungen war der Zionismus – Weizmanns Zionismus – ein stillschweigend anerkanntes Element der britischen Politik.

Der Abgeordnetenausschuß (die repräsentative Körperschaft der englischen Juden) stellte am 17. April 1917 eine anglo-jüdische Opposition gegen eine jüdische Nationale Heimstätte in Abrede. In diesem Sommer wurde noch ein weiterer wichtiger Schritt unternommen, der Großbritannien und das Anliegen des Zionismus enger verband. Ende Juli gab das Kriegsministerium seine Absicht bekannt, ein jüdisches Regiment aufzustellen, das den Wappenschild Davids als Abzeichen tragen sollte. Diese Idee geht ursprünglich auf Jabotinsky zurück. Sie erwies sich als äußerst zwiespältig, stellte sie doch für die Yishuv in einem immer noch türkisch besetzten Palästina eine offensichtliche Gefahr dar. Sie wurde in der angekündigten Form auch nie verwirklicht, aber drei hauptsächlich aus amerikanischen Juden bestehende Bataillone wurden aufgestellt, die im Sommer 1918 an den Kämpfen um das Jordantal teilnahmen.

Der September 1917 war für die Zukunft der Nationalen Heimstätte entscheidend. Am 3. September kam die Frage vor das Kabinett. Lloyd George und Balfour waren abwesend, und Edwin Montagu focht ein Rückzugsgefecht gegen eine Erklärung für eine Nationale Heimstätte; eine Idee, die er als »antisemitisch« bezeichnete. Obwohl Montagus Argumente vom Abgeordnetenausschuß der englischen Juden bereits abgelehnt worden waren, verunsicherten sie das Kabinett. Man kam zu keiner Entscheidung, außer daß man in Erfahrung bringen wollte, welcher Ansicht Präsident Wilson war. Lord Robert Cecil telegrafierte im Namen des Außenministeriums an Oberst House, den engsten Berater Präsident Wilsons. House sah in einer solchen Erklärung »viele Gefahren lauern«; seine Antwort erweckte den Eindruck, daß Wilson einer derartigen Erklärung eher kühl gegenüberstand.

Weizmann hielt diese Antwort verständlicherweise nicht für endgültig. Er telegrafierte den Entwurf der Erklärung, wie er ihn zusammen mit dem Außenministerium erarbeitet hatte, an Louis D. Brandeis, Richter im Obersten Gerichtshof; Brandeis war Vorsitzender der amerikanischen Zionisten. Er machte sich sofort an die Arbeit und bereits nach einer Woche konnte er über House und das britische Kriegsministerium folgende Antwort an Weizmann senden: »Aufgrund von Gesprächen, die ich mit dem Präsidenten führte, und seinen Äußerungen zu nahestehenden Beratern, fühle ich mich zu der Antwort berechtigt, daß er mit der Erklärung, die laut Ihrem Schreiben vom 19. vom Außenministerium und dem Premierminister gebilligt wurde, in vollem Einklang steht. Ich stimme natürlich aus ganzem Herzen zu. – Brandeis.«

Dies ist ein erstaunlicher Wandel in der Einstellung eines Präsidenten zu einer wichtigen Angelegenheit, und das innerhalb von zwei Wochen! Der Einfluß Brandeis' war sowohl moralischer als auch politischer Natur. Brandeis zählte zu den engsten Beratern Wilsons, und dieser hörte sehr genau auf seine Argumente zugunsten einer jüdischen Nationalen Heimstätte. Doch Wilson war ein erfahrener Politiker und wußte, daß Brandeis' Argumente politisches Gewicht hatten. Sollte es bekannt werden, daß Großbritannien allen Ernstes die Errichtung einer Nationalen Heimstätte für Juden in Palästina in Betracht zog und daß Wilson davon abgeraten hatte, dann könnten sich viele amerikanische Juden, die durch Wilsons Haltung verärgert waren, auch gegen die Demokraten wenden. Die Formulierung, mit der House schließlich den Engländern Wilsons Zustimmung zur vorgeschlagenen Erklärung übermittelte, ließ auf derartige politische Überlegungen schließen. Am 16. Oktober telegrafierte der britische Geheimdienstchef in New York nach London: »Oberst House legte den Entwurf dem Präsidenten vor, der seine Zustimmung gibt, doch ersucht er, dies nicht zu erwähnen, wenn die Regierung Seiner Majestät den Wortlaut der Erklärung veröffentlicht; es ist vereinbart, daß die amerikanischen Juden ihn dann um seine Zustimmung ersuchen werden, die er hier öffentlich erteilen wird.«

Die Engländer hatten nun allen Grund, die Balfour-Erklärung voranzutreiben. Der »volle Einklang« des Präsidenten war auch der beste Garant dafür, daß die Amerikaner ein britisches Protektorat über Palästina als Teil eines Friedensabkommens unterstützen würden. Ende des Monats traf Lloyd George kurz mit Weizmann zusammen und ordnete dann sofort an, den Fall auf die Tagesordnung der nächsten Kabinettssitzung zu setzen.

Die entscheidende Sitzung des Kriegskabinetts fand am 31. Oktober statt. Das einzige ernsthafte Hindernis lag nun in der ablehnenden Haltung Lord Curzons. Er war damals Vorsitzender im Komitee für die im Nahen Osten besetzten Gebiete. Curzon vertrat die Meinung, daß die Idee einer jüdischen Nationalen Heimstätte unrealistisch war, da Palästina bereits von einer halben Million Arabern bewohnt wurde.

Es ist nicht bekannt, ob und wie Balfour diesen Einwand im besonderen beantwortete. Im Kabinett stützte er den Fall hauptsächlich auf den Propagandawert, den die Erklärung sowohl in Amerika als auch in Rußland besitzen würde, und wies auf die Gefahr hin, daß Deutschland Großbritannien zuvorkommen und als erstes eine Erklärung zugunsten einer Nationalen Heimstätte verabschieden könnte. Was Rußland und Deutschland anlangte, waren die Argumente fraglich. Das Argument bezüglich der Vereinigten Staaten hatte großes Gewicht; dafür war Wilsons Zustimmung ausschlaggebend. Curzon bestand nicht auf seinem Einwand, und das Kriegskabinett nahm die Balfour-Erklärung an.

Für die Verabschiedung der Erklärung gab es sehr nüchterne, sachliche Gründe sowohl wegen der Notwendigkeiten des Krieges als auch im Hinblick auf die Zielsetzungen nach Kriegsende. Wie aus Martin Gilberts Churchill-Biographie zu entnehmen ist, soll Winston Churchill nahezu zwanzig Jahre später der Peel-Kommission gegenüber geäußert haben, daß die Balfour-Erklärung entstanden ist, »weil wir dadurch im Krieg große Vorteile erzielten. Wir setzten uns für den Zionismus nicht allein aus altruistischer Liebe zur Gründung einer zionistischen Kolonie ein. Die Sache war vielmehr für das Land von größter Wichtigkeit. In Amerika hatte sie in der öffentlichen Meinung großes Gewicht...« Hinsichtlich der Zielsetzung für die Zeit nach Kriegsende galt folgendes: Lloyd George wollte Palästina für Großbritannien, ohne Frankreich, und Weizmann war in der Lage, ihm dabei zu helfen. So haben Weizmann und Brandeis zusammen mehr dazu beigetragen, das britische Mandat als Bestandteil in das Friedensabkommen zu integrieren, als es den konventionellen Kanälen der britischen Diplomatie möglich gewesen wäre.

Großbritannien befand sich nun auf dem besten Weg, »das schreckliche Geschenk Palästina für die Juden zu regieren«, wie es Lucien Wolf einmal ausdrückte. Die Zionisten waren endlich in der von Herzl erträumten Lage, eine Nationale Heimstätte in Palästina aufzubauen und sie in einen jüdischen Staat umzuwandeln. Die britische Regierung hatte sich zu diesem letztgenannten Ziel nicht verpflichtet, obwohl sowohl Balfour als auch Lloyd George es als endgültiges Ziel billigten. Im Lauf der Entwicklung würde es wahrscheinlich zum Konflikt kommen: zwischen dem Land, das eine Nationale Heimstätte versprochen hatte, ohne genau zu wissen, was es damit meinte, und dem Volk, das dieses Versprechen im Endeffekt mit einem jüdischen Staat gleichsetzte.

3
Die umkämpfte Heimstätte (1917–1933)

»Eine grundlegende Tatsache – wir müssen Palästina haben, wollen wir nicht vernichtet werden.«

Chaim Weizmann
26. November 1919

Am 9. Dezember 1917, fünf Wochen nach der Balfour-Erklärung, eroberten die britischen Streitkräfte Jerusalem von den Türken. Am 11. Dezember betrat General Allenby Jerusalem zu Fuß durch das Jaffator. Die Moslems hatten Palästina 638 in Besitz genommen. Unter der britischen Herrschaft sollte diese Eroberung in einem Ausmaß rückgängig gemacht werden, wie es weder Allenby noch die unter seinem Befehl stehenden Männer vorhersehen konnten.

Die Bevölkerung Palästinas – Moslems, Christen und Juden in gleicher Weise – hatte unter den Schrecken des Krieges furchtbar gelitten. Die Gesamtbevölkerung war von etwa achthunderttausend im Jahr 1914 auf etwa sechshundertvierzigtausend zu Kriegsende zurückgegangen.

Im Dezember 1918 setzte sie sich laut einem Bericht des britischen Außenministeriums wie folgt zusammen: fünfhundertzwölftausend Moslems, einundsechzigtausend Christen und sechsundsechzigtausend Juden. Im Jahr 1914 hatte es in Palästina fünfundachtzigtausend Juden gegeben. In absoluten Zahlen war die jüdische Bevölkerung zwar drastisch gesunken, der proportionale Anteil an der Gesamtbevölkerung war jedoch vielleicht sogar leicht gestiegen. Von der Zusammensetzung her war es eine junge Bevölkerung. Die Angehörigen der Alten Yishuv, vorwiegend ältere Menschen, hatten die Entbehrungen des Krieges besonders getroffen. Die Neue Yishuv hatte vor allem unter den Rekrutierungen und den Deportationen gelitten, aber sie überlebte als harter Kern, um den sich die dritte Aliyah gruppieren konnte.

Ab 1918 stand ganz Palästina unter britischer Herrschaft. Im Sommer 1920 wurde die Militärherrschaft durch eine zivile Verwaltung ersetzt. Erst zu diesem Zeitpunkt kam es – im Rahmen des Vertrages von Sèvres – zwischen Frankreich und Großbritannien zu einem Abkommen über die endgültige Version des abgeänderten Sykes-Picot-Paktes: Großbritannien sollte Palästina und den Irak erhalten und Frankreich Syrien. Der Vertrag von Sèvres wurde jedoch nie ratifiziert, ein Übereinkommen über den genauen Wortlaut der Völkerbund-Mandate erst im Sommer 1922 getroffen.

Die Balfour-Erklärung wurde zum Bestandteil des britischen Mandats für Palästina. Von allem Anfang an gab es zahlreiche Widersprüche. Einer davon lag in der Erklärung selbst, zwischen dem, was die Regierung Seiner Majestät »mit Wohlgefallen zur Kenntnis nimmt« – »die Errichtung einer Nationalen Heimstätte für das jüdische Volk« –, und dem, was sie »klar zu verstehen gibt«: daß »nichts unternommen werden soll, das die bürgerlichen und religiösen Rechte bereits bestehender nichtjüdischer Bevölkerungsgruppen in Palästina beeinträchtigen könnte ...«

Theoretisch gab es zur Lösung dieses Widerspruches zwei gangbare Wege. Im Sinne der Araber könnte die »Nationale Heimstätte« auf ein Niveau reduziert werden, auf dem weder bürgerliche noch religiöse Rechte der Araber beeinträchtigt werden, wobei die arabische Auslegung dieser Rechte maßgebend sein müßte. In diesem Fall würde sich die Nationale Heimstätte kaum von der Alten Yishuv unterscheiden. Oder man trifft eine Entscheidung zugunsten der Juden, indem der Begriff »bürgerliche und religiöse Rechte« der Araber so manipuliert wird, daß er in die Vorstellung einer »Nationalen Heimstätte« der Juden paßt; in diesem Fall würden sich diese Rechte – letztlich – mit jenen decken, die ein jüdischer Staat den Arabern gewährte.

Die Engländer wollten nun beide Extreme vermeiden und beiden Seiten gegenüber Fairneß beweisen. Das verstimmte natürlich beide Seiten. Außerdem hatten die Engländer den Juden gegenüber Erklärungen abgegeben, die die zionistische Auslegung der Balfour-Erklärung bestätigten, den Arabern gegenüber jedoch Zusicherungen gemacht, die mit der Gründung einer jüdischen Nationalen Heimstätte in Palästina unvereinbar waren.

Das britische Außenministerium war von allem Anfang an entschlossen, die Balfour-Erklärung propagandistisch auszuwerten. In der Informationsabteilung wurde eine eigene Stelle für jüdische Propaganda gegründet, entsprechende Literatur verfaßt und verteilt. Diese Schriften kursierten unter den jüdischen Soldaten in Mitteleuropa und enthielten nach dem Fall Jerusalems, wie wir aus Doreen Ingrams' ›Seeds of Conflict‹ wissen, die einfache Feststellung: »Die Alliierten geben das Land Israels dem Volk Israels.« Die Propagandaschriften waren häufig in Jiddisch abgefaßt, und Gerüchte über ihren Inhalt breiteten sich unter den Juden Mittel- und Osteuropas aus. Besonders während der Zeit der britischen Militärverwaltung in Palästina (1917–1920) bestand ein augenfälliger Kontrast zwischen der jüdischen Nationalen Heimstätte, wie sie die britischen Propagandaschriften beschrieben, und der Realität. Die Behörden der Militärverwaltung gestatteten nicht einmal eine Veröffentlichung der Balfour-Erklärung. Sie veröffentlichten hingegen ein Dokument, das Erwartungen und Forderungen unterstützte, die der Idee einer jüdischen Nationalen Heimstätte zuwiderliefen. Es handelte sich dabei um die Gemeinsame Englisch-Französische-Erklärung, die nach dem Waffenstillstand mit der Türkei am 6. November 1918 zustandekam.

In dieser Gemeinsamen Erklärung hieß es: »Frankreich und Großbritannien verfolgen mit der Weiterführung des von Deutschland begonnenen Krieges im Osten das Ziel, die Völker, die so lange von den Türken unterdrückt waren, vollständig und endgültig zu befreien. Nationale Regierungen und Verwaltungen sollen aufgestellt werden, deren Autorität auf der freien Ausübung der Bürgerpflichten der ansässigen Bevölkerung beruhen soll ... Um diese Ziele zu verwirklichen, unterstützen Frankreich und Großbritannien gemeinsam die Bildung nationaler Regierungen und Verwaltungen in den durch die Alliierten befreiten Ländern Syrien und Mesopotamien ... Es liegt ihnen fern, den Völkern dieser Gebiete bestimmte Einrichtungen aufzuzwingen, sie wollen nur durch ihre Unterstützung und entsprechende Hilfe die ordentliche Tätigkeit der von der Bevölkerung frei gewählten Regierungen und Verwaltungen sichern.«

Es war das Ziel dieser Gemeinsamen Erklärung, das, was vom Sykes-Picot-Abkommen noch übrig war, zu untermauern. Die arabischen Gebiete des Osmanischen Reiches sollten zwischen Großbritannien und Frankreich aufgeteilt werden: Syrien war Frankreich zugedacht und der Irak Großbritannien. Diese Englisch-Französische-Erklärung ist im idealistischen Ton Wilsons abgefaßt. Ende 1917 hatten die Bolschewiken die geheimen Kriegsabkommen und Versprechen der Entente veröffentlicht – einschließlich des Sykes-Picot-Paktes. Diese Veröffentlichung hatte sowohl die europäischen Alliierten als auch Präsident Wilson in höchste Verlegenheit gebracht. Wilson distanzierte sich in der Folge von den Machenschaften der westeuropäischen Mächte; diese wieder sahen sich daraufhin zu einem versöhnlichen Ton gegenüber Amerika veranlaßt. Man hatte sich daher entschlossen, die Sykes-Picot-Idee – und die englisch-französische Version zur Modifizierung des ursprünglichen Paktes – hinter dem Schafspelz der »Selbstbestimmung« zu verbergen; ein im Zusammenhang mit einer Annexionspolitik wahrhaft Orwellsches Wort.

Die Engländer gewöhnten sich naturgemäß rascher als die Franzosen an den neuen Ton im Sinne Wilsons. Sie benutzten ihn dann auch gegen die Franzosen, um aus der ursprünglichen Fassung des Sykes-Picot-Paktes auszubrechen. Anfang Juli 1918 kam Picot nach London. Sykes machte Picot klar, daß das Abkommen in der derzeitigen Form den Alliierten »bestimmt schadete«, da »demokratische Kräfte« fanden, daß es ein Instrument der Aggression war und im »Widerspruch zu Präsident Wilsons Außenpolitik« stand. Darüber hinaus hätte das Abkommen »eine äußerst beunruhigende Wirkung auf die arabisch sprechenden Völker, da es ihnen den Eindruck vermittelte, daß wir eine Annexion beabsichtigten«. Das war die Stimmung, in der Sykes die Gemeinsame Erklärung entwarf. Es kam den Engländern zu diesem Zeitpunkt sehr gelegen, »Präsident Wilsons Außenpolitik« als unantastbar darzustellen, sahen sie sich doch dadurch der Verpflichtung enthoben, gemäß dem ursprünglichen Sykes-Picot-Abkommen Palästina mit Frankreich zu teilen. Picot hatte das schlechtere Blatt, und in der Hoffnung auf Syrien stimmte er Sykes zu.

Weder die Engländer noch die Franzosen machten sich Gedanken über die Einstellung der betroffenen Völker. Beide Staaten strebten eine direkte Herrschaft an, die in eine indirekte übergeleitet werden sollte. In Bagdad dauerte dieses System der indirekten Verwaltung – zunehmend gelockert und unter Schwierigkeiten – vierzig Jahre. In Palästina trat es niemals in Kraft. Die britische Regierung hatte nie die Absicht gehabt, die Gemeinsame Erklärung auch auf Palästina anzuwenden, aber es war schwierig, dies eindeutig zu formulieren. Palästina war fortan kein Thema zwischen England und Frankreich. Doch Dinge, die Untergebene nicht verstehen, führen oft zu administrativen Fehlern. Auf diese Art gelangte die Gemeinsame Erklärung nach Jerusalem, wo sie keineswegs hingelangen sollte.

In Jerusalem hatten die Zionisten trotz arabischer Proteste gerade die Feierlichkeiten anläßlich des ersten Jahrestages der Balfour-Erklärung beendet. Den Arabern war die Balfour-Erklärung bekannt, auch wenn sie offiziell nichts darüber erfahren hatten. Dafür hatten sie nun die Gemeinsame Erklärung erhalten. Aus Bernhard Wassersteins Buch ›The British in Palestine‹ kennen wir den Bericht des Militärgouverneurs von Jerusalem Oberst Storrs – später Sir Ronald Storrs: Wie vom Hauptquartier befohlen, waren achtzehn Kopien der die Bewohner Syriens und Mesopotamiens betreffenden Englisch-Französischen-Erklärung verteilt worden. Moslems und Christen schickten daraufhin eine gemeinsame Abordnung zu Storrs, die den Alliierten ihren Dank zum Ausdruck brachte und gleichzeitig nähere Auskünfte darüber haben wollte, inwieweit diese Englisch-Französische-Erklärung Palästina betraf. Storrs gelang es, die Abordnung mit allgemein gehaltenen Antworten zufriedenzustellen. »Im Winter 1918/1919«, so schreibt Wasserstein, »waren die ersten Regungen organisierten arabischen Widerstands gegen die Balfour-Erklärung zu erkennen.«

Falls die britischen Militärbehörden in Palästina dieses Ergebnis bewußt angestrebt hatten, so hätten sie keinen besseren Weg gehen können, als in Palästina die Existenz der Balfour-Erklärung zu verschweigen und danach eine Politik zu verkünden, die mit der Errichtung einer jüdischen Nationalen Heimstätte unvereinbar war. Jabotinsky schrieb in einem Brief an Weizmann: »Es ist die offizielle

Vorgangsweise, sich bei den Arabern für einen Versprecher Mr. Balfours zu entschuldigen.«

Einige zionistische Schriftsteller haben den Verwaltungsbeamten der Militärregierung und später der Zivilregierung unterstellt, daß sie bewußt den Widerstand gefördert haben. Es ist richtig, daß die Verwaltungsbeamten die Idee einer jüdischen Nationalen Heimstätte von Anfang an ablehnten und vor Schwierigkeiten warnten.

Die Zionisten in Palästina waren davon überzeugt, daß es antisemitische Strömungen gab; das traf vorwiegend auf die unteren und mittleren Schichten zu, kam aber auch gelegentlich an der Spitze vor. General Sir Arthur Money, der als erster Brite das Amt des obersten Verwaltungsbeamten in Palästina bekleidete, verwahrte sich öffentlich gegen den Vorwurf von Antisemitismus innerhalb der militärischen Verwaltungsbehörde, beklagte sich jedoch privat über Balfour, Lloyd George und »ihre langnasigen Freunde«. Sein Nachfolger, General Sir Harry Watson, vertrat einen ähnlichen Standpunkt, nur drückte er sich etwas vorsichtiger aus: Seiner Meinung nach lag den meisten Schwierigkeiten die jüdische »Sippenwirtschaft« zugrunde. Watsons Nachfolger, General Louis Bols, war zumindest im gleichen Maße »Antizionist« wie seine Vorgänger.

Den Palästinensern wurde ganz allgemein jene Sympathie entgegengebracht, die man sozial Schwächeren gegenüber oft empfindet und die ein so bezeichnendes, widersinniges Charakteristikum des britischen Imperialismus ist. Ein junger Offizier in Palästina formulierte es so: »Die Juden sind so klug und die Araber so dumm und kindisch, daß es nur fair ist, für die Araber Partei zu ergreifen.«

Die Antipathie gegen die Juden spielte eine größere Rolle als die Sympathie für die Araber. Wichtiger als beides war jedoch die natürliche Unlust der Verwaltungsbeamten, die außergewöhnliche und präzedenzlose Politik der Schaffung einer jüdischen Nationalen Heimstätte in Palästina zu unterstützen. Eine Nationale Heimstätte für die Juden wurde von der ansässigen Bevölkerung abgelehnt. Die Opposition ging von den gut informierten Kreisen aus, griff aber unumgänglich auf den Großteil der Bevölkerung über, so daß Palästina zu einem schwierig zu verwaltenden Land wurde. In den meisten Teilen des britischen Empires waren die Beamten stets bestrebt, das Gleichgewicht zwischen den verschiedenen Völkern und Religionen zu wahren und im wesentlichen den Status quo zu erhalten. In Palästina war die Politik hingegen bestrebt, den Status quo zu stürzen und das Gleichgewicht zugunsten von Menschen zu stören, die noch nicht einmal im Land lebten.

Man zog also Fremde – in der Hauptsache russische Juden – den Einheimischen vor, und das war wohl das Verkehrteste. Es überrascht nicht, daß die meisten britischen Beamten der Errichtung einer Nationalen Heimstätte für das jüdische Volk in Palästina von allem Anfang an bis zum bitteren Ende dreißig Jahre später ganz entschieden ablehnend gegenüberstanden.

Sir Ronald Storrs war acht Jahre (1917–1925) Gouverneur von Jerusalem, und er liebte den Status quo. Er war sehr belesen, ein Intellektueller und Ästhet. In der ersten Zeit bezeichnete sich Storrs sogar als überzeugten Zionisten, aber diese Vorstellung muß wohl auf einem Mißverständnis beruht haben: In der Anfangszeit des Mandats Palästina konnte niemand Zionist sein und gleichzeitig den Status quo lieben. Die Liebe zum Status quo war in Storrs Fall echt. In seiner ausgezeichneten Autobiographie ›Orientations‹ kommt sein Entzükken an der Wunderlichkeit und Verschlagenheit des Orients zum Ausdruck, seine Freude an den feinen Ironien in den orientalischen Traditionen. Für einen solchen Mann war es ein sinnliches Vergnügen, den prachtvollen Orient zu verwalten, besser gesagt, vor dem Krieg war es ein Vergnügen gewesen.

Die Zionisten konnten keineswegs als Vergnügen bezeichnet werden. In seiner Biographie sollte sich Storrs wieder an den »mystischen, nahezu furchterregenden metallischen Klang Zions« erinnern. Er selbst war nicht ganz so leichtfertig, wie er sich gern den Anschein gab. Er war Jerusalem in vieler Hinsicht ein guter Gouverneur. Von ihm ging die Anordnung aus, alle neuen Gebäude in der Stadt aus Stein zu errichten, was dem Stadtbild vieler Teile Jerusalems noch heute zuträglich ist. Doch für Männer wie Weizmann und Ussischkin, die in Rußland geboren und von den Härten dieses Landes geprägt waren, war Storrs vergleichsweise leichtsinnig. Storrs wußte auch, auf welche Weise diese Menschen ihre außergewöhnlichen Begabungen nützen wollten. Sie wollten das gesamte System und das Milieu, das Storrs so sehr schätzte und genoß, mit einem metallischen Klang verschwinden lassen.

Ronald Storrs mußte sehr wohl gewußt haben, was er tat, als er und seine Untergebenen an diesem Novembertag 1918 durch Jerusalem eilten, um jene achtzehn Kopien der Gemeinsamen Englisch-Französischen-Erklärung zu verteilen. Es kann sein, daß General Money nicht die gesamte Tragweite dieses Dokuments erkannt hatte. Aber Storrs war ein in politischen Dingen erfahrener Spezialist. Er mußte wissen, daß es sich hier um eine Panne handelte, daß diese englisch-französische Komposition, die fälschlicherweise vorgab, im Geiste Wilsons zu stehen, für Damaskus bestimmt war, für Bagdad, London, Paris und Washington, aber nach der Balfour-Erklärung niemals für Jerusalem.

Als Militärgouverneur besaß er sicherlich die Autorität, eine solche

Anweisung zu hinterfragen. Wenn er nun keine Fragen stellte, sondern den stümperhaften Fehler einfach in die Tat umsetzte, liegt es nahe, daß ihm die nicht beabsichtigte, aber ziemlich wahrscheinliche Konsequenz daraus gefiel: die Ermutigung des arabischen Widerstandes gegen eine jüdische Nationale Heimstätte.

Christopher Sykes schreibt in seinem Buch ›Crossroads to Israel‹ über Storrs: »Er wurde zur zentralen Figur in der antibritischen Propaganda der Zionisten. Über seine Niedertracht und die antizionistische Verschwörung entstanden Legenden, die man in Israel bis zum heutigen Tag glaubt.« Sykes tut die Legenden als unwesentlich ab. Er begründet Storrs Verhalten mit einem übertriebenen, für die Engländer typischen Hang zur Fairneß, sowie mit Storrs' extravaganter Art, in der Diplomatie gute Manieren zu demonstrieren.

Storrs mag sehr wohl der Ansicht gewesen sein, daß Fairneß die Veröffentlichung der Englisch-Französischen-Erklärung erforderlich machte. Doch von den Zionisten konnte man damals kaum erwarten, daß sie dafür Verständnis hatten. Sie stuften Storrs als den klügsten und höflichsten – und daher ärgsten – ihrer vielen Feinde im britischen Palästina ein.

Im Laufe des Jahres 1919 spitzte sich die Lage merklich zu. Die Spannung zwischen Juden und Arabern wuchs, und die Militärverwaltung ging scharf gegen den Zionismus vor. Eine Reihe offizieller Entscheidungen provozierte den Zorn der Zionisten: Die jüdische Einwanderung wurde untersagt, Landankauf verweigert, Hebräisch wurde nicht als offizielle Sprache anerkannt, und die zionistische Hymne ›Hatikvah‹ durfte öffentlich nicht aufgeführt werden. Es ist verständlich, wenn die Zionisten fanden, daß man das Versprechen der Balfour-Erklärung gebrochen hatte, während bei den Arabern die Überzeugung wuchs, daß sie die jüdische Nationale Heimstätte durch entschlossene Maßnahmen verhindern konnten. Zur gleichen Zeit versuchte die Militärverwaltung immer wieder, die britische Regierung direkt oder indirekt dazu zu bewegen, die Balfour-Erklärung rückgängig zu machen.

In den letzten Monaten des Jahres 1919 nahmen die arabischen nationalistischen Aktivitäten nicht nur in Palästina, sondern auch im benachbarten Syrien zu. Die Ursache dafür war zum Teil in den Auswirkungen der in der Zeit von 1915 bis 1918 gegebenen britischen Versprechungen zu suchen. Die Haschimiden – die Familie von Scherif Hussein von Mekka, deren Männer, von den Engländern angestiftet, sich zur arabischen Revolte gegen die osmanische Herrschaft erhoben hatten – glaubten, daß ihnen im Briefwechsel zwischen Hussein und MacMahon im Jahr 1915 ein Thron in Syrien versprochen worden war; Syrien schloß nach der allgemeinen Auffassung auch Palästina ein. Doch durch das geheime Sykes-Picot-Abkommen ging Syrien an Frankreich (1916), während sich Großbritannien durch die abgeänderte Version desselben zu Palästina verhalf (1917); die Balfour-Erklärung sicherte im selben Jahr den Juden eine Nationale Heimstätte in Palästina zu. Ende 1918 weckte dann die Gemeinsame Englisch-Französische-Erklärung die Hoffnung auf Selbstbestimmung und Unabhängigkeit für ganz Syrien (und auch den Irak) und eventuell auch für die palästinensischen Araber.

Im Juni 1918 war Faisal (der Anwärter der Haschimiden auf einen Thron in Syrien) dem Rat der Engländer gefolgt: Er gelangte zu einer Einigung mit Weizmann und billigte tatsächlich die Balfour-Erklärung. Als Gegenleistung wurde ihm die Wahrung der arabischen Rechte in Palästina zugesichert. Sobald Faisal und seine Gefolgsleute in der zweiten Hälfte des Jahres 1919 einsehen mußten, daß die Engländer seinen Anspruch auf einen Thron in Damaskus nicht konkret unterstützten, erhoben die Haschimiden erneut Anspruch auf ein vereintes Syrien, einschließlich Palästinas, und der arabische Nationalismus schlug eine pansyrische und äußerst militante Richtung ein.

Im Herbst 1919 beschloß die britische Regierung, Syrien den Franzosen zu überlassen. Großbritannien sah sich gezwungen, die Ausgaben für seine überseeischen Gebiete zu kürzen. Da sie den Amerikanern mißtrauten, hielten sie es außerdem für notwendig, die französische Allianz zu bestätigen.

Ende 1919 zogen sich die Engländer aus Syrien zurück (nicht aber aus Palästina). Doch die Franzosen waren noch nicht einmarschiert (außer im Libanon), und Faisal war von den Engländern nicht ausdrücklich abgelehnt worden. Im März 1920 trat in Damaskus der Allgemeine Syrische Kongreß zusammen, an dem auch Palästina teilnahm; die Gemeinsame Englisch-Französische-Erklärung wurde wörtlich genommen und Faisal zum König des Vereinten Syriens gewählt, das auch Palästina einschloß. Die britische Militärverwaltung hegte immer noch die Hoffnung, sie könne Faisal dazu benutzen, um die Pläne der Franzosen und der Zionisten zu durchkreuzen. Sie unterstützte Faisal, sowohl was Syrien als auch was Palästina anbelangte, und ermutigte ihn, Palästina zu beanspruchen; dann drängte sie London, allerdings vergeblich, diesen Anspruch zu akzeptieren. Die Offiziere sahen darin einen klugen Schachzug, um indirekt die Macht über Groß-Syrien zu gewinnen. Dieses nicht autorisierte diplomatische Vorgehen der Militärs ist in Wassersteins Buch ›The British in Palestine‹ dokumentiert. Im Falle einer indirekten Herrschaft mit Faisal als Titularsouverän hätte man die Ansicht vertreten können, daß das Versprechen einer Nationalen Heimstätte nicht realisierbar sei.

Mittlerweile schnellten in Palästina die arabischen Hoffnungen hoch, und die antijüdische Agitation der Araber nahm in den ersten

Monaten des Jahres 1920 zu. Die Agitation wurde von der Moslemisch-Christlichen Vereinigung organisiert, die im November 1918, unmittelbar nach der Veröffentlichung der Gemeinsamen Englisch-Französischen-Erklärung, gegründet worden war. Sowohl Juden als auch Araber nahmen an, daß die Militärverwaltung der Moslemisch-Christlichen Vereinigung und der Agitation Sympathien entgegenbrachte. Bei einer Demonstration in Jerusalem jubelte man Ronald Storrs zu und übergab ihm eine Deklaration, die Wasserstein ebenfalls in seinem Buch anführt. Sie enthielt folgenden markanten Satz: »Palästina, in dem der Messias geboren und gekreuzigt wurde und das die ganze Welt als Vaterland betrachtet, lehnt es ab, eine Nationale Heimstätte für das Volk zu sein, das dem Messias und der ganzen Welt Böses zufügte ...«

Storrs hatte die Demonstranten aufgefordert, friedlich zu bleiben, aber wenn die Agitation erst einmal ein solches Ausmaß erreicht hat und offensichtlich von den Behörden geduldet wird, steigt auch die Wahrscheinlichkeit gewaltsamer Ausschreitungen.

Vom 4. bis zum 8. April 1920 griffen arabische Aufrührer das Jüdische Viertel in der Altstadt von Jerusalem an. Die arabische Polizei ergriff Partei für die Aufrührer und mußte zurückgezogen und entwaffnet werden. Die Armee betrat die Altstadt nicht und verbot den Juden, sich selbst zu verteidigen. Wladimir Jabotinsky versuchte es trotzdem und wurde verhaftet. In den vier Tagen des Blutvergießens starben neun Menschen (fünf davon Juden); weit über zweihundert Menschen wurden verletzt, die meisten von ihnen waren Juden. Der Großteil der Opfer waren alte Männer, Frauen und Kinder.

Im Anschluß an diese Ereignisse richtete sich die Wut der Juden in Palästina in der Hauptsache gegen die Engländer. Wenige Tage nach den Ausschreitungen suchte Ronald Storrs Menachem Ussischkin auf, den amtierenden Vorsitzenden der Zionistischen Kommission. Im Zionistischen Zentralarchiv wird eine Aufzeichnung ihres Gesprächs aufbewahrt. Es beginnt wie folgt:

Storrs: Ich bin gekommen, um Euer Ehren mein Bedauern über die Katastrophe auszudrücken, die über uns hereingebrochen ist.

Ussischkin: Welche Katastrophe?

Storrs: Ich beziehe mich auf die traurigen Ereignisse der letzten Tage.

Ussischkin: Beziehen sich Euer Ehren auf das Pogrom?

Storrs: (Aufbrausend) Es war kein Pogrom! Man kann diese Ausschreitungen kein Pogrom nennen!

Ussischkin: Sie, Herr Oberst, sind ein Experte für Verwaltungsangelegenheiten, und ich bin ein Experte für die Grundsätze eines Pogroms. Ich kann Ihnen versichern, es gibt keinen Unterschied zwischen dem Pogrom in Jerusalem und dem in Kischinew. Die Organisatoren des hiesigen Pogroms zeigten keinerlei Originalität;

Schritt für Schritt folgten sie der Vorgangsweise der Anstifter russischer Pogrome.

Als Ergebnis der Ausschreitungen schlug die Stimmung in Whitehall zugunsten der Zionisten und gegen die militärischen Verwaltungsbehörden um. Auf der Konferenz von San Remo Ende April 1920 gelangten Frankreich und Großbritannien zu einem endgültigen Übereinkommen bezüglich des abgeänderten Sykes-Picot-Paktes. Die Franzosen erhielten Syrien und vertrieben im darauffolgenden Sommer Faisal aus Damaskus; ein Jahr später verschafften ihm die Engländer den Thron des Irak. Nachdem die Engländer endgültig die Kontrolle über Palästina erhalten hatten, beschlossen sie, die Militärverwaltung durch eine zivile Behörde zu ersetzen und Sir Herbert Samuel an ihre Spitze zu stellen. Samuel war Jude und überzeugter Zionist.

Durch die Plünderung des Judenviertels hatten die Araber im Grunde dazu beigetragen, daß die Verwaltung, die eine jüdische Nationale Heimstätte in Palästina ablehnte, durch eine andere ersetzt wurde, die diesem Gedanken positiv gegenüberstand. In den folgenden sechs Jahrzehnten sollte es sich immer wieder erweisen, daß der Widerstand der Araber gegen den Zionismus jedes Mal ins Auge ging.

Curzons ursprünglich gegen die Balfour-Erklärung vorgebrachten Argumente hinsichtlich der Interessen des Empire in der arabischen und moslemischen Welt waren im Nachkriegskontext zutreffender denn je. Der Zionismus erschwerte die Verwaltung Palästinas beträchtlich; jedoch das Ausmaß dieser vermehrten Probleme war 1920 wesentlich deutlicher zu erkennen als unter den völlig anders gearteten und auch gefährlicheren Umständen des Jahres 1917. Die für die Erklärung sprechenden Gründe sahen nicht mehr so stichhaltig aus. Die Dringlichkeit der Kriegspropaganda zählte nicht mehr. Spätestens 1920 war der Erwerb Palästinas für England ein fait accompli.

Das Gewicht der Argumente vom Standpunkt der britischen Interessen aus verschob sich während der Nachkriegszeit entschieden zuungunsten der jüdischen Nationalen Heimstätte. Man konnte zwar die Balfour-Erklärung nicht mehr aus der Welt schaffen, doch man konnte sie so interpretieren (was später auch versucht wurde), daß sie die Nationale Heimstätte zu einem bloßen symbolischen Begriff herabminderte. In diesem Zusammenhang kommt der Formulierung des Mandats Bedeutung zu. Das Mandat war Großbritanniens Regierungsgrundlage in Palästina. Theoretisch repräsentierte das Mandat feststehende Anweisungen des Völkerbundes an den Mandatar. In der Praxis aber war der Mandatarstaat in der Lage, seine eigenen Instruktionen auszuarbeiten und tat es auch, da er in der Zeit unmittelbar nach dem Krieg eine der beiden dominierenden Parteien im Völkerbund war. In dieser Situation wäre es ein leichtes gewesen, ungestraft eine bestehende einseitige Verpflichtung abzuschwächen.

Das Mandat schwächte jedoch keineswegs den Wert der Balfour-Erklärung ab. Die Peel-Kommission sollte später festhalten, daß aus dem Mandat zweifelsfrei die Absicht hervorgeht, die Gründung einer jüdischen Nationalen Heimstätte voranzutreiben. Die Balfour-Erklärung wurde so nicht nur zum »unerläßlichen Bestandteil des Mandats«, sondern das Mandat verstärkte vielmehr die Verpflichtung zur jüdischen Nationalen Heimstätte.

Im Mandat ist verankert, daß auf Grund des Übereinkommens der alliierten Mächte der Mandatarstaat für die Inkraftsetzung der ursprünglich am 2. November 1917 gemachten Erklärung verantwortlich sei. Weiter heißt es: »Die historische Verbindung des jüdischen Volkes mit Palästina und die Begründung dafür, daß es hier in diesem Land seine Nationale Heimstätte errichtet, werden damit anerkannt...«

Die palästinensischen Araber protestierten gegen die Anerkennung des jüdischen Anspruchs. Der Erfolg war, daß sie letztlich etwas erhielten, das schlechter war als das, wogegen sie ursprünglich protestiert hatten. Die Korrespondenz des Kolonialministeriums mit der Delegation der palästinensischen Araber und mit der zionistischen Organisation wurde als das Weißbuch 1922 bekannt. Darin teilte das Kolonialministerium der arabischen Delegation mit: »Es ist von fundamentaler Bedeutung, daß sie (die jüdische Gemeinde) weiß, daß ihre Anwesenheit in Palästina sich auf ein Recht stützt und nicht nur eine geduldete ist. Deshalb ist es notwendig, daß die Existenz einer jüdischen Nationalen Heimstätte international anerkannt und formell bestätigt wird, daß die Heimstätte auf einer alten historischen Bindung beruht.«

Das Weißbuch enthält auch ein Zugeständnis an die Araber. Wie der Herzog von Devonshire – Churchills Nachfolger im Kolonialministerium – vor dem Oberhaus erklärte, war die Errichtung einer jüdischen Nationalen Heimstätte beabsichtigt, nicht jedoch die eines jüdischen Staates oder eines Staates unter jüdischer Vorherrschaft. Diese Beteuerung war natürlich den Zionisten nicht willkommen. Aber sowohl Zionisten als auch Araber wußten nur zu gut, daß es hier und jetzt nicht um die endgültige Regierungsform in Palästina ging, sondern daß die jüdische Immigration das Hauptanliegen bildete. Im Weißbuch wurde festgehalten, daß die Einwanderung von der »Aufnahmekapazität« des Landes abhängen solle; aber darin sah man erst viele Jahre später eine ernsthafte Begrenzung der Immigration.

Das anfängliche Engagement Großbritanniens für eine jüdische Nationale Heimstätte erregte oft Verwunderung. Unter den im November 1917 herrschenden Umständen scheint aber dieses Engagement leichter erklärlich als seine Vertiefung und Betonung unter den wesentlich ungünstigeren Bedingungen drei bis fünf Jahre später. Nicht nur die äußeren Umstände waren weniger günstig, sondern auch innerhalb der britischen Regierung und im Außenministerium gab es Veränderungen, die vom zionistischen Standpunkt aus nachteilig waren. Im Oktober 1919 wurde Balfour im Außenministerium von Curzon abgelöst. Von Balfours Ausscheiden an bediente sich das Außenministerium eines antizionistischen Tones, den es seither nur selten abgelegt hat.

Es ist allein Weizmanns Verdienst, wenn im äußerst ungünstigen Klima der Jahre 1920 bis 1922 der größte Erfolg der zionistischen Politik erreicht wird; dies war seine erstaunlichste – und am wenigsten anerkannte – Leistung in seiner erstaunlichen Karriere.

Von den Jahren 1920 bis 1922 an gestatteten die Engländer den Zionisten – wenn auch etwas zögernd –, ihre Bemühungen zur Errichtung der Nationalen Heimstätte fortzusetzen. Freunde und Feinde waren sich darüber einig, daß damit die Grundlage für einen jüdischen Staat geschaffen wurde. Die Einwanderung der Juden nach Palästina erfolgte von nun an »aufgrund eines Rechtes und nicht, weil man sie duldete«. Herzls Traum beginnt, Wirklichkeit zu werden. Bis 1920 war die Balfour-Erklärung ein einseitiges Versprechen. Ab 1920 hält man sich an das Versprechen; 1922 wird es Teil einer internationalen Verpflichtung. Auch wenn das Versprechen später gebrochen wurde – mit dem Weißbuch des Jahres 1939 und seinen Auswirkungen nach dem Krieg –, die Tatsache bleibt bestehen: Die Generation, die das Versprechen abgab, hielt es und ermöglichte damit die Entstehung des Staates Israel.

Es ist eine der wohl außergewöhnlichsten Tatsachen in dieser Geschichte, daß die rechtlichen Grundlagen für den zukünftigen Staat Israel vom sardonischen Antizionisten Georg Nathaniel Curzon vollendet wurden. Curzon war von allem Anfang gegen die Idee der jüdischen Nationalen Heimstätte. Als er im Jahr 1920 an ihrer Errichtung beteiligt war, lehnte er sie mehr denn je ab. Balfour hatte ihn zunächst beim Entwurf des Mandats nicht zu Rate gezogen; als Curzon im März 1920 den gerade aktuellen Entwurf sah, explodierte er.

Er zeigte sich fest entschlossen, das Palästinamandat zu verwässern. Die ursprünglich vorgeschlagene Erwähnung eines jüdischen Commonwealth strich er. Auch mit dem Satz über die historische Verbindung der Juden mit Palästina und ihrem – wie es im Entwurf hieß – »daraus resultierenden Anspruch auf die Errichtung einer Nationalen Heimstätte« war er nicht einverstanden. Er lehnte den ganzen Satz ab; tatsächlich gelang es ihm, den »Anspruch« loszuwerden, während Weizmann die »historische Verbindung« erfolgreich verteidigte.

Weizmann war mit dem Ergebnis sehr zufrieden und hatte auch allen Grund dazu. Es war ihm gelungen, von Curzon etwas Besseres als die Balfour-Erklärung zu erlangen.

Alle, die in den Nachkriegsjahren genau wie Curzon die Idee einer jüdischen Nationalen Heimstätte ablehnten, aber dennoch auf ihr bestanden, rechtfertigten dies damit, daß es sich dabei um eine verbindliche nationale Verpflichtung handelte. Doch die britische Regierung, deren Mitglied Curzon war, hatte andere – ex parte – Versprechen im Nahen Osten abgegeben, hatte mit den Franzosen das Sykes-Picot-Abkommen getroffen und den Arabern in einer Anzahl von Erklärungen, wie etwa in der Gemeinsamen Englisch-Französischen-Erklärung, Zusicherungen gemacht; nur die Verpflichtung gegenüber den Zionisten wurde als verbindlich behandelt und so letztlich Teil eines internationalen Dokuments. Ein einziges Versprechen wurde gehalten: das Versprechen an die Juden.

Sollte mir ein frommer Zionist weismachen wollen, die wahre Erklärung für dieses Phänomen sei, daß Gott beschlossen habe, es sei für Sein Volk an der Zeit heimzukehren, so würde ich höfliche Zweifel äußern. Aber sollte mich dann derselbe fromme Zionist fragen, ob ich eine andere Erklärung dafür wüßte, warum sich die britische Regierung in den frühen zwanziger Jahren so vehement für die Balfour-Erklärung einsetzte, müßte ich mit Nein antworten.

Das will natürlich nicht heißen, daß man Wunder suchen muß. Es beweist vielmehr, daß die Haupttriebfeder aller Aktivitäten in dieser Angelegenheit moralische, geistige und ästhetische Kräfte sind und nicht Überlegungen über materielle Interessen. Die zionistische Idee war und ist eine Macht. Für Herzl öffnete sie die Türen des Königs, des Kaisers und des Papstes. Für Weizmann öffnete sie die Tore Palästinas.

Die Macht des Zionismus liegt größtenteils in der Macht der Bibel über die menschliche Vorstellungsgabe und in der Macht, die jene Menschen besitzen, deren Vorstellungen in hohem Maße von der Bibel beeinflußt sind. Die zwanziger und dreißiger Jahre unseres Jahrhunderts sind in Großbritannien kaum als Zeitalter intensiven Glaubens zu bezeichnen, aber der Geist der Menschen war immer noch der englischen Bibelversion von 1611 verhaftet – und das traf im besonderen auf Lloyd George und Arthur Balfour zu (ebenso auf Curzon, wenn er diesen Faktor auch für bedeutungslos hielt). Curzon handelte im wesentlichen im Sinn Balfours, auch nachdem er dessen Platz im Außenministerium eingenommen hatte. Lloyd George und Balfour waren dafür, daß man Weizmann gab, was er wollte, wohl wissend, daß das am Ende ein jüdischer Staat sein würde.

Im Jahr 1920, Weizmanns »annus mirabilis«, war Curzon Außenminister und für Palästina verantwortlich. In diesem Jahr wurde die Militärverwaltung aufgelöst, Herbert Samuel zum Hochkommissar ernannt, und schließlich fiel auf der Konferenz von San Remo der Beschluß, die Balfour-Erklärung in das Mandat aufzunehmen; all das zusammen war ein großer Sieg des Zionismus.

Der Zionismus hat seine Gegner immer wieder zu sonderbaren Handlungen veranlaßt. Die Ursache dafür liegt nicht nur in der Macht der zionistischen Idee über die Denkweise mancher (nichtjüdischer) Menschen, sondern auch in der Intensität, mit der diese Idee in den Köpfen der Zionisten brannte. Ihre Gegner scheinen im Vergleich dazu aus leichterem, weniger dauerhaftem Stoff gemacht zu sein. Zuinnerst hege ich den Verdacht, daß hier das Gefühl mit im Spiel war, es würde kein Glück bringen, ein den Juden gegebenes Versprechen zu brechen: das Versprechen, ihnen bei der Rückkehr in das Gelobte Land behilflich zu sein.

Am 30. Juni 1920 traf Sir Herbert Samuel als Hochkommissar in Palästina ein: »Der erste jüdische Herrscher«, so schrieb sein Biograph John Bowle, »seit Hyrcanus II., dem letzten degenerierten Makkabäer...« Hyrcanus wurde als König von Judäa um 40 v. Chr. durch den Edomiten Herodes den Großen ersetzt; es liegen somit fast zweitausend Jahre dazwischen.

Ganz allgemein waren die Militärs, von denen der neue Hochkommissar die oberste Macht übernahm, keineswegs begeistert. Im Mai hatte Curzon Sir Herbert vor seiner Abreise aus London noch über Allenbys Reaktion auf die Nachricht von der Ernennung informiert. Allenby befürchtete, daß die Ernennung eines Juden zum ersten Gouverneur das auslösende Signal für ausgedehnte Unruhen und Morde sein würde, für Angriffe auf Juden und jüdische Siedlungen und für arabische Einfälle von jenseits der Grenze. Doch er fügte hinzu, daß, wenn schon ein Jude ernannt werden sollte, Samuel der richtige Mann sei.

Die Militärs hatten sich noch nicht ganz mit der Ernennung Samuels angefreundet, mußten sie doch damit einen wesentlichen Teil der Macht in Palästina aufgeben. In einem Brief (19. Juni 1920) informierte das Außenministerium Samuel formell über seine Ernennung zum Hochkommissar und Obersten Kommandanten in Palästina; in einem potentiell verhängnisvollen Absatz hieß es darin: »Der Armeerat hat zugestimmt, daß Sie den Titel eines Oberkommandierenden der Truppen in Palästina tragen, jedoch die Bedingung gestellt, daß der Titel Ihnen keinerlei Recht zur Einmischung in die Einzelheiten der Truppenbewegungen gibt, sondern Sie einzig dazu berechtigt, die allgemein von den Streitkräften zu verfolgende Politik anzuzeigen.« Die ersten Monate seiner Amtszeit verliefen für Samuel jedoch ohne Probleme, und es gelang ihm, die Verwaltung – auch Storrs – weitgehend auf seine Seite zu bringen.

Samuel war ein gewitzter, sehr fähiger und entschlossener Mann, der erste nicht getaufte Jude, der in Großbritannien (1909) eine Regierungsfunktion erreichte, und er war überzeugter Zionist. Die Leidenschaftlichkeit seines Zionismus erstaunte sogar Chaim Weizmann.

Doch Samuel war nicht nur Zionist, sondern auch ein gewissenhafter, liberaler britischer Hochkommissar. Er glaubte daran, daß die zionistischen Ziele durch einen harmonischen Prozeß erreicht werden konnten, wobei der Goodwill der Araber schrittweise gewonnen und arabische Erwartungen zufriedenstellend erfüllt werden mußten. Dies entsprach der immer noch gültigen Anschauung der Zionisten der Diaspora, doch unter den Juden Palästinas fand diese Meinung nur wenige Anhänger, und noch weniger unter den Arabern.

Samuels erste bedeutende Handlungen dienten dem Zionismus. Im August machte der Landankauferlaß den Verkauf von Land an Zionisten möglich, und im September öffnete ein Einwanderungserlaß zum ersten Mal Palästina für eine legale jüdische Einwanderung. Alle Personen, die von der zionistischen Organisation empfohlen wurden, sollten Visa erhalten.

Samuel versuchte mit anfänglichem Erfolg, die Araber mit diesen schwerwiegenden zionistischen Maßnahmen auszusöhnen. Er begnadigte (ebenso wie Jabotinsky und seine Gefährten) die Anführer des arabischen Aufruhrs im April 1920, einschließlich Hadschi Amin al-Husseinis, der sich allmählich zum Anführer des arabischen Nationalismus in Palästina entwickelte. Er schuf außerdem einen Beirat, in dem die Araber unter den nichtbeamteten Mitgliedern die Mehrheit besaßen; diesen Beirat wollte er nur als einen ersten Schritt in der Entwicklung autonomer Institutionen verstanden wissen. Die arabischen Nationalisten zeigten sich nicht daran interessiert und ließen sich auch nicht besänftigen. Im Winter 1920/21 begann neuerlich die antizionistische Agitation.

Samuel war Zionist, aber auch überzeugter Liberaler im Geist Gladstones, und sah als solcher keinen Grund, die Redefreiheit einzuschränken. Männer wie Ussischkin, denen dieser Geist fremd war, verstanden das ebensowenig wie die Araber. Wo eine Regierung Redefreiheit gewährte, setzte sie diese für ihre eigenen Zwecke ein; das entsprach der bisherigen Erfahrung Ussischkins. Und wurde verbaler Aufruhr geduldet, so lag darin bereits der Keim für physische Gewaltakte; die Regierung machte sich gewissermaßen daran mitschuldig.

Samuels Doppelrolle als Brite einerseits und als Jude andererseits war nicht ungefährlich; auch seine Gefühle waren zwiespältig. Auf der einen Seite öffnete er den jüdischen Immigranten die Tore weit und ermöglichte den Landankauf, auf der anderen Seite versprach er die Schaffung repräsentativer Vertretungen; wären diese jedoch in den zwanziger Jahren zustandegekommen, hätten sie ihr erstes Ziel darin gesehen, die von Samuel geöffneten Tore wieder zuzuschlagen.

Es war symptomatisch für Samuel, daß er, der begeisterte Zionist, einen erbitterten, fanatischen Antizionisten, nämlich Ernest Richmond, zu seinem ersten Berater in arabischen Angelegenheiten ernannte. Ronald Storrs war ein enger Freund Richmonds und hatte diesen auch in Palästina eingeführt. Folglich verfolgte der Hochkommissar den Juden gegenüber eine zionistische, sein Ministerialdirektor Ernest Richmond hingegen den Arabern gegenüber eine antizionistische Politik. Vielleicht war es unter den gegebenen Umständen der einzige Weg, der Aussicht auf Erfolg hatte.

Im Januar 1921 trat eine Veränderung ein, die Samuel und den Zionisten zugute kam. Palästina wechselte den Zuständigkeitsbereich: statt Curzons Außenministerium unterstand es nun Winston Churchills Kolonialministerium. Curzon teilte Samuel diesen Wechsel in einem Brief mit und bezeichnete es als eine zwischen Lloyd George und Churchill abgesprochene Sache.

Sowohl der Irak als auch Palästina standen nun unter der Kontrolle des Kolonialministeriums. Churchill richtete innerhalb seines Ministeriums eine Nahostabteilung ein und berief die höheren britischen Verwaltungsbeamten im Nahen Osten im März zu einer Konferenz nach Kairo. Hier wollte er mit den Führern des arabischen Nationalismus – Scherif Husseins Söhnen Faisal und Abdullah – zu einer Übereinkunft gelangen. Entsprechend Churchills Ausführungen sollte Faisal in angemessener Weise zum König des Irak »gewählt« werden. Abdullah würde Emir von Transjordanien, ein Königreich, das man für ihn schaffen wollte, indem man das Gebiet östlich des Jordans vom übrigen Mandat Palästina abtrennte. Trotz dieser Zugeständnisse an den »arabischen Nationalismus« wurde Churchill auf einer anschließenden Reise nach Palästina von den Juden begrüßt und von den Arabern weitgehend boykottiert.

Eine jüdische Einwanderungswelle stand im Frühling 1921 im Brennpunkt der wachsenden Unruhe unter den palästinensischen Arabern. Ein bisher nur befürchtetes Ereignis war zur Realität geworden: Seit Samuels Einwanderungserlaß vom September 1920 waren bis April 1921 nahezu zehntausend Juden eingereist. Diese Einwanderer – zum Großteil äußerst engagierte junge Zionisten – hatten ungeduldig auf eine lange vorenthaltene Gelegenheit gewartet. Ihre Einwanderung ging als dritte Aliyah (1919 bis 1923) in die zionistische Geschichte ein. Sie spielten eine besonders wichtige Rolle in der Entwicklung der Landwirtschaft durch die Yishuv. Sie hatten schon im voraus eine sehr sorgfältige Ausbildung erhalten und waren auf die technischen und sozialen Bedingungen in Palästina gut vorbereitet.

Die Menschen der dritten und der zweiten Aliyah werden zusammen als die »Gründerväter Israels« bezeichnet.

Neben der Balfour-Erklärung und der ihr seitens der Briten entgegengebrachten Opposition gab es noch ein Element, das zumindest ebensoviel Zündstoff in sich barg: die politisch-religiöse Auseinandersetzung über die Wahl des Großmufti von Jerusalem. Im Osmanischen Reich besaß der Sultan sowohl die oberste geistliche als auch die oberste weltliche Autorität. Doch unter christlicher Herrschaft gewann die Position des Mufti eine neue Bedeutung. Unter den Engländern erhielt der Mufti die Erlaubnis, sich Großmufti zu nennen.

Diesen Posten des Großmufti, der um diese Zeit frei wurde, galt es nun gemäß der osmanischen rechtlichen Vorgangsweise neu zu besetzen. Demnach wurden durch ein begrenztes Vorrecht drei Personen bestimmt, aus deren Mitte die regierende Macht den Großmufti ernannte. Die Wahlen fanden Mitte April statt. Der hervorstechendste und umstrittenste Kandidat war Hadschi Amin al-Husseini. Hadschi Amin ging jedoch als vierter aus der Wahl hervor und befand sich somit nicht unter jenen, aus deren Reihe die Regierung die Nominierung vornehmen durfte. Hadschi Amin und seine Anhänger warfen nun den Juden vor, die Wahl manipuliert zu haben. Richmond setzte sich dafür ein, die Wahl für ungültig zu erklären. Samuel zögerte.

Während die Ernennung des Mufti noch in der Schwebe war, kam es am 1. Mai zum zweiten größeren Ausbruch von antijüdischer Gewalttätigkeit, diesmal nicht in Jerusalem, sondern in Jaffa, dem Zentrum der jüdischen Einwanderung. Nach einem Kampf zwischen zwei jüdischen Splittergruppen – einer extrem Linken und einer gemäßigten Linken – griffen arabische Aufrührer, denen sich die arabische Polizei anschloß, jüdische Geschäfte und eine Immigrantenunterkunft an. Als der Tag zu Ende ging, waren siebenundzwanzig Juden und drei Araber tot sowie einhundertvier Juden und vierunddreißig Araber verwundet. Im Laufe der folgenden Tage breiteten sich die Gewaltakte auf andere Zentren an der Küste aus. Die neue Zivilverwaltung genehmigte – anders als die frühere Militärverwaltung – eine bewaffnete jüdische Selbstverteidigung. Am 7. Mai fanden die gewalttätigen Ausschreitungen ein Ende. Insgesamt gab es fast hundert Tote, die Hälfte davon waren Juden.

Samuel wollte die Araber unbedingt beruhigen. Er setzte am 5. Mai temporär den Einwanderungserlaß außer Kraft und gab außerdem Richmonds Argumenten in bezug auf den Großmufti nach. Man bewog einen der Kandidaten aus dem gewählten, unerwünschten Trio zum Rücktritt; am 8. Mai wurde Hadschi Amin zum Großmufti von Jerusalem ernannt. Diese Maßnahmen versetzten die Juden in Wut, sahen sie doch darin eine politische Belohnung der arabischen Aggression. Doch sie konnten nur wenig dagegen tun, denn sie waren ja immer noch auf die Mandatarmacht angewiesen.

1921 sagten die Militärs – zum letzten Mal für eine Reihe von Jahren – der Balfour-Erklärung den Kampf an. Ende Juni fuhr General Sir Walter Congreve, der Kommandant der britischen Truppen im Nahen Osten, nach London, um seine Einwände gegen den Zionismus und Samuel vorzubringen. Er ließ dabei durchblicken, daß bei seinen Offizieren der Eindruck bestehe, Seine Majestät stünde unter zionistischem Druck.

Ob den Arabern in Jerusalem die Sympathien der Militärs bewußt waren oder nicht, sie griffen erneut die Juden an, als diese den vierten Jahrestag der Balfour-Erklärung feierten. Die Juden widersetzten sich; fünf Juden und drei Araber wurden getötet.

Wie so oft führte der Eifer der britischen und arabischen Antizionisten zu einem schweren Rückschlag. Am Heiligen Abend des Jahres 1921 bat Churchill als Kolonialminister das Luftfahrtministerium, die Verantwortung für die Verteidigung Palästinas zu übernehmen. Eine Staffel der Air Force wurde in diesem Gebiet von Palästina stationiert und eine kleine Einheit britischer Gendarmerie aufgestellt. Die Politik der Militärs in Palästina, die von Anfang an im Widerspruch zur zivilen Politik der Regierung Seiner Majestät gestanden hatte, war damit zu Ende gegangen.

Von Ende 1921 bis zum Sommer 1929 gab es in Palästina keine ernstlichen gewaltsamen Zwischenfälle mehr. Das »beweist« zwar nicht die Richtigkeit der allgemein unter den Zionisten vorherrschenden Meinung, daß die Militärs den Widerstand der Araber gegen die Balfour-Erklärung geschürt hätten, doch es läßt immerhin vermuten, daß diese Ansicht nicht ganz unbegründet war.

Während der entscheidenden Phase zwischen 1920 und 1922 gefährdeten die möglichen Konsequenzen aus Sir Samuels ehrlicher Bindung an den Liberalismus die Zukunft der Nationalen Heimstätte. Samuel bemühte sich, das Zustandekommen repräsentativer Körperschaften in Palästina zu bewerkstelligen, und Churchill unterstützte ihn dabei. Die Zionisten konnten nur schwer offen ein Projekt anfechten, das ganz klar mit dem Völkerbund und dem Mandatarsystem im Einklang stand; auch wenn rein technisch gesehen das Mandat erst im September 1923 in Kraft trat, war im Prinzip die Grundlage dafür geschaffen. Die Zionisten fürchteten mit Recht die Idee der repräsentativen Institutionen. Die Volkszählung des Jahres 1922 ergab vierundachtzigtausend Juden, was einem Bevölkerungsanteil von elf Prozent entsprach. Die Einwanderungsrate am Beginn der zwanziger Jahre lag bei etwa achttausend pro Jahr. Doch die Geburtenrate der Araber war höher als die der Juden. Die Zionisten befürchteten nun, die arabische Mehrheit würde in einer repräsentativen Vertretung die jüdischen Einwanderungen unterbinden.

Dagegen sprach, daß Samuel und Churchill die Vorstellung einer Nahostföderation nährten, in der die jüdische Nationale Heimstätte ein von den Arabern akzeptierter Partner sein sollte. Manchen Zionisten in der Diaspora gefielen derartige Visionen, und Weizmann ermutigte sie, wenn auch eher aus taktischen Gründen. Den Anführern der Yishuv hingegen, die täglich mit der Realität der jüdisch-arabischen Beziehungen in Palästina konfrontiert waren, schienen solche Gedanken illusorisch.

Der erste Schritt Samuels in Richtung repräsentativer Körperschaften war bescheiden: Im Oktober 1920 wurde ein Beratender Ausschuß mit knapper arabischer Mehrheit aufgestellt. Nach den Unruhen im Mai 1921 schlug Samuel vor, den Ausschuß zu einer gewählten Körperschaft weiterzuentwickeln. Samuel erregte durch seine öffentliche Feststellung, die Balfour-Erklärung bedeute *nicht* die Errichtung einer jüdischen Regierung, die über eine moslemische und christliche Majorität herrsche, den Zorn der Zionisten.

Im August 1921 reiste eine arabische Delegation nach London; die Stimmung war für sie recht günstig. Man bot ihnen eine gewählte Vertretung in Palästina an. Aber da eine solche mit legislativer und exekutiver Macht ausgestattete Versammlung nicht sofort zu erreichen war, ebensowenig wie die ausdrückliche Kontrolle über die Einwanderung, und die Balfour-Erklärung auch in Zukunft in Kraft bleiben würde, lehnten die Araber das Angebot als Gesamtes ab. Samuel und Churchill hielten jedoch an der Idee fest. Nachdem das Mandat für Palästina auf der Sitzung des Völkerbundes in London angenommen wurde (24. Juli 1922), veröffentlichte die Regierung am 1. September 1922 eine Verfassung für Palästina, in der eine gesetzgebende Versammlung verankert war. Diese sollte über eine Mehrheit von nichtbeamteten Mitgliedern verfügen, von denen die meisten gewählt werden sollten. Was den repräsentativen Aspekt anlangte – und dieser war der einzige, der zählte –, würde die Versammlung eine vorwiegend arabische sein.

Nichtsdestoweniger wurde die Palästina-Verfassung von den Juden angenommen und von den Arabern abgelehnt. Weizmann war ein kalkuliertes Risiko eingegangen und hatte seine Zustimmung bereits im vorhinein im Juni gegeben. Sofort nach ihrer Veröffentlichung wurde die Verfassung von dem in Nablus tagenden Kongreß palästinensischer Araber in toto abgelehnt.

Die Regierung beschloß, die Wahl selbst gegen den Widerstand der Opposition voranzutreiben. Der auf dem Kongreß in Nablus bestellte Exekutivausschuß palästinensischer Araber bestand auf einem Boykott der Wahlen. Der Boykott war ein Erfolg. Die gesetzgebende

Versammlung konnte nicht realisiert werden. Die Araber betrieben damals eine Politik, die zu keinerlei Kooperation in der Regierung Palästinas bereit war, solange die Balfour-Erklärung nicht ausdrücklich verworfen wurde. Diese Politik der Araber kam den Zionisten sehr gelegen. Die Engländer konnten nicht so weit gehen, die Erwartungen der Araber zu erfüllen, da die Balfour-Erklärung in das Mandat eingebaut und daher Teil eines internationalen Gefüges war.

An genau diesem Punkt hatten die Araber die Gelegenheit versäumt, die Idee der Nationalen Heimstätte in den ersten Anfängen abzuwürgen. Es gab viele Gründe dafür. Zum einen war die Arbeitsweise repräsentativer Institutionen den Arabern noch weitgehend unbekannt. Weiter nährte der in steigendem Maße antizionistische Ton eines Großteils der britischen Presse die Hoffnung, die Balfour-Erklärung könne doch zu Tode boykottiert werden.

Diese Hoffnung wurde durch den Fall der Regierung Lloyd George im Oktober 1922 verstärkt. Doch wie wir gesehen haben, hatte die Regierung Lloyd George lange genug gedauert, um das Mandat zu schaffen und die Balfour-Erklärung sicher darin zu verankern. Das Mandat aber konnte nur mit der Zustimmung des Völkerbundes aufgehoben werden. Eine solche Zustimmung hätte man zweifellos erhalten, wäre die britische Regierung bereit gewesen, Palästina aufzugeben. Im Sommer 1923 zog die Regierung Baldwin diese Möglichkeit in Betracht, entschied sich jedoch auf den Rat der Navy und der Air Force dagegen. Rein theoretisch wäre eine Abänderung des Mandats zu erreichen gewesen, wodurch sich die Verpflichtung gegenüber der Nationalen Heimstätte entweder reduziert hätte oder sogar gänzlich entfallen wäre. In der Praxis wäre jedoch eine solche Vorgangsweise peinlich gewesen und hätte zu einer Entzweiung innerhalb der konservativen Partei geführt.

Die Lage der Zionisten war nicht ungünstig: Die »Repräsentativen Institutionen« waren zu gegebener Zeit abgewürgt worden, ohne daß man den Zionisten die Schuld daran geben konnte. Für Sir Herbert Samuel bedeutete das vergebliche Bemühen um die repräsentativen Körperschaften wahrscheinlich einen demütigenden Rückschlag, der aber auch eine heilsame Seite besaß. Es hatte nie die echte Aussicht bestanden, den Traum einer Versöhnung zwischen dem Zionismus und den arabischen Bestrebungen zu verwirklichen. Wäre es Samuel gelungen, im Palästina seiner Zeit repräsentative Vertretungen ins Leben zu rufen, so hätten diese all ihre Energien und ihren gesamten Einfluß dazu verwandt, den Zionismus völlig abzuwürgen. Da sich Samuel emotional dem Zionismus tief verbunden fühlte, hätte dies für ihn eine persönliche Tragödie bedeutet. Die leidenschaftliche, militante Hingabe der palästinensischen Zionisten an ihre Sache und ihr Widerstand gegen die Araber hätten dazu geführt, daß die repräsentativen Körperschaften zum Anlaß weit größerer Unruhen in Palästina geworden wären als jene der Jahre 1920 und 1921.

Nachdem die Einführung von repräsentativen Institutionen verworfen worden war, erfolgte die Verwaltung des Landes notwendigerweise durch den Hochkommissar und seine Beamten ohne Beratung mit den beiden Volksgruppen. Die beiden Gruppen gründeten ihre eigenen Institutionen, oder man setzte sie ein; die Institutionen besaßen innerhalb der Gemeinschaft große Macht und wurden von der Regierung in den Angelegenheiten der jeweiligen Gemeinschaft zu Rate gezogen.

Auf jüdischer Seite war die Zionistische Exekutive (die frühere Zionistische Kommission und später die Jewish Agency) die oberste Körperschaft; ihre Autorität wurde offiziell vom Mandat (Artikel 4) anerkannt. Die Exekutive war der zionistischen Bewegung verantwortlich und tendierte zu den Ansichten des Diaspora-Zionismus. Eine weitere Körperschaft war der Va'ad Leumi (Nationaler Rat), der die Yishuv vertrat. Mit wachsender Yishuv nahm auch die Bedeutung des Va'ad Leumi zu, und er stellte sich gelegentlich auch gegen die Zionistische Exekutive. Innerhalb der Yishuv entwickelten sich außerdem zwei mächtige Organe, die Histadrut und die Hagana.

Die Hagana, die jüdischen Streitkräfte, entstand aus den Selbstverteidigungseinheiten, deren Anfänge auf die ersten Jahre dieses Jahrhunderts zurückgehen. Nach den ersten größeren arabischen Angriffen des Jahres 1920 befaßten sich einzelne Gruppen in der Yishuv – Mitglieder des Ha-Shomer und der Jüdischen Liga – mit der Verteidigung. In der ›Encyclopaedia Judaica‹ ist unter »Hagana« unter anderem zu lesen: »Sie sahen ein, daß es unmöglich war, sich auf die britischen Behörden zu verlassen ... und daß die Yishuv eine unabhängige Streitmacht schaffen mußte, die vollkommen frei von ausländischem Einfluß war.«

Die Histadrut wurde im Dezember 1920 gegründet. Es handelt sich dabei um eine einmalige Organisation, der sowohl Gewerkschafter als auch Mitglieder genossenschaftlicher Bewegungen (einschließlich der Kibbutzim) angehörten. Tatsächlich war die Histadrut die Keimzelle des jüdischen Staates. Auf ihrer Gründungssitzung beschloß man, die Verantwortung für die Hagana im Namen der gesamten Yishuv zu übernehmen. Auch die Zionistische Exekutive förderte die Hagana, obwohl sie offiziell nichts von ihrer Existenz wissen wollte. Zu dieser Zeit war die Hagana eine kleine Streitmacht mit nicht mehr als ein paar hundert freiwilligen Mitgliedern.

Auf arabischer Seite entwickelte sich eine Organisation ganz anderer Art. Eines ihrer Hauptmerkmale war eine außerordentliche Konzentration persönlicher, politisch-geistlicher Macht in den Händen von Hadschi Amin al-Husseini. Im Mai 1921 war Hadschi Amin

Großmufti von Jerusalem geworden. Im Januar 1922 wurde er – wieder mit britischer Hilfe – Präsident des neu gegründeten Obersten Moslemischen Rates. Diesem Rat übertrug die britische Regierung Macht und Verantwortung in moslemischen Finanz- und Rechtsangelegenheiten, die früher in Händen der osmanischen Herrscher gelegen hatten. Der Kompetenzbereich des Moslemischen Rates machte Hadschi Amin in politischen wie auch in religiösen Angelegenheiten zum bei weitem bedeutendsten Araber in Palästina.

Die Yishuv war durch den Aufstieg Hadschi Amins zu so beispielloser Würde verärgert und besorgt. Sie wußte, daß er ihr Feind war, und ihrer Ansicht nach hatte er die Angriffe von 1920 und vielleicht auch die von 1921 angestiftet. Samuel hoffte offensichtlich, daß Macht auch Verantwortungsgefühl mit sich bringen würde, nach dem Prinzip, nach dem man den Wilderer zum Jagdaufseher macht; diese Hoffnung erfüllte sich für die verbleibenden Jahre von Samuels Amtszeit und auch für die Jahre, die sein Nachfolger im Amt war.

1923 hatte sich damit in Palästina ein Dreimächtesystem gebildet, das für die Dauer des Mandats in Kraft bleiben sollte. Die Mandatarmacht überließ es jeder der großen Gruppen, ihre eigenen Angelegenheiten auf ihre eigene Art und Weise zu regeln. Dieses System war heftigen Kritiken ausgesetzt, doch eine andere Lösung für die Verwaltung Palästinas unter dem Mandat war nicht leicht zu finden, sobald sich die Idee gemischter repräsentativer Institutionen als undurchführbar erwiesen hatte. Das Mandat – in dem die jüdische Nationale Heimstätte und die Zionistische Exekutive integrierte Bestandteile bildeten – verlangte ein beachtliches Maß an Autonomie für die jüdische Gemeinschaft. Es wäre nun für die Mandatarmacht kaum haltbar gewesen, diese Autonomie zu respektieren und den Arabern nichts Vergleichbares zu gewähren.

Das Dreimächtesystem funktionierte auf alle Fälle besser als die Militär- und auch die Zivilverwaltung. Das zeigte sich überaus deutlich 1925, dem letzten Jahr unter Samuel. In diesem Jahr traten zwei Ereignisse ein, die nach früheren Erfahrungen zu großen Unruhen hätten führen können. In beiden Fällen war das Aufsehen jedoch nur gering.

Das erste, schwerwiegendere Ereignis war ein beträchtliches Ansteigen der jüdischen Einwanderungsrate. In der Zeit von 1920 bis 1923 belief sich die Zahl der jährlichen Einwanderer auf etwa achttausend. 1924 stieg sie sprunghaft auf dreizehntausend an und erreichte 1925 mehr als dreiunddreißigtausend. Der Zustrom in den Jahren 1924 und 1925 ging auf drei Faktoren zurück. Der erste war eine politisch-ökonomische Krise in Polen. Die Regierung Wladislav Grabsky verstaatlichte alle jene Industriezweige, in denen Juden stark vertreten waren, und entließ daraufhin jüdische Angestellte zugunsten von christlichen Polen. Die Folge war, daß ein Drittel aller jüdischen

Kaufleute in Polen in den Bankrott getrieben wurde; die Emigration blieb bald ihre einzige Hoffnung.

Der zweite Grund ist in einer temporären Entspannung der sowjetischen Auswanderungskontrollen zu sehen. Das dritte Ereignis von gravierender Bedeutung trat 1924 ein. Amerika sperrte seine Grenzen endgültig für jüdische Masseneinwanderungen. Zum ersten Mal kamen Juden nicht aus religiösen oder politischen Gründen nach Palästina, sondern weil es kein anderes Land mehr gab, das im Notfall für jüdische Masseneinwanderungen offenstand.

Diese Einwanderungswelle ist die vierte Aliyah. Sie unterscheidet sich in ihren Grundzügen von den drei vorangegangenen, da es wahrscheinlich ist, daß viele der Betroffenen Amerika gewählt hätten, wäre diese Möglichkeit noch vorhanden gewesen. Aber genau wie die übrigen, so spielte auch die vierte Aliyah eine wichtige Rolle für das Wachstum der Yishuv. Sie legte den Grundstein für die zunehmende Bedeutung der städtischen Wirtschaft der Yishuv. Innerhalb von fünf Jahren hatte sich die jüdische Bevölkerung Jerusalems und Haifas verdoppelt; die Entwicklung Tel Avivs zur Stadt geht ebenfalls weitgehend auf die vierte Aliyah zurück.

Bemerkenswert daran ist, daß es bei den Arabern keinerlei militante Reaktion auf diese noch nie dagewesene Masseneinwanderung gab. Das könnte den Verdacht der Zionisten bestätigen, daß frühere gewalttätige Ausschreitungen nicht so sehr spontan von unten erfolgten, sondern vielmehr von oben gefördert wurden: von britischen Offizieren und angesehenen Arabern, insbesondere von Hadschi Amin. Hadschi Amin und seine Freunde im Obersten Moslemischen Rat hatten jetzt viel zu verlieren und spürten vielleicht, daß die Zeit noch nicht reif für große Risiken war.

Das zweite Ereignis, von dem man hätte annehmen können, daß es zu arabischen Unruhen führen würde, war der Besuch Balfours im März 1925, anläßlich der Eröffnung der Hebräischen Universität. Es war Balfours erster Besuch in Palästina. Es gab Proteste in der arabischen Presse, und die Araber »legten öffentliche Trauer an den Tag«; doch Balfour bemerkte nichts davon. Er war nicht mehr im Amt, der Anlaß seines Besuches betraf allein die Juden, und die Juden begrüßten ihn herzlich.

Das bedeutendste Ereignis aber für Palästina spielte sich Mitte der zwanziger Jahre sehr weit entfernt davon ab: Amerika hatte 1924 seine Tore für jüdische Masseneinwanderungen geschlossen. Dies war eines der entscheidenden Ereignisse in der Geschichte des Zionismus und der Vorgeschichte Israels. Wären diese Tore offen geblieben, hätte eine große Zahl europäischer Juden in der Zeit von 1933 bis 1941 und auch nach dem Zweiten Weltkrieg in Amerika Zuflucht gefunden. Die

Einwanderungsrate nach Palästina wäre im gleichen Zeitraum wesentlich niedriger und der Druck in Richtung Gründung des Staates Israel geringer gewesen.

Außerdem ist es möglich, daß es den Engländern gelungen wäre, die jüdische Nationale Heimstätte auf dem Niveau einer verbürgten Enklave innerhalb eines unabhängigen, vorwiegend arabischen Palästina zu halten. In diesem Falle wäre die Yishuv – falls sich ihr Widerstand als erfolglos erwiesen hätte – wahrscheinlich en masse in die Vereinigten Staaten abgewandert.

Die Tatsache, daß Amerika 1924 seine Tore schloß, war für die Gründung des jüdischen Staates ein Ereignis von kaum geringerer Bedeutung als neun Jahre später die Machtübernahme Adolf Hitlers in Deutschland. Die geschlossenen Tore Amerikas erhöhten die Bedeutung der offenen Tore Palästinas.

Samuel trat im Juni 1925 in den Ruhestand, und im August desselben Jahres wurde Baron Plumer von Messines Hochkommissar. Obwohl die Yishuv unter Samuel schlechte Erfahrungen gemacht hatte, war sie darüber enttäuscht, daß ein Jude durch einen Nichtjuden und ein Zivilist durch einen Angehörigen des Militärs ersetzt wurde. Man befürchtete eine Wiederholung des offiziellen Antisemitismus wie zur Zeit der Militärherrschaft. Nichts dergleichen geschah.

Während des Ersten Weltkrieges war Plumer vielleicht einer der am meist geschätzten Militärkommandanten Großbritanniens gewesen. Er war ein Mann der Ordnung und des Status quo, und das bezog sich auch auf das Wachstum und die Weiterentwicklung der jüdischen Nationalen Heimstätte, die er als legitimen Teil der Balfour-Erklärung und des Mandats akzeptierte. Während seiner ganzen Amtszeit (1925 bis 1928) bewahrte er Frieden und Ordnung. Plumer unternahm weder den Versuch, die repräsentativen Institutionen wieder zu beleben noch eine Versöhnung zwischen Juden und Arabern zu erreichen. Sein Ziel war, durch eine strenge und gerechte Regierung den Frieden unter der Bevölkerung zu erhalten. Das gelang ihm, so daß sich in seiner Amtszeit der Frieden der letzten Jahre seines Vorgängers fortsetzte.

Verständlich, daß unter den Zionisten in diesen Jahren Optimismus im Hinblick auf ihre Beziehung zu den Arabern aufkam. Es sah so aus, als würden die Araber – nachdem es ihnen nicht geglückt war, ein Mandat abzuwehren, das die Balfour-Erklärung enthielt –, die jüdische Nationale Heimstätte als Fait accompli betrachten.

In der Diaspora und in öffentlichen Erklärungen zeichnete sich ein diesbezüglicher Optimismus deutlicher ab als in der Yishuv und im privaten Bereich. Die Yishuv wußte nur zu gut, daß die Einstellung der Araber gegenüber dem Zionismus und den Juden unverändert feindlich war. Innerhalb der Yishuv bezog man zwei Standpunkte: Die eine Richtung vertrat die Meinung, den äußerlichen Frieden zur Herbeiführung einer echten Verständigung zu benutzen. Die andere Gruppe fand, daß die Araber den zionistischen Zielen grundlegend unversöhnlich gegenüberstanden; realistisch gesehen, war es daher notwendig, sich auf eine bewaffnete Auseinandersetzung zwischen Juden und Arabern um das Land Palästina vorzubereiten.

Jene, die sich für eine Aussöhnung einsetzten, zerfielen wieder in zwei Gruppen: die Pragmatiker und die Idealisten. Unter den Pragmatikern spielte der in Polen geborene Agronom H. M. Kalvaryski eine führende Rolle. Zwischen den Kriegen galt Kalvaryski in der zionistischen Bewegung und in der Yishuv als inoffizieller »Minister für arabische Angelegenheiten«. Er sah sein Hauptziel darin, »gemäßigte Araber« ausfindig zu machen und sie zu öffentlichen Äußerungen zu ermutigen. Unglücklicherweise gab es so gut wie keine Araber, die sich spontan zu einer Idee bekannten, die auch die Zionisten noch als gemäßigt bezeichnen konnten. Unter diesen Umständen war Kalvaryskis »arabische Arbeit« vielfach auf Bestechung angewiesen. Weizmann entsandte Leonard Stein nach Palästina, »um die Möglichkeiten für die Bildung einer gemäßigten arabischen Partei zu sondieren, einer Partei, mit der wir politisch und wirtschaftlich zusammenarbeiten können«.

Steins Bericht über die durch die »arabische Arbeit« für die Yishuv erzielten Ergebnisse fiel recht ungünstig aus. Doch konnte auch Stein keine praktischen Vorschläge dafür machen, wie und durch welche wirksameren und anständigeren Methoden das gewünschte Ergebnis zu erreichen wäre.

Kalvaryski war es gelungen – zumindest auf dem Papier –, eine »gemäßigte arabische« Partei zu gründen, die Moslemische Nationale Vereinigung (MNA). Aber die Ereignisse um die Wahlen zur gesetzgebenden Versammlung im Februar und März 1923 und der überwältigende Erfolg des Boykotts dieser Wahlen durch die arabischen Nationalisten bewiesen, daß die MNA keinerlei Basis besaß. Die bisherige »arabische Arbeit« hatte sich als teurer Fehlschlag erwiesen. Innerhalb der Yishuv mehrten sich die Stimmen jener, die in dieser Arbeit eine Verschwendung der spärlichen Mittel sahen.

Aber manche Zionisten – in der Yishuv zwar nur eine kleine Minorität – hofften immer noch auf eine jüdisch-arabische Kooperation und eine gemeinsame palästinensische Politik auf stabileren Grundlagen als die mittlerweile verworfene »arabische Arbeit«. 1925 gründete eine Gruppe (hauptsächlich westeuropäischer) Intellektueller die als Berit Shalom (Der Friedensbund) bekannte Gesellschaft; der in Amerika geborene Judah Magnes, Rektor und späterer Präsident der Hebräischen Universität, war eines ihrer hervorragendsten Mitglieder.

Im Gegensatz zur »arabischen Arbeit« wollte Berit Shalom durch zionistische Zugeständnisse an die Araber den Frieden erreichen; vielleicht würde dieser Weg zur Errichtung eines binationalen Staates in Palästina führen. Doch Berit Shalom blieb eine kleine und eher unpopuläre Minorität in der Yishuv, und die Annäherungsversuche der Gruppe fanden auf arabischer Seite keine besondere Resonanz. Berit Shalom wirkte – wie auch spätere Organisationen auf der gleichen Linie, zum Beispiel Ihud während der Kriegsjahre – auf die meisten Menschen in Palästina, egal ob Juden oder Araber, wenig überzeugend.

Das andere, wesentlich einflußreichere Extrem im politischen Spektrum der Yishuv vertrat die Meinung, daß ein Zusammenstoß mit den Arabern unvermeidlich war, bevor ein jüdischer Staat entstehen konnte. Bereits zu Beginn der Nationalen Heimstätte waren diesbezügliche Meinungen mit großem Nachdruck laut geworden. Wladimir Jabotinsky war während der Zwischenkriegszeit der verbissenste, erfolgreichste Vertreter dieser harten Linie. Seine Rolle bei der Verteidigung der Juden in Jerusalem (während der Unruhen im April 1920) und die dafür erhaltene Gefängnisstrafe hatten ihn zu einem Helden der Yishuv gemacht. Seiner Meinung nach war es nicht möglich, die Gegensätze zwischen Juden und Arabern zu überbrücken, weder mit Worten noch mit Geschenken oder durch Bestechung. Man brauchte die »eiserne Mauer« einer bewaffneten Streitmacht (die »eiserne Mauer« sollte noch zu einem Schlagwort werden).

Zwei Jahre später veröffentlichte Jabotinsky in der in russischer Sprache erscheinenden Zeitung ›Rasswijet‹ zwei Artikel, in denen es unter anderem hieß: »Die Araber liebten ihr Land genauso wie die Juden. Instinktiv verstanden sie die Bestrebungen der Zionisten nur zu gut, und ihr Entschluß, sich den Zionisten zu widersetzen, war natürlich. Jedes Volk bekämpft Einwanderer und die Neubesiedlung durch Fremde, welche hohen Motive auch immer diese dafür haben. Zwischen Juden und Arabern herrschte kein Mißverständnis, sondern ein natürlicher Konflikt. Mit den palästinensischen Arabern war keine Einigung möglich. Sie würden den Zionismus nur akzeptieren, wenn sie sich einer »eisernen Mauer« gegenübersahen, wenn ihnen klar wurde, daß sie keine andere Alternative hatten, als die jüdische Besiedlung zu akzeptieren.«

In der unruhigen Zeit zwischen 1920 und 1921 zeigte sich die Yishuv für Jabotinskys Doktrin empfänglich, genau wie sie es später wieder tat, besonders vom Ende der dreißiger Jahre an. Doch während der friedlichen Periode, die 1922 ihren Anfang nahm, erschienen weder Jabotinskys Säbelgerassel noch die unterschiedlichen Wege der »arabischen Arbeit« besonders wichtig. Die Yishuv war mit ihren eigenen internen Aufgaben und vielfältigen Problemen beschäftigt.

In diesen Jahren trug das beachtliche wirtschaftliche Wachstum zur Stärkung der Infrastruktur in Palästina bei. Die Exporte konnten hauptsächlich infolge der Erhöhung der Zitrusfruchternten nahezu verdoppelt werden; die Staatseinnahmen übertrafen die Ausgaben; in Haifa wurde ein moderner Kriegs- und Handelshafen gebaut, der die Bedeutung Palästinas zur See revolutionierte.

Nach dem Massenzustrom der Einwanderer aus Polen und Rußland im Jahr 1925 kam die Einwanderung fast zum Stillstand. Zwischen Jahresende 1926 und Jahresende 1931 erhöhte sich die jüdische Bevölkerung Palästinas um jährlich etwa 2,7 Prozent, während die moslemische Bevölkerung in derselben Zeit ein Wachstum von 2,2 Prozent aufwies. Hält man sich diese Zahlenverhältnisse vor Augen, so befand sich ein jüdischer Staat noch in sehr weiter Ferne.

Die ausgehenden zwanziger Jahre waren für die Yishuv eine Zeit des wirtschaftlichen Niederganges. Die zionistische Bewegung war allem Anschein nach bankrott. Noch zu Herzls Zeiten entstand der geheimnisvolle Nimbus, wonach der Zionismus angeblich über ungeheure finanzielle Mittel verfügte. Das hatte niemals der Wahrheit entsprochen, aber in den späten zwanziger Jahren glich es einem Hohn. Die meisten europäischen Juden waren arm, und der Großteil jener, die nicht arm waren, interessierten sich nicht für den Zionismus. Die Mehrzahl der begüterten Juden lebte in den Vereinigten Staaten, wo sich der Zionismus damals in einer schwierigen Phase befand. Zum Teil trug der Trend zur Isolation in der öffentlichen Meinung Amerikas an den Schwierigkeiten Schuld, zum Teil waren diese jedoch auch auf eine Differenz zwischen Weizmann und Louis Brandeis zurückzuführen, die zu einer ernsthaften Spaltung innerhalb des amerikanischen Zionismus führte. Weizmann war seit Juli 1920 Präsident der Zionistischen Weltorganisation, und er bestand darauf, über seine Kandidaten die Amerikanische Zionistische Organisation zu kontrollieren. Diese Kandidaten waren aufgrund des ungeheuren persönlichen Ansehens Weizmanns auf der Cleveland-Konferenz im Juni 1921 gewählt worden. Das führte dazu, daß sich Brandeis von der aktiven Betätigung in der zionistischen Bewegung zurückzog, und mit ihm eine Reihe hoch angesehener amerikanischer Zionisten.

Der Zwist in Cleveland schwächte den amerikanischen Zionismus für viele Jahre erheblich. Weizmanns Beurteilung dieser Situation mag fragwürdig erscheinen, doch sah er in den Beziehungen *zwischen* Zionisten keineswegs ein Thema für diplomatische Überlegungen. Die Nationale Heimstätte stand auf dem Spiel, und er bestand darauf, daß der Zionismus wieder eine weltweite Bewegung unter einem einzigen Führer wie zu Herzls Zeiten sein mußte. Die »Organisatorische Zentralisierung«, so nannte es Weizmann, verlangte nach einem Führer, und dieser Führer konnte nur Weizmann sein. Je »amerikanischer« die amerikanischen Zionisten waren, je sicherer sie in der amerikanischen Gesellschaft etabliert waren, desto schwerer fiel es ihnen, die Unterordnung unter einen »Fremden« zu akzeptieren; Brandeis und seine Freunde waren in der Tat sehr amerikanisch.

Der »Führungsstreit« war die Wurzel der Kontroverse innerhalb der zionistischen Bewegung. Äußerlich sprangen jedoch die Verschiedenheiten in der Taktik ins Auge. Es ging dabei um einen alten Streit in der zionistischen Bewegung: der Gegensatz zwischen politischem und praktischem Zionismus. In dieser Frage war Weizmann unschlüssig. Zu Herzls Lebzeiten hatte Weizmann – im Gegensatz zu Herzl – eher zum russischen praktischen Zionismus geneigt. Nach Herzls Tod jedoch bewegte sich Weizmann langsam auf den politischen Zionismus zu (über den synthetischen Zionismus), und während des Krieges wurde er zum Meister des politischen Zionismus und zum Architekten der Balfour-Erklärung. Sein dadurch gewonnenes Ansehen warf er 1921 gegen Brandeis in die Waagschale. Die Schwerpunkte von Brandeis' praktischem Zionismus waren der Aufbau einer angemessenen Infrastruktur und eines öffentlichen Gesundheitswesens, das vorrangig die Ausrottung der Malaria zum Ziel hatte. Wenige Jahre nach dem Sieg über Brandeis verlegte sich auch Weizmann wieder mehr und mehr auf den praktischen Zionismus. Er ging sogar noch weiter als Brandeis, indem er den jüdischen Staat herunterspielte und statt dessen die Jewish Agency erweiterte, um Nichtzionisten miteinzubeziehen.

Der Ablauf der Ereignisse legt den Schluß nahe, daß Weizmann weniger in bezug auf die Politik anderer Meinung war als Brandeis, sondern daß es mehr um die Organisation ging. Weizmann behielt die Oberhand, aber die Folge war, daß die amerikanische zionistische Organisation eine Zeitlang verkümmerte. Nur die Frauenorganisation, die Hadassah, blühte in den zwanziger Jahren unter der hervorragenden Leitung von Henrietta Szold. Die Hadassah setzte das Gesundheitsprogramm des praktischen Zionismus in Palästina fort und erzielte bedeutende, dauerhafte Ergebnisse.

Nicht einmal die Machtübernahme durch Adolf Hitler konnte die in Cleveland gespaltene und danach erlahmte Bewegung wieder vereinen. Erst 1942, als die Mehrzahl der europäischen Juden bereits dem Untergang geweiht war, sammelten sich die Juden Amerikas wieder zu einer bedeutenden politischen Macht.

Ende Juli 1928 trat Lord Plumer als Hochkommissar in den Ruhestand und verließ Palästina. Im ersten Monat nach seiner Abreise löste ein Vorfall in der Altstadt von Jerusalem eine Reihe von Geschehnissen aus, die im darauffolgenden Jahr zu gewalttätigen Massenausschreitungen von Arabern gegen Juden führten. Acht Jahre des Friedens in Palästina fanden so ihr Ende. Wir haben keine Erklärung für den Frieden und auch keine für sein Ende.

Zwischen der jüdischen Einwanderungsrate und der Heftigkeit der Reaktion der Araber besteht eindeutig keine Wechselbeziehung. Es müssen andere Faktoren mitspielen, darunter der Eindruck, den die Araber vom Standpunkt (von den Standpunkten) der Mandatarmacht hatten, sowie die Fähigkeit der Mandatarmacht, ihre Ansichten durchzusetzen. Ebenso mag ein Wettstreit hinsichtlich der Intensität des Antizionismus in der arabischen Oberschicht eine Rolle gespielt haben.

Eine Entscheidung Plumers kam seinen Nachfolger teuer zu stehen. Er hatte die bewaffnete Streitmacht, die dem Mandatarstaat im Fall von Schwierigkeiten zur Verfügung stand, stark gekürzt. Offenbar hatte er angenommen, daß derartige Schwierigkeiten nicht auftreten würden: Eine unter den gegebenen Umständen seltsame Annahme, die sich aber, vielleicht aufgrund seiner persönlichen Autorität, seines Ansehens und Selbstbewußtseins, für die Dauer seiner Amtszeit bestätigte.

Plumers Nachfolger, Sir John Chancellor, war ein Kolonialbeamter von Format, doch keineswegs eine Persönlichkeit des öffentlichen Lebens wie seine beiden Vorgänger. Es fehlte ihm außerdem das Glück, das im großen und ganzen seinen Vorgängern zur Seite gestanden hatte. Chancellors Berufung trug jedoch keineswegs antizionistische Züge. Leopold Amery, der nicht unwesentlich an der Entstehung der Balfour-Erklärung beteiligt gewesen war, hatte Chancellor ernannt.

Während der kritischen Monate zwischen Plumers Abreise im Juli und Chancellors Ankunft im Dezember war H. C. Luke mit der Verwaltung Palästinas betraut. In diese Zeit fiel der Beginn neuerlicher Zwistigkeiten zwischen Arabern und Juden. Unter Storrs war Luke stellvertretender Gouverneur von Jerusalem gewesen.

Nach seiner eigenen Aussage hielt er die Balfour-Erklärung für höchst widersprüchlich. Über diese Meinung läßt sich streiten, doch läßt sie sich nur schwer mit dem Amt eines hohen Beamten eines Systems, das auf diesem Widerspruch aufgebaut ist, in Einklang bringen. In der Praxis war Luke stets bemüht, die Araber zu beschwichtigen und gleichzeitig einen Keil zwischen Verwaltungsbehörde und Juden zu treiben. Diese Einstellung war bisher nur in den mittleren Verwaltungsrängen vertreten gewesen; Luke räumte ihr auch an der Spitze der Verwaltung einen Platz ein. Chancellor richtete sich nach seiner Ankunft nach Luke; die Folgen waren für ihn und andere verhängnisvoll.

Das Unheil begann im September 1928 am Vorabend von Yom Kippur an der Klagemauer in Jerusalem. Douglas V. Duff, der damals verantwortliche Polizeibeamte, besuchte zusammen mit dem District Commissioner von Jerusalem, Edward Keith-Roach, nach einem Rundgang durch die Altstadt von Jerusalem den Mahkama al-Scharija, den Hof, der an den Felsendom anschließt. Der Bereich um den Felsendom, Haram asch-Scharif, ist das größte moslemische Heiligtum in Palästina. Von dem Punkt, an dem Duff und Roach standen, konnte man die westliche Mauer, die Klagemauer, überblicken. Diese Mauer ist der einzige Überrest des Tempels des Herodes, des letzten Tempels des jüdischen Reiches; alle Juden verehren sie, den orthodoxen Juden ist sie heilig. Auch den Moslems ist das Gebiet um die Mauer heilig. Hier soll Mohammed sein Pferd al-Burak angebunden haben, nachdem er von Mekka geflohen war; dann fuhr er in den Himmel auf. Die Moslems nennen den Platz nach dem Pferd, al-Burak. Seit der Zerstörung des Tempels haben die Juden an der Mauer gebetet, doch während der Zeit der moslemischen Herrschaft war ihre Anwesenheit an der Mauer strengen Vorschriften unterworfen. Diese blieben auch während des Mandats aufrecht, wollte man doch den Status quo aller heiligen Stätten bewahren.

Als der District Commissioner auf den Platz vor der Mauer hinunterblickte, bemerkte er einen Wandschirm. Die Juden hatten ihn dort aufgestellt, um während des Gebetes die Männer von den Frauen zu trennen. Der District Commissioner fragte Duff, ob er einen solchen Wandschirm hier schon einmal gesehen hatte, und dieser erwähnte nicht, daß dies tatsächlich der Fall war. Die Worte des District Commissioners wirkten im Zusammenhang mit der Situation wie Zündstoff: »Das ist eine Verletzung des status quo ante.«

Am folgenden Tag, Yom Kippur, beseitigten Duff und seine Männer diese Verletzung des Status quo. Dabei störten sie die Gebete der Gläubigen und wurden auch tätlich angegriffen. Der Vorfall erregte den Zorn der gesamten jüdischen Bevölkerung Palästinas gegen die Mandatarmacht. Der jüdische Zorn wieder stimulierte die Araber. Die arabischen Anführer sahen neue Möglichkeiten. Wenn die Anschuldigungen der Juden gegen die Engländer stimmten, so fragten sie sich, worauf warteten die Araber dann noch? Vielleicht waren die Engländer doch ihre Freunde.

Dies also war die allgemeine Stimmung, als Sir John Chancellor im Dezember 1928 seinen verspäteten Einzug in Palästina hielt. Chancellor war eine farblose Persönlichkeit. Er besaß weder den findigen politischen Verstand Samuels noch das Wohlwollen und den Gleichmut Plumers.

Was die Politik anlangte, so behielt Chancellor den Kurs bei, den die Verwaltung während der Zeit des Interregnums unter Luke eingeschlagen hatte. Seine erste bedeutsame Maßnahme bei Amtsantritt war am 3. Januar 1929 die Ankündigung, daß er die Errichtung einer gesetzgebenden Versammlung in Betracht ziehe. Damit erfuhr die Bevölkerung, daß die Politik Plumers – Status quo mit Nationaler Heimstätte – nicht mehr in Kraft war.

Chancellor und Luke nahmen nicht ganz ohne Grund an, daß der Zeitpunkt für diese Ankündigung günstig war. Einige der führenden Araber – einschließlich des Naschaschibi-Clans, der mit Husseini um die Macht in Jerusalem kämpfte – waren zu der Überzeugung gelangt, daß es ein großer Fehler gewesen war, die Wahlen des Jahres 1923 zu boykottieren. Diese Ansicht hatte sich im Juni 1928 auf dem Siebenten Palästinensischen Kongreß in Jerusalem durchgesetzt. Der Kongreß verabschiedete eine Resolution, in der die Schaffung einer repräsentativen gesetzgebenden Körperschaft gefordert wurde. Weiter wählte man eine gemäßigte Arabische Exekutive, die sich demselben Ziel verschrieb.

In ihrem Trachten nach gesetzgebenden Institutionen hatten Chancellor und Luke jetzt etwas erreicht, was Samuel sechs Jahre zuvor versagt geblieben war: arabische Gesprächspartner, die diese Institutionen verlangten und (offensichtlich) gewillt waren, dafür zu arbeiten. Ein Regierungswechsel in London zu diesem Zeitpunkt war für das Projekt ebenfalls günstig. Im Juni 1929 fiel die Konservative Regierung und wurde durch eine Labour-Regierung unter Ramsay MacDonald ersetzt. Zum ersten Mal war in Großbritannien eine Regierung an der Macht, die nicht an die Balfour-Erklärung gebunden war. Der neue Kolonialminister Lord Passfield (Sidney Webb) brachte für die geplante Nationale Heimstätte wenig Sympathie auf.

Während der ersten Monate des Jahres 1929 führte Luke Verhandlungen mit den beiden wichtigsten Männern in der Arabischen Exekutive: Musa Kasim al-Husayni und Raghib al-Naschaschibi. Im Juni einigten sie sich auf die Zusammensetzung einer gesetzgebenden Körperschaft. Die beiden arabischen Führer bekannten sich zu der vorgeschlagenen Vertretung und versicherten auch ihre Bereitschaft, darin mitzuarbeiten, doch sie bestanden darauf, daß ihr Einverständnis selbst vor der Arabischen Exekutive geheimgehalten wurde. Diese Auflage schwächte natürlich den Wert ihrer Zustimmung beträchtlich ab, doch sie befürchteten, daß man sie umgehen könnte. Die meiste Angst hatten sie vor dem Großmufti Hadschi Amin al-Husseini. Ihm galt ihre ganz besondere Sorge.

Harald Luke hatte jedoch nicht vorgesehen, auch den Mufti in seinen heiklen Plan zu verwickeln, der zu einem unauffälligen Schachmatt der Politik der Nationalen Heimstätte führen sollte. Der Mufti wählte das Gebiet der Religion zu seinem Kampfplatz; hier war seine Autorität unumstritten. Er äußerte vehement die Befürchtung, die Heiligen Stätten seien durch die Juden gefährdet. Nach dem Vorfall zu Yom Kippur begann er in den Moscheen und in der arabischen Presse eine in diese Richtung zielende erbitterte Propagandakampagne.

Warum vergaß der Mufti jetzt plötzlich seine in all den Jahren praktizierte Zurückhaltung? Natürlich war er immer überzeugter Antizionist gewesen, und er befürchtete zweifellos, daß sich die Heiligen Stätten durch die Juden tatsächlich in Gefahr befanden. Aber die Juden stellten jetzt keine größere Bedrohung dar als vor vier Jahren, und Hadschi Amin war zu klug, um in einem Wandschirm eine Gefahr zu sehen.

Ein wesentlicher Grund lag vielleicht darin, daß Hadschi Amin sehr wohl erkannte, daß er 1929 mit einer Vorgangsweise Erfolg haben konnte, die ihm 1925 nicht die geringsten Vorteile gebracht hätte. Die Vorfälle zu Yom Kippur hatten deutlich die Sensibilität der Mandatarmacht gegenüber den religiösen Gefühlen der Moslems und gleichzeitig ihren Mangel an Feingefühl für das religiöse Empfinden der Juden aufgezeigt. Im Zusammenhang mit all dem Aufwand um die »repräsentativen Institutionen« könnte man annehmen, daß die Engländer ernsthaft daran dachten, die Macht an die Araber abzugeben.

Der Mufti kannte die Engländer mittlerweile ziemlich gut. Er wußte, er ging kein besonderes Risiko ein, selbst wenn sich herausstellte, daß die Engländer das Land doch nicht verließen. Die Engländer hatten etwas für den Mufti übrig, und der Gedanke war ihnen angenehm, daß sie ihm trauen konnten.

Christopher Sykes beschrieb den Großmufti als einen Mann, dessen Charakter die Engländer viele Jahre hindurch falsch einschätzten. Er besaß persönlichen Charme und natürliche Würde. Er ließ keinen Zweifel daran, daß er bis zum Äußersten gehen würde, um Jerusalem als moslemische Stadt und Palästina als moslemisches Land zu erhalten. An seiner Aufrichtigkeit war nicht zu zweifeln, und die Vorstellung vom Mufti als blutdürstigem Mann fiel schwer. Die Juden wußten sehr wohl, wohin Hadschi Amins aufwiegelnde Propaganda wahrscheinlich führen würde, und organisierten Gegendemonstrationen an der Mauer; diese wurden von den Moslems als Bestätigung der Bedrohung der moslemischen Heiligen Stätten interpretiert.

Im August 1929 spitzten sich die Dinge zu. Es begann damit, daß ein jüdischer Junge einen Ball in den Garten eines Arabers warf. Es folgte eine Schlägerei, in deren Verlauf der Junge erstochen wurde. Nach der Beerdigung des Jungen demonstrierten die Zionisten an der Mauer, und der Mufti hielt eine flammende Rede in der al-Aksa Moschee. Am 22. und 23. August strömten Massen von mit Messern und Knüppeln bewaffneten arabischen Bauern nach Jerusalem.

Douglas Duff verfügte über nicht genügend verläßliche Männer – das heißt Nichtaraber –, um diese Menschen zu entwaffnen. Statt dessen wandte er sich an den Mufti. Sykes berichtet: »In seiner üblichen charmanten, arglosen Art antwortete er, daß die jüngsten Ereignisse bei den Arabern Angst vor den Juden hervorgerufen hätten. Es gäbe keinen Grund zur Beunruhigung. Der Polizeichef war von seinem guten Glauben überzeugt. Wenig später sprachen der Mufti und einer seiner Kollegen aus dem Obersten Moslemischen Rat vor einer Massenversammlung im Haram asch-Scharif. Nichts von dem, was sie sagten, konnte als Aufwiegelung bezeichnet werden, doch als die Versammlung zu Ende war, stürzte der Mob hinaus in die Straßen Jerusalems und griff jeden Juden an, den man erblickte. Mehrere Juden wurden ermordet. Daraufhin brach eine Welle von Gewalt aus, wie sie das Land in dem Ausmaß noch nicht erlebt hatte.«

Während die britischen Behörden auf Verstärkung aus Ägypten warteten, hatten sie nicht ausreichend Leute, um die Situation unter Kontrolle zu halten. Sie lehnten die Forderung der zionistischen Behörden, eine größere Anzahl von Juden zu bewaffnen, ebenso ab wie den Einsatz jüdischer Polizei.

Die Gewalttätigkeiten dauerten mehrere Tage an und breiteten sich auch auf andere Zentren aus. Zu einem entsetzlichen Blutbad kam es in Hebron, einer Stadt, die sowohl Moslems wie Juden als Beerdigungsstätte ihres gemeinsamen Vorfahren Abraham heilig ist. Als endlich die Verstärkung eintraf und den Angriffen auf die Juden ein Ende setzte, hatten über hundert Juden und nahezu ebensoviele Araber den Tod gefunden; auf beiden Seiten gab es Hunderte Verletzte. Die furchtbaren Ereignisse des August 1929 hinterließen bei beiden Parteien Palästinas bleibende Spuren.

Unter den Juden verlor die Idee, nach einer Lösung zu suchen, der auch die Araber zustimmen konnten, völlig an Glaubwürdigkeit. Die Hoffnung auf eine friedliche Beilegung wurde begraben. Jabotinskys unermüdliches Predigen der bewaffneten Bereitschaft erschien jetzt vollkommen gerechtfertigt. David Ben Gurion war mittlerweile als Sekretär der Histadrut zur zentralen Figur in der Yishuv geworden. Er befand sich in Opposition zu Jabotinsky, den er fast für einen Faschisten hielt. Doch Ben Gurion stimmte – inhaltlich, wenn auch nicht mit Worten – Jabotinskys grundlegender Doktrin der »eisernen Mauer« zu. Eine Auseinandersetzung mit den Arabern schien unvermeidlich. Die Juden mußten dafür sorgen, daß sie in einer solchen Konfrontation Sieger blieben. Waffen und die Ausbildung im Waffengebrauch waren nun vorrangig.

Die Ereignisse im August hatten sowohl eine Reorganisation der Hagana als auch eine Zersplitterung ihrer Reihen zur Folge. Die Verfechter der Hagana wiesen darauf hin, daß die Truppe trotz der geringen Zahl freiwilliger Mitglieder und ihres beschränkten Waffenarsenals ein noch größeres Unglück verhindert hatte. Andere wieder sahen nur, was die Hagana nicht verhindert hatte. Durch eine tiefgreifende Umorganisation verlor die Histadrut die bisherige alleinige Kontrolle über die Hagana.

Doch der Bruch war nicht zu vermeiden. Die politischen Anführer jener Gruppe, die sich damals von der Hagana löste, gehörten einer als Betar bekannten Bewegung an. Die Betar wurde 1923 als aktivistische zionistische Bewegung in Riga, Lettland, gegründet und stand unter Jabotinskys Einfluß. Die Betar-Immigranten der Jahre 1925 bis 1929 schlossen sich selbstverständlich der Histadrut und der Hagana an. Doch nach dem August 1929 wichen die Mitglieder der Betar zunehmend von der Linie der Hagana-Führung ab. 1931 verließen einige Hagana-Genossen die Organisation aus Protest gegen die »defensive« Ausrichtung; sie schlossen sich der Betar an, um eine neue und militantere bewaffnete Untergrundorganisation, die Irgun, zu gründen. Auf dem ersten Betar-Kongreß in Danzig im Jahr 1931 wurde Jabotinsky zum Rosh Betar (Oberhaupt der Betar) gewählt. Die Betar und die Irgun lehnten die Histadrut/Hagana-Doktrin der Havlaga (Zurückhaltung) ab und traten für Vergeltung ein.

Die Auseinandersetzung zwischen der von Ben Gurion geführten Histadrut-Hagana-Bewegung auf der einen Seite und dem rechten Flügel, der militaristischen Bewegung der Revisionisten, auf der anderen Seite, prägte das politische Leben der Yishuv von 1929 an. Jabotinsky stand an der Spitze der Revisionisten, die sich zu einer immer größer werdenden Macht entwickelten: 1925 stellten sie vier Abgeordnete zum Zionistenkongreß, 1929 einundzwanzig und 1931 zweiundfünfzig.

Nach den Ereignissen vom August 1929 neigte die Yishuv dazu, mehr auf sich zu vertrauen und sich weniger auf die Engländer oder den Weltzionismus zu verlassen. Das Verhalten Großbritanniens hatte tiefen Unmut hervorgerufen, und auch Weizmann fiel in Ungnade, hatte er doch zum Vertrauen auf Großbritannien aufgerufen. Auf arabischer Seite stiegen das Ansehen und der Einfluß des Mufti. Hadschi Amins entscheidende Rolle in dieser Angelegenheit verhalf ihm zu dem Ruf, der bedeutendste Anführer der arabischen Palästinenser zu sein.

Hadschi Amins Strategie der Verteidigung der Heiligen Stätten des Islam war leicht verständlich und gefühlsbetont und richtete sich nicht nur an die Palästinenser, sondern an die gesamte moslemische Welt. Die Ereignisse an der Mauer standen am Anfang einer neuen Entwicklung: Die Palästina-Frage war nicht länger eine lokale Angelegenheit, sondern wurde zu einem panarabischen moslemischen Anliegen. Hadschi Amin war im Begriff, eine internationale Figur zu werden, und es gab gute Gründe für die Bewunderung, die ihm seine Landsleute zollten.

Er hatte aus den Händen eines Mandatarstaates Macht erhalten, der sich der Errichtung einer jüdischen Nationalen Heimstätte verpflichtet hatte. Hadschi Amin hatte diese Macht nun dazu benutzt, ein

Massaker unter den Juden Palästinas herbeizuführen. Und er blieb dennoch Großmufti.

Im allgemeinen war die Zuversicht der Araber begründet. Die Juden verdankten ihre Rettung im August 1929 offensichtlich den Engländern. Die Annahme lag nahe, daß, sollten die Engländer das Land verlassen, es ein leichtes sein würde, die Juden loszuwerden.

Im Anschluß an diese Ereignisse erweckten die Engländer immer noch den Eindruck, daß sie gehen würden. Das damals amtierende Triumvirat – Passfield, Chancellor und Luke – zog daraus den Schluß, daß sie von allem Anfang an recht gehabt hatten: Die Nationale Heimstätte war unmöglich; zu sehr erregte sie den Zorn der Araber. Genau diese Reaktion hatte Hadschi Amin erreichen wollen.

Als Weizmann vom Massaker erfuhr, reiste er sofort aus der Schweiz nach London, wo man ihn kühl empfing. Passfield ließ sich entschuldigen, doch Weizmann traf mit Lady Passfield (Beatrice Webb) zusammen, die die Vorfälle bagatellisierte. In einem darauffolgenden Gespräch mit Passfield machte dieser Weizmann klar, daß er »Masseneinwanderungen« ablehnte. Weizmann wußte daraufhin, daß er es mit einem Feind der Nationalen Heimstätte zu tun hatte.

Passfields Strategie, Großbritannien von seiner Verpflichtung gegenüber der Nationalen Heimstätte zu befreien, stützte sich hauptsächlich auf zwei Königliche Kommissionen und ein Weißbuch. Unter der Leitung von Sir Walter Shaw beschäftigte sich die erste Königliche Kommission mit den Ereignissen des August 1929. Zusammenfassend bemerkt Sykes über die Empfehlungen der Shaw-Kommission, daß sie alle eine gewisse proarabische und antizionistische Tendenz aufwiesen. Dies ist insofern bemerkenswert, als es die Aufgabe der Kommission war, ein Massaker zu untersuchen, das die Araber unter den Juden angerichtet hatten. Aber der Bericht der Kommission entsprach der Denkweise des Kolonialministers.

Am 12. Mai 1930, nach der Veröffentlichung des Shaw-Berichts, gab das Kolonialministerium Anweisung, die Ausstellung von mehr als dreitausend Arbeitsbescheinigungen für die letzten jüdischen Einwanderer zurückzuhalten.

Passfields zweite Königliche Kommission stand unter der Leitung von Sir John Hope Simpson. Sie wandte das in Churchills Weißbuch von 1922 festgehaltene Kriterium der »Aufnahmekapazität« wesentlich restriktiver an als bisher. Hope Simpson vertrat die Meinung, beziehungsweise sagte voraus, daß Palästina nicht mehr als insgesamt fünfzigtausend zusätzliche jüdische Einwanderer aufnehmen könne. Hätte man diese Erkenntnis als richtig akzeptiert, so wäre dies selbstverständlich das Ende des zionistischen Unternehmens gewesen. Passfield bereitete nun den Völkerbund in einem Bericht auf eine größere Änderung in der Auslegung des Mandats durch die Mandatarmacht vor. Die britische Regierung wies auf eine »zweifache Verpflichtung« und »einen Interessenskonflikt« hin.

In seinem Kommentar zu diesem Bericht meint Marlowe, die britische Regierung bediene sich einer Sprache, als wäre das Mandat Großbritannien vom Völkerbund aufgezwungen und nicht von den Vorgängern der amtierenden Regierung in Zusammenarbeit mit der Zionistischen Organisation entworfen worden.

Als nächstes faßte Passfield die wichtigsten Elemente aus den Berichten Shaws und Hope Simpsons zu einem Weißbuch (»Regierungserklärung«) zusammen, das am 21. Oktober 1930 veröffentlicht wurde. Das Weißbuch beinhaltete außerdem Vorschläge für eine gesetzgebende Körperschaft und deutete an, daß Großbritannien von seiner Verpflichtung zu einer jüdischen Nationalen Heimstätte bereits entbunden war. Das Weißbuch erwähnte die Balfour-Erklärung mit keinem Wort. Zu diesem Zeitpunkt sah es aus, als bewege sich die britische Politik in Richtung auf ein unabhängiges arabisches Palästina, zweifellos mit gewissen »Garantien« für die bereits dort lebenden Juden.

Bis jetzt war alles nach dem Willen der Antizionisten gegangen. Doch mit der Veröffentlichung des Weißbuchs begannen die Dinge schiefzulaufen. Schon seit August 1929 war Weizmann über den Gang der Ereignisse zutiefst besorgt. Er befürchtete, daß das lautstarke Beharren Jabotinskys und der Revisionisten auf einem jüdischen Staat die Engländer abschrecken und damit die Nationale Heimstätte gefährden würde. Eine Zeitlang bezweifelte er, daß es je möglich sein würde, einen jüdischen Staat zu erreichen: »Ob wir es wollen oder nicht, es wird keinen jüdischen Staat geben, wenn nicht eine grundlegende Änderung eintritt, die ich mir im Augenblick nicht vorstellen kann.«

Wenn er auch hinsichtlich eines jüdischen Staates schwankend geworden war, so sammelte Weizmann doch all seinen Kampfgeist und setzte ihn zur Verteidigung der Nationalen Heimstätte ein. Am Tag nach der Veröffentlichung des Weißbuchs trat er als Präsident der Zionistischen Organisation zurück. Durch seinen Rücktritt machte er den Verrat an der Balfour-Erklärung zu einer persönlichen Angelegenheit und dramatisierte ihn. Die parlamentarische Opposition gegen das Weißbuch gruppierte sich um Weizmann. Sein Rücktritt war in diesem Stadium nicht mehr als eine reine Formalität; Weizmann blieb während der gesamten Weißbuch-Krise der tatsächliche Anführer des Zionismus.

Als das Weißbuch im November 1930 im Unterhaus zur Debatte vorlag, wurde es vor allem von Lloyd George, Samuel und Amery scharf angegriffen. MacDonald wurde klar, daß das Weißbuch ein grober politischer Fehler war. Er verteidigte es vor dem Parlament vage und bereitete sich darauf vor, es fallen zu lassen. Man einigte sich darauf, daß dies in Form eines »klarstellenden Briefs« an Weizmann geschehen sollte. Da MacDonalds Position im Parlament schwach war, konnte Weizmann auf seinem Standpunkt beharren: Der »klarstellende« Brief sollte (als Widerruf) dem Völkerbund als offizielles Dokument übermittelt und auch einer Sendung an den Hochkommissar in Palästina beigelegt werden. Außerdem mußte deutlich gemacht werden, daß er eine »maßgebliche Interpretation« des Weißbuchs darstellte. Dies war das bis dahin eindrucksvollste Beispiel zionistischer Einflußnahme auf die britische Regierung und das Parlament; es sollte das letzte Mal gewesen sein.

Am 13. Februar 1931 verlas der Premierminister seinen Brief an Weizmann vor dem Parlament. Er unterstrich gebührend seine Bedeutung als »maßgebliche Interpretation« und wies auf die Verpflichtung hin, die jüdische Einwanderung und Besiedlung des Landes zu fördern; das sollte eine ausdrückliche Verpflichtung des Mandats bleiben, der man nachkommen würde, ohne andere Teile der Bevölkerung Palästinas in ihren Rechten zu benachteiligen.

Diese Auslegung des Weißbuchs löste natürlich bei all jenen Bestürzung aus, die das Dokument in seiner ursprünglichen Form begrüßt hatten. MacDonalds Brief an Weizmann hieß bei den Arabern Palästinas von nun an der Schwarze Brief. Dies war der letzte große Sieg, den der Zionismus ausschließlich mit diplomatischen Hilfsmitteln errang, und das aus einer Situation der Ohnmacht heraus. Der Sieg kam zu einem sehr entscheidenden Zeitpunkt.

Als Weizmann 1919 die als Motto dieses Kapitels zitierten Worte schrieb – »...wir müssen Palästina haben, wollen wir nicht vernichtet werden« –, betrachteten die meisten Juden – ja selbst die meisten Zionisten – den Gedanken als übertrieben. Vernichtung wirkte auch in der milderen Auslegung einer allgemeinen Vertreibung kaum als Drohung; und sollte es dazu kommen, schien Palästina kaum der richtige Ausweg zu sein. Die Tore Amerikas standen zu dieser Zeit noch offen. Und noch fünf Jahre nachdem sich diese (für Masseneinwanderungen) geschlossen hatten, schien die Gefahr in Europa gering.

Besonders im Deutschland jener Jahre war die Gefahr offensichtlich unbedeutend. Die Weimarer Republik war ein liberaler Staat, in dem die Juden auf fast allen Gebieten Spitzenpositionen erreichen konnten, und es auch taten, besonders jedoch in Wissenschaft und Kunst, in der Wirtschaft und im Medienwesen.

Das Jahr 1929 war auch in manch anderer Hinsicht ein Wendepunkt. Nach Jahren der Vergessenheit und der Mißerfolge begann Adolf Hitler seinen Aufstieg. Er erkannte sofort, daß in der großen Wirtschaftskrise seine Chance lag. Der Anteil der Nationalsozialistischen Partei stieg in den allgemeinen Wahlen im September 1930 auf nahezu sechseinhalb Millionen Stimmen, was beinahe dem Siebenfachen ihres früheren Stimmenanteils entsprach. Die Partei verfügte nun über einhundertsieben Sitze im Reichstag statt der früheren zwölf und war damit zur zweitstärksten Partei geworden.

Der Antisemitismus war weder in Deutschland noch in Hitlers Heimat Österreich neu. Doch Hitlers Art des Antisemitismus war neu. Dem in Deutschland traditionellen akademischen und künstlerischen Antisemitismus entnahm er den Begriff der Rassenwissenschaft sowie die Verachtung der christlichen Ethik und ihres »Limits«. Der Antisemitismus Deutschlands und Österreichs war vor dem Ersten Weltkrieg relativ abstrakt und stumm gewesen. Nun aber standen in der Weimarer Republik wirtschaftliche Katastrophen sowie nationale und militärische Demütigungen der Deutschen den glänzenden Erfolgen mannigfachster Art der vollkommen gleichberechtigten Juden gegenüber; der deutsche Antisemitismus nahm dadurch wahnsinnige, krankhafte Züge an.

Vom September 1931 an zeichnete sich die Möglichkeit ab, daß Hitler die Macht im deutschen Staat übernehmen könnte. Diese Möglichkeit rief jedoch noch keine Unruhe hervor, jedenfalls nicht in England. Doch Weizmann wurde von dem Gedanken gequält, daß die europäischen Juden sich sehr bald auf die Suche nach einer neuen Heimat machen müßten. Die Nationale Heimstätte war weitaus vordringlicher als der jüdische Staat.

Rückblickend empfindet man Weizmanns Meisterstück, das Weißbuch in den Schwarzen Brief umzuwandeln, als etwas Außergewöhnliches. Doch die Zionisten waren damals nicht beeindruckt. Sie nörgelten: Weizmann hätte ein völlig neues Weißbuch erreichen sollen, ein bloßer Brief war nicht genug. Nach den Ereignissen der Jahre 1929 und 1930 waren die Zionisten – und jene der Yishuv im besonderen – sehr schlecht auf Großbritannien zu sprechen, und Weizmann bekam als »Freund der Engländer« einen Teil dieses Unmuts zu spüren. Der Siebzehnte Zionistische Kongreß in Basel im Juni und Juli 1931 war eine harte Zeit für Weizmann. Da er als Präsident zurückgetreten war, verfügte er auch nicht mehr über seine alte Autorität. Jabotinsky stand an der Spitze seiner zweiundfünfzig Delegierten und war offensichtlich der aufsteigende Stern. Er besaß die Fähigkeit, Weizmann zu unpopulären Äußerungen zu reizen. So sagte Jabotinsky, es sei das Ziel des Zionismus, in Palästina an beiden Ufern des Jordans eine jüdische Mehrheit zu erreichen.

Dazu nahm Weizmann in einem Interview mit der Jewish Telegraph Agency Stellung: »Ich habe weder Verständnis noch Sympathie für die Forderung nach einer jüdischen Majorität in Palästina. Eine Majorität garantiert noch nicht Sicherheit; für die Entwicklung einer jüdischen Zivilisation und Kultur ist sie nicht wesentlich. Die Welt wird die Forderung nach einer jüdischen Mehrheit so interpretieren, daß wir sie nur erreichen wollen, um die Araber aus dem Land zu vertreiben.«

Für den Außenstehenden hat diese Auseinandersetzung zwischen Jabotinsky und Weizmann etwas leicht Irrationales. Eine jüdische Mehrheit zwischen dem Meer und dem Jordan lag damals noch in ferner Zukunft; im Emirat Transjordanien lebten überhaupt keine Juden. So gesehen ist Jabotinskys Forderung nach einer jüdischen Mehrheit »an beiden Ufern« absurd. Doch auch Weizmanns Einstellung ist befremdend. Nichts in seiner gesamten Laufbahn weist darauf hin, daß er gegen eine jüdische Mehrheit gewesen wäre, hätte er sie bekommen. Zweifellos ging es ihm vorrangig darum, dem Zionismus weiterhin die lebenswichtige Unterstützung im britischen Parlament zu erhalten, und er befürchtete, daß sie durch Jabotinskys Extremismus verlorengehen könnte.

Wie immer es auch gewesen sein mag, Weizmanns verächtliche Worte über eine jüdische Mehrheit erwiesen sich auf dem Siebzehnten Kongreß als unpassend. Ein Mißtrauensantrag – gemäßigt, aber unmißverständlich formuliert – wurde eingebracht: »Der Kongreß drückt sein Bedauern über die Erklärung von Herrn Dr. Weizmann in einem Interview mit der JTA aus und betrachtet seine Antworten als unzulänglich.« Der Antrag wurde mit einhundertdreiundzwanzig gegen einhundertsechs Stimmen angenommen.

Nach dieser Abstimmung war es Weizmann nicht mehr möglich, die Präsidentschaft der Zionistischen Organisation wieder zu übernehmen; nach seinem triumphalen Feldzug gegen das Weißbuch hatte er das zweifellos geplant und erwartet. Die Revisionisten erlangten nicht die Kontrolle über die Exekutive, wie Jabotinsky es beabsichtigt hatte. Nahum Sokolow, eine vergleichsweise farblose Persönlichkeit, wurde Präsident. Trotzdem stellte der Siebzehnte Kongreß einen beachtlichen Erfolg für Jabotinsky und die von ihm vertretene Richtung dar.

Für Weizmann wurde der Siebzehnte Kongreß zu einer kaum weniger bitteren Erfahrung, als es achtundzwanzig Jahre zuvor der Sechste Kongreß für Herzl gewesen war. Weizmann fand, daß es ein Sieg für den »gewaltigen Verfall der Bewegung« war.

Kurze Zeit dachte Weizmann daran, jeglicher politischer Tätigkeit den Rücken zuzukehren, kam aber bald wieder davon ab. Als Präsident der Englischen Zionistischen Föderation (von 1929 an) behielt er eine wichtige Machtposition, und 1935 wurde er wieder Präsident der Zionistischen Weltorganisation. Er leistete der zionistischen Sache immer noch große Dienste, doch seine Autorität innerhalb der Bewegung – einschließlich der Yishuv – war nach den Ereignissen zwischen

1929 und 1931 nicht mehr dieselbe. Und dennoch, gerade während der Zeit, in der er teilweise abgelehnt wurde, hatte Weizmann für die Rettung der Juden mehr geleistet denn je.

Die Juden verdanken es vor allem Weizmann, daß die Tore Palästinas noch offenstanden, als Adolf Hitler am 30. Januar 1933 Reichskanzler wurde.

4
Tod und Geburt
(1933–1948)

»Haben wir das Recht zu leben?«
Chaim Weizmann vor der
Peel-Kommission, 1936

In der Zeit von 1933 bis 1938 arbeiteten Nazis und Zionisten zusammen, um Juden die Auswanderung von Deutschland nach Palästina mit einem Teil ihres Besitzes zu ermöglichen. Die Zionisten nannten dieses Programm Ha'avara (»Transferierung«). Eliezer Siegfried Hoofien, Generaldirektor der Anglo-Palästinensischen Bank (heute L'umi L'Yisrael Bank), vereinbarte am 25. August 1933 mit dem deutschen Wirtschaftsministerium, daß jüdische Vermögenswerte (die andernfalls gesperrt waren) zum Kauf von in Palästina benötigten Waren verwendet wurden. Dieses Abkommen bildete die Grundlage für einen offiziellen Auswanderungsplan für die Juden.

1933 gründete die Anglo-Palästinensische Bank eine Gesellschaft in Tel Aviv: Trust and Transfer Office Ha'avara Ltd. Mit Hilfe von zwei führenden jüdischen Bankiers, Max Warburg von M. M. Warburg, Hamburg, und Siegmund Wassermann von A. E. Wassermann, Berlin, wurde in Berlin eine analoge Körperschaft gegründet. Der Berliner Gesellschaft, die »Palästina Treuhandstelle zur Beratung Deutscher Juden« (»Paltreu«) hieß, fiel die Aufgabe zu, mit den deutschen Regierungsstellen die Bezahlung der Rechnungen deutscher Exporteure und die Verträge mit deutschen Juden, die nach Palästina auswandern wollten, abzuwickeln. Da die Politik der Mandatsmacht die Einwanderung von Juden, deren Vermögen eintausend Pfund Sterling und mehr betrug, unbeschränkt – zusätzlich zu den normalen Quoten – gestattete, wurden die überwiesenen Geldmittel zur Schaffung von »Vermögenseinheiten« für möglichst viele Immigranten verwendet. Die meisten der fünfzigtausend Juden, die zwischen 1933 und 1939 Deutschland verließen, bedienten sich der Dienste der Ha'avara. In dieser Zahl sind Kinder enthalten, die ihren Eltern nach Palästina vorausgeschickt wurden, sowie Kriegsveteranen und Beamte, die man gezwungen hatte, in den Ruhestand zu treten; die deutschen Behörden bezahlten ihre Pensionen an die Ha'avara, damit sie nach Palästina überwiesen wurden.

Abgesehen von dem generellen Abscheu der Juden vor allen Geschäften mit den NS-Machthabern Deutschlands, stieß gerade dieses wirtschaftliche und finanzielle Abkommen auf heftige Ablehnung. Es brach den Boykott deutscher Exporte, zu dem es nach Hitlers Machtübernahme unter den Juden der ganzen Welt spontan gekommen war und der sich verstärkt hatte, als Hitler in seiner Proklamation vom 1. April 1933 zum Boykott jüdischer Geschäfte aufrief.

Jabotinsky und seine Revisionisten sowie seine Jugendorganisation Betar griffen diese Themen in der Yishuv und in der Diaspora auf und verurteilten die Ha'avara und die zionistische Führung, die zugestimmt hatte.

Es war nicht schwer, »die eiternde Wunde« anzuprangern. Es war aber wesentlich schwieriger, die Einwände zu widerlegen, die für die Ha'avara sprachen. Die Nazis hatten Deutschland fest in der Hand. Welche anderen Möglichkeiten hatte man also, eine große Anzahl von Juden aus Deutschland hinauszubringen, wenn nicht durch eine Vereinbarung mit den Nazis? Zu einer Vereinbarung konnte man aber nur gelangen, wenn die Nazis etwas dafür bekamen.

Das Problem wurde auf dem Achtzehnten Zionistischen Kongreß in Prag (August bis September 1933) besprochen. Der Kongreß war außerordentlich gut besucht, denn die internationale Unterstützung des Zionismus hatte beträchtlich zugenommen: über fünfhunderttausend Wähler gegenüber etwas mehr als zweihunderttausend Wählern 1931 beim Siebzehnten Kongreß in Basel. Jabotinsky brachte eine Resolution ein, in der er zu einem weltweiten Boykott Deutschlands aufrief. Aber die Mehrheit stand Jabotinsky und seiner Gruppe feindlich gegenüber. Am 16. Juni 1933, mehr als zwei Monate vor Eröffnung des Kongresses, war Chaim Arlosoroff am Strand von Tel Aviv ermordet worden. Arlosoroff war kurz vorher aus Deutschland zurückgekehrt, und der Mord wurde den Revisionisten zugeschrieben.

Jabotinsky und seine Freunde wurden geächtet. Nichtsdestoweniger kamen einige Delegierte – unter ihnen viele aus den Vereinigten Staaten – der Aufforderung zum weltweiten Boykott deutscher Waren nach. Die Ha'avara wurde jedoch erfolgreich verteidigt, und zwar nicht nur von der zionistischen Führungsschicht innerhalb und außerhalb von Palästina, sondern auch von den deutschen Zionisten und der tüchtigen und allseits bewunderten amerikanischen Zionistin Henrietta Szold. Über die Boykottresolution wurde nicht abgestimmt. Der Kongreß übernahm offiziell die Politik der Ha'avara und stellte diese unter die Kontrolle der zionistischen Exekutive. Die Revisionisten setzten ihre Angriffe auf die Ha'avara fort und versuchten, selbst einen Boykott zu verhängen.

Der versuchte jüdische Boykott Nazi-Deutschlands war ein Fehlschlag. Paradoxerweise war sein beachtenswertestes Ergebnis, daß er zum relativen Erfolg der Ha'avara-Politik beitrug. Während der ersten Monate des neuen Regimes waren die Nazis wegen der möglichen Folgen der internationalen jüdischen Proteste und des Aufrufs zum Boykott besorgt. Im März 1933 traf eine von Göring gesandte Delegation deutscher Juden in London ein. Die Abordnung hatte den Auftrag, Zeitungsberichte über Verfolgungen deutscher Juden zu dementieren und außerdem den Amerikanischen Jüdischen Kongreß zu überreden, die in New York für den 27. März geplante Demonstration abzusagen. Die Delegation berichtete konkret über die Situation in Deutschland; diese Berichte verurteilten den geplanten Protest und den Boykott und förderten die Unterstützung der Ha'avara. Die Idee der Nazis, ein Aussiedlungsabkommen als Verteidigungsmaßnahme gegen den jüdischen Boykott zu schließen, hielt sich selbst dann noch, nachdem der Boykott an Glaubwürdigkeit verloren hatte.

All dies war verhältnismäßig einfach mit der Naziideologie in Einklang zu bringen. In Hitlers ›Mein Kampf‹ gibt es einen einzigen Hinweis auf den Zionismus: »... denn indem der Zionismus der anderen Welt weiszumachen versucht, daß die völkische Selbstbestimmung des Juden in der Schaffung eines palästinensischen Staates seine Befriedigung fände, betölpeln die Juden abermals die dummen Gojim auf das gerissenste. Sie denken gar nicht daran, in Palästina einen jüdischen Staat aufzubauen, um ihn etwa zu bewohnen, sondern sie wünschen nur eine mit eigenen Hoheitsrechten ausgestattete, dem Zugriff anderer Staaten entzogene Organisationszentrale ihrer internationalen Weltbegaunerei; einen Zufluchtsort überführter Lumpen und eine Hochschule werdender Gauner.« Hitlers Auslegung des Zionismus war nicht neu: Sie entsprach der Klischeevorstellung der weniger spitzfindigen Antisemiten.

General Money, der erste britische Verwalter Palästinas, vermutete 1918, daß das gesamte zionistische Unternehmen von Anfang an nichts anderes gewesen war als ein jüdischer Trick, um rasch reich zu werden. Pinsker und Lilienblum hatten sozusagen von ganz unten angefangen. Hitlers Außenminister Baron von Neurath gelangte aufgrund der Theorie seines Führers zu dem Schluß, daß es in Deutschlands Interesse lag, die Araber zu unterstützen. Das war die Theorie. In der Praxis unterstützte die deutsche Politik zwischen 1933 und 1938 die Juden in Palästina gegen die Araber.

Die Unterstützung der Juden in Palästina war eine nicht beabsichtigte – aber nicht besonders bedauerliche – Nebenwirkung der Verfolgung der deutschen Juden in der Vorkriegszeit, als noch nicht an Völkermord gedacht wurde. Der Sieg eines fanatisch antisemitischen Führers und seiner Partei in Deutschland freute und ermutigte die antisemitische Bewegung in ganz Europa, vor allem aber in Osteuropa. Dazu trug auch bei, daß Hitler sehr bald sehr deutlich zu verstehen gab, daß sein Antisemitismus die Grundlage seiner Politik und nicht nur Rhetorik war. Bereits Ende 1933 waren fast alle Juden aus öffentlichen Ämtern, der Beamtenschaft, allen Medien und dem Unterrichtswesen entfernt worden. Sie waren auch einem allgemeinen Boykott ausgesetzt, der offiziell ermutigt und von der Öffentlichkeit erzwungen wurde. Die Nürnberger Gesetze (15. September 1935) erkannten den Juden die deutsche Staatsbürgerschaft ab. Berechnungen zufolge war 1936 – dem Jahr der Berliner Olympischen Spiele – ungefähr die Hälfte der deutschen Juden arbeitslos.

In dieser Zeit ließen die Nazis die Emigration zu und ermutigten sie sogar, wenn sie daraus finanzielle Vorteile ziehen konnten, wie zum Beispiel bei dem Transferabkommen. Viele der unselbständig erwerbstätigen Juden, die ihren Arbeitsplatz verloren hatten, verfügten nicht über die finanziellen Mittel, um sich freizukaufen. In erster Linie wanderten jene Juden, denen dies in Deutschland und in seinen Nachbarstaaten gelang, nach Palästina aus.

Die jüdische Bevölkerung von Palästina, die 1922 bei vierundachtzigtausend lag, war 1937 auf rund vierhunderttausend gestiegen. Beinahe die Hälfte dieser Zunahme ist auf die Emigration aus Deutschland während der ersten drei Jahre des Hitlerregimes zurückzuführen.

Vom zionistischen Standpunkt aus war die Einwanderungspolitik der Mandatsmacht von 1932 bis 1935 relativ großzügig. Doch sie blieb in bezug auf die größte Gruppe von Immigranten restriktiv: Menschen ohne Kapital, die nur aufgrund einer von der Mandatsmacht ausgestellten Arbeitsbewilligung einreisen konnten. Von 1933 bis 1939 suchte die Jewish Agency um rund hundertsiebzigtausend solcher Bewilligungen an; neunundfünfzigtausend oder etwas mehr als ein Drittel wurden erteilt. Die Mandatsmacht rechtfertigte diese Politik mit dem Kriterium der wirtschaftlichen »Aufnahmekapazität«, die im Weißbuch von 1922 festgelegt worden war. Dieses Kriterium war bis ungefähr 1936 gültig. Danach ging es mehr um die *politische* Aufnahmekapazität.

Zwischen 1933 und 1939 wurde jüdisches Kapital im Umfang von ungefähr dreiundsechzig Millionen Pfund nach Palästina transferiert. Das gesamte 1934 transferierte Kapital beläuft sich schätzungsweise auf zehn Millionen Pfund, und im Jahr 1935 auf sechzehn Millionen Pfund. Ein Teil des Kapitals wurde in den Banken angelegt, und große Beträge wurden in die Industrie investiert. Die beruflichen Fähigkeiten der Einwanderer aus Deutschland trugen ebenfalls zum Aufschwung der Industrie bei.

Ende 1935 war die Yishuv viel größer, viel reicher und entwickelte sich viel schneller als fünf Jahre zuvor. Die Idee eines jüdischen Staates konnte nicht mehr als unerreichbar abgetan werden. Viele Juden in der Diaspora, die nie zuvor die Notwendigkeit eines jüdischen Staates eingesehen hatten, ließen sich durch die Ereignisse in Deutschland eines Besseren belehren. Und den gleichen Ereignissen war es zuzuschreiben, daß die Zionisten entschlossener denn je waren, keinen Kompromiß zu akzeptieren, der die Entstehung des jüdischen Staates gefährden konnte.

Alle großen zionistischen Führer erlebten gelegentlich Augenblicke prophetischer Hellsichtigkeit. So ging es auch David Ben Gurion im Januar 1935: »Die Katastrophe, die über das deutsche Judentum hereingebrochen ist, beschränkt sich nicht auf Deutschland allein. Hitlers Regime bringt das gesamte jüdische Volk in Gefahr, und nicht nur das jüdische Volk... Hitlers Regime kann ohne einen Rachekrieg gegen Frankreich, Polen, die Tschechoslowakei... und gegen Sowjetrußland nicht lange überleben. Deutschland wird nicht heute in den Krieg ziehen, denn es ist noch nicht soweit, aber es rüstet sich für morgen... Wer weiß, zwischen uns und diesem schrecklichen Tag stehen vielleicht nur vier oder fünf Jahre, vielleicht sogar weniger.«

Angesichts der Tatsache, daß Hitler zu diesem Zeitpunkt international noch keinen aggressiven Schritt unternommen hatte, handelt es sich bei dieser Feststellung um eine erstaunlich genaue Vorhersage.

Christopher Sykes, ein englischer Schriftsteller, der sich mit Erfolg dem Zionismus gegenüber ambivalent verhielt, befand sich zu dieser Zeit in Palästina und schildert äußerst anschaulich die Freude, Rührung und Begeisterung der jüdischen Einwanderer, die das Gefühl hatten, aus einer jahrtausendelangen Verbannung in ihr Heimatland zurückzukehren. Doch er beschreibt auch die Reaktion der Araber auf diese Szenen: »Die Araber sahen haßerfüllt zu. Vom arabischen Standpunkt aus hatte dieses große Werk der Errettung und Erlösung nichts Schönes an sich, sondern sie empfanden es im Gegenteil als eindeutigen Akt der Unterdrückung ihnen gegenüber.«

Viele Autoren schreiben den Ausbruch der arabischen Revolte im April 1936 dem Ressentiment und der Verzweiflung über die Entwicklung der Yishuv seit dem Jahr 1933 zu. Diese Gefühle wurden keineswegs dadurch gemildert, daß die Zionisten den Arabern bewiesen, welchen wirtschaftlichen Nutzen sie aus dem Wohlstand der Yishuv zogen. Die palästinensischen Araber sahen im Fortschritt des Zionismus eine ungeheure Ungerechtigkeit, die eine Revolte gegen England rechtfertigte.

Allerdings waren auch andere Faktoren dafür verantwortlich, vor allem die Ablehnung der westlichen Dominanz und der Unwille der Moslems darüber, daß sie von Christen regiert wurden. Es ist seltsam, daß von den drei wichtigsten Mandaten im Nahen Osten – Palästina, der Irak und Syrien – Palästina *am längsten* brauchte, um sich gegen die Mandatsmacht aufzulehnen. Die Niederwerfung der Revolte der irakischen Stämme im Sommer 1920 kostete Großbritannien schätzungsweise neunzigtausend Mann und vierzig Millionen Pfund. Die Franzosen hatten seit ihrem Eintreffen im Jahr 1920 über fünfzigtausend Mann in Syrien stationiert, und nach dem Aufstand der Jahre 1925 bis 1927 wurde die Zahl noch größer. Zur gleichen Zeit wurden die nie starken britischen Streitkräfte in Palästina auf einige hundert Gendarmen reduziert, und Palästina blieb friedlich – trotz der Balfour-Erklärung und trotz der beinahe größten jüdischen Einwanderung (im Jahr 1925), die je unter dem englischen Mandat verzeichnet worden war. Da sich die arabische Gewalttätigkeit in Palästina in der Zeit vor Hitler ausschließlich gegen die Juden richtete, kann die Balfour-Erklärung bis zu einem gewissen Grad dazu beigetragen haben, das Ressentiment von der Mandatsmacht abzulenken.

Nach der Weißbuch-Affäre im Jahr 1930 und dem Schwarzen Brief im Jahr 1931 ließ sich das Ressentiment allmählich nicht mehr verdrängen. Die arabischen Führer (in Palästina) – auch Hadschi Amin – begannen zum ersten Mal, nicht nur die Juden, sondern auch die Engländer öffentlich anzuprangern. Im Oktober 1933 brachen in Palästina, das heißt in Jaffa, Nablus, Haifa und Jerusalem, die ersten antibritischen Unruhen aus, die von den britischen Kräften schnell und energisch niedergeschlagen wurden, weil sie sich nicht gegen die Juden richteten. Sechsundzwanzig Araber und ein Engländer wurden getötet, aber kein Jude. Eine Zeitlang kam es zu keinen weiteren Unruhen.

Die eigentliche arabische Revolte in Palästina brach erst im April 1936 aus. Doch zwischen Oktober 1933 und April 1936 waren andere wichtige Ereignisse von Belang eingetreten.

Am 3. Oktober 1935 fiel Mussolini in Äthiopien ein. Im Völkerbund trat England entschieden gegen Italien auf, in der Praxis wurde die britische Politik jedoch von dem Entschluß bestimmt, das Risiko eines Krieges im Mittelmeer um jeden Preis zu vermeiden. Da das Prestige des italienischen Diktators von seinem äthiopischen Abenteuer abhing, lief man Gefahr, einen Krieg auszulösen, wenn man versuchte, ihn davon abzuhalten. Ende 1935 war nicht mehr zu übersehen, daß die Sanktionen des Völkerbundes ihren Zweck verfehlt hatten. Im Februar 1936 war Mussolini im Begriff, seinen Krieg in Äthiopien zu gewinnen. Im März 1936 verließ sich Hitler darauf, daß der Westen entschlossen war, einen Krieg zu vermeiden, und schickte seine damals zahlenmäßig sehr geringen Truppen ins entmilitarisierte Rheinland.

In diesen verhängnisvollen Monaten war der Gegensatz zwischen Großbritanniens Worten und seinen Taten für die ganze Welt offenkundig, doch in dem Gebiet, zu dem Palästina gehörte, fiel er besonders auf. Der Suezkanal war die Lebensader für Mussolinis Unternehmen. Von maßgeblicher Seite stellte nämlich der damalige Vertreter Großbritanniens beim Völkerbund, Walters, fest: »Keine Regierung hat je die Schließung des Suezkanals vorgeschlagen ... Die Wirkung wäre verheerend gewesen ... Je zahlreicher die italienischen Truppen in Äthiopien waren, desto früher hätte sich Mussolini mit dem Völkerbund einigen müssen. Genau aus diesem Grund zog die britische Regierung die Schließung nie ernsthaft in Erwägung.«

Obwohl Mussolini ohne die stillschweigende Duldung der Engländer sein Abenteuer nie hätte durchziehen können, beschloß er, England als seinen Erzfeind anzusehen. Auf diese Weise erweckte er den Eindruck, daß er nicht nur über rückständige Stämme, sondern auch über ein mächtiges Empire gesiegt hatte. Das war auch die Nachricht, die der italienische Rundfunk Anfang 1936 von Bari aus in arabischer Sprache ins östliche Mittelmeer ausstrahlte.

Die arabische Presse wiederholte die italienischen Nachrichten und reagierte begeistert darauf. Der Wunsch nach einem Krieg, der mit der Niederlage von Frankreich und England endete, wurde offen ausgesprochen. Das war 1935. 1936 berichtet der jährliche ›Überblick über internationale Angelegenheiten‹ des Chatham House: »Eine aus drei Komponenten bestehende Abart des Faschismus – antifranzösisch, antibritisch und antijüdisch – erfaßte Marokko, Algerien, Tunesien, Ägypten, Palästina, Syrien und sogar den Irak und breitete sich wie ein Buschfeuer in der arabischen Welt Nordafrikas und Südwestasiens aus.«

Die arabische Revolte des Jahres 1936 muß nicht nur im Kontext mit der örtlichen Situation in Palästina, sondern auch mit der Weltsituation gesehen werden, die sich zwischen 1933 und 1936 zuerst zum Nachteil der Juden und später auch zu dem der Mandatsmächte drastisch änderte. Dadurch, daß zum ersten Mal eine moderne Macht auf der Weltbühne auftrat, die fest entschlossen war, die Juden für vogelfrei zu erklären, wurde den Arabern die Verletzbarkeit der Juden bewußt. Und die Ereignisse der Jahre 1935 und 1936 wiesen darauf hin, daß Großbritannien – die Macht, die als Protektor der Juden auftrat – jetzt ebenfalls verletzbar sein könnte.

Bis zu einem gewissen Grad wurde dieser Eindruck durch Großbritanniens widersprüchliche Politik in Palästina erhärtet. Hochkommissar Sir Arthur Wauchope war 1931 auf Chancellor gefolgt und blieb bis Februar 1938 im Amt. Wauchope war ein freundlicher, ehrenwerter, wahrscheinlich aber auch chaotischer, eigensinniger und schwacher Mann.

Im Grund gab es für die Engländer in Palästina nur zwei echte Möglichkeiten. Die eine bestand darin, die Juden nicht an der Errichtung ihrer Nationalen Heimstätte zu hindern, so daß sie, wenn möglich, eine jüdische Mehrheit erreichten und dann einen jüdischen Staat in Palästina errichteten. Das hatten Balfour und Lloyd ursprünglich beabsichtigt, ohne sich jedoch in der Öffentlichkeit eindeutig dafür auszusprechen. Die zweite Möglichkeit war, die jüdische Nationale Heimstätte preiszugeben, indem man sehr früh repräsentative Institutionen mit arabischer Mehrheit schuf. Der logische erste Schritt in diese Richtung war die Gesetzgebende Versammlung.

Die erste Möglichkeit hatte man beinahe während der ganzen zwanziger Jahre verfolgt. Ob Zufall oder nicht, es war die friedlichste Periode, die Palästina unter der Mandatsherrschaft erlebte. Die zweite Möglichkeit hatte während der Militärregierung als erstrebenswert gegolten, obwohl sie damals nicht gesetzlich verwirklicht werden konnte. Sie wurde von 1928 bis 1931 unter dem Triumvirat Luke-Chancellor-Passfield zum ersten Mal konsequent in Angriff genommen, erreichte ihren Höhepunkt mit dem Weißbuch des Jahres 1930 und wurde 1931 durch den Schwarzen Brief vereitelt.

Sir Herbert Samuel strebte während der ersten Zeit seiner Amtsperiode an, die Entwicklung der Nationalen Heimstätte mit der Schaffung der Gesetzgebenden Versammlung zu verbinden. Zu seinem Glück rettete ihn ein Paradoxon vor den Folgen dieses Widerspruchs in se: der Vorschlag, der nur negatives Potential für die Juden und nur positives Potential für die Araber enthielt, wurde von den Juden angenommen und von den Arabern abgelehnt.

Ob Zufall oder nicht: Alle Perioden, in denen die britische Politik dazu tendierte, die Hoffnungen auf eine jüdische Nationale Heimstätte zunichte zu machen, waren zugleich Perioden erhöhter Unruhe und Gewalttaten von seiten der Araber. Das gilt für die Periode der Militärregierung, für die »erste Samuel«-Periode und für das Triumvirat. Sir Arthur Wauchopes Amtszeit als Hochkommissar trug auch nicht gerade dazu bei, diesen augenscheinlichen Zusammenhang zu widerlegen.

Sir Arthur versuchte, die Politik des »ersten Samuel« zu wiederholen, jedoch unter wesentlich schwierigeren und gefährlicheren Umständen. Diesmal lehnten die Juden die Gesetzgebende Versammlung und jeden Schritt zu einer Selbstregierung ab. Da sie jetzt Palästina viel dringender als Zufluchtsort brauchten, hatten sie keine Lust, auch nur taktische Konzessionen zu machen, die ihre Stellung in Palästina gefährden konnten.

Der Neunzehnte Zionistische Kongreß, der 1935 in Luzern veranstaltet wurde, wies die Idee einer Gesetzgebenden Versammlung formell zurück. Weizmann, der nach diesem Kongreß wieder die Präsidentschaft der Jewish Agency übernahm, billigte diese Vorgangsweise, warnte aber davor, die jüdische Nichtkooperation in eine allgemeine Politik der Nichtkooperation mit der britischen Regierung umzuwandeln.

Auf arabischer Seite zeigten Persönlichkeiten aus dem gemäßigten Lager vorsichtiges Interesse für die Idee, wollten sich jedoch nicht zu sehr exponieren, weil sie befürchteten, daß Hadschi Amin sie umgehen würde. Hadschi Amin wieder befürchtete, daß ihn die Angehörigen der aufstrebenden, militanteren Generation umgehen könnten. Fünfzehn Jahre vom Westen finanzierter Erziehung, die von meist nationalistischen arabischen Lehrern ausgelegt wurde, hatten einen großen Teil der Jugend politisch radikalisiert. Gleichzeitig nahmen in einigen Gebieten Palästinas fromme moslemische Fedajin eine militantere Haltung ein, und zwar hauptsächlich infolge der Predigten des kühnen, frommen Scheichs Izz al-Din al-Kassam.

Al-Kassam war Präsident der Young Men's Muslim Association in Haifa und wurde 1932 amtierender Präsident der nationalen Konferenz dieser Organisation in Palästina. Gleichzeitig war er Leiter einer geheimen, gegen Juden und jüdische Ansiedlungen im Norden gerichteten Terrororganisation. Während eines Überfalls wurden er und seine Bande im November 1935 in den Jeninhügeln umzingelt. Sie lehnten es ab, sich zu ergeben, und kämpften bis zum Tod. Der Märtyrer al-Kassam wurde sofort zum Helden der moslemischen Jugend und zum Mittelpunkt eines Kults.

Al-Kassams Heldentod führte zur Verstärkung des auf Hadschi Amin ausgeübten Drucks, die Schlagkraft der moslemischen Revolte zu verbessern. Es sollte diesmal eine moslemische, keine panarabische Revolte sein, und es ging darum, nicht nur gegen die Juden, sondern vor allem gegen die christliche Mandatsmacht zu kämpfen.

In dieser erregten Stimmung besaß die Idee einer Gesetzgebenden Versammlung für die Moslems wenig Anziehungskraft, um so mehr, als klar wurde, daß die Einwanderung nicht sofort gestoppt werden würde. Doch die Hartnäckigkeit, mit der der Hochkommissar trotz dieses Widerstandes an der Idee der Gesetzgebenden Versammlung festhielt, war interessanter als die Idee selbst. Sie ließ den Schluß zu, daß es Meinungsverschiedenheiten und damit eine Chance gab, den Engländern vielleicht doch noch die zweite Möglichkeit schmackhaft zu machen.

Daß die Engländer den Arabern die Gesetzgebende Versammlung in Aussicht stellten, erweckte den Eindruck, daß sie im Begriff waren, in bezug auf die Nationale Heimstätte nachzugeben. Doch als die Idee der Gesetzgebenden Versammlung fallengelassen wurde, hatten die

Araber das Gefühl, daß man sie betrogen hatte, und reagierten beinahe genauso wie auf den Schwarzen Brief im Februar 1931. Im Frühjahr 1936 präsentierte sich Großbritanniens militärische und politische Lage viel schlechter als fünf Jahre zuvor.

Anfang 1936 war der Yishuv klar, daß in Palästina ernste Schwierigkeiten bevorstanden. Am 9. April machte Jabotinsky, der sich damals in London aufhielt, Wauchope telegrafisch darauf aufmerksam: »... beunruhigende Berichte aus Palästina äußern akute Besorgnis wegen antijüdischen Aufruhrs ... Berichte bestätigen Agitation durch Kreise, die Zionisten zwingen wollen ... Gesetzgebende Versammlung zu akzeptieren ...«

Die Unruhen brachen zehn Tage später aus. Eine Gruppe bewaffneter Araber holte in den Nablus-Bergen am 15. April zwei Juden aus einem Autobus heraus und ermordete sie. Zwei Tage später töteten Mitglieder der »nationalistischen Hagana« – der Mutterorganisation der Irgun Zvai Leumi – in der Nähe der jüdischen Siedlung Petah Tikvah zwei Araber. Auf diese Ereignisse folgten größere arabische Unruhen in Jaffa, Nablus und anderen Orten sowie die Gründung von arabischen Streikkomitees; in vielen Teilen des Landes kam es zu bewaffneten Gewalttaten.

Die Ermordung der beiden Araber, die zu einer Eskalation der Gewalttaten führte, war das Werk von ideologischen Anhängern Jabotinskys. Dieser hatte wahrscheinlich bei seiner Warnung an die Engländer gleichzeitig vorgehabt, die jüdische Selbstverteidigung im voraus zu rechtfertigen, auch wenn sie sich in der für die Revisionisten typischen Form von Vergeltungsmaßnahmen äußerte.

Jüdische Vergeltungsmaßnahmen waren in der unruhigen Zeit von 1936 bis 1939 jedoch eher die Ausnahme als die Regel. Im allgemeinen befolgte die Yishuv zu dieser Zeit Ben Gurions Politik der Havlaga, der Zurückhaltung, und beschränkte sich auf die erfolgreiche Verteidigung der jüdischen Ansiedlungen. Während der gesamten Periode waren es die Araber, die angriffen, nicht die Juden. In den ersten Wochen waren die Juden das Hauptziel der Angriffe, doch danach entwickelte sich die Bewegung zu einem Aufstand gegen die britische Herrschaft.

Die Verschiebung von einer antijüdischen zu einer hauptsächlich antibritischen Bewegung war Hadschi Amin unangenehm. Wenn er sich diesem Trend anschloß, geriet er in Gefahr, seine Machtposition als Leiter des Obersten Moslemischen Rates zu verlieren. Wenn er sich andererseits der Bewegung nicht anschloß, verlor er vielleicht die Grundlage, auf der seine Macht beruhte: sein Prestige als Führer des moslemischen Nationalismus in Palästina. Deshalb versuchte er zunächst, Zeit zu gewinnen. Er gab dem Drängen der jungen Militanten insofern nach, als er sich bereit erklärte, die Leitung des Arabischen Hochkomitees zu übernehmen, das Ende April gegründet wurde, um einen Generalstreik durchzuführen.

Hadschi Amin war sehr deutlich bewußt, daß seine Stellung als Leiter des Obersten Moslemischen Rates prekär geworden war. Während der ersten beiden Monate der Revolte tat er sein Bestes, um die Regierung davon zu überzeugen, daß er mit den Rebellen nichts zu tun hatte und eine gemäßigte Position einnahm. Das stimmte zu dieser Zeit sogar zum Teil.

Im Lauf des Monats Juni kam es zu einer Veränderung. Die moslemischen Funktionäre forderten die Bevölkerung im Namen des Islam auf, sich den Rebellen anzuschließen. Der noch immer unter der Führung von Hadschi Amin stehende Oberste Moslemische Rat unterstützte die neue Politik. Er teilte dem Hochkommissar am 26. Juni mit, daß die Juden das Angebot einer Nationalen Heimstätte in einem anderen Land nur »wegen einer religiösen Idee abgelehnt haben, an der sie festhalten und die sich die Wiedererrichtung von Salomos Tempel« anstelle der al-Aksa-Moschee »zum Ziel gesetzt hat«. Da Großbritannien die moslemischen Forderungen ablehnte, schlossen die Araber daraus, daß England die jüdischen Bestrebungen unterstützte. Daraufhin wurde das Netz von moslemischen Funktionären im Land dazu eingesetzt, den Rebellen Geld, Waffen und Informationen zu liefern. Alle diese Aktivitäten wurden vom Zufluchtsort des Mufti, dem Haram asch-Scharif, aus geleitet und organisiert, den er wieder einmal als das Hauptangriffsziel des Zionismus bezeichnete.

Am 3. Mai erreichte Kaiser Haile Selassie auf seiner Flucht aus Äthiopien die französische Kolonie Dschibuti. Am 4. Mai begab er sich an Bord des nach Palästina auslaufenden britischen Kreuzers Enterprise, um in Jerusalem zu beten. Am 5. Mai zog Marschall Badoglio im Triumph in Addis Abeba ein. Am 6. Mai sprach Außenminister Sir Anthony Eden im Unterhaus. Er stellte fest, daß die Situation »schwierig und enttäuschend« sei, daß England aber während der Auseinandersetzungen »die Initiative ergriffen« habe. Am 9. Mai gab Mussolini vom Balkon des Palazzo Venezia aus bekannt, daß der König von Italien jetzt Kaiser von Äthiopien sei. Am 10. Mai richtete Haile Selassie von Jerusalem aus den hoffnungslosen Appell an den Völkerbund, er möge »seine Anstrengungen fortsetzen, um die Einhaltung des Völkerbundpaktes zu gewährleisten«. Am 11. Mai trat der Völkerbundrat zusammen und vertagte die Debatte über »den Konflikt zwischen Italien und Äthiopien« auf den 15. Juni. Der Rat befaßte sich nie wieder mit diesem Konflikt, sondern delegierte die Angelegenheit an die Generalversammlung, die erst am 30. Juni dazukam, sie zu behandeln. Inzwischen hatte die Regierung Baldwin beschlossen, »die Initiative zu ergreifen und die Durchführung von Sanktionen vorzuschlagen«, die daraufhin einen Monat später in Kraft traten.

Im Mai bot sich Hadschi Amin und seinen Kollegen in ihrer eigenen Stadt das Schauspiel eines Staatsoberhaupts, dessen Sache Großbritannien unterstützt und dabei »die Initiative ergriffen« hatte, und das jetzt geschlagen, gedemütigt und verlassen war. Vom Haram asch-Scharif aus gesehen, wo man entschlossen war, ein Volk auszumerzen, das Hilfe von England erwartete, muß der exilierte Haile Selassie einen ermutigenden Anblick geboten haben. Dank der zunehmend offenen religiösen Anfeuerung und trotz der verstärkten britischen Präsenz breitete sich die Revolte im Sommer 1936 weiter aus. Im Lauf des Monats Juni nahmen die Angriffe entlang den Straßen und auf die Eisenbahnlinie Haifa-Lyddah zu. Das erste größere Gefecht zwischen britischen Truppen und arabischen Banden fand in der Nähe von Tulkarm statt. Im Juli eskalierten die Unruhen und wurden im August im gleichen Ausmaß fortgesetzt. Der Streik, der diese Aktivitäten begleitete, war nur zum Teil erfolgreich – hauptsächlich deshalb, weil ein Großteil der Arbeit im Land von den Juden getan wurde, die zusätzliche Tätigkeiten übernahmen, während die Araber streikten.

Inkonsequenz und Zögern bestimmten im Jahr 1936, wie so oft, die Reaktion der britischen Behörden auf diese Ereignisse; alles in allem war sie weit davon entfernt, die Araber zu entmutigen.

Zunächst kam es während dieses Stadiums zu keinem Versuch, die Revolte generell zu unterdrücken. Die britischen Streitkräfte verteidigten sich, hielten die Verkehrsverbindungen offen und unternahmen davon abgesehen nur wenig. Die Zahl dieser Streitkräfte wurde ständig erhöht, bis sie Anfang August mehr als Divisionsstärke erreichte – sechs oder sieben Mal soviel wie im April. Anfang des Sommers war nicht mehr zu übersehen, daß die Regierung die politische Lösung der militärischen bei weitem vorzog. Das bedeutete, daß man die arabischen Führer und diejenigen ihrer Anhänger, die nicht gerade an den Schießereien beteiligt waren, mit Vorsicht und Achtung behandelte. Der Mufti blieb in Freiheit – und im Besitz seiner beiden hohen Ämter.

Die politische Lösung für die arabische Revolte erforderte Zugeständnisse an die arabische Forderung, und solche wichtigen Zugeständnisse bahnten sich an. Die arabische Hauptforderung, der Schlüssel zu allem anderen, war die Einstellung der jüdischen Einwanderung. Die Einwanderung wurde nicht eingestellt, aber drastisch reduziert. Im April 1936 hatte die Halbjahresquote viertausendfünfhundert betragen. Im November 1936 sank sie auf eintausendachthundert und im Mai 1937 auf siebenhundertsiebzig. Die gesamte offiziell genehmigte Zahl der Einwanderungen nach Palästina betrug 1936 etwas über neunundzwanzigtausend, weniger als die Hälfte des Jahres 1935, und die niedrigste Zahl seit 1932.

Ein wichtiges Element in der neuen Tendenz zur Beschränkung der Besiedlung gemäß den arabischen Vorstellungen war der wachsende Einfluß des britischen Außenministeriums. Palästina gehörte zwar noch zu dem Aufgabenbereich des Kolonialministeriums, aber das Außenministerium spielte eine immer größere Rolle, weil Anfang der dreißiger Jahre einige arabische Staaten volle Souveränität erlangt hatten.

In der alten Zeit des Empire und bis 1930 war die Haltung der britischen Herrscher Protektoraten gegenüber im allgemeinen herablassend, zynisch oder gebieterisch gewesen. Doch die Mitte der dreißiger Jahre herrschenden Bedingungen veränderten diese Beziehung wesentlich. Der britischen Regierung war sehr deutlich bewußt, wie verletzlich das Empire war, welch beschränkte Mittel zu seiner Verteidigung zur Verfügung standen und wie pazifistisch die britische Öffentlichkeit eingestellt war. Der Regierung waren auch die neuen Faktoren bewußt – die Entwicklung der Flugverbindungen, die zunehmende Abhängigkeit vom Erdöl –, durch die ihre Herrschaftsgebiete im Nahen Osten an Bedeutung gewannen und verletzlich wurden. Unter diesen Umständen war es ausschlaggebend, den Goodwill der arabischen Herrscher zu erhalten und ihren Beliebtheitsgrad zu steigern, damit sie nicht abtrünnig oder gestürzt wurden. Und der einfachste Weg, diese Potentaten zu erfreuen und sie beliebter zu machen, bestand darin, die jüdische Nationale Heimstätte in Palästina über Bord zu werfen.

Daher wurden im Sommer 1936 drei arabische Fürsten dank der Zustimmung und Förderung der Mandatsmacht in die internen Angelegenheiten des Mandats Palästina einbezogen. Zur gleichen Zeit waren arabische Freiwillige, die von den gleichen Fürsten unterstützt wurden, damit beschäftigt, die gleiche Mandatsmacht zu stürzen. Von diesem Zeitpunkt an gilt die Frage Palästina als internationalisiert, und daran hat sich seither nichts geändert.

Am unkompliziertesten waren die palästinensischen Interessen. Hadschi Amin hatte seit 1928 versucht, Palästina, und vor allem Jerusalem, zu einer panmoslemischen Angelegenheit hochzuspielen. Ein Appell an die arabischen Fürsten im April war offenkundig ein Schritt in diese Richtung und gleichzeitig ein legitimer Gegenschlag gegen den schädlichen Einfluß des internationalen Judentums gewesen. Das waren die allgemeinen palästinensischen Überlegungen.

Die Interessen der Fürsten waren komplexer. Es handelte sich dabei um zwei unabhängige Könige – Abdal-Asis-Ibn Saud, König des Staates, der eben erst unter dem Namen Saudi-Arabien dem Völkerbund beigetreten war, und Ghasi, König des Irak (vertreten durch seinen Außenminister Nuri Said) – sowie um den abhängigen Emir Abdullah von Transjordanien. Im Prinzip verabscheuten alle diese Fürsten aus religiösen und anderen Gründen die störende, bedrohlich erstarkende neue Macht aus tiefstem Herzen. In der Praxis ließen sie sich bei der Behandlung des Problems von ihren dynastischen Interessen und ihren Rivalitäten mit anderen Dynastien leiten.

Der fähigste und unabhängigste der drei – und der einzige, der seinen Thron aus eigener Kraft gewonnen hatte – war der Saudi-König Ibn Saud. Als frommer Moslem haßte er nicht nur den Zionismus, sondern auch die Juden und das Judentum im allgemeinen erbittert. Doch als König mußte er vor allem dafür sorgen, daß rivalisierende Dynastien weder gebietsmäßige noch andere Vorteile aus dem Durcheinander in Palästina zogen oder daß man ihm, falls es doch dazu kam, eine Kompensation zugestand. Als später die Teilung Palästinas erörtert wurde, befürchtete das Außenministerium daher, daß Ibn Saud aus panarabischen und religiösen Gründen heftig reagieren würde. Ibn Sauds Reaktion bestand darin, daß er, falls Abdullah aufgrund der Teilung mehr Macht und die Unabhängigkeit erlangte, für sich Akaba, Ma'an und einen Korridor nach Syrien forderte. Jeder europäische Herrscher, ob aus dem Haus Habsburg, Romanoff oder Hohenzollern, hätte im achtzehnten Jahrhundert den Standpunkt der Saudi-Dynastie in bezug auf internationale Angelegenheiten vollkommen verstanden. Ibn Sauds Rivalen Abdullah (Regierungszeit 1921–1951) und Ghasi (Regierungszeit 1933–1939) waren Fürsten der haschimidischen Linie, deren Familie Ibn Saud aus der Hedschas vertrieben und die die Engländer in Amman und Bagdad untergebracht hatten. Vermutlich um einem haschimidischen Gegenzug zuvorzukommen, bot Ibn Saud bereits im April als erster arabischer Führer Großbritannien seine Vermittlung an, um den Unruhen in Palästina ein Ende zu setzen.

Abdullah konnte potentiell den meisten Nutzen aus der Situation ziehen, verfügte aber über die geringste Macht, um seine Ansprüche durchzusetzen. Sein Emirat war erbärmlich arm und von der britischen Unterstützung abhängig, und Hadschi Amin haßte und fürchtete ihn. Nuri Said und sein Herr im unruhigen Irak waren vor allem daran interessiert, den unpopulären britischen Ursprung der Dynastie durch eine scheinbar unabhängige Haltung in einem moslemischen Problem zu kompensieren.

Der Status der Fürsten wurde durch mehrdeutige gute Dienste erhöht, die sie den Engländern als Gefälligkeit für ihren Verbündeten und den Arabern als Gefälligkeit für die leidenden Moslems in Palästina verkauften. Das Risiko war klein; wenn etwas schiefging, was anzunehmen war, mußten nicht die Dynasten, sondern die an Ort und Stelle in Palästina Befindlichen die Verantwortung und die Folgen tragen.

Was die Palästinenser und die Dynasten durch die Internationalisierung gewinnen konnten, war klar. Was die Engländer erwarteten, ist nicht so klar. Theoretisch sollten die Autorität und das Ansehen der arabischen Dynasten die Rebellen dazu veranlassen, die Waffen niederzulegen und auf die Weisheit und das Wohlwollen der Mandatarstaaten zu vertrauen. Doch es ist keineswegs klar, daß die Dynasten den Rebellen gegenüber, die alle fromme Moslems waren und einen Heiligen Krieg gegen die Christen und Juden in Palästina führten, überhaupt über Autorität und Prestige verfügten. Die Rebellen verfügten ihrer eigenen und der Meinung anderer Moslems zufolge über mehr Prestige als außenstehende arabische Fürsten, deren Fürstentümer vom guten Willen der Ungläubigen abhingen, gegen die der Heilige Krieg geführt wurde. Es war nicht wahrscheinlich, daß die Palästinenser etwas auf Befehl dieser Fürsten tun würden, wenn sie sich nicht bereits aus anderen, wesentlich handgreiflicheren Gründen dazu entschlossen hatten.

Vom britischen Standpunkt aus lagen die wirklichen Vorteile ganz woanders. Sobald die Internationalisierung akzeptiert wurde, bedeutete dies, daß statt des Kolonialministeriums das Außenministerium für die Palästinapolitik zuständig war. Außenminister Anthony Eden verließ sich zu dieser Zeit auf die Ansicht der Ostabteilung: den arabischen Forderungen allmählich nachkommen und von der Verpflichtung zur jüdischen Nationalen Heimstätte zurücktreten. Doch das Außenministerium hat damals offenbar »die Auswirkungen auf die arabische Welt« sehr übertrieben und dabei unterschätzt, welche Nachteile es einer Großmacht bringt, wenn sie sich wegen einer Gewaltandrohung aus einem vor langer Zeit gegebenen Versprechen herauswinden will. Der Regierung und vor allem den Militärs waren jedoch diese Nachteile sehr bewußt, und deshalb weigerten sie sich nachzugeben, solange Kämpfe im Gang waren.

In dieser Beziehung stellten die arabischen Fürsten für das Außenministerium, das sich gezwungen sah, seine Politik zu ändern, einen attraktiven Ausweg dar. Die Fürsten konnten einer Kehrtwendung, die sonst schmählich gewirkt hätte, einen Hauch von Anstand verleihen. Die Friedensappelle der Fürsten führten zwar nicht dazu, daß die Kämpfe aufhörten. Doch sobald sie eingestellt wurden, gewannen die Fürsten an Ansehen und konnten sich Gehör verschaffen, weil sie während einer Krise Loyalität und Staatskunst bewiesen hatten. Großbritannien konnte arabischen Forderungen, hinter denen die mörderischen Gewalttaten der umherstreifenden Fedajin-Banden standen, nicht nachgeben. Doch es konnte ehrenhaft, ohne Zwang, den Rat seiner erwiesenen Freunde in der arabischen Welt akzeptieren, auch wenn dieser in der Praxis genau mit den Forderungen der Fedajin übereinstimmte.

Das waren vermutlich mehr oder weniger die Überlegungen der Verantwortlichen, und die Scharade ging weiter. Von Anfang Juli an unterstützten sowohl das Außenministerium als auch das Arabische Hochkomitee die Vermittlungsbemühungen der arabischen Fürsten. Solange es den Palästinensern gefiel weiterzukämpfen, blieben diese Bemühungen erfolglos. Die offizielle Regierungspolitik in dieser Periode bestand darin, eine Königliche Kommission – die Peel-Kommission – einzusetzen, die sich »mit den Wurzeln der Palästinafrage« befassen sollte. Doch die Kommission wollte sich erst nach Palästina begeben, wenn die Unruhen aufgehört hatten.

Im Herbst 1937 wurde die Situation vom Standpunkt der Rebellen aus wesentlich ungünstiger. Die Engländer hatten mittlerweile große Streitkräfte nach Palästina gebracht. Die britische Regierung war nicht bereit, diese Streitkräfte während des Winters müßig zu lassen, und beschloß daher, das Kriegsrecht auszurufen. Dem Arabischen Hochkomitee war klar, daß die Rebellion dieser Maßnahme nicht standhalten konnte. Die Erntezeit der Zitrusfrüchte, die im März zu Ende gegangen war, begann im Oktober wieder, und Kämpfende wie Streikende würden zur Arbeit zurückkehren.

Sowohl das Arabische Hochkomitee als auch das Außenministerium wollten den Anschein vermeiden, daß die Rebellen besiegt worden waren. Deshalb wurden die arabischen Fürsten dazu veranlaßt, einen gemeinsamen Appell zu verfassen, den das Arabische Hochkomitee akzeptieren konnte, ohne das Gesicht zu verlieren.

Dieser Appell wurde am 10. Oktober veröffentlicht; am gleichen Tag erließ das Arabische Hochkomitee ein Manifest, in dem es das Volk aufforderte, den Streik und die Unruhen zu beenden. Diese rasche Reaktion ist ein Hinweis auf den wahren Charakter der Transaktion. Die Streiks und die Unruhen hörten auf, und zur Entrüstung der Militär- sowie zum Bedauern der Zivilbehörden durften sich die Banden zerstreuen, ohne ihre Waffen abzuliefern. Jetzt war der Weg für die Peel-Kommission frei, von der die Araber sich aufgrund der ermutigenden Versprechungen der Engländer soviel erhofften.

Im Jahr 1936 zerbrach die geistige Verbindung, die seit 1917 zwischen dem Zionismus und dem offiziellen Großbritannien bestanden hatte. Die Verbindung hatte vielen Belastungen standgehalten, doch das Eingreifen der arabischen Fürsten im Jahr 1936 war der letzte entscheidende Strohhalm. Zwei Beobachter mit etwas unterschiedlichen Standpunkten – ein nichtenglischer jüdischer Zionist und ein englischer nichtjüdischer Zionist – haben mit denkwürdigen Worten den Eindruck festgehalten, den dieser Bruch auf sie gemacht hat.

Wladimir Jabotinsky schrieb am 30. Juli 1936 an seinen Sohn: »Die Ära, die am 2. November 1917 begonnen hat, ist zu Ende. Ich sehe noch immer nicht deutlich, was darauf folgen wird.« Und in einem Brief an einen Freund, dem er etwas später im gleichen Jahr schreibt, stellt er eine Frage zu der abgewerteten Balfour-Erklärung: »Kann Sancho Pansa ein Versprechen halten, das Don Quichotte gegeben hat?«

Der nichtzionistische britische Historiker John Marlowe berichtet entsprechend der Stimmung in London kühler von dieser Trennung: »Der Zionismus, der allgemein als reale strategische Verpflichtung und nicht als potentieller strategischer Vorteil betrachtet wird, hatte den größten Teil seines Einflusses bei hohen Stellen in Großbritannien vor allem deshalb verloren, weil die meisten Staatsmänner, die ihn gefördert hatten, entweder tot oder in Pension waren. Die idealistische Einstellung dem Zionismus gegenüber war so veraltet und stand in solchem Gegensatz zu den tatsächlichen Gegebenheiten in Westeuropa, daß sie nicht nur lächerlich, sondern geradezu pervers wirkte... Unter den jungen Männern, die im Auswärtigen Dienst Karriere machten, kam allmählich der Arabismus in Mode.«

In seinen Memoiren deutet Weizmann eine Verbindung zwischen der Beschwichtigung von Hitler und Mussolini und der Beschwichtigung der Araber an, und einige zionistische Schriftsteller folgen seinem Gedankengang. Man sollte dieser Verbindung keine zu große Bedeutung beimessen. Marlowe ruft uns ins Gedächtnis, daß das Bedürfnis, sich mit den Arabern auszusöhnen, direkt mit den Vorbereitungen für einen eventuellen Krieg zusammenhing, falls die Beschwichtigungspolitik versagte. Wie Yehuda Bauer hervorhebt, fällt der Höhepunkt der »Beschwichtigung der Araber« – das Weißbuch vom Mai 1939 – in die historische Periode, in der man zögernd die Versuche einstellte, Hitler zu beschwichtigen, und in der Großbritannien den Weg zum Krieg eingeschlagen hatte. Angesichts der Bedingungen, unter denen man einen solchen Krieg austragen würde, war es erforderlich, die Freundschaft mit den unabhängigen Herrschern der arabischen Staaten zu pflegen. Es war jedoch nicht mehr notwendig, die Beziehungen zu den Führern der jüdischen Meinung zu pflegen. Die Juden konnten sonst nirgends hin. Wenn Großbritannien tatsächlich gegen Nazi-Deutschland Krieg führen mußte, dann würde die jüdische öffentliche Meinung in der ganzen Welt Großbritannien unterstützen *müssen*.

Es gab also schwerwiegende, vernünftige Gründe, sich in dieser Zeit die Araber statt der Juden warmzuhalten. Wesentlich wichtiger war außerdem die Beschwichtigung Deutschlands. So gesehen, waren die Juden äußerst lästig. Für einen britischen Staatsmann, der versuchte, die Beziehungen zu Adolf Hitler zu verbessern, waren sowohl der jüdische Einfluß als auch das Mitgefühl mit den Leiden der Juden Faktoren, die seine Friedensbemühungen gefährdeten und drohten, sein Land in einen unnötigen Krieg zu stürzen.

Eine solche Konstellation führt naheliegenderweise dazu, schlafenden Antisemitismus zu wecken; und es wird immer Menschen geben, in denen der Antisemitismus nur schlummert. Leute, die der Ansicht waren, daß das »jüdische Problem« vernünftigen Entwicklungen in Europa im Weg stand, griffen sicherlich eifrig den Hinweis auf, daß auch im Nahen Osten das Engagement für die Juden ein Klotz an Englands Bein war.

In der Periode vor dem Zweiten Weltkrieg verstärkte sich das tiefsitzende Unbehagen durch die Schwierigkeiten im Nahen Osten zu Wut auf die Ausländer, auf die Ideologien und auf die Juden. Die Ursache dafür war bei Nazi-Deutschland, dem faschistischen Italien und Sowjetrußland zu suchen. Und irgendwie hatten die Juden an beinahe jedem Aspekt dieses allgemeinen Syndroms oder Alptraums teil.

Die Öffnung zum Antisemitismus, die untrennbar mit dem Bestreben verbunden war, Hitler zu beschwichtigen, war nicht der Hauptgrund für den Umschwung in der britischen Nahostpolitik, hat ihn aber sicherlich gefördert.

Ein weiterer Faktor, der die Zionisten schwächte, war eine Imponderabilie. Unter den englischen Politikern, die sich für das Engagement vom November 1917 ausgesprochen hatten, befanden sich romantisch angehauchte Leute, die für die Poesie des Zionismus empfänglich waren. Die Männer Ende der dreißiger Jahre hingegen waren stolz darauf, praktisch denkende Menschen zu sein, die keine Zeit für überspannte Sentimentalität hatten. In Frankreich und England hieß das Schlüsselwort dieser Zeit »Realismus«.

Der Umschwung in der englischen Politik und Haltung machte einen Wechsel in der Führung der zionistischen Bewegung erforderlich. Weizmanns Führung war so lange unerläßlich gewesen, als die britische Unterstützung unbedingt benötigt wurde, auch wenn sie manchmal etwas unberechenbar war. Jetzt stand diese Unterstützung nicht mehr zur Verfügung. Daher mußte sich die Yishuv zunehmend darauf einstellen, selbst die Nationale Heimstätte gegen die Araber und möglicherweise auch gegen die Engländer zu verteidigen. Die neue Yishuv, die vierhunderttausend Menschen umfaßte, war gerade erst imstande, auf eigenen Füßen zu stehen, und wußte, daß es vielleicht bald notwendig sein würde. Im Augenblick gab es für Weizmanns diplomatische Talente keinen entsprechenden Einsatzbereich oder Ansatzpunkt. Der neue Führer, der das Selbstvertrauen der Yishuv verkörpern sollte, mußte zur Yishuv gehören, in Erez Israel leben und über die Unterstützung der Mehrheit in der Yishuv verfügen. Dieser Mann konnte nur David Ben Gurion sein.

Weizmann blieb nomineller Führer und in gewissem Sinn Außenminister der Bewegung. Daß Weizmann 1935 wieder Präsident geworden war, verdankte er vor allem Ben Gurion. Aber gleichzeitig machte dieser den jüdischen Führern in Amerika klar, daß Weizmann zwar Präsident war, daß er, Ben Gurion, ihn aber nicht als Führer akzeptierte: »Weizmann wird nicht regieren und führen, und er weiß es. Die Exekutive wird die Führung übernehmen ...«

Ben Gurion war Vorsitzender der Zionistischen Exekutive und der Jewish Agency: Aus praktischen Gründen war er von nun an bis zur Gründung des neuen Staates und dann noch eine gute Weile während dessen Anfangszeit Leiter und Führer des Zionismus. Er besaß sehr wenig von Herzls, Weizmanns und auch Jabotinskys Charme, Beredsamkeit und internationaler Kultiviertheit. Doch auf diese Eigenschaften legte die Yishuv zu jener Zeit auch keinen Wert. Ben Gurions Biograph beschreibt seine Erscheinung in den Jahren 1935 bis 1936: »... mürrisch, unangenehm, ihm fehlten Vornehmheit und Schliff. Er war ein kleiner, kräftiger Mann, sein Gesicht war braungebrannt, sein Ausdruck selbstsicher und energisch. Sein Sinn für Humor war unterentwickelt, seine Reden und Artikel waren langweilig und endlos lang. Doch er stand mit beiden Füßen fest in der Realität Palästinas.«

Unter Ben Gurion waren die Zionisten imstande, während längerer Zeiträume – 1937 und 1938 und dann wieder während des Krieges – mit den Engländern Schulter an Schulter zu arbeiten und zu kämpfen, wenn sie von gemeinsamen Feinden angegriffen wurden; allerdings hatten sie nicht mehr das Gefühl, daß sie für ein gemeinsames Ziel in Gestalt der Nationalen Heimstätte tätig waren. Die Balfour-Erklärung war nicht formell zurückgenommen worden, aber die Menschen in der Yishuv gelangten zu der Erkenntnis, daß sie sich ihre Nationale Heimstätte selbst holen mußten, wenn sie sie haben wollten.

Die Königliche Kommission unter dem Vorsitz von Lord Peel traf im November 1936 in Palästina ein. Sie hielt sechsundsechzig Sitzungen ab, von denen die meisten von den Aussagen der Juden beherrscht wurden, da die Araber das Verfahren bis zur sechsundfünfzigsten Sitzung (12. Januar 1937) boykottierten. Das Kernstück der Debatten war Weizmanns als zusammenhängende Erklärung abgegebene Aussage am 25. November 1936 anläßlich einer öffentlichen Sitzung in Jerusalem. Weizmann legte seine ganze Seele in seine Worte.

Man spürte, daß die Mitglieder der Kommission von Weizmann gebannt waren, auch wenn der Zeittrend in die andere Richtung ging. Er sprach über die Juden in Europa: »Alle Juden östlich vom Rhein befinden sich heute in einer Lage, die weder Leben noch Tod ist ... In diesem Teil der Welt gibt es sechs Millionen Menschen, für die die Welt in Gebiete, in denen sie nicht leben, und in Gebiete, in die sie nicht gelangen können, geteilt ist ... Was in Deutschland geschehen ist, war sogar für die westliche Gemeinschaft das Menetekel an der

Wand. Das beklommene Gefühl, das früher an der Weichsel aufhörte, hat jetzt den Rhein erreicht. Es dringt über den Kanal und über den Atlantik vor ... Mir ist nicht wohl zumute, wenn ich daran denke, daß wir immerzu analysiert..., seziert und geprüft werden. Haben wir das Recht zu leben?«

Diese Frage muß damals rhetorisch geklungen haben, denn es war die Zeit der »olympischen Pause«, die Anfang 1936 begann und bis 1938 dauerte. Während dieser Zeit nahmen viele ausländische Beobachter an, daß der deutsche Antisemitismus 1935 mit den Nürnberger Gesetzen seinen Höhepunkt erreicht hatte und jetzt im Abklingen war.

Weizmann fuhr fort: »Ich glaube, daß die Hauptursache für den besonderen Status des Judentums in der Welt sein Festhalten an Palästina ist. Wir sind halsstarrige Menschen. Wir vergessen nie... Die Standhaftigkeit, die die Juden jahrhundertelang im Lauf ihrer Geschichte gerettet hat, die beinahe nur aus einer Kette von menschlichem Leid besteht, verdanken wir in erster Linie unserer biologischen oder pathologischen Bindung an Palästina... Im Eastend von London beten die Juden im Sommer um Tau und im Winter um Regen.«

Gegen Ende seiner Rede kam Weizmann schmerzerfüllt auf die Araber zu sprechen: »Ich glaube, daß ich vor der Kommission, vor Gott und vor der Welt sagen kann, daß wir weder absichtlich noch bewußt etwas unternommen haben, um ihre Lage zu verschlechtern... Wir haben im Gegenteil indirekt der Bevölkerung dieses Landes Nutzen gebracht. Ich möchte vollkommen offen sein: Wir sind nicht aus diesem Grund gekommen. Wir sind gekommen, um eine Nationale Heimstätte für das jüdische Volk zu errichten, aber wir sind glücklich und stolz, weil wir dies mit einem Minimum an Leiden, einem Minimum an Knechtschaft und beachtlichen Vorteilen für das ganze Land geschafft haben.«

Ben Gurion sagte erst am 7. Januar, und in anderem Ton aus. Weizmann hatte versucht, die Kommission zu überzeugen und ihre Empfehlungen zu beeinflussen. Ben Gurions grundlegende Feststellungen brachten zum Ausdruck, daß die Kommission, ihre Empfehlungen und das gesamte britische Mandat im Vergleich zu der Eigentumsurkunde der Juden vergänglich und unwichtig waren: »Ich sage im Namen der Juden, daß die Bibel unser Mandat ist, die Bibel, die in unserer Sprache, auf Hebräisch, in diesem Land geschrieben wurde. Die Balfour-Erklärung hat nur die *Anerkennung* dieses Rechts ausgedrückt.«

Eine Woche später sagte Hadschi Amin aus. Auch für ihn war der jüdische Anspruch auf eine Nationale Heimstätte in Palästina eine grundsätzliche religiöse Forderung, und Hadschi Amin fand, daß sie zu einem grundsätzlichen Konflikt mit dem Islam führte: »Das höchste Ziel der Juden ist die Wiedererrichtung von König Salomons Tempel auf den Ruinen des Haram asch-Scharif, der al-Aksa-Moschee und des heiligen Felsendoms.«

Einer der letzten Zeugen machte die religiösen Dimensionen des Konflikts deutlich sichtbar. Es handelte sich um einen arabischen Christen, Monsignore Hadschar, melchitischer Erzbischof von Galiläa, dem wir folgende Aussage verdanken: »Wenn die Juden die Mehrheit im Lande stellen, werden sie herrschen, und wenn sie diesen Status erreichen, werden sie im Widerspruch zum Koran stehen, in dem geschrieben steht: ›Sie sind bis zum Tag der Auferstehung mit Elend geschlagen worden.‹ «

Der Bericht der Kommission, aus dem die obigen Zitate stammen, wurde im Juli 1937 veröffentlicht. Seine wichtigste Erkenntnis lautete: »Die Wurzeln der Krankheit liegen so tief, daß unserer entschiedenen Überzeugung nach die einzige Hoffnung auf Heilung in einem chirurgischen Eingriff besteht... Innerhalb der engen Grenzen eines kleinen Landes ist es zwischen zwei nationalen Gemeinschaften zu einem ununterdrückbaren Konflikt gekommen... Etwa eine Million Araber befinden sich im offenen oder latenten Zwist mit etwa vierhunderttausend Juden... Doch während gerechterweise keine der beiden Rassen über ganz Palästina herrschen kann, sehen wir keinen Grund, warum nicht jede Rasse, wenn es durchführbar ist, über einen Teil des Landes herrschen sollte... Eine Teilung bietet zumindest eine Chance für einen endgültigen Frieden. In keinem anderen Plan können wir eine solche Chance entdecken.«

Die Empfehlungen der Kommission gingen dahin, daß das Mandat für Palästina beendet und durch ein Vertragssystem ersetzt werden sollte; für die Heiligen Stätten sollte ein neues Mandat eingerichtet werden: Zwischen der Regierung von Transjordanien und den palästinensischen Arabern einerseits und der zionistischen Organisation andererseits sollte ein Bündnisvertrag ausgehandelt werden, durch den zwei unabhängige, souveräne Staaten geschaffen wurden, und zwar ein erweitertes Transjordanien und ein jüdischer Staat. »Dadurch bekommt keine Partei, was sie will«, schloß die Kommission, »aber jede bekommt das, was sie vor allem anstrebt, nämlich Freiheit und Sicherheit.«

Territorial wies die Kommission dem jüdischen Staat einen Küstenstreifen zu, der südlich von Jaffa begann und nördlich von Haifa endete, dazu Galiläa vom Meer bis zur syrischen Grenze. Jerusalem sollte mit einem Korridor zum Meer zum neuen Mandat gehören; der Rest Palästinas war der neue arabische Staat.

In einem gleichzeitig mit dem Bericht der Kommission herausgegebenen Weißbuch erklärte die britische Regierung, daß sie die Erkenntnisse der Kommission guthieß, und stellte ausdrücklich fest, »daß das Teilungsschema in der vorgesehenen Art... die beste und vielversprechendste Lösung zur Überwindung des toten Punktes darstellt«.

Doch angesichts des entschlossenen Widerstandes aller Sprecher der palästinensischen Araber gegen die Idee der Teilung begann die britische Regierung, sich von dem vorgeschlagenen »chirurgischen Eingriff« zurückzuziehen. Man ließ die Idee langsam sterben – durch die Schaffung einer zweiten Königlichen Kommission, die angeblich die genaue Teilungslinie festlegen, in Wirklichkeit jedoch beweisen sollte, daß die Teilung undurchführbar war.

Es gab tatsächlich einige arabische Führer, die die Teilung gern akzeptiert hätten. Emir Abdullah hatte guten Grund, einer Lösung zuzustimmen, die sein Herrschaftsgebiet vergrößert und seinen Status erhöht hätte. Die Clans und Splittergruppen in Palästina, die Kontakt zu Abdullah hielten und Hadschi Amin fürchteten und haßten, hatten Grund, die Ausweitung von Abdullahs Macht und die voraussichtliche Eliminierung von Hadschi Amin aus dem neuen palästinensischen Staat zu befürworten. Doch *jeder* arabische Führer, der einen Kompromiß mit den zionistischen Bestrebungen akzeptierte, geriet sofort in Gefahr, von seinen Rivalen umgangen, als Verräter angeprangert und irgendwann ermordet zu werden. So erging es Abdullah auch tatsächlich, obwohl er nicht einmal zu einem echten Kompromiß gelangt war.

Hadschi Amin hatte einen außerordentlich triftigen Grund, bis zum bitteren Ende gegen den Plan zu kämpfen. Die Vorschläge der Kommission hätten das Ende seiner politischen Macht in Palästina und den Triumph seiner Feinde bedeutet. Unter diesen Umständen hätten die Engländer vielleicht die Teilung erzwingen können. Die Reaktion von Ibn Saud weist darauf hin, daß es nicht schwierig gewesen wäre, die De-facto-Zustimmung der Dynasten zu erlangen. Kein solcher Versuch wurde unternommen. Für das Außenministerium war allein wichtig, daß beinahe alle Araber, die eine Stellungnahme abgaben, erbittert gegen die Teilung protestierten und daß die zionistische Führung sie akzeptierte. Dadurch wurde die Teilung zu einem Schritt, der in eine den Vorstellungen des Außenministeriums und der Regierung diametral entgegengesetzte Richtung führte. Die Teilung war für Großbritannien gestorben.

Die Schwierigkeit bestand darin, daß es jetzt keine echte alternative Politik gab. Die Lösung, die dem Außenministerium gefallen hätte, nämlich ein unabhängiges (oder quasi unabhängiges) Palästina, mit »Garantien« für die bereits dort ansässigen Juden, war keine echte Möglichkeit. Weder waren die Juden bereit, solche Garantien zu akzeptieren, noch die Araber, sie zu geben. Hadschi Amin hatte der Peel-Kommission in einer kryptischen Antwort mitgeteilt, daß es in seinem Palästina keinen Platz für Juden geben würde, die auf der Suche nach einer Nationalen Heimstätte hierher gekommen waren. Die Nationale Heimstätte einfach aufzugeben – worum es eigentlich ging –, wäre zur Zeit der O.E.T.A. (Occupied Enemy Territory Army) durchaus machbar gewesen. Auch ein Jahrzehnt später wäre es noch immer machbar gewesen, allerdings unter größeren Schwierigkeiten, zum Beispiel zu der Zeit, als das Passfield-Triumvirat es versuchte.

Doch 1936 hatte sich die Situation drastisch verändert. Wie es die Peel-Kommission ausdrückte: »Vor zwölf Jahren war die Nationale Heimstätte ein Experiment, heute ist sie ein gut funktionierendes Unternehmen.« Ende der dreißiger Jahre, als sich die Yishuv auf vierhunderttausend Menschen belief und Hitler in Europa frei schaltete und waltete, konnte Großbritannien unmöglich die Nationale Heimstätte fallenlassen. Es war jetzt klar, daß die Juden lieber kämpfen würden, als sich in einen Staat mit arabischer Mehrheit eingliedern zu lassen. Keine britische Regierung konnte die Juden in ein solches Gebilde zwingen.

In Palästina gab es nur noch die eine Alternative: entweder die Teilung oder die Vernichtung der Yishuv durch die Araber. Für Großbritannien bestanden drei echte Möglichkeiten: entweder die Teilung erzwingen oder sich zurückziehen, damit die Araber und Juden es unter sich austrugen, oder bleiben und improvisieren.

Vorläufig entschied man sich dafür, zu bleiben und zu improvisieren. Die Improvisation bestand darin, daß man arabische Revolten niederschlug und gleichzeitig den Arabern einen unabhängigen Staat in der Zukunft versprach. Auf kurze Sicht funktionierte diese Politik recht gut. Während des größten Teils des Zweiten Weltkrieges herrschte in Palästina Ruhe. Die Ruhe ist wahrscheinlich eher auf die sofortige strenge Unterdrückung als auf die Versprechungen des Weißbuchs aus dem Jahr 1939 zurückzuführen. Die Araber hatten schon früher Versprechungen gehört.

Weizmann und Ben Gurion waren für die Teilung, weil sie zu einem, wenn auch stark beschnittenen, jüdischen Staat führte. Unter ihrer Leitung billigte der Zwanzigste Zionistische Kongreß, der im August 1937 in Zürich abgehalten wurde, eine Vorgangsweise, die darauf hinauslief, daß man die Teilung im Prinzip akzeptierte, ohne dies direkt auszusprechen.

Bei all dem stellte sich folgende Frage, die auch heute noch von Interesse ist: Waren die zionistischen Führer bereit, für immer einen verkleinerten jüdischen Staat zu akzeptieren, oder akzeptierten sie ihn nur als Sprungbrett zum biblischen Erez Israel? Die Erklärungen der drei führenden Zionisten dieser Zeit – Weizmann, Ben Gurion und Jabotinsky – gehen auf diese Frage ein.

Jabotinsky und seine Revisionisten waren entschieden gegen die

Teilung, und Jabotinsky äußerte sich vor der Peel-Kommission in diesem Sinn, als er am 11. Februar 1937 als einer der letzten Zeugen in London vor ihr erschien. »Eine Ecke von Palästina, ein ›Kanton‹ – wie können wir versprechen, uns damit zufriedenzugeben? Wir können es nicht. Wir werden es nie können. Wenn wir es Ihnen schwören sollten, wären wir davon überzeugt, daß es eine Lüge ist.« Die Kommission, die bereits zur Teilung neigte und von Weizmann stärker als von jedem anderen zionistischen Führer beeindruckt war, hatte sichtlich nichts für Jabotinsky, seine Aussage oder seine anmaßende Haltung anderen zionistischen Führern gegenüber übrig.

Weizmann, der allgemein als der gemäßigteste zionistische Führer galt, schrieb nach der Veröffentlichung des Berichts einem Freund, daß die vorgeschlagenen Grenzen »knapp« waren, aber: »Davids Königreich war kleiner; unter Salomo wurde es zu einem großen Reich. Wer weiß? C'est le premier pas, qui compte.« Weizmann lag hier genau auf Herzls Linie, der gehofft hatte, in dem Gebiet – vielleicht im Vilayet von Beirut – eine Ausgangsbasis errichten zu können.

Der Mann, der in diesem Kontext die größte Rolle spielte, der Führer der Yishuv, David Ben Gurion, äußerte sich zur Zeit der Peel-Kommission in einem Brief an seinen Sohn vollkommen offen: »Ein ... jüdischer Staat in einem Teil Palästinas ist nicht das Ende, sondern der Anfang. Die Errichtung eines solchen jüdischen Staates wird als Mittel in unseren historischen Bemühungen, das gesamte Land wiederherzustellen, dienen. Wir werden alle Juden, die das Land aufnehmen kann, hereinholen; wir werden eine gesunde jüdische Wirtschaft aufbauen. Wir werden moderne Verteidigungskräfte aufstellen, eine Elitearmee. Ich zweifle nicht daran, daß unsere Armee eine der besten der Welt sein wird. Und dann bin ich sicher, daß man uns nicht daran hindern wird, alle anderen Teile des Landes zu besiedeln; wir werden es entweder durch Verständigung und Vereinbarungen mit unseren arabischen Nachbarn erreichen oder durch andere Mittel.«

Die arabische Revolte, die während der Beratungen der Peel-Kommission eingestellt worden war, brach im Herbst 1937 wieder aus, nachdem die Nationalisten Anfang September im syrischen Bludan und in Damaskus zusammengekommen waren. Doch diesmal reagierte die britische Regierung anders und schärfer. Ihre Politik bestand darin, ihren Militärs die erforderliche politische Unterstützung zu gewähren, damit diese den Aufruhr unterdrücken konnten, und dann dem Außenministerium wieder die Führung zu überlassen. Es war ein Paradebeispiel für die alte Taktik des Empire von »Zwang, gefolgt von Versöhnung«.

Am 26. September 1937 wurde Lewis Andrews, amtierender Distriktkommissar von Galiläa, ermordet. Andrews war der Verbindungsbeamte der Regierung zur Peel-Kommission gewesen. Es war »der erste gelungene Anschlag auf das Leben eines hochrangigen britischen Beamten und wurde als offener Aufruf zur Empörung gegen die britische Herrschaft betrachtet«, meint Porath.

Die Regierung nahm keine Notiz davon, daß das arabische Hochkomitee das Verbrechen verurteilte, erließ Haftbefehle gegen die Mitglieder des Komitees und setzte Hadschi Amin ab, der somit seine Schlüsselstellung als Leiter des Obersten Moslemischen Rats verlor. Hadschi Amin, der befürchtete, daß die Engländer in ihrer Verärgerung sein Heiligtum am Haram asch-Scharif entweihen würden, kletterte als Beduine verkleidet heimlich die Mauer des Haram hinunter und floh in den Libanon, wo ihm die Franzosen Asyl gewährten. Er kehrte nie mehr nach Palästina zurück.

Am nächsten Tag, dem 13. Oktober, setzte die Regierung ein weiteres Signal dafür, daß die Versöhnung verschoben worden war, indem sie den liebenswürdigen Sir Arthur Wauchope als Hochkommissar abberief. An seine Stelle trat im Februar 1938 Sir Harold MacMichael, ein Kolonialbeamter, der gut Arabisch und kein einziges Wort Hebräisch sprach, weshalb ihm die Juden mißtrauten; zu Unrecht, wie sich herausstellen sollte.

Am 14. Oktober 1937 brachen im ganzen Land Unruhen aus. Es war der Anfang einer groß angelegten Revolte, die mit wechselnder Intensität bis Ende 1938 anhielt. Diesmal griff die britische Regierung zu strengen militärischen Unterdrückungsmaßnahmen: Militärregierung, Kriegsgerichte, die Todesstrafe für Übeltäter, kollektive Vergeltungsmaßnahmen gegen Dörfer.

Während die Zwangsmaßnahmen gegen die Araber noch im Gang waren, wurden die ersten Schritte zu einer späteren Versöhnung und zum Verzicht auf die Teilung unternommen. Das Außenministerium kämpfte erbittert und geschickt darum, den Plan einer Teilung und den jüdischen Staat zunichte zu machen. Das Kolonialministerium leistete Widerstand, der jedoch immer schwächer wurde. Der entscheidende Augenblick kam im Dezember 1937, als Premierminister Neville Chamberlain seine große Autorität innerhalb seines Kabinetts zugunsten der Politik des Außenministeriums in die Waagschale warf. Damit erhielt die neue Königliche Kommission die Möglichkeit, sich gegen die Teilung auszusprechen. Obwohl die Entscheidungen dieser Zeit ausschließlich Verfahrensfragen betrafen, führten sie, wie es oft der Fall ist, zu realen Auswirkungen. Von dem Augenblick an, in dem sich der Premierminister auf die Seite des Außenministeriums stellte, war die Teilung tot, auch wenn sie offiziell noch immer die Politik war, die die Regierung Seiner Majestät verfolgte.

Die arabische Revolte war so gefährlich und dauerte so lange, daß die Militärbehörden zu ihrer Niederschlagung alle Hilfe benötigten, die sie bekommen konnten. Deshalb verschafften sie sich die Unterstützung der Yishuv, die diese natürlich zur Verfügung stellte. Die Mandatsmacht benützte nicht nur die jüdischen Elemente in der legalen Gendarmerie gegen die Rebellen (für allgemeine Aufgaben), sondern auch die illegale Hagana (für offensive Operationen). Freiwillige der Hagana bildeten unter dem Kommando des unorthodoxen zionistenfreundlichen Orde Charles Wingate Sonderkommandos für Nachteinsätze. In dieser Phase der englisch-jüdischen Kooperation lag eine doppelte Ironie des Schicksals: die eine zum Nachteil der Juden, die andere zum Nachteil der Engländer.

Einerseits halfen die Juden den Engländern bei den Zwangsmaßnahmen gegen die Araber und beschleunigten damit die Versöhnung der Briten mit den Feinden der Juden, ein Prozeß, der seinen Höhepunkt mit dem Weißbuch vom Mai 1939 erreichte. Andererseits bildete die militärische Ausbildung, die die Juden in dieser Periode von den Engländern erhielten, nicht einmal zehn Jahre später die Grundlage für die jüdische Revolte gegen die Engländer.

Das Material für diese Revolte sammelte sich bereits in dieser Phase der engen Zusammenarbeit an. Ein Teil der jüdischen Jugend, die nach der Machtergreifung Hitlers erwachsen geworden war, geriet jetzt in Verzweiflung. Diese Stimmung steigerte sich offenbar nach der Annexion Österreichs durch die Nazis im März 1938 zu wilder Aufregung, als es in Wien zu einer Orgie von öffentlichen Judenverfolgungen kam, die man in einer großen, modernen, zivilisierten Weltstadt für unmöglich gehalten hatte.

Obwohl die übrige Welt über die Greueltaten der Nazis empört war, unternahm sie kaum etwas, um den Opfern zu helfen. Eine Konferenz von einunddreißig Ländern, die Anfang Juli in Evian zusammentrat, bestätigte nur Weizmanns Diagnose zur Lage der europäischen Juden, die er Anfang der dreißiger Jahre vor der Peel-Kommission geäußert hatte: »... die Welt besteht aus Orten, an denen sie nicht leben, und aus Orten, an die sie nicht gelangen können.« Auf Drängen der britischen Regierung wurde Palästina in Evian nicht auf die Tagesordnung gesetzt. Unter diesen Umständen konnte es kaum überraschen, daß ein Teil der jüdischen Jugend in Palästina fanatisiert wurde. Diese Jugendlichen schlossen sich den bewaffneten revisionistischen Einheiten an, die inzwischen den Namen Nationale Militärische Organisation angenommen hatten: Irgun Zwai Leumi. Sie verachteten die Politik der Zurückhaltung (Havlaga) der Hagana und glaubten an wahllose Vergeltung gegen die Mitglieder der feindlichen Gemeinschaft.

Ende Juni 1938 henkten die Engländer einen revisionistischen Jugendlichen, weil er auf einen arabischen Autobus geschossen hatte.

Die Irgun schlug zurück, nicht – noch nicht – gegen die Engländer, sondern kollektiv gegen die Araber. Im Juli 1938 brachte die Irgun auf dem Obstmarkt von Haifa Landminen zur Explosion, durch die vierundsiebzig Personen getötet und hundertneunundzwanzig verletzt wurden. Es war die grausamste terroristische Aktion, zu der es bis dahin in Palästina gekommen war.

Alle offiziellen zionistischen und Hagana-Führer verurteilten die Irgun heftig, die von den meisten Angehörigen der Yishuv abgelehnt wurde. Die Mehrheit der Yishuv hielt an der Havlaga fest, und zwar in einem Ausmaß, das sogar ein nichtjüdischer Beobachter für etwas übertrieben hielt: »Die Politik der Zurückhaltung stellte Forderungen, die über die menschliche Natur hinausgingen, und es war unvermeidlich, daß die Havlaga sich änderte.«

Die Irgun erhielt jedoch weiterhin soviel Unterstützung, daß sie bei der Entstehung des Staates Israel und – aus Tradition – in seiner anschließenden Geschichte eine wichtige Rolle spielte.

In der ersten Phase der arabischen Revolte hatte das britische Außenministerium davor gewarnt, daß sich in der arabischen und moslemischen Welt eine Welle von antibritischen Gefühlen ausbreiten würde, wenn es den Arabern gelang nachzuweisen, daß die Regierung Seiner Majestät nicht bereit war, den Arabern gegenüber ehrlich zu handeln. Diese Voraussage wurde zwischen dem Sommer 1937 und dem Spätherbst 1938 getestet und nicht annähernd bestätigt.

Während dieser Zeit war die Teilung nach wie vor das offizielle Ziel der britischen Regierung. Diese Politik wurde noch am 17. September 1938 vor dem Völkerbund bestätigt und erst im November 1968 ausdrücklich aufgegeben. Durch die Unterdrückung der arabischen Revolte erweckte die Regierung den Eindruck, daß sie an der Schaffung eines jüdischen Staates festhielt.

Der arabische Aufstand richtete sich gegen dieses Vorhaben. Es handelte sich um eine entschlossene, mutige, allgemeine Revolte, und die Regierung unterdrückte sie mit einer Strenge, die während der gesamten Mandatszeit noch nie dagewesen war. Bei dieser Unterdrükkung wandte sich die Regierung an die jüdischen Siedler um Hilfe gegen die arabischen Nationalisten und erhielt sie, während gleichzeitig andere jüdische Patrioten Greueltaten an arabischen Zivilisten begingen. Die Anführer der arabischen Palästinenser wurden eingesperrt oder deportiert. Der hervorragendste und am meisten verehrte Führer, der Großmufti der drittheiligsten moslemischen Stadt, wurde von den Engländern ins Exil geschickt.

Außerhalb Palästinas kam es merkwürdigerweise zu keiner Revolte. Die Reaktionen der arabischen Dynasten waren überaus vorsichtig. Die palästinensischen Führer hatten von Anfang an die arabischen

Könige und Regierungen um Hilfe gebeten. Zumindest die offizielle arabische Reaktion darauf fiel jedoch äußerst dürftig aus. Von den arabischen Staaten innerhalb des britischen Einflußbereichs protestierten nur der Irak und später Ägypten offiziell (beim Völkerbund, dem Ägypten 1937 beitrat); Emir Abdullah von Transjordanien, König Ibn Saud von Saudi-Arabien und der Iman Jahia des Jemen schickten unverbindliche Antworten.

Freiwillige aus den arabischen Ländern schlossen sich in großer Zahl den Palästinensern an, doch es kam während der gesamten Revolte zu keiner konzertierten Aktion der arabischen Regierungen gegen Großbritannien. Außerhalb von Palästina litten nicht die Engländer am meisten unter der Revolte und ihrer Bekämpfung, sondern die Viertelmillion Juden im restlichen Nahen Osten. Im Sommer 1938 gewann, vor allem im Irak, in Syrien und im Libanon, eine antijüdische Kampagne an Boden. Der Grundstein für den späteren Exodus der betroffenen Juden nach Israel wurde gelegt. Die antibritischen Gefühle waren also keineswegs so ausgeufert, wie man ursprünglich befürchtet hatte.

Einer der Gründe, warum die Engländer mit der Revolte so erfolgreich fertiggeworden waren, ist in der Tatsache zu suchen, daß die Achsenmächte bemerkenswert geringe Anstrengungen unternommen hatten, um Großbritanniens Schwierigkeiten in Palästina und im gesamten Gebiet auszunützen. Sie beschränkten sich auf ein wenig Propaganda, die mehr antijüdisch als antibritisch war, das war aber beinahe schon alles.

Einer der Gründe für die von Berlin geübte Zurückhaltung lag in der Einstellung des deutschen Außenministeriums. Der Leiter der Fernostabteilung, Otto von Hentig, war zu Beginn der zweiten Phase der palästinensischen Revolte der Ansicht, daß es nicht in Frage kam, die Araber mit Waffen oder Geld zu unterstützen, da die arabischen Staaten dem Problem bestenfalls halbherzig gegenüberstanden. Doch der Hauptgrund für die deutsche Zurückhaltung war vermutlich Hitlers hohe Meinung vom britischen Empire sowie seine Überzeugung, daß man irgendwann zu einem Abkommen gelangen würde, das darauf basierte, daß Deutschland das Empire und Großbritannien die deutsche Expansion in Europa respektieren würden.

Falls es zu einem Krieg zwischen Großbritannien und Deutschland kam, würde Hitler keinen Grund mehr zur Zurückhaltung haben. Von Deutschland und Italien unterstützte und/oder ausgenützte arabische Revolten konnten gefährlicher werden als alle bisherigen Konflikte. Außerdem bereitete es den Engländern Sorge, daß sich Ägypten für die palästinensische Sache interessierte. Der Höhepunkt dieses zunehmenden Interesses war ein interparlamentärer arabischer Kongreß, der im Oktober 1938 in Kairo abgehalten wurde und Resolutionen faßte, in denen der Zionismus und die Teilung abgelehnt und die Einsetzung einer parlamentarischen Regierung in Palästina gefordert wurden.

Nachdem die britische Regierung bekanntgegeben hatte, daß sie nicht mehr für eine Teilung Palästinas und einen jüdischen Staat eintrat, forderte sie im darauffolgenden Monat die Regierungen des Irak und Ägyptens auf, den Weg für eine Palästinakonferenz in London unter Teilnahme der arabischen Staaten zu ebnen. Die Tatsache, daß diese Entscheidung auf dem Höhepunkt der tschechoslowakischen Krise getroffen wurde, verstärkte die jüdische Überzeugung, daß all dies Teil eines allgemeinen Beschwichtigungsprogramms war.

Die Londoner Konferenz über die Zukunft Palästinas wurde von Januar bis März 1939 im St. James's Palast abgehalten. An ihr nahmen die Vertreter von fünf arabischen Staaten – Ägypten, Saudi-Arabien, der Irak, der Jemen und Transjordanien – sowie eine palästinensische Delegation, die zionistische Exekutive und natürlich der britische Gastgeber teil. Eigentlich handelte es sich mehr um eine Demonstration als um eine Konferenz. Schon ihre Zusammensetzung war ein Hinweis auf die strategische und numerische Überlegenheit der Araber über die Juden. Ihre Handlungs- und Verfahrensweise bewiesen, daß es unmöglich war, eine für Araber und Juden gleichermaßen annehmbare Lösung zu finden. Die drei Gruppen setzten sich nicht gemeinsam an einen Tisch, sondern verhandelten getrennt: Engländer mit Arabern und Engländer mit Juden. Die palästinensischen Araber wollten überhaupt nicht mit den Juden zusammentreffen, ja sich nicht einmal in einem Raum mit ihnen aufhalten.

Es gab einige gemeinsame Sitzungen der Zionisten und der Führer der arabischen Staaten (ohne die Palästinenser). Bei einer dieser Sitzungen appellierte Aly Maher von Ägypten mit höflichen Worten an die Zionisten, die Einwanderung nach Palästina einzustellen oder wenigstens zu beschränken. Weizmann zeigte sich interessiert, doch Ben Gurion und mit ihm die übrige Delegation lehnte dieses Ansinnen unerbittlich ab.

Diese »Konferenz« konnte zu keinem Übereinkommen führen und tat es auch nicht. Sie wurde am 17. März 1939, zwei Tage nach der Besetzung Prags durch Hitler, abgebrochen.

Der einzige Zweck der Verhandlungen im St. James's Palast bestand darin, den Weg für eine »aufgezwungene Lösung« oder eigentlich eine einseitige Erklärung der britischen Regierung zu bereiten, die für die Araber wesentlich günstiger ausfiel als jede andere offizielle Erklärung seit dem Beginn des Mandats. Dies war das berühmte Weißbuch vom Mai 1939.

Die wichtigsten Punkte des Weißbuchs: keine Teilung; kein unabhängiger jüdischer Staat; ein unabhängiger palästinensischer Staat (formal nicht einfach ein arabischer Staat) innerhalb von zehn Jahren; nach fünf Jahren würde keine jüdische Einwanderung mehr zugelassen werden, »es sei denn, die palästinensischen Araber erklärten sich damit einverstanden«. Das waren die araberfreundlichen Punkte, die den überwiegenden Teil des Dokuments ausmachten. Doch es gab noch zwei weitere Punkte, die den Arabern äußerst unwillkommen waren und die das Paket für die Juden annehmbarer gestalten sollten. Diese besagten, daß innerhalb des »Fünf-Jahre-Zeitraums« weitere fünfundsiebzigtausend Juden nach Palästina einwandern durften und daß die Unabhängigkeit eines palästinensischen Staates von entsprechenden Schutzmaßnahmen für die jüdische Gemeinschaft abhing.

Der Punkt über die »Schutzmaßnahmen für die Juden« wog den Punkt über die arabische »Einwilligung« auf. Paul Hanna formulierte es treffend so: »Damit wurde eine Art doppeltes Veto eingeführt. Die Araber konnten das Wachstum der Nationalen Heimstätte blockieren. Die Juden konnten die Erreichung der nationalen Unabhängigkeit verhindern.«

Diese Formel (das doppelte Veto) war ein Mittel, um den Weiterbestand der britischen Herrschaft in Palästina zu sichern. Nach Abschluß des englisch-ägyptischen Pakts (1936), durch den Großbritannien nur noch weitere zwanzig Jahre lang Truppen in Ägypten stationieren durfte, wurde Ende der dreißiger Jahre die unbeschränkte britische Anwesenheit in Palästina für die britischen Militärstrategen zur Notwendigkeit.

Vom Standpunkt des Mandats aus war die Legalität des Weißbuchs fragwürdig, und es wurde von den Juden erbittert angefochten. Die ständige Mandatskommission stellte in ihrem Bericht an den Völkerbund einstimmig fest, »daß die im Weißbuch umrissene Politik nicht im Einklang mit den Auslegungsbestimmungen stand, die die Kommission, die Mandatsmacht und der Rat in bezug auf das Palästinamandat gemeinsam erlassen hatten«. Laut Artikel 27 des Mandats war die Zustimmung des Rates für jede Änderung seiner Bestimmungen erforderlich. Doch der Ausbruch des Krieges beendete das aktive Leben des Völkerbunds, und der Rat trat nie mehr in dieser Angelegenheit zusammen. Nach dem Krieg sah Artikel 79 der Charta der Vereinten Nationen vor, daß der Status der aufrechten Mandate »von den Mandatsmächten gemeinsam mit den direkt betroffenen Staaten« festgelegt werden sollte.

Die entschiedene Art, in der die Mandatsmacht selbst das Mandat drastisch revidiert hatte, zeitigte praktische Auswirkungen auf die Zukunft. Sie machte den meisten Zionisten, aber ganz besonders der Yishuv klar, daß Großbritannien das Mandat und sogar den Völkerbund als überholte legale Fiktion behandelte und auch die Balfour-

Erklärung als überholte Verpflichtung betrachtete. Großbritannien trat jetzt beinahe offen in einer Rolle auf, die die britische Politik bisher mit großer Mühe verschleiert hatte: die Rolle einer Macht, die als Eroberer in Palästina herrschte und deren Befugnis, die Zukunft Palästinas zu bestimmen, letztlich auf Gewalt beruhte.

Bis jetzt hatten die Engländer immer an eine arabische Rebellion gedacht, wenn von Revolten in Palästina die Rede war. Doch jetzt nahm allmählich eine jüdische Revolte Gestalt an, die durch die Überzeugung ausgelöst wurde, daß das Weißbuch das Ende der Nationalen Heimstätte bedeutete.

Die Verhandlungen, die im Weißbuch von 1939 gipfelten, wurden von dem Historiker Barry M. Rubin als der »Höhepunkt der arabischen Diplomatie in Palästina« bezeichnet. Doch die Reaktion der Araber auf ihren Erfolg war, zumindest in der Öffentlichkeit, absolut negativ. Das arabische Hochkomitee trat in Beirut zusammen und lehnte das Weißbuch als »vollkommen unzulänglich« ab. Dann verwarfen alle arabischen Staaten, beginnend mit Ägypten, nacheinander das Dokument, zu dessen Entstehung sie soviel beigetragen hatten und mit dem sie im geheimen zufrieden waren. Eine neues Verhaltensmuster kam zum Vorschein.

Die arabischen Staaten waren nicht fähig, auf die Palästinenser mäßigend einzuwirken. Im Gegenteil, der Einfluß der Palästinenser auf die arabischen Staaten war so stark, daß diese sich in ihren öffentlichen Erklärungen der palästinensischen Unversöhnlichkeit anschlossen, die die Iraker und Ägypter zumindest insgeheim bedauerten. Die Saudis wieder waren zu vorsichtig, um auch nur andeutungsweise Mäßigung zu zeigen. Auch ihre Diplomatie war bemerkenswert konsequent. Und es gab noch einen weiteren langlebigen Faktor: den politischen Mord. Gegen Ende der arabischen Revolte konzentrierten sich die Anhänger des Mufti darauf, Araber zu ermorden, die ihrer Ansicht nach Verräter waren. Ein Verräter war jeder, der für die Annahme des Weißbuchs war.

Die Politik, die die arabischen Staaten während des Krieges verfolgten, beruhte auf dem Prinzip: »Abwarten und Tee trinken«; im Fall von Ibn Saud bezeichnete Sykes diese Haltung als »wohlwollende Neutralität«. Man darf allerdings nicht vergessen, daß die betreffenden Herrscher die Haltung ihrer Untertanen berücksichtigen mußten, die antizionistisch, antibritisch, antifranzösisch und für die Achsenmächte waren.

Ganz gleich, welche Folgen das Weißbuch außerhalb von Palästina zeitigte – seine Folgen innerhalb von Palästina waren eindeutig. Die gemischte Bevölkerung dieses Landes, die bis jetzt in allen Belangen verschiedene Meinungen vertreten hatte, war sich nun darin einig, daß sie ein Ende der britischen Herrschaft wollte, denn sowohl Araber als auch Juden hofften, daß sie dann an die Stelle der Engländer treten würden. Bis zum Ende des Mandats in Palästina herrschte die Mandatsmacht von nun an, ohne daß sie den Konsens auch nur einer Volksgruppe besaß.

In den Monaten zwischen der Veröffentlichung des Weißbuchs und dem Ausbruch des Krieges bestand die wichtigste Reaktion der Führerschaft der Yishuv unter Ben Gurion in einer verstärkten illegalen Einwanderung. Während sich der Einflußbereich der Nazis ausweitete und ihre Grausamkeit immer deutlicher wurde, brachte die Yishuv so viele Juden wie möglich aus Europa nach Palästina. Die Engländer begegneten der illegalen Einwanderung zum Teil mit Polizeiaktionen und zum Teil damit, daß sie die geschätzte Zahl der »Illegalen« von den bereits herabgesetzten Quoten für die legale Einwanderung abzogen. Außerdem wollten sie die Balkanstaaten dazu veranlassen, den jüdischen Flüchtlingen ihre Grenzen zu verschließen. Die Engländer beendeten auch die Phase der militärischen Kooperation mit der Hagana. Die Führerschaft der Hagana machte sich bereit, in den Untergrund zu gehen.

Trotz ihrer offiziell anerkannten Rolle innerhalb des Mandatssystems lehnte die Jewish Agency die Politik der Mandatsmacht in bezug auf die Einwanderung ab. Sie erklärte, daß das jüdische Volk die Einstellung der Immigration für moralisch nicht gerechtfertigt hielt und daß sie nur auf Gewalt beruhe. Sie fand, daß nicht die jüdischen Flüchtlinge, die in ihre Heimat zurückkehrten, gegen das Gesetz verstießen, sondern jene, die ihnen das höchste Recht jedes menschlichen Wesens vorenthalten wollten – das Recht auf Leben.

Wenn selbst die bis jetzt so vorsichtigen offiziellen Vertreter der Juden sich verpflichtet fühlten, einen solchen Ton anzuschlagen, kommt es nicht überraschend, daß die Revisionisten sich für berechtigt hielten, der Gewalt mit Gewalt zu begegnen. Am Vorabend des Krieges, am 26. August 1939, verübte die Irgun ihre erste größere antibritische Terroraktion: Sie legte eine Mine, die zwei britische Polizeiinspektoren tötete.

Der Einundzwanzigste Zionistische Kongreß, der letzte vor dem Holocaust, wurde vom 16. bis zum 26. August 1939 in Genf abgehalten. Offiziell bestätigte der Kongreß, daß er die Grundsätze des Weißbuchs nach wie vor ablehnte, verkündete jedoch gleichzeitig, daß er Großbritannien bei der Verteidigung der Demokratie in der westlichen Welt unerschütterlich unterstützen würde.

Von größerer Bedeutung für die Zukunft war Ben Gurions Erklärung vor dem Kongreß; sie stellte eine Art informeller Unabhängigkeitserklärung im Namen der Yishuv dar: »Das Weißbuch hat ein

Vakuum geschaffen, das die Juden selbst ausfüllen müssen. Die Juden sollen sich in Palästina verhalten, als wären sie die Staatsmacht, und sollen diese Handlungsweise beibehalten, bis es dort einen jüdischen Staat gibt.«

Der Einundzwanzigste Kongreß wurde infolge des Hitler-Stalin-Pakts vom 23. August 1939 früher abgebrochen, als vorgesehen. Am Tag nach der Bekanntgabe des Pakts faßte Präsident Weizmann die Ergebnisse des Kongresses zusammen: »In dieser ernsten Stunde ist es meine Pflicht, England zu erklären ..., daß wir Grund zur Beschwerde haben ..., doch es gibt wichtigere Interessen als unser Bedauern und unsere Erbitterung. Worum die Demokratien kämpfen, ist das ... für das jüdische Leben erforderliche Minimum. Ihre Angst ist unsere Angst. Ihr Krieg ist unser Krieg.«

Ben Gurions Stellungnahme klang anders und war anders gemeint: »Wir werden im Krieg kämpfen, als gäbe es kein Weißbuch, und werden gegen das Weißbuch kämpfen, als gäbe es keinen Krieg.« Weizmann sprach als der Führer einer internationalen Bewegung; Ben Gurion sprach als der De-facto-Führer eines neuen, nicht anerkannten Staates.

Solange ein Sieg der Nazis im Bereich des Möglichen lag, war für die Yishuv die Teilnahme am Krieg viel dringender und wichtiger als der Kampf gegen das Weißbuch. Ende 1941 dienten über zehntausend jüdische Soldaten in allen Einheiten der britischen Streitkräfte; Ende 1942 waren es über achtzehntausend – ungefähr die doppelte Zahl der arabischen Rekruten, trotz deren wesentlich größerer Bevölkerung. Die Juden drängten auf die Aufstellung großer jüdischer Einheiten – eigentlich einer jüdischen Armee –, doch die Engländer gaben dem Drängen nicht nach, teils, weil sie Angst vor den Folgen in den arabischen Gebieten hatten, doch vor allem, weil sie zu Recht befürchteten, daß sie plötzlich gegen diese Armee kämpfen würden, wenn sie nach dem Krieg versuchten, das Weißbuch in die Tat umzusetzen. Die Engländer waren mißtrauisch, weil die Hagana – die jetzt in der zionistischen Terminologie »Kameraden ohne Uniform« hieß – ihre Gliederung beibehielt; sie waren auch, wenn auch nicht in gleichem Ausmaß, bewaffneten Juden gegenüber mißtrauisch, selbst wenn diese britische Uniformen trugen.

Die wesentlichen Bestimmungen des Weißbuchs wurden vorläufig nicht vollzogen und traten natürlich nie in Kraft. Aber die Einwanderungsbeschränkungen wurden in vollem Umfang aufrechterhalten, und als der Krieg weiterging und die Juden in Europa immer verzweifelter wurden, erreichten die Engländer durch ihre Unnachgiebigkeit, daß man wieder beschloß, gegen das Weißbuch zu kämpfen.

Daraus ergab sich folgerichtig, daß man einfach gegen die Engländer kämpfen würde. 1939 und 1940 jedoch unterstützte beinahe die gesamte Yishuv die Engländer rückhaltlos. Die Irgun gab nicht nur ihre terroristischen Vorkriegsaktivitäten auf, sondern arbeitete in dieser Zeit besonders intensiv mit den Engländern zusammen.

Diese Zusammenarbeit konnte allerdings dem Wesen der Sache nach nicht von Dauer sein. Eine Abteilung der Irgun lehnte diese Politik überhaupt ab. Diese Abteilung, die unter der Leitung von Avraham Stern stand, hieß Lehi und bei den Engländern »die Stern-Bande«. Der Extremismus der Lehi grenzte an Wahnsinn. Im Januar 1941 unterbreitete die Lehi durch Vermittlung Beiruts und der deutschen Botschaft in Ankara Hitler ein Angebot. Die Botschaft ihres Abgesandten Naphtali Lubentschik besagte, daß die Lehi bereit war, Deutschland bei der Eroberung Palästinas und dessen Übertragung von den Engländern an die Deutschen zu unterstützen; im Austausch dafür sollte ein hebräischer Staat geschaffen und die europäischen Juden in diesen Staat transferiert werden.

Vom zionistischen Standpunkt aus ist die Idee nicht so vollkommen abwegig, wie sie vielleicht klingt. Wenn man den Unterschied zwischen Friedens- und Kriegszeiten in Betracht zieht, entspricht Lubentschiks Mission in Beirut etwa Herzls Mission in St. Petersburg im Jahr 1903, als er mit Plehve zusammentraf. Außerdem waren die ungeheuerlichen Vorschläge der Lehi die einzigen, die der ungeheuerlichen Zwangslage der europäischen Juden entsprachen. Avraham Stern war beinahe der einzige, der klar erkannte, daß die europäischen Juden *während* des Krieges gerettet werden mußten, wenn man sie überhaupt retten wollte. Das konnte nur durch ein Übereinkommen mit Hitler geschehen. Eine solche Abmachung war natürlich unwahrscheinlich, sie war aber nicht unvorstellbar. Hitler liebte es, dramatisch den Spieß umzudrehen, wie er 1939 und 1941 bewies, und dieser Schachzug wäre für Großbritannien, vor allem für seine Beziehung zu Amerika, äußerst unangenehm gewesen.

Doch aus der Idee wurde nichts. Sterns Abgesandter Lubentschik wurde bei seiner Rückkehr aus Beirut in Akkon verhaftet; man nimmt an, daß die Führerschaft der Irgun, die damals der Lehi erbittert und feindselig gegenüberstand, ihn an die Engländer verraten hatte. Stern wurde ein Jahr später mit Hilfe der Hagana und der Irgun von der britischen Polizei gestellt und bei der Festnahme in seinem Versteck erschossen.

In den Kriegsjahren stand die Irgun innerhalb der Yishuv am Rand; die Lehi am Rand des Randes. Ben Gurion war der Führer; zwar war er nie der unbestrittene Führer, doch die meisten Leute ließen sich von ihm leiten. Nach dem Mai 1940, als Churchill an Chamberlains Stelle trat, verlegte Ben Gurion den Schwerpunkt seiner Politik: Man konzentrierte sich mehr auf den Krieg und weniger auf das Weißbuch.

Am 15. Juli 1940 schrieb er: »Meiner Meinung nach dürfen wir bis zum Sieg nur ein einziges Programm haben: Die größtmögliche jüdische Streitmacht muß Palästina verteidigen und zu Hitlers Niederlage beitragen.«

Churchill war ein Freund der Juden und des Zionismus. Die Yishuv hoffte jetzt, daß das Weißbuch, das Produkt der Beschwichtigungspolitik, automatisch ad acta gelegt werden würde, sobald Churchill Premierminister war. Doch das Weißbuch war nicht nur, oder hauptsächlich, ein Produkt der Beschwichtigungspolitik. Es repräsentierte die noch immer vorherrschende Denkweise, wenn es um die Verteidigung des Empires in den Nervenzentren des Nahen Ostens ging. Und die Kette von Ereignissen – beginnend mit der deutschen Invasion der Niederlande –, die Churchill am 10. Mai an die Macht brachte, zog auch Italien in den Krieg hinein. Dadurch rückte der Krieg näher an den Nahen Osten heran. Das wieder verlieh den Argumenten für die Einhaltung der Einwanderungsbestimmungen des Weißbuchs mehr Gewicht: Man mußte die Juden von Palästina fernhalten, um die Araber nicht zu verärgern.

Gleichzeitig vergrößerten die Ereignisse des Sommers 1940 das nationalsozialistische Herrschaftsgebiet in Europa und verliehen den Nazis eine Aura der Unbesiegbarkeit; immer mehr Juden sahen sich veranlaßt, nach dem einzigen noch offenstehenden Zufluchtsort zu streben: Palästina. So verstärkten diese Ereignisse die britischen Barrieren um Palästina und schleuderten gleichzeitig diesen Barrieren noch mehr Juden entgegen. Es überrascht kaum, daß das von Ben Gurion und Churchill – und vor allem von Weizmann – angestrebte englisch-jüdische Rapprochement in bezug auf Palästina nie besonders weit gedieh.

Das Ereignis, das am meisten dazu beitrug, daß sich viele Juden sogar gegen Churchills Großbritannien wendeten, war die Struma-Affäre. Die Struma war ein seeuntüchtiger Viehfrachter, der beinahe achthundert jüdische Flüchtlinge vom rumänischen Schwarzmeerhafen Konstanza nach Palästina beförderte. Im Dezember 1941 suchten die Flüchtlinge von Istanbul aus um Einreisevisa nach. Das Kolonialministerium unter Lord Moyne lehnte die Ansuchen ab. Daraufhin schickten die Türken die Struma auf das Schwarze Meer zurück und überließen sie ihrem Schicksal. Sie sank am 24. Februar 1942. Es gab nur zwei Überlebende, die dann als »Gnadenakt« nach Palästina einreisen durften. Der Schmerz und die Empörung der Juden über das Schicksal der Passagiere der Struma waren groß und hinterließen eine bittere Erinnerung.

Im April 1942, als der Verlust der Struma noch die Gemüter erhitzte, gelangte der junge Menachem Begin, 1913 geboren, der damals Soldat in der polnischen Exilarmee war, zum ersten Mal nach Palästina. Begin war ein Schüler von Jabotinsky gewesen, hatte ihn aber bereits zu dessen Lebzeiten wegen seiner Englandfreundlichkeit kritisiert. Jetzt setzte Begin seinen persönlichen Einfluß gegen die Kooperationspolitik der Irgun mit den Engländern ein. Er lehnte die Politik der Lehi, die ein Übereinkommen mit Hitler anstrebte, ab und versuchte, den gesamten jüdischen Untergrund einschließlich der Lehi zu einem Befreiungskrieg gegen die Engländer zu vereinen.

Begin hatte klar umrissene Vorstellungen, was schon immer seine Stärke gewesen war. Doch die Beziehung zwischen Juden und Engländern war in Palästina während des Krieges extrem ambivalent. Jede neue verhaßte Manifestation der britischen Einwanderungspolitik reizte die Juden zur Weißglut. Auf die jüdischen Vorhaltungen reagierten die Engländer kalt und geringschätzig, weil sie der Meinung waren, daß die Zionisten das menschliche Elend während des Krieges für ihre Zwecke ausnützten. Dennoch dienten die Juden weiterhin in den britischen Streitkräften, und die Engländer wußten, daß die Juden, falls der Krieg Palästina erreichen sollte, das einzige Bevölkerungselement waren, mit dessen Unterstützung sie gegen die Deutschen rechnen konnten. Das veranlaßte die britische Armee, den Hagana-Einheiten eine Sonderausbildung zuteil werden zu lassen. Die Engländer bildeten also jüdische Kommandotrupps aus, die Keimzellen der berühmten Palmah – der »strategischen Reserve der Hagana« –, die im Sommer 1941 an den Feldzügen im Irak und in Syrien teilnahmen.

Das war die Zeit, in der Rommels Truppen gegen Ägypten vorrückten und in der viele Menschen der Ansicht waren, daß Deutschland im darauffolgenden Sommer in Rußland den entscheidenden Sieg erringen würde. Die Engländer hielten es für möglich, daß sie Palästina räumen mußten, und wollten eine ausgebildete jüdische Guerillastreitkraft zurücklassen, damit sie die deutschen Besatzer nicht zur Ruhe kommen ließ.

Die Engländer richteten also im Kibbuz Mishmar ha-Emeg ein Ausbildungslager ein, in dem jüdische Freiwillige im Sommer 1942 eine intensive Ausbildung in Sabotage, Sprengstoffanschlägen und Partisanenkrieg erhielten.

Im Herbst 1942 war die Gefahr einer deutschen Invasion gebannt. Rommels Vormarsch wurde im Juli bei der ersten Schlacht von El Alamein gestoppt, und seine Truppen wurden im Oktober bei der zweiten Schlacht von El Alamein entscheidend geschlagen. In Rußland bereiteten sich die deutschen Streitkräfte auf den Winter vor, der mit der Niederlage von Stalingrad enden sollte. Palästina drohte nie wieder Gefahr von den Deutschen.

Gleichzeitig mit der Gefahr war auch die Periode der »irregulären« britisch-jüdischen militärischen Kooperation zu Ende, doch sie hatte dazu geführt, daß die Yishuv die Motivation und die Mittel erhielt, nach Kriegsende sowohl gegen die Engländer als auch gegen die Araber für die Freiheit des jüdischen Staates zu kämpfen.

Während die Alliierten den Krieg zu verlieren drohten, befürchtete das britische Außenministerium mit gutem Grund eine von den Achsenmächten unterstützte arabische Revolte. Hadschi Amin tat in verschiedenen Exilorten sein Bestes, um dieses Ziel zu erreichen, und in einem Fall gelang es ihm auch. Zu Kriegsbeginn hielt sich der Mufti auf alliiertem Gebiet in Beirut auf, das er im Oktober 1939 verließ, um sich nach Bagdad, der Hauptstadt des unabhängigen Staates Irak, zu begeben.

Er wurde in Bagdad als arabischer und moslemischer Held gefeiert und stellte sich in den Mittelpunkt einer politischen Kampagne für die Achsenmächte, die Anfang 1941 mit einem Pro-Achse-Staatsstreich unter der Führung von Raschid Ali ihren Höhepunkt erreichte. Am 9. Mai, als die Feindseligkeiten zwischen den Irakern und den britischen Streitkräften bereits ausgebrochen waren, erließ der Mufti eine Fatwa, »eine formelle Entscheidung zu einem Punkt des islamischen Gesetzes«, die vom Rundfunk des Irak und der Achsenmächte verbreitet wurde und die Djihad (den heiligen Krieg) gegen Großbritannien ausrief. Die Engländer griffen von Amman aus ein und besiegten Raschid Alis Streitkräfte. Die Deutschen versprachen Unterstützungen, doch diese trafen nicht rechtzeitig ein.

Die britischen Streitkräfte marschierten in Bagdad ein. Doch bevor es soweit war, wurden die letzten Tage im freien Bagdad zu einem Pogrom benutzt, bei dem die Anhänger des Mufti beinahe zweihundert Juden töteten.

Da die Deutschen geplant hatten, mit der Zustimmung der Vichy-Regierung syrische Flugplätze zu benutzen, um Raschid Ali zu Hilfe zu kommen, entrissen die Engländer und die Freien Franzosen im darauffolgenden Monat Syrien der Vichy-Regierung. Der Mufti entkam – wieder einmal – zusammen mit Raschid Ali aus Bagdad und suchte Zuflucht in Teheran. Als im September 1941 die sowjetischen und die britischen Streitkräfte Teheran besetzten, entkam der Mufti einmal mehr und gelangte auf Umwegen nach Berlin.

Die arabische Revolte wäre zweifellos gefährlich geworden, hätten die Deutschen ihr mehr psychologische und materielle Unterstützung zuteil werden lassen. Die Araber sympathisierten weitgehend mit dem Mufti und mit Raschid Ali und hatten verhältnismäßig wenig für die Alliierten übrig.

Vom deutschen Standpunkt aus erfolgte die Revolte zu einem sehr ungünstigen Zeitpunkt, weil die deutschen Truppen bereits voll durch die Invasion in Rußland am 21. Juni gebunden waren. Doch sprachen auch politische Gründe gegen eine uneingeschränkte Unterstützung der arabischen Sache. Hitler mußte an die leicht verletzbaren Gefühle Vichys denken (und an die unter Vichys Kontrolle stehenden arabischen Gebiete) und an Mussolini, dem er Ägypten versprochen hatte.

Dennoch zeigte Hitler ein gewisses Interesse für den Mufti und ermutigte ihn weiterhin vage. Er empfing den Mufti am 21. November 1941 in Berlin und hielt ihm einen eineinhalbstündigen Vortrag, den der Mufti in seinem Tagebuch aufzeichnete. Er begann mit den Worten: »Die Ziele meines Kampfes sind klar umrissen. In erster Linie kämpfe ich unablässig gegen die Juden, und dieser Kampf beinhaltet auch den Kampf gegen die sogenannte jüdische Nationale Heimstätte in Palästina.«

Hitler gab jedoch auch deutlich zu verstehen, daß er im Augenblick nichts für die Araber tun, nicht einmal die proarabische Erklärung herausgeben würde, um die der Mufti bat. Das hatte Zeit, bis Deutschland Rußland geschlagen hatte. Einen Hinweis auf Hitlers tatsächliche Einstellung bot sein Benehmen dem Mufti gegenüber: Er schüttelte ihm weder die Hand, noch ließ er ihm Kaffee servieren.

Hadschi Amin blieb während des Krieges in Deutschland, doch seine Rolle wurde immer bedeutungsloser. Am Ende des Krieges »entkam« der Mufti noch einmal, diesmal über Bern und Paris nach Beirut. 1948 war er wieder in der Lage, die Djihad gegen den neuen Staat Israel auszurufen.

Während der Krieg seinen Lauf nahm, wurde den zionistischen Führern immer deutlicher bewußt, daß der Schlüssel zur Zukunft in Amerika lag. Sowohl Weizmann als auch Ben Gurion besuchten die Vereinigten Staaten mehrere Male. Im Sommer 1940 drängte Churchill Weizmann, nach Amerika zu reisen, um die jüdische und auch die allgemeine Meinung für den Kampf gegen die Nazis zu mobilisieren.

Die Hoffnungen, die Churchill in das amerikanische Judentum setzte, waren zu dieser Zeit unangebracht. Die amerikanischen Juden wollten natürlich, daß die Alliierten siegten, doch eben deshalb war es ihnen beinahe unmöglich, die amerikanische öffentliche Meinung zu beeinflussen. Das wurde Ben Gurion sehr deutlich klargemacht, als er sich Ende 1940 in den Vereinigten Staaten aufhielt. Ein prominenter Jude, den er um Unterstützung für die Alliierten und die Yishuv bat, stand dieser Bitte wohlwollend gegenüber, behauptete aber, daß er »öffentlich« nichts tun konnte, und erklärte: »Wir sind hier eine Minderheit. Wenn ich dafür eintrete, daß Amerika Großbritannien hilft, werden die Leute nach dem Krieg sagen, daß die dreckigen Juden sie in den Krieg gehetzt haben, daß es ein jüdischer Krieg war, daß ihre Söhne für die Juden gefallen sind.« Ben Gurion berichtete, daß diese Haltung in allen zionistischen Gruppen vorherrschte, mit denen er Kontakt aufnahm.

Von Amerikas Kriegseintritt im Dezember 1941 an stand die öffentliche Meinung den Juden und der jüdischen Sache jedoch weitaus positiver gegenüber. Nur ein wahnsinniger Antisemit konnte die Juden für Pearl Harbour verantwortlich machen. Seit Hitlers Machtergreifung war der Zionismus in Amerika schnell gewachsen, und 1942 waren die meisten Juden Zionisten. Mitgefühl mit Hitlers Opfern war in Amerika schon immer weit verbreitet gewesen; als Hitler jedoch den Vereinigten Staaten den Krieg erklärte, wurde es gleichbedeutend mit Patriotismus.

Deshalb waren im Jahr 1942 die Bedingungen für eine verstärkte zionistische Anstrengung günstig, und diese Anstrengung wurde im Mai 1942 bei der historischen Konferenz der Repräsentanten aller amerikanischen Zionisten im Biltmore Hotel in New York unternommen. Sowohl Weizmann als auch Ben Gurion ergriffen das Wort. Obwohl Weizmann offenbar den stärkeren Eindruck hinterließ, war es Ben Gurion, der dafür sorgte, daß die Resolutionen der Konferenz seinen revolutionären Zielen in Palästina nützten.

Die beiden Männer standen einander nun feindselig gegenüber, da Ben Gurion die aktive Führerrolle immer mehr für sich beanspruchte. Im Biltmore gelang es ihm, seinen Standpunkt durchzusetzen. Ironischerweise beruhte die Resolution, die die Konferenz schließlich annahm, auf dem Wortlaut eines Artikels von Chaim Weizmann, der im Januar 1942 in ›Foreign Affairs‹ erschienen war. In ihm hatte Weizmann gefordert, daß die Juden selbst die Kontrolle über ihre Emigration ausüben und einen eigenen Staat besitzen sollten. Diese Prinzipien finden sich in der Biltmore-Resolution wieder, nur wurde hier aus dem »eigenen Staat« ein »jüdisches Gemeinwesen, das in die Struktur der neuen demokratischen Welt integriert ist«.

Die Zionisten hatten von Anfang an Zurückhaltung geübt, wenn es darum ging, sich öffentlich und kollektiv für die Unterstützung eines jüdischen Staates auszusprechen, und die amerikanischen Zionisten waren in ihren Formulierungen noch vorsichtiger gewesen. Daher war die Biltmore-Resolution ein großer Schritt vorwärts auf einem Weg, den Weizmann zwar billigte, den er aber lieber langsamer zurückgelegt hätte. Ben Gurion machte seinen Zuhörern jedoch sofort klar, daß er einen gefährlicheren Weg einschlagen wollte, der in Zukunft zu Konflikten führen konnte. Er berief sich auf die Worte der Resolution, »daß die Tore Palästinas geöffnet werden«, und forderte die Zulassung von zwei Millionen Juden.

Weizmann war wütend und beschuldigte Ben Gurion der Demagogie. Als er versuchte, die Biltmore-Politik herunterzuspielen, um die Verbindung zu Großbritannien offenzuhalten, griff Ben Gurion ihn öffentlich an. »Er versucht nicht nur, vernünftig zu sein, sondern auf die Engländer vernünftig zu wirken, er hört nur, was er hören möchte, und nicht das, was er wirklich hört... Aus diesem Grund glaube ich, daß es nicht im Interesse der Bewegung liegt, wenn Dr. Weizmann allein handelt.«

Die Amerikaner waren über Ben Gurions Angriff entsetzt, und Weizmann war über den Versuch eines »politischen Mordes« tödlich beleidigt. Doch Weizmann kehrte nach England zurück und Ben Gurion nach Palästina. Die Yishuv akzeptierte Ben Gurions Interpretation, und auf lange Sicht blieb den Zionisten der Diaspora nichts anderes übrig, als die Yishuv und ihren Führer David Ben Gurion zu unterstützen.

Im November 1942 erhielt eine Gruppe palästinensischer Staatsbürger die Erlaubnis, Polen zu verlassen und nach Palästina zurückzukehren. Sie teilten der Yishuv mit, daß sich jetzt die Unterdrückung der Juden durch die Nazis in eine systematische Massenvernichtungskampagne verwandelt hatte. Im Dezember bestätigten die alliierten Regierungen diese Tatsache.

In einer Rede im Berliner Sportpalast hatte Hitler am 30. September 1942 an eine Prophezeiung erinnert, die er in seiner Reichstagsrede vom 1. September 1939 gemacht und in der er darauf hingewiesen hatte, daß er das Judentum ausrotten würde, falls es versuchen sollte, einen neuen Weltkrieg anzuzetteln und die arischen Völker Europas auszulöschen. Er wiederholte jetzt, daß er mit dieser Prophezeiung recht behalten würde.

Als das Jahr zu Ende ging, wußte die Welt, was Hitler damit gemeint hatte. Die Yishuv mußte nun mit dem Wissen leben, daß das europäische Judentum vernichtet wurde. Die meisten Angehörigen der Yishuv fanden, daß sie jetzt nur eines tun konnten: die alliierten Kriegsanstrengungen unterstützen und auf einen möglichst baldigen Sieg hoffen, damit eine möglichst große Zahl von europäischen Juden gerettet werden konnte.

Inzwischen wurde einigen Juden zur Flucht verholfen. Ein Vereinigter Rettungsausschuß, in dem alle Fraktionen der Yishuv vertreten waren, stellte den Kontakt zur jüdischen Untergrundbewegung in Europa her. Kleine Trupps besonders ausgebildeter Freiwilliger der Hagana sprangen 1943 und 1944 mit Fallschirmen über dem Balkan ab, um militärische Informationen für die Alliierten zu sammeln, den jüdischen Widerstand zu verstärken und den Juden bei der Flucht zu helfen. Auf diese Art konnten etwa zehntausend Juden entkommen und sich in Palästina niederlassen.

Eine anglo-amerikanische Konferenz befaßte sich im April 1943 in Bermuda mit der Hilfe für Flüchtlinge aus von den Nazis kontrollierten Ländern. Doch auf dieser Konferenz waren zwei Themen ausgeklammert worden: Auf Wunsch der Amerikaner behandelte man die amerikanischen Einwanderungsgesetze nicht, und auf Wunsch der Engländer zog man die Einwanderung weiterer Juden nach Israel nicht in Betracht. Die Yishuv erfuhr vom so gut wie negativen Ergebnis der Bermuda-Konferenz fast im gleichen Augenblick, in dem sie die Nachricht erhielt, daß die Deutschen den Aufstand im Warschauer Ghetto niedergeschlagen hatten.

In dieser Zeit bildeten sich, was kaum überrascht, die ersten terroristischen Vereinigungen. Die Lehi (Freiheitskämpfer) erwachte wieder zum Leben und gewann unter den Revisionisten, den orientalischen Jugendlichen und den illegalen Einwanderern neue Mitglieder. Die Irgun näherte sich jetzt den Freiheitskämpfern und baute mit Hilfe der Juden aus den polnischen Einheiten, die 1942 und 1943 nach Palästina kamen, eine eigene Kampftruppe auf. Einer dieser polnisch-jüdischen Soldaten, Menachem Begin, erhielt im Mai 1944 Urlaub, um das Oberkommando der Irgun zu übernehmen. Es entstand ein Teufelskreis, den die Engländer bereits in Irland erlebt hatten: Die Besorgnis über den zunehmenden Terrorismus führte zu Waffenrazzien der Behörden, und diese Razzien verstärkten die Verdrossenheit in der Bevölkerung, was wieder den Terroristen zugute kam.

Daß die Stärke der terroristischen Organisationen im Jahr 1943 zunahm und daß die Terroranschläge im Jahr 1944 neu aufflammten, hatte vom zionistischen Standpunkt aus äußerst unangenehme politische Folgen. Die Regierung Churchill war im Begriff, das Weißbuch aus dem Jahr 1939 zu verwerfen. Am 20. Dezember 1943 hatte ein Kabinettsausschuß, dem Lord Moyne angehörte, die Teilung Palästinas gemäß dem 1937 erstellten Peel-Bericht empfohlen.

Offiziell war die zionistische Führung gegen die Teilung, aber das war nur eine Verhandlungsposition. Die Führung wußte nämlich genau, daß ein jüdischer Staat, und damit die Kontrolle über die Einwanderung, nur durch eine Teilung Palästinas erreicht werden konnte. Wenn die britische Regierung in den letzten Kriegsjahren das Weißbuch verworfen und sich den Erkenntnissen der Peel-Kommission angeschlossen hätte, wäre dies für die Zionisten der größte politische Triumph gewesen. Im Jahr 1944 ist Weizmann diesem Triumph offenbar sehr nahe gekommen, doch die Terroristen machten seine Bemühungen zunichte.

1944 kam es in Palästina immer wieder zu Erschießungen von Polizisten und zu Sprengstoffanschlägen auf öffentliche Gebäude, und im August dieses Jahres wurde ein Attentat auf den Hochkommissar Sir Harold MacMichael unternommen. Die zionistische Führung und die Presse der Yishuv verurteilten diese Aktionen, und Weizmann verhandelte weiter. Am 4. November erklärte Churchill Weizmann, daß er für die Teilung sei und daß er und Roosevelt vermutlich imstande sein würden, sie bei Kriegsende durchzusetzen. Doch zwei Tage später wurde der britische Gesandte in Kairo, Lord Moyne, gemeinsam mit seinem Fahrer, Korporal Fuller, von Mitgliedern der Lehi ermordet. Moyne war ein Freund Churchills, und dieser zeigte von da an nie wieder aktives Interesse am Zionismus.

Die zionistische Führung kooperierte ab sofort voll mit den britischen Behörden gegen die Terroristen. Das war die sogenannte »saison«, in der die Hagana den Engländern half, Mitglieder der Irgun auszuheben. Ein Bürgerkrieg innerhalb der Yishuv wurde nur durch Begins Politik des Verzichts auf Vergeltung Juden gegenüber verhindert. Die zionistische Führung hoffte, daß sie mit Hilfe der Saison die Engländer im Hinblick auf die Teilung bei der Stange halten konnte, doch das gelang ihr nicht. Nach den Morden in Kairo hatte das Außenministerium das Heft wieder in der Hand.

In Palästina war Lord Gort an die Stelle von Sir Harold MacMichael getreten und in Kairo Edward Grigg an die Stelle von Lord Moyne. Obwohl die abgelösten Beamten die Zionisten nicht gemocht hatten, waren sie wenigstens für die Teilung und für den jüdischen Staat gewesen. Die neuen Männer standen dem jüdischen Staat feindselig gegenüber; vor allem Grigg machte Eden darauf aufmerksam, daß die Teilung vermutlich zu einem jüdischen Nazistaat führen würde, der bestimmt verbittert, unzufrieden und daher aggressiv sein würde.

Als das Kriegsende näher rückte, erinnerte Eden das Kriegskabinett daran, daß Großbritannien an den Verkehrsverbindungen und dem Erdöl im Nahen Osten interessiert war. »Wenn wir den Goodwill der Araber verlieren, warten die Amerikaner und die Russen nur darauf, aus unseren Fehlern Nutzen zu ziehen.«

Als der Krieg in Europa am 8. Mai 1945 zu Ende ging, hielt die britische Regierung weiterhin am Weißbuch fest. Daß sie diese Einstellung angesichts der Verhältnisse des Jahres 1945 nicht aufgab und damit die Überlebenden der Konzentrationslager aus Palästina aussperrte, bedeutete, daß sie einen Konflikt mit der vereinigten Yishuv heraufbeschwor. Die Saison lief sich tot.

Als Clement Attlee am 26. Juli 1945 Premierminister wurde, erwartete ihn ein Memorandum, das Präsident Truman an seinen Amtsvorgänger gerichtet hatte und in dem er der Hoffnung Ausdruck verlieh, »daß es der britischen Regierung unverzüglich möglich sein wird, die notwendigen Schritte zu ergreifen, um die Beschränkungen des Weißbuchs für die jüdische Einwanderung nach Palästina aufzuheben«.

Attlee sandte Truman nur eine vorläufige, unverbindliche Antwort. Truman übte weiterhin Druck aus. Im August schickte er Attlee einen Bericht seines Vertreters Earl G. Harrison über die Lage von hunderttausend jüdischen Überlebenden der Vernichtungslager, die jetzt in Deutschland und Österreich in Lagern untergebracht waren, bei denen es sich zum Teil um ehemalige NS-KZs handelte. »Jeder, der einmal ein Konzentrationslager besucht und mit den verzweifelten Überlebenden gesprochen hat«, schrieb Harrison, »muß es als katastrophal empfinden, daß die Tore Palästinas demnächst geschlossen werden sollen.«

Attlees Antwort am 16. September verriet keinerlei Mitgefühl. Er wies darauf hin, daß die Juden nicht mehr Grund zur Beschwerde hatten als eine Menge anderer Menschen: »Man darf nicht vergessen, daß es in diesen Lagern Menschen fast jeder europäischen Nation gegeben hat, und es haben offenbar kaum Unterschiede in den Foltern und in der Behandlung bestanden, die sie erdulden mußten. Wenn unsere Behörden die Juden als besondere rassische Kategorie an die Spitze der Schlange stellen, dann bin ich davon überzeugt, daß dies katastrophale Auswirkungen für die Juden haben würde.«

Im September wußten die Yishuv und die amerikanischen Zionisten, daß die Labour Party, sobald sie an die Macht gelangt war, andere Saiten aufgezogen hatte und daß nur eine beschränkte Einwanderung – eintausendfünfhundert Personen monatlich – gestattet wurde. Eine außerordentliche Sitzung der jüdischen Führer in Jerusalem gab eine Erklärung heraus: »... jüdische Immigranten in großer Zahl werden nach Palästina strömen... Das hebräische Buch der Bücher wird durch seine ewige Macht das Weißbuch vernichten..., der jüdische Staat wird errichtet werden.«

Am 1. Oktober sandte Ben Gurion ein verschlüsseltes Telegramm an die Zentrale der Hagana und wies sie an, einen bewaffneten Aufstand gegen Großbritannien vorzubereiten. Kurz darauf begann die Hagana, täglich Sendungen ihrer mobilen, illegalen Rundfunkstation »Stimme Israels« auszustrahlen. Gleichzeitig nahm sie die Zusammenarbeit mit der Irgun und der Lehi wieder auf. Und als in der Nacht zum 31. Oktober die palästinensischen Eisenbahnlinien an hundertdreiundfünfzig Stellen in die Luft flogen und zahlreiche weitere Sabotageakte verübt wurden, verteidigte der größte Teil der jüdischen Presse diese Aktion.

Es war ein neuer Guerillakrieg, wesentlich gefährlicher als der erste. Dieser Nachkriegs-Guerillakrieg wurde von den überlebenden Juden in Palästina wie auch in den Vereinigten Staaten und von der öffentlichen Meinung unterstützt. Der Präsident der Vereinigten Staaten hatte sich für das unmittelbare politische Ziel des Guerillakrieges – die Freigabe der jüdischen Einwanderung nach Palästina – ausgesprochen, und diese Maßnahme wurde von der amerikanischen Öffentlichkeit unterstützt.

Wie die führenden Zionisten genau wußten, hatte Großbritannien sich vor noch nicht allzu langer Zeit einer sehr ähnlichen Situation gegenübergesehen. Zwischen 1919 und 1921 hatten die Behörden versucht, die irischen Unruhen mit »der vollen Strenge der militärischen Vergeltungsmaßnahmen« zu unterdrücken, hatten dies aber hauptsächlich wegen Amerika und der Präsenz der Iren in der amerikanischen Gesellschaft nicht durchziehen können. Die amerikanischen Juden verfügten in den Großstädten über genausoviel politischen Einfluß wie seinerzeit die Iren und waren in den Medien noch stärker vertreten. Das Schicksal der Überlebenden des Holocaust verlieh ihrer Sache außerdem einen ungeheuer starken humanitären Aspekt und rief auch außerhalb der jüdischen Gemeinschaft weitverbreitetes Mitgefühl hervor. Das persönliche Engagement des Präsidenten für die Einwanderung nach Palästina spiegelte diesen Druck wider und verstärkte ihn.

In den betroffenen Gebieten waren die Streitkräfte, die den Juden zur Verfügung standen, zahlreicher, besser bewaffnet und besser ausgebildet als seinerzeit die IRA. Und trotzdem hatte der geringe amerikanische Einfluß in Verbindung mit dem geringen Potential des örtlichen Widerstandes 1921 genügt, um das Vereinigte Königreich von Großbritannien und Irland aufzulösen.

Dieser Präzedenzfall war im Jahr 1945 dem Parlament sehr wohl bewußt. Man hätte annehmen sollen, daß es daraufhin vorzog, sich *nicht* auf einen Kampf mit den Juden Palästinas einzulassen, die von den amerikanischen Juden unterstützt wurden. Man hätte Truman gegenüber Konzessionen bezüglich der Einwanderung machen können, auf die ein vorsichtiges Abrücken vom Weißbuch zugunsten der Teilung erfolgt wäre. Eine solche Entwicklung hätte voll und ganz mit der offiziellen Politik der Labour Party übereingestimmt.

Es kam zu keiner solchen Entwicklung. Statt dessen beschloß die Regierung Attlee, für eine Politik zu kämpfen, gegen die die Labour Party immer opponiert hatte und die ihre Vorgänger aufgeben wollten. In bezug auf die Einwanderung wurden keine wesentlichen Konzessionen gemacht. Statt dessen versuchte die Regierung, Zeit zu gewinnen, und stellte einen anglo-amerikanischen zwölfköpfigen Untersuchungsausschuß auf, der das Problem in Europa und in Palästina prüfen sollte. Als Außenminister Ernest Bevin diese Maßnahme bekanntgab, wiederholte er öffentlich die Warnung, die Attlee vertraulich geäußert hatte: »Die Juden dürfen nicht versuchen, sich an die Spitze der Schlange zu stellen.«

Es war unvermeidlich, daß die Erklärung des Außenministers bei den Juden in den Vereinigten Staaten und in Palästina Zorn hervorrief. In Tel Aviv randalierte die Menge zwei Tage lang und wurde von britischen Truppen beschossen. Sechs Juden wurden dabei getötet. Die zionistische Propaganda beutete diese Todesfälle in Amerika äußerst wirkungsvoll aus. Die Regierung Attlee bekam noch einmal eine Chance, aus der Angelegenheit auszusteigen, als der anglo-amerikanische Untersuchungsausschuß im März in seinem Bericht einstimmig die sofortige Zulassung von hunderttausend Juden empfahl und Truman Großbritannien öffentlich aufforderte, dieser Empfehlung nachzukommen. Doch die Regierung Attlee weigerte sich, »bis die Entwaffnung der Juden stattgefunden hat«.

Für Menschen wie die Juden Palästinas, die inmitten einer feindlichen Bevölkerung lebten, klang der Wunsch nach ihrer Entwaffnung wie eine Aufforderung, das gleiche Schicksal auf sich zu nehmen, das die meisten europäischen Juden erst kürzlich erlitten hatten.

Es ist die Mühe wert, sich mit den Gründen zu befassen, die die britische Regierung veranlaßten, auf einem ganz besonders aussichtslosen Kurs zu beharren. Formell waren es die gleichen Gründe, die 1939 für das Weißbuch vorgebracht worden waren: Eine uneingeschränkte jüdische Einwanderung und eine Teilung würden die arabische und die moslemische Welt in Brand setzen. Auswärtige Mächte – 1939 die Achse, 1945 die Sowjetunion – würden diesen Brand ausnützen.

Doch jetzt waren diese Argumente viel weniger stichhaltig als 1939. Die Angst vor einer allgemeinen arabischen Revolte *wegen* Palästina war wahrscheinlich bereits 1939 übertrieben gewesen. Doch die Nahostpolitik der Regierung Chamberlain war wenigstens insofern vernünftig gewesen, als sie sich auf einen drohenden Krieg vorbereitete. Irgendwie war es auch sinnvoll gewesen, die Erhebung der palästinensischen Araber mit Hilfe der Juden zu unterdrücken, ohne sich den Kopf darüber zu zerbrechen, ob *das* die arabische Welt in Brand setzte – und dann eine Palästinapolitik zu verkünden, die die Araber beruhigen sollte, ohne sich den Kopf darüber zu zerbrechen, ob man damit die Juden verärgerte. Die Juden konnten sonst nirgendwo hin. Amerika kümmerte sich zu dieser Zeit nicht um das Problem, und die amerikanischen Juden waren auch nicht besonders aktiv.

Doch der Holocaust, die beinahe vollkommene Zionisierung des amerikanischen Judentums und die Niederlage Hitlers bedeuteten, daß die Yishuv jetzt mächtige Verbündete besaß und – politisch gesehen – wußte, wohin sie sich wenden konnte. Außerdem nahm niemand ernsthaft an, daß die Araber sich gegen die siegreichen Alliierten erheben würden. Natürlich mußte man die Sowjetunion im Auge behalten, doch diese Tatsache war eher ein Grund, eine britische Konfrontation mit den Vereinigten Staaten wegen der palästinensischen Frage zu vermeiden.

Rückblickend sehen wir jetzt, daß es das Ansehen und den Einfluß eines Staates im Nahen Osten kaum berührte, ob er in Palästina eine bestimmte Handlungsweise verfolgte oder nicht. Realpolitisch gesehen hätte man also mehr Rücksicht auf die jüdischen und weniger auf die arabischen Gefühle nehmen sollen. Die für die britische Politik in dieser Zeit zuständigen Männer ließen sich anscheinend viel mehr von ihren und von den Gefühlen ihrer Parteigänger als von einer vernünftigen Abschätzung der britischen Interessen leiten. Ein sehr deutlicher Hinweis darauf ist der Umschwung in der Politik des Kabinetts Churchill nach der Ermordung von Lord Moyne. Wenn die Teilung bis zu diesem Mord die beste Lösung für Großbritannien gewesen war, blieb sie es logischerweise auch nach dem Mord. Gefühlsmäßig blieb sie es jedoch nicht. Man wollte die Juden bestrafen, indem man ihnen nicht gab, was sie wollten, selbst wenn es in Großbritanniens Interesse gelegen hätte, es ihnen zu geben. Daher hielt man am Weißbuch fest, auch wenn das Weißbuch offensichtlich nicht verwirklicht werden konnte.

Die meisten Juden hegten den Verdacht, daß diese Haltung im Grunde antisemitisch war. Dieser Verdacht wurde durch Attlees und Bevins Äußerungen über die Spitze der Schlange und durch andere Indizien bestätigt. Als General Parker, der militärische Kommandant in Palästina, militärische Boykottmaßnahmen gegen die jüdische Gemeinschaft verkündete, erklärte er, daß man durch diese Maßnahmen »die Juden auf eine Art und Weise bestraft, die ihnen ebenso mißfällt wie anderen Rassen – indem man auf ihre Geldbörsen zielt und ihnen zeigt, daß man sie verachtet«. Man konnte annehmen, daß derartige taktlose Äußerungen offen eine weitverbreitete Feindseligkeit zum Ausdruck brachten, die sich sonst nur verstohlen oder indirekt manifestieren konnte. Diese Annahme war begründet. Bethell schreibt über die Unterlagen des Außenministeriums aus jener Zeit: »Dieses Ressentiment wird sehr treffend durch eine Notiz von Armine Dew vom 1. September 1944 veranschaulicht: ›Meiner Meinung nach vergeudet dieses Büro einen unverhältnismäßig großen Teil seiner Zeit damit, daß es sich mit den jammernden Juden beschäftigt.‹«

Beamte schreiben so etwas nicht in Akten, wenn sie befürchten müssen, daß andere Beamte den Kommentar für geschmacklos halten. Die Bemerkung wurde auch weder gerügt noch fiel sie auf; sie entsprach der vorherrschenden offiziellen Meinung. Zum Teil wurde diese Meinung durch die Nachrichten aus Palästina bestärkt. Wenn in Palästina britische Beamte, Soldaten und Polizisten von den Juden erschossen wurden, war es nur natürlich, daß es zu einer von den entsprechenden stereotypen negativen Äußerungen begleiteten feindseligen Stimmung gegen die Juden kam. Doch es genügt nicht, daß man das Phänomen als Antisemitismus bezeichnet und es dabei bewenden läßt. Auf dem Höhepunkt der irischen Unruhen wurde eine Menge böser Dinge über die Iren gesagt. Doch die Gleichung geht nicht auf. Kein moderner britischer Staatsmann war jemals so verbissen antiirisch, wie Ernest Bevin antijüdisch war – und dennoch verlor er keineswegs die Unterstützung des Premierministers, der Regierung, des Parlaments oder des Volkes.

Die Leute, die die Juden vor dem Holocaust nicht mochten, mochten sie wegen des Holocausts immer noch nicht. Im Gegenteil, man hielt die Juden für aufdringlicher, lästiger und anspruchsvoller denn je zuvor und fand, daß sie aus dem Anspruch auf Mitgefühl geschickt Kapital schlugen.

Diese Einstellung war zu jener Zeit nicht nur unter den Engländern, sondern auch unter den Nichtjuden allgemein weit verbreitet. 1946 vertrat ich Irland bei der Konferenz der Internationalen Flüchtlingsorganisation in Genf. Da man zu jener Zeit von einem Repräsentanten Irlands erwartete, daß er herausfand, was der Vatikan dachte, speiste ich mit dem Vertreter des Vatikans zu Mittag und fand es heraus. Der Vertreter des Vatikans war ein fröhlicher irisch-amerikanischer Monsignore. Der Monsignore war wenigstens kein Heuchler. »Ich bin kein Antisemit«, erklärte er, »ich hasse sie einfach.« Während des Mittagessens sprach er über die Juden und sonst über nichts. Sie hatten am Krieg gut verdient und beuteten jetzt die echten Displaced Persons (Menschen, die infolge der Kriegs- und Nachkriegsereignisse ihre Heimatländer verlassen hatten) in den Lagern aus. Sie verkauften Rasierklingen. Auf dem Schwarzen Markt.

Die Abneigung gegen die Juden war existentiell. Wenn sie den traditionellen Klischees entsprachen – aufdringlich, habsüchtig und so weiter –, mochte man sie deshalb nicht. Und wenn sie diesen Klischees nicht entsprachen, nahm man an, daß sie sich verstellten. Eines der beliebtesten Klischees lautete, daß die Juden nicht kriegerisch sind. Das hatte man ihnen nie zugute gehalten – Joseph Chamberlain fand, daß sie »feig« sind; Treitschke fand, »daß ihnen die soldatischen Tugenden fehlen« –, doch als die Juden kriegerisch wurden, empfand man dies als ungeheuerliche Mutation. Es war in Ordnung, wenn ein alter Araber versuchte, einen Briten zu erschießen, doch wenn das ein Jude tat, handelte er damit gegen das Naturgesetz.

Im Mai 1946 erschien der Bericht des anglo-amerikanischen Untersuchungsausschusses. Er empfahl einen binationalen palästinensischen Staat; die Vorarbeiten sollte ein Kuratorium leisten. Er empfahl auch die sofortige Zulassung der hunderttausend jüdischen Einwanderer. Truman begrüßte prompt die zweite Empfehlung. In einer Erklärung vor dem Unterhaus ließ Attlee keinen Zweifel daran, daß er die Empfehlung nur durchführen würde, »wenn die Vereinigten Staaten bereit waren, die ... zusätzliche militärische und finanzielle Verantwortung mitzutragen«. In der Praxis war dies die Formel, mit der man den Bericht eines Ausschusses ablehnte. Im darauffolgenden Monat erklärte Ernest Bevin auf der Konferenz der Labour Party in Bournemouth, die Amerikaner drängten deshalb darauf, daß so viele Juden nach Palästina zugelassen würden, weil sie nicht zu viele Juden in New York haben wollten.

Im selben Monat ermächtigte die Regierung Attlee Hochkommissar Sir Alan Cunningham (der ein Jahr zuvor an die Stelle des kranken Lord Gort getreten war), scharf gegen die Jewish Agency vorzugehen. In den wichtigsten Gebieten mit jüdischer Bevölkerung wurden rigorose Razzien durchgeführt. Tausende Juden wurden verhaftet, darunter etliche Mitglieder der Exekutive der Agency, und ungefähr vierzehn Tage lang stand die Yishuv unter einer Art militärischer Belagerung. Da sich David Ben Gurion während der Razzien im Ausland befand, entging er der Verhaftung.

Die Wut der Regierung auf die Führer der Agency, vor allem auf Ben Gurion, war verständlich. Von Zeit zu Zeit verurteilte die Agency Terroranschläge und ergriff auch von Zeit zu Zeit Maßnahmen gegen sie, doch sie weigerte sich, so wie im Krieg weiterhin mit den Behörden gegen die Irgun und die Lehi zu kooperieren. Statt dessen kooperierte sie zumindest bei einer Gelegenheit mit der Irgun und der Lehi gegen die Engländer. Es war bekannt, daß Ben Gurion die Hauptstreitkräfte der Yishuv in der Hagana einschließlich der Palmah leitete: Diese Streitkräfte unterstützten die illegale Einwanderung und führten Sabotageakte durch – unternahmen also, kurz gesagt, »einen bewaffneten Aufstand gegen Großbritannien«, wie Ben Gurion es ausgedrückt hatte. Doch derselbe Ben Gurion behauptete in der Öffentlichkeit, daß er von all dem nichts wisse. Sein Biograph Bar-Zohar hat seine Doppelrolle während dieser Periode beschrieben: »In der Zeit, in der Ben Gurion sein Volk in den Kampf führte ..., wechselte er seine Identität genauso leicht wie andere Leute ihr Hemd. In London war er Vorsitzender der Exekutive der Jewish Agency und unterhielt formelle Kontakte zu der britischen Regierung. In Paris war er der Leiter der palästinensischen Insurgentenbewegung, beschaffte Freiwillige, Waffen und Geld und arbeitete Kriegslisten gegen die selbe britische Regierung aus, die er am Vortag besucht hatte und mit deren Vertretern er am nächsten Tag wieder zusammenkommen würde.«

Man kann den Engländern kaum einen Vorwurf daraus machen, daß sie sich weigerten, dieses Spielchen mitzumachen. Doch der Versuch, energisch durchzugreifen, führte zu keinem Erfolg. Ende Juni hatte die britische Regierung bereits beschlossen, wie Hurewitz feststellt, »ihre disziplinarischen Maßnahmen aufzuschieben, obwohl sie die Kampfgruppen der Hagana weder entwaffnet noch beeinträchtigt hatte«. Die Regierung mußte deshalb den Rückzug antreten, weil im US-Kongreß gerade über die große Nachkriegsanleihe entschieden wurde, um die Großbritannien angesucht hatte. Der Führer des Aktivistenflügels der amerikanischen Zionisten, Dr. Abba Hillel Silver, hatte den Staatsbürgern öffentlich empfohlen, ihren jeweiligen Kongreßabgeordneten zu fragen, ob es sich die Vereinigten Staaten leisten konnten, einer Regierung eine Anleihe zu gewähren, die ihr gegebenes Wort nicht hielt.

Langsam wurde deutlich, daß es sich die britische Regierung nicht leisten konnte, eine Politik zu verfolgen, die bei einem großen Teil der amerikanischen Öffentlichkeit Anstoß erregte. Ende des Jahres hatte man den Versuch, energisch gegen die Agency und die Hagana vorzugehen, vollkommen aufgegeben.

Dieser Versuch war nicht nur hinsichtlich der internationalen Politik schiefgegangen; man hatte sich auch in bezug auf die Bekämpfung des Terrorismus verrechnet. Der Versuch hatte sich gegen die Hagana, nicht aber gegen die Irgun und die Lehi gerichtet und hatte offenbar dazu geführt, daß die Irgun und die Lehi größere Bewegungsfreiheit erhielten. Ende Juli jagte die Irgun Regierungsbüros im Hotel King David in die Luft, wobei etwa achtzig britische, jüdische und arabische Beamte getötet und ungefähr siebzig verletzt wurden. Die Engländer verhängten ein viertägiges Ausgehverbot über Tel Aviv und führten systematische Razzien durch.

Die arabischen Staaten unternahmen zu dieser Zeit – möglicherweise mit britischer Unterstützung – einige Anstrengungen, um den amerikanischen Druck auf Großbritannien auszugleichen, indem sie ihrerseits Druck auf Amerika ausübten. Die amerikanischen Investitionen in dem Gebiet hatten während des Krieges ungeheuer zugenommen, und das amerikanische sowie das englische Außenministerium befürchteten, daß prozionistische Gesten nachteilige Auswirkungen haben würden. In der Praxis kam es ein einziges Mal zu einer nennenswerten Reaktion der arabischen Staaten, und zwar nach Präsident Trumans Erklärung vom Oktober 1946, in der er nicht nur die Zulassung der hunderttausend Juden forderte, sondern auch zum ersten Mal die Errichtung eines lebensfähigen jüdischen Staates in Palästina unterstützte. Der Irak weigerte sich, mit dem Außenministerium Verhandlungen über den Flugverkehr zu führen, und Syrien lehnte ab, der ARAMCO Transitrechte einzuräumen, deren geplante Pipeline jetzt im Libanon enden und Palästina umgehen sollte. Wenn sie bei dieser Haltung geblieben und andere Staaten ihrem Beispiel gefolgt wären, hätte dies die amerikanische Politik wahrscheinlich entscheidend beeinflußt.

Doch die beiden Regierungen vollzogen schleunigst eine Wendung um hundertachtzig Grad, als sie feststellten, daß sie gegen ihr eigenes Interesse handelten. Pan American Airways gab bekannt, daß sie Syrien und den Irak überfliegen würde, und die Trans-Arabian-Pipeline-Company gab bekannt, daß sie den Endpunkt der Pipeline wieder nach Palästina verlegen würde. Damit war der arabische Versuch, die palästinensische Sache zu unterstützen, gescheitert. Ibn Saud war zu klug, um Sanktionen auch nur anzudrohen, da er viel zu viel zu verlieren hatte. Er begnügte sich damit, einen würdevollen Protestbrief an Präsident Truman zu richten, auf den er eine höfliche, aber unverbindliche Antwort erhielt.

Obwohl die arabischen Staaten nicht bereit waren, sich gegen die amerikanischen Interessen zu stellen, waren sie doch bestrebt, den Palästinensern bei der Erlangung eines unabhängigen, judenfreien Staates zu helfen. Nachdem dem Mufti wieder einige Male die Flucht geglückt war, begab er sich im Mai von Europa nach Kairo. Obwohl ihn die Mandatsmacht nicht nach Palästina einreisen ließ, gelang es ihm, die Politik des arabischen Palästina mit Hilfe eines aus seinen Kandidaten bestehenden Exekutiven Hochkomitees wieder unter seine Kontrolle zu bringen. Das Exekutive Hochkomitee wurde von den arabischen Staaten – die mit britischer Unterstützung die Arabische Liga gebildet hatten – anerkannt und unterstützt, und die Vorbereitungen für den Endkampf gegen die Juden kamen in Gang. Im September hatten die arabischen Staaten in London auf einer Konferenz mit den Engländern »spätestens am 31. Dezember 1948« einen unabhängigen arabischen Staat in Palästina gefordert. Um Zeit zu gewinnen, vertagten die Engländer die Sitzungen der Konferenz auf drei Monate.

Im Dezember 1946 trat der Zweiundzwanzigste Zionistische Kongreß – der erste nach dem Holocaust – in Basel zusammen. Seit dem letzten Kongreß war die jüdische Weltbevölkerung um mehr als ein Drittel geschrumpft. Der Anteil der eingetragenen Zionisten hatte sich hingegen mehr als verdreifacht und war von etwas über sechs Prozent im Jahr 1939 auf beinahe zwanzig Prozent im Jahr 1946 gestiegen. Die Zahl der Zionisten in der ganzen Welt hatte sich mehr als verdoppelt: von einer Million im Jahr 1939 auf weit über zwei Millionen im Jahr 1946.

Der Basler Kongreß billigte das Biltmore-Programm mit seinem ausdrücklichen Engagement für einen jüdischen Staat. Der erste Kongreß nach dem Holocaust war damit auch der erste, der sich formell zum Endziel des Zionismus bekannte.

Der Höhepunkt des Zweiundzwanzigsten Kongresses war Weizmanns Ansprache am 16. Dezember, die Abba Eban als seine bisher bemerkenswerteste rednerische Leistung bezeichnete. Weizmann war jetzt alt und beinahe blind, sprach aber trotzdem mit kräftiger Stimme. Er richtete seinen Angriff gegen die Terroristen in Palästina und vor allem gegen ihre amerikanischen Sympathisanten.

Eban berichtet darüber: »Als er den ›Aktivismus‹ aus zweiter Hand von Männern geißelte, die nicht vorhatten, selbst zur Waffe zu greifen, rief ein Delegierter: ›Demagogie‹. Weizmann unterbrach seine Rede, nahm die Brille ab und schwieg wie betäubt. So etwas war ihm noch nie zugestoßen. Sein Alter, seine Krankheit, seine geduldige Mühe und seine Opfer waren in einem Augenblick entsetzlichen Hasses entweiht worden. Die Versammlung schwieg entsetzt und gespannt, während er über seine Entgegnung nachdachte. Im Kongreßprotokoll wird sie wie folgt zitiert: ›Jemand hat mich einen Demagogen genannt. Ich weiß nicht, wer es war. Ich hoffe, daß ich den Namen des Betreffenden nie erfahren werde. Ich – ein Demagoge! Ich, der ich alle Mißgeschicke und Qualen dieser Bewegung ertragen habe. (Lauter Applaus.) Der Mensch, der mir dieses Wort ins Gesicht geschleudert hat, sollte wissen, daß sich in jedem Haus und Stall in Nahalal, in jeder kleinen Werkstatt in Tel Aviv oder Haifa ein Tropfen meines Blutes befindet. (Stürmischer Applaus. Außer den Revisionisten und den Misrachi erheben sich alle Delegierten.)... Wenn ihr daran denkt, die Erlösung durch unjüdische Methoden herbeizuführen, wenn ihr den Glauben an harte Arbeit und bessere Tage verliert, dann begeht ihr Götzendienst (avodah zarah) und gefährdet, was wir aufgebaut haben. Besäße ich doch eine Zunge aus Feuer und die Kraft der Propheten, um euch vor den Pfaden Babylons und Ägyptens zu warnen. Zion soll durch den göttlichen Ratschluß erlöst werden – und durch keine anderen Mittel.‹«

Das Ende von Weizmanns Rede wurde in späteren Jahren oft als Verurteilung der aggressiven Tendenzen zitiert, die es im Zionismus bereits gab. Er hat die blutigen Taten der Irgun und der Lehi sicherlich verabscheut, aber er war kein Pazifist. Er unterstützte die Politik der illegalen Einwanderung: eine Politik, die nur mit Hilfe bewaffneter Streitkräfte – Hagana, Palmah – wirksam durchgeführt werden konnte und bei der diese Streitkräfte zumindest gelegentlich mit den Streitkräften der Mandatsmacht in Konflikt gerieten. Gegen Ende des Mandats waren die zionistischen Anstrengungen ein zusammenhängendes Ganzes, das Weizmann und Begin einschloß, auch wenn sie einander noch so sehr ablehnten.

Weizmann war in bezug auf die arabische Politik auch keineswegs eine solche Taube, wie seine Worte manchmal vermuten lassen. Er hatte seit mindestens zehn Jahren für die Teilung Palästinas gearbeitet. Er war bereit gewesen, auch ein sehr kleines jüdisches Gebiet zu akzeptieren – mit dem Hintergedanken, daß es später größer werden konnte. Niemand, und schon gar nicht ein so glänzender Geist wie Weizmann, kann sich nach 1936 vorgestellt haben, daß das jüdische Gebiet aufgrund von *freiwilligen* territorialen Konzessionen der Araber größer werden würde. Weizmann war ein sehr großer Mensch, aber es wäre ein Fehler, ihn im sentimentalen Rückblick zu verklären.

Weizmann übte eine starke emotionelle Wirkung auf den Kongreß aus, doch politisch lehnte man ihn ab. Weizmann war dafür, daß die Zionisten an der im Januar wieder beginnenden Londoner Konferenz teilnahmen, doch die Mehrheit lehnte dies als zu »probritisch« ab.

Nach dieser Abfuhr ließ Weizmann nicht mehr zu, daß sein Name im Zusammenhang mit der Präsidentschaft genannt wurde, und aus Achtung vor ihm wurde dieses Amt nicht besetzt.

Eine neue Form von zweifacher Führung ergab sich, die der zeitgenössischen Realität des Zionismus entsprach. Ben Gurion vertrat als leitender Vorsitzender die Angelegenheiten der Yishuv, und der Aktivist Rabbi Silver aus Cleveland wurde leitender Vorsitzender in Amerika.

Anfang 1947 geriet die Politik in Großbritannien in Bewegung. Die Opposition hatte seit einigen Monaten auf die Beendigung des Mandats gedrängt. Nach dem Scheitern der wiederaufgenommenen Londoner Gespräche bestand Churchill nachdrücklich auf seiner Forderung: »Wenn wir unsere den Zionisten gegebenen Versprechen nicht halten können, sollten wir unser Mandat für Palästina unverzüglich den Vereinten Nationen zu Füßen legen und bekanntgeben, daß wir dieses Land binnen kurzem räumen werden.«

Als das Mandat sich durch Blut und Schmach weiterquälte, gewann Churchills Argument immer mehr an Gewicht. Schließlich gab die Regierung Attlee zumindest scheinbar nach. Am 18. Februar 1947 verkündete sie: »Die Regierung Seiner Majestät hat gemäß dem Wortlaut des Mandats von sich aus nicht die Macht, das Land den Arabern oder den Juden zuzusprechen oder es auch nur unter ihnen aufzuteilen... Wir sind daher zu dem Schluß gelangt, daß uns nur ein Weg offensteht, nämlich das Problem den Vereinten Nationen zur Entscheidung zu unterbreiten.«

Das Vereinigte Königreich ersuchte um eine Sondersitzung der Generalversammlung der Vereinten Nationen, in der diese Angelegenheit behandelt werden sollte. Daher wurde die Palästinafrage in die Tagesordnung einer Sondersitzung aufgenommen, die in Flushing Meadows im Staat New York abgehalten werden sollte. Dieser Antrag trug entscheidend zur vorzeitigen Beendigung des Mandats und zur Schaffung des Staates Israel bei, obwohl die britischen Beamten das bestimmt nicht beabsichtigt hatten. Die Berater der britischen Regierung verließen sich bei dieser Angelegenheit auf das sogenannte »blockierende Drittel« in der Verfahrensweise der Generalversammlung.

Für jede wichtige Entscheidung der Versammlung war eine Zweidrittelmehrheit der anwesenden, abstimmungsberechtigten Staaten erforderlich. Die Engländer rechneten zu Recht damit, daß die Vereinigten Staaten die meisten Stimmberechtigten (den lateinamerikanischen Block und noch einige andere) beeinflussen würden und daß die Generalversammlung daher sicherlich keine Resolution zugunsten eines unabhängigen arabischen Staates annehmen würde. Die Gefahr, daß es zu einer Abstimmung zugunsten der Teilung und der Schaffung eines jüdischen Staates kam, war größer, doch die britische Regierung war davon überzeugt, daß ein sicheres »blockierendes Drittel« vorhanden sein würde. Dieses Drittel würde aus den elf moslemischen Mitgliedsstaaten einschließlich der fünf arabischen Staaten und dem sowjetischen Block bestehen.

Nach Ansicht des Außenministeriums war also die Generalversammlung in bezug auf Palästina an einem toten Punkt angelangt. Und wenn dies zutraf, dann konnte man nichts verlieren, wenn man das Problem an die Vereinten Nationen weiterreichte, da diese zu keiner für Großbritannien ungünstigen Entscheidung gelangen konnten (nahm man an). Andererseits gewann man Zeit, was sich infolge der Verhärtung des Kalten Kriegs vielleicht zum Vorteil der Mandatsmacht auswirken würde. Wenn sich die Ereignisse allerdings nicht so entwickelten, wie das Außenministerium annahm, dann mußte Großbritannien vielleicht tatsächlich das Mandat aufgeben.

Die Zionisten waren über die britische Vorgangsweise geteilter Meinung. Doch im Augenblick hatte die UNO keine Möglichkeit, die Gewalttaten in Palästina einzuschränken. Selbst das vom praktischen zionistischen Standpunkt aus beste Ergebnis – die Teilung – würde die Irgun nicht zufriedenstellen, die das gesamte ursprüngliche palästinensische Mandatsgebiet einschließlich Transjordaniens forderte. Im Frühjahr und Sommer 1947 nahmen die Gewalttaten zu. Eine Explosion im Goldsmith Offiziersklub von Jerusalem forderte im März elf Tote und vierzehn Verletzte. Weitere Hinrichtungen und Vergeltungsmaßnahmen folgten.

Die Sondersitzung der Generalversammlung fand vom 28. April bis zum 15. Mai statt. Sie gelangte zu keiner sofortigen Entscheidung, sondern beschloß, als Untersuchungskommission elf Mitglieder einzusetzen, den Sonderausschuß der Vereinten Nationen für Palästina, über dessen Bericht sie im Herbst beraten würde.

Doch das bei weitem bedeutendste Ereignis der Sitzung und vermutlich der gesamten Nachkriegsdiplomatie um Palästina war die Intervention des sowjetischen Außenministers Andrej Gromyko gegen Ende der Debatten. Gromyko griff »das Versagen der Mandatsverwaltung in Palästina« an – ein allgemeiner Angriff, der nicht unerwartet kam –, doch dann unterstützte er »die Bestrebungen der Juden, einen eigenen Staat zu errichten«; für die sowjetische Außenpolitik eine neue Einstellung. Gromyko deutete an, daß er eine binationale Lösung vorziehen würde, doch wenn dies nicht möglich war, dann mußte man die Teilung Palästinas in zwei unabhängige Staaten, einen jüdischen und einen arabischen, in Erwägung ziehen.

Es war jetzt klar, daß es kein »blockierendes Drittel« gegen die Teilung geben würde. Ein britischer Schachzug, mit dem man Zeit gewinnen wollte, verwandelte sich in die Präliminarien zur Niederlegung des Mandats.

Über die Motive der sowjetischen Politik – vor allem zur Zeit Stalins – kann man nur Vermutungen anstellen. Rückblickend sind zwei Motive denkbar: Man wollte erstens zu Beginn des Kalten Krieges die kollektive westliche Position in einem kritischen Teil der Welt schwächen und zweitens die Differenzen im westlichen Lager ausnützen.

Warum maßen die Russen entgegen der allgemeinen Erwartung dem Goodwill der Araber keine Bedeutung bei? Man kann unter Berücksichtigung von Stalins Temperament und seiner Geschichte wieder nur raten. Er hatte nichts für immaterielle Phänomene übrig, sondern bevorzugte handfeste Vorteile – und handfeste Nachteile für seine Feinde. Und er mochte plötzliche, rücksichtslose Überraschungen. Die Regierung Attlee und ihre Berater hatten sich Stalin ausgeliefert. Ihre Haltung zur Palästinafrage bei den Vereinten Nationen stützte sich jetzt vertrauensvoll auf die Stimmen des sowjetischen Blocks. Indem Stalin diese Stimmen auf die andere Seite verschob – was er mit einem einzigen Telefonanruf bewerkstelligen konnte –, verfügte er über die Macht, die Engländer scheitern zu lassen. Es kommt nicht überraschend, daß er beschloß, diese Macht auszunützen. Ein solcher taktischer Coup paßte zu seinem Wesen.

Der UNO-Ausschuß reiste im Sommer nach Palästina. Was seine Mitglieder sahen und hörten, bewies, daß das Mandat nicht zu halten war. An dem Tag, an dem sie in Palästina eintrafen, verurteilte ein britisches Militärgericht drei Mitglieder der Irgun zum Tod. Der Ausschuß erhob dagegen Einspruch; seine Einwände wurden nicht beachtet. Die Irgun nahm am 12. Juli zwei britische Sergeanten gefangen und drohte, sie zu töten, wenn die britischen Todesurteile vollstreckt würden. Die Irgun-Leute wurden Ende Juli hingerichtet, und zwei Tage später wurden die gehenkten Leichen der beiden Sergeanten gefunden. Die Irgun hatte unterhalb der Leichen eine Mine gelegt, und die Engländer, die die Toten abschnitten, wurden durch die Explosion verletzt.

Die Ermordung der Sergeanten führte zur größten antizionistischen Welle der Empörung, die es in Großbritannien je gegeben hatte. In einigen Städten kam es zu vereinzelten antizionistischen Unruhen, doch diese fanden nicht viel Widerhall und hörten nach einigen Tagen auf. Die Auswirkungen auf die britischen Truppen in Palästina waren viel schwerwiegender, was nur natürlich war. In Tel Aviv wütete das Militär, schoß auf Autobusse, verwüstete Cafés und beging verschiedene andere Gewalttaten. Fünf Juden wurden von den plündernden Soldaten grundlos getötet. Gegen die Täter wurde nie Anklage erhoben.

Ein Faktor war in der palästinensischen Situation ständig präsent und machte die Situation einmalig: die Flüchtlinge. Von Juli 1945 bis Ende 1946 erreichten etwa dreißig Schiffe mit Juden aus Europa palästinensische Gewässer, und 1947 trafen weiterhin Schiffe ein. Die Royal Navy brachte die meisten größeren Schiffe auf, und ihre Passagiere wurden entweder auf Zypern oder in Palästina interniert. Einigen wenigen kleineren Schiffen gelang es, ihre Passagiere an Land zu setzen. Wenn die Passagiere durchkamen, war es ein Gewinn an Menschen für die Yishuv. Wenn sie gefaßt wurden, war es ein propagandistischer Gewinn für die zionistische Sache.

Bei dem berühmtesten Fall ging es um das größte an dieser Aktion beteiligte Schiff. Die President Warfield, die in Exodus umbenannt wurde, war ein Achtzehnhundert-Tonnen-Flußdampfer mit vier Decks, auf dem sich viertausendfünfhundert Passagiere drängten – Überlebende der Konzentrationslager. Die Exodus lief Mitte Juli vom französischen Mittelmeerhafen Sète nach Palästina aus. Vier britische Zerstörer folgten ihr. Am 18. Juli stürmten britische Prisenkommandos die Exodus und brachen schließlich den erbitterten Widerstand der Passagiere. Dabei wurden drei Juden getötet; achtundzwanzig mußten in Krankenhäuser eingeliefert werden. Die Verwundeten wurden in Haifa an Land gebracht. Die Delegierten der UNO waren zugegen, als die Exodus mit den sie begleitenden Zerstörern einlief, und nahmen wahr, in welchem Zustand sie sich befand: »Sie war an beiden Seiten aufgerissen, und ihre Decks waren schwarz vor Heizöl, mit dem man die Engländer besprüht hatte. Die Reling war zum Teil nicht mehr vorhanden, die Rettungsflöße lagen wild durcheinander, und von der Brücke baumelten Kabel. Zu den Bullaugen sahen Kinder und britische Matrosen mit blutbefleckten Uniformen und verbundenen Köpfen heraus. Die Szene wurde gefilmt und fotografiert«, berichtet Bethell. Eine Woche später führte eben diese Szene in New York zu einer Kundgebung, an der zwanzigtausend Menschen teilnahmen.

Soweit es die Weltöffentlichkeit betraf, hätte die Angelegenheit damit abgeschlossen sein können, wenn man das übliche Vorgehen beibehalten und die Passagiere zur Internierung nach Zypern gebracht hätte. Doch Ernest Bevin war verärgert, weil die Franzosen dem Schiff gestattet hatten auszulaufen, und bestand darauf, daß die Flüchtlinge nach Frankreich zurückkehrten.

Daher befanden sich die Passagiere der Exodus, die jetzt auf mehrere britische Schiffe aufgeteilt waren, am 29. Juli wieder in einem französischen Hafen, nämlich Port-de-Bouc. Die Franzosen boten jenen Passagieren, die darauf Wert legten, Asyl an, aber die französische Regierung gab bekannt, daß sie weder Zwang noch Druck ausüben wolle, damit sie an Land gingen. Die meisten Passagiere beschlossen, an Bord zu bleiben. Der britische Botschafter in Paris war über die

Empörung, die dieses Vorgehen in der Öffentlichkeit auslöste, entsetzt und bat Bevin, die Schiffe abzuziehen. Eigensinnig wie ein Esel bestand dieser darauf, daß die Franzosen die Passagiere ausschiffen mußten. Die Franzosen weigerten sich natürlich. Bevin erhielt inzwischen von den Botschaften in Paris und in Washington Alarmsignale. Während die Schiffe noch in Port-de-Bouc lagen, spitzte sich die Lage in Palästina zu, weil die Leichen der beiden Sergeanten gefunden worden waren. Die Ermordung der Sergeanten bestärkte Bevin zweifellos in seinem seltsamen Entschluß, die Passagiere nicht nach Zypern zu lassen. Und die anschließenden Ausschreitungen der britischen Truppen bestärkten die Amerikaner in ihrer Einstellung gegen das Mandat.

Bevin ließ schließlich die Passagiere der Exodus in ein Lager für displaced persons in Poppendorf in der Nähe von Lübeck bringen, wo sie im September eintrafen. Hätte Whitehall in geheimem Einverständnis mit der zionistischen Propagandamaschinerie gearbeitet, so hätte es sich kein wirkungsvolleres Ende der zweimonatigen Odyssee der Exodus-Passagiere einfallen lassen können.

Am 31. August stellte das UNO-Team seinen Bericht in Genf fertig und riet einstimmig zur möglichst baldigen Beendigung des britischen Mandats. Ein Mehrheitsbeschluß – sieben zu drei bei einer Stimmenthaltung – empfahl die Teilung Palästinas in einen arabischen und einen jüdischen Staat, wobei die Heiligen Stätten eine internationale Zone bilden sollten. Der amerikanische Außenminister George C. Marshall gab prompt bekannt, daß die Vereinigten Staaten nicht nur einstimmigen, sondern auch Mehrheitsbeschlüssen »großes Gewicht beimessen«.

Im wesentlichen, wenn auch nicht im Detail, entsprachen die Empfehlungen des UNO-Ausschusses jenen der Peel-Kommission zehn Jahre zuvor. Es gab tatsächlich keine andere Lösung, die eine internationale Gruppe mit einiger Aussicht auf Erfolg anraten konnte. Das Mandat lag offensichtlich in den letzten Zügen. Die Teilung konnte in der UNO knapp eine Zweidrittelmehrheit erreichen. Die Erklärung des sowjetischen Außenministers vor dem Erscheinen des Berichts und die des amerikanischen Außenministers nach seinem Erscheinen deuteten an, daß dieser Fall eintreten könne.

Der britischen Regierung und ihren Beratern gefiel der Bericht nicht, und die Arabische Liga verwarf ihn öffentlich. Es gab immer noch die Hoffnung, obwohl sie rasch dahinschwand, daß man in der Generalversammlung ein »blockierendes Drittel« auftreiben würde. Für Großbritannien gab es jetzt nur eine echte Alternative, da man weder das Mandat noch das Weißbuch aufrechterhalten konnte. Es gab nur die zwei Möglichkeiten: Entweder man blieb so lange, bis ein möglichst glatter Übergang oder eine reibungslose Teilung gewährleistet waren, oder man zog einfach ab und ließ es die Juden und die Araber untereinander ausfechten.

Am 17. Oktober machte die britische Regierung klar, daß sie den zweiten Weg gewählt hatte. An diesem Tag erklärte Kolonialminister Arthur Creech-Jones – ein ehemaliger Zionist – den Vereinten Nationen, daß seine Regierung »nicht die Verantwortung übernehmen könne, allein oder gemeinsam mit anderen Nationen eine Regelung durchzusetzen, die sich entweder gegen die Juden oder gegen die Araber oder gegen beide richtete und vermutlich die Anwendung von Waffengewalt erfordern würde«.

Harold Beeley erläuterte viel später Lord Bethell die logischen Gründe für diese Entscheidung: »Vielleicht hatten wir unrecht. Vielleicht hätten wir an den Teilungsgrenzen Truppen aufstellen und dafür sorgen sollen, daß die Teilung durchgeführt wurde. Ich gebe zu, daß diese Haltung würdevoller gewesen wäre. Aber nach Ansicht des Außenministeriums hätte dies den Arabern schweres Unrecht zugefügt. Und es hätte nicht im nationalen Interesse Großbritanniens gelegen. Während des ganzen Jahres 1947 hatte Bevin mit den Premierministern Nokrashi und Saleh Jabr von Ägypten und des Irak verhandelt, um den Suezkanal und unsere Erdölkonzessionen zu schützen und um die beiden Länder in die westliche Allianz zu integrieren. All dies wäre zunichte gemacht worden, wenn wir an der Schaffung des Staates Israel beteiligt gewesen wären.« Sie waren natürlich daran beteiligt gewesen, und sogar sehr. Jetzt war es zu spät, die Verwirklichung der Balfour-Erklärung zu verhindern.

Ein Teil der britischen Militärs war offenbar der Ansicht, daß die Juden imstande sein würden, ihre Gebiete zu behalten, wenn Großbritannien sich zurückzog. Doch die britische Regierung hatte offiziell immer auf dem Standpunkt gestanden, daß die Teilung ohne große britische Truppenverstärkungen nicht durchzusetzen sei. Wenn sie das annahm, mußte sie auch annehmen, daß die Yishuv überrannt werden und ein palästinensischer Staat entstehen würde.

Am 29. November 1947 kam es in der Generalversammlung zu der entscheidenden Abstimmung. Dreiunddreißig Delegierte stimmten für den Bericht des Ausschusses und die Teilung; dreizehn, darunter alle moslemischen Staaten, stimmten dagegen; zehn, darunter Großbritannien, enthielten sich der Stimme. Die Juden in Palästina tanzten auf den Straßen, als sie im Rundfunk hörten, daß die zwei Drittel erreicht worden waren und daß sich die Generalversammlung für den jüdischen Staat ausgesprochen hatte.

Weizmann befand sich zu dieser Zeit in New York – als der Defacto-Außenminister des noch nicht existierenden Staates. Abba Eban schildert, wie er am Abend vor der entscheidenden Abstimmung fieberhaft Jagd auf Stimmen machte. Daß er dies tat, ist naheliegend, aber am wirksamsten betätigte sich die Regierung der Vereinigten Staaten. Als ich neun Jahre später als Delegierter zur UNO entsandt wurde, sprachen die alten Hasen immer noch von dem traumatischen 29. November und von dem Druck, den die Regierung der Vereinigten Staaten über offizielle und inoffizielle Kanäle auf kleinere Regierungen ausgeübt und der dazu geführt hatte, daß man im letzten Augenblick Anweisungen umstieß und ständige Vertreter abberief; in einem Fall wurde sogar ein Außenminister ausgetauscht. Sobald sich das Weiße Haus für die Teilung ausgesprochen hatte und die Delegation der Vereinigten Staaten daher verpflichtet war, für die entsprechende Resolution zu stimmen, war es wichtig, daß die Resolution angenommen und damit bewiesen wurde, daß die »Weltmeinung« Präsident Trumans Politik billigte. Solange die USA die Zweidrittelmehrheit in der Hand hatten, galt die Generalversammlung nicht nur als zuverlässiges Barometer der Weltmeinung, sondern sogar als »moralisches Gewissen der Menschheit«.

Joseph Lash, ein erfahrener amerikanischer UNO-Beobachter, hat prägnant geschildert, wie die Abstimmung am 29. November im Widerspruch zu vorher abgegebenen Zusicherungen gedeichselt wurde: »Der amerikanische Staatssekretär für Nahost- und afrikanische Angelegenheiten Loy Henderson war vom Staatssekretär im Außenministerium Robert A. Lovett ermächtigt worden, den arabischen Vertretern zu versichern, daß die USA zwar für die Teilung stimmen, jedoch keinen Druck in diesem Sinn auf andere UNO-Mitglieder ausüben würden. Gleichzeitig wies jedoch David Niles, ein administrativer Mitarbeiter des Präsidenten, Herschel V. Johnson, den Vertreter von Botschafter Warren Austin bei der UNO, an, wenn notwendig, Druck auszuüben.«

Weizmanns diplomatischer Rolle kam weiterhin größte Bedeutung zu, und zwar nicht nur in diesem Augenblick, sondern bis zur Schaffung des Staates Israel; seine Diplomatie wurde jedoch vor allem im Hinblick auf die Vereinigten Staaten gebraucht. Er war nicht so sehr ein Schäferhund, der verirrte Stimmen zurückholte, als vielmehr ein Wachhund, der das Außenministerium nicht aus den Augen ließ. Es gab im amerikanischen Außenministerium Beamte in Schlüsselstellungen, die für den Standpunkt des britischen Außenministeriums viel mehr übrig hatten als für Präsident Trumans Politik. Das zeigte sich wenig später sehr deutlich.

Anfang Dezember gab die britische Regierung bekannt, daß sie die Regierungsgeschäfte in Palästina bis zum 15. Mai 1948 weiterführen und dann ihr Mandat niederlegen würde. Während der letzten fünf Monate des Mandats würden die britischen Streitkräfte in Palästina nur zur Selbstverteidigung eingesetzt werden. Das bedeutete in der Praxis, daß die britischen Truppen nicht in die Kämpfe eingreifen würden, die jetzt zwischen palästinensischen Arabern und Juden ausbrachen, während sich die arabischen Staaten darauf vorbereiteten, Mitte Mai anzugreifen.

In der Yishuv leitete David Ben Gurion die Vorbereitungen für den bevorstehenden Krieg mit unglaublicher Konzentration und Zielstrebigkeit. Die Gründe, aus denen Großbritannien sich weigerte, die Teilung durchzuführen, habe ich bereits dargelegt, und sie sind relativ klar. Die Gründe hingegen, aus denen es beschloß, noch weitere fünf Monate ohne erklärtes politisches Ziel in Palästina herumzutrödeln, sind nie zufriedenstellend erklärt worden. Doch die Auswirkungen, die dieser Entschluß auf das Gleichgewicht der Kräfte in und um Palästina hatte, liegen auf der Hand.

In diesem Zeitraum konnten die britischen Streitkräfte die Yishuv daran hindern, ihre Schlagkraft zu vergrößern, während die benachbarten arabischen Staaten in der Lage waren, mit britischer Unterstützung ihre Schlagkraft zu vergrößern. Wenn diese Vermutung zutrifft, dann sieht es so aus, als hätten die britischen Beamten gehofft, daß dem britischen Rückzug arabische Siege und das Entstehen eines mit England befreundeten palästinensischen Staates folgen würden.

Im November kam es zu sporadischen arabischen Angriffen auf die Juden, auf die Vergeltungsschläge gegen die Araber folgten, an denen sich sowohl die Hagana als auch die Irgun beteiligten. Unter den gegebenen Umständen war es unmöglich, die Havlaga (Zurückhaltung) beizubehalten. Das gesamte Land zerbrach in einander feindlich gegenüberstehende Sicherheitszonen. Im allgemeinen hielten sich die britischen Streitkräfte aus den Kämpfen heraus, aber einige wenige britische Polizisten und Soldaten, die durch die jüdischen Terrorakte erbittert und infolge der allgemeinen Auflösungserscheinungen demoralisiert waren, begingen gelegentlich Gewalttaten gegen jüdische Zivilisten. Der schlimmste derartige Vorfall war der Bombenanschlag in der Ben-Yehuda-Straße am 22. Februar 1948, bei dem zweiundfünfzig Menschen, hauptsächlich Juden, ums Leben kamen.

Die entscheidende Anstrengung der palästinensischen Araber, das Entstehen des jüdischen Staates zu unterbinden, wurde im April 1948 – einen Monat vor Auslaufen des britischen Mandats – durch die schrecklichste Greueltat im gesamten arabisch-jüdischen Konflikt verhindert. Am 9. April 1948 tötete Menachem Begins Irgun bei einem Angriff auf das arabische Dorf Deir Yassin zweihundertfünfzig arabische Zivilisten, darunter viele Frauen und Kinder.

In seinem Buch ›Die Revolte‹ stellt Begin fest, daß Deir Yassin ein wichtiges Glied in der Kette der arabischen Stellungen war, die Jerusalem im Westen einschlossen, und daß seine Einnahme Teil einer mit der Hagana abgesprochenen Strategie war, um die Verbindungslinien zwischen Jerusalem und dem Rest der Yishuv offenzuhalten. Es gibt keinen Grund, diese Feststellung anzuzweifeln. In bezug auf die erschreckend hohe Zahl der getöteten Zivilisten behauptet Begin, daß die Zivilisten vorher über Lautsprecher aufgefordert wurden, das Dorf zu verlassen, und daß viele von ihnen dieser Aufforderung auch Folge leisteten. Viele Zivilisten, die im Dorf geblieben waren, seien unabsichtlich getötet worden, als die Irgun die von den Arabern verteidigten Steinhäuser stürmte. In der arabischen Darstellung des Zwischenfalls heißt es, daß die Zivilisten absichtlich abgeschlachtet wurden, und die Angehörigen der Yishuv außerhalb der Irgun schlossen sich diesem Standpunkt weitgehend an. Die Jewish Agency verurteilte die Irgun.

Begin stellt den Vorfall so dar: »Das arabische Hauptquartier in Ramallah hat eine primitive Schauergeschichte über ein angebliches Massaker verbreitet, bei dem Irguntruppen Frauen und Kinder in dem Dorf ermordet haben sollen. Einige jüdische Beamte, die die Angehörigen der Irgun als politische Rivalen fürchten, haben die Gelegenheit benutzt, um die Irgun zu verleumden.« Kaum jemand außer Begins politischen Anhängern akzeptiert diese Version.

Man kann geteilter Meinung darüber sein, was sich in Deir Yassin tatsächlich abgespielt hat, aber man kann nicht ernsthaft geteilter Meinung über die Auswirkungen dieses Ereignisses sein. Die Nachricht von Deir Yassin, die der arabische Rundfunk verbreitete, führte zu einer Massenflucht der arabischen Bevölkerung aus den Gebieten mit überwiegend jüdischer Bevölkerung. George Kirk schrieb dazu: »Es steht außer Frage, daß die Publicity, die das Massaker von Deir Yassin durch die arabische Presse erhielt, um Mitgefühl zu wecken, die Demoralisierung und Flucht der arabischen Nichtkombattanten beschleunigte. Die arabische Propaganda verbreitete eine Terrorlegende unter den Arabern und den arabischen Truppen, die daraufhin schon bei der Erwähnung von Irgunsoldaten von Panik ergriffen wurden. Die Legende war für die Streitkräfte Israels genausoviel wert wie ein halbes Dutzend Bataillone.«

Mitte Mai waren bereits dreihunderttausend Araber aus ihren Ortschaften geflohen und hatten zum Teil in den Nachbarländern Zuflucht gesucht, deren Rundfunksendungen sie in dem Glauben bestärkten, daß sie bald im Gefolge der siegreichen Armeen der arabischen Staaten zurückkehren würden.

In einer Vergeltungsaktion für Deir Yassin überfielen die Araber einen Ärztekonvoi, der zum Hadassah-Krankenhaus und der Hebräischen Universität (die abgeschieden auf dem Berg Scopus liegen) unterwegs war. Siebenundsiebzig Ärzte, Krankenschwestern, Universitätsprofessoren und Studenten wurden getötet. Dieser Zwischenfall ereignete sich nur zweihundert Meter von einem britischen Militärposten entfernt, der nicht einmal versuchte einzugreifen, obwohl die Angriffe über sieben Stunden anhielten.

Die jüdische Autorität war inzwischen in der Küstenebene und in Ostgaliläa konsolidiert, doch es bestand immer noch Zweifel daran, ob der jüdische Staat international anerkannt werden und welches Gebiet er umfassen würde. In diesem Kontext erwies Chaim Weizmann der Sache des Zionismus den letzten seiner unzähligen diplomatischen Dienste, die zweiundvierzig Jahre zuvor mit einem Gespräch mit Arthur Balfour begonnen hatten.

Am 23. Januar 1948 telegrafierte Abba Eban aus New York an Weizmann nach London und forderte ihn auf, in die Vereinigten Staaten zu kommen, weil sich die Situation verschlechtert habe.

Weizmann hatte die Vereinigten Staaten nach der entscheidenden Abstimmung in der Generalversammlung verlassen, weil er annahm, daß dem jüdischen Staat keine diplomatische Gefahr mehr drohte. Doch im Dezember hatte sich die Situation vom zionistischen Standpunkt aus drastisch verschlimmert. Der Präsident hatte genug vom Zionismus, teils wegen der Angriffe Abba Silvers, teils weil seine eigene Administration – Verteidigungsministerium, Außenministerium, Nationaler Sicherheitsausschuß – und die Opposition Druck auf ihn ausübten. Die Beamtenschaft vertrat inzwischen einen Standpunkt, der dem ihrer britischen Kollegen sehr ähnlich war.

Verteidigungsminister James Forrestal hatte dem Ausschuß für die bewaffneten Streitkräfte mitgeteilt, daß der »undurchführbare Plan« (die Teilung) Amerika vom Erdöl aus dem Nahen Osten abschneiden würde. Daß die Russen den Plan unterstützten, gab den Republikanern die Möglichkeit, Truman vorzuwerfen, daß er im Nahen Osten den Russen leichtgläubig in die Hände spiele. Truman vollzog eine Kehrtwendung um hundertachtzig Grad und erklärte sich bereit, die Teilung aufzuschieben und das Mandat an den Treuhänderrat zu übertragen. Im Dezember machte sich die amerikanische Diplomatie daran, die Resolution der Generalversammlung, die die amerikanische Diplomatie im November mit allen Mitteln herbeigeführt hatte, rückgängig zu machen.

Als Weizmann in die Vereinigten Staaten zurückkehrte, dauerte es eine geraume Weile, bis er mit dem Präsidenten sprechen konnte, für den der Zionismus zu einem Ärgernis geworden war. Doch Weizmann gab nicht so leicht auf. Er fand in Independence in Missouri den jüdischen Besitzer eines Herrenmodegeschäfts namens Addie Jacobson, der einmal Geschäftspartner des Präsidenten gewesen und sein persönlicher Freund geblieben war. Auf Jacobsons dringende Bitte hin erklärte sich Truman bereit, Weizmann zu empfangen. Weizmann war zu dieser Zeit bereits krank, doch seine Kraft war ungebrochen.

Truman schließt einen bemerkenswert vagen Bericht über das Zusammentreffen mit den Worten: »Als er mein Büro verließ, hatte ich das Gefühl, daß er meine Politik genau verstand und daß ich wußte, was er wollte.«

Das Weizmann-Truman-Gespräch hatte zur Folge, daß Trumans Politik neuerlich eine Kehrtwendung vollzog, zurück zu dem Standpunkt, den Truman im November eingenommen hatte. Der Präsident war wieder bereit, sich für die Errichtung eines jüdischen Staates einzusetzen.

Natürlich spielten dabei auch andere Überlegungen mit. 1948 war ein Wahljahr, und die Politik, zu der man sich im Dezember entschlossen hatte, sah im März vielleicht riskanter aus, weil die jüdischen Stimmen an Bedeutung gewannen und Fragen der hohen Staatskunst in bezug auf Erdöl, Russen und den Nahen Osten akademischer und ungewisser wirkten. Anfang 1948 hatte sich herausgestellt, daß Henry Wallace, der Kandidat des linken Flügels für das Präsidentenamt, bei den jüdischen Wählern Stimmengewinne erzielte; der republikanische Kandidat Thomas E. Dewey ging mit seiner New Yorker Basis in den gleichen Kreisen auf Stimmenfang. Die demokratischen Führer in New York und in anderen Staaten bestanden darauf, daß Truman drastische und wirkungsvolle Schritte im Hinblick auf die Juden unternahm. Truman war über diesen Druck verstimmt.

Offenbar war es wieder einmal Weizmann, der den Ausschlag gab. Für Truman waren persönliche Beziehungen wichtig. Rabbi Silver hatte ihn verärgert, und Truman hatte ihm erklärt, er solle sich zum Teufel scheren. Weizmann versöhnte ihn wieder und stellte eine bemerkenswerte Übereinstimmung her, die sich deutlich in Trumans Urteil über Weizmann spiegelt. »Er hat viele Enttäuschungen erlebt und ist durch sie geduldig und weise geworden.« Lord Passfield, der ein Freund des Zionismus war, hatte mehr als zehn Jahre zuvor bemerkt, daß die gesamte arabisch-jüdische Kontroverse unfair sei, weil die Juden Weizmann hatten und die Araber nicht.

So wie Hühner noch eine Weile herumlaufen, nachdem man ihnen den Kopf abgeschnitten hat, so laufen auch diplomatische Manöver oft noch eine Weile weiter, obwohl das Motiv, das sie beseelt hat, verschwunden ist. Deshalb teilte am 19. März, einen Tag nach dem schicksalhaften, aber nicht veröffentlichten Gespräch zwischen Truman und Weizmann, der amerikanische Botschafter bei den Vereinten Nationen, Warren Austin, dem Sicherheitsrat mit, daß alle Bemühungen, die Teilung durchzuführen, eingestellt werden sollten. Die Generalversammlung sollte zu einer Sondersitzung einberufen werden, um einen Plan für eine befristete Treuhandschaft auszuarbeiten.

Im April wurde in der Generalversammlung eine ergebnislose Debatte über die im Sterben liegende, aber in der Geschäftsordnung noch immer herumgeisternde Idee der Treuhandschaft durchgeführt, während die Teilung sich durch die Auseinandersetzung an Ort und Stelle in Palästina vollzog, wobei die Teilungslinie ungefähr der in der Resolution der Generalversammlung vorgesehenen Grenze entsprach.

Am 23. April 1948, am Passahabend, erhielt Weizmann durch Richter Rosenman, einen von Trumans Beratern, eine Nachricht: »Wenn es bei der Sitzung der Generalversammlung nicht dazu kommt, daß die Teilung umgestoßen wird, und wenn es zur Ausrufung eines jüdischen Staates kommt, wird ihn der Präsident unterstützen.« Der Präsident stellte die Bedingung, daß er in dieser Angelegenheit mit Weizmann und nur mit Weizmann zu tun haben wolle.

Die zionistischen Diplomaten machten sich wegen des Treuhandvorschlags in der Generalversammlung keine Sorgen mehr. Die Idee war tot. Doch das Außenministerium hoffte immer noch, daß die Gründung des jüdischen Staates verhindert oder zumindest hinausgeschoben werden konnte. General Marshall warnte Ben Gurion davor, den Staat auszurufen. Meyer Weisgal rief aus Nizza Weizmann in New York an und bat ihn um seinen Rat. Weizmann antwortete: »Ruft den Staat aus, ganz gleich, was danach kommt.«

Am 14. Mai hielt Ben Gurion als Premierminister in Tel Aviv die Zeremonie der Ausrufung des Staates Israel ab. Am nächsten Tag lief das britische Mandat um 18.00 Uhr (11 Uhr Washingtoner Zeit) aus, und elf Minuten später verkündete Truman die Anerkennung Israels durch die Vereinigten Staaten. »Jetzt wird mir der alte Doktor glauben«, sagte er.

Ben Gurion, der langjährige Rivale von Weizmann, den er nun verdrängt hatte, sandte diesem im Namen seiner Regierung eine Botschaft: »Anläßlich der Gründung des jüdischen Staates senden wir unsere Grüße Ihnen, der mehr als jeder lebende Mensch zu seiner Schaffung beigetragen hat. Ihr Eintreten und Ihre Hilfe haben uns allen Kraft verliehen. Wir blicken erwartungsvoll dem Tag entgegen, an dem wir Sie an der Spitze des in Frieden gegründeten Staates sehen werden.«

Es war noch nicht Frieden. Bei Ablauf des Mandats griffen fünf arabische Staaten Israel an. Ägyptische Flugzeuge bombardierten Tel Aviv, und Ben Gurions erste Rundfunkansprache als Premierminister erfolgte von einem Luftschutzbunker aus.

Zweites Buch

5
Das Jahr eins
(1948)

»C'était la même Terre; et les mêmes Hébreux.«
Charles Péguy

Ernest Bevin empfing im Februar 1948 in London den Premierminister von Transjordanien, Tewfic Abu al-Huda, sowie den Kommandanten der Arabischen Legion Transjordaniens, Sir John Glubb. Huda setzte Bevin von König Abdullahs Absicht in Kenntnis, nach dem Abzug der Engländer in den Gebieten, die die Generalversammlung in ihrer Resolution vom 29. November 1947 den Arabern zugesprochen hatte, die Macht zu ergreifen. Bevin äußerte sich zustimmend, fügte jedoch hinzu: »Kommen Sie aber nicht auf die Idee, in die den Juden zugesprochenen Gebiete einzufallen.«

Wenn ein solcher Rat vom britischen Außenministerium kam, besaß er Gewicht. Transjordanien war 1946 formell unabhängig geworden, aber im wesentlichen blieb es noch immer ein britisches Protektorat. Der britische Resident in Amman war Vertreter der britischen Regierung geworden, »ohne«, wie er selbst sagte, »daß dies zu einer drastischen Veränderung meiner Aktivitäten geführt hätte.« Was die Arabische Legion betraf, so wurde sie von den Engländern ausgebildet, von den Engländern finanziert und von englischen Offizieren befehligt.

Obwohl Bevins Rat in der Form, in der er erteilt wurde, pazifistisch war, trug er dazu bei, den Konflikt zu beschleunigen, und zwar aus zwei Gründen. Erstens gab er der Arabischen Legion freie Hand, die Macht in den Gebieten zu ergreifen, die durch die Teilungsresolution der Vereinten Nationen den palästinensischen Arabern zugewiesen worden waren. Dies führte zum verzweifelten Widerstand des Mufti, dessen Einfluß damit zu Ende war, und zur Rivalität anderer arabischer Führer. Weder Ägypten noch Syrien, vom Mufti ganz zu schweigen, waren bereit zuzulassen, daß Abdullah Palästina erbte. Er wäre vielleicht trotzdem in der Lage gewesen, die Macht in jenen Gebieten zu übernehmen, die die Juden den Arabern zugestanden hatten, weil diese Abdullah natürlich bei weitem dem Mufti vorzogen – wäre da nicht der zweite, entscheidende Faktor gewesen: Jerusalem.

Jerusalem gehörte nicht zu den Gebieten, die den Juden durch die Resolution der Vereinten Nationen zugesprochen worden waren. Es sollte eine internationale Zone werden. Aber die Art, wie Großbritannien seine Truppen abzog, sowie Bevins Weigerung, vor dem Abzug der Engländer in irgendeiner Weise mit den Vereinten Nationen zusammenzuarbeiten, machte in der Praxis eine Internationalisierung unmöglich.

Indem Bevin seine Warnung an Abdullah auf jene Gebiete beschränkte, die den Juden überantwortet worden waren, überließ er es Abdullah und Glubb, ob sie Jerusalem besetzten. Abdullah hätte wahrscheinlich vorgezogen, einen Krieg überhaupt zu vermeiden, aber die Erwartungen der Araber drängten ihn in diese Richtung. Schließlich beschloß der König, seinen Kritikern zuvorzukommen.

Bei einer Zusammenkunft der arabischen Liga in Kairo gab Abdullah bekannt, daß die Arabische Legion in dem Augenblick in Palästina einmarschieren würde, in dem das Mandat auslief. Angeblich führte diese Ankündigung zu Verwirrung und Bestürzung unter den Delegierten. Doch sobald sich einer der arabischen Nachbarn Palästinas verpflichtete, seine regulären Truppen gegen die Yishuv einzusetzen, konnten die übrigen kaum zurückstehen. Die realistischeren arabischen Führer hegten vermutlich ernste Bedenken, aber die allgemeine arabische Stimmung war triumphierend – und das wirkte ansteckend. Attlees Biograph Kenneth Harris stellt fest: »Das Außenministerium und der britische Generalstab waren der Ansicht, daß im Fall eines Krieges zwischen Arabern und Juden die Araber die Juden ins Meer werfen würden.«

An dem Tag, an dem David Ben Gurion in Tel Aviv die Gründung des Staates Israel ausrief, jubelte er nicht mit seinen Landsleuten. »Ich empfand keine Freude, nur tiefe Besorgnis«, sagte er.

In der ersten Phase der Kämpfe war das Überleben des neuen Staates ernsthaft in Frage gestellt. Es handelte sich allerdings nicht um eine Auseinandersetzung zwischen David und Goliath, wie man aus manchen Berichten schließen könnte. Die Bevölkerungszahlen – vierzig Millionen Araber gegen eine Million Juden – sind für die militärische Situation nicht direkt relevant. Die Schätzungen variieren, aber die Kampfkraft dürfte auf beiden Seiten ungefähr gleich groß gewesen sein. Doch zu Beginn verfügten die Araber hinsichtlich Ausrüstung und Feuerkraft, schwerer Waffen, Granatwerfer und Flugzeuge über eine ungeheure Überlegenheit. Die Juden hofften, daß sie dieses Handicap durch bessere Kampfmoral, Initiative, Einsatzfreudigkeit und Erfahrung kompensieren konnten.

Die arabischen Generalstabschefs, die im April in Damaskus zusammenkamen, hatten auf dem Papier eine koordinierte Offensive ausgearbeitet. Syrische und libanesische Armeen sollten in Nordpalästina einfallen und Tiberias, Safed und Nazareth besetzen. Den Hauptangriff würden die irakische Armee und die Arabische Legion südlich des Sees Genezareth eröffnen; sie sollten nach Westen zum Hafen Haifa, dem Hauptziel der ersten Phase des Feldzugs, vordringen. Den Ägyptern fiel die Aufgabe zu, die jüdischen Streitkräfte südlich von Tel Aviv zu binden.

In der Praxis gab es keinen einheitlichen arabischen Feldzug. Nominell war Abdullah Oberkommandierender der arabischen Armeen, aber in Wirklichkeit schenkten ihm die Armeen – mit Ausnahme seiner Arabischen Legion – keine Beachtung, und er kümmerte sich nicht um sie. Die Strategie von Damaskus hätte vielleicht zum Erfolg führen können, wenn die Arabische Legion – die weitaus effizienteste Komponente der arabischen Streitkräfte – den Angriff auf Haifa vorgetragen hätte. Doch Abdullah war nicht an Haifa interessiert, weil es für ihn laut Bevins Warnung verbotenes Territorium war. Abdullahs Streitkräfte blieben im Westjordanland, das die UNO den arabischen Staaten zuerkannt hatte, und in Jerusalem, das theoretisch internationalisiert war.

Die arabischen Armeen griffen daher unsystematisch an. Die Syrer fielen in Brigadestärke mit einem Schützenpanzerbataillon, einem Artillerieregiment und einer Panzerkompanie im dicht besiedelten Jordantal ein. Sie nahmen die Stadt Zemah ein und griffen am 20. Mai die große Siedlung Degania an. Unter den Verteidigern von Degania befand sich Moshe Dayan, dessen Vater an der Gründung dieser Siedlungen beteiligt gewesen war. Siebzig Mann verteidigten Degania. Sie verfügten über Granatwerfer und Maschinengewehre und gingen gegen die syrischen Panzer mit Molotowcocktails vor. Es gelang den Verteidigern, die Syrer abzuwehren und zum Rückzug zu zwingen. Am 23. Mai hatten die Syrer das Jordantal bereits wieder verlassen. Die Nachricht von der erfolgreichen Verteidigung Deganias verbreitete sich rasch und ermutigte die Juden sehr, denn sie war der Beweis dafür, daß ihre Ansiedlungen Angriffen regulärer arabischer Streitkräfte standhalten konnten.

Die libanesische Armee führte eine begrenzte Invasion nach Nordgaliläa durch, blieb aber nach einem israelischen Gegenangriff in den Libanon stehen. Das Ausmaß der Beteiligung des Libanon am Krieg wurde durch seine gemischte moslemisch-christliche Bevölkerung bestimmt. Doch anderen arabischen Kräften – Fawzi al-Kaukdschis aus Freiwilligen bestehender Befreiungsarmee – gelang es, durch das von den Libanesen besetzte Tor von Malkya nach Mittelgaliläa vorzudringen, wo sie von den dort ansässigen palästinensischen Arabern begeistert begrüßt wurden. Gleichzeitig griffen die Syrer wieder an und nahmen die seit langer Zeit bestehende Grenzsiedlung Mishmar Hayarden ein, die die strategisch wichtige »Brücke der Töchter Jakobs« über den Jordan beherrschte.

Südlich der syrischen, libanesischen und »Befreiungs«-Armeen griff die irakische Armee zuerst die Ansiedlung Gesher an, wurde aber genau wie die Syrer zurückgeschlagen. Den Irakern gelang es allerdings, die Siedlung Geulim einzunehmen. Die Israelis vertrieben sie jedoch und unternahmen dann Gegenangriffe auf arabisches Gebiet, besetzten arabische Dörfer und belagerten die Stadt Jenin. Für die Iraker war damit die offensive Phase der Operationen zu Ende.

Im äußersten Süden, in der Wüste Negev, wurde Israel von der größten und potentiell gefährlichsten arabischen Streitkraft, der ägyptischen Armee, angegriffen. Die Ägypter rückten an der Küste entlang vor und bedrohten Tel Aviv, wurden jedoch bei der Ansiedlung Yad Mordechai südlich der jetzigen Hafenstadt Ashdod aufgehalten. Yad Mordechai war nach Mordechai Ankelewitsch, dem Anführer des Aufstands im Warschauer Ghetto im Jahr 1943 benannt. Viele Siedler waren Veteranen dieses Aufstands oder anderer Partisanenkämpfe gegen die Deutschen. Die Verteidiger von Yad Mordechai zählten kaum mehr als eine Infanteriekompanie. Die Ägypter setzten bei ihrem Angriff zwei Infanteriebataillone, ein Panzerbataillon und ein Artillerieregiment ein. Yad Mordechai hielt sich fünf Tage. Am 24. Mai wurde die Ansiedlung geräumt.

Diese fünf Tage, die Israel den Verteidigern von Yad Mordechai verdankte, waren für sein Überleben entscheidend. Zu Beginn der Kämpfe befand sich das Land in der größten Gefahr, da nur das dürftige Waffenlager zur Verfügung stand, das die Yishuv während des Mandats illegal importiert oder gekauft hatte. Jeder jetzt gewonnene Tag war ein Tag, in dem Israel als von den Supermächten anerkannter Staat unbeschränkt neue, überlegene Waffen einführen konnte (aus dem Sowjetblock, da es für das Gebiet ein westliches Embargo gab). Die Agenten der Hagana hatten noch vor dem Ende des Mandats Waffen gekauft, die nun laufend eintrafen. Bis jetzt hatte die ägyptische Luftwaffe den Luftraum beherrscht und Tel Aviv und andere Orte bombardiert; eine ägyptische Brigade mit fünfhundert Fahrzeugen rückte nach Norden vor. Doch am 29. Mai griffen die ersten israelischen Jagdflugzeuge – vier Messerschmittmaschinen – die ägyptische Kolonne an. Obwohl sie ihr keinen großen Schaden zufügten, wurde der ägyptische Vormarsch in der Nähe des heutigen Ashdod zum Stehen gebracht.

Die einfachen ägyptischen Soldaten wußten offenbar nicht, daß sie an einer Invasion teilnahmen. Nachdem die Armee in Palästina eingedrungen war, fragte Gamal Abdel Nasser, der während dieses Feldzugs rangniedriger Offizier war, einen Soldaten, warum sie sich seiner Ansicht nach hier befanden. »Wir führen in Rebeiki Manöver durch, Sir«, erwiderte der Mann. Rebeiki war das Manövergelände der Armee in Ägypten. Truppen, die so gänzlich unvorbereitet waren, erschütterte natürlich der erbitterte Widerstand von Yad Mordechai. Deshalb gruben sich die ägyptischen Streitkräfte nach dem Auftauchen der israelischen Jagdflugzeuge einfach ein.

Der ägyptische Angriff aus dem Süden war als die größte Bedrohung für den Fortbestand des neuen Staates betrachtet worden. Doch die schwersten Rückschläge und Verluste erlitten die Israelis im Zentrum, im Abschnitt Jerusalem, durch die Arabische Legion, die unter Glubbs Befehl stehende Streitkraft Abdullahs, die jetzt Transjordanische Armee hieß. Abdullahs Streitkräfte bedrohten Israels Fortbestand nicht. Doch die Bedrohung, die sie darstellten, war für Ben Gurion beinahe genauso entsetzlich wie der Untergang des jungen Staates. Sie waren im Begriff, Jerusalem von Israel abzuschneiden und die Stadt in Abdullahs Emirat (Transjordanien, später Jordanien) einzugliedern. Für Ben Gurion und für die meisten Zionisten war ein israelischer Staat, der von Jerusalem getrennt war, beinahe bedeutungslos.

Zu dieser Zeit bestand Jerusalem aus einer jüdischen Neuen Stadt und aus der Altstadt innerhalb der aus dem sechzehnten Jahrhundert stammenden Mauern. Die Altstadt war größtenteils arabisch, enthielt jedoch ein kleines jüdisches Viertel. Nachdem die transjordanischen Streitkräfte am 15. Mai den Jordan über die Allenby-Brücke überschritten hatten, gingen sie um Jerusalem in Stellung und griffen auch die Neue Stadt an. Als dieser Angriff zurückgeschlagen wurde, stellten Glubbs Transjordanier die direkten Angriffe auf das Hauptzentrum der jüdischen Bevölkerung ein und konzentrierten sich auf das jüdische Viertel der Altstadt, dessen Bewohner vorwiegend fromme Juden der Alten Yishuv waren, die aus Tradition dem säkularen Zionismus feindlich gegenüberstanden. Die verzweifelten Anstrengungen der Israelis, das jüdische Viertel zu entsetzen, scheiterten, nachdem die transjordanischen Truppen in das Viertel eingedrungen waren. Am Morgen des 28. Mai begab sich eine Delegation von Rabbinern zum transjordanischen Oberkommando. Am gleichen Tag ergab sich die israelische Garnison, nachdem die Transjordanier den Gefangenen und der Zivilbevölkerung sicheres Geleit zugesagt hatten. Die Transjordanier hielten diese Zusage ein.

Die Neue Stadt wurde weiterhin belagert. Die Transjordanier hielten mit starken Kräften das an der Hauptstraße von der Küste nach Jerusalem gelegene Latrun im Ayalontal besetzt. Die Israelis griffen diese Stellung wiederholt an, wurden jedoch unter schweren Verlusten zurückgeschlagen. Doch sie schafften es gerade noch, eine Lebensader nach dem jüdischen Jerusalem offenzuhalten, indem sie einen holprigen, Burmastraße genannten Weg durch das Gelände, der die transjordanischen Stellungen umging, soweit herrichteten, daß Motorfahrzeuge ihn benützen konnten.

Der Sicherheitsrat forderte am 29. Mai einen Waffenstillstand. Dieser Waffenstillstand, dem alle Kombattanten zustimmten, trat am 11. Juni für einen Monat in Kraft. Was war der diplomatische und politische Hintergrund des Waffenstillstands – und der Kämpfe?

International gesehen, war das wichtigste an der neuen Situation die prompte De-facto-Anerkennung des jungen Staates durch Präsident Truman am 15. Mai; drei Tage später erfolgte die De-jure-Anerkennung durch die Sowjetunion.

Dadurch, daß Truman Israel anerkannte, geriet die Regierung Attlee neuerlich in ein peinliches Dilemma. Die Logik des Weißbuchs 1939 erforderte, daß Großbritannien die Interessen seiner Protektorate vorrangig behandelte. In der Reihenfolge ihrer Bedeutung waren das Ägypten, der Irak und Transjordanien. Großbritannien mußte dieser Logik zufolge vor allem das Prestige der Regime in den Augen ihrer Untertanen mit allen Mitteln wahren, und das konnte es nur auf eine einzige Art tun – indem es ihnen half, die Israelis zu schlagen. Die Untertanen dieser Regime erwarteten zuversichtlich von ihren Herrschern, daß sie siegen und die »zionistischen Banden« vernichten würden. Wenn es den Regimen nicht gelang, einen Krieg zu gewinnen, den sie nach Ansicht ihrer Untertanen mühelos gewinnen konnten, dann waren Großbritanniens Freunde restlos diskreditiert und der englische Einfluß entscheidend untergraben.

Andererseits war die Anerkennung Israels durch Truman ein Hinweis darauf, daß eine Unterstützung der Araber neuerlich zu Zwistigkeiten mit den Amerikanern führen würde. Und Großbritannien war weniger denn je in der Lage, solche Zwistigkeiten zu riskieren. Einen Monat vor der Anerkennung Israels hatte Präsident Truman den Marshallplan ins Leben gerufen, von dem jetzt die Hoffnung auf eine Gesundung Westeuropas einschließlich Großbritanniens abhing.

Am 17. Mai brachten die Vereinigten Staaten im Sicherheitsrat einen Resolutionsentwurf ein, der dahingehend lautete, daß die Situation in Palästina im Sinn des Artikels 39 der Charta der Vereinten Nationen – der die Anwendung von Waffengewalt durch die Großmächte vorsieht – einen Friedensbruch darstelle, und der die Feuereinstellung binnen sechsunddreißig Stunden forderte. Großbritannien stellte einen Abänderungsantrag auf Streichung des Hinweises auf den Artikel 39, der angenommen wurde. Der kleine Sieg, den Großbritannien damit für seine arabischen Freunde errungen hatte, veranlaßte die mächtige, tatkräftige proisraelische Lobby in den Vereinigten Staaten, dringend die Aussetzung der amerikanischen Anleihe für Großbritannien zu fordern.

Da dieser Druck den Marshallplan gefährdete, übten die Vereinigten Staaten ihrerseits Druck auf Großbritannien aus, um seine Nahostpolitik auf Vordermann zu bringen. Die Regierung Attlee gab nach und erklärte sich bereit, die Waffenlieferungen an die arabischen Staaten einzustellen. Am 29. Mai nahm der Sicherheitsrat eine Resolution an, mit der ein Waffenstillstand angeordnet und die Einfuhr von Waffen oder militärischem Personal nach Palästina oder den arabischen

Staaten verboten wurde. Am 11. Juni trat der auf dieser Resolution beruhende Waffenstillstand in Kraft.

Einige proisraelische Kommentatoren haben Präsident Truman kritisiert, weil er ein Embargo unterstützte, das Israel in der Stunde der Not die militärische Hilfe versagte. Diese Kritik begreift aber das Wesentliche nicht – das Embargo sollte Großbritannien daran hindern, den Arabern zu helfen. Israel war darauf eingerichtet, mit jedem Embargo der Vereinten Nationen fertigzuwerden, und importierte weiterhin Waffen aus vielen Quellen, hauptsächlich aus der Tschechoslowakei. Doch Großbritannien mußte sich infolge des amerikanischen Drucks an das Embargo halten und tat es auch strikt. Es berief sogar unvermittelt alle aktiven Offiziere zurück, die in der Arabischen Legion dienten, und zerrüttete dadurch diese Streitkraft schwer.

Damit hatten die Protektorate Großbritanniens mit einem Schlag jegliche materielle Unterstützung durch ihren Schirmherrn und auch ihre einzige traditionelle Quelle für Waffen und militärische Ausbildung verloren. Gleichzeitig hatte man ihnen zu verstehen gegeben, daß sie sich auf keine Großmacht mehr verlassen konnten, solange die Vereinigten Staaten und – jedenfalls für den Augenblick – die Sowjetunion ihren Feind unterstützten.

Für Israel war der Waffenstillstand wie »Manna vom Himmel« gekommen, wie ein Kommandeur es ausdrückte. Er war eine Atempause für die erschöpften Menschen und auch eine Gelegenheit, Reserven für die erwartete nächste Runde anzulegen. Doch der Waffenstillstand war kaum zehn Tage alt, als unter den Israelis ein Streit ausbrach, durch den dem jungen Staat für kurze Zeit ein Bürgerkrieg drohte.

Am 28. Mai waren mit dem Befehl Nr. 4 der provisorischen Regierung Ben Gurion die israelischen Verteidigungskräfte geschaffen und die Errichtung oder Beibehaltung von anderen bewaffneten Verbänden verboten worden. Doch es war unmöglich, die Einhaltung dieses Befehls während der Kämpfe mit den Arabern zu erzwingen, und die Irgun behielt auch nach dem Inkrafttreten des Waffenstillstands ihre selbständige Existenz bei. David Ben Gurion war entschlossen, den Befehl Nr. 4 durchzusetzen, und die Altalena-Episode bot ihm Gelegenheit dazu.

Die Altalena war ein Schiff, das die Irgun in Dienst gestellt hatte, um Waffen und Freiwillige ins Land zu bringen. Die Waffen waren offenbar ein Geschenk der französischen Regierung, die der Irgun auch weiterhin Waffen und allgemeine Unterstützung zusagte. Israel brauchte die Waffen und Freiwilligen der Altalena dringend, doch vom Standpunkt der Regierung Ben Gurion aus ergaben sich zwei Schwierigkeiten. Die eine bestand darin, daß über das Auslaufen der Altalena aus dem französischen Mittelmeerhafen Port-de-Bouc zahlreiche Berichte erschienen waren und daß man dadurch in Anwesenheit von UNO-Beobachtern eklatant gegen die Resolution des Sicherheitsrats verstieß. Die zweite, gravierendere Schwierigkeit war die Tatsache, daß eine so große Waffenlieferung Begins Irgun die Möglichkeit geben konnte, die Autorität der israelischen Regierung in Frage zu stellen. Ben Gurions provisorische Regierung beschloß, die Einfuhr der Waffen zu verhindern, wenn nötig mit Gewalt. Am 21. Juni steckte die Hagana – die jetzt Israelische Verteidigungskräfte hieß – die Altalena am Strand von Tel Aviv in Brand. Fünfzehn Männer starben bei dem Kampf, hauptsächlich Mitglieder der Irgun.

Bürgerkrieg drohte, wurde jedoch abgewendet, weil Begin, der sich an Bord der Altalena befunden hatte, als sie in Brand gesteckt wurde, am selben Abend über den Untergrundsender der Irgun bekanntgab: »Die Soldaten der Irgun werden sich nicht an einem Bruderkrieg beteiligen, werden sich aber auch nicht mehr nach den Vorschriften Ben Gurions richten. Wir werden unsere politische Tätigkeit innerhalb des Staatsgebiets fortsetzen. Unsere Kampfkraft werden wir für den äußeren Feind bewahren.«

Das bedeutete im Klartext, daß die Irgun ihre paramilitärischen Aktivitäten in den Gebieten einstellen würde, die den Juden von der UNO zugesprochen worden waren, sie aber in jedem anderen Gebiet Palästinas einschließlich – und vor allem – der internationalen Zone von Jerusalem fortsetzen würde. Ben Gurion akzeptierte vorläufig diese Entscheidung.

Der am 11. Juni verkündete Waffenstillstand dauerte bis zum 8. Juli. Während dieser Zeit bemühten sich die Vereinigten Staaten, mit Hilfe der Vereinten Nationen einen dauerhaften Frieden in dem Gebiet zu erreichen. Trumans Anerkennung hatte klargestellt, daß es ein Frieden sein mußte, der den Fortbestand des Staates Israel gewährleistete. Andererseits war das amerikanische Außenministerium der gleichen Ansicht wie das britische Außenministerium, daß man nämlich den prowestlichen und gemäßigten arabischen Ländern, die Krieg gegen Israel geführt hatten, soweit wie möglich helfen mußte, das Gesicht zu wahren.

Formell wurden die Friedensbemühungen durch einen Vermittler der Vereinten Nationen, Graf Folke Bernadotte, geführt, den der Sicherheitsrat am 20. Mai ernannt hatte. Dem Vermittler stand ein Stellvertreter zur Seite – Ralph Bunche. Bei den Vereinten Nationen stimmt der äußere Anschein selten mit der Wirklichkeit überein, und in diesem Fall war der Stellvertreter wichtiger als der Vermittler.

Graf Bernadottes tragisches Schicksal während seiner Vermittlungsdienste hat rückblickend seine Rolle und sein Format verzerrt. Er war ein umständlicher und eher naiver Mensch, sein Pflichtgefühl war ausgeprägt, er war jedoch etwas weltfremd und empfand die arabischen Aristokraten als sympathischer als die Juden. Dem israelischen Außenminister Moshe Sharett gegenüber beschwerte er sich über die jüdische »Arroganz und Feindseligkeit«.

Die jüdische Feindseligkeit rührte daher, daß der Vermittler vom ersten Augenblick an erklärte, er fühle sich nicht an die Resolution der UNO vom 29. November 1947 gebunden. Technisch gesehen, hatte er vermutlich recht. Der Vermittler war Beamter des Sicherheitsrats, nicht der Generalversammlung. Doch in der Hitze des Kampfes um das Überleben konnte man nicht erwarten, daß sich die israelische Öffentlichkeit mit solchen Formfragen befaßte. Für die Israelis gefährdete Bernadottes Einstellung zu dieser Resolution die Existenz ihres Staates.

Aus Bernadottes Memoiren gewinnt man den Eindruck, daß er es vorzog, Reden zu halten, während er Bunche das Anfertigen der Entwürfe überließ. Das bedeutete, daß die eigentliche Vermittlertätigkeit in Bunches Händen lag. Und hier ist es überaus bedeutsam, daß Bunche zwar ein schwarzer Amerikaner, aber doch Amerikaner war.

Ich möchte an diesem Punkt Mißverständnissen vorbeugen. Ralph Bunche, den ich persönlich kannte und schätzte und unter dem ich im Sekretariat der Vereinten Nationen gearbeitet habe, war stets und vor allem ein gewissenhafter internationaler Beamter. Dennoch bestand zwischen ihm und den Vereinigten Staaten eine besondere Beziehung. Zu jener Zeit und auch noch lange danach wurde das Sekretariat der Vereinten Nationen als Ganzes mehr von den Amerikanern beeinflußt als von jedem anderen Land. Das rührte zum einen von der Macht der Vereinigten Staaten her, die auch die Kosten trugen, beziehungsweise den größten Teil, zum anderen aber von der komplizierten Mixtur aus Idealismus und Realpolitik. Die amerikanische Öffentlichkeit setzte zu jener Zeit große Hoffnungen in die Vereinten Nationen, die für sie gleichbedeutend mit dem »moralischen Gewissen der Menschheit« waren.

Entsprechend wichtig waren die Vereinten Nationen damals für die Regierung der Vereinigten Staaten – viel wichtiger als für jede andere Regierung. Um es offen auszusprechen: Die USA konnten dank der Vereinten Nationen dafür sorgen, daß jede ihrer politischen Maßnahmen guten Eindruck machte. Die Vereinigten Staaten hatten dadurch auch die Möglichkeit, Entscheidungen zu beeinflussen, ohne in der Öffentlichkeit direkt dafür verantwortlich zu zeichnen.

In diesem Kontext war die Stellung der ranghöheren Beamten im Sekretariat von besonderer Bedeutung. Sie waren viel besser als »ausländische« Beamte in der Lage, vertraulich mit Beamten im Außenministerium und im Weißen Haus zu sprechen. Sie wußten, welche Formulierung in einem offiziellen Dokument für Washington akzeptabel sein würde und welche nicht. Das war der Grund, warum Bernadotte die Erstellung der Entwürfe Ralph Bunche überließ.

Der Vermittlungsplan, den Bunche entworfen und den Bernadotte vorgelegt hatte, wurde am 27. Juni unterzeichnet; er enthielt alles, worauf sich die Vereinigten Staaten und Großbritannien einigen konnten. Er sah eine »Union« vor, die das gesamte palästinensische Mandatsgebiet umfaßte, sowie eine Partnerschaft zwischen dem vergrößerten Königreich Jordanien und dem jüdischen Staat. Jordanien wurde im Besitz des Westjordanlands (einschließlich Ostjerusalems) bestätigt. »Die Araber« sollten den gesamten Negev erhalten (was sofort zu Konflikten zwischen Ägypten und Jordanien führte). Dafür wurde Israel Westgaliläa zugesprochen. Zwei Jahre lang war eine unbeschränkte jüdische Einwanderung gestattet, danach sollte sie von einer Dienststelle der UNO kontrolliert werden. Allen arabischen Flüchtlingen mußte gestattet werden, in ihre Häuser zurückzukehren.

Dieser Plan war für keinen der betroffenen Herrscher attraktiv, ausgenommen Abdullah. Vom israelischen Standpunkt aus war er nicht so schlecht, wie man befürchtet hatte, da er mehr von Bunche als von Bernadotte stammte. Doch er war aus mehreren Gründen dennoch nicht akzeptabel, und zwar hauptsächlich deshalb, weil er Israels Souveränität einschränkte. Für die arabischen Führer war der Plan doppelt aufreizend, weil er den Juden Zugeständnisse machte und Abdullah Vorteile brachte.

Deshalb lehnten sowohl die Juden als auch die Araber den Plan vorbehaltlos ab. So wagte nicht einmal Abdullah, einen Plan zu akzeptieren, den die gesamte arabische Welt zurückwies. Er hatte nicht nur überhaupt keine Chance, sondern beschwor sogar einen neuerlichen Konflikt herauf, weil er die Rivalitäten zwischen den arabischen Führern, die den ursprünglichen Konflikt ausgelöst hatten, wieder anheizte.

Abdullah wußte genau, daß ein neuerlicher Kampf Wahnsinn war, und erklärte Sir John Glubb: »Wenn ich in die Wüste fahre und den ersten Ziegenhirten, den ich treffe, frage, ob ich gegen meine Feinde Krieg führen soll oder nicht, würde er mich fragen: ›Wie viele Leute hast du und wie viele haben die anderen?‹ Aber wenn ich den gebildeten Politikern, die die Universität besucht haben, vorhalte: ›Die Juden sind zu stark, es ist ein Fehler, ihnen den Krieg zu erklären‹, verstehen sie nicht, was ich meine.«

Die übrigen arabischen Führer, vor allem König Faruk und seine Minister, hatten die erwarteten Siege hochgespielt und die tatsächlichen Niederlagen vertuscht. Ihre Untertanen verstanden den Waffenstillstand nicht und waren wütend, weil Palästina zwischen den Juden und Abdullah aufgeteilt werden sollte, wo dieser doch als Handlanger der Engländer und als Kollaborateur mit den Juden galt.

Die Araber verfügten über eine gemeinsame Sprache, aber die Staaten rivalisierten, entsprechend gab es rivalisierende Rundfunkstationen, die natürlich auch von den Untertanen der jeweils rivalisierenden Mächte empfangen werden konnten. Die Rivalen prahlten, spotteten und stachelten einander auf.

Am 9. Juli lief der Waffenstillstand ab; unabhängig von den wahren Absichten der Ägypter klangen ihre Äußerungen so, als käme eine Verlängerung nicht in Frage. Einen Tag vor Ablauf des Waffenstillstands, also am 8. Juli, kam es im Negev zu Kämpfen.

Die Kämpfe dauerten zehn Tage. Die Araber gewannen dadurch nahezu nichts, doch den Israelis gelang es, den Korridor nach Jerusalem zu erweitern, so daß sie in der geteilten Stadt festen Fuß faßten. Sie nahmen auch große Gebiete von Untergaliläa, einschließlich der arabischen Städte Lydda und Ramle, ein, deren Einwohner diese Orte räumten. Zur Zeit des zweiten Waffenstillstands hatte bereits über eine halbe Million arabischer Flüchtlinge die von Israel besetzten Gebiete verlassen.

In dem langen, fruchtlosen polemischen Krieg, der wegen dieser Unglücklichen geführt wird, behauptet die arabische Seite, die Flüchtlinge seien »vertrieben« worden, während die israelische Seite die Formulierung »sie flohen« vorzieht. Tatsächlich dürfte die Mehrheit geflohen sein; einige wurden vertrieben. Manche Araber, darunter die palästinensische Führerschaft, hatten Palästina bereits im Januar 1947 aus eigenem Antrieb verlassen. In der Anfangszeit des Krieges – vor dem Eingreifen der regulären arabischen Armeen – war die Hagana nicht darauf aus, die Araber zu vertreiben, und versuchte – zumindest in einem Fall in Haifa – ernsthaft, sie zum Bleiben zu überreden.

In dieser Phase flohen die Araber meist voll Panik wegen der Nachrichten über das Irgun-Massaker in Deir Yassin. In der letzten, kurzen Phase, nachdem die palästinensischen Araber die arabischen Armeen begeistert begrüßt hatten, änderten die israelischen Verteidigungskräfte ihre Taktik; sie »ermutigten, halfen für gewöhnlich nach und zwangen gelegentlich«, wie es ein Historiker ausdrückt, die Araber, die Gebiete zu verlassen, die unter israelische Kontrolle gerieten. Die meisten Flüchtlinge begaben sich in das Land, das jetzt Jordanien hieß; andere flüchteten in den von den Ägyptern besetzten Gaza-Streifen. Die meisten von ihnen wurden in eilig von den Vereinten Nationen errichteten Lagern untergebracht. Die Regierung Ben Gurion sprach sich schon sehr früh gegen die Rückkehr der Flüchtlinge in ihre Häuser aus (ausgenommen im Rahmen eines möglichen, aber offensichtlich noch in der Ferne liegenden allgemeinen Friedensschlusses).

Die Feindseligkeiten hörten Mitte Juli auf, doch im August und

September kam es noch gelegentlich zu Verletzungen des Waffenstillstands, vor allem in der geteilten und umstrittenen Stadt Jerusalem. Nach dem Altalena-Zwischenfall hatten sich die Mitglieder der Irgun und der Lehi in Jerusalem gesammelt, sowohl, um der Jurisdiktion von Ben Gurions provisorischer Regierung zu entgehen, als auch in der Hoffnung, daß es ihnen gelingen würde, die Altstadt mit der Klagemauer zu erobern.

Am 17. September 1948 wurde Graf Bernadotte von drei Lehi-Angehörigen in Jerusalem ermordet. Paradoxerweise trug dies dazu bei, daß Ben Gurion seine Autorität in Jerusalem entscheidend festigte, die Irgun auflöste und Mitglieder der Lehi verhaftete. Innerhalb von drei Tagen nach Bernadottes Ermordung war die Untergrundorganisation in ganz Israel aufgelöst. Die provisorische Regierung war jetzt im gesamten von Juden besetzten Gebiet Herr der Lage.

Kurz vor Bernadottes Ermordung war eine revidierte Fassung des Bernadotte-Plans fertiggestellt worden und wurde jetzt der Generalversammlung präsentiert. Man hatte die nicht realisierbare »Union« von Israel und Jordanien fallengelassen, und der Plan bestand in seiner neuen Version eigentlich aus einer Teilung Palästinas zwischen Israel und Jordanien, wobei Jordanien Jerusalem und den Negev erhielt und Israel Westgaliläa behalten durfte. Da es sich um einen Bunche-Entwurf handelte – einen Kompromiß zwischen den Vereinigten Staaten und Großbritannien –, unterstützten die Vereinigten Staaten und Großbritannien den neuen Plan bei den Vereinten Nationen. Israel gefiel der Plan nicht, weil er Jordanien zu viele Zugeständnisse machte, es konnte aber kaum einen Plan ablehnen, der von dem in Jerusalem von Juden ermordeten Vermittler stammte.

Die Araber und die Sowjetunion retteten Israel aus dieser peinlichen Lage. Der Mufti und die Ägypter stachelten die arabische Welt gegen einen Plan auf, durch den der Verräter Abdullah belohnt wurde. Die Russen widersetzten sich allem, was den britischen Einfluß verstärkte, da ja der Plan ein englisches Protektoratsgebiet begünstigte. Den Arabern, Russen (einschließlich der Ukraine und Weißrußlands), einigen katholischen Staaten (die ein »internationales« Jerusalem forderten) und Israel gelang es, ein »blockierendes Drittel« zusammenzubringen und dadurch zu verhindern, daß die Generalversammlung den revidierten Bernadotte-Plan annahm.

Sobald der neue Bernadotte-Plan erörtert wurde, beschloß Ben Gurion, seinen Anspruch auf den Negev durchzusetzen, den die Vereinten Nationen im November Israel zugesprochen hatten; im Augenblick war der Negev von ägyptischen und transjordanischen Truppen besetzt, und die Vereinten Nationen wollten ihn (anscheinend) Jordanien zuerkennen. Den Negev besetzen, *nachdem* er Jordanien zugesprochen worden war, hätte bedeutet, daß sich Israel den Vereinten

Nationen und den Vereinigten Staaten offen widersetzte: ein guter Grund, etwas zu unternehmen, *bevor* der Plan durchging.

Die Grenzen des zum Zeitpunkt des zweiten Waffenstillstands von Israel besetzten Gebiets waren für die israelische Regierung aus drei Gründen unbefriedigend. Abdullahs Streitkräfte befanden sich im Besitz der Altstadt und der Klagemauer. Sie hielten auch ein großes Gebiet westlich des Jordans – Judäa und Samaria – besetzt, wodurch die arabisch-israelische Grenze gefährlich nahe bei Tel Aviv verlief. Die ägyptischen Truppen hielten noch immer einen großen Teil des Negev besetzt und befanden sich ebenfalls in gefährlicher Nähe zu Tel Aviv.

Ben Gurion hätte am liebsten Abdullah und die Ägypter gleichzeitig vertrieben, doch seine militärischen Berater erklärten ihm, daß dies nicht möglich sei. Daraufhin beschloß er, sich auf den Negev zu konzentrieren und dadurch dem Bernadotte-Plan zuvorzukommen. Strategisch gesehen, wirkte die Samaria-»Ausbuchtung« gefährlicher; die Jordanier standen sechzehn Kilometer vor Tel Aviv, die Ägypter fünfundsechzig. Vom biblischen Standpunkt kam Judäa und Samaria in der jüdischen Geschichte eine viel größere Bedeutung zu als der Negev-Wüste.

Doch Abdullah war ein zögernder, wenig ehrgeiziger Gegner gewesen, und er würde am ehesten bereit sein, einen dauerhaften Frieden zu schließen. Im Fall eines Angriffs würden seine Streitkräfte vermutlich entschlosseneren Widerstand leisten als jede andere arabische Armee. Und die Gefahr einer britischen Intervention war im Fall eines Angriffs auf Jordanien größer als in jedem anderen Fall.

Ägypten hingegen agierte lautstark und feindseliger als Jordanien, war aber gleichzeitig militärisch schwächer. Wenn man Ägypten entscheidend schlagen und zu einer Waffenstillstandskonferenz an den Verhandlungstisch bringen konnte, würde dies beträchtliche moralische Auswirkungen auf Israels übrige Feinde haben.

Die Ägypter begingen gelegentlich geringfügige Verletzungen des Waffenstillstandsabkommens. Israel benützte dies als Vorwand, um Ägypten zweimal anzugreifen. Beim ersten Angriff im Oktober wurden die Ägypter aus dem größten Teil des Negev vertrieben. Beim zweiten Angriff im Dezember warfen die Israelis die Ägypter aus dem Rest des Negev hinaus und verjagten auch kleinere jordanische Einheiten, die sich dort aufhielten, um den »Bernadotte«-Anspruch auf das Gebiet anzumelden. Dann drangen die Israelis auf ägyptisches Gebiet, in den Sinai, vor.

Diese Invasion führte zu einer raschen, entschlossenen Reaktion Großbritanniens. Am 31. Dezember machte sich Großbritannien erbötig, Ägypten gemäß dem englisch-ägyptischen Vertrag aus dem Jahr 1936 zu Hilfe zu kommen. Die ägyptische Regierung verzichtete jedoch auf diese Hilfe und zog es vor, durch die Vermittlung von Ralph Bunche um einen Waffenstillstand anzusuchen.

Die Verbindung mit Großbritannien wurde in Ägypten jetzt so heftig abgelehnt, daß die ägyptische Regierung einen Waffenstillstand mit Israel – natürlich zu Israels Bedingungen – der Schande vorzog, der Freundschaft Großbritanniens etwas verdanken zu müssen. Großbritannien hatte sich durch seine »proarabische« Politik viel mehr arabische Feinde verschafft, als die USA und die UdSSR mit ihrer proisraelischen Politik. Es sah zu jener Zeit so aus, als könne das britische Außenministerium den Rat eines sachverständigen Ziegenhirten in der Wüste brauchen.

Während sich Bevin erfolglos um Ägypten bemühte, hatten Flugzeuge der Royal Air Force an der israelisch-ägyptischen Grenze Aufklärungsflüge über israelischem Gebiet durchgeführt. Am 7. Januar 1949 schossen die israelischen Streitkräfte fünf dieser Flugzeuge ab. Kurze Zeit hatte es den Anschein, als würden Großbritannien und Israel tatsächlich einen Krieg beginnen. Unter dem Druck der Vereinigten Staaten und Großbritanniens räumten die Israelis das ägyptische Gebiet und bereiteten sich auf einen Waffenstillstand mit Ägypten vor.

Gleichzeitig zog sich auch die britische Regierung zurück. Regierungsmitglieder, vor allem Finanzminister Sir Stafford Cripps, hatten begreiflicherweise Bedenken, durch eine israelfeindliche Politik die Beziehungen zu den Vereinigten Staaten zu belasten, und dies zu einer Zeit, zu der die wirtschaftliche Zukunft Großbritanniens von diesen Beziehungen abhing. Die konservative Opposition hatte ihre passive Haltung in bezug auf Israel aufgegeben und riet der Regierung, Israel de facto anzuerkennen. Nach dem Abschuß der Aufklärungsflugzeuge opponierte Cripps innerhalb der Regierung gegen Bevin, und Churchill signalisierte, daß die Opposition in der Palästinafrage zum ersten Mal gegen die Regierung stimmen würde.

Bei der Palästina-Debatte im Unterhaus wurde am 26. Januar 1949 Bevins Nahostpolitik zu Grabe getragen. »Der Staat Israel ist jetzt eine Tatsache«, erklärte Bevin, »und wir haben nicht versucht, ihn zu verhindern.« Drei Tage später, am 29. Januar, ließ Bevin Joseph Linton, den inoffiziellen Vertreter Israels in London, zu sich kommen. In einem historischen Gespräch teilte er Linton mit, daß Großbritannien beschlossen habe, den Staat Israel anzuerkennen.

Wie Ben Gurion vorhergesehen hatte, führte Ägyptens Niederlage dazu, daß nicht nur Ägypten, sondern auch die übrigen arabischen Nachbarn Israels mit ihm Waffenstillstandsabkommen schlossen. Die Verhandlungen wurden durch den stellvertretenden UNO-Vermittler Ralph Bunche sehr taktvoll und entschieden geführt.

Bis zu diesem Zeitpunkt hatte die Vermittlerrolle der Vereinten Nationen hauptsächlich darin bestanden, die Nahostpolitik Großbritanniens und der Vereinigten Staaten zu koordinieren. Bunche war gezwungen gewesen, seine Fähigkeiten als Diplomat und Fachmann für die Abfassung von Verträgen auf diese Aufgabe zu konzentrieren.

Ab Ende Januar 1949 wurde ihm seine Tätigkeit jedoch wesentlich erleichtert. Erstens war Truman wiedergewählt worden, und zweitens zeigte Israels Sieg über Ägypten, wie vollkommen Ernest Bevins Nahostpolitik gescheitert war. Gleichzeitig hatten Israel sowie die benachbarten arabischen Staaten genug vom Krieg und begrüßten die Verhandlungen, die zu einem Waffenstillstand führten. Die neue Situation ließ Bunche viel freiere Hand; in beachtlich kurzer Zeit führte er einen Waffenstillstand zwischen Israel und allen seinen Nachbarn herbei.

Alle Waffenstillstandsverhandlungen wurden streng bilateral geführt, und Bunche bestand auch darauf, daß Araber und Israelis in seiner Gegenwart miteinander redeten. Am 24. Februar 1949 wurde das Waffenstillstandsabkommen mit Ägypten abgeschlossen, dem die Vertragsabschlüsse mit dem Libanon (23. März), Jordanien (3. April) und Syrien (20. Juli) folgten. Nur der Irak, der keine gemeinsame Grenze mit Israel besaß, empfand kein Bedürfnis nach einem Waffenstillstand.

Der Staat Israel war nun eine für seine Nachbarn entsetzliche, demütigende Tatsache. Als die arabischen Armeen von den »zionistischen Banden«, wie sie sie nannten, geschlagen wurden, begannen sie, statt der Juden sich selbst zu verachten. Die Ereignisse der Jahre 1948 und 1949 prägten sich den Arabern als »al-Nakba«, die Katastrophe, ein.

Die arabische Empörung galt den Regierungen, Bündnissen und Führern, die die Araber in die Niederlage geführt hatten. In Ägypten wurde Premierminister Nokrashy Ende Dezember 1948 ermordet. König Faruks Herrschaft ging dreieinhalb Jahre später durch einen Militärputsch zu Ende. In Syrien folgte ein Putsch auf den anderen; allein 1949 waren es nicht weniger als drei. In Jordanien wurde Abdullah, der einzige arabische Führer, der aus dem Krieg gut ausgestiegen war, durch eben das vernichtet, was er gewonnen hatte.

1950 vereinigte Abdullah Transjordanien und die von den Arabern besetzten Teile Palästinas einschließlich der Altstadt von Jerusalem zum haschimidischen Königreich Jordanien. Der König wurde am 20. Juli 1951 ermordet, als er nach dem Freitagsgebet die al-Aksa-Moschee in der Altstadt verließ. Der Haram asch-Scharif, in dem die Moschee steht, war das Territorium des Mufti, und es waren die Männer des Mufti, die den König töteten. Die haschimidische Dynastie überlebte jedoch und wird heute durch Abdullahs Enkel Hussein vertreten.

Der Libanon und der Irak waren weniger direkt betroffen. Die libanesischen Streitkräfte hatten sich kaum an den Kriegshandlungen beteiligt. Und da der Irak nicht an Israel grenzte, konnte er sich immer noch als ungeschlagen bezeichnen.

Jene Männer, die die radikalen, revolutionären und putschistischen Organisationen in der arabischen Welt leiteten, standen vor allem den alten arabischen Regimen und ihren Schutzmächten (Großbritannien, Frankreich) feindlich gegenüber. Der erfolgreichste der neuen Führer, Gamal Abdel Nasser, der 1952 den Putsch gegen Faruk anführte und 1954 alleiniger Machthaber wurde, hatte keine große Lust auf eine zweite Runde, einen Revanchekrieg gegen Israel. Aber ob er wollte oder nicht, die Logik seiner Reden zeigte in diese Richtung.

Und es gab auch auf der israelischen Seite Politiker, die nichts gegen eine zweite Runde einzuwenden hatten.

6
Geistiger Holocaust

»Ehrenwerter Richter! Unser Prozeß schleppt sich dahin, und ich verliere die Geduld. Man muß zugeben, daß ich in einer unglückseligen Ambivalenz gefangen bin.«

Abba Kovner

Die ersten nationalen Wahlen zur Knesset, dem Parlament des neuen Staates, fanden im Januar 1949 statt. Ben Gurions Partei, die Mapai, wurde die stärkste Partei des Landes und sollte die Politik Israels beinahe dreißig Jahre lang bestimmen. Ben Gurion bildete mit Unterstützung etlicher kleiner, vorwiegend religiöser Parteien die Regierung. Die größte Oppositionspartei war die linksstehende Mapam, deren Verbindung mit den kommunistischen Staaten kurz darauf zu ihrer Spaltung und zur Schwächung der Linken führte. Die drittgrößte Partei, die bald die führende Rolle in der Opposition übernahm, war Menachem Begins Herut, die Nachfolgerin der Irgun in konstitutioneller, bürgerlicher Form. Sie legte ein irredentistisches Programm vor, in dem sie (theoretisch) das gesamte Palästina in den Grenzen des Jahres 1918 einschließlich Jordaniens forderte.

Auf Ben Gurions Einladung hin kehrte Weizmann als Präsident nach Israel zurück. Seine Frau Vera notiert in ihrem Tagebuch: »Chaim müßte glücklich sein, aber ist er es? Er sieht aus wie ein Mann, der den höchsten Berg bestiegen hat, aber statt sich über seinen Erfolg zu freuen, ist er von der Anstrengung erschöpft.«

Weizmann besaß mehr Gründe, enttäuscht zu sein als seine Landsleute. Er hatte gehofft, daß er in dem Staat, zu dessen Entstehen er soviel beigetragen hatte, über eine gewisse Autorität verfügen würde, aber ihm wurde sehr bald klargemacht, daß in Israel die gesamte Macht in den Händen des Premierministers lag und daß die Funktionen des Präsidenten ausschließlich repräsentativer Art waren. Daß Weizmann als Präsident nach Israel zurückgeholt worden war, besaß denselben Symbolwert wie die im gleichen Jahr erfolgte Überführung von Theodor Herzls sterblichen Überresten nach Palästina.

Ben Gurion behandelte Präsident Weizmann als großen Vorläufer, als geachteten, jedoch außenstehenden Freund Israels; er war in Raum und Zeit ein Fremder in dem Staat, den die Yishuv erreicht hatte. Ben Gurion machte dies auf grausame Weise deutlich, indem er nicht zuließ, daß Weizmann seinen Namen auf die Liste der Signatare der israelischen Unabhängigkeitserklärung setzte. Ben Gurion dekretierte, daß nur jemand unterzeichnen dürfe, der sich zum Zeitpunkt dieser Erklärung in Israel befunden hatte. Für ihn zählte nicht, daß sich Weizmann zu diesem Zeitpunkt im Dienst Israels auf seinem Posten in der Nähe Trumans befunden und ihn dazu gebracht hatte, sein Versprechen zu halten.

In der Stunde seines Triumphs wurde der Zionismus in dem neuen Staat zu einem Fremdkörper, zu einem Anachronismus. Alle jene, die den Kampf um die Unabhängigkeit geführt hatten, waren Erben der zionistischen Tradition. Alle jene, die in Israel Macht ausübten oder nach ihr strebten, waren Zionisten. Der Zionismus war die herrschende Ideologie. In der modernen israelischen Literatur entdeckt man jedoch bei den jungen Menschen ohne große Mühe das weitverbreitete Gefühl, daß das hochtrabende Gedankengut und die Ausdrucksweise der zionistischen Alten in der Welt, in der die Jungen aufwachsen müssen, nicht viel bedeuten.

Das Leben und die Menschen wurden kompliziert, weil zwischen der Sprache und der Realität der Vergangenheit einerseits und der Realität der Gegenwart in den Beziehungen zu den Arabern andererseits eine Spannung bestand. Ab 1948 wurde die Kluft zwischen der Rhetorik und den Realitäten in Israel so groß, daß manche Schriftsteller den Zionismus als Schreckgespenst betrachteten. Die zionistische Idee beginnt in der modernen israelischen Literatur in vieler Hinsicht angegriffen und in Frage gestellt zu werden.

Wenn man den Zionismus aus der Perspektive der Mitte des zwanzigsten Jahrhunderts betrachtet, wirkt er in mancher Beziehung wie ein Irrtum – und auf die Jungen sogar etwas lächerlich. Doch in einem, und zwar dem wichtigsten Bereich, wurden die Zionisten bestätigt.

Sie hatten sich darin geirrt, daß der jüdische Staat sofort in Harmonie und Bruderschaft mit den Menschen und Staaten existieren würde. Und deshalb hatten sie sich auch darin geirrt, wie der jüdische Staat sein würde. Er war kein Staat wie alle anderen Staaten; seine Bürger konnten nicht »genau wie andere Menschen« sein. Dieser Staat und seine Bewohner wurden von den ursprünglichen Bewohnern des Gebietes, in das die Juden zurückgekehrt waren, verflucht. Damit wurden die Israelis, die in der Diaspora als Einzelwesen Fremde gewesen waren, zu einer Art Kollektiv von Fremden. Israel war zum »Juden der Nationen«, das »Paria-Volk« war zur »Paria-Nation« geworden.

Doch im wichtigsten Punkt behielten die Zionisten recht. Als es noch niemand spürte, hatten sie gefühlt, daß sich die Juden Europas in tödlicher Gefahr befanden. Herzl und Weizmann hatten Kassandra gespielt; die meisten Juden hatten nicht auf sie gehört. Deshalb war der jüdische Staat zu spät gekommen, um einen Großteil der Juden zu retten. Die Zionisten hatten Hunderttausende Juden gerettet. Als der neue Staat ausgerufen wurde, lebten über siebenhunderttausend Juden in Israel. Außerdem bedeuteten die Existenz und das Überleben des Staates Israel – und das war für die meisten Israelis das Wichtigste –, daß die Juden, die nach dem Holocaust lebten, nie wieder wehrlos in den Tod gehen würden.

Die meisten Nichtjuden, nehme ich an, halten den Holocaust und die Hitler-Epoche im allgemeinen für eine außergewöhnliche Verirrung und den wahnsinnigen Hitler für jemanden, der aus heiterem Himmel aufgetaucht ist. Der Antisemitismus war keine Idee, die Hitler den widerstrebenden oder passiven Deutschen aufgezwungen hat. Er war nicht das Hauptthema der Nazipropaganda, aber man wußte, daß er im Mittelpunkt ihrer Ideologie stand. Ihr Hauptthema war die Wiedererlangung von Deutschlands Macht. Die Nazis erklärten immer deutlich, daß die Juden diese Wiedererlangung behinderten und daß sie nicht an ihr teilhaben würden. Auf diese Art gewannen die Nazis die Unterstützung der Masse.

Ich habe die »Normalität« des Antisemitismus Ende des neunzehnten Jahrhunderts erwähnt. Man könnte auch von seiner »Flexibilität« sprechen. Viele Jahrhunderte lang hatte der Antisemitismus christliche Züge getragen. Mit der Verbreitung der Aufklärung verschwand die formelle, traditionelle Rechtfertigung des Antisemitismus; doch der Antisemitismus selbst verschwand nie. Im Gegenteil, er trat in dem Maß stärker hervor und verschaffte sich mehr Gehör, in dem die Juden stärker hervortraten und sich mehr Gehör verschafften. Ende des neunzehnten Jahrhunderts waren die Juden in vielen Bereichen des deutschen Lebens und der deutschen Kultur führend. Der Antisemitismus veränderte sich dadurch nur insofern, als die Komponente des Hasses stärker wurde als die der Verachtung.

Durch die Niederlage der Mittelmächte im Ersten Weltkrieg nahm der bereits vorhandene Haß manische Ausmaße an. Es war für die deutschen Juden schlimm genug gewesen, daß es ihnen gut ging, wenn es den übrigen Deutschen gut ging, doch daß es den Juden weiterhin gut ging, wenn Deutschland besiegt und gedemütigt am Boden lag, war buchstäblich unerträglich. In der Weimarer Republik erhielten die Juden die volle gesetzliche und politische Gleichberechtigung und stießen in den freien Berufen, in Wissenschaft, Kunst und in den Medien zur Spitze vor. Entsprechend dem jüdischen Erfolg verbreitete sich das antisemitische Ressentiment im gesamten gesellschaftlichen und politischen Spektrum einschließlich – von Anfang an – der Sozialdemokraten. Der Antisemitismus war die Kraft, die die alten, nicht mehr intakten Hierarchien mit dem unteren Mittelstand und der Arbeiterklasse verband.

Adolf Hitler begann als einer der zahlreichen Demagogen, die der Generalstab benutzte, um den Nationalismus und den Militarismus unter den Massen zu verbreiten. Er verdankte einen großen Teil seines Erfolges seinem leidenschaftlichen Antisemitismus, der seine Rhetorik beseelte. Hitlers lautstarke Entschlossenheit, die Juden zu isolieren, sie ihres gesamten Einflusses zu berauben und in der Wahl seiner Mittel nicht zimperlich zu sein, wurde von Millionen Deutschen gebilligt; sonst hätte er nie Kanzler werden können. Der Holocaust war nie Thema einer Volksabstimmung, aber für seine Durchführung waren die eifrigen Bemühungen Hunderttausender williger – deutscher und nichtdeutscher – Hilfskräfte sowie die Zustimmung oder Gleichgültigkeit von Millionen anderen erforderlich. Und der Rest der nichtjüdischen Welt, sogar jene Völker, die sich gegen die Nazis verbündeten, hielten die Grenzbalken – vor dem Krieg in Evian und während des Krieges in Bermuda – geschlossen, so daß eine Massenflucht der Juden vor den Nazis unmöglich wurde.

So gesehen, ist der Holocaust keine Verirrung. Er ist der ungeheuerliche Ausbruch einer tiefsitzenden und anscheinend unheilbaren Krankheit: die Ablehnung der Juden durch die Nichtjuden.

Ein Großteil der 1948 in Israel ansässigen Bevölkerung war von den Nazis verfolgt worden. Viele Tausende waren vor dem Krieg eingewandert; andere kamen während des Krieges illegal ins Land, und wieder andere nach dem Krieg in den letzten Jahren des Mandats. In den ersten sechs Monaten des neuen Staates trafen Hunderttausende U-Boote (Menschen, die sich versteckt gehalten hatten) und Überlebende der Lager ein. Außerdem stammten beinahe alle alten Angehörigen der Yishuv aus einem der Länder, in denen die Nazis die Vernichtung der Juden betrieben hatten. Beinahe alle hatten Verwandte verloren, die von den Nazis ermordet worden waren. Und selbst jene neuen Israelis, die jetzt in wachsender Zahl aus moslemischen Gebieten kamen und von denen viele Europa nie gesehen hatten, wußten vom Holocaust.

Daß der neue Staat, dessen Gründung nur drei Jahre nach dem Ende des Holocausts erfolgte, von der Erinnerung an diese Massenvernichtung beherrscht wurde, war unvermeidlich. Doch es war viel mehr als nur Erinnerung; es war auch Angst und Entschlossenheit. »Was geschehen ist, kann geschehen«, lehrt Aristoteles. Die meisten Israelis glauben, daß ein zweiter Holocaust möglich ist. 1974 wurde einer großen Zahl israelischer Studenten die Frage gestellt: »Glauben Sie, daß in Zukunft ein Holocaust möglich ist?« Zweiundzwanzig Prozent antworteten: »Ja, in allen Ländern.« Achtundfünfzig Prozent antworteten: »Ja, aber nur in einigen Ländern.« Nur zwanzig Prozent hielten es in keinem Land für möglich.

Der Glaube an die Möglichkeit eines künftigen Holocausts hat das Bedürfnis nach einem starken israelischen Staat zur Folge, der sich nicht nur verteidigen, sondern auch bedrohte Juden retten und ins Land holen kann. Alle Führer in Israel, von Ben Gurion bis Begin und Shamir, haben den Glauben an diese Notwendigkeit gefördert, sowohl weil sie ebenfalls dieser Meinung waren, als auch, weil er zum Aufbau der Nation beitrug. Aus diesem Grund hat David Ben Gurion im Frühjahr 1961 Adolf Eichmann in Jerusalem den Prozeß gemacht. Was man der Jugend einhämmern wollte, war: »Nie wieder.« Falls dieses »Nie wieder« ein Mythos ist – was keinesfalls feststeht –, so ist es ein Mythos, der vereint. Im besonderen vereint er die ashkenasischen und die orientalischen Gemeinschaften, deren Meinungsverschiedenheiten genug Anlaß zur Besorgnis gegeben haben.

Unter Nichtjuden, die sich für Israel interessieren, macht sich Ungeduld breit, weil die Israelis stets den Holocaust vor Augen haben, und vor allem deshalb, weil seit 1977 die israelischen Führer – vor allem Menachem Begin – aus dem Holocaust Kapital schlagen. Insbesondere die Vorstellung, es könne zu einem neuen Holocaust kommen, erscheint phantastisch, zwanghaft, paranoid. Seit dem Nazi-Holocaust lebt die Mehrheit der Juden dieser Welt in den Vereinigten Staaten. Kann sich ein halbwegs vernünftiger Mensch einen Holocaust in den Vereinigten Staaten vorstellen?

Die Juden im kaiserlichen Deutschland konnten sich ganz bestimmt nicht vorstellen, daß die Deutschen die Juden jemals verfolgen würden. Und sie hatten recht, solange es ein kaiserliches Deutschland gab, das darauf stolz war, ein Rechtsstaat zu sein. Doch als Deutschland besiegt und gedemütigt wurde, schob man die Schuld den Juden zu, und fünfzehn Jahre nach der Niederlage begann der Staat, sie zu verfolgen.

Niemand glaubt, daß im zeitgenössischen Amerika die Juden verfolgt werden könnten. Es wäre jedoch möglich, daß die Vereinigten Staaten irgendwann aus irgendwelchen Gründen eine ähnliche nationale Katastrophe erleben wie das kaiserliche Deutschland. Und wäre es dann nicht möglich, daß man Sündenböcke sucht und dabei die Juden findet?

Science fiction? Ja, aber die Erinnerung an den Holocaust ist die Erinnerung an ein Science-fiction-Drehbuch, das zur Geschichte wurde. Diejenigen israelischen Studenten, deren Antwort »in allen Ländern« gelautet hat, glauben, daß das völkermordende Potential des Antisemitismus in der gesamten nichtjüdischen Welt latent vorhanden ist und in Zeiten außergewöhnlicher Belastungen, die in der Geschichte immer wieder vorkommen, ausbrechen kann.

Der Außenseiter, der moderne israelische Literatur in einer Übersetzung liest, kann nicht immer ohne weiteres erkennen, ob eine Anspielung sich auf den Holocaust bezieht. Der israelische Schriftsteller, der für sein eigenes Volk in hebräischer Sprache schreibt, muß nicht und will nicht alles aussprechen. Seinen Lesern, die auf ein gemeinsames Erbe und auf gemeinsame Erfahrungen zurückblicken, genügen Andeutungen. Wenn sich Amos Oz auf die »philosophische Soirée der Goethe-Gesellschaft« oder »die schöne deutsche Stadt Baden-Baden« bezieht, spricht er in Wirklichkeit von etwas ganz anderem. In einem seiner Romane bezieht er sich auf ein kleines Lied, das in polnischen Dörfern oft gesungen wurde und einen Hinweis auf die Verbindung zwischen Juden und Uhren darstellt:

Guten Morgen, schönen Morgen, mein lieber Jude bist du,
Wir machen ein Geschäftchen, was sagst du dazu?
Du hast eine Uhr und mein Beilchen ist lang,
Wirf her deine Uhr und sieh zu, ob ich fang.

Eine der wirtschaftlichen Folgen des Holocausts war die Tatsache, daß in Deutschland und der Schweiz plötzlich Millionen gebrauchter Uhren auf den Markt geworfen wurden.

Solche Beispiele gab es in großer Menge, doch damit würde man das Bild verfälschen. Es ist nicht so, daß die Schriftsteller immer wieder bewußt auf den Holocaust zurückkommen – es fällt ihnen nur schwer, ihm zu entkommen. Alltägliche Worte wie Rauch, Ofen, Asche, Funken, Schornstein, Draht, Schienen rufen ihn in Erinnerung. In dem folgenden Abschnitt äußert sich die israelische Kritikerin Nurith Gertz zu einem Roman von Amos Kenan, doch ihre Bemerkungen sind allgemeingültig: »Die Erinnerung an Nadelwälder, blauen Himmel und schneebedeckte Felder führt zu Visionen der Transporte in die Todeslager. Es ist beinahe wie ein verzerrter Midas-Mythos, in dem sich die Dinge nicht in Gold, sondern in Blut, Krieg und Tod verwandeln.«

In einem Kommentar zu einem langen, komplizierten Gedicht von Kovner schreibt der Kritiker Edward Alexander: »Der Bund, der am Berg Sinai geschlossen wurde, ist in Europa mit der gesamten jüdischen Bevölkerung als Rauch dem Gott zurückgegeben worden, der ihnen die zweifelhafte Gnade erwiesen hat, sie zu seinem auserwählten Volk zu machen. In seinem berühmten Gedicht ›Tote loben Gott nicht‹ drückt Glatstein das gleiche Gefühl aus: ›Wir haben die Thora am Sinai erhalten, und in Lublin haben wir sie zurückgegeben.‹«

Joel, der Held in einem Roman von Yehuda Amichai, kehrt nach dem Zweiten Weltkrieg aus Israel in seine Geburtsstadt Weinburg in Süddeutschland zurück, um sich zu rächen; gleichzeitig bleibt er in Jerusalem und führt dort weiterhin ein ganz normales Leben. Weder aus der Rache noch aus dem Leben wird etwas. Gegen Ende des Buchs sagt Joel: »Einmal bin ich mit dem Ruf aufgewacht ›Mein Gott, warum hast du mich verlassen?‹, und gleich darauf rief ich: ›Mein Gott, warum hast du mich nicht verlassen? Warum hast du mich nicht ohne Rache und ohne Liebe in meinem Frieden gelassen?‹«

In der israelischen Literatur haben Landschaftsschilderungen oft etwas Bedrohliches an sich. Das spürt man in den Werken von Amos Oz besonders stark: »Die Berge sind unsichtbar, aber ihre Gegenwart lastet auf dem Tal. Die Berge sind da . . ., in vollkommener Stille sind sie da. Sie stehen wie geschwungene Säulen, wie in einem obszönen Akt erstarrte und zu Stein verwandelte Riesen, die Berge sind da.«

Wie Ehud Ben-Ezer schreibt: »Die biblische Landschaft (in diesem Fall Jordanien vor 1967) ist den Israelis so lange fremd, als ihre Bewohner sie hassen und ihr Leben bedrohen. Es handelt sich um kein moralisches Problem, bei dem die Berechtigung der einen oder anderen Seite angezweifelt wird. Es handelt sich um eine Tatsache des Lebens in einem ›belagerten Land‹.«

Die Bedrohung ist wirklich eine Tatsache des Lebens und beunruhigt die Schriftsteller in unterschiedlichem Ausmaß. Ben-Ezer erwähnt »Selbstgeißelungen« – das heißt Selbstvorwürfe wegen der Behandlung der Araber – in den Werken von Benjamin Tammuz und anderen, und schreibt sie »vielleicht der tiefen Reue zu, die ein Volk empfindet, das aus seiner Tradition heraus gewohnt ist, die höchsten moralischen Ansprüche an sich zu stellen, und feststellt, daß es sie nicht erfüllt.«

In seinem langen Gedicht ›Ein Baldachin in der Wüste‹ schreibt Abba Kovner:

Du darfst deinen Bruder angreifen
(du sollst morden –
du sollst morden).

In demselben Gedicht schreibt Kovner auch:

> Ehrenwerter Richter! Unser Prozeß schleppt sich dahin, und ich verliere die Geduld. Man muß zugeben, daß ich in einer unglückseligen Ambivalenz gefangen bin.

Zu diesem Gedicht und diesen Zeilen gibt der Kritiker Edward Alexander folgenden aufschlußreichen Kommentar: »Der Grund, warum Gott und sein Bund angeblich nur der Dunkelheit und dem Mysterium innewohnen, liegt darin, daß das jüdische Volk die schwierige Rückkehr in das Gelobte Land geschafft hat und sich jetzt ›in einer unglückseligen Ambivalenz‹ sieht. Nachdem das jüdische Volk die Worte des Bundes zur Bestätigung und zur neuerlichen Weihe zu ihrem Ausgangsort zurückgebracht hat, befindet es sich im Konflikt zwischen dem Bund und der historischen Notwendigkeit des Überlebens, deren vorrangiges Gebot eine Umkehrung des Gebotes vom Sinai ist, und den Juden des belagerten Israel sagt: ›Du darfst deinen Bruder angreifen/du sollst morden/du sollst morden.‹ Die ›unglückselige Ambivalenz‹ ist in Wirklichkeit ein schreckliches Paradoxon, durch das der Preis für das Überleben der Juden vielleicht die Aufgabe eben jener Werte ist, um derentwillen man das Überleben der Juden überhaupt für wichtig gehalten hat.«

Im allgemeinen wird das »moralische Problem« von der Tatsache der Belagerung und von der Bedeutung, die die Belagerung im Licht der Geschichte der Juden bekommt, überschattet. Infolge der Bürde dieser Geschichte sieht man den Krieg mit den Arabern, wie Gertz es ausdrückt, »als Schlacht gegen die Geister und Gespenster der nationalen, von Generationen von Feinden bevölkerten Erinnerung, deren Ziel die Vernichtung des jüdischen Volkes ist«.

Zwischen den Kriegen hatte die Yishuv in dem Verhalten des arabischen Mobs, das offensichtlich von den Behörden geduldet wurde, eine Wiederholung der russischen Pogrome gesehen. Nach dem Ende des Zweiten Weltkriegs und des Holocausts – dem noch im gleichen Jahrzehnt der arabische Versuch folgte, Israel zu vernichten – drängte sich unvermeidlich eine weitere Parallele auf. In einem anderen Werk von Amos Oz träumt Herr Nehamkin: »Hitler war nicht tot, sondern hatte sich in der Dunkelheit der Zelte von Kedar zwischen den mörderischen Beduinen versteckt.« Die israelischen Schriftsteller sehen die zeitgenössischen Araber oft als jene Menschen, die, wenn auch mit untauglichen Mitteln, versuchen, das Werk zu vollenden, das Hitler beinahe vollbracht hat. Diejenigen, die ihre Situation so sehen – und das sind die meisten Israelis –, fühlen sich dadurch in ihrer unversöhnlichen Haltung den arabischen Forderungen gegenüber gerechtfertigt, und halten es auch für richtig, daß sie ihre Besorgnis über das »moralische Problem« der Behandlung der Araber durch die Juden unterdrücken.

Sowohl die arabischen Schriftsteller als auch einige besorgte Außenseiter halten die Einbeziehung des europäischen Holocausts in die heutige jüdisch-arabische Debatte für eine ungeheure Irrelevanz, für böse Absicht. Die Araber hatten nichts mit dem Holocaust oder den früheren europäischen Judenverfolgungen zu tun. In arabischen Ländern wurden die Juden nicht verfolgt. Arabische Schriftsteller wie Edward Said und Sami Hadawi weisen darauf hin, daß die Araber keine Antisemiten sind und es auch nicht sein können. Sie sind aus gutem Grund Antizionisten. Sie versuchen nicht, die Juden auszurotten oder sie auch nur aus Palästina zu vertreiben. Sie wollen den jüdischen Staat durch den »säkularen und demokratischen Staat« des Palästinensischen Nationalen Bundes ersetzen. In einem solchen Staat würden die Rechte der jüdischen Minderheit absolut geschützt sein. Das arabische Programm hat nichts mit Adolf Hitlers Politik des Völkermordes zu tun, und es ist eine bewußte Beleidigung der Araber, etwas Derartiges zu behaupten.

Die Israelis akzeptieren einen Teil dieser Einwände, wenn auch nur einen geringen. Sie geben allgemein zu, daß die Juden in arabischen und moslemischen Ländern im Lauf der Geschichte besser, oder weniger schlecht, behandelt wurden als in der christlichen Welt. Doch die Israelis akzeptieren nicht, daß die Araber und insbesondere die palästinensischen Araber, nicht mit Nazi-Deutschland und seiner Politik den Juden gegenüber sympathisiert haben. Der Großmufti war nicht nur während des Holocausts Hitlers Gast in Berlin, sondern er blieb auch nach Deutschlands Niederlage der unbestrittene Führer der palästinensischen Araber. Seine Freundschaft mit den Nazis hatte ihm offensichtlich bei seinen Anhängern überhaupt nicht geschadet.

Arabische Intellektuelle mit westlicher Bildung unterscheiden zwischen antizionistischer und antijüdischer Einstellung, wenn sie vor einer westlichen Zuhörerschaft eine Rede halten. Laut den israelischen Erfahrungen machen die gewöhnlichen Araber keinen solchen Unterschied. Bei den vom Mufti 1929 in Palästina angezettelten Unruhen waren zum Beispiel die meisten Opfer fromme Juden, die an den Heiligen Stätten wohnten. Sie waren nicht nur im politischen Sinn keine Zionisten, sondern viele von ihnen waren entschieden antizionistisch eingestellt. Das spielte keine Rolle: Die Aufrührer waren entschlossen, jeden Juden zu töten, dessen sie habhaft wurden, ohne sich um seine politische Meinung zu kümmern. Es gibt auch keinen Grund zu der Annahme, daß die Randalierer, die im Sommer 1941 das jüdische Viertel von Bagdad plünderten, den Versuch unternahmen herauszufinden, welche Juden Zionisten waren und welche nicht. Die für Araber bestimmten arabischen Rundfunksendungen, die sich von den für das Ausland bestimmten arabischen Rundfunksendungen unterscheiden, richten sich nicht nur gegen die Zionisten, sondern gegen die Juden im allgemeinen.

Vor diesem Hintergrund glaubt kaum ein Israeli daran, daß es für die Juden in einem säkularen demokratischen Staat mit arabischer Mehrheit eine Zukunft als geschützte Minderheit geben kann. Dieses Konzept wird als reine Taktik und Propaganda abgetan, ist für westliche Ohren bestimmt und hat überhaupt nichts mit der lokalen Realität zu tun. Die Realität, wie die meisten Israelis sie sehen, besteht darin, daß die Araber nicht nur den israelischen Staat, sondern auch seine Bewohner loswerden wollen. Der beste Schutz vor einem neuen Holocaust sind daher die israelische Wachsamkeit und die israelische Kampfkraft.

Die Menschen im Westen weisen darauf hin, daß angesichts des Gleichgewichts der Kräfte zwischen den beiden Parteien ein Holocaust der Juden durch die Araber vollkommen unwahrscheinlich ist. Die Israelis erwidern darauf, daß ein zweiter Holocaust unwahrscheinlich ist und daß die Israelis dafür sorgen wollen, daß sich daran nichts ändert.

Umfragen unter den Israelis haben ergeben, daß sie dazu neigen, die nichtjüdische Welt – oder zumindest einen Teil von ihr – für antisemitisch zu halten. Diese Einstellung wirkt sich natürlich auf die Beziehung der Israelis zu den Arabern aus. Die Araber sind nicht nur eine zahlenmäßig große, wenn auch schwache regionale Bevölkerung, die den Israelis feindlich gesinnt ist, sondern sie gehören außerdem zu der großen, mächtigen, »universellen Kategorie« von Nichtjuden, die nach Ansicht der Israelis (zumindest zum Teil) den Juden und Israel feindselig gegenübersteht.

Der Dichter Itamar Yaoz-Kest hat darauf hingewiesen, daß die israelische Einstellung zum Holocaust Schwankungen unterworfen ist. In Zeiten, in denen Israel »auf dem hohen Roß sitzt«, zum Beispiel in den sechs Jahren nach dem Sechs-Tage-Krieg, wollten die Sabras (im Land geborene Israelis) nichts von dem tragischen Schicksal der Juden hören. Sie waren übertrieben stolz auf ihre Leistungen und fühlten sich den Juden der Diaspora überlegen.

Erst 1973, nach der zermürbenden Beinahe-Niederlage in der ersten Phase des Yom-Kippur-Kriegs, erkannten diese jungen Israelis (immer noch laut Yaoz-Kest), daß das Bild, das sie von sich hatten, nicht stimmte. Nach 1973 kehrte das Gefühl der Belagerung zurück – einer Belagerung, der möglicherweise ein Holocaust folgt.

Als ich zu verstehen versuchte, was der Holocaust und die Vorgeschichte des Holocausts für das israelische Volk bedeuten, habe ich über die Geschichte meines Volks, der irischen Katholiken, nachgedacht.

Ken Livingstone, der weit links stehende Vorsitzende des Londoner Stadtrats, hat im Sommer 1983 erklärt, daß die Leiden des irischen Volkes im Lauf von achthundert Jahren insgesamt genauso schrecklich gewesen wären wie der Holocaust der europäischen Juden. Diese Ansicht ist verschroben. Erstens übersieht Livingstone die Tatsache, daß die Unterdrückung der Juden in der Geschichte die der Iren an Dauer, Konsequenz und Intensität bei weitem übertrifft, selbst wenn man den Holocaust überhaupt nicht berücksichtigt. Auch die achthundert Jahre sind eine leere Propagandaphrase. Irlands wirkliche und besondere Schwierigkeiten begannen gegen Ende des sechzehnten Jahrhunderts, als die Iren dafür zur Kasse gebeten wurden, daß sie die Gegenreformation – und die Absetzung häretischer Fürsten – gegen die reformierten Herrscher von England und Schottland unterstützt hatten.

Der Preis dafür waren Phasen wilder, wahlloser militärischer Unterdrückung. Er beinhaltete auch die Verhängung eines Kodex – der Penal Laws –, der voraussetzte, daß ein römisch-katholischer Ire etwas war, das es nicht gab. Die Penal Laws blieben beinahe das ganze achtzehnte Jahrhundert hindurch in Kraft; die irischen Katholiken hatten nicht das Recht, Waffen zu tragen, besaßen kein Stimmrecht und waren von den freien Berufen ausgeschlossen. Während dieser relativ kurzen Zeit kommt die historische Erfahrung der Iren der Erfahrung der Juden während beinahe aller christlichen Jahrhunderte am nächsten.

Ende des achtzehnten Jahrhunderts waren die Penal Laws außer Kraft, aber im Vergleich zu der protestantischen Übermacht, der der größte Teil des Landes gehörte, befanden sich die irischen Katholiken gesellschaftlich, wirtschaftlich und bildungsmäßig ungeheuer im Nachteil. Die irische katholische Bevölkerung bestand um die Mitte des neunzehnten Jahrhunderts größtenteils aus für den Eigenbedarf produzierenden Bauern und ihren Familien, die vor allem ihr Hauptnahrungsmittel, nämlich Kartoffeln, anbauten. Ende der vierziger Jahre des vergangenen Jahrhunderts gab es in mehreren aufeinanderfolgenden Jahren Mißernten. Während der anschließenden Hungersnot starb eine Million Menschen, und eine weitere Million wanderte aus, hauptsächlich nach Amerika.

Die damaligen britischen Regierungen bemühten sich sporadisch und spärlich, den Hungernden Hilfe zu bringen, doch die allgemein anerkannten Wirtschaftsdoktrinen jener Zeit behinderten sie, und ihre Anstrengungen waren unzulänglich. Durch frühere Erfahrungen verbittert, hielten viele Katholiken dieses Versagen für Absicht.

Noch heute vergleichen einige Iren – und einige Sympathisanten – die Große Hungersnot mit dem Holocaust des zwanzigsten Jahrhunderts. Wenn wir die Absicht und das Verhalten von Regierungen meinen, ist der Vergleich unhaltbar. Das Schlimmste, das man der damaligen britischen Regierung vorwerfen kann, ist gefühllose Teilnahmslosigkeit; nichts weist auch nur im entferntesten auf einen geplanten Massenmord hin. Das späte neunzehnte und das zwanzigste Jahrhundert sind für die irischen Katholiken eine Zeit der gesellschaftlichen und wirtschaftlichen Erholung und des Fortschritts gewesen. Bevor der größte Teil des katholischen Irlands unabhängig wurde, kam es zwischen 1919 und 1921 zum Versuch einer militärischen Unterdrückung, die viel Ähnlichkeit mit der versuchten militärischen Unterdrückung der Yishuv zwischen 1945 und 1948 besitzt. Am Ende dieser Periode wurde Irland – wie später Palästina – geteilt.

Auf Wunsch der protestantischen Mehrheit blieb Nordirland beim Vereinigten Königreich. Der überwiegend katholische Rest des Landes sagte sich los. Obwohl der Grenzverlauf ernsthaft angezweifelt wurde (und wird), war eine Teilung die einzige Möglichkeit, den unterschiedlichen Loyalitäten der irischen Bevölkerung Rechnung zu tragen.

Daher kann man die historischen Erfahrungen der Juden und der irischen Katholiken nicht gleichsetzen. Vergleichen kann man aber folgendes: Beide haben, obwohl in sehr unterschiedlichem Ausmaß, Unterdrückung und Stigmatisierung erfahren und verschiedene Möglichkeiten erprobt, um mit diesen Phänomenen fertigzuwerden. Sowohl die jüdische als auch die irische Variante der Geschichte ist während langer Zeiträume im Untergrund verlaufen, ohne offiziell zu existieren, während ihr sehr anderslautende Versionen der Geschichte überlagert waren.

Den Iren fällt es immer noch schwer, ihre Untergrundvergangenheit zu bewältigen, auch wenn der schlimmste Teil dieser Erfahrung über hundert Jahre zurückliegt. Die meisten von uns wissen, daß uns die heute lebenden Engländer nichts Böses antun wollen. Wir wissen, daß keiner unserer Nachbarn unseren Staat vernichten will. Die meisten von uns lehnen bewußt die Anstrengungen der IRA ab, Nordirland gegen den Willen der Mehrheit seiner Einwohner aus dem Vereinigten Königreich herauszulösen. Dennoch besitzt die IRA durch unsere gemeinsame kollektive Erinnerung Macht über uns. Sie kann uns zwingen, irgendwo im Hintergrund unseres Geistes den Film unserer Untergrund-Geschichte noch einmal ablaufen zu lassen. Es kann der Tod eines Menschen sein, der in den Hungerstreik getreten ist, oder das Bild eines britischen Soldaten, der eine Leibesvisitation an einem Iren vornimmt, oder auch nur eine beleidigende Schlagzeile in einer vielgelesenen Londoner Zeitung. Und dieser Film, der im Geist der Iren zu beiden Seiten des Atlantik abläuft, ermöglicht es der IRA weiterzumachen.

Da ich über diese Erfahrungen verfüge, meine ich, ansatzweise begreifen zu können, was die jüdische Geschichte für einen heutigen Israeli bedeuten muß. Die Ermordung von sechs Millionen jüdischer Männer, Frauen und Kinder hat vor wesentlich kürzerer Zeit stattgefunden als die (relativ) geringfügigen Verheerungen durch die Black and Tans (paramilitärische Konterrevolutionäre), die noch in das kollektive irische Gedächtnis eingegraben sind. Eine Geschichte der Unterdrückung und Verfolgung durch Jahrtausende, nicht Jahrhunderte – nicht nur durch eine Macht, sondern durch die gesamte nichtjüdische Welt –, hat zum Holocaust geführt. Und sofort nach dem Holocaust wurde der Staat geschaffen, der von seiner Geburt an vom Haß aller Nachbarn bedroht wird.

Wenn *wir* im Geist noch immer Filme ablaufen lassen, welche Filme müssen dann erst bei *ihnen* ablaufen!

Doch es gibt eine weitere irische Parallele – zwischen den Katholiken in Nordirland und den palästinensischen Arabern. Vor etwas mehr als dreihundertfünfzig Jahren wurden in großen Teilen Ulsters die einheimischen Katholiken durch Einziehung oder Kauf von ihrem heimatlichen Boden vertrieben und durch eine Bevölkerung ersetzt, die sich durch Religion und politische Zugehörigkeit von ihnen unterschied und ihnen in bezug auf technische Fähigkeiten, Ausbildung und gesellschaftliche Organisation überlegen war. Die Einheimischen blieben in diesem Gebiet hauptsächlich Pächter auf schlechterem Boden und ungelernte Arbeiter. Die Siedler erschlossen den besseren Boden und bauten die Industrie auf.

Obwohl sich die materielle Situation der Katholiken inzwischen gebessert hat, haben die Beziehungen zwischen Katholiken und Protestanten, zwischen Einheimischen und Siedlern beinahe nichts von ihrer ursprünglichen Feindseligkeit eingebüßt. Bei den allgemeinen Wahlen des Jahres 1983 hat ein Drittel der katholischen Wählerschaft eine Partei gewählt, die erklärt hatte, daß sie »den Kampf mit der Waffe vorbehaltlos unterstützt«. Das heißt, daß sie die IRA gewählt haben, die ihre protestantischen Nachbarn seit Jahren systematisch mordet. Und die Menschen, die so gewählt haben, waren *nicht* die älteren Leute, die am alten Haß festhalten. Es war hauptsächlich die Jugend, die hoffte, daß sie gewinnen würde – dreieinhalb Jahrhunderte, nachdem ihre Vorfahren verloren hatten.

Weder hinsichtlich der jüdischen noch der arabischen Seite lassen die irischen Parallelen auf eine baldige allgemeine Regelung, die sowohl Juden als auch palästinensische Araber einschließt, hoffen. Eine solche Regelung scheint nur dann möglich, wenn beide Teile besser vergessen können als die Iren. Vielleicht gelingt es ihnen.

7
Das zweite Israel und die orientalischen Juden

> »Ich bete nur, daß es keinen Frieden geben möge, sonst werden wir einander gegenseitig vernichten.«
> Ein israelisch-jemenitischer Polizist nach den Schwarzen Panther-Unruhen am 18. Mai 1971

Die Bevölkerung des neuen Staates verdoppelte sich innerhalb der ersten vier Jahre seines Bestehens. Die fast siebenhunderttausend neuen Einwanderer bestanden ungefähr zu gleichen Teilen aus Überlebenden des europäischen Holocausts und aus Immigranten aus den moslemischen Staaten des Nahen Ostens und Nordafrikas. Da die Europäer der gleichen Herkunft waren wie die Mehrheit der jüdischen Bevölkerung im Palästina des Jahres 1947, konnten sie ohne große Schwierigkeiten assimiliert werden. Die orientalischen Juden veränderten allmählich das Wesen der Gesellschaft, die sie aufnahm. Diese orientalischen Juden bilden das »zweite Israel«.

Der Ursprung und die Wanderung der orientalischen Juden sind von Rafael Patai folgendermaßen zusammengefaßt worden: »... die orientalischen Juden sind jene Juden, die in Asien und Afrika gelebt haben, seit ihre Vorfahren das Land Israel verlassen mußten. Von 732 v. Chr. an wurden Kontingente der Bevölkerung von Israel und Judäa nach Assyrien, Babylonien und Ägypten gebracht. Danach wanderten ihre Kinder und spätere Emigranten aus diesen Ländern und auch aus Palästina in andere Länder Asiens und Afrikas aus – in die Türkei, nach Syrien, Persien, auf die arabische Halbinsel und an die gesamte nordafrikanische Küste. Die Nachkommen dieser Vertriebenen blieben zwei bis zweieinhalb Jahrtausende lang im Nahen und Mittleren Osten und in den angrenzenden Gebieten Mittelasiens... Als die Mauren zu Beginn des achten Jahrhunderts Spanien eroberten, überquerte ein Ableger dieser orientalischen Juden die Straße von Gibraltar. Einige hundert Jahre später, als die Spanier und die Portugiesen die Halbinsel zurückeroberten, blieben die Juden in ihren Wohnorten und wechselten von ihrer arabischen Muttersprache zum Spanischen. Nachdem sie 1492 aus Spanien vertrieben worden waren, behielten sie in ihren neuen Siedlungsgebieten in Nordafrika, im Osmanischen Reich und auch anderswo ihr Ladino (jüdisch-spanische Sprache) bei.«

1972 befanden sich beinahe sechshunderttausend Juden in Israel, die in moslemischen Ländern zur Welt gekommen waren. Einschließlich der in Israel geborenen Kinder der orientalischen Einwanderer bestand bereits Mitte der sechziger Jahre die halbe Bevölkerung Israels aus orientalischen Juden. Heute machen sie etwa sechzig Prozent der Gesamtbevölkerung aus. Ihre Geburtenziffer ist zwar rückläufig, aber sie liegt noch immer wesentlich über jener der Juden europäischen Ursprungs.

Der arabische Schriftsteller Sami Hadawi schreibt: »Man kann in der Geschichte des Nahen Ostens blättern und zahlreiche zivilisierte Zeitalter erforschen, und man wird immer wieder feststellen, daß überall die gleiche gegenseitige Achtung zwischen Arabern und Juden geherrscht hat. Im Heiligen Land und in allen anderen arabischen Ländern lebten sie in Harmonie miteinander; diese Harmonie wurde erst zerstört, als die Zionisten die Behauptung aufstellten, daß Palästina der ›rechtmäßige Besitz‹ des ›jüdischen Volkes‹ sei.«

Diese Behauptung ist mit dem Wort »Achtung« in seiner normalen Definition nicht zu vereinen. »Gegenseitige Achtung« setzt Gleichheit voraus. Doch Moslems und Juden waren einander nie gleichgestellt. Solange die moslemischen Reiche vollkommen autonom waren, bildeten die Moslems die Ober- und die Juden die Unterschicht der Bevölkerung. In den meisten unter moslemischer Herrschaft stehenden Staaten waren die Juden, genau wie die Christen, Dhimmis, geschützte Untertanen eines moslemischen Souveräns; sie wurden unter der Voraussetzung geduldet, daß sie sich an bestimmte Richtlinien hielten, darunter die Bezahlung der koranischen Kopfsteuer, der Djisya. Vor dem Gesetz waren sie nicht gleichberechtigt; vor einem moslemischen Gericht wog die Aussage eines Juden oder Christen weniger als das Wort eines Moslems. Man konnte Juden und Christen dazu zwingen, eine bestimmte Kleidung oder ein bestimmtes Abzeichen zu tragen; sie durften kein Pferd reiten und keine Waffen tragen.

Es stimmt, daß im letzten Jahrhundert des Osmanischen Reichs der Status des Dhimmi und die Djisya formell abgeschafft wurden. Doch die Macht des Sultans war damals nicht mehr so groß, daß er die Befolgung von Erlässen, die seinen Untertanen nicht zusagten, durchsetzen konnte. Dennoch stellte dieser Erlaß eine große Veränderung im gesetzlichen Status und auch im sozialen Status der davon betroffenen Minderheiten dar.

Trotzdem haben die moslemischen Schriftsteller recht, wenn sie feststellen, daß die Juden noch viele Jahrhunderte nach den moslemischen Eroberungen lieber unter moslemischer als unter christlicher Herrschaft lebten. Die Juden im Spanien des achten Jahrhunderts begrüßten die arabischen Eroberer des Westgotenreichs als ihre Befreier. In der gleichen Periode zu Beginn der arabischen Expansion begrüßten die Juden in Syrien (einschließlich Palästinas) die arabischen Eroberer als ihre Befreier vom byzantinischen Joch. Sieben Jahrhunderte später hießen die Juden an den Ufern des östlichen Mittelmeers die osmanischen Türken willkommen. Als die Juden im letzten Jahrzehnt des fünfzehnten Jahrhunderts auf Befehl christlicher Könige von der iberischen Halbinsel vertrieben wurden, suchten sie in moslemischen Ländern Zuflucht.

Der Status des Dhimmi war keineswegs ideal, aber auf jeden Fall der spanischen Inquisition vorzuziehen. Und zu gewissen Zeiten und an gewissen Orten war der Status der Juden wesentlich besser, als man nach der Bezeichnung Dhimmi annehmen würde. Am Hof der Omaijaden-Kalifen in Cordoba spielten im zehnten Jahrhundert während einer glorreichen Periode der moslemischen Zivilisation bestimmte Juden eine wichtige und einflußreiche Rolle.

Natürlich behandelten die Moslems die Juden gelegentlich genauso schlecht, wie es die schlimmsten Christen taten. Moslemische Fundamentalisten lehnten die Dhimmi-Regelung als unvereinbar mit der Reinheit des Islams ab. Wann immer sich eine Welle des Fundamentalismus in der moslemischen Welt ausbreitete, hatten sowohl Juden als auch Christen nur die Wahl zwischen Bekehrung und Tod.

Doch im allgemeinen war die Verachtung der Moslems für die Juden wesentlich weniger intensiv als die Feindseligkeit der Christen gegen die Juden. Die Ursache dafür war rein theologischer Natur. Die Christen haben bis vor kurzem in den Juden das verfluchte Volk gesehen, das den Sohn Gottes nicht nur abgelehnt, sondern auch gekreuzigt hat. Für die Moslems ist das Vergehen der Juden zwar ebenfalls ernst, aber nicht so fürchterlich: Sie haben die Lehre des Propheten abgelehnt. Bernard Lewis stellt dazu fest: »Alles in allem – und im Gegensatz zum christlichen Antisemitismus – empfinden die Moslems Nichtmoslems gegenüber weder Angst noch Neid noch Haß, sondern einfach Verachtung – die für gewöhnlich verwendeten Ausdrücke sind ›Affen‹ für die Juden und ›Schweine‹ für die Christen.«

Bis in die Neuzeit zogen die Juden meist die moslemische Herrschaft der christlichen vor. Doch die ungeheuren Veränderungen, zu denen es in Europa ab dem Ende des achtzehnten Jahrhunderts kam, und die Auswirkungen dieser Veränderungen auf die moslemische Welt veränderten auch diese Situation für einige Zeit.

Der ungeheure Erfolg und die Dynamik Westeuropas im neunzehnten Jahrhundert standen in krassem Gegensatz zu der Stagnation der moslemischen Welt und waren einer *säkularen* Gesellschaft zu verdanken, in der sich ausreichend Platz für die Juden fand – jedenfalls sah es damals so aus. Europäische Regierungen, europäischer Schutz und Einfluß wurden für die Juden attraktiv. Die Juden von Tunis steckten Trikolore-Kokarden an, um die Erstürmung der Bastille (und später, um den Sturz des allerchristlichsten Königs) zu feiern. Die Juden in Ägypten hießen Bonaparte und später die Engländer willkommen. Die Juden in Algerien erhielten von den Franzosen die Gleichberechtigung und später die vollen Bürgerrechte. Die Juden in Tunesien erhielten durch den Pacte Fondamental, den Napoleon III. 1857 dem Bei diktierte, die Gleichberechtigung. Die Expansion des westlichen Einflusses in dem in Verfall geratenen Osmanischen Reich wirkte sich sowohl direkt als auch indirekt zum Vorteil der Juden aus. Viele Juden lebten in dem System der Kapitulationen unter dem Schutz einer europäischen Macht. Die übrigen Juden zogen Vorteil daraus, daß der europäische Einfluß moslemische Herrscher dazu zwang, die Gleichheit aller ihrer Untertanen vor dem Gesetz zu verkünden.

Das Ergebnis dieser Veränderungen war, daß die Juden im Nahen Osten und in Nordafrika ihre frühere Vorliebe für die islamische Welt revidierten und sich Europa zuwandten. Das Wesen dieser Veränderung kann am besten durch den Gegensatz zwischen zwei Purims veranschaulicht werden.

Purim ist das Fest, das laut dem Buch Esther von Mordechai eingeführt wurde, um die Errettung der Juden vor Hamans Verschwörung zu feiern, der sie töten wollte. Die Juden haben in vielen Ländern besondere Purims eingeführt, um den Tod eines örtlichen Tyrannen oder die Errettung von einer ganz bestimmten Gefahr zu feiern.

Als die portugiesische Armee im Jahr 1578 in Marokko in der Schlacht der Drei Könige geschlagen wurde, feierte das Judentum das Ereignis durch einen Purim (Purim de los Cristianos). Über drei Jahrhunderte später nahmen die Juden im Irak einen europäischen Sieg über eine moslemische Macht zum Anlaß für einen Purim – es handelte sich um die Auseinandersetzung, in der die Engländer den Türken den Irak wegnahmen (1918).

Die Juden begrüßten nicht nur die Expansion der säkularen europäischen Mächte in moslemischen Ländern, sondern die europäischen Juden spielten im neunzehnten und zwanzigsten Jahrhundert auch eine wichtige Rolle in den europäischen Verwaltungen in Nordafrika und dem Nahen Osten. Dadurch übertrugen ab der Mitte des neunzehnten Jahrhunderts die Moslems ihr Ressentiment gegen die westliche Vorherrschaft auch auf die Juden.

Das Ressentiment gegen den Zionismus, das etwa ein Jahrhundert später einsetzte, darf man nicht als isoliertes Phänomen betrachten, sondern muß es als Teil eines bereits seit langem bestehenden, allgemeinen Ressentiments gegen die Befreiung der Dhimmis sehen. Manifestationen von antijüdischen Gefühlen traten lang vor der Balfour-Erklärung und lang vor der zionistischen Unternehmung auf. Bei der Arabi Pascha, der Revolte gegen die Annektierung von Ägypten durch die Engländer im Jahr 1882, wurden die Juden in Alexandrien angegriffen, und viele von ihnen flohen nach Malta. In der ersten Dekade des zwanzigsten Jahrhunderts machte sich die Empörung der Moslems über die wachsende französische Einflußnahme in Marokko wiederholt in Form von Angriffen auf jüdische Gemeinden Luft.

Die Balfour-Erklärung war ein wichtiger Teil, aber nur ein Teil eines Unternehmens, das alle Moslems in allen seinen Aspekten ablehnten, und zwar die Tatsache, daß allmählich innerhalb der gesamten moslemischen Welt (mit Ausnahme der Türkei) Nichtmoslems über Moslems herrschten. Die zionistische Unternehmung war ein besonders auffallender, verhaßter Aspekt eines nicht akzeptablen, unbegreiflichen allgemeinen Phänomens.

Der Islam ist ein triumphalistischer Glaube par excellence. Die explosionsartige Ausbreitung der islamischen Macht um das Mittelmeer sofort nach dem Tod des Propheten wurde als deutliche Manifestation des Willen Gottes betrachtet. Das Ende dieses Höhenflugs, das Überhandnehmen der Dhimmis und schließlich die Herrschaft der Ungläubigen über die moslemische Welt stellten die Ordnung der Dinge auf den Kopf.

Daß das zionistische Unternehmen überhaupt möglich wurde, war eine besonders schmerzliche Manifestation dieser Umkehrung. Man empfand sie als Symbol der allgemeinen Demütigung der Moslems. Ein amerikanischer Geheimagent im Irak schrieb gegen Ende des Zweiten Weltkriegs: »Für die Araber sind die meisten Juden erbärmlich, feig und unrein. Deshalb ist ihnen die Vorstellung, daß ein Teil der arabischen Welt von Juden regiert wird, unerträglich.«

Die westeuropäische Herrschaft über die moslemische Welt erreichte in den Jahren unmittelbar nach dem Ersten Weltkrieg und nach der endgültigen Auflösung des Osmanischen Reichs ihren Höhepunkt. Doch in Wirklichkeit war diese Vorherrschaft bereits im Verfall begriffen, und dieser Verfall endete zwei Generationen später mit dem Fehlschlag des letzten europäischen Rückzugsgefechts, nämlich dem Kampf Frankreichs in Algerien im Jahr 1962.

Der langsame Rückgang der westlichen Macht begann 1929 im Irak, wo eine gefährliche Stammesrevolte die britischen Mittel erschöpfte. Großbritannien war durch den Ersten Weltkrieg geschwächt und verarmt, wurde jetzt von der großen Depression betroffen und verlagerte das Schwergewicht seiner Politik der indirekten Beherrschung auf größere Autonomie für Protektoratsregierungen. 1932 erlangte der Irak die Unabhängigkeit (er war allerdings durch einen Vertrag gebunden); Ägypten folgte 1936. Mussolinis Erfolg in Abessinien machte deutlich, wie verletzlich Großbritannien geworden war.

Der Trend zur arabischen Autonomie hatte für die Juden nicht nur in Palästina, sondern auch in anderen arabischen Ländern ernste Folgen. Sobald der Irak 1932 die Unabhängigkeit erhielt, führte er eine antijüdische Gesetzgebung ein und entließ die Juden von den Staatsposten, die sie unter dem Mandat innegehabt hatten.

Diese Maßnahmen können teilweise auf das Ressentiment gegen den Zionismus zurückgeführt werden, obwohl dies bestimmt nicht die einzige Ursache war. Die Juden hatten das britische Mandat begrüßt und hatten ihm treulich gedient. Der Zionismus goß zweifellos weiteres Öl ins Feuer, doch auch ohne ihn gab es bereits genügend Brennstoff. Als der Mob im Juli 1941 die Juden in Bagdad abschlachtete, war er sicherlich durch die Predigten des Großmufti aufgestachelt worden; die Menschen wußten jedoch auch, daß die Juden die Absetzung der beliebten, prodeutschen, arabisch-nationalistischen Regierung von Raschid Ali begrüßten.

Zu dieser Region und Periode kann man Parallelen finden. Als sich Großbritannien und Frankreich um die Mitte dieses Jahrhunderts aus dem Nahen Osten und Nordafrika zurückzogen und durch arabische nationalistische Regierungen ersetzt wurden, waren die orientalischen Juden gefährdet.

Am deutlichsten veranschaulicht dies die Situation in Algerien. Die revolutionäre Bewegung – die FLN (Front de Libération Nationale) – forderte die Juden auf, ihren Kampf um die Unabhängigkeit zu unterstützen, und machte sie darauf aufmerksam, daß es in einem unabhängigen Algerien für sie keine Zukunft geben würde, wenn sie sich nicht an diesem Kampf beteiligten. Die algerischen Juden zogen eine französische Zukunft einer Zukunft im unabhängigen Algerien bei weitem vor und wanderten ab 1961 in großen Scharen aus. Hundertvierzigtausend, die große Mehrheit, gingen nach Frankreich. 1969 gab es nur noch tausend Juden in Algerien.

Die algerischen Juden stellten insofern eine Ausnahme dar, als sie französische Staatsbürger waren und deshalb ein Land hatten, in das sie auswandern konnten, auch wenn es keinen Staat Israel gegeben hätte. Viele andere, einschließlich der Juden aus Marokko, dem Irak und dem Jemen, hätten nirgendwohin gehen können, wenn es Israel nicht gegeben hätte.

Die Immigration zuerst der europäischen und dann der orientalischen Juden nach Palästina sind nur einzelne Phasen in einem anhaltenden welthistorischen Prozeß. Beide Einwanderungswellen waren das Ergebnis ein und desselben Spiels der Kräfte: der Kräfte, die zur Emanzipation der Juden führten, und die spätere Reaktion auf diese Kräfte.

Die wichtigste Komponente, die zu der Emanzipation der europäischen Juden führte, war der Triumph der liberalen, säkularen Aufklärung. Die Emanzipation der orientalischen Juden war eine indirekte Folge des gleichen Phänomens. Sowohl die europäischen als auch die orientalischen Juden waren Nutznießer und gleichzeitig Opfer der Aufklärung. Sie wurden zu Opfern, weil sie Nutznießer gewesen waren und weil sie als Volk galten, das nicht nutznießen durfte.

Weder der moslemische Mob, der Anfang des zwanzigsten Jahrhunderts die Juden in Marokko angriff, noch der orthodoxe Mob, der die Juden in der gleichen Periode in ihrem Siedlungsgebiet im Osten angriff, handelte nur aus traditionellen Motiven, sondern neue waren hinzugekommen. Als die russischen und die marokkanischen Juden in Israel aufeinander trafen, vertrugen sie sich nicht sonderlich gut; aber die Gründe, aus denen sie sich dort befanden, waren schließlich die gleichen.

Vor dem Ersten Weltkrieg war die Lage der Juden in dem riesigen Siedlungsgürtel, in dem die meisten Juden der Welt damals lebten, annähernd gleich. Dieser Gürtel erstreckte sich von der Ostsee quer durch Europa in den Nahen Osten und dann entlang der Nordküste Afrikas bis zum Atlantik. Überall in ihm herrschten Ressentiments gegen den Westen und gegen die Juden, unabhängig davon, ob die Mehrheit der Bevölkerung moslemisch oder christlich war.

Der Erste Weltkrieg hatte zwei wichtige Auswirkungen auf die Juden. Erstens zogen sie Nutzen aus der Expansion des westlichen Einflusses in Osteuropa und im Fruchtbaren Halbmond. Es hätte als Anlaß für einen allgemeinen Purim dienen können. Zweitens führte der alliierte Sieg in dem besiegten Deutschland zu einem manischen, rassistischen Nationalismus, der in den Juden die hauptsächlichen Vertreter der Kräfte des Bösen sah, die Deutschland besiegt hatten. Der Aufstieg und die frühen Erfolge der Nazis putschten die bereits vorhandenen antisemitischen Gefühle in diesem Gebiet weiter auf.

Nach dem Zweiten Weltkrieg verließen beinahe alle Juden die moslemischen Länder, in denen sie lebten. In dem Bogen, der sich von der Ostsee über Osteuropa und den Nahen Osten bis zum Atlantik spannte, gab es Mitte des zwanzigsten Jahrhunderts nur noch eine einzige Insel von Bedeutung mit jüdischer Bevölkerung: den Staat Israel.

1882, als die ersten zionistischen Pioniere eingetroffen waren, bildeten die orientalischen Juden etwa die Hälfte der Alten Yishuv. 1947 machten die orientalischen Juden nur noch dreiundzwanzig Prozent aus, obwohl zwischen den Kriegen etwa siebzigtausend orientalische Juden – hauptsächlich jemenitische Landarbeiter – nach Palästina eingewandert waren. Die Orientalen waren ärmer, besaßen weniger Bildung als die europäischen Juden und führten innerhalb der Yishuv eine Art Ghettodasein. Der hervorragende israelische Soziologe Shmuel N. Eisenstadt erwähnt, daß in bestimmten Städten (Jerusalem, Tiberias) sowie in einzelnen Vierteln, die manchmal Slums ähneln, die unteren Klassen und der untere Mittelstand eine übermäßige Konzentration von orientalischen Juden aufweisen.

Die meisten der orientalischen Juden, die nach 1948 in so großer Zahl in Israel eintrafen, waren arm und ungebildet, wie ihre Vorfahren. Manche von ihnen kamen in großen Scharen, in Flugzeugen im Rahmen von Operationen mit attraktiven Codenamen: »Operation Fliegender Teppich« (die Juden aus dem Jemen), »Operation Esra und Nehemiah« (die Juden aus dem Irak).

Die Bedingungen, die sie bei ihrer Ankunft erwarteten, waren weniger erfreulich als die Codenamen. Zu Beginn mußten die Neuankömmlinge reichlich unbequem in improvisierten Lagern (Má-abarot) leben. Viele wurden in den Wohnungen der Araber untergebracht, die das von den Juden besetzte Gebiet geräumt hatten. Diese Quartiere waren vermutlich nicht viel schlechter als jene, die die orientalischen Juden in ihren Heimatländern zurückgelassen hatten. Sie standen jedoch in krassem Gegensatz zu dem Standard der Wohnungen, die die europäischen Juden mit Hilfe der amerikanischen Diaspora während der Mandatszeit für ihre Gemeinschaft geschaffen hatten.

Bei der Unterbringung eines so großen Zustroms waren anfängliche Schwierigkeiten zu erwarten gewesen. Doch die mittel- und langfristigen Schwierigkeiten bei der Integration erwiesen sich als viel größer, als die offizielle zionistische Phrasendrescherei wahrhaben wollte. Zunächst mußten grundlegende wirtschaftliche und sprachliche Schwierigkeiten überwunden werden. Die orientalischen Juden waren hauptsächlich kleine Händler und Handwerker – wie es ja auch die meisten europäischen Juden gewesen sind. Israel hatte für ihre Fähigkeiten, die auf die Bedürfnisse einer gänzlich anderen Gesellschaft abgestimmt waren, wenig oder gar keinen Bedarf. Außerdem sprachen nur wenige der Neuankömmlinge das moderne Hebräisch (und keiner konnte Jiddisch). Manche sprachen Judeo-Spanisch (Ladino), manche sprachen Französisch oder Englisch, doch die meisten unterhielten sich in den unterschiedlichsten jüdischen Dialekten des Arabischen – eine Sprache, die noch weniger gefragt war als ihre wirtschaftlichen und handwerklichen Fähigkeiten. Die Neuankömmlinge brachten überhaupt nichts mit, was die Bevölkerung, die sie aufnahm, brauchen konnte: nichts außer der Tatsache ihres Judentums.

Sowohl die wirtschaftlichen als auch die sprachlichen Unzulänglichkeiten der Neuankömmlinge erforderten eine aufwendige Umerziehung. Die Europäer (Ashkenasim) mußten die Lehrer sein und die Orientalen die Schüler. Die Neuankömmlinge – jedenfalls jene unter ihnen, die noch jung genug dazu waren – mußten Hebräisch lernen und in Berufen ausgebildet werden, die es ihnen ermöglichen würden, sich in Israel selbst zu erhalten. Doch letzteres erforderte auch eine ideologische Schulung: die Vermittlung eines neuen Wertsystems. Die meisten orientalischen Juden hielten zum Beispiel schwere körperliche Arbeit für etwas, das die Araber taten. Man mußte sie die (europäische) zionistische Auffassung von der Würde der Arbeit lehren, bevor sie für ihre Gruppe Moshavim (kooperative Farmen) gründen konnten. Die Orientalen, oder zumindest die orientalischen Kinder, mußten Zionisten werden, und zwar in dem Sinn, in dem die europäischen, und vor allem die russischen Juden, den Zionismus verstanden.

Das offizielle Ziel der Regierung und der Histadrut war der Mizzug galuyot: die Integration der Heimgekehrten. Die wirtschaftliche, sprachliche und kulturelle Kluft hätte es in jedem Fall schwierig gemacht, dieses Ziel zu erreichen. Doch die größte Schwierigkeit bestand in der Tatsache, daß die beiden Einwanderungswellen in ihrer Art verschieden waren. Bei der europäischen Einwanderung war eine Elite von Freiwilligen gekommen. Bei der orientalischen Einwanderung kamen Massen. Wäre Herzls Vorstellung einer Massenbewegung der europäischen Juden verwirklicht worden, so hätte sich die europäische Bevölkerung, die nach Palästina gelangt wäre, nicht so sehr von der orientalischen Bevölkerung unterschieden, die tatsächlich eintraf.

Herzls europäische Masseneinwanderung kam jedoch nie zustande. Die europäischen Massen emigrierten entweder nach Amerika oder blieben in Europa und wurden ermordet. Die europäischen Juden, die mit den ersten drei Aliyot nach Palästina kamen, waren sehr außergewöhnliche Juden und viel europäisierter als die jüdischen Massen. Daher konnten Zionisten europäischen Ursprungs die orientalischen Juden den Zionismus nur lehren, indem sie sie gleichzeitig europäisierten. Da der Unterricht das säkulare Wesen des Zionismus betonen mußte, konnte man ihn auch als Versuch betrachten, die zu Belehrenden zu entjudaisieren. Dadurch wurde die gesamte Kultur der orientalischen Einwanderer entwertet, und gleichzeitig wurde die traditionell größere Autorität der orientalischen Eltern und Älteren untergraben.

Der gesamte Prozeß wurde oft offiziell als »Schmelztiegel« bezeichnet. Er ähnelte auch in vieler Hinsicht dem amerikanischen Erziehungs-Schmelztiegel im neunzehnten Jahrhundert. Doch es gab einen bedeutsamen Unterschied. Die amerikanischen Immigranten, die in die neue Welt kamen, waren in einer überwältigend fremden Umwelt auf große Veränderungen in ihrem Leben gefaßt. Die orientalischen Juden hatten das Gefühl, daß sie in ihre ursprüngliche Heimat zurückkehrten, um dort gemeinsam mit anderen Juden zu leben. Doch wie sehr hatten sich diese anderen Juden verändert, um wieviel besser waren sie dafür gerüstet, in der gemeinsamen Nationalen Heimstätte zu leben, unter Bedingungen, die sie größtenteils selbst geschaffen hatten!

Es wird allgemein behauptet, daß der Zionismus wenig oder gar keine Auswirkungen auf die orientalischen Juden gehabt habe. Eine Schriftstellerin ägyptisch-jüdischen Ursprungs, Bat Ye'or, bestreitet dies entschieden. Laut Bat Ye'or »hatte der Zionismus bei den orientalischen Juden weit größeren Erfolg als bei ihren westlichen Glaubensgenossen, und zwar trotz des Fehlens von Theorien und Ideologien«. Sie behauptet weiter, daß die orientalischen Massen »eine messianische Inbrunst in den Zionismus eingebracht haben, die aus nationalen Traditionen stammte, die sie durch religiöse Observanz am Leben erhalten hatten«. Was sie hier beschreibt, steht dem elementaren Zionismus jener europäischen Juden nahe, die Herzl in den neunziger Jahren des vergangenen Jahrhunderts in Wilna, Sofia und an anderen Orten begrüßten.

Bat Ye'or schreibt unter anderem: »Die politisch-atheistische Kultur der sozialistischen Führer in Europa... stellte... etwas dar, das der Realität einer jüdischen Minderheit in einem unter Kolonialherrschaft stehenden islamischen Land vollkommen fremd war... Dieser *entjudaisierte Zionismus* war das genaue Gegenteil des *fundamentalen Zionismus,* der auf nationalen und religiösen Werten beruhte.« (Hervorhebungen von mir)

Um die Kluft zwischen den beiden Kulturen zu überbrücken, hätte es des Genies, des Stils, der Phantasie und der volkstümlichen Art eines Theodor Herzl bedurft. Doch David Ben Gurion und seine Kollegen in der Regierung und in der Histadrut vergrößerten die Kluft noch, wodurch es zu ernsten und möglicherweise tödlichen Folgen für die langfristige Zukunft der Labor-Partei in Israel kam.

Die Haltung des israelischen Establishments den orientalischen Juden gegenüber könnte man als wohlwollende, aber pessimistische Bevormundung bezeichnen, die sehr stark von negativen rassischen Vorurteilen und Klischeevorstellungen beeinflußt ist, aber durch das Gefühl eines gemeinsamen jüdischen Bandes gemildert wird. Die negative Einstellung richtete sich voll gegen die Erwachsenen und vor allem gegen die Alten unter den orientalischen Einwanderern. Sie waren »die Generationen der Wüste«, und für sie gab es keine Hoffnung.

Für die Kinder gab es ein wenig Hoffnung, doch wieviel und wie bald, war fraglich. Einige vorherrschende Klischees kann man zu Beginn der orientalischen Masseneinwanderung Zeitungsartikeln entnehmen; aus ihnen geht deutlich der Schock hervor, den die bereits in Israel ansässige Bevölkerung erlitten hatte: »Ein ernstes, bedrohliches Problem stellt sich durch die Einwanderung aus Nordafrika. Es ist die Einwanderung einer Rasse, wie wir sie in diesem Land noch nicht erlebt haben... Vor uns sehen wir ein Volk, dessen Primitivität nicht zu überbieten ist. Ihr Bildungsniveau grenzt an absolute Unwissenheit. Noch schwerwiegender ist ihre Unfähigkeit, intellektuelle

Fakten zu erfassen..., es gibt nicht einmal in bezug auf ihre Kinder Hoffnung: Ihr allgemeines Niveau aus der Tiefe ihrer ethnischen Existenz emporzuheben, ist eine Aufgabe für Generationen!«

Das Bemerkenswerteste an diesem Artikel ist die blitzartige Schnelligkeit, mit der der Verfasser seine pessimistischen Schlüsse über die Lernfähigkeit dieser Kinder zieht. Der Artikel erschien 1949; die betreffenden Orientalen waren gerade erst eingetroffen, und ihre (unvermeidlicherweise) verwirrten Kinder hatten den ersten Kontakt mit dem israelischen Unterrichtssystem hinter sich.

Offiziell mißbilligte das israelische Establishment negative Klischees den Orientalen gegenüber. In Wirklichkeit aber trug es dazu bei. Der aufrichtige, aber kalte Paternalismus dieser Gesellschaftsklasse war stark von Reizbarkeit und Mißmut durchsetzt. Zu den vielen großen Tugenden der Gründerväter Israels hatte nie das Taktgefühl gehört – wie viele britische Beamte erbittert bestätigen werden –, und die häufigen Äußerungen der israelischen Führer über ihre orientalischen Mitbürger waren unbarmherzig und fürchterlich taktlos. Noch Ende der sechziger Jahre konnte Ben Gurion sagen: »Die Leute aus Marokko besitzen keine Bildung. Sie lieben ihre Frauen, aber sie schlagen sie... Vielleicht wird sich in der dritten Generation der orientalischen Juden etwas ändern, obwohl ich es mir noch nicht vorstellen kann. Die marokkanischen Juden haben eine Menge von den marokkanischen Arabern übernommen. Die marokkanische Kultur möchte ich lieber nicht hier haben. Und welchen Beitrag die heutigen Perser leisten könnten, ist mir vollkommen unklar.«

Diesen Ton behielten Ben Gurion und seine Kollegen über zwei Jahrzehnte lang bei. Das Wort »primitiv« wurde bedenkenlos gebraucht. Einmal erregte Golda Meir besonderen Anstoß, weil sie erklärte: »Jemand, der nicht Jiddisch spricht, ist kein vollständiger oder vollkommener Jude.« Die orientalischen Juden nennen die Ashkenasim »Jiddischers«; sie empfanden diesen Ausspruch als Leugnung ihrer jüdischen Existenz. »Lehre uns Jiddisch, Golda«, wurde unter anderem 1971 bei der ersten Anti-Ashkenasim-Demonstration der Orientalen gerufen.

Eine solche Ausdrucksweise von Politikern in einer funktionierenden Demokratie ist höchst ungewöhnlich und wahrscheinlich einmalig; sie mußte einen negativen Niederschlag bei jenen großen Wählergruppen finden, die bald die Mehrheit im Staat bilden würden.

Ich nehme an, daß zwei Elemente für das Bedürfnis verantwortlich sind, die Orientalen zu kritisieren und zu brüskieren. Das erste Element ist patriotischer und didaktischer Art. Schließlich waren die orientalischen Juden im Vergleich zur Kultur und Wirtschaft Israels wirklich rückständig. Es war wünschenswert, ihre Rückständigkeit sowohl um Israels als auch um ihrer selbst willen zu überwinden, und man hielt es wahrscheinlich für eine vielversprechende pädagogische Maßnahme, wenn man sie immer wieder auf diese Rückständigkeit hinwies.

Doch vermutlich waren dabei tieferliegende emotionale Kräfte am Werk: Trauer über einen schmerzlichen Verlust, und die Weigerung, sich trösten zu lassen. Die Nationale Heimstätte war von europäischen Juden für europäische Juden errichtet worden. Man hatte erwartet, daß bei Kriegsende eine große Anzahl europäischer Juden, die Überlebenden der Naziverfolgungen und nahe Verwandte der Yishuv, in Palästina eintreffen würden. Doch die Naziverfolgungen hatten nur eine kleine Zahl von Juden übriggelassen. Der für die europäischen Juden vorgesehene Platz wurde jetzt von den orientalischen Juden ausgefüllt. In gewissem Sinn ersetzten die Orientalen die europäischen Toten. Sie waren Juden, aber nicht ganz die richtigen Juden. Ihre Kinder waren nicht ganz die richtigen Kinder. Die Richtigen waren tot, in Europa ermordet worden.

Es war unvermeidlich, daß die Einwanderer über die Art, wie sie empfangen wurden, und über ihren niedrigen Status im jüdischen Staat verstimmt waren. Ihr Ressentiment war oft bitter, doch es war genau begrenzt. Man erwartete vom jungen Einwanderer, daß er lernte, ein Israeli zu sein, und zwar nach einer Norm, die von europäischen Juden festgelegt worden war und von diesen dem Einwanderer vermittelt wurde. Seine eigene Kultur war etwas, das der Emigrant so rasch wie möglich und so gründlich wie möglich vergessen mußte. Er war kulturell nackt.

Im Vergleich zu den europäischen Schülern befanden sich die orientalischen Schüler dreifach im Nachteil, was buchstäblich verdummend wirkte. Im Unterricht ging es um westliche Erziehung, Zionismus und Israel. Die europäischen Kinder waren die Kinder im Westen erzogener Zionisten, und sie waren in Israel aufgewachsen. Von den orientalischen Eltern besaßen viele keinerlei Bildung, zumindest nicht im westlichen Sinn, und nur wenige verfügten über eine bruchstückhafte elementare Bildung. Der Zionismus, um den es im Unterricht ging, war hingegen für alle Orientalen ein Buch mit sieben Siegeln. Es gab orientalische Zionisten, vor allem unter den Jemeniten, aber ihr Zweig des Zionismus war zur Zeit David Ben Gurions im israelischen Unterricht nicht »in«. Und schließlich blieb Israel – das Israel der Ashkenasim – für die Orientalen viele Jahre lang eine Terra incognita.

Dazu kommt das sprachliche Unvermögen. Dazu kommt, daß alles, was die Europäer wußten, Anerkennung und Vorteile brachte, während alles, was die Orientalen wußten, Verachtung und Nachteile brachte, arabisches Zeug, das kein Mensch brauchte.

Es ist kein Wunder, daß die schulischen Leistungen der Orientalen zu Beginn katastrophal waren oder daß sich der schulische Fortschritt nur langsam einstellte. Und die Resultate führten gemeinsam mit den kulturellen Faktoren, die für die schulischen Resultate verantwortlich waren, dazu, daß die soziale Schichtung Israels gleichblieb: Ashkenasim oben und Orientalen unten.

Es war unvermeidlich, daß einige Orientalen ihre Lage den herrschenden Vorurteilen zuschrieben. Das stimmt in gewissem Sinn, entspricht jedoch nicht ganz der Situation. Das grundlegende Vorurteil betraf den Zionismus, und die Orientalen teilten es tief in ihrem Herzen. Sie hatten sich entschlossen, im jüdischen Staat zu leben, und hatten feststellen müssen, daß der Zionismus dieses Staates europäisch war. Die Orientalen besaßen keine gemeinsame säkulare Version eines orientalischen Zionismus als Gegengewicht. Im Gegenteil, sie wollten entorientalisiert und europäisiert werden. Laut dem Soziologen Yochanan Peres ergibt sich aus einer 1968 veranstalteten Meinungsumfrage, daß die Mehrheit der Orientalen die vollständige Assimilation anstrebt und die Europäer ausdrücklich als positives Vorbild sieht. »Wenn die Europäer dieses Land nicht gegründet hätten«, sagte eine Frau, »hätten wir nirgends hingehen können.« Eine andere meinte: »Wir brauchen die Europäer: Sie sind das Gehirn.«

Beide Äußerungen beziehen sich auf die Realität eines Belagerungszustandes. Die bedrohten orientalischen Juden haben Zuflucht in einer Festung gesucht, die von Europäern erbaut und erfolgreich verteidigt worden war und nun von diesen befehligt wurde. Die Tatsache, daß sie in der Festung nur unfreundlich empfangen wurden, bedeutet nicht, daß sie auf die Festung und die Fähigkeiten ihrer Befehlshaber verzichten können. Sammy Smooha meint dazu: »Solange die gesamte jüdische Gemeinschaft um ihr Überleben kämpft, ziehen es die nicht tonangebenden Juden vor, Israel nicht zu gefährden.« Einige der »nicht Tonangebenden« weisen darauf hin, daß sie nur aus diesem Grund die Vorherrschaft der Ashkenasim akzeptieren. Angeblich hat Eli Eliachar, der Leiter des Rates der sephardischen Gemeinde, erklärt: »Sollten wir jemals im Nahen Osten einen Frieden erreichen, so haben wir zu Hause den Bürgerkrieg.« Unter dieser Voraussetzung dürfte ein Bürgerkrieg in Israel eine sehr ferne Eventualität sein.

Die Integration hat tatsächlich stattgefunden, allerdings sehr langsam. Der sicherste Hinweis darauf ist die Zahl der Mischehen zwischen Orientalen und Europäern, die jährlich um ein Prozent zugenommen hat und sich jetzt bei dreiundzwanzig Prozent hält. Ein anderer Hinweis darauf ist die Geburtenrate. Die Geburtenrate der Orientalen, die noch immer beträchtlich über der der Europäer liegt, geht ständig zurück.

Die Zeit nach 1967 war ein Wendepunkt in den Beziehungen zwischen den beiden Gemeinschaften. Erik Cohen schreibt: »Zehntausende Soldaten orientalischer Herkunft waren aktiv an den verschiedenen Fronten im Einsatz. Es wurde allgemein anerkannt, daß sie tapfer kämpften und damit ihre uneingeschränkte Aufnahme in die israelische Gesellschaft besiegelten. Früher war behauptet worden, daß die Orientalen nicht wesentlich zur nationalen Verteidigung beitrugen: Diese Behauptung erwies sich als falsch. Jetzt wurde ein ›Blutbund‹ zwischen Ashkenasim und orientalischen Kämpfern geschlossen. In jenen Tagen der nationalen Euphorie sah es so aus, als hätten die Orientalen endlich aufgehört, Staatsbürger zweiter Wahl zu sein.« Doch sie waren immer noch zweite Wahl. Und die Regierung Israels setzte in jener Zeit Aktionen, die diesen Zweite-Wahl-Status überaus provokant betonten.

Nach dem Sechstagekrieg versuchte die israelische Regierung, den europäischen Immigranten besondere Anreize zu bieten. Diese Einwanderer, die eintrafen, nachdem der Krieg gewonnen war, erhielten große Wohnungen und großzügige Kredite, während die Orientalen, deren wichtiger Beitrag zum Sieg allgemein anerkannt wurde, in ihren Slums und manche sogar in ihren ursprünglichen Transitlagern hausten. Die Botschaft war kristallklar. Genau wie vor dem Krieg waren auch nach ihm die Europäer für die Führer Israels wesentlich erwünschtere Staatsbürger als die Orientalen. In gewissem Ausmaß teilten die Orientalen sogar diese Ansicht, indem sie anerkannten, daß die europäische Führung, die Israel geschaffen hatte, für sie unerläßlich war. Aber es war etwas anderes, wenn man Neuankömmlingen ausschließlich deshalb Platz machen mußte, weil sie Europäer waren. Die Provokation erfolgte in dem Augenblick, in dem der Belagerungszustand anscheinend zu Ende war und sie sich nicht mehr davor hüten mußten, die Existenz Israels zu gefährden.

Die erste orientalische Protestbewegung in der Geschichte Israels nahm Anfang 1971 in Jerusalem ihren Ausgang. Es handelte sich um die Gruppe, die sich Schwarze Panther (Panterim Shehorim) nannte. Sie glichen eigentlich nicht ihrem radikalen, separatistischen amerikanischen Vorbild. Sie waren Verfechter der Gleichberechtigung; sie wollten sogar, daß Orientalen, die für »untauglich« erklärt worden waren, wieder in die Armee aufgenommen wurden. Sie forderten die Beseitigung der Slums, mehr Arbeitsplätze, bessere Ausbildungsmöglichkeiten und ein Ende der Diskriminierung.

Als den Forderungen der Schwarzen Panther nicht entsprochen wurde, veranstalteten sie in Jerusalem eine größere Demonstration, die zu einem Aufruhr ausartete. Vermutlich hatten die Schwarzen Panther vorgehabt, den Behörden einen ordentlichen Schrecken einzujagen, und das gelang ihnen. Am meisten erschreckte die Behörden wahrscheinlich, daß die orientalischen Juden allgemein die Forderungen und den Protest billigten, wenn auch nicht ausdrücklich den Aufruhr. Sie waren der Ansicht, daß es für solche Proteste »an der Zeit war«. Die Regierung Golda Meir reagierte mit größeren Zugeständnissen. Sie akzeptierte einige der Forderungen voll und stellte sofort beträchtliche Geldmittel für die Lösung der dringendsten Probleme in den Slums – Sanierung, Jugendprobleme und Erziehung – zur Verfügung.

Abgesehen von der Unterstützung, die die Orientalen jetzt von der eingeschüchterten Regierung erhielten, machten sie auch von sich aus Fortschritte. Sie schafften den sozialen Aufstieg wie die Iren und Italiener in Amerika, weil die Bezirkspolitiker auf die Stimmen der Volksgruppen angewiesen waren. Anfang der siebziger Jahre gab es in dreißig Prozent der jüdischen Stadtverwaltungen orientalische Bürgermeister, und dort, wo ein Europäer Bürgermeister ist, fungiert oft ein Orientale als Vizebürgermeister.

Im nationalen Bereich war der orientalische Einfluß anders geartet, aber sicherlich genauso bedeutsam. Die Orientalen sind in der Knesset noch nicht im richtigen Verhältnis vertreten, doch die örtlichen und nationalen Verschiebungen sind auf verschiedene Weise deutlich geworden. Auf örtlicher Ebene ging es darum, mit Hilfe des »ausgeglichenen Programms« auf den Kandidatenlisten jeder Partei eine entsprechende Quote zu erhalten. Auf nationaler Ebene beeinflußten die Orientalen das staatliche Wahlergebnis, indem sie sich von der Labor-Partei abwandten und ihre Stimmen den Parteien der Rechten gaben. Und dies geschah, obwohl sich die Labor im entscheidenden Jahr 1977 viel eher als die rechte Likud bereitfand, orientalische Kandidaten auf ihre Wahlliste zu setzen.

Zu Beginn hatten die Orientalen die an der Macht befindliche Partei, Ben Gurions Mapai, gewählt. Aber im nächsten Jahrzehnt hatten sie bereits begonnen, sich von ihr abzuwenden, und dieser Trend hielt an und war schließlich ausschlaggebend. Dieser Umschwung war der Hauptgrund für den Sturz der Labor-Partei im Jahr 1977, nachdem sie beinahe dreißig Jahre ununterbrochen an der Macht gewesen war. Und dies geschah, obwohl sich die Sozialisten ernsthaft bemühten, ihre Knesset-Liste mit Orientalen, Frauen, jungen Leuten und so weiter aufzufüllen.

Manchmal wird behauptet, daß sich die Orientalen deshalb für die Likud entschieden haben, weil sie beide den Arabern feindlich gegenüberstehen. Es gibt diese gemeinsame Feindseligkeit, aber sie hat vermutlich nur eine untergeordnete Rolle gespielt. In keiner funktionierenden Demokratie kann eine Partei es sich leisten, einen Volksblock so zu behandeln, wie es die Mapai zwischen 1948 und 1971 mit den Orientalen tat. Es hätte der Mapai klar sein müssen, daß sich die Orientalen den Gegnern der Mapai zuwenden würden, sobald sie erfaßten, wie eine Demokratie funktioniert – ein Begriff, der ihnen in den Ländern, aus denen sie kamen, vollkommen fremd war. Ben Gurion und seine Amtskollegen sprachen und verhielten sich oft so, als wären die Orientalen zu dumm, um überhaupt zu begreifen, wie es in einer Demokratie zugeht. Als der Mapai endlich klar wurde, daß die Orientalen es sehr wohl begriffen hatten, und begann, sich um sie zu bemühen, war es bereits zu spät.

Die Likud war attraktiv, weil ihre Betonung des Patriotismus leicht verständlich war. Die Ideologie der Mapai, ein Verschnitt von Zionismus und europäischem Sozialismus, war zu kompliziert. Die Führerschaft der Mapai, die Kinder der zweiten und dritten Aliyot, und die Leute aus den Kibbuzim, waren zu einer Aristokratie geworden, zu einer Amtselite. Die Orientalen waren sowohl bereit, die Idee einer Elite als auch das Wesen dieser Elite zu akzeptieren und zu respektieren. Doch als die Orientalen begannen, das egalitäre Wesen der Doktrinen zu verstehen, die diese Elite ihnen, den Benachteiligten, ans Herz legte, mußten sie es für einen schlechten Witz halten. Und der Witz wirkte nach 1973 noch viel schlechter, als die Elite zum ersten Mal zum Teil in ihrer ersten Pflicht versagt hatte, um derentwillen man ihre Vorrangstellung akzeptierte: der Verteidigung Israels.

Die Einstellung zur Irgun trug ebenfalls zu dem Umschwung bei. Ein Großteil der Mitglieder der Irgun waren orientalische Juden gewesen. Der Kult, den die Likud mit der Irgun trieb, sagte den Orientalen zu, weil er eine Phase im Kampf um den jüdischen Staat anerkannte, in der nicht nur die Ashkenasim, sondern auch die orientalischen Juden eine ruhmreiche Rolle gespielt hatten. Indem die Mapai die Irgun ständig herabsetzte, aberkannte sie scheinbar den Orientalen allen Ruhm, alle Helden, alle Beteiligungen an der Schaffung des jüdischen Staates.

Es gab also genügend Gründe für den Umschwung, ohne daß man dem Element des »gemeinsamen Hasses gegen die Araber« zuviel Gewicht beimessen muß. Doch infolge des Umschwungs erlangte die Haltung der orientalischen Juden den Arabern gegenüber Bedeutung für das künftige Verhalten der belagerten Gemeinschaft.

Es steht zweifellos fest, daß die orientalischen Juden den Arabern wesentlich feindseliger gegenüberstehen als die Ashkenasim. Es steht auch zweifelsfrei fest, daß sie mit ihnen unangenehme Erfahrungen gemacht haben, und zwar in neuester Zeit. Die drei größten Gruppen von orientalischen Einwanderern in Israel – die Jemeniten, die Iraker und die Marokkaner – gehörten gleichzeitig zu jenen Juden, die mit der moslemischen Herrschaft besonders schlechte Erfahrungen gemacht hatten. Am schlechtesten war es den Jemeniten ergangen: Sie lebten unter der mittelalterlichen Theokratie des Imam, waren nicht einmal formell emanzipiert und waren bis zum Schluß Dhimmis geblieben. Erschwerend wirkte, daß für die schiitischen Moslems im Jemen Dhimmis nicht nur untergeordnet, sondern auch unrein sind, so daß sie ständig darauf achten mußten, die Höhergestellten nicht zu verunreinigen.

Die lautstarke antiarabische Haltung der Orientalen in Israel scheint darauf hinzuweisen, daß das Mapai-Establishment »proarabisch« und deshalb nicht so gut ist wie die hundertprozentigen Israelis – die Orientalen. Die antiarabische Haltung der Orientalen ist echt, doch diese Haltung ist unter *allen* Juden in Israel weit verbreitet. Was man in Betracht ziehen muß, ist das *Übermaß* des Hasses bei den Orientalen im Vergleich zu den Europäern. Es sieht so aus, als wäre dieses Übermaß in Wirklichkeit ein indirekter Angriff auf jenen Teil des europäischen Establishments, den sie am wenigsten mögen, und weniger eine Manifestation ihrer »primitiven« Abneigung gegen ihre früheren arabischen Herrscher.

Die Einstellung der Orientalen hat ganz offensichtlich Auswirkungen auf den weiteren Umgang mit der Belagerung. Wahrscheinlich trifft die Behauptung nicht zu, daß die antiarabische Haltung der Orientalen ein Übereinkommen mit den Arabern unmöglich macht. Die Orientalen haben sich nicht von Begin abgewendet, als er sich mit Sadat einigte. Die Orientalen würden vermutlich eine ähnliche Übereinkunft mit Syrien akzeptieren, wenn dies die Likud aushandelt. Aber wenn die Mapai wieder an die Macht gelangt und versucht, eine Einigung zu erzielen, indem sie auf wesentliche Gebiete des Westjordanlandes verzichtet, würde es vermutlich zu einem Volksaufstand kommen, in dem die Orientalen wahrscheinlich die wichtigste Rolle spielen würden.

Man kann erwarten, daß sich das Übermaß des Araberhasses der Orientalen geben wird, sobald Israel sich mehr zusammenschließt, und daß die israelische Politik in bezug auf dieses Problem entsprechend besonnener und pragmatischer beurteilt werden wird. Doch der Prozeß der Integration geht noch immer sehr langsam vor sich. Solange er nicht vollzogen ist, wird sich der »orientalische Faktor« weiterhin für die Likud und gegen die Mapai auswirken.

8 Diplomatie und Krieg (1948–1967)

»Wir besitzen eine Geheimwaffe, die uns nützlicher ist als Kanonen und Maschinengewehre, und das ist die Zeit. Solange wir nicht mit den Zionisten Frieden schließen, solange ist der Krieg nicht zu Ende, und solange der Krieg nicht zu Ende ist, gibt es weder Sieger noch Besiegte. Sobald wir die Existenz des Staates Israel anerkennen, anerkennen wir durch diesen Akt, daß wir besiegt sind.«

Assam Pascha, Generalsekretär der Arabischen Liga

Justum est bellum ... quibus necessarium

Livius, IX, I, 10

Nach dem Waffenstillstandsabkommen 1948 herrschte im Nahen Osten weder Krieg noch Frieden. Alle Landesgrenzen Israels, die Waffenstillstandslinien, blieben geschlossen. Alle Nachbarn Israels und alle übrigen arabischen Staaten boykottierten Israel. Ab dem Ende des Jahres 1951 war der Suezkanal für alle unter israelischer Flagge fahrenden Schiffe gesperrt; das galt auch für die Straße von Tiran, die Einfahrt zum Golf von Akaba, Israels östlichem Zugang zum Meer. Diese Maßnahmen waren durch die Auffassung gerechtfertigt, daß sich Israel und seine Nachbarn noch immer im Kriegszustand befanden, der zwar durch die Waffenstillstandsabkommen ausgesetzt, aber nicht beendet worden war.

Unter internationalen Auspizien wurden Versuche unternommen, vom Waffenstillstand zum Frieden überzuleiten. Die UNO-Generalversammlung hatte eine Versöhnungskommission eingesetzt, die aus den Vereinigten Staaten, Frankreich und der Türkei bestand. Die Kommission organisierte eine Art Konferenz, die in der ersten Hälfte des Jahres 1949 in Lausanne abgehalten wurde. Die arabischen Delegierten und die Israelis trafen nie offiziell zusammen, sondern verhandelten jeweils getrennt mit den Vermittlern.

Die Konferenz von Lausanne führte nur zu einer vorläufigen Fortsetzung des Status quo, die sich durch die getrennten Verhandlungen ergab. Diese Ergebnisse waren typisch für die jahrzehntelange mühsame Arbeit, die später als »Friedensprozeß« bezeichnet wurde.

Israel strebte einen Frieden mit anerkannten und sicheren Grenzen an. Wie so oft, stellten die arabischen Staaten kollektiv und formell

Vorbedingungen. Diese Vorbedingungen waren: Rückkehr aller Flüchtlinge in ihre Häuser und Rückzug Israels auf die in der Resolution der Generalversammlung vom November 1947 festgelegten Grenzen, was den Rückzug aus einem Drittel des von den Israelis besetzten Gebietes einschließlich Jerusalems bedeutete. Israel war nicht bereit, eine Unzahl (vermutlich) feindseliger Flüchtlinge wieder aufzunehmen oder sich aus einem Gebiet zurückzuziehen, ohne daß ihm dafür handfeste Vorteile zugestanden wurden; diese Vorteile waren allerdings nicht zu haben. (Israel war nicht bereit, sich um welchen Vorteils immer aus Jerusalem zurückzuziehen.)

Die arabische Haltung erscheint unvernünftig, und das war sie vom israelischen Standpunkt aus auch. Vom Standpunkt der arabischen »Unterhändler« aus war sie vollkommen vernünftig. Die Ägypter und die Syrer waren die Repräsentanten wankender Regierungen, die durch den Ausgang des Krieges und den Waffenstillstand gedemütigt worden waren. Ihre Völker hätten selbst einen für sie vorteilhaften Frieden mit Israel als Ungeheuerlichkeit und endgültigen Verrat betrachtet. Die Strategie der »Mindestforderungen« entsprach den »Verhandlungsbedürfnissen« dieser sehr kranken Regierungen. Der Libanon und Jordanien hatten ebenfalls gute Gründe, sich Ägypten und Syrien anzuschließen. Der berühmte libanesische »Kompromiß« zwischen Christen und sunnitischen Moslems zwang alle dazu, den »arabischen Bund« deutlich zu betonen und sich nominell jeder allgemeinen arabischen Meinung anzuschließen. Der König von Jordanien verfolgte zwar eigene Ziele, aber es hatte keinen Sinn, sie preiszugeben, bevor separate und geheime Verhandlungen zeigten, ob diese Ziele überhaupt erreicht werden konnten. Daher war Lausanne eine Sackgasse.

Vor, während und nach den Waffenstillstandsverhandlungen und den Lausanner Gesprächen trafen Vertreter Israels wiederholt mit Abdullah zusammen. Formell führten diese Gespräche zu keinem Ergebnis; es wurde nie ein Friedensvertrag unterzeichnet, und Abdullah stellte selbst fest, daß der britische Gesandte in Transjordanien gegen einen solchen Vertrag zwischen Jordanien und Israel war, solange andere arabische Staaten, vor allem Ägypten, noch keinen Vertrag unterzeichnet hatten.

Ein Friede war also nicht möglich. Möglich war jedoch ein stillschweigender Modus vivendi, der auf der Anerkennung der gemeinsamen Interessen beruhte und von Israel und Jordanien innerhalb gewisser Grenzen erreicht wurde. Ein gemeinsames Interesse bestand darin, daß das Westjordanland den Haschimiden gehören sollte, auf keinen Fall aber einem anderen arabischen Staat – oder den Palästinensern unter der Führung von Hadschi Amin al-Husseini, der von Ägypten unterstützt wurde. Ein weiteres gemeinsames Interesse war der Status quo in Jerusalem, der damals bedroht war. In ihrer Teilungsresolution vom November 1947 hatten die Vereinten Nationen ein internationalisiertes Jerusalem vorgesehen (corpus separatum); Herzl und die frühen Zionisten hatten sich oft mit einer solchen Lösung einverstanden erklärt. Ende 1949 sprach sich eine mächtige Lobby in der Generalversammlung dafür aus, Jerusalems internationalen Status wieder zu bestätigen. Am 9. Dezember 1949 stimmte die Generalversammlung mit achtunddreißig zu vierzehn Stimmen bei sieben Stimmenthaltungen für das Corpus separatum.

Prompt und dramatisch setzte sich Ben Gurion über die Generalversammlung hinweg. Am 11. Dezember erklärte das israelische Kabinett auf Ben Gurions Drängen Jerusalem zum Sitz der Regierung, zur Hauptstadt Israels. Ben Gurion verkündete: »Jerusalem ist ein unverzichtbarer Teil von Israel und seine ewige Hauptstadt. Keine Abstimmung der Vereinten Nationen kann etwas an dieser historischen Tatsache ändern.«

Als Ben Gurion diesen Standpunkt einnahm, ließ er sich sicherlich von der Tatsache beeinflussen, daß er nicht nur für die Juden, sondern auch für den Beherrscher des restlichen Palästinas sprach, wenn er die Internationalisierung strikt ablehnte. Wenn der moslemische König, der jetzt die Kontrolle über die meisten Heiligen Stätten innehatte, sie einem internationalen Gremium überließ, bedeutete dies für ihn und für seine Dynastie einen unerträglichen Prestigeverlust. Es lag in Großbritanniens Interesse, dies zu vermeiden: Daher lag es im Interesse der britischen Regierung, es Israel ungestraft durchgehen zu lassen. Deshalb erklärte das britische Außenministerium in diesem Fall ausnahmsweise dem amerikanischen Außenministerium das gleiche, was die israelische UNO-Delegation der US-Delegation erklärte: Lassen wir die Resolution der Generalversammlung vom 9. Dezember 1949 still und leise dahinschwinden, was sie denn auch tat.

Ben Gurion besaß gute Gründe, die Verbindung zu Abdullah aufrechtzuerhalten, denn er war der einzige arabische Führer, der an einer solchen Verbindung interessiert war. Die Art, wie Ben Gurion die Verbindung aufrecht erhielt, war interessant und charakteristisch. Ben Gurion war während der ersten fünf Jahre des Staates nicht nur Premier-, sondern auch Verteidigungsminister. Doch im wesentlichen kontrollierte er jeden Teil der Regierung, den er kontrollieren wollte. Daher behielt er auch die Verhandlungen mit Abdullah, wie alle anderen wichtigen Angelegenheiten, unter seiner persönlichen Kontrolle. Er zog zu den Verhandlungen nicht nur das Außenministerium hinzu, dem damals Moshe Sharett vorstand, sondern auch sein eigenes Verteidigungsministerium, das bei den geheimen Verhandlungen in Amman von dem jungen Oberst Moshe Dayan vertreten wurde.

Dayan und Sharett waren ausgesprochene Gegensätze. Sie wirkten wie die Urbilder der israelischen Falken und Tauben, und Ben Gurion konnte beide gebrauchen. Sharett setzte die Tradition Weizmanns fort. Er respektierte die internationale Meinung als eine moralische Instanz, deren Zustimmung Israel bei jedem seiner Schritte brauchte. Er nahm die Vereinten Nationen wörtlich und gestand den Resolutionen ihrer wichtigsten Organe ein hohes Maß an moralischer Autorität zu.

Im allgemeinen fand Ben Gurion Sharett nützlich, weil er ein echter, ernster Vertreter eines gewissen israelischen Idealismus war, den viele Juden der Diaspora schätzten oder teilten, der aber auch in Israel und von etlichen Nichtjuden anerkannt wurde. Allerdings ließ sich Ben Gurion die wichtigen Entscheidungen in der Außenpolitik nicht aus den Händen nehmen. Sharett litt genau wie Weizmann unter Ben Gurions mürrischer, herabsetzender Art und seinem im Gegensatz zu seinen hochtrabenden öffentlichen Äußerungen oft unaufrichtigen und skrupellosen Vorgehen.

Moshe Dayan war bereits der Favorit Ben Gurions. Er gehörte einer Klasse an, in die Ben Gurion große Hoffnungen für die Zukunft Israels setzte: die Makkabäer, junge, in Israel geborene, in Kibbuzim oder Moshavim (kooperative Siedlungen) aufgewachsene, kriegserprobte Offiziere. Dayan hatte bei der Invasion von Syrien während des Zweiten Weltkriegs im Kampf gegen die Vichy-Franzosen ein Auge verloren und hatte sich während Israels Überlebenskrieg (1948 bis 1949) besonders ausgezeichnet. Ben Gurion war bestrebt, junge Männer zu fördern, und hoffte, daß ihm einer von ihnen als Premierminister folgen würde. Dayan war als die Verkörperung des neuen Juden sein aussichtsreichster Kandidat. Er war Realist, doch in einem solchen Ausmaß, daß sein Realismus von manchen bereits als Zynismus empfunden wurde; das störte Ben Gurion nicht. Dayan galt als Falke und pflegte dieses Image vielleicht auch; in Wirklichkeit war er jedoch weder Falke noch Taube. Wie Sharett war er ein glühender jüdischer Patriot und berechnete genau, was für Israel vorteilhaft sein könnte. Doch im Gegensatz zu Sharett war es ihm bei seinen Berechnungen gleichgültig, ob er einen guten Eindruck auf die nichtjüdische Welt machte.

Man darf wohl annehmen, daß Ben Gurion den nicht sehr diplomatischen Dayan zu den Verhandlungen mit Abdullah hinzuzog, um von ihm eine exaktere Beurteilung der realen Möglichkeiten zu erhalten, als er von den seiner Meinung nach sentimentalen Beamten des Außenministeriums erwarten konnte.

Dayan hat ein lebendiges, sardonisches Bild von Israels erstem Außenminister und seinen Verhandlungen mit dem haschimidischen König von Jordanien hinterlassen: »Der König war Moshe Sharett wohlgesinnt – zunächst. Sharett sprach ausgezeichnet Arabisch und verhielt sich in Anwesenheit des Königs übertrieben wohlerzogen und entsprechend ehrerbietig. Doch bei einer unserer Zusammenkünfte – sie war nicht besonders erfolgreich, der Abend war heiß, wir trieften vor Schweiß, und unzählige Moskitos waren unterwegs – berichtigte Sharett den König, als dieser nebenbei erwähnte, daß China niemals Mitglied des Völkerbundes gewesen war. Ein König irrt sich nie, und Abdullah hielt an seiner Behauptung fest. Wie ein betont geduldiger Lehrer im Kindergarten einem geistig zurückgebliebenen Kind gegenüber, wiederholte Sharett immer wieder: ›Aber Sie irren sich, Eure Majestät, China *war* Mitglied.‹ Damit waren diese Zusammenkunft und das königliche Wohlwollen für Sharett zu Ende. Als wir mit dem Auto zurückfuhren, fragte ich Sharett, warum zum Teufel er sich darüber ereiferte, was der König über China und den Völkerbund dachte. Sharett wandte sich mir erregt zu: ›Aber China *war* Mitglied des Völkerbundes.‹«

Diese Verhandlungen bewiesen, daß der Staat Israel sehr wohl mit einem arabischen Führer über einen Friedensschluß verhandeln konnte. Es gab guten Grund für die Hoffnung, daß die Belagerung dort, wo sie am unangenehmsten war, nämlich in Jerusalem und sechzehn Kilometer von Tel Aviv entfernt, aufgehoben wurde. Doch diese Hoffnung wurde am 20. Juli 1951 zunichte gemacht, als Abdullah ermordet wurde. Die gesamte arabische Welt begrüßte diese »Hinrichtung«, weil man wußte, daß Abdullah mit Israel verhandelt hatte.

Die Mörder waren Anhänger von Hadschi Amin, der Abdullah wegen eines alten Streits bitterlich haßte. Von 1921 bis 1937 war Hadschi Amin im arabischen Palästina so etwas wie ein König gewesen, und von 1937 bis 1948 war er eine Art rechtmäßiger König im Exil gewesen. Er hatte zweifellos erwartet, daß er im Kielwasser der siegreichen ägyptischen Armee zurückkehren und mit der Unterstützung Ägyptens in einem gänzlich arabischen Palästina das höchste Amt im Staat übernehmen würde. Doch es kam für Hadschi Amin unglaublicher- und schrecklicherweise ganz anders, denn plötzlich war er aus ganz Palästina ausgesperrt: aus dem jüdischen Teil durch seine jüdischen Feinde und aus dem arabischen Teil durch seinen arabischen Feind Abdullah. Hadschi Amins ägyptische Freunde hatten in Palästina nichts zu bestellen. Die schlimmste Beleidigung aber war die Tatsache, daß Abdullah in der großen, prächtigen Moschee betete, in der Hadschi Amin in seiner glorreichen Zeit als Großmufti gepredigt hatte.

Wenn ein Mensch jemals ein Mordmotiv besaß, dann war es Hadschi Amin. Politisch war jedoch die Tatsache wichtig, daß die Araber den Mord als befriedigenden, tröstlichen Zwischenfall im nicht beendeten Krieg mit Israel betrachteten. Gamal Abdel Nasser, der sich im Jahr nach dem Mord der in Ägypten herrschenden Junta anschloß, innerhalb weniger Jahre die Macht in Ägypten übernahm und in der arabischen Welt eine überragende Rolle spielte, vergaß nie, wie es Abdullah ergangen war. Der Mord in der al-Aksa-Moschee war ein Hinweis darauf, daß jeder arabische Führer, der in Verdacht geriet, mit Israel Friedensverhandlungen zu führen, sein Leben aufs Spiel setzte.

Abdullahs Enkel Hussein hatte seinen Großvater begleitet, als dieser ermordet wurde. Vermutlich hat dieses Erlebnis Husseins Politik als König geprägt, eine Politik, die es immer vermied, gegen die allgemeine arabische Meinung zu verstoßen.

Damit waren Israels Hoffnungen, wenigstens *eine* offene Grenze zu Lande zu erreichen, vereitelt. Ab dem Anfang der fünfziger Jahre war klar, daß sich Israel auf eine lange Belagerung gefaßt machen mußte. Wie Moshe Dayan schrieb: »Die Juden hatten die arabischen Armeen besiegt, aber nicht ihren Haß.«

Die Aufmerksamkeit der israelischen Politiker konzentrierte sich nun auf die Beziehungen zu den Großmächten, vor allem zu den Vereinigten Staaten, der Sowjetunion und Großbritannien. Die wichtigste Frage war, ob Israel seine Politik nach den Vereinigten Staaten ausrichten oder ob es versuchen sollte, neutral – oder »nicht identifiziert«, um den israelischen Ausdruck zu verwenden – zu bleiben, und zwar sowohl im Kalten Krieg als auch bei jeder künftigen Auseinandersetzung zwischen den Supermächten.

Von seiner Entstehung und seinen ersten Erklärungen als unabhängiger Staat an hatte sich Israel zur »Nichtidentifizierung« verpflichtet: im Hebräischen »ee-hizdahut«. Außenminister Moshe Sharett teilte der Knesset am 15. Juni 1949 mit, daß Israel sich keinesfalls einem der großen Blöcke der Welt anschließen würde. Doch mit dieser lautstarken Erklärung befand sich Sharett wieder einmal nicht im Einklang mit dem mächtigeren und weniger wählerischen Geist seines Herrn David Ben Gurion.

Ben Gurion hatte zwar in der Zeit kurz vor und kurz nach Erlangung der Unabhängigkeit oft erklärt, daß er am Prinzip der Ee-hizdahut festhielt. Doch bereits einen Monat nach der Anerkennung Israels bewies er, daß er sich keineswegs unverbrüchlich an dieses Prinzip gebunden fühlte. »Wenn es notwendig ist, werden wir es ändern«, erklärte er am 3. Dezember 1947 dem Zentralkomitee seiner Partei.

Er änderte es nicht sofort, denn Ee-hizdahut war während Israels Kampf um seine Existenz 1948 bis 1949, als die Vereinigten Staaten ein Waffenembargo über das Gebiet verhängten und die Waffenlieferungen aus dem Sowjetblock Israels Lebensader waren, immer noch eine Trumpfkarte. Doch sehr bald, nachdem Israels Existenz konsolidiert war, mußte sich Ben Gurion entscheiden, und er entschied sich ohne zu zögern für die Vereinigten Staaten.

Das auslösende Moment war die Wiederaufnahme der Lieferungen britischer Waffen in die leeren Arsenale der englischen Protektorate Jordanien, Irak und Ägypten. Theoretisch, und in Befolgung von Ee-hizdahut, hätte Ben Gurion versuchen können, beide Supermächte zum Zusammenschluß gegen Großbritannien zu gewinnen, doch das war nicht zweckmäßig. Ben Gurion entschied sich, appellierte an die Vereinigten Staaten um Waffen und unterstützte diesen Appell mit Druck durch die proisraelische Lobby. Das Ergebnis war die Dreimächte-Erklärung vom 25. Mai 1950, durch die sich die Vereinigten Staaten, Großbritannien und Frankreich verpflichteten, die Waffenlieferungen an die arabischen Staaten und Israel zu regeln und die Waffenstillstandsgrenzen gegen jeden Versuch, sie mit Waffengewalt zu verändern, zu garantieren.

Innerhalb von fünf Jahren führten die Ereignisse in dem Gebiet die Dreimächte-Erklärung ad absurdum, aber im Augenblick war sie für Israel beruhigend. Israels Rolle in bezug auf die Dreimächte-Erklärung bedeutete den Anfang vom Ende der Ee-hizdahut.

Einen Monat später segnete Ee-hizdahut durch den Ausbruch des Koreakriegs das Zeitliche, obwohl ihr Hinscheiden geleugnet wurde. Moshe Sharett unterstützte während dieses Krieges jede größere amerikanische Initiative diplomatisch (aber nicht militärisch) und leugnete dadurch, daß Israel von der Nichtidentifizierung abgegangen war. Der Koreakrieg war eine Aktion der Vereinten Nationen, und man konnte doch nicht die Unterstützung der Vereinten Nationen als Identifizierung mit einem Block ansehen. Den sowjetischen Führern war klar, daß Israel sich auf Gedeih und Verderb an die Vereinigten Staaten angeschlossen hatte. Die Sowjetunion nahm in der Folge eine antiisraelische und proarabische Haltung ein, die sie seither nie mehr aufgegeben hat, obwohl sie nie soweit gegangen ist, Israels Recht auf seine Existenz in Frage zu stellen.

Der Zeitpunkt, zu dem Israel die Nichtidentifizierung aufgab, wurde durch die politisch-militärische Situation um 1950 bestimmt. Doch der Entschluß dazu war auf seit langem bestehende emotionelle und materielle Faktoren zurückzuführen. Einer dieser Faktoren war der Vergleich zwischen der Stellung der Juden in der Sowjetunion und in den Vereinigten Staaten. In diesem Licht gesehen, war es unumgänglich, daß Israel die Vereinigten Staaten wählte.

In der Sowjetunion verfügten die Juden – wie die meisten anderen Staatsangehörigen – weder über politische Macht noch über Einfluß.

Ihr offenkundiger Einfluß während der ersten Revolutionsjahre schwand mit Stalins Aufstieg und Trotzkis Fall. Sie waren genauso hilflos und den Behörden ausgeliefert wie zur Zarenzeit. Die sowjetischen Behörden haben sich den Juden gegenüber nicht so verbrecherisch verhalten wie Alexander III. und Nikolaus II., aber sie zeigen ihre Mißbilligung deutlich und können soweit gehen, wie es ihnen paßt. Das russische Volk bleibt antisemitisch – wie die in Rußland geborenen israelischen Führer genau wußten.

Trotzdem zogen einige Israelis, und zwar die Erben der »russischen revolutionären« Tendenzen der zweiten und dritten Aliyot, eine Bindung an die »sozialistischen Länder« jeder Bindung an die kapitalistischen USA vor. Sie fanden ihre Heimat in der Mapam, der Labor-Gruppierung links von Ben Gurion. Doch die Mapam war durch die Schauprozesse in Stalins letzten Jahren gespalten, in Verruf geraten und im Niedergang begriffen. Die Nutznießer dieses Niedergangs waren die Verfechter eines harten Kurses rechts von Ben Gurion. Begins Herut wurde jetzt zur zweitwichtigsten politischen Partei in Israel.

Die jüdische Gemeinschaft in den Vereinigten Staaten ist die größte, reichste und mächtigste der Welt; sie ist Israel treu ergeben. Es gab eine Zeit, da viele amerikanische Juden zögerten, sich mit den zionistischen Bestrebungen zu identifizieren, weil sie befürchteten, daß der Vorwurf einer »doppelten Loyalität« als Vorwand für Antisemitismus dienen würde. Doch diese Periode war zur Zeit der Biltmore-Konferenz (1942) zu Ende gegangen, als Amerika Hitler den Krieg erklärte und die ersten Nachrichten vom Holocaust bekannt wurden.

Die Erinnerung an den Holocaust schafft eine emotionelle Bindung von einer in internationalen Beziehungen noch nie dagewesenen Intensität. Es ist kein sentimentaler Vergleich, sondern die buchstäbliche Wahrheit, daß zur Zeit von Israels Unabhängigkeitskampf die Juden Amerikas und der Yishuv einen gemeinsamen schmerzlichen Verlust betrauerten: Sie erschauerten immer noch vor den Nachrichten über das Massaker an der Rasse zurück, der sie beide entstammten. Die Ereignisse zwischen 1945 und 1948, als die Engländer versuchten, die Überlebenden des Holocausts aus Palästina auszusperren, und die Araber anschließend versuchten, Israel zu vernichten, steigerten die Bindung der amerikanischen Juden an Israel zu einem leidenschaftlichen Höhepunkt. Doch die amerikanischen Juden reagierten nicht nur leidenschaftlich, sondern taktierten auch geschickt und effizient.

Der Ausdruck »Pro-Israel-Lobby« ist zu schwach, um ein Phänomen zu beschreiben, das durch seine Kombination von Größe, emotioneller Motivation, Intensität, Vielfalt der Aktivitäten, Erfindungsgabe und effizientem Funktionieren einmalig ist. Die grundlegende

Stärke dieses Phänomens ist das noch nie dagewesene Gefühl der Solidarität, das die Kinder des Holocausts verbindet.

Tillman, eine amerikanische akademische Autorität, die der Pro-Israel-Lobby nicht unbedingt wohlwollend gegenübersteht, drückt es so aus: »Der Kern von Israels Anhängerschaft in den Vereinigten Staaten... ist die amerikanische jüdische Gemeinde; überwältigende Loyalität und Zuneigung verbinden sie mit dem jüdischen Staat... Genau wie der jüdische Staat Israel ›einmalig und noch nie dagewesen‹ ist, ist es auch die israelische Lobby in den Vereinigten Staaten... Diese beeindruckendste unter den einheimischen Lobbies verfügt über Geschick für Public Relations, Zugang zu den Medien und reichliche finanzielle Mittel; ihre grundlegende Stärke liegt jedoch in der soliden, fortgesetzten und für gewöhnlich einheitlichen Unterstützung durch die jüdischen Gemeinden in den Vereinigten Staaten. Leider begreifen die Araber diese Tatsache nur zum Teil. Die Mittel, die der israelischen Lobby dadurch zur Verfügung stehen, sind bei weitem gewichtiger als die Lobbying-Fähigkeit der arabischen Amerikaner oder der arabischen Regierungen, selbst wenn einige der letzteren kostspielige, genau berechnete Public-Relations-Kampagnen veranstalten.«

Man sollte annehmen, daß eine so mächtige Lobby, die sich den Interessen eines fremden Landes verschrieben hat, zum Ziel des bösartigsten Antisemitismus wird. Das war nicht der Fall, jedenfalls nicht auf breiter Ebene. Meinungsumfragen zeigen, daß der Antisemitismus sofort nach dem Ende des Zweiten Weltkriegs, als die Juden hilflos wie nie zuvor waren, seinen Höhepunkt erreichte, in den fünfziger und sechziger Jahren abnahm, als die Juden entschieden weniger hilflos wirkten, und noch immer im Abnehmen begriffen ist. Meinungsumfragen weisen auch auf eine weitverbreitete und unveränderte Unterstützung Israels hin.

Diese Kombination aus schwindendem Antisemitismus und auffallender Zunahme der politischen Macht der Juden führt zu Schlußfolgerungen, die für Zionisten befriedigend sein müßten. Man darf daraus schließen, daß Sadismus, der durch die Anwesenheit von hilflosen Einzelpersonen ausgelöst wird, eine wichtige Komponente des Antisemitismus sein könnte und daß einige potentielle Antisemiten das Interesse an dieser Haltung verlieren, sobald diese Einzelpersonen nicht mehr hilflos sind.

Doch das sind nur Spekulationen. Eine substantiellere, sachlichere Erklärung liefert das zeitgenössische amerikanische politische System; ein System, in dem, wie Seth Tillman es ausdrückt, »der Kongreß nahe daran ist, als Makler für die Sonderinteressen seiner Mitglieder zu dienen«.

Diese Sonderinteressen vermeiden Konfrontationen und suchen

Bündnisse mit anderen Sonderinteressen. Absprachen und nicht Auseinandersetzungen sind für die Arbeitsweise ethnischer Lobbies kennzeichnend. Den Polen, Griechen oder Iren wird nicht mehr der Vorwurf der geteilten Loyalität gemacht, unter der Voraussetzung, daß man ihre Aktivitäten nicht als schädlich für die Vereinigten Staaten ansieht. Diese Voraussetzung ist lebenswichtig. Hätte sich Israel zum Beispiel während des Koreakriegs neutral verhalten, so hätte es nicht nur seine Popularität in den Vereinigten Staaten eingebüßt, sondern wäre auch in den Verdacht der geteilten Loyalität geraten, und damit wäre Israels Überleben gefährdet gewesen. Daher haben die bisherigen israelischen Regierungen sorgfältig darauf geachtet, ihre Außenpolitik mit den Vereinigten Staaten abzustimmen, mit Ausnahme jener Fälle, in denen Israels eigene lebenswichtige regionale Interessen auf dem Spiel stehen.

Das Entstehen des Staates Israel war für die amerikanischen Juden von epochemachender Bedeutung. Die Juden besaßen nun ein »Altes Land«, in dem Sinn, wie es Polen, Griechen, Iren verstehen.

Was die amerikanischen Juden für Israel getan haben, ist allgemein bekannt. Was Israel für die amerikanischen Juden getan hat, ist vielleicht weniger offensichtlich, aber nicht weniger wichtig. Die Notwendigkeit, Israel zu schaffen, und die Notwendigkeit, es zu erhalten, hat die Juden Amerikas von der Biltmore-Konferenz im Jahr 1942 an gezwungen, auf nationaler Ebene politische Macht zu suchen, zu finden und auszuüben, um international wirken zu können.

Einige ausländische Regierungen, vor allem die Großbritanniens und der arabischen Staaten, hielten es für verwerflich, ja sogar für empörend, daß die Pro-Israel-Lobby, die sich auf die jüdischen Wählerstimmen in zahlreichen großen amerikanischen Städten stützte, in der Lage war, die amerikanische Außenpolitik wesentlich zu beeinflussen. Diese Ansicht wird von einigen hervorragenden Amerikanern, vor allem von Beamten des Außenministeriums und von Akademikern, die die Bewertungen des Außenministeriums schätzen, geteilt. Von ihrem Standpunkt aus sind die nationalen Interessen Amerikas, derentwegen man bestrebt war, den Goodwill der arabischen Staaten zu gewinnen und zu erhalten, oft zugunsten der Sonderinteressen einer ethnischen Lobby geopfert worden.

Der auffallendste Aspekt des Lobbying-Faktors ist das relative Fehlen oder die geringe Bedeutung einer Gegen-Lobby. Angesichts der ungeheuren Bedeutung des arabischen Erdöls für die Wirtschaft Amerikas und seiner Verbündeten und angesichts der nicht weniger ungeheuren damit verbundenen finanziellen Interessen, hätte man die Bildung einer großen antiisraelischen Lobby erwartet. Doch dies ist nicht der Fall gewesen.

Jede Gruppierung in Amerika, die etwas zu verlieren hat, schreckt vor einer Konfrontation mit der Pro-Israel-Lobby zurück, und die Erdölfirmen bilden da keine Ausnahme. Wie Seth Tillman schreibt: »Außerhalb des Bereichs der Energiekosten, der Nutzung und der Besteuerung waren die Ölgesellschaften zurückhaltend, wenn es darum ging, zu Nahost-Problemen öffentlich Stellung zu beziehen oder sie gar dem Kongreß aufzudrängen.« Mit dieser Zurückhaltung beweisen die Ölgesellschaften einmal mehr ihren üblichen gesunden Menschenverstand, wenn es um ihre eigenen Interessen geht. Würden sie öffentlich Stellung beziehen und vor allem diese dem Kongreß aufdrängen, so würde dies bedeuten, daß sich die Ölgesellschaften den vollen Zorn der Pro-Israel-Lobby zuziehen; ein entschlossener, standhafter Gegner, der sehr gut dazu fähig ist, den Ölgesellschaften dort zu schaden, wo sie es am meisten spüren: im heiklen Gebiet von Energiekosten, Nutzung und Besteuerung. Die Ölgesellschaften übten also mit gutem Grund Zurückhaltung.

Der Einfluß der Pro-Israel-Lobby erstarkte erst später, sie übte in den Anfangsjahren des Staates Israel nur wenig Einfluß auf Amerikas Nahost-Politik aus.

Nach dem Ausbruch des Koreakrieges beschäftigten sich die amerikanischen Politiker logischerweise beinahe ausschließlich mit der Sowjetunion und ihren Plänen sowie mit der Notwendigkeit, diesen entgegenzuwirken. So gesehen, war der Nahe Osten mit seinem Erdöl, seinen Verkehrswegen, seinem »strategischen Raum« und seiner Nähe zur Sowjetunion ein Gebiet, in dem die lebenswichtigen Interessen des Westens am meisten gefährdet schienen. Der Verfall des europäischen Einflusses in der Region hinterließ ein »Machtvakuum«, und die Sowjets konnten in Versuchung geraten, es auszufüllen.

Die Zeit von 1952 bis 1956 war die bis dato beunruhigendste und gefährlichste in der Geschichte Israels. Von den beiden Supermächten, die Israel ursprünglich unterstützt hatten, war ihm die eine beinahe vollkommen entfremdet; die andere wurde in ihren Freundschaftsbezeugungen immer kühler; und bis jetzt war keine weitere Macht als Helfer Israels aufgetaucht.

Die Politiker im Außenministerium und im Pentagon empfanden Israel bestenfalls als eine Last, schlimmstenfalls aber als einen schweren Nachteil für die Interessen der Vereinigten Staaten. Truman, der sich persönlich intensiv für Israel und für Weizmann engagierte, hatte den Einfluß dieser Beamten in Schranken gehalten. Doch für Israel ging die Truman-Weizmann-Epoche im November 1952 zu Ende, als Weizmann starb und Dwight D. Eisenhower zum Präsidenten der Vereinigten Staaten gewählt wurde.

Präsident Eisenhower sah infolge seines militärischen Hintergrunds die Politik nur in weltstrategischen Denkkategorien. Lobbies interessierten ihn nicht sehr; er hatte keine Schwierigkeiten gehabt, gewählt zu werden, und mußte bei seiner Wiederwahl ebenfalls nicht mit Schwierigkeiten rechnen. Die meisten Juden wählten ohnehin die Demokraten. Das republikanische Parteiprogramm enthielt natürlich das Engagement für Israels Überleben, aber aus Eisenhowers allgemeinen politischen Erklärungen und vor allem aus jenen seines Außenministers John Foster Dulles ging klar hervor, daß Israel seine Sicherheit den allgemeinen Verteidigungserfordernissen der freien Welt unterordnen mußte. Da man auf dem Standpunkt stehen konnte, daß diese Erfordernisse vom Goodwill von Israels feindseligen Nachbarn abhingen, war die Situation aus Israels Sicht ungünstiger denn je. Außerdem nahmen die britischen Politiker, die von Truman soviel hatten einstecken müssen, an, daß es ihnen jetzt gelingen würde, einen Teil ihres früheren Einflusses im Nahen Osten zurückzugewinnen.

Die Fehlplanung des britischen Außenministeriums bei dem Versuch, dieses unwahrscheinliche Ziel zu erreichen, führte zu einer Katastrophe. Als man das erste Mal während der langen Zeitspanne von 1939 bis 1949 den Goodwill der Araber anstrebte, war es zu einer vernichtenden Demütigung der Araber gekommen. Der zweite Versuch endete noch katastrophaler mit der englisch-französischen Invasion in Ägypten (im geheimen Einverständnis mit Israel, was zu Unrecht geleugnet wurde), mit der Demütigung Großbritanniens und Frankreichs und mit dem Verlust des letzten Restes von britischem Einfluß in Jordanien und im Irak.

Der arabische Goodwill ist schwer faßbar und unbeständig. Großbritannien versuchte nicht, die arabische Verständigungsbereitschaft direkt zu erreichen. Es ermutigte die Amerikaner, den Goodwill der britischen Protektorate zu suchen, um damit Großbritanniens Position in dem Gebiet zu verbessern. Die amerikanischen Beamten waren sich darüber einig, daß man die arabische Bereitschaft zur Verständigung erreichen mußte, waren jedoch geteilter Meinung darüber, wie das geschehen sollte.

Während dieser einsamsten und gefährlichsten Periode in der Existenz des Staates Israel war die Politik seiner Regierung nicht gerade die beste. Ben Gurion zog sich im Dezember 1953 – vielleicht nur scheinbar – nach Sdeh Boker südlich von Beersheba im Norden der Negevwüste zurück, nachdem es ihm gelungen war, seine Nachfolge einer merkwürdigen, nicht funktionsfähigen Regierung zu übertragen. Moshe Sharett wurde Premierminister, was der neuen Regierung einen Anschein von Mäßigung verlieh. Der Anschein war irreführend, weil Sharett die Regierung nicht leitete. Verteidigungsminister war Pinchas Lavon, eine ehemalige Taube, die zum Falken geworden war; Lavon beriet sich mit seinem Premierminister nicht über Verteidigungsfragen und informierte ihn auch nicht darüber. Generalstabschef war Moshe Dayan, der seinen Minister informierte oder auch nicht und der darüber, was seine Untergebenen taten, informiert wurde oder auch nicht. Das einzige, was bei der neuen Regierung unter der Leitung des unglücklichen Moshe Sharett feststand, war die Tatsache, daß es keine Möglichkeit gab, die Außenpolitik und die Verteidigungspolitik zu koordinieren: ein äußerst beunruhigender Zustand für ein Land in Israels schwieriger Situation. Die Mitglieder der Regierung versuchten, dies auszugleichen, indem sie in die Wüste reisten, um sich mit Ben Gurion in seinem Zufluchtsort zu beraten. Auch das funktionierte nicht sehr gut.

Selbst wenn die Regierung Israels zu jener Zeit weniger ungewöhnlich gewesen wäre, ergaben sich von Natur aus Schwierigkeiten. Die nachhaltigste von ihnen betraf die Frage der Überfälle und der Vergeltungsmaßnahmen. Seit der Staat Israel existierte, hatten arabische Eindringlinge – Fedajin – rasche Einfälle in das Staatsgebiet Israels unternommen. Die israelischen Verluste nahmen in der ersten Hälfte der fünfziger Jahre stetig zu.

Die arabischen Regierungen erklärten meist, für diese Überfälle nicht verantwortlich zu sein, doch die Israelis machten es sich zur Gewohnheit, so zurückzuschlagen, daß die arabischen Regierungen es spürten. Man wollte sie dazu zwingen, die Fedajin unter Kontrolle zu halten. Wie Moshe Dayan es in einer Ansprache vor Offizieren der israelischen Verteidigungskräfte ausdrückte: »Es liegt in unserer Macht, einen hohen Preis für unser Leben zu verlangen, einen Preis, den die arabische Gemeinschaft, die arabischen Armeen und die arabischen Regierungen als zu hoch empfinden.«

Die Überfälle der Fedajin erfolgten häufig, doch in kleinem Umfang; die israelischen Vergeltungsmaßnahmen waren weniger häufig, erfolgten jedoch in viel größerem Umfang und erregten viel mehr internationales Aufsehen. Wie Abba Eban so sardonisch formulierte: »Die Vorstellung, daß die Araber die Israelis töten können, ohne daß es daraufhin zu einer israelischen Reaktion kommt, war beinahe zur internationalen Doktrin geworden.«

Im Sommer 1954 traf Großbritannien Anstalten, die Suezkanalzone zu räumen, und zog damit die Kräfte ab, die Israel als Puffer zwischen sich und Nassers Ägypten betrachtete. In dem abenteuerlichen Versuch, Großbritannien zum Bleiben zu zwingen, setzten die israelischen Beamten Agenten ein, die britische und amerikanische Anlagen in Ägypten angriffen; die Israelis hofften, daß man diese Angriffe den Ägyptern zur Last legen würde. Die wahnwitzige Operation ging schief, die Agenten wurden gefangengenommen, einige von ihnen wurden gehenkt, die anderen zu Gefängnisstrafen verurteilt. Diese Katastrophe beschleunigte Ben Gurions Rückkehr in die Regierung.

Anfang 1955 genoß Gamal Abdel Nasser großes Ansehen. Nachdem die Engländer die Kanalzone verlassen hatten, profilierte sich Nasser als erster wirklich unabhängiger Herrscher des modernen Ägypten; ein Status, der ihm automatisch den Vorrang in der arabischen Welt sicherte.

Nasser fühlte sich als stolzer moderner Araber, der in fundamentalem Gegensatz zu den korrupten Regimen der Vergangenheit steht, und benahm sich auch so. Nach Ansicht der Araber war das schändlichste Charakteristikum der alten Regime ihre Niederlage gegen »die zionistischen Banden« in den Jahren 1948 und 1949 gewesen. In Nassers Auftreten lag das unterschwellige Versprechen, daß er diese Schande tilgen würde.

Ende Februar 1955 kehrte David Ben Gurion an die Macht zurück – zunächst als Verteidigungsminister, der nominell »unter« Moshe Sharett stand (den er dann im November als Premierminister ablöste). Ben Gurion hatte einmal gehofft, daß Nasser der Führer sein würde, unter dem es zum Friedensschluß zwischen Ägypten und Israel kommen konnte, doch jetzt hielt er Nasser für Israels gefährlichsten Feind. Die unaufhörlichen verbalen Attacken von Radio Kairo wurden zunehmend von Gewalttaten begleitet. Nun kamen auch aus Ägypten Fedajin-Überfälle, von einer Front, an der bis jetzt Ruhe geherrscht hatte. Ben Gurion sah einen Zermürbungs-Guerillakrieg an allen Grenzen Israels voraus, der auf lange Sicht Israels Überleben gefährdete.

Am 28. Februar schlug er mit einem massiven Überfall gegen ägyptische Militäreinrichtungen in Gaza hart zurück; Ariel Sharon leitete die Aktion. Sechsunddreißig ägyptische Soldaten und zwei Zivilisten wurden dabei getötet. Der Gaza-Überfall war eine militärische Demütigung für Nasser; er folgte sofort auf eine diplomatische Demütigung: Am 24. Februar war ein Verteidigungspakt zwischen dem Irak und der Türkei unterzeichnet worden, der dann zu dem sogenannten Bagdad-Pakt führte.

Dieses Ereignis war deshalb so bedeutsam, weil zum ersten Mal ein arabisches Land in das defensive Bündnissystem eingegliedert wurde, das die westliche Diplomatie um die Grenzen der Sowjetunion aufbaute. Dulles hatte »die nördliche Reihe« von Verbündeten errichtet: Griechenland, die Türkei und den Iran. Auf die Idee, den Irak ebenfalls aufzunehmen, waren nicht die Amerikaner, sondern die Engländer gekommen.

Vom israelischen Standpunkt aus wirkte der Bagdad-Pakt überaus bedrohlich, vor allem, wenn Jordanien einbezogen werden sollte, wie es zuerst den Anschein hatte. Es sah so aus, als würde der kühler werdende Freund Israels dessen Feinde bewaffnen, während Israels Isolation immer größer wurde.

Doch wieder einmal rettete ein entschlossener Feind Israel aus einer verzweifelten Zwangslage. Nasser war durch den Bagdad-Pakt verbittert und verärgert und verurteilte ihn. Auf seine Anweisung hin begann Radio Kairo mit einer Orgie verbaler Angriffe auf den westlichen Imperialismus. Das Hauptziel war, Syrien und Jordanien aus dem Bagdad-Pakt herauszuhalten und sie in Nassers Lager des arabischen Nationalismus zu treiben.

Nach den Ereignissen in Gaza und Bagdad brauchte Nasser Waffen, um Ägypten sowohl gegen Israel als auch gegen seine arabischen Rivalen zu wappnen. Nassers Tiraden gegen den westlichen Imperialismus schnitten ihn von den Waffenlieferungen aus dieser Richtung ab, erschlossen ihm aber eine andere Lieferquelle. Am 27. September 1955 verkündete Nasser den Abschluß eines Waffenlieferungsabkommens mit der Tschechoslowakei, die im Auftrag der Sowjetunion handelte. Der Bagdad-Pakt, der darauf abzielte, den sowjetischen Einfluß vom Nahen Osten fernzuhalten, ließ ihn dort erst richtig Fuß fassen.

Vom militärischen Standpunkt aus wirkte das Waffengeschäft mit der Tschechoslowakei – durch das Ägypten etwa dreihundert mittlere und schwere Panzer der neuesten sowjetischen Bauart, zweihundert Mig-15-Jagdflugzeuge und so weiter erhalten sollte – äußerst bedrohlich. Moshe Dayan schrieb über diese Waffen: »Allein infolge ihrer Menge befand sich Ägypten Israel gegenüber im Vorteil; in bezug auf die Qualität war das Übergewicht noch drastischer.«

Israel war nun daran interessiert, einen Präventivschlag gegen Ägypten zu führen, bevor dieses die neuen Waffen »schlucken und verdauen« konnte. Moshe Dayan nahm an, daß dieser Vorgang sechs bis acht Monate dauern würde, andere Sachverständige rechneten mit bis zu zwei Jahren.

Auf diplomatischer Ebene hatte der Nachhall des Bagdad-Paktes die Situation unabsichtlich weitgehend zu Israels Vorteil verändert. Politisch gesehen, war der Pakt eine Katastrophe gewesen: Kein einziger weiterer arabischer Staat folgte dem Beispiel des Irak; im Gegenteil, Großbritannien wurde unter Nassers Druck von seinem letzten Protektorat in diesem Gebiet im Stich gelassen. Im März 1956 entließ König Hussein den britischen Kommandanten der arabischen Legion, John Bagot Glubb, und setzte damit einen Schlußpunkt unter vierunddreißig Jahre britischer Hegemonie in Amman.

Doch wenn sich die Architekten des Bagdad-Paktes verrechnet hatten, so hatte sich Nasser ebenfalls geirrt. Die Heftigkeit seiner Angriffe auf Großbritannien und Frankreich hatte Israel aus der unter Umständen tödlichen Isolation gerettet, in der es sich zwischen

1953 und 1954 befunden hatte. Nasser hatte Großbritannien und Frankreich in Israels potentielle Verbündete verwandelt.

Er bot jetzt ein ausgezeichnetes Ziel für die Angriffe der Pro-Israel-Lobby in den Vereinigten Staaten. Genau wie Israel hatte sich die Lobby zwischen 1953 und 1955 in Gefahr befunden. Die Gefahr bestand darin, daß es so aussah, als würde die Lobby die Sicherheit und die Verteidigungserfordernisse der Vereinigten Staaten untergraben. Doch das tschechische Waffengeschäft beendete diese gefährliche Periode. Die arabische Welt – personifiziert durch ihren berühmtesten und bekanntesten Führer – wirkte jetzt auf den Westen wie eine Bedrohung. Die Pro-Israel-Lobby in Washington mußte sich keinen Zwang auferlegen, wenn sie Nassers kärglich geschrumpften Einfluß in Washington angriff.

Ägypten hatte um eine Anleihe von der Weltbank angesucht, um ein riesiges technisches Projekt zu finanzieren: den Assuan-Staudamm. Sowohl die Vereinigten Staaten als auch Großbritannien hatten früher diesen Plan unterstützt, doch Großbritannien verhielt sich jetzt verständlicherweise zurückhaltend. Die Pro-Israel-Lobby setzte sich nun zum Ziel, die amerikanische Unterstützung für das Projekt zu verhindern.

Der damalige israelische Botschafter in Washington, Abba Eban, berichtet im Zusammenhang mit den erfolgreichen Aktivitäten der Lobby über ein Zusammentreffen mit seinem ägyptischen Kollegen: »Ahmed Hussein, der ägyptische Botschafter in Washington, traf guten Muts aus Kairo ein und suchte Dulles in der Erwartung auf, daß er die amerikanische Bestätigung für das Assuan-Dammprojekt erhalten würde. Wir trafen einander im Vorraum von Dulles' Büro; ich kam heraus, und er ging hinein. Zu seiner Bestürzung teilte ihm Dulles brutal mit, daß Amerika es ablehnte, das Assuan-Dammprojekt zu finanzieren.« In diesen Zeilen erahnt man ganz deutlich den diplomatischen Kater, der das politische Sahneschüsselchen leergeschleckt hat.

Nassers Reaktion auf diese diplomatische Abfuhr war rasch und spektakulär, wie es seinem Stil entsprach. Vor einer riesigen, jubelnden Menschenmenge gab Nasser am 26. Juli die Verstaatlichung der Suezkanalgesellschaft bekannt. Zwei Tage später schrieb der britische Premierminister Sir Anthony Eden an Präsident Eisenhower: »Meine Kollegen und ich sind davon überzeugt, daß wir als letztes Mittel Gewalt anwenden müssen, um Nasser zur Vernunft zu bringen. Wir sind unsererseits dazu bereit. Ich habe heute morgen unsere Generalstabschefs angewiesen, einen entsprechenden Plan auszuarbeiten.«

Das bizarre Muster politisch-militärischer Aktivität, das in der Welt unter dem Namen »Suez« bekannt wurde, war hauptsächlich das Ergebnis einer besonderen Zwangslage Großbritanniens. Eden und seine Kollegen wollten »Nasser stürzen«, ohne jedoch den arabischen Goodwill aufs Spiel zu setzen. Die britischen Politiker glaubten, daß sie eine Möglichkeit gefunden hatten, dieses Vorhaben zu verwirklichen. Nicht Großbritannien, sondern Israel würde Ägypten angreifen, und Großbritannien und Frankreich würden dann eingreifen, »um die Kämpfenden zu trennen«; einerseits, um den Kanal zu schützen, andererseits zur Aufrechterhaltung der internationalen Ordnung; dabei würde Nasser so schnell gestürzt werden, daß es die Araber gar nicht bemerken würden.

Frankreich und Israel hatten jeder seine eigenen Gründe, bei diesem unwahrscheinlichen Drehbuch mitzumachen. Die Franzosen führten ihre gesamten algerischen Schwierigkeiten auf Nassers Propaganda, sein Geld und seine Waffen zurück. Sie brauchten Großbritannien als Partner bei dem gewagten Unternehmen, Nasser zu vernichten.

Israels Gründe wogen schwerer. Das Rapprochement mit Frankreich und der Zustrom französischer Waffen nach Israel ließen einen Sieg wahrscheinlich erscheinen. Ben Gurion dürfte den Entschluß, einen Krieg zu beginnen, im Juni 1956 gefaßt haben. In diesem Monat erreichten Generalstabschef Moshe Dayan und der Generaldirektor des Verteidigungsministeriums Shimon Peres in Paris »ein bindendes Übereinkommen über den Ankauf von Waffen, die uns ermöglichen werden, mit der Qualität, wenn schon nicht mit dem Umfang der sowjetischen Waffen in Ägypten gleichzuziehen.« Im selben Monat erzwang Ben Gurion die Abdankung seines Außenministers. Zu Sharetts Nachfolger wählte er Golda Meir, bei der er sicher sein konnte, daß sie ihn bei seinem Vorhaben unterstützen würde. Er wußte auch, daß Golda Meir, die in Milwaukee aufgewachsen war, es verstand, sich an die amerikanische Öffentlichkeit zu wenden.

Ben Gurion gefiel natürlich das von den Engländern ausgetüftelte Drehbuch nicht, laut dem, wie er sich ausdrückte, Israel sich an den Pranger stellen sollte, damit Großbritannien und Frankreich ihre Hände in Unschuld waschen konnten. Moshe Dayan behauptete später, er habe Ben Gurion bewiesen, daß Israel nur dann die Dinge erreichen würde, die es brauchte, wenn es »sich an den Pranger« stellte. Großbritannien und Frankreich konnten Ägypten auch ohne Israels Hilfe besiegen. »Der einzige Vorzug, über den wir in diesem Zusammenhang verfügten und der ihnen fehlte, bestand darin, daß wir den erforderlichen Vorwand liefern konnten. Nur dies konnte uns die Eintrittskarte zum ›Club Suezkampagne‹ verschaffen.«

Ben Gurion erklärte sich widerstrebend bereit, die Eintrittskarte zu bezahlen und die unattraktive Rolle zu spielen, die man in London für ihn geschrieben hatte. Er wollte den Überfällen der Fedajin ein Ende bereiten und handeln, bevor Ägypten vom Waffengeschäft profitierte, und er wollte die ägyptische Sperre des Golfs von Akaba für israelische Schiffe und für Lieferungen nach Israel beenden.

Am Spätnachmittag des 29. Oktober, also vierzehn Tage später, startete Israel seinen Angriff mit dem Einsatz von Fallschirmjägern tief im Sinai, etwa fünfunddreißig Kilometer vom Suezkanal entfernt. Unter dem Befehl von Moshe Dayan führten Israels militärische Operationen im Sinai zu glänzenden Erfolgen und innerhalb von acht Tagen zur Vertreibung der ägyptischen Streitkräfte aus dem gesamten Sinai, einschließlich von Scharm al-Scheik an der Straße von Tiran, wo die ägyptische Artillerie jahrelang den Golf von Akaba für die israelische Schiffahrt gesperrt hatte.

Politisch gingen die Operationen von Anfang an daneben, hauptsächlich deshalb, weil man sich in bezug auf die amerikanische Reaktion verrechnet hatte. Eisenhower schickte Ben Gurion eine Botschaft, in der er ihn aufforderte, seine Streitkräfte nach der Liquidierung der Fedajin-Stützpunkte sofort auf die eigenen Grenzen zurückzuziehen. »Der Präsident betont, Sie mögen nicht vergessen, daß Israels Stärke prinzipiell von den Vereinigten Staaten abhängt, auch wenn seine Interessen im Augenblick mit denen Frankreichs und Großbritanniens konform gehen.«

Ben Gurion hielt sich an das mit seinen europäischen Verbündeten abgesprochene Drehbuch und reagierte vorläufig nicht auf das höfliche, aber drohende Ersuchen des Präsidenten.

Als auf die Botschaft des Präsidenten keine positive Antwort von Ben Gurion eintraf, wandten sich die Vereinigten Staaten am 30. Oktober an den Sicherheitsrat und schlugen »eine sofortige Feuereinstellung und den Rückzug der israelischen Streitkräfte hinter die Waffenstillstandslinien« vor. Großbritannien und Frankreich legten gegen die Resolution der Vereinigten Staaten ihr Veto ein, weil sie gerade ihr gemeinsames Ultimatum gestellt hatten, das scheinbar sowohl an Israel als auch an Ägypten gerichtet war, was natürlich niemanden täuschte. Es war sofort klar, daß auffallend ungeschickte Hilfskräfte die Kulissen für einen englisch-französischen Angriff auf eines der Länder aufstellten, an die sich das Ultimatum richtete; die Absprache mit dem anderen Land war nicht zu übersehen.

Eisenhower war verständlicherweise empört, weil Großbritannien und Frankreich die Vereinigten Staaten vor einem so spektakulären, gewagten Unternehmen, das sehr wohl zu einer Zunahme des sowjetischen Einflusses im Nahen Osten führen konnte, nicht konsultiert hatten. Außerdem ärgerte ihn die persönliche Beleidigung: Man hatte ihm diesen Streich am Vorabend seiner Wahl gespielt. Das Veto war eine weitere Frechheit und außerdem nutzlos. Ein Veto im Sicherheitsrat besitzt keine praktische Bedeutung, was auch für die gesamten Vereinten Nationen gilt. Die UNO ist im wesentlichen eine spirituelle

Institution, die Segen oder Fluch erteilen oder verweigern kann. Erhält man den Segen oder den Fluch nicht beim Sicherheitsrat, kann man immer noch zur Generalversammlung gehen.

Die Vereinigten Staaten brachten die Angelegenheit jetzt vor eine dringende Sondersitzung der Generalversammlung, um den rituellen Fluch über die Teilnehmer am Suezabenteuer aussprechen zu lassen. Daß dies in beeindruckender Form geschehen würde, war von vornherein sicher. Erforderlichenfalls konnten die Vereinigten Staaten dort eine Zweidrittelmehrheit aufbringen, doch diesmal mußten sie keinen Druck ausüben. Die kleineren Länder, vor allem die ehemaligen Kolonien, betrachteten die englisch-französische Intervention mit lebhaftem, spontanem Abscheu. Die Sowjetunion war damals wiederum besonders daran interessiert, eine westliche Aggression anzuprangern, da sie zu dieser Zeit mit ihrer eigenen Aggression in Ungarn beschäftigt war. Vom sowjetischen Standpunkt aus war Suez ein ausgezeichnetes Ablenkungsmanöver.

Es regnete also von allen Seiten Flüche, die in einer drohenden Resolution zusammengefaßt wurden. Solche Resolutionen sind das moderne Gegenstück zur mittelalterlichen Exkommunikation. Wenn man stark genug ist, kann man den verbalen Donner ruhig überhören. Aber wenn man sich aus irgendeinem Grund bereits exponiert hat, kann der institutionalisierte Fluch die Gefahr vergrößern, indem er mögliche Maßnahmen gegen den Übeltäter legitimiert. In diesem Fall drohten die Sowjets den Suezpartnern mit einem Angriff, falls sie sich nicht gemäß der Resolution zurückzogen, und die Bedrohten konnten nicht mit der Unterstützung der anderen Supermacht rechnen. Der am meisten gefährdete Partner war Israel, wie wir noch sehen werden.

Ich nahm als sehr neuer Delegierter an der Sondersitzung der Generalversammlung teil und hörte am 1. November 1956 eine Rede von Abba Eban, Israels ständigem Vertreter bei der UNO, die in den Annalen und in gewissem Sinn in der Literatur Israels berühmt wurde: »An allen Landesgrenzen von feindlichen Armeen umgeben, wilder, unbarmherziger Feindseligkeit ausgesetzt, bei Tag und Nacht von Überfällen und Angriffen bedroht, ständigen Verlusten an Menschenleben preisgegeben, von den benachbarten Regierungen mit der Drohung konfrontiert, es mit Waffengewalt auszulöschen..., kampfbereit, blockiert, belagert, ist Israel die einzige Nation, die mit jedem herabsinkenden Abend und jedem heraufdämmernden Morgen dazu gezwungen ist, um ihre Sicherheit zu kämpfen.«

Da ich zu diesem Zeitpunkt sowohl über das Wesen der Vereinten Nationen als auch über Israels Bedürfnisse nur wenig wußte, hielt ich nicht allzuviel von dieser Rede und war auch von Abba Eban nicht sehr beeindruckt. Zu jener Zeit war er recht korpulent und drückte sich in der Öffentlichkeit etwas dramatisch aus; er sah aus wie ein Nichtstuer und klang wie ein Erzbischof. Viele Leute unterschätzten ihn, und das war ein großer Fehler. Ich hatte das Gefühl, daß sich seine Rede nicht an die Generalversammlung, sondern an das amerikanische Fernsehpublikum richtete, und das war tatsächlich der Fall. Ich fand auch, daß die Rede theatralisch war, und das stimmt ebenfalls. Doch es war keine leere Theatralik; er verfolgte einen politischen Zweck, der für Israel lebenswichtig war. Abba Eban benützte die Bühne und das Rednerpult der Vereinten Nationen höchst effektvoll, um die Belagerung Israels vor der amerikanischen Öffentlichkeit zu dramatisieren.

Israel war jetzt dem starken, widersprüchlichen Druck seiner Suez-Partner und der Supermächte ausgesetzt. Am 4. November erklärte ein Vertreter Israels der Generalversammlung, daß Israel der von Großbritannien und Frankreich geforderten Feuereinstellung zustimmen würde, »vorausgesetzt, daß von Ägypten eine ähnliche Zusage erfolgt«. Laut Moshe Dayan »fuhren die britischen und französischen Vertreter beinahe aus der Haut, denn wenn beide kämpfenden Parteien das Feuer einstellten, gab es keine Rechtfertigung für eine englisch-französische Intervention mehr«. (Die Engländer und die Franzosen waren noch nicht dazugekommen, in Ägypten einzufallen; sie landeten zwei Tage später in der Kanalzone.)

Es wurde allmählich deutlich, daß das englisch-französische Vorhaben in Suez zum Scheitern verurteilt war. Großbritanniens Freunde versuchten jetzt, helfend einzugreifen. Der kanadische Außenminister Lester Pearson schlug am 2. November die Aufstellung einer internationalen Truppe vor, und der Vorschlag wurde am 5. November angenommen. Im wesentlichen ging es darum, eine symbolische Streitmacht nach Ägypten zu entsenden, die dort so tun sollte, als führe sie die Aufgabe durch, die Großbritannien und Frankreich mit ihrer Intervention in Ägypten bezweckt hatten: die »Trennung der kämpfenden Parteien«. Großbritannien und Frankreich konnten sich dann ehrenhaft zurückziehen, weil sie »ihre Mission erfüllt hatten«. Und das war kurz darauf auch das lächerliche Ende des lächerlichen englisch-französischen Unternehmens.

Die Kämpfe hörten erst am 6. November auf, und während dieser Zeit waren alle Partner des Suezabenteuers, vor allem aber Israel, in Gefahr, eine sowjetische Intervention gegen sich heraufzubeschwören. Ministerpräsident Bulganin schwang drohend die kürzlich erworbenen Raketen der Sowjetunion. Am 5. November richtete er eine Note an Israel, in der er feststellte, daß Israel dank seiner Aktion seine eigene Existenz als Staat gefährdete. Am 6. November informierte der US-Botschafter in Paris Ministerpräsident Guy Mollet darüber, daß ein sowjetischer Angriff auf Großbritannien und Frankreich zu Vergeltungsmaßnahmen der USA führen würde. Laut Michael Brecher wußte Israel, daß es in dieser Mitteilung nicht erwähnt worden war. Am 7. November ließ die CIA durchsickern, daß der Kreml die Absicht habe, Israel am darauffolgenden Tag »dem Erdboden gleichzumachen«.

Die Israelis nahmen die sowjetische Drohung ernst, aber offenbar zunächst nicht der oberste Entscheidungsträger David Ben Gurion. Noch zwei Tage nach Bulganins Note beeinflußte Israels Triumph über Ägypten Ben Gurions Stimmung mehr als Israels immer schlechter werdende internationale Lage.

Am 7. November hielt er seine sogenannte »Siegesrede«: unter den gegebenen Umständen ein außerordentlich aufsässiges Statement. Ben Gurion erklärte, daß das Waffenstillstandsabkommen mit Ägypten »tot und begraben« sei; daß die »Waffenstillstandslinien nicht mehr galten«. Und die Streitmacht der Vereinten Nationen – die Grundlage des mühsam erzielten internationalen Kompromisses – lehnte er kurzerhand ab: »Unter keinen Umständen wird Israel der Stationierung einer fremden Truppe, ganz gleich wie sie genannt wird, auf seinem Territorium oder *auf einem der von ihm besetzten Territorien* zustimmen.« (Hervorhebung von mir.) Ben Gurion sprach, als hätte er nicht nur Ägypten, sondern gleichzeitig beide Supermächte besiegt. Die Strafe für diesen Anfall von Überheblichkeit kam schnell.

Am Tag der »Siegesrede« erfuhr Israel erschreckend deutlich, wie es zur Zeit um seine internationalen Beziehungen stand: Die Generalversammlung stimmte mit fünfundsechzig Stimmen zu einer für einen »sofortigen Rückzug«. Die eine Stimme gehörte Israel.

Die Abstimmungen in den Vereinten Nationen waren immer nur symbolisch und symptomatisch, doch diesmal folgte ein noch nie da gewesener materieller Druck von Seiten der Vereinigten Staaten. Präsident Eisenhower drückte Ben Gurion sofort »seine sehr tiefe Besorgnis« über die Siegesrede aus. Der Staatssekretär im Außenministerium Herbert C. Hoover jr. übersetzte dann, was die »tiefe Besorgnis« des Präsidenten für Israel bedeuten würde, sollte keine Reaktion erfolgen: »Israels Haltung wird unweigerlich zu äußerst ernsthaften Maßnahmen führen, wie Einstellung jeglicher (amerikanischer) staatlicher und privater Hilfe, Sanktionen der Vereinten Nationen und eventuell Ausschluß aus den Vereinten Nationen.« Hoover machte Israel auch darauf aufmerksam, daß es das erste Land sein würde, das die Sowjets verschlangen, falls diese wegen Israels Weigerung, sich zurückzuziehen, im Nahen Osten eindrangen.

Als genüge diese harte, deutliche Botschaft noch nicht, wies der Präsident der zionistischen Weltorganisation, Nahum Goldmann, darauf hin, daß die Pro-Israel-Lobby in Amerika mit der Siegesrede nicht leben könne: »Es wird unmöglich sein, eine amerikanisch-jüdische Front zu mobilisieren, die diese Haltung unterstützt...«

Ben Gurion erzählte später einem Interviewer, daß er zur Zeit der Siegesrede wahrscheinlich »siegestrunken« gewesen war. Wenn dem so war, dann wurde er sehr rasch wieder nüchtern. Am Tag nach der Rede, dem 8. November, trat die israelische Regierung zusammen und nahm eine von Abba Eban vorgeschlagene Formulierung an: »Die israelische Regierung erklärt sich bereit, ihre Streitkräfte aus dem Sinai zurückzuziehen, wenn es zu einer zufriedenstellenden Vereinbarung mit der internationalen Streitkraft kommt, die in die Kanalzone entsandt werden soll.«

Indem die Regierung Abba Ebans Formulierung über einen bedingten Rückzug annahm, akzeptierte sie auch, daß sie sich mit einem bedingungslosen Rückzug abfinden müsse, falls diese Formel nicht angenommen wurde. Es war jetzt Ebans Aufgabe, in seiner Doppelfunktion als ständiger Vertreter bei den Vereinten Nationen und als Botschafter in Washington zu versuchen, seine Formel durchzusetzen.

Sobald Ben Gurion gezwungenermaßen einsah, daß unter Umständen ein bedingungsloser Rückzug akzeptiert werden mußte, überließ er es seinem Außenministerium, einen Modus zu finden, wie Israel sich am besten aus der eroberten Wüste herauswinden konnte. Israels Außenministerium befand sich jetzt in einer viel stärkeren Position als zuvor. Mit Golda Meir verfügte es zum ersten Mal über einen Außenminister, der das Vertrauen des Premierministers besaß. Und Golda Meir wußte, daß ihr nichts Besseres als Abba Ebans Formel zur Verfügung stand und daß nur er sie durchdrücken konnte.

Zwischen November 1956 und März 1957 führte Abba Eban ein klassisches diplomatisches Rückzugsgefecht, wich langsam, aber nicht zu langsam, zurück, und erreichte für jede Phase des Rückzugs kleine, aber wichtige Zugeständnisse. Dies war für das Wiederaufleben und die Remobilisierung der Pro-Israel-Lobby vorteilhaft, deren Aktivitäten Eban und seine Kollegen geschickt koordinierten. Dadurch konnte sich die Lobby von ihrer Verwirrung erholen, Gehör in der Öffentlichkeit finden und neue Ansatzpunkte suchen. Daher konnte Eban es sich leisten, sich in beschränktem Ausmaß Zeit zu lassen und Bedingungen auszuhandeln.

Eban wollte vor allem soweit wie möglich sicherstellen, daß die internationale Truppe garantieren würde, daß die Überfälle der Fedajin nicht wieder einsetzten und daß die Straße von Tiran von nun an auch für die israelische Schiffahrt offenstehen würde, genau wie für alle anderen Nationen.

Es ging in erster Linie um die Legitimität. Das galt vor allem für Israels zweites (und vielleicht wichtigstes) Ziel: die Öffnung der Straße von Tiran. Ausländische Beobachter haben sich manchmal darüber gewundert, daß Israel dieser Frage so ungeheure Bedeutung beimißt. Die Straße besaß einen gewissen wirtschaftlichen Wert, was Israel bewies, als sie wieder geöffnet wurde, indem es den Hafen Eilat ausbaute, stellt Sachar in seiner ›Geschichte Israels‹ fest. Da die Meerenge den Zugang zu den Internationalen Gewässern des Golfes von Akaba ermöglicht, steht sie nach internationalem Recht den Schiffen aller Nationen offen. Indem Ägypten die Meerenge für Israel sperrte, stellte es mit passiver Duldung durch die internationale Gemeinschaft Israels Legitimität erfolgreich in Frage.

Bei diesen Verhandlungen hatte Eban in erster Linie mit dem Generalsekretär der Vereinten Nationen Dag Hammarskjöld zu tun. Hammarskjöld hatte natürlich das fragwürdige, schauerliche Suezabenteuer mit Abscheu betrachtet. Meiner Meinung nach hatte er für Israel nicht viel übrig, und die Israelis mißtrauten ihm. Doch er hatte vernünftige internationale Gründe, Eban zu geben, was er wollte.

Nasser stimmte nie ausdrücklich der Rolle des UNO-Kontingents zu, die Eban und Hammarskjöld gemeinsam ausarbeiteten, aber ließ die Anwesenheit der Truppe zu diesem Zeitpunkt sowie weitere zehn Jahre danach stillschweigend zu. Er wollte unbedingt die Israelis aus dem Sinai hinausbekommen, besaß jedoch nicht die Mittel, dies selbst zu bewerkstelligen. Dank seines fähigen, gut informierten Außenministers Mahmud Fawzi wußte er, daß die Amerikaner nicht mehr in der Stimmung waren, die Israelis bedingungslos zum Abzug zu zwingen. Nach Sinai verlangte es ihn außerdem nicht unbedingt nach einer neuen Runde mit Israel.

Dulles schloß sich insgeheim der Eban-Hammarskjöld-Auffassung von der Rolle der internationalen Streitkraft an. So kam es zu einer teils ausgesprochenen, teils stillschweigenden Übereinkunft zwischen den vier Hauptbeteiligten: Israel, den Vereinten Nationen, den Vereinigten Staaten und Ägypten. Aufgrund dieses Übereinkommens gab die israelische Außenministerin Golda Meir am 1. März 1957 vor der Generalversammlung eine Erklärung ab. Diese Erklärung war von Eban und Beamten des Außenministeriums gemeinsam verfaßt und von Dulles persönlich gebilligt worden. In ihr teilte Frau Meir der Versammlung mit, daß Israel sich unter »bestimmten Voraussetzungen« vollkommen zurückziehen würde: Die Angriffe der Fedajin mußten aufhören, und die Straße von Tiran mußte geöffnet werden.

Die Erklärung enthielt auch Warnungen, von denen die folgende die wichtigste war: »Behinderungen von unter israelischer Flagge fahrenden Schiffen, die die freie, friedliche Durchfahrt in den Golf von Akaba und die Straße von Tiran beanspruchen, werden von Israel als ein Angriff gewertet werden, der es dazu berechtigt, das natürliche Recht der Selbstverteidigung auszuüben.«

Nachdem Nasser zehn Jahre später die internationale Streitmacht hinausgeworfen hatte, wurde es in Israel üblich, die im März 1957 abgeschlossenen internationalen Übereinkünfte geringzuschätzen. Auffallend ist, daß die Frau, die als Außenministerin den Abschluß dieser Verträge verkündet hatte, sie am schärfsten verurteilte. Sie bezeichnet sie in ihren Memoiren als »eine Art Kompromiß. Es war nicht viel und es war bestimmt nicht das, worum wir gekämpft hatten, aber es war das Beste, was wir bekommen konnten, und es war jedenfalls besser als nichts.«

Eine solche Geringschätzung ist fehl am Platz. Diese Übereinkommen verschafften Israel zehn Jahre Frieden mit Ägypten und festigten dadurch seine Stellung seinen arabischen Nachbarn gegenüber. Sie verschafften Israel Zeit, seine Immigranten zu integrieren und seine lebenswichtigen Beziehungen zu den Vereinigten Staaten zu verstärken. Vor allem stellten sie sicher, daß die Vereinigten Staaten Israels Recht auf bewaffnete Vergeltung weder behindern noch verbieten würden, falls Ägypten versuchte, die Situation vor der Suezkrise wiederherzustellen, indem es die Meerenge sperrte. Die diplomatische Leistung, die Eban innerhalb von vier Monaten vollbracht hat – wenn man den entsetzlichen Tiefpunkt der Isolation berücksichtigt, auf dem Israel sich im November 1956 befand –, kann mit der Talleyrands in den Jahren 1814/1815 verglichen werden.

Die zehn Jahre vom Frühsommer 1957 bis zum Frühsommer 1967 waren für Israel Jahre des Wachstums, des Fortschritts und der relativen Ruhe. Infolge der Krise, die zu Suez und dem Suezkrieg geführt hatte, kam es zu einer Zunahme der Einwanderung: 1956/1957 kamen weit über hunderttausend Immigranten ins Land, und zwar hauptsächlich aus Ägypten und Nordafrika. Auch aus Osteuropa trafen zahlreiche Einwanderer ein. 1965 betrug Israels Bruttonationalprodukt das Zweieinhalbfache des Jahres 1952; zwischen 1950 und 1969 nahm die industrielle Produktion um das Fünffache zu, und auch die landwirtschaftliche Produktion expandierte außerordentlich. Ein großes Bewässerungsprojekt, die nationale Wasserversorgung, die auf dem Wasser des Jordan beruhte, leitete Wasser vom See Genezareth in die Negevwüste. Die Pläne für dieses Projekt waren Anfang der fünfziger Jahre entstanden, doch es war wegen der arabischen Einwände und des amerikanischen Drucks zurückgestellt worden.

Im regionalen Kontext hatte sich Israels Position wesentlich gebessert. In diesen Jahren war Ägypten erfolgreich neutralisiert worden. Jordanien, das in der Zeit vor Suez in seiner Beziehung zu Ägypten eine Art tributpflichtiger Staat geworden war, wurde jetzt von Amerika abhängig, nachdem Hussein im Frühjahr 1957 seine Pro-Nasser-Regierung entlassen hatte. Dadurch ergab sich eine Abschwächung der feindseligen Manifestationen Israel gegenüber, obwohl Hussein, der das Schicksal seines Großvaters immer vor Augen hatte, stets darauf achtete, sich nie öffentlich von der arabischen allgemeinen Meinung zu distanzieren. Von allen arabischen Nachbarn Israels stellte in dieser Periode nur Syrien eine bedeutende, direkte Bedrohung dar. Solange Ägypten sich neutral verhielt, war Syrien militärisch hilflos. Als die Syrer auf das israelische Bewässerungsprojekt reagierten, indem sie 1964/1965 versuchten, den Oberlauf des Jordan abzulenken, zwangen sie wiederholte Angriffe der israelischen Luftwaffe, dieses Projekt fallenzulassen.

Politisch gesehen, war die syrische Bedrohung allerdings ernst. Von 1962 an hatten unter zunehmend linksradikalen Regierungen Damaskus und sein Rundfunksender der arabischen Meinung einen überaus militanten Maßstab vorgegeben. Hussein war gezwungen, sich daran zu halten. Man setzte Nasser unter Druck, damit er den Kampf wieder aufnahm. Die Syrer – und unter ihrem Druck die Jordanier und die Ägypter – ermutigten die palästinensischen Vertriebenen, eigene politische und paramilitärische Organisationen aufzustellen. 1964 wurde im haschimidischen Ostjerusalem eine Versammlung der palästinensischen Araber abgehalten, bei der die Palestine Liberation Organisation (PLO) gegründet wurde. Diese wieder gründete eine palästinensische Befreiungsarmee, die »die Liquidierung Israels« erreichen sollte. In der Praxis und für den Augenblick bedeutete dies die Wiederaufnahme und Ausweitung der von Syrien geforderten Fedajin-Überfälle.

Im internationalen Kontext kam es in dieser Periode zu einer wesentlichen und auch dauerhaften Besserung von Israels Lage. Ausschlaggebend dafür war ein Rapprochement an die Vereinigten Staaten, das sich stetig zu einem stillschweigenden, aber beständigen Bündnis auswuchs. Wichtige Entwicklungen innerhalb der arabischen Welt trugen zu diesem Prozeß bei.

Am 14. Juli 1958 brach der Irak, die letzte große Bastion der britischen Autorität im Nahen Osten, zusammen, als militante, nationale Offiziere unter Brigadier Karim Kassem das haschimidische Regime stürzten und der Mob von Bagdad den jungen König Faisal, den früheren Regenten Abdul Ilah, ihre Familienangehörigen und Premierminister Nuri Pascha umbrachte; Nuri Pascha war Großbritanniens bester Freund in der arabischen Welt und einer der Architekten des Bagdad-Paktes gewesen. Dieser Pakt, seine öffentliche Verurteilung durch Nasser und Großbritanniens anschließender Angriff auf Nasser hatten dazu geführt, daß Nuri Pascha als Verräter an der arabischen Sache galt. Außerdem wies das Mißlingen des Suez-Angriffs darauf hin, daß Großbritannien nicht mehr fähig war, seine Protektoratsregierung in Bagdad zu schützen.

Da der Bagdad-Pakt ein Bestandteil des westlichen Bündnissystems war, wurde Kassems Staatsstreich nicht nur als antibritisch, sondern auch als antiamerikanisch und prorussisch empfunden. Auf angloamerikanischer Seite kam es zu einer raschen, etwas lächerlichen Reaktion. Auf Husseins bestelltes Ansuchen hin wurden britische Truppen nach Jordanien verlegt. Auf Präsident Camille Chamouns bestelltes Ansuchen hin wurden amerikanische Truppen in den Libanon verlegt. Das offizielle Ziel war, die betreffenden Regierungen vor einem Umsturz durch prorussische Elemente zu retten. Ursprünglich dachte man auch an eine Art Wiedereinsetzung der Haschimiden in Bagdad, doch dieser Plan mußte fallengelassen werden, weil keine irakischen Haschimiden mehr am Leben waren.

Es wurde sehr bald klar, daß die angloamerikanischen Feldzüge im Libanon und in Jordanien überhaupt keinen Sinn hatten. Nachdem die Vereinigten Staaten und Großbritannien vergeblich versucht hatten, ihr Unternehmen von der UNO sanktionieren zu lassen, zogen sie ihre Streitkräfte wieder zurück, ohne das Geringste erreicht zu haben. Das einzige Ergebnis des Staatsstreiches in Bagdad und seines Nachspiels war eine Stärkung Israels.

Der britische Einfluß in Washington, der in bezug auf den arabischen Nahen Osten sehr stark gewesen war, schwächte sich immer mehr ab. Zum Teil waren die britischen Experten daran schuld, denen es nicht gelungen war, eine ganze Reihe von Katastrophen, von Palästina über Suez bis Bagdad, vorherzusehen oder abzuwenden.

Da der britische Einfluß in Amerika immer zum Nachteil Israels eingesetzt worden war, stärkte sein Nachlassen Israel. Außerdem wirkte Israel nach Suez und Bagdad vor dem dunklen Hintergrund der arabischen Welt für die Amerikaner attraktiver. Innerhalb weniger Stunden hatte sich der Irak aus dem ergebenen Freund des Westens in seinen erbitterten Feind verwandelt.

Man hatte das Gefühl, daß sich der gleiche Vorgang jeden Augenblick in jedem anderen arabischen Land wiederholen konnte, dessen Regime den USA zur Zeit noch freundschaftlich gesinnt war. Jedoch in Israel, und nur in Israel, handelte es sich nicht nur um die Freundschaft eines Regimes, sondern um die eines ganzen Volkes. Das israelische Volk war damit einverstanden gewesen, daß Israels Politik sich nach dem Westen orientierte. Dieses Volk war durch sehr starke Bande des Blutes, der Interessen, der Sympathie und der Ähnlichkeit der Institutionen mit den Vereinigten Staaten verbunden. Israel war ein Land, das sich nicht über Nacht in einen Feind verwandeln würde, ein Land, auf das man sich in einem Notfall verlassen konnte. Israel hatte dies in der Zeit nach Bagdad bewiesen, als es zuließ, daß sein Luftraum benützt wurde, um britische Truppen zur Unterstützung von Israels Feind, dem haschimidischen Regime in Jordanien, einzufliegen. Und dieses zuverlässige, demokratische Land war noch dazu auch die stärkste Militärmacht in diesem Gebiet, wie es im Sinaifeldzug überzeugend demonstriert hatte.

Eine andere politische Entwicklung, die sich auf Israels Beziehungen zu den Vereinigten Staaten günstig auswirkte (obwohl sie kaum bemerkt wurde), war die Veränderung in den Beziehungen zwischen den Vereinigten Staaten und den Vereinten Nationen. Die Generalversammlung der Vereinten Nationen, die im August 1958 zu einer Sondersitzung zusammentrat, verweigerte den Amerikanern und Großbritannien den Segen für die Landungen im Libanon und in Jordanien. Statt dessen nahm sie eine von Indien verfaßte und von den arabischen Staaten gebilligte Resolution an, die nichts anderes als ein höfliches »Go home« war. Es war das erste Mal, daß die Generalversammlung einen Vorschlag ablehnte, den die Vereinigten Staaten nachdrücklich empfohlen hatten.

Alles war in Ordnung gewesen, solange die Vereinigten Staaten bei jeder wichtigen Entscheidung einer Zweidrittelmehrheit sicher sein konnten. Als dies jedoch vom Sommer 1958 an nicht mehr der Fall war, ergriffen die Vereinigten Staaten die begreifliche Vorsichtsmaßnahme, die moralische Autorität, die man bisher der Generalversammlung zugestanden hatte, etwas zu untergraben. Man entdeckte, daß die Generalversammlung weit davon entfernt war, die »Weltmeinung« zu vertreten, sondern daß sie aus Regierungen bestand, von denen die meisten undemokratisch und darüber hinaus oft widerwärtig waren und nicht einmal die Meinung ihrer eigenen Völker repräsentierten.

In der Zeit nach Bagdad sah man allmählich im Gegensatz zu der Entstehungszeit des Bagdad-Paktes Israel immer weniger als Minus für Amerika, sondern als eindeutiges Plus. Die Bedingungen für die Tätigkeit der Pro-Israel-Lobby waren noch nie so günstig gewesen. Damit setzte sich zugleich ein weiterer Mechanismus in Bewegung. Die günstigen Bedingungen führten zu einer größeren, reicheren und mächtigeren Pro-Israel-Lobby. Und je stärker die Lobby wurde, desto schwieriger wurde es, die Tendenzen zu einer engeren Zusammenarbeit mit Israel umzukehren.

Damals entstand zwischen Israel und Amerika eine enge, freundschaftliche Beziehung, die seit dieser Zeit – bis auf einige gelegentliche Wölkchen – ungetrübt erhalten blieb. Es gibt in Israel und in den Vereinigten Staaten Menschen, die diese Beziehung für zu eng halten. Ich stimme dieser Ansicht nicht zu. Israels Einfluß auf die amerikanische Nahost-Politik ist wahrscheinlich größer als der Amerikas auf die israelische Politik. Sicherlich besitzt kein Protektorat solchen Einfluß auf das Gemeinwesen seines »Schutzstaates« wie Israel auf das amerikanische politische System.

Ende der fünfziger Jahre war Israel stärker und weniger isoliert als je zuvor. Dennoch war Premierminister David Ben Gurion beunruhigt. Er fürchtete die Selbstzufriedenheit, die Tendenz, sich auf andere zu verlassen, das Vergessen der schrecklichen Vergangenheit der Juden, ein geringeres Bewußtsein der Gefahren, die die Juden in Israel noch immer bedrohten, solange sie vom Haß ihrer Nachbarn eingeschlossen waren.

Und da erblickte Ben Gurion eine Möglichkeit, diesen Tendenzen entgegenzuwirken. Israelische Agenten machten in Argentinien Adolf Eichmann ausfindig, einen der Hauptbeteiligten an Hitlers Endlösung. Auf Ben Gurions Anweisung hin wurde Eichmann im Mai 1960 gekidnappt, nach Jerusalem gebracht, dort verhört und dann vor Gericht gestellt. Der Prozeß dauerte vier Monate (April bis August 1961), und hundertvierzehn Verhandlungen fanden statt. Am 15. Dezember 1961 wurde Eichmann zum Tod verurteilt. Seine Berufung wurde abgewiesen, und er wurde am 31. Mai 1962 im Gefängnis von Ramla gehenkt.

In einer Rede zu Israels dreizehntem Unabhängigkeitstag erläuterte Ben Gurion die Lehre aus dem Eichmann-Prozeß: »Zum ersten Mal in der jüdischen Geschichte leistet das souveräne jüdische Volk der historischen Gerechtigkeit Genüge. Viele Generationen lang waren wir es, die litten, gefoltert, getötet – und hingerichtet wurden ... Zum ersten Mal richtet Israel die Mörder des jüdischen Volkes ... Und laßt uns nie vergessen, daß nur Israels Unabhängigkeit die Voraussetzungen für diesen historischen Akt der Gerechtigkeit schaffen konnte.«

Die Geister, die Ben Gurion in Jerusalem heraufbeschwor, ließen auch die Deutschen erschauern. Ben Gurion nutzte diese Wirkung bewußt aus, um die Beziehungen zu Deutschland zu konsolidieren. »Es gibt kein Nazideutschland mehr«, erklärte er. Die Deutschen waren erleichtert und dankbar, und genau das hatte er bezweckt.

In seinem Umgang mit Nachkriegsdeutschland setzte Ben Gurion auf eine Kombination von starken Gefühlen und kühler Berechnung und hatte damit Erfolg. Westdeutschland bot Israel Reparationen für den Holocaust an. Ben Gurion nahm sie an, und damit konnte die Pro-Israel-Lobby nicht mehr gegen Deutschland agitieren. Die Reparationen waren ein Hinweis darauf, daß Deutschland jetzt bereit war, wenigstens einen Teil seiner Schuld zu sühnen.

Die Annahme der deutschen Reparationen löste in Israel einen politischen Aufruhr aus. Begin und seine Herut verurteilten das Abkommen genauso erbittert wie vor dem Krieg Jabotinsky und seine Revisionisten die finanziellen Abkommen mit den Nazis verurteilt hatten. In der Knesset kam es zu heftigen Szenen und vor dem Gebäude zu Unruhen. Doch Ben Gurion blieb hart; sein effektvoller Slogan lautete: »Lassen wir die Mörder unseres Volkes nicht auch noch seine

Erben sein.« Die deutschen Reparationen – bis Ende 1965 beinahe fünf Milliarden Dollar – stärkten Israel in militärischer, technologischer und vielen anderen Beziehungen.

Ben Gurion und Kanzler Konrad Adenauer trafen in Amerika kurz vor Eichmanns Gefangennahme zusammen. Der Historiker Sachar meint dazu: »Adenauer brauchte dieses Treffen genauso dringend wie der israelische Premierminister. Ein fotografierter Händedruck mit Ben Gurion konnte den entscheidenden Unterschied beim Empfang des Kanzlers in den Vereinigten Staaten ausmachen.« Ben Gurion ersuchte um eine weitere Reihe von großen Krediten, die Adenauer unter diesen Umständen bereitwillig zugestand. »Wir werden Ihnen aus moralischen und aus praktischen politischen Gründen helfen«, erklärte er Ben Gurion.

Daß ein deutscher Kanzler das dringende Bedürfnis empfand, mit dem Premierminister des jüdischen Staates zusammen fotografiert zu werden, war eine einzigartige Rechtfertigung von Theodor Herzls Traum.

Mitte der sechziger Jahre wurde die Lage für Israel wieder bedrohlicher. Es gab dafür teils interne, teils externe Gründe. Der wichtigste interne Grund war Ben Gurions endgültiges Ausscheiden aus dem Amt nach einem Bruch mit seiner Partei. Ben Gurions bevorzugte Schützlinge im politisch-militärischen Establishment, Moshe Dayan und Shimon Peres, folgten ihrem Führer in die politische Wüste. Neuer Premierminister wurde Levi Eshkol, der auch sein eigener Verteidigungsminister war. Außenminister wurde Abba Eban.

Der neue Premierminister war ein »low-profile« Mann, wie es im Jargon einer etwas späteren Periode heißen würde. Er war freundlich, geduldig, humorvoll; für einen israelischen Politiker war er ungewöhnlich beliebt. Seine Politik bestand darin, Israels Verteidigung zu verstärken, aber gleichzeitig zu betonen, daß Israel unbedingt Frieden wolle. Wegen seiner früheren Tätigkeiten als Botschafter und ständiger Vertreter bei der UNO wurde Abba Eban in der Öffentlichkeit – nicht ganz zu Unrecht – mit den Bestrebungen in Verbindung gebracht, die die internationale öffentliche Meinung günstig zu beeinflussen versuchten. Wenn man die neue Regierung betrachtete, konnte man daher auf die Idee kommen, daß sich nach Ben Gurions Ausscheiden Moshe Sharetts Politik durchsetzen würde.

Das war kaum der Fall. Geändert hatte sich der Stil, aber nicht das Wesen der Politik. Das israelische Establishment dieser Zeit – die Mapai – hatte von Ben Gurions Stil mehr als genug: paternalistisch, populistisch, explosiv, unberechenbar, anmaßend und ständig Forderungen stellend. Schön, Ben Gurion war der Vater seines Volkes, aber viele seiner Kinder hielten es für unmöglich, mit ihm zu leben. Unter Levi Eshkols Führung erwarteten die Menschen etwas mehr »Normalität«.

Der Regierungswechsel war zu einem unglücklichen Zeitpunkt erfolgt. Innerhalb des sogenannten »interarabischen Systems« war es ebenfalls zu Veränderungen gekommen, durch die ein neuerlicher Krieg wieder in den Bereich der Möglichkeit rückte. Der wichtigste Faktor war der Verfall von Nassers Prestige und sein Bedürfnis, dem entgegenzuwirken.

Unmittelbar nach Suez war Nassers Prestige in der arabischen Welt sehr groß gewesen. Er wurde von seinen russischen Verbündeten unterstützt, die er selbst mutig für sich gewonnen hatte, und man hatte den Eindruck, daß er Großbritannien und Frankreich gedemütigt hatte. Danach nahm sein Prestige noch eine Zeitlang zu. Der Staatsstreich von Bagdad im Jahr 1958 war ursprünglich dem zunehmenden Nasserismus zugeschrieben worden. Und 1958 verschmolz Syrien aus eigenem Antrieb mit Ägypten zur Vereinigten Arabischen Republik. Es sah aus, als wäre dies der Beginn der politischen Vereinigung der arabischen Welt. Nasser befand sich auf dem Höhepunkt seiner politischen Laufbahn.

Von da an ging alles ganz und gar schief. Kassem hatte seine Revolution erfolgreich durchgezogen und empfand kein Bedürfnis nach Nassers Führung; er wollte seinen eigenen Weg zur arabischen Einheit finden. Radio Bagdad behandelte Nasser respektlos. Dann geriet die Vereinigte Arabische Republik in Schwierigkeiten; die Syrer waren nicht damit einverstanden, von Ägypten als Vasallen behandelt zu werden. Syrien schied im September 1961 aus der Vereinigten Arabischen Republik aus; Nasser blieben der leere Name des Staates und die Erinnerung an einen Mißerfolg. Damaskus und sein Rundfunk verhielten sich feindselig. Im September 1962 brach im Jemen eine Militärrevolte fortschrittlicher Offiziere aus und stürzte das mittelalterlich-theokratische Regime des Imam. Doch der Imam behauptete sich mit Unterstützung Saudi-Arabiens im feudalen Norden des Landes. Nasser schickte Truppen in immer größerer Zahl, um den fortschrittlichen Offizieren gegen den Imam zu helfen. Die militärische Intervention Ägyptens schlug fehl, und die Truppen blieben inmitten einer zunehmend feindseligen einheimischen Bevölkerung stecken.

Mitte der sechziger Jahre dann war Nasser in der arabischen Welt beinahe vollkommen isoliert. Mitte der fünfziger Jahre hatte er sich die Feindschaft der konservativen Staaten zugezogen, die sich im Lauf der sechziger Jahre noch verstärkte. Hauptursache dafür waren seine Bemühungen, die Modernisierung der arabischen Halbinsel durchzusetzen, was für Saudi-Arabien eine Bedrohung darstellte. Außerdem hatte Nasser zwei weitere revolutionäre, militant nationalistische Staaten gegen sich: Syrien und den Irak.

Vor allem Syrien nahm jetzt Nasser den Wind aus den Segeln. Syrien war der einzige von Israels Nachbarn, der zu dieser Zeit bereit war, ernsthaft das Risiko einer Konfrontation mit Israel einzugehen. Radio Damaskus warf Nasser Feigheit vor und vor allem – ein sehr sensibler Punkt –, daß er sich »hinter den Röcken der Vereinten Nationen versteckte«. Amman, Bagdad und Riad schlossen sich mit höhnischen Bemerkungen an. Nasser stand unter dem schweren rhetorischen Druck, Israel gegenüber zumindest eine herausfordernde Geste zu setzen.

Der Druck wurde im Mai 1967 durch einen Schritt der Sowjetunion wesentlich verstärkt. Die Sowjetunion hatte während dieser Zeit ihre Aufmerksamkeit auf das Gebiet um Syrien konzentriert. Sowohl Nasser als auch Kassem hatten energisch gegen ihre örtlichen kommunistischen Parteien durchgegriffen. Doch Syrien war, vor allem nach einem Staatsstreich der linken Baath-Parteien im Frühjahr 1966, in den sowjetischen Einflußbereich geraten.

Damit standen die Sowjets vor einem akuten Problem. Die Syrer hatten sich an die UdSSR gewandt, weil sie für ihre gefährliche Konfrontationspolitik Israel gegenüber Unterstützung brauchten. Die Sowjets wollten Syrien gerade in diesem Fall nicht im Stich lassen. Doch ebensowenig wollten sie es zu einer Konfrontation zwischen dem von den Vereinigten Staaten unterstützten Israel und dem von der Sowjetunion unterstützten Syrien kommen lassen.

Unter diesen Umständen meinten die Sowjets offenbar, daß es dringend erforderlich war, Ägypten miteinzubeziehen, um Israel von einer Initiative gegen Syrien abzuhalten. Am 13. Mai teilte der sowjetische Botschafter Nasser mit, daß die Israelis vorhatten, Syrien am 17. Mai anzugreifen und daß sie zu diesem Zweck bereits zwischen elf und dreizehn Brigaden an der syrischen Grenze zusammengezogen hatten.

Das entsprach insofern nicht der Wahrheit, als es keine solche Truppenkonzentration gab. Doch es stimmte, daß Israel Vergeltungsmaßnahmen gegen Syrien in Betracht gezogen hatte, und es war möglich, daß den Sowjets ein Plan für unvorhergesehene Eventualitäten in die Hände gefallen war. Ob nun die sowjetische Mitteilung stimmte oder nicht, sie bedeutete jedenfalls für Nasser eine Bedrohung und lieferte ihm zugleich eine Gelegenheit.

Am 15. Mai versetzte Nasser seine Truppen in höchste Alarmbereitschaft, und Kampfeinheiten strömten in Richtung auf die israelische Grenze in den Sinai. Dies war die erste einer ganzen Reihe offener Aktionen, die innerhalb von weniger als drei Wochen zum Sechstagekrieg führten.

Am 18. Mai informierte die ägyptische Regierung Generalsekretär U Thant über ihren Entschluß, »die Anwesenheit der UNEF (United

Nations Expeditionary Force) in dem Gebiet der Vereinigten Arabischen Republik und im Gazastreifen« zu beenden. Der Generalsekretär gab sofort zu verstehen, daß er damit einverstanden war. Die internationale Truppe, also die Voraussetzung für Israels Rückzug, gab es damit nicht mehr. U Thant ist von zahlreichen israelischen und proisraelischen Kommentatoren wegen seiner übereilten Zustimmung kritisiert worden. Er besaß jedoch keine reale Alternative. Die UNEF war nur eine symbolische Truppe. Sobald die ägyptische Regierung die Genehmigung für ihre Stationierung zurückzog, konnte Nasser sie vollkommen außer acht lassen, und das tat er auch.

Es war klar, daß Israel jetzt auf die Schließung der Straße von Tiran durch Ägypten gefaßt sein mußte, was vom israelischen Standpunkt aus ein Casus belli war. Am 22. Mai bestritt Eshkol jegliche aggressive Absicht von seiten Israels und forderte den Rückzug der israelischen und ägyptischen Streitkräfte auf ihre Ausgangspositionen. Am gleichen Tag gab Nasser von einem Luftstützpunkt im Sinai aus bekannt, daß der Golf von Akaba für die israelische Schiffahrt und für alle Schiffe, die strategisches Material für Israel beförderten, gesperrt war. Um das Maß voll zu machen, fügte Nasser hinzu: »Sie, die Juden, drohen mit Krieg; wir sagen ihnen: Ihr seid willkommen. Wir sind zum Krieg bereit.«

Zur Wut und Empörung vieler Israelis fielen Eshkols Antworten sehr gemäßigt aus. Doch er hatte gute Gründe für seine Mäßigung, ganz abgesehen davon, daß er hoffte, der Krieg könne noch vermieden werden. Da Israels Streitkräfte hauptsächlich aus seiner normalen Zivilbevölkerung bestanden, brauchten sie Zeit, um in einer Krise, die für Israel vollkommen überraschend gekommen war, für den Krieg zu mobilisieren.

Doch es gab auch politische Gründe für die Mäßigung und den Versuch, Zeit zu gewinnen. Eban wollte jede Äußerung vermeiden, die an Ben Gurions beinahe katastrophale »Siegesrede« vom November 1956 erinnerte. Eban wollte Zeit gewinnen, um die Westmächte, vor allem die Vereinigten Staaten, an ihre Zusicherung aus dem Jahr 1957 zu erinnern und, wenn möglich, eine Bestätigung dieser Zusicherung, vor allem aber die Bestätigung des internationalen Status der Straße von Tiran und des Golfes von Akaba zu erlangen.

Auf Ebans Empfehlung hin beschloß die Regierung, bevor sie in den Krieg eintrat, eine intensive diplomatische Anstrengung zu unternehmen, um das amerikanische Einverständnis sicherzustellen und eine Isolierung des Sinai zu vermeiden. Am 23. Mai wurde bei einer Regierungssitzung beschlossen: »1. Die Blockade ist ein Akt der Aggression gegen Israel. 2. Jede Entscheidung über eine Aktion wird für achtundvierzig Stunden aufgeschoben; während dieser Zeit wird der Außenminister feststellen, welche Haltung die Vereinigten Staaten einnehmen.« Eban begab sich über Paris und London nach Washington.

Die Mission begann keineswegs vielversprechend mit einer majestätischen Brüskierung durch de Gaulle. Dieser fegte jede Verpflichtung, die Frankreich 1957 in bezug auf das Durchfahrtsrecht durch die Meerenge vielleicht eingegangen war, vom Tisch. De Gaulle erinnerte Eban daran, daß er damals nicht an der Macht gewesen war, daß es sich also um keine Verpflichtungen Frankreichs handeln konnte. Er warnte Israel davor, als erster zu schießen.

In London war Harold Wilson bedeutend verständnisvoller, aber im wesentlichen unverbindlich. Doch Eban konnte wenigstens mit der Gewißheit nach Washington weiterreisen, daß Großbritannien diesmal nicht, wie so oft in der Vergangenheit, versuchen würde, einen Keil zwischen Israel und die Vereinigten Staaten zu treiben.

Der Empfang in Washington war freundlich. Präsident Johnson hatte am 23. Mai Dulles' persönliche Verpflichtung aus dem Jahr 1957 öffentlich erneuert. »Das Recht auf die freie, friedliche Durchfahrt durch die internationalen Wasserstraßen ist für die internationale Gemeinschaft von entscheidender Bedeutung.« Doch bevor Israel einseitig Schritte unternehmen konnte, mußte es feststellen, ob die »internationale Gemeinschaft« bereit war, etwas zu unternehmen, um die »entscheidende Bedeutung« der Meerenge und des Golfs zu verteidigen.

In Wirklichkeit lautete die Antwort: nein. Es wäre für Israel besser gewesen und hätte vielleicht auch einiges Blutvergießen erspart, wenn diese Antwort sofort erfolgt wäre. Statt dessen sprach Johnson von einer »internationalen Marineeskorte«, die von den Seemächten aufgestellt werden sollte und die die Meerenge wieder öffnen würde. Es gab sogar einige halbherzige Versuche zur Bildung einer solchen Eskorte. Eban wollte durch seine Politik eine Isolierung vermeiden und mußte daher der internationalen Gemeinschaft Zeit lassen, entweder die Marineeskorte zu formieren oder zuzugeben, daß ihr dies nicht möglich war. Das bedeutete, daß die ursprünglichen »achtundvierzig Stunden« wesentlich verlängert werden mußten. Der Präsident machte am 25. Mai darauf aufmerksam, wie »lebenswichtig es war, daß Israel keine Präventivaktionen unternahm«, und am 26. Mai, daß »Israel nicht allein sein wird, es sei denn, es entschließt sich zu einem Alleingang«. Schwerwiegende Gründe für einen Aufschub. Dieser Aufschub, dessen Ursachen die breite Öffentlichkeit nicht richtig beurteilen konnte, führte sowohl innerhalb von Israel als auch unter seinen arabischen Nachbarn zu gravierenden Folgen.

Am 29. Mai nahm in Israel der Druck für einen sofortigen Kriegsbeginn zu; die Militärs waren bereit loszuschlagen. Die Volksstimmung steigerte sich angesichts der scheinbaren Schwäche und der Ausflüchte von Ben Gurions unwürdigem Nachfolger zur Wut.

An Israels Grenzen herrschte Freude. Es sah so aus, als hätte sich Nasser durchgesetzt und als hätten die Juden Angst vor der Konfrontation. Israels Ende war nur noch eine Frage der Zeit. Nasser wirkte aufgrund seines imaginären Sieges genauso trunken wie Ben Gurion zehneinhalb Jahre zuvor aufgrund seines tatsächlichen Sieges. Am 29. Mai erklärte Nasser seiner Nationalversammlung: »Es geht heute nicht um den Golf von Akaba oder die Straße von Tiran oder die UNEF. Es geht um die Rechte des Volks von Palästina, um die Aggression gegen Palästina, die mit Hilfe von Großbritannien und den Vereinigten Staaten 1948 stattgefunden hat... Sie wollen den Konflikt auf die Straße von Tiran und die Durchfahrtsrechte beschränken. Uns geht es aber um die Rechte des palästinensischen Volkes – um die gesamten Rechte.« Womit er das Ende Israels meinte.

Alle schlossen sich ihm an. Hussein kam nach Kairo und stellte seine Truppen unter ägyptischen Befehl. Die Sender der arabischen Welt folgten einander in heftigen Attacken und konzentrierten sich in einem Anfall von triumphierendem Haß auf Israel.

Während dieser Zeit, die in Israel die Hamtana, die »Wartezeit«, genannt wird und die vom 23. Mai bis zum 4. Juni dauerte, war die Stimmung des israelischen Volkes verzweifelter denn je. Visionen vom Holocaust tauchten wieder auf. Nasser glich Hitler nicht im mindesten, doch es gelang ihm, bei seinen Rundfunkreden fast wie Hitler zu klingen. Das begeisterte Gebrüll der Menge klang wie die Parteitage von Nürnberg. Eshkols friedlicher, beinahe um Entschuldigung bittender Ton, wenn er auf die arabischen Drohungen und Übergriffe reagierte, weckte die schrecklichste Erinnerung: die Hilflosigkeit der europäischen Juden angesichts der zunehmenden Bedrohung durch die Nazis.

Der Gegensatz zwischen Eshkol und Nasser war für die Juden zutiefst besorgniserregend. Nasser war einer der charismatischsten Führer, die es je gegeben hat; vielleicht im Verhältnis zu seinen tatsächlichen Leistungen und Mißerfolgen sogar der charismatischste überhaupt. Levi Eshkol besaß weniger Charisma als jeder andere Führer, der je einen spektakulären militärischen Sieg vorbereitet und herbeigeführt hat.

Am 28. Mai hielt Eshkol als Antwort auf das Donnergrollen aus Kairo eine Rundfunkansprache. Es war sowieso keine großartige Rede, aber Eshkol verpatzte sie überdies; er murmelte seinen Text, verlor den Faden, versprach sich, korrigierte sich. Es war eine Darbietung, die Charlie Chaplin zur Ehre gereicht hätte. Angeblich zertrümmerten israelische Soldaten, die die Rede hörten, ihre Transistorgeräte und brachen in Tränen aus.

Am 31. Mai war die Hamtana zu Ende. An diesem Tag erklärte Johnsons Außenminister Dean Rusk einem Kongreßausschuß: »Die

Vereinigten Staaten planen zum jetzigen Zeitpunkt keine separate militärische Aktivität im Nahen Osten, sondern nur im Rahmen der Vereinten Nationen.« Das Phantom »multinationale Marineeskorte« löste sich damit in Rauch auf, und Israel mußte nicht weiter darauf warten. Dann beantwortete Rusk eine – vielleicht abgesprochene – Frage eines Journalisten und erklärte: »Ich glaube nicht, daß es unsere Aufgabe ist, jemanden zurückzuhalten.«

Die Ampel schaltete auf grün. Die Pro-Israel-Lobby hatte ihre Zeit nicht vergeudet. Die Hamtana hatte sich gelohnt. Am selben Tag teilte Abba Eban keineswegs zufällig dem Generalstabschef Yitzhak Rabin mit, »daß er sein politisches Verbot einer militärischen Riposte zurückzog: Die Wartezeit hatte ihren Zweck erfüllt – Israel würde nicht so isoliert sein wie 1956.«

Am folgenden Tag wurde Moshe Dayan anstelle von Levi Eshkol Verteidigungsminister, Eshkol blieb weiterhin Premierminister. Die Regierung wurde zu einer Regierung der nationalen Einheit erweitert, und Menachem Begin wurde Regierungsmitglied. Nach beinahe zwanzig Jahren Ächtung beteiligte sich der ehemalige Kommandant der Irgun endlich an der legitimen Politik Israels. Im Kabinett zitierte Begin lange Absätze aus der Bibel, während der säkulare, humorvolle Eshkol die Rede immer wieder sanft mit »Amen, amen« unterbrach.

Mit Dayan als Verteidigungsminister und Begin als Kabinettsmitglied steuerte Israel jetzt eindeutig auf einen Krieg zu. Für einen Rückzug war es für Nasser zu spät. Er war nicht zum ersten Mal Gefangener seiner eigenen Rhetorik. Um den Krieg zu vermeiden, hätte er die Öffnung der Straße von Tiran für Israels Schiffahrt bekanntgeben müssen, und das konnte er nicht. Als der Krieg dann tatsächlich ausbrach, war Nasser vollkommen überrascht.

Am Morgen des 5. Juni 1967 kam die israelische Luftwaffe im Tiefflug über das Meer herein und vernichtete die ägyptische Luftwaffe auf dem Boden. Israel wollte vermeiden, daß es zu früh wegen einer Feuereinstellung unter Druck gesetzt wurde, und gab kein Kommuniqué über diese entscheidende Aktion heraus. Radio Kairo meldete eine Reihe ägyptischer Siege. Jordanien und Syrien traten an Ägyptens Seite in den Krieg ein, ohne zu wissen, daß Ägypten bereits besiegt war. Kairo hatte Hussein berichtet, daß fünfundsiebzig Prozent der *israelischen* Luftwaffe vernichtet und daß die ägyptischen Truppen tief in Israel eingedrungen seien. Daraufhin vernichtete die israelische Luftwaffe auch noch die jordanische und die syrische Luftwaffe. Die israelischen Landstreitkräfte – bei denen Brigadier Ariel Sharon unübersehbar an den kritischsten Aktionen teilnahm – durchbrachen die schwer befestigten ägyptischen Stellungen im Sinai und stießen zum Suezkanal vor. Die israelischen Truppen eroberten auch den von den Ägyptern besetzten Gazastreifen, von dem aus die Palästinenser Einfälle nach Israel unternommen hatten.

Nachdem die israelischen Verteidigungskräfte den Hauptfeind besiegt hatten, wandten sie sich zuerst gegen Jordanien und dann gegen Syrien. Husseins Truppen wurden hinter den Jordan zurückgetrieben, und Israel begann mit der Besetzung des Westjordanlandes: Judäa und Samaria. Israel besetzte auch ganz Jerusalem, in dem sich der heiligste Ort des Judentums, die Westmauer des Tempels des Herodes, befindet, zu der den Juden bis dahin der Zutritt verboten gewesen war. Gefühlsmäßig war die Einnahme oder Wiedereroberung der Altstadt der Höhepunkt des Krieges und der bisherigen israelischen Geschichte.

Im Norden endete der abschließende Feldzug gegen die Syrer mit der Einnahme der Golanhöhen, von denen aus die syrische Artillerie die Siedlungen in Galiläa beschossen hatte. Am 10. Juni nahmen alle Kombattanten den Feuereinstellungsbefehl des Sicherheitsrates an, der Sechstagekrieg war beendet.

Israels militärischer Sieg war vollständig und phantastisch. Aber zehneinhalb Jahre zuvor waren auf einen ähnlichen Sieg die vollkommene Isolierung, Drohungen beider Supermächte und der erzwungene Rückzug gefolgt. Jetzt mußte man abwarten, wie stark der Druck diesmal sein und von welcher Seite er ausgehen würde.

Die Probe aufs Exempel fand statt, als die Sowjetunion den Generalsekretär der UNO ersuchte, eine außerordentliche Sitzung der Generalversammlung einzuberufen, »um die Lage zu beurteilen, die Folgen der Aggression zu beseitigen und den sofortigen Rückzug der israelischen Streitkräfte hinter die Waffenstillstandslinien sicherzustellen«. Achtundneunzig Mitgliedstaaten unterstützten den Antrag auf eine außerordentliche Sitzung, doch drei »stimmten nicht zu«. Zwei davon waren Israel und die Vereinigten Staaten. Israel war nicht mehr isoliert.

Obwohl die Sowjetunion in der Zwischenzeit ihren Einfluß in der Generalversammlung ausgebaut hatte, waren die Vereinigten Staaten noch immer in der Lage, ein »blockierendes Drittel« gegen jeden Antrag zusammenzubringen, mit dem sie nicht einverstanden waren. Es war kein Zufall, daß keine der Resolutionen, in denen Israels Rückzug aus den besetzten Gebieten gefordert wurde, die notwendige Zweidrittelmehrheit erhielt.

Die Angelegenheit kam zum Sicherheitsrat zurück, der für die Vereinigten Staaten und daher auch für Israel ein wesentlich angenehmerer Schauplatz war. Zur allgemeinen Überraschung nahm der Sicherheitsrat einstimmig eine Kompromißresolution an, die von Harold Wilsons Großbritannien vorgeschlagen, aber im vorhinein von den Vereinigten Staaten und Israel angenommen worden war. Es handelt sich um die inzwischen berühmt gewordene Resolution 242 vom 22. November

1967, die seither der Kernpunkt der allgemeinen Debatte über »die Zukunft des Westjordanlandes« ist.

In dem Teil, auf den es ankommt, fordert die Resolution 242: »1. Rückzug der israelischen Streitkräfte aus beim jüngsten Konflikt besetzten Gebieten. 2. Beendigung aller Forderungen oder Kriegszustände sowie Respektierung und Anerkennung der Souveränität, territorialen Integrität und politischen Unabhängigkeit aller Staaten in dem Gebiet sowie ihres Rechts, in Frieden innerhalb gesicherter, anerkannter Grenzen zu leben.«

Israel konnte mit dieser Resolution leben, indem es konsequent an einer Verknüpfung der beiden Paragraphen festhielt. Als Israels Vertreter dem Sicherheitsrat mitteilte, daß sein Land die Resolution annahm, erklärte er ihm auch, wie Israel sie verstand: »Es herrschte eindeutig Einvernehmen darüber, daß die anderen Grundsätze der Resolution nur dann wirksam werden konnten, wenn ein dauerhafter Friede mit sicheren und anerkannten Grenzen geschlossen wurde.«

Als der Vertreter Syriens im Namen der arabischen Staaten seine Erklärung vor dem Sicherheitsrat abgab, drückte er vielleicht ungewollt aus, daß er die Resolution in genau dem gleichen Sinn verstand. Er erhob Einwände gegen sie, weil »die zentrale Frage des Rückzuges an die Erfüllung von Bedingungen geknüpft war, die den arabischen Ländern auferlegt wurden«. (Später behaupteten arabische Sprecher, daß die Resolution keineswegs so gemeint war.)

Die Sowjetunion nahm die Resolution an – und erreichte damit Einstimmigkeit; die Sowjets wollten den Paragraphen 1 und konnten ihn nur bekommen, indem sie Paragraph 2 in Kauf nahmen; die Vereinigten Staaten besaßen ja die Mehrheit im Sicherheitsrat.

Ein interessanter Punkt betraf das Wort »Gebiete« – nicht »die Gebiete« im englischen Text der Resolution. Diesen Umstand legte Israel seiner Behauptung zugrunde, daß die Resolution – eventuell – vorsah, es solle einige, aber nicht alle in Frage stehenden Gebiete räumen. Im Russischen gibt es keinen bestimmten Artikel, deshalb besaß das Wort »Gebiete« im russischen nicht die gleiche exklusive Bedeutung wie im englischen Text. Der französische Delegierte wies darauf hin, daß der französische Text »les territoires occupés« den bestimmten Artikel enthielt. Der israelische Delegierte entgegnete, daß Israel nicht die französische Übersetzung, sondern den englischen Originaltext akzeptiert habe.

Unter den gegebenen Umständen war dieses Resultat eigentlich ein politischer Triumph für Israel. Es besaß jetzt nicht nur einen Text, mit dem es leben konnte – statt wie 1956 den unmißverständlichen Befehl abzuziehen –, sondern es besaß etwas viel Wichtigeres: das politische Bündnis mit einer Supermacht – und deren Unterstützung.

Israels Diplomatie hatte in der Zeit zwischen dem Rückzugsgefecht von 1956 und der Hamtana von 1967 einen Durchbruch erzielt – mit Geduld. Seiner Befriedigung verlieh es nun aber nicht lautstark Ausdruck.

9
Uthmans Hemd – die arabische Frage

> »Optisch kann man unsere Situation als eine Art Zange sehen, deren schwächere Backe die arabische Minderheit im Land und deren stärkere Backe die meist feindselige arabische Mehrheit der übrigen Länder in diesem Gebiet bilden, während die Juden im Staat Israel sich in der Mitte befinden.«
> Ein Israeli

> »Wir sind ... Uthmans Hemd.«
> Ein Palästinenser

Nach dem Sechstagekrieg des Jahres 1967 gab es in Israel drei deutlich voneinander getrennte Gemeinschaften von palästinensischen Arabern, und zwar: die arabischen Bewohner des eigentlichen Israel; die arabischen Bewohner der von Israel 1967 besetzten Gebiete – das Westjordanland und Gaza; die palästinensische Diaspora in den arabischen Staaten, vor allem in Jordanien und im Libanon.

Seit 1967 ist es zu einer beträchtlichen Wechselwirkung zwischen diesen drei Gruppen gekommen, aber ihre Existenzbedingungen sind so unterschiedlich, daß ich mich mit jeder Gruppe einzeln befassen werde.

Die Araber in Israel

Die palästinensischen Araber, die 1948 als Minderheit in dem Israel zugesprochenen Gebiet blieben, wurden israelische Staatsbürger; sie sind der einzige Teil der ursprünglichen arabischen Bevölkerung Palästinas, der diesen Status besitzt. Diese israelischen Araber machten 1984 ein Sechstel der Gesamtbevölkerung Israels aus. Israel besitzt keine schriftliche Verfassung, doch seine Unabhängigkeitserklärung garantiert allen Staatsbürgern soziale und politische Gleichberechtigung.

Diese Garantie ist in gewissen wichtigen Punkten eingehalten worden, in anderen jedoch nicht; jedenfalls nicht ihrem Wesen nach, ganz gleich, wie ihre juristische Formulierung aussieht. Sowohl die Art, wie die Garantie eingehalten wurde, als auch die Art, wie sie nicht eingehalten wurde, haben dazu beigetragen, daß innerhalb der Grenzen des israelischen Staates und innerhalb seiner Bürgerschaft eine Gemeinschaft entstand, die sich zunehmend zum gefährlichen Feind des jüdischen Staates entwickelt.

Von Anfang an, schon in den ersten Jahren Ben Gurions, als Moshe Sharett Außenminister war, hegten die israelischen Behörden sowie die jüdischen Bürger ambivalente Gefühle gegenüber diesen arabischen Mitbürgern. Einerseits war man aufrichtig bestrebt, die Garantie zu erfüllen und zu beweisen, daß jeder, der die Zionisten einer antiarabischen Haltung beschuldigt, unrecht hat.

Gegen diese Einstellung und für eine äußerst restriktive Interpretation des Begriffs der Gleichheit aller Bürger sprachen zwei grundlegende Faktoren: das Wesen des Zionismus und die Sicherheit des Staates. Der Zionismus wollte einen jüdischen Staat. Er wollte keinen binationalen Staat. Das bedeutete nicht, daß Nichtjuden keine Staatsbürger sein konnten: ganz im Gegenteil. Sie konnten Staatsbürger sein, aber nicht an der nationalen Hauptströmung teilhaben. Sie konnten genau jenen Status erlangen, mit dem sich die assimilationistischen Juden in Westeuropa abgefunden hatten und den der Zionismus abgelehnt hatte.

Diese Tatsache ist eine Ironie des Schicksals, und arabische Wortführer haben dies zur Genüge betont; manchmal sind sie über das Ziel geschossen und haben behauptet, daß die Zionisten die Araber nicht so behandeln wollen, wie die Engländer die Juden behandelt haben, sondern so, wie die Nazis sie behandelten. Doch dem Problem wohnt eine weitere Ironie inne, die anscheinend niemandem aufgefallen ist. Der Status, den Araber als Bürger des Staates Israel erlangen können, ähnelt in seinem Wesen dem alten Dhimi-Status der Christen und Juden unter moslemischer Herrschaft, nämlich dem Status eines geduldeten Außenseiters. Solange dieser Status auf Christen und Juden unter arabischer Herrschaft angewendet wurde, haben ihn arabische Wortführer als ideal gepriesen. Wenn er auf Araber unter jüdischer Herrschaft angewendet wird, erkennen sie seine Schönheitsfehler. Der Kreis der Ironie schließt sich.

Einige Zionisten argumentieren, daß die Araber tatsächlich vollwertige Staatsbürger des *Staates* Israel sind und daß sie nur, und zwar berechtigterweise, vom jüdischen *Sektor* innerhalb des Staates ausgeschlossen sind. Es gibt zionistische Institutionen wie die Jewish Agency und die Keren Hayesod, die von den Juden der Diaspora für die Entwicklung des jüdischen Sektors innerhalb des Staates Israel, für die jüdische Erziehung und so weiter finanziert werden. Die Araber außerhalb Israels, vor allem die Ölscheichs, hätten ähnliche Institutionen und eine ähnliche Entwicklung innerhalb des arabischen Sektors im Staat Israel finanzieren können. Das ist nicht geschehen, weil die arabische Welt Israel boykottiert und weil die arabische Welt im allgemeinen – bis vor kurzem – den in Israel gebliebenen Arabern mißtraute.

Das Gefühl der palästinensischen Araber, »Stiefkinder« zu sein, wie sie es oft ausdrücken, wurde durch den Gegensatz zwischen den reichlichen Geldmitteln, die der jüdische Sektor von den zionistischen Institutionen erhält, und den relativ geringfügigen Beträgen, die der Staat Israel für die Entwicklung des arabischen Sektors zur Verfügung stellt, vertieft.

Seit der Gründung des Staates Israel betrachteten die israelischen Führer, vor allem Ben Gurion, die in Israel gebliebenen Araber als potentielle Fünfte Kolonne. Die arabischen Staatsbürger sind hauptsächlich im Norden konzentriert, und zwar im Grenzgebiet, und man nahm an, daß sie mit den Arabern jenseits der Grenzen in Verbindung standen: mit jenen Staaten, die sich noch immer im »Kriegszustand« mit Israel befanden, und mit im Exil lebenden Palästinensern, deren einzige Hoffnung auf Rückkehr in ihre Heimat in der Vernichtung Israels liegt.

Ben Gurion war in seinem Mißtrauen der arabischen Minderheit gegenüber unversöhnlich – rückblickend gesehen, erscheint das beinahe hellseherisch. Obwohl die meisten israelischen Araber in den ersten Jahren für Ben Gurions Partei, die Mapai, stimmten, konnte ihn kein Loyalitätsbeweis besänftigen. »Wir dürfen nicht«, erklärte er seinen Kollegen in der Regierung, »davon ausgehen, daß sie den Staat *nicht* gefährden. Wir müssen davon ausgehen, was sie tun *würden,* wenn sie Gelegenheit dazu bekämen.«

Ben Gurion behielt diese Einstellung während seiner siebzehnjährigen Amtszeit als Premierminister bei. Gegen Ende dieser Amtszeit (1965) hielt er eine lange Rede zu diesem Thema, in der er die arabischen Bezirke als »Treibhäuser des Hasses und der Verschwörung« bezeichnete. Seine gegen Ende der Rede getroffene Feststellung zitiert Jiryis in dem Buch ›Araber in Israel‹: »Viele Angehörige dieser Minderheit betrachten sich nicht als Minderheit, sondern halten uns für eine Minderheit – eine fremde, usurpatorische Minderheit..., diese De-facto-Mehrheit, die fälschlich als Minderheit bezeichnet wird, ist jenseits der Grenzen von vielen Millionen ihresgleichen umgeben.«

Von Anfang an behandelte der neue Staat seine arabische Minderheit größtenteils – aber nie gänzlich – als präsumtiven Feind innerhalb der eigenen Mauern. Die Gebiete, in denen neunzig Prozent der Araber lebten, wurden von 1948 an einer Militärregierung unterstellt, die über drei regionale Ausschüsse verfügte: Nordkommando, Zentralkommando, Südkommando. Eine Militärregierung war eine Einrichtung, die den Bewohnern Palästinas bereits vertraut war. Sie war während der Mandatszeit in den dreißiger Jahren von den Engländern eingeführt worden, um die arabische Revolte zu unterdrücken, was ihr gelang; in den vierziger Jahren wurde sie dann erfolglos dazu eingesetzt, die jüdische Revolte zu unterdrücken. Die Juden übernahmen sie jetzt einfach zur Kontrolle des von den Arabern bewohnten Gebiets.

Unter den chaotischen Bedingungen der Jahre 1948 und 1949 war eine Militärregierung eine absolute Kriegsnotwendigkeit, obwohl sie erst zwischen 1949 und 1950 ihre volle legale Form erhielt. Optimistische Israelis – zu denen der Premierminister nicht zählte – nahmen an, daß sie verschwinden würde, sobald es zum Friedensschluß kam. In Wirklichkeit blieb sie achtzehn Jahre im Amt, und als sie 1966 abgeschafft wurde, behielt man viele ihrer wesentlichen Bestandteile bei, wenn auch in abgeschwächter Form.

Der hervorstechendste Grundzug der Militärregierung war die Einschränkung der Bewegungsfreiheit. Paragraph 125 der Ausnahmezustandsverordnungen (Sicherheitszonen) aus dem Jahr 1949 erteilte den Militärgouverneuren die Befugnis, »jedes Gebiet oder jeden Ort zum verbotenen (geschlossenen) Gebiet zu erklären . . ., das niemand betreten oder verlassen kann, ohne . . . eine schriftliche Erlaubnis . . ., deren Fehlen ihm als Verbrechen zur Last gelegt wird«. Aufgrund dieser Regelung wurden dreiundneunzig von einhundertvier arabischen Dörfern in Israel zu Sperrgebieten erklärt, die niemand ohne militärischen Passierschein verlassen konnte; die Wanderungen von achtzehn Beduinenstämmen im Negev waren ebenfalls der militärischen Kontrolle unterworfen.

Die Militärgouverneure besaßen außerdem die Befugnis, Ausweisungen oder Aufenthaltsbeschränkungen auszusprechen, ohne Gerichtsverhandlung in Haft zu nehmen und ein Ausgehverbot zu verhängen. Die am meisten angewandte Befugnis war die Aufenthaltsbeschränkung. Die Rechtfertigung für diese Befugnis war die militärische Sicherheit, doch in der Praxis wurde sie auch zur politischen Kontrolle eingesetzt. Wenn man sich im Belagerungszustand befindet, ist es schwierig, eine genaue Trennung zwischen der militärischen und der politischen Sphäre vorzunehmen.

Nach zehnjähriger Tätigkeit erklärten Offiziere der Militärverwaltung anläßlich einer Pressekonferenz: »Es gehört zu den Prinzipien von Militärbehörden, in den unter ihrer Kontrolle befindlichen Gebieten keine nationalen Organisationen zu dulden.« Daher waren örtliche sportliche Betätigungen erlaubt, während landesweite Sportorganisationen verboten waren. A fortiori wurden landesweite politische Demonstrationen untersagt. Rein politische Manifestationen arabischer nationalistischer oder antizionistischer Gefühle konnten die Militärbehörden ebenfalls bestrafen. In einem Fall wurde sieben arabischen Dorfbewohnern befohlen, »sich drei Monate lang zweimal täglich auf der Polizeistation in Akko zu melden, weil sie ein Porträt von Theodor Herzl ›verspottet‹ hatten, als es in einem Kino im Nahariyah in einem Film zu sehen war«.

All das waren natürlich Ausnahmebestimmungen. Sie konnten genauso gerechtfertigt werden, wie man die Aufhebung des Habeas corpus und die Inhaftierung ohne Verhandlung während eines Krieges rechtfertigen kann. Die Schwierigkeit bestand darin, daß der Ausnahmezustand ungewöhnlich lang anhielt und daß sich die Ausnahmeregelungen nur auf eine der beiden Hauptkategorien von Staatsbürgern bezogen, auf diese Kategorie jedoch kollektiv und beinahe generell. Die Parallele, die diesem Zustand am nächsten kommt, dürfte die Behandlung der japanischen Amerikaner während des Zweiten Weltkriegs sein. Solange der Ausnahmezustand anhielt, wurden die japanischen Amerikaner schlechter behandelt als die israelischen Araber. Doch dieser Ausnahmezustand war begrenzt. Dem äußeren japanischen Feind wurde eine entscheidende Niederlage zugefügt, und er gab sich geschlagen. Der äußere arabische Feind jedoch mußte wiederholt eine Niederlage einstecken, gab sich aber nie ganz geschlagen.

Die arabischen Bewohner Israels sind israelische Staatsbürger, und diese Staatsbürgerschaft bringt ihnen gewisse wichtige Vorteile. Aber sie sind *ungleiche* Staatsbürger, weil sie in einem grundsätzlich (aber nicht gänzlich) jüdischen Staat als Nichtjuden leben und weil sie ständig und mit gutem Grund als Sicherheitsrisiko betrachtet werden.

Die arabische Generation, die bereits erwachsen war, als sie plötzlich zu Bürgern Israels wurde, machte sich vermutlich wegen dieses Widerspruchs oder wegen der Gleichberechtigung der Staatsbürger nicht allzu viele Gedanken. Diese Araber hatten nie Gleichberechtigung, Demokratie oder eine verantwortungsbewußte Regierung kennengelernt: weder im Osmanischen Reich noch unter der Mandatsherrschaft. Sie wußten, daß die Juden gesiegt und die Araber verloren hatten, und keine ihrer bisherigen Erfahrungen brachte sie auf die Idee, daß sich daraus Gleichberechtigung ergeben könnte.

Diese erste arabische Generation stellte sich auf ihren Status als Untertanen ein. Doch ihre Kinder wuchsen mit dem Wissen auf, daß sie das Recht auf Gleichberechtigung besaßen, und daß ihnen in der Praxis dieses Recht vorenthalten wurde. Der Verlust, den die erste Generation durch den Abzug der Engländer und den Sieg der Juden erlitt, war nicht der Verlust der Gleichberechtigung, sondern der Verlust von Land und Macht.

Während der Kämpfe hatten die Juden und vor allem die Kibbuzim große arabische Ländereien beschlagnahmt. Diese Beschlagnahmen wurden 1953 durch die Knesset rückwirkend aufgrund des Landerwerbsgesetzes (Gültigkeitserklärung von Verwaltungsmaßnahmen und Kompensationen) legalisiert. Arabischer Grundbesitz wurde auch aus Sicherheitsgründen von den Militärbehörden beschlagnahmt und für jüdische Ansiedlungen verwendet (die in Grenzgebieten ebenfalls als Sicherheitsaspekt galten). In diesen Fällen und im allgemeinen dann, wenn die arabischen Besitzer innerhalb der Grenzen Israels blieben, mußte eine Kompensation bezahlt werden; die Behörden drängten darauf, sie zu bezahlen, doch die Besitzer nahmen sie oft nicht an, weil sie hofften, daß sie das Land zurückerhalten würden. Die beschlagnahmten Ländereien und die Häuser gehörten jener Mehrheit palästinensischer Araber, die während der Kämpfe die Gebiete verlassen hatten, die später israelisch wurden.

Dieser Besitz wurde 1950 aufgrund einer der ersten Maßnahmen des neuen Staates, dem Gesetz über den Besitz von Abwesenden, konfisziert. Die Ländereien und Häuser gingen in den Besitz von Israels neuen Einwanderern über, von denen viele Flüchtlinge aus arabischen Ländern waren. In diesen Fällen erhielt der ursprüngliche Besitzer in der Praxis keine Kompensation, obwohl theoretisch eine solche bezahlt werden sollte, sobald eine Gesamtregelung ausgehandelt worden war. Der arabische Schriftsteller Sabri Jiryis behauptet: »Nach der Schaffung Israels verschwanden dreihundertvierundsiebzig arabische Städte und Dörfer, das sind fünfundvierzig Prozent aller arabischen Siedlungen in Palästina. Sie wurden niedergerissen, und das Land wurde an jüdische Siedler verteilt.«

Enteignete Araber konnten nur schwer verstehen und unmöglich akzeptieren, daß unter dem Osmanischen Reich erworbene und unter dem britischen Mandat anerkannte Eigentumsrechte jetzt ihre Gültigkeit verloren hatten. Angeblich hat ein arabischer Bauer einen israelischen Beamten in der israelischen Landadministration gefragt: »Wie kannst du mir mein Recht auf dieses Land absprechen? Es ist mein Besitz, ich habe ihn von meinen Eltern und Großeltern geerbt, ich habe den Kushan tabo (das Eigentumsrecht).« Angeblich hat der israelische Beamte geantwortet: »Unser Kushan tabo ist wirkungsvoller. Wir haben den Kushan tabo für das Land von Dan bis Eilat.«

Die Revolution im Landbesitz führte auch zu einer Revolution der Macht im kommunalen Bereich. Weder im Osmanischen Reich noch während der Mandatszeit hatten die Araber als Einzelpersonen politische Macht besessen. Doch als Moslems – was die meisten Araber waren – hatten sie seit der Zeit des Kalifen Omar den höchsten sozialen Status und den dazugehörigen kollektiven Reichtum besessen;

während der Mandatszeit waren sie imstande gewesen, diesen Status und diesen Reichtum in eine wichtige Quelle kollektiver politischer Macht umzuwandeln. Unter Hadschi Amin war der Oberste Moslemische Rat zu einem der drei wichtigsten Machtzentren Palästinas geworden.

Abgesehen vom moslemischen Glauben war der Wakf die Grundlage der Macht des Rates gewesen. Das ist die religiöse Stiftung, der die Gläubigen ihren Reichtum als Schenkung zum Nutzen der moslemischen Gemeinschaft überlassen konnten (was viele taten). Während des Mandats stellte der Wakf am Standard der Region gemessen eine große Anhäufung von Reichtum dar.

Nach Israels Sieg über seine unmittelbaren bewaffneten Nachbarn im Jahr 1949 unternahm Ben Gurion absolut folgerichtig entscheidende Schritte gegen die geistigen Feinde Zions. 1950 erließ seine Regierung das Gesetz über den »Aufgegebenen Besitz«. Damit gelangten mit einem Schlag viele tausend Hektar Agrarland, städtische Liegenschaften und Tausende Häuser, Geschäfte und Läden unter die Kontrolle des Treuhänders für den Besitz von Abwesenden, der sie zum Nutzen der neuen jüdischen Einwanderer verwendete. Auch wurden durch diese Maßnahme, soweit es das von Israel kontrollierte Gebiet betraf, der kollektive moslemische Reichtum und der damit zusammenhängende Einfluß aufgehoben. Die lange moslemische Überlegenheit, die nur während des Mandats geschmälert worden war, wurde damit zunichte gemacht.

Daß Ben Gurion das Gesetz über den Aufgegebenen Besitz auf die Vermögenswerte des Wakf anwendete, war eine politisch-religiöse, revolutionäre Maßnahme, die in ihrem Ausmaß und ihrer Reichweite mit der Aufhebung der Klöster durch Heinrich VIII. verglichen werden kann.

Es stimmt, daß die *Formen* der institutionellen Kontinuität soweit wie möglich respektiert wurden, doch der Geist des in dem neuen Staat Israel offiziell tolerierten Islams mußte sich radikal vom Islam während der Mandatszeit unterscheiden. In gewissen wichtigen Beziehungen – allerdings nicht in allen – entsprach die Situation der anerkannten Institutionen des Islams in Israel mehr der Situation im Osmanischen Reich als der während des Mandats. Die Sultane hatten darauf geachtet, daß ihre Autorität über die Moscheen ihres Reichs respektiert wurde. Die Engländer hatten sich jedoch so verhalten, als beträfe sie das, was in den Moscheen gesagt wurde, überhaupt nicht; es gehörte in den Bereich der Religion, nicht in den der Politik.

Hadschi Amin hatte sehr früh erkannt, daß diese Einstellung der Mandatsmacht ihm viel mehr Freiheit ließ, als es unter einem moslemischen Souverän der Fall gewesen wäre. Hadschi Amin und seine Anhänger verwendeten die Geldmittel des Wakf nach Gutdünken und verwandelten die Moscheen Palästinas – von ihrem Standpunkt aus absolut legal – in Agitationszentren gegen die jüdische Nationale Heimstätte.

Der Staat Israel machte von Anfang an seine Autorität über die unter seine Jurisdiktion fallenden Moscheen geltend. Durch die Beschlagnahme des Wakf und auch durch andere Maßnahmen sorgte er dafür, daß die Kadis (moslemische religiöse Richter) vom Staat abhängig waren und seinen Wünschen entgegenkamen. Geeignete Kadis fanden sich rasch. Der Koran durfte (öffentlich) nicht auf eine Art interpretiert werden, die für den neuen Staat nachteilig war. In den Moscheen jenseits von Israels Grenzen konnte – und wurde auch – lautstark die Djihad gegen die zionistischen Usurpatoren verkündet, aber auf dem Boden Israels würde die Djihad nicht gepredigt werden.

Während der ersten zehn Jahre des neuen Staates waren die Araber in Israel erstaunlich fügsam und lenkbar. Die Gründe dafür liegen auf der Hand. Sie waren eine führerlose Bevölkerungsgruppe. »Eine Herde ohne Hirt«, wie ein arabischer Schriftsteller feststellt; »ein Körper ohne Kopf«, wie es ein israelischer Beamter ausdrückt.

Zu jener Zeit war es eine kleine Herde oder ein kleiner Körper. Von den geschätzten neunhunderttausend arabischen Einwohnern, die 1947 in den Gebieten lebten, waren bis zum Ende des Jahres 1948 mehr als zwei Drittel fortgezogen (obwohl diese Zahl umstritten ist); zu ihnen gehörte die gesamte arabische Elite. Die oberste Führungsschicht der palästinensischen Araber, die religiöse und politische Elite, deren Mittelpunkt der Oberste Moslemische Rat war, befand sich jetzt gemeinsam mit Hadschi Amin im Exil. Doch die viel größere Gruppe der wirtschaftlichen und gesellschaftlichen Elite war ebenfalls fortgezogen und mit ihr beinahe die gesamte städtische Bevölkerung.

Durch das bereits beschriebene System der Militärregierung kontrollierte der neue Staat die Bewegungen der Dorfbewohner außerhalb der Dörfer höchst effizient. Er wollte aber auch die Kontrolle darüber ausüben, was innerhalb der Dörfer, die potentielle Zentren der Feindseligkeit gegen den Staat sein konnten, geschah. Dies wurde – in den ersten Jahren mit großem Erfolg – mit Hilfe der einzigen noch vorhandenen arabischen Institution erreicht: der Hamula – der erweiterten Familie.

Die Bevölkerung der Dörfer bestand aus Hamulas, das heißt aus Clans, deren Angehörige den gleichen Namen trugen; jede Hamula stand in unterschiedlichem Ausmaß mit den anderen im Wettstreit. Die Engländer hatten in den Dörfern nach dem Prinzip »nimm mich zu deinem Führer« operiert, so wie sie es in ihrem gesamten Empire hielten. Sie fanden heraus, welche die mächtigste Hamula und wer der mächtigste Mann innerhalb dieser Hamula war, und ernannten diesen Mann zum Muchtar (Häuptling), vorausgesetzt, daß er sich vom britischen Standpunkt aus gut aufführte.

Der neue Staat konnte die alten Muchtars nicht brauchen, weil er wußte, daß sie mit den Engländern kooperiert hatten, um den Aufstand der Yishuv niederzuschlagen. Doch die Israelis ersetzten nicht einfach die seinerzeit ernannten alten Muchtars durch neue. Sie unternahmen etwas viel Interessanteres: Sie führten zum ersten Mal Demokratie auf Dorfebene ein, indem sie das israelische System der proportionellen Vertretung bei der Wahl örtlicher Dorfausschüsse anwendeten.

Diese örtliche Demokratie war echt und keineswegs manipuliert, aber ihre Auswirkungen waren vom israelischen Standpunkt aus sehr befriedigend. Jene Hamulas, die im alten System die »Opposition« gewesen waren, stürzten sich in die neue Demokratie wie Enten in das Wasser. Sie fanden heraus – oder man zeigte es ihnen –, daß im neuen System einst untergeordnete Hamulas ihre Macht vereinen und einer einst dominierenden Hamula die Autorität über das Dorf entziehen konnten. Die neuen Dorfausschüsse, die zum größten Teil auf dieser Basis gewählt worden waren, hatten guten Grund, mit den staatlichen Behörden zusammenzuarbeiten. Als Gegenleistung dafür erhielten sie die Kooperation dieser Behörden und damit Versorgungseinrichtungen und Förderungen, die dem Dorf im allgemeinen und den neuen dominierenden Hamulas im besonderen Vorteile brachten. Die neuen Dorfausschüsse waren »lebenswichtig als Quellen von Belohnungen, Einfluß und Prestige«, wie Lustick feststellt.

Durch diese demokratische Minirevolution auf Dorfebene entstand ein neues, gewähltes arabisches Establishment, das entschieden daran interessiert war, mit dem neuen Staat zu kooperieren.

Die auf der Hamula-Revolution beruhenden örtlichen Ausschüsse erwiesen sich als die solideste politische Errungenschaft Israels in bezug auf seine arabischen Staatsbürger. Infolge ihres demokratischen Charakters lieferten die Dorfausschüsse der Mehrheit der arabischen Bürger Israels erhebliche materielle Anreize.

Während einer kurzen Zeitspanne schien die arabische Kooperation auf nationaler Ebene genausogut zu funktionieren wie auf Dorfebene. In den ersten Jahren des Staates wurde die arabische Vertretung in der Knesset – etwa fünf Mitglieder – auf Listen gewählt, die an Ben Gurions Mapai angegliedert waren; sie wählte getreulich mit der Regierung und verhielt sich genauso zuverlässig zionistisch wie jeder beliebige Jude. Diese Mitglieder der Knesset rekrutierten sich natürlich aus den neuen, dominierenden Hamulas in den Dörfern und besaßen ein ureigenstes persönliches Interesse daran, die Mapai und die Regierung zu unterstützen.

Die ersten deutlichen Anzeichen von Unruhe unter den Arabern Israels traten erst nach dem Suez-Sinai-Krieg auf, den die Araber als ägyptischen Sieg betrachteten. Seither profiliert sich eine ständig wachsende Zahl von Arabern – vor allem in den Städten und unter der Jugend – als arabische Nationalisten, lehnt die Kooperation mit den Zionisten ab und bekundet Solidarität mit den militanten Palästinensern des Westjordanlandes.

Es gibt viele Gründe für diesen Stimmungsumschwung, doch zwei von ihnen sind vermutlich wesentlich und zudem die Folge der implizit widersprüchlichen Politik Israels. 1. Ressentiment wegen des Systems der Militärregierung, der Beschlagnahme von Grundbesitz und des deutlich höheren Status der jüdischen Bevölkerung infolge des Aspektes Israels als »jüdischer Staat«. 2. Die tatsächliche Stärkung der Position der arabischen Gemeinschaft durch die Verbesserung der öffentlichen Gesundheitsfürsorge, des Erziehungsstandards und – in mancher Hinsicht – der wirtschaftlichen Möglichkeiten.

Die arabische Bevölkerung nahm schnell zu – sowohl absolut als auch im Vergleich zur jüdischen –, und dadurch entstand eine neue, gebildete Führungsschicht, die die seinerzeitige Elite ablöste und die von Israel durch das demokratisierte Hamula-System geförderte Elite herausforderte.

Der allgemeine Gesundheitszustand der palästinensischen Araber war im Osmanischen Reich elend gewesen und hatte sich während des Mandats, teils infolge der Anstrengungen der Mandatsmacht und teils infolge der Bemühungen der Hadassa, deutlich verbessert. Dank des effizienten öffentlichen Gesundheitswesens des neuen Staates ging es den innerhalb der Grenzen Israels lebenden Arabern weiterhin immer besser, und das Ergebnis beunruhigte die israelischen Statistiker. Die Lebenserwartung der Araber in Israel lag nur wenig unter der der jüdischen Bevölkerung und entsprach der eines fortschrittlichen Landes. Bis in die sechziger Jahre lag die Geburtenrate der Araber auf »Dritte-Welt-Niveau«, und obwohl sie nachher sank, lag sie noch immer weit über der der Juden. Das Ergebnis dieser Kombination war, daß der natürliche Bevölkerungszuwachs der Araber doppelt so groß war wie der der Juden: 1976 lag er bei den Arabern bei etwas über achtunddreißig Prozent und bei den Juden bei achtzehn Prozent. 1979 hatte sich der Bevölkerungszuwachs bei beiden Gemeinschaften verlangsamt: fünfunddreißig Prozent bei den Arabern, fünfzehn Prozent bei den Juden.

In den ersten Jahren wurde dieser gewaltige Unterschied durch die sehr große jüdische Einwanderung in den fünfziger und zum Teil in den sechziger Jahren ausgeglichen. Der arabische Bevölkerungsanteil blieb bis vor kurzem relativ stabil, steigt jedoch jetzt wieder deutlich an. Man rechnet damit, daß die Araber 1993 eine Million zählen und zwanzig Prozent der Gesamtbevölkerung ausmachen werden.

Eine sehr zuverlässige Quelle zu diesem Thema ist das von der Van

Leer Foundation 1983 abgehaltene Symposium ›Jeder Sechste Israeli‹. Wenn ein äquivalentes Symposium zehn Jahre später abgehalten wird und die Ergebnisse veröffentlicht werden, müßte der Titel wahrscheinlich ›Jeder Fünfte Israeli‹ lauten. Da jeder in Israel geborene Araber israelischer Staatsbürger ist, stellen diese demographischen Daten und Projektionen ein hintergründiges Langzeit-Problem für den jüdischen Staat dar.

Der Anteil an gebildeten Arabern nimmt ebenfalls drastisch zu, sogar schneller als der Anteil an gebildeten Juden. 1954/1955 besaßen nur knapp zwei Prozent der Araber Immatrikulationszeugnisse, während es bei den Juden beinahe sechs Prozent waren. 1972/1973 besaßen über zwölf Prozent der Araber und über dreiundvierzig Prozent der Juden solche Zeugnisse. Der arabische Anteil hatte um mehr als das Sechsfache zugenommen, der jüdische um weniger als das Dreifache. 1948/1949 besuchte kein Araber die Universität; 1968/1969 waren es etwa sechshundert; 1978/1979 bereits eintausenddreihundert. Die Zunahme der arabischen Schüler in den Mittelschulen ist noch dramatischer: von vierzehn in den Jahren 1948/1949 auf mehr als siebzehntausend in den Jahren 1978/1979.

Die Zionisten der ersten Stunde waren der Ansicht, daß die Araber aus der zionistischen Unternehmung Nutzen ziehen und sie daher schließlich akzeptieren würden. In gewissem Sinn profitierten die Araber, die in Israel blieben, von der zionistischen Entwicklung. In bezug auf Gesundheit, Einkommen und Erziehung ging es ihnen besser als den palästinensischen Arabern im Osmanischen Reich und im Mandat und besser als den Menschen in Israels arabischen Nachbarstaaten.

Über den wirtschaftlichen Fortschritt der Araber Israels zwischen 1948 und dem Beginn der achtziger Jahre hat Eli Rekhess geschrieben: »Die Entwicklung der Infrastruktur in den arabischen Dörfern, die ›grüne Revolution‹ in der arabischen Landwirtschaft, die mechanisiert und modernisiert wurde, die Beschäftigung von arabischen Arbeitskräften in den Versorgungsbetrieben und der Industrie – all das hat zu einem wesentlichen Anstieg des Einkommensniveaus und des Lebensstandards geführt.«

Die zionistische Unternehmung hat den Arabern in Israel echte Vorteile gebracht, doch diese Araber fanden sich damit nicht ab. Im Gegenteil, jene, die den meisten Nutzen daraus gezogen haben – die Araber mit der höchsten Bildung –, sind diejenigen, die sich am wenigsten mit dem Staat Israel abfinden.

Es gibt viele Gründe dafür, daß diese zionistische Hoffnung nicht in Erfüllung ging. Ein Grund ist die Ausgangslage des Vergleichens. Ein junger Araber, der in Israel aufwächst, vergleicht seine Lage nicht damit, wie sie unter den Osmanen oder den Engländern oder in Ägypten ausgesehen hätte oder aussehen würde. Das sind abstrakte, akademische Überlegungen. Der Gegensatz, der ihm im täglichen Leben ins Auge springt, ist der Gegensatz zwischen der Lage der Juden und der der Araber. Dieser Gegensatz muß im arabischen Bewußtsein zu einem gewissen Ressentiment führen. Die arabischen Schulen mögen zum Beispiel im Vergleich zu den ägyptischen Schulen gut sein, aber im Vergleich zu den jüdischen Schulen – und nur sie profitieren von den Zuwendungen der Diaspora – sind die arabischen Schulen dürftig ausgestattet.

Das staatliche Schulgesetz aus dem Jahr 1953 hat für alle jüdischen und nichtjüdischen Schüler in Israel ein erzieherisches Ziel festgelegt. Dieses Ziel ist, »der Grundschulausbildung im Staat Israel die Werte der jüdischen Kultur und die Errungenschaften der Wissenschaft, die Liebe zum Heimatland und die Loyalität gegenüber dem jüdischen Staat und dem jüdischen Volk, die Übung in landwirtschaftlichen Tätigkeiten und Handwerk, die Chaluzik-(Pionier)-Ausbildung und das Streben nach einer auf Freiheit, Gleichheit, Toleranz, gegenseitigen Unterstützung und Liebe zur Menschheit beruhenden Gesellschaft zugrundezulegen«.

Die Idee, die Araber Judaismus und Zionismus zu lehren, war nicht besonders gut, wie die israelischen Unterrichtsbehörden nach der Erfahrung mit der ersten Generation feststellten. Der Unterricht in Zionismus prägte den Schülern die überragende Bedeutung der nationalen Identität und der nationalen Verpflichtung ein. Für die jungen Araber konnte dies nur *arabische* nationale Identität und Verpflichtung bedeuten. Daß man die Araber Zionismus lehrte, beschleunigte das Wachstum des arabischen Nationalismus in Israel.

Autoemanzipation war der Funke, der hundert Jahre zuvor in Rußland im Geist Leon Pinskers geglüht hatte, er glühte auch in den Klassenzimmern des jüdischen Staates und drang in den Geist der jungen Araber ein, doch die Flamme, die er entzündete, brannte in einer anderen Farbe. Dies ist nicht die letzte der vielen wunderbaren Wandlungen der zionistischen Idee.

1972 war den israelischen Unterrichtsbehörden klar geworden, daß es nicht sehr günstig ist, wenn man den jungen Muhammad Zionismus lehrt. In diesem Jahr wurden die Vorstellung »eines einzigen erzieherischen Ziels für alle Israelis« fallengelassen und »grundlegende Richtlinien für die arabische Erziehung« eingeführt. Die ersten beiden grundlegenden Richtlinien lauteten: 1. Erziehung in den Werten des Friedens. 2. Erziehung zur Loyalität dem Staat Israel gegenüber, indem man das gemeinsame Interesse aller seiner Bürger betont und gleichzeitig das Besondere an den Arabern Israels hervorhebt.

Doch inzwischen hatte der arabische Nationalismus an Boden gewonnen und schien jetzt irreversibel zu sein. Er wurde sowohl durch die Kontakte mit den Juden als auch durch die Kontakte mit den Arabern jenseits von Israels Grenzen aufgeputscht. Je mehr Kontakt, vor allem je mehr intellektuellen Kontakt es zwischen Juden und Arabern gibt, desto nationalistischer werden anscheinend die Araber. Selbst wenn sich die Juden mit ihrer schrecklichen Vergangenheit in Europa beschäftigen, führt dies im Geist ihres arabischen Gesprächspartners zu kaltem Ressentiment. Der drusische Dichter Samih Kasim beschwört eindrucksvoll den Geist eines arabisch-jüdischen Dialogs herauf: »Meine Großeltern wurden in Auschwitz verbrannt. Mein Herz ist bei ihnen, aber löse die Ketten von meinem Körper.« Doch die Araber in Israel leben nicht nur in Israel, sondern auch in der arabischen Welt. Jeden Tag hören sie die Rundfunksendungen aus Kairo, Damaskus, Amman, Beirut und Bagdad. Sie können Fernsehsendungen aus Jordanien und dem Libanon empfangen.

Man kann sich kaum vorstellen, daß der arabische Nationalismus jemals in den Lehrplan der israelischen Schulen aufgenommen werden wird. Das ist auch offensichtlich nicht notwendig. Doch es ist interessant, daß ein arabischer Beamter, der im israelischen Ministerium für Erziehung und Kultur über »arabische Erziehung in einem jüdischen Staat« schreibt, sich auf das »derzeitige nationale Erwachen« beziehen und damit nur das arabische nationale Erwachen meinen kann.

Es gibt nämlich noch einen Faktor, der dazu führt, daß die gebildete arabische Elite besonders verstimmt und nationalistisch ist, nämlich die Tatsache, daß es für hochqualifizierte Araber schwierig ist, eine ihren Fähigkeiten entsprechende Beschäftigung zu finden. Zwei Beispiele mögen genügen.

Ein junger israelischer Araber erzählte: »Mein Bruder ist Architekt, aber kein Jude gibt ihm einen Auftrag. Als einmal in der Nähe von Haifa ein Kino gebaut werden sollte, legte mein Bruder ein Angebot vor, das besser und billiger war als die Angebote von fünf jüdischen Architekten. Doch der jüdische Besitzer lehnte es ab: ›Wie können wir sicher sein, daß du das Kino nicht so bauen wirst, daß es einstürzt und alle in ihm sitzenden Juden tötet?‹«

Ein arabischer Erzieher erzählt von dem arabischen Schüler Said, der Pilot werden möchte. Said meldet sich auf Aufrufe des Fernsehens an die israelische Jugend, sich zu Piloten, Marineoffizieren oder Elektroingenieuren ausbilden zu lassen. Obwohl er ebenfalls ein israelischer Jugendlicher ist, muß er sich erklären lassen, daß der israelische Anzug verschiedene Größen aufweist, je nachdem, wer ihn trägt. Said ist Israeli, aber offenbar kein richtiger Israeli.

Die ersten zehn Jahre des neuen Staates vergingen ohne sichtbare Anzeichen dafür, daß die Araber Israels angriffslustig wären. Dann kam es im Sommer 1958 zu den ersten großen Unruhen in Nazareth und später (in kleinerem Umfang) im arabischen Dorf Umm al-Fahm. Bei den Kämpfen in Nazareth, die einen ganzen Tag dauerten, wurden sechsundzwanzig Polizisten und zahlreiche Zivilisten verletzt. Über dreihundertfünfzig Verhaftungen wurden vorgenommen.

Das Ressentiment gegen Israel, das der Situation der Araber immer inhärent war, wurde durch einen schrecklichen Zwischenfall verstärkt, zu dem es am Vortag der Invasion in den Sinai kam: die Ermordung von über vierzig unbewaffneten Bewohnern des arabischen Dorfes Kfar Kassim durch die israelische Grenzwache.

Zu jener Zeit waren die Nerven der Israelis zum Zerreißen gespannt, und das Mißtrauen gegenüber den Arabern war besonders groß, weil die Überfälle der Fedajin zunahmen und der Verdacht nahelag, daß die arabischen Dorfbewohner in den Grenzgebieten mit den Fedajin zusammenarbeiteten oder bestenfalls nicht mit den israelischen Behörden gegen die Fedajin kooperierten.

Am Vorabend der Invasion in den Sinai – 29. Oktober 1956 – befahl der Kommandant des Mittleren Abschnitts, Generalmajor Zvi Tsur, »daß in dem an Jordanien grenzenden Gebiet absolute Ruhe herrschen müsse«. Um diesem Befehl Folge zu leisten, wurde über einige Dörfer in dem Gebiet eine nächtliche Ausgangssperre – von siebzehn Uhr bis sechs Uhr – verhängt. Für die damalige Atmosphäre ist bezeichnend, daß die Ausgangssperre unter anderem »verhindern sollte, daß die Reservetruppen der Bevölkerung Schaden zufügen«. An die Einheit, die für die Einhaltung der Ausgangssperre verantwortlich war, wurde folgender Befehl ausgegeben: »Kein Bewohner darf während des Ausgehverbots sein Haus verlassen. Jeder, der sein Haus verläßt, wird erschossen; es werden keine Verhaftungen vorgenommen.«

In Kfar Kassim wurde der Muchtar um sechzehn Uhr dreißig über das Ausgehverbot unterrichtet, also nur eine halbe Stunde, bevor es begann. Jene Dorfbewohner, die auf den Feldern nicht rechtzeitig davon erfahren hatten, wurden von der Grenzwache erschossen, als sie zwischen siebzehn und achtzehn Uhr von der Arbeit in ihre Häuser zurückkehrten. Der mit dieser Operation betraute Offizier, Leutnant Dahan, informierte das Kommando über Sprechfunk in erschreckend kryptischer Ausdrucksweise über die Vorgänge: »einer weniger...«, »fünfzehn weniger« und »viele weniger; es ist schwierig, sie zu zählen«. Bei »fünfzehn weniger« begriff das Oberkommando, daß die Ereignisse vollkommen außer Kontrolle geraten waren, und gab Befehl, die Operation einzustellen. Doch der Befehl wurde nicht rechtzeitig genug weitergeleitet, um die »viele weniger« zu vermeiden. Unter den Toten befanden sich junge Burschen und Mädchen.

Die Regierung hätte die Nachricht über den Vorfall in Kfar Kassim gern vertuscht, aber das war nicht möglich. Die hebräische Presse untersteht keiner militärischen Zensur und ist nicht bereit, Selbstzensur zu üben. Als die Nachricht bekannt wurde, rief sie in Israel bei vielen Juden und bei allen Arabern Empörung hervor.

In der Folge wurden elf der beteiligten Offiziere und Soldaten vor Gericht gestellt. Die höchsten Offiziere, Generalmajor Tsur und sein Vorgesetzter, Generalstabschef Moshe Dayan, wurden weder angeklagt noch als Zeugen vorgeladen, und der ranghöchste Offizier, dem der Prozeß gemacht wurde – Bataillonskommandant Brigadier Shadmi –, kam mit einer symbolischen Strafe von einem Piaster davon. »Shadmis Piaster« wurde zu einer stehenden Redewendung im Wortschatz der Araber Israels. Von den rangniedrigen angeklagten Offizieren und Soldaten erhielten acht zunächst relativ strenge Strafen von acht bis siebzehn Jahren, aber die Urteile wurden später aufgrund einer Berufung und einer Revision herabgesetzt. Die längste Strafe, die einer dieser Männer absitzen mußte, betrug dreieinhalb Jahre.

Kfar Kassim ist ebenso wie das Irgun-Massaker im Jahr 1948 in Deir Yassin in den Sprachgebrauch und die Geschichtsschreibung des arabischen Nationalismus eingegangen – des palästinensischen Nationalismus im besonderen. Es ist eine Geschichte, die den Kindern erzählt wird, um die Flamme am Leben zu erhalten.

Nach dem Suezkrieg war Kfar Kassim noch sehr frisch im Gedächtnis der Araber. Es muß wesentlich zu dem neuen Kampfgeist beigetragen haben, der sich in dieser Periode zuerst im Aufruhr von Nazareth und dann im Auftauchen einer neuen Form der arabischen Politik manifestierte.

1959 gründeten militante Araber als Nachwirkung des Aufruhrs in Nazareth eine eigene nationalistische Partei, die al-Ard. Sie wurde bald von den israelischen Behörden verboten. Daraufhin wechselten die Militanten zu der kommunistischen Partei, die jetzt Rakah heißt und seit über zwanzig Jahren das wichtigste politische Ventil für die arabische Unzufriedenheit ist. Getreu der Moskauer Linie stehen die Kommunisten der Existenz Israels im Prinzip nicht feindselig gegenüber, aber sie sind auch keine Zionisten. Die israelischen Behörden, denen bewußt ist, daß sie ein Minimum an guten Beziehungen zu der zweiten Supermacht brauchen, und die auch die Lage der russischen Juden bedenken müssen, wollten die kommunistische Partei nicht verbieten: Sie wird als legitime, wenn auch nicht unbedingt legale Opposition akzeptiert. Außerdem erlauben die israelischen Behörden jungen Arabern, Stipendien in der Sowjetunion anzunehmen, und verstärken dadurch die Anziehungskraft der Rakah auf ehrgeizige junge Araber.

Die arabische Unterstützung für die Rakah hat seit 1959 ständig zugenommen – wobei 1961 ein größerer Sprung zu verzeichnen war –, ebenso ungefähr im gleichen Ausmaß die arabische Unterstützung für das traditionelle System zumindest auf nationaler Ebene. Zu Beginn war die Masse der arabischen Wählerschaft bereit, die zionistischen, insbesondere die Mapai-Kandidaten für die Knesset zu unterstützen. Dies ist nun nicht mehr der Fall.

Die Kommunisten verfügen jetzt in der arabischen Wählerschaft über eine knappe Mehrheit und über eine beinahe doppelt so große Unterstützung wie ihre traditionellen arabischen Rivalen.

Niemand nimmt an, daß die arabische Unterstützung der Kommunisten primär ideologischer Natur ist. Sie hängt mit dem Verbot der offen arabisch-nationalistischen Parteien zusammen sowie damit, daß die Israelis die kommunistische Partei als die einzige legitime nichtzionistische Partei akzeptieren. Sie hat auch mit dem Antagonismus zwischen den Supermächten zu tun. Da die Vereinigten Staaten als Schutzmacht des jüdischen Staates gelten, ist es für Israels Araber nur natürlich, sich sozusagen unter den Schutz der anderen Supermacht zu stellen.

Jeder von Israels Kriegen hatte zur Folge, daß sich die Politisierung der Araber gegen Israel beschleunigte. Nach dem Krieg von 1967, durch den zusätzlich eine größere Anzahl von Arabern unter israelische Herrschaft geriet, trat erstmals eine erbittert militante palästinensische Führerschaft im Exil auf und löste bei einem Teil der arabischen Jugend eine beinahe revolutionäre Stimmung aus. Viele Israelis, darunter auch Ben Gurion, hatten immer geglaubt, daß einige Araber in Israel die Fedajin unterstützten. Nach 1967 gab es viel mehr Grund zu dieser Annahme. Die Zahl der in Israel verhafteten Araber, die Guerillaoperationen innerhalb von Israel unterstützt oder ähnliche Vergehen begangen hatten, stieg von achtundvierzig im Jahr 1968 auf mehr als das Sechsfache im Jahr 1972.

Diese Reaktionen traten als Folge eines uneingeschränkten, spektakulären israelischen Siegs auf. Doch der Yom-Kippur-Krieg von 1973 war für die Araber ein Hinweis darauf, daß Israel unter Umständen doch geschlagen werden konnte.

1976 brachen in den von Israel besetzten Gebieten Unruhen aus, bei denen die israelischen Araber und die Palästinenser im Westjordanland Solidarität bewiesen. Junge israelische Araber bezeichneten sich in zunehmendem Maß als Palästinenser, hißten die palästinensische Fahne und erwarteten, daß die PLO die Führung übernahm. Einigen von ihnen erschien die Rakah nicht mehr extrem genug, und die Wahlen des Jahres 1977 wurden von etwa acht Prozent der arabischen Wählerschaft boykottiert; die Rakah erhielt allerdings auf Kosten der Traditionalisten mehr Stimmen. Die arabische Bevölkerung Israels bezog mehrheitlich Stellung gegen den Staat. Ein israelischer Politologe drückte es folgendermaßen aus: »Es ist offenkundig, daß das Langzeitziel die Vernichtung des zionistischen Staates und die Wiedervereinigung mit den anderen Palästinensern ist.«

Eine zunehmende Anzahl von Palästinensern hatte offenbar das Gefühl, daß es für sie nicht notwendig sein wird, in einen palästinensischen Staat zu übersiedeln, weil der palästinensische Staat irgendwann ganz Palästina umfassen wird.

Nach dem Suezkrieg – und den Unruhen in Nazareth – begannen die israelischen Behörden, wesentlich feinfühliger auf die Anliegen und Probleme der arabischen Bürger zu reagieren. Ein wichtiger Schritt in der Entwicklung war die Entscheidung der Histadrut im Jahr 1959, Araber als vollwertige Mitglieder mit gleichen Rechten und Pflichten aufzunehmen. Bis Ende 1971 waren bereits über vierzigtausend arabische Arbeiter – etwa vierzig Prozent – Mitglieder der Histadrut. Die Arbeitsbedingungen besserten sich. Der relativ scharfe Kritiker Sabri Jiryis gibt anerkennend, wenn auch etwas zweideutig zu: »Die Bedingungen für die Arbeiter sind annehmbar, ja im Vergleich zu anderen Aspekten des Lebens in Israel sogar fortschrittlich.«

Mitte der sechziger Jahre, David Ben Gurion war bereits in den Ruhestand getreten, strebte die Regierung Eshkol unter dem Einfluß ihres liberalen Beraters für arabische Angelegenheiten, Shmuel Toledano, eine Integration der Araber in die israelische Gesellschaft an. 1966 wurde die Militärregierung aufgehoben. Die strengen Sicherheitsbestimmungen wurden aufrechterhalten, doch wurden sie wesentlich flexibler gehandhabt als zuvor. Eines von Ben Gurions Lieblingsprojekten – »die Judaisierung Galiläas«, die es erforderlich machte, auch weiterhin arabischen Besitz zu enteignen – wurde stillschweigend zurückgestellt.

Infolge der wachsenden »Palästinensierung« der israelischen Araber und der Zusammenarbeit einiger von ihnen mit den PLO-Fedajin hätte man erwarten können, daß es zu einem frühzeitigen und heftigen Zusammenbruch der Politik Toledanos kommen würde; aber das war nicht der Fall. Die Regierung befolgte Toledanos Rat und behandelte die Araber ihren Taten entsprechend. Das bedeutete, daß einzelne Umstürzler bestraft wurden, daß man jedoch von kollektiven Vergeltungsmaßnahmen gegen arabische Gemeinden absah. Toledano verwarf stillschweigend Ben Gurions Maxime, sich von dem leiten zu lassen, was *hätte* passieren können.

Viele Araber reagierten natürlich eine Zeitlang durchaus positiv auf diese Gesinnung. Sabri Jiryis spricht von einem »Reifeprozeß«, der, was ihre Einstellung zueinander betraf, sowohl bei der israelischen Regierung als auch bei der arabischen Bevölkerung eingetreten war.

Man kehrte zwar nicht zur drakonischen Politik der ersten acht Jahre zurück, doch auch der »integrationistische« Geist der Zeit Toledanos hielt sich nicht. Nach Ansicht der arabischen Bürger des Landes hatte Israel im Krieg von 1973 beinahe eine Niederlage erlitten, was sie mit Genugtuung erfüllte; sie hielten eine Integration für unwahrscheinlich. Nach 1973 ging die jüdische Einwanderung zurück; die Araber Israels wurden somit zu ernstzunehmenden demographischen Rivalen. Gemeinsame, koordinierte Demonstrationen von israelischen Arabern und Palästinensern des Westjordanlandes – die in diesem Jahr bei lokalen Wahlen etliche Pro-PLO-Kandidaten gewählt hatten – ermutigten nicht gerade jene Israelis, die auf eine Integration der Araber mit ihren jüdischen Mitbürgern hofften.

Neben der Gruppe, die an eine Integration der Araber glaubt, vertreten andere die Ansicht, daß diese Integration in mancher Hinsicht schon weit fortgeschritten ist. So spricht Professor Sammy Smooha von einer zunehmenden Integration der Araber in die israelische Gesellschaft, einer sogenannten Israelisierung. Die meisten Araber sind zweisprachig und werden mit denselben Kommunikationsmedien konfrontiert wie die Juden, mit denen sie in täglichem Kontakt stehen – mit einer entscheidenden Abweichung; sie werden außerdem mit anderen Medien konfrontiert: Die Rundfunkgesellschaften der arabischen Staaten nehmen in ihren Sendungen einen deutlich gegen die Integration gerichteten Standpunkt ein. Ein hohes Maß an kultureller Integration ist keineswegs ein Garant für politische Integration. Doch Professor Smooha findet unter den Arabern Israels auch Anzeichen für eine Anerkennung Israels.

Einige Zahlen aus einer Untersuchung des Jahres 1976 – etwa siebenhundert Araber wurden befragt – scheinen das auf den ersten Blick zu bestätigen: Was Israels Existenzberechtigung angeht, so anerkennen fünfzig Prozent dieses Recht ohne Vorbehalt, neunundzwanzig Prozent anerkennen es mit Vorbehalt, und einundzwanzig Prozent bestreiten es. Aber offensichtlich deckt sich das Israel, dessen Existenzberechtigung von einer großen Mehrheit der befragten Araber anerkannt wird, nicht mit jenem Israel, das tatsächlich existiert. Denn Smooha fährt fort: »Aufgrund der Untersuchungsergebnisse und der Äußerungen von Arabern kann man allgemein sagen, daß die Mehrheit der Araber erstens Israel als Staat akzeptiert, aber zweitens seinen jüdisch-zionistischen Charakter ablehnt und drittens es in einen binationalen Staat umformen möchte.«

Professor Smooha hält diese Erkenntnisse für »recht ermutigend«, allerdings nur, wenn wir es für wahrscheinlich halten, daß die Juden ihren Staat ent-zionisieren: Das hieße, den emotionalen Antrieb und das Gedankengefüge, die ihren Staat ins Leben gerufen haben, zu verwerfen und ins Gegenteil zu verkehren. So etwas machen Menschen einfach nicht. Für die große Mehrheit der Juden Israels ist der jüdische Staat Ausdruck ihrer Identität und Garant für ihre Sicherheit.

Es ist unvorstellbar, daß sie ihn in einem binationalen Staat aufgehen lassen. Die arabischen Bürger Israels wiederum lehnen den Staat, in dem sie derzeit leben, ab, es sei denn, er verwandelt sich in etwas, in das er sich nicht verwandeln will.

Wenn es um palästinensische Araber geht, so denkt man international – und bis zu einem gewissen Grad auch in Israel – in erster Linie an die Bevölkerung des Westjordanlandes und an die politischen und paramilitärischen Aktivitäten der exilierten Palästinenser. Den Arabern in Israel wird dagegen vergleichsweise wenig Aufmerksamkeit geschenkt.

Wie wir gesehen haben, steigt der Anteil der Araber an der Gesamtbevölkerung Israels steil an. Das gilt auch für den arabischen Anteil an der gebildeten Bevölkerung und für die arabischen Nationalisten. Diese Kombination legt die Annahme nahe, daß die Araber Israels wahrscheinlich zu einer immer wirkungsvolleren politischen Herausforderung für den jüdischen Staat werden.

Professor Yehoshua Porath sagt über die Araber Israels, daß sie zahlenmäßig die Macht haben, innerhalb von Israels demokratischem System zu operieren, seine Aktionen zu beeinflussen, ja es vielleicht sogar zu sprengen. Wieder liegt der Vergleich mit Irland nahe. In den achtziger Jahren des vergangenen Jahrhunderts hatte C. S. Parnell die irischen Abgeordneten im britischen Parlament so straff organisiert, daß diese Minderheit das Zünglein an der Waage der britischen Regierung bildete. 1912 bis 1914 erzwang John Redmond aus einer ähnlichen Situation heraus die Selbstverwaltung für Irland und brachte England und Irland an den Rand des Bürgerkrieges.

Die Situation in Israel ist jener des damaligen Irland nicht unähnlich; auch Porath sieht es so. Doch die Aktivitäten eines arabischen Parnells wären für Israel noch wesentlich katastrophaler als der Einfluß Parnells und Redmonds auf England.

Für die meisten Juden Israels stellt der Gedanke eines arabischen Pro-PLO-Blocks in der Knesset eine unerträgliche Bedrohung dar; ein solcher Block könnte unter bestimmten Bedingungen das politische Leben Israels beherrschen und das Wesen seiner Regierung bestimmen. Sollte sich je eine solche Entwicklung abzeichnen, wird bestimmt die Forderung nach Maßnahmen laut werden, um dies zu verhindern.

Manche israelischen Juden denken bereits in diese Richtung. Professor Rafi Israeli, ein Gelehrter aus Jerusalem, scheint in einem anderen Land zu leben als sein Kollege aus Haifa, Professor Smooha. »Die Araber in Israel«, so schreibt Israeli, »deren nationale Loyalität zu ihrem Volk außer Zweifel steht, stehen in der vordersten Reihe bei der gemeinsamen arabischen Anstrengung, das zionistische Staatswesen zu überwältigen.«

Angesichts dieser Front tritt Israeli ganz offen dafür ein, den meisten

Arabern in Israel das Wahlrecht zu entziehen. »Die Araber, die eine israelisch-hebräische Erziehung akzeptieren, die bereit sind, im Militär zu dienen und dem Staat die Treue zu schwören, sollen dem Staat Israel von ganzem Herzen und ohne Vorbehalt willkommen sein. Doch jenen, die das ablehnen (man kann ihre Abneigung verstehen), sollten bestimmte Bürgerrechte, wie etwa das Wahlrecht, nicht gewährt werden.« Israelis Standpunkt ist bestimmt kein Einzelfall und übt sicherlich einen gewissen Einfluß aus.

Einer der Redner, die auf dem Symposium in Jerusalem nach Professor Israeli sprachen, war der oben erwähnte Professor Porath, einer der bedeutendsten israelischen Spezialisten für arabische Fragen; er steht im politischen Spektrum Israels auf der Seite der »Tauben«. Professor Porath stimmte deutlich einem Großteil der Analyse seines Kollegen, der zu den »Falken« gehört, zu. »Der Tag wird kommen«, so sagte Porath, »an dem es schwierig sein wird, mit demokratischen Mitteln Israels Charakter als jüdischer Staat aufrechtzuerhalten.« Und was geschieht dann? Was wird geopfert: der jüdische Staat oder die »demokratischen Mittel«, die auf den derzeitigen Bürgerrechten beider Volksgruppen beruhen? Porath beantwortet diese Frage nicht eindeutig.

Der Entzug der Bürgerrechte würde nicht einfach sein. Viele Israelis würden, genau wie Porath, einen solchen Schritt als entsetzlich unliberal und rückschrittlich betrachten. Viele auswärtige Freunde Israels würden diese Ansicht teilen; gleichzeitig würde diese Maßnahme den israelfeindlichen Kritiken neue Nahrung geben. Die ihrer Bürgerrechte beraubten Araber Israels wären entmutigt, und viele von ihnen würden den Schluß ziehen, daß Gewalt der einzige Weg sei. Die ersten Opfer wären zweifellos unter jenen Arabern zu finden, die auf die israelischen Bedingungen eingehen und ihr Wahlrecht behalten. Sollte es, wie es den Anschein hat, zu einem Konflikt zwischen arabischem Wahlrecht und jüdischem Staat kommen, so ist die Wahrscheinlichkeit sehr groß, daß man den jüdischen Staat erhalten und das Wahlrecht der Araber aufgeben wird. Das Ziel der langen Reisen durch Zeit und Raum war der jüdische Staat; aber um zu überleben, ist für die Juden Israels die Kontrolle über den Staat unerläßlich.

Arabischen Händen den Zugriff zu den Hebeln der Macht zu gewähren, würden die meisten Juden Israels für eine selbstmörderische Verrücktheit halten. Die Macht eines arabischen Blocks in der Knesset könnte dazu benutzt werden, das Militärbudget zu reduzieren: Die Araber hätten – auch in einem mutmaßlich binationalen Israel – kein Interesse daran, Israels militärische Stärke zu erhalten, damit es arabische Armeen besiegen kann. Würden die Juden unter den gegebenen Umständen den jüdischen Staat aufgeben, so wären sie wieder einmal ihren Feinden ausgeliefert; sie sind aber nach Israel gekommen, um diesem Schicksal zu entgehen. Der Tag der Entscheidung zwischen jüdischem Staat und arabischem Stimmrecht liegt noch in der Ferne, doch über den Charakter dieser Entscheidung kann es keine Zweifel geben. Wie weit dieser Tag entfernt ist, hängt davon ab, wie schnell und in welche Richtung sich die Araber Israels politisch entwickeln.

Der israelische Rechtsanwalt David Glass bezeichnet die arabische Minderheit Israels als »die schwächere Backe« der Zange. Zahlenmäßig stimmt es. In so mancher anderer Beziehung scheint sie aber die gefährlichere der beiden Backen zu sein. Die Araber Israels sind die einzigen Araber, die fähig sind, den jüdischen Staat politisch – im Gegensatz zu militärisch oder paramilitärisch – herauszufordern.

Der jüdische Staat ist folgerichtig, und die Belagerung dieses Staates ist ebenso folgerichtig. Die arabische Bevölkerung Israels stellt (derzeit) jenen Teil der belagernden Kräfte dar, der sich innerhalb der Zitadelle befindet. Es ist unwahrscheinlich, daß die Belagerten je dem ortsansässigen Teil der Belagerer ein Mitspracherecht bei der Verteidigung Israels zugestehen werden.

Westjordanland und Gaza

Am Ende des Sechstagekrieges kontrollierte Israel zum ersten Mal große, dicht von Arabern besiedelte Gebiete. Nur über die Zukunft eines einzigen der neu erworbenen Gebiete gab es vom israelischen Standpunkt aus keine Zweifel: Ostjerusalem mit der Altstadt und der Klagemauer. Sofort nach dem Krieg wurde Ostjerusalem dem Staat Israel angegliedert und mit dem Rest der israelischen Hauptstadt wiedervereint. Seine arabischen Bewohner – nach dem Krieg waren es fast siebzigtausend – wurden israelische Staatsbürger und erhielten dieselben Rechte wie die übrigen israelischen Araber.

Die Annexion von Ostjerusalem durch Israel wurde international nie anerkannt. Andererseits war aber weder Israels Besitzanspruch auf Westjerusalem noch der Jordaniens auf Ostjerusalem je international anerkannt worden. Sowohl Jordanien als auch Israel hatten sich, was Jerusalem anbelangt, erfolgreich gegen die internationale Meinung – wie sie die Vereinten Nationen vertraten – durchgesetzt, und Israel hatte vor, es weiterhin so zu halten. Wie einig sich die Israelis in dieser Sache waren, geht aus einer eindrucksvollen Stellungnahme Meron Benvenistis hervor. Benvenisti war früher Vizebürgermeister von Jerusalem und ist wahrscheinlich eine der ausgeprägtesten »Tauben« in der israelischen Politik: »Jeder Israeli anerkennt, daß die vereinte Stadt, zumindest innerhalb der 1967 festgesetzten Grenzen, für immer unter der alleinigen Oberhoheit Israels bleiben soll und daß es keinen Kompromiß darüber geben kann, daß ein anderer Staat die Regierungsgewalt über die Stadt erhält.«

Bei den Israelis gab es über die Zukunft des vereinten Jerusalems keinen Zweifel, doch bezüglich der übrigen besetzten Gebiete gab es Zweifel, Befürchtungen, Hoffnungen und ehrgeizige Bestrebungen.

Zu Kriegsende befand sich Israel im Besitz des gesamten ehemaligen Mandats Palästina (nach 1921), bis an den Jordan (sowie auch der syrischen Golanhöhen und des ägyptischen Sinai). Die neu erworbenen Gebiete Palästinas bestanden aus dem Westjordanland, das davor jordanisch gewesen war, und dem ehemals ägyptischen Gazastreifen. Im Unterschied zu 1948 wanderte 1967 nur ein geringer Teil der Araber aus den jüdisch besetzten Gebieten aus. Einer von Israel im September 1967 durchgeführten Volkszählung zufolge lebten in den besetzten Gebieten nahezu eine Million Araber: beinahe sechshunderttausend im Westjordanland und ungefähr vierhunderttausend im Gazastreifen.

Die Bevölkerung dieser beiden Gebiete unterschied sich in jeder Hinsicht voneinander. Die Bevölkerung des Westjordanlandes bestand aus einem seßhaften Teil und den Flüchtlingen aus dem von den Israelis besetzten Küstenstreifen. Sowohl die Flüchtlinge als auch die seßhafte Bevölkerung besaßen die jordanische Staatsbürgerschaft, und es stand ihnen frei, in Jordanien zu arbeiten. Die meisten von ihnen lebten in den Lagern der UNRWA, der United Nations Relief and Works Agency, doch rechtlich hinderte sie nichts daran, sich in die jordanische Gesellschaft zu integrieren; die Geschäftstüchtigen unter ihnen arbeiteten außerhalb des Lagers und bezogen zusätzlich die Unterstützung von der UNRWA.

In Gaza blieben zwischen 1948 und 1967 die Flüchtlinge im wahrsten Sinn des Wortes Flüchtlinge; sie waren völlig abhängig von der UNRWA und besaßen keine Möglichkeit, außerhalb Arbeit zu finden. Die Waffenstillstandslinie trennte sie vom benachbarten, zu Israel gehörenden Gebiet. Sie unterstanden der ägyptischen Regierung, wurden jedoch nicht als ägyptische Staatsbürger akzeptiert und durften nicht nach Ägypten reisen. Für Nassers Ägypten war Gaza das »Sprungbrett« zur mutmaßlich bevorstehenden Befreiung Palästinas; die Bevölkerung Gazas galt von 1954 bis 1956 als Fedajin-Reservoir und später als potentielle Fedajin. Die vierhunderttausend Menschen in Gaza waren in einem abgeschlossenen Küstenstreifen eingepfercht, der nicht ganz vierzig Kilometer lang und zwölf Kilometer breit ist. Sie gehörten zu den unglücklichsten und hoffnungslosesten aller palästinensischen Flüchtlinge.

Während der ersten Jahre nach dem Juni 1967 standen die Besatzungsbehörden sowohl im Westjordanland als auch in Gaza vor einem relativ großen Sicherheitsrisiko. In dieser Zeit begann die Palästinensische Befreiungsorganisation als Angriffsspitze des arabischen Krieges gegen Israel in Erscheinung zu treten; alle arabischen Staaten unterstützten sie, wenn auch einige nur zögernd. Die PLO plante einen Befreiungskrieg wie in Vietnam, der sich auf die Bevölkerung der besetzten Gebiete stützen sollte. Das kleine, öde Terrain eignete sich weniger gut für Guerillaoperationen als Vietnam. Die PLO erwartete jedoch, daß die arabische Bevölkerung einen »menschlichen Wald« bildete, in dessen Schutz die Fedajin operieren konnten.

Der damals den Israelis noch unbekannte Jasir Arafat fuhr auf seinem Motorrad kreuz und quer durch das Westjordanland und warb junge Leute für die Widerstandsbewegung an. Er hoffte, daß sich auf diese Weise in den besetzten Gebieten ein ortsansässiger Widerstand bilden würde, im Unterschied zu den Überfällen der Widerstandsbewegung von jenseits der Waffenstillstandslinie.

Obwohl Israel in den ersten Jahren der Besetzung mit schweren Guerillaangriffen fertig werden mußte, gelang die Implantation nicht; es gab kein »neues Vietnam«. Das Gebiet, auf das sich die Hoffnungen und Bemühungen der PLO hauptsächlich konzentrierten – das Westjordanland –, war besonders enttäuschend. Der Großteil der dort seßhaften Bevölkerung hatte eine Menge zu verlieren und Beispiele von Verwandten vor Augen, die alles verloren hatten. Mit Worten wurden die Fedajin allgemein bereitwillig unterstützt; ebenso bereitwillig fanden sich auch Informanten. So war es den Israelis möglich, potentielle Guerillas aufzugreifen und sie über die Grenzen zu befördern.

Der Widerstand der verzweifelten, verbitterten Bevölkerung des Gazastreifens war gefährlicher. 1970 kontrollierten die mit Kalaschnikowgewehren, Handgranaten und anderen Waffen ausgerüsteten PLO-Kämpfer praktisch den Gazastreifen und töteten verdächtige Palästinenser und angreifende Israelis.

Die Israelis durchsuchten systematisch die Flüchtlingslager; die Folge waren meist Festnahmen, Ausweisungen und eine teilweise Zerstörung der Lager. So gelang es, die Herrschaft der PLO in Gaza zu beenden; 1972 war der interne bewaffnete Widerstand im gesamten Gebiet gebrochen, doch die Aktivitäten der Fedajin jenseits der Grenzen forderten immer noch zahlreiche Todesopfer. Im Anschluß an den Schwarzen September des Jahres 1970 besiegte Hussein die PLO-Streitkräfte auf dem östlichen Jordanufer; dies half den Israelis bei ihrem Kampf gegen die PLO im Westjordanland und in Gaza sehr. Etwa hundert PLO-Mitglieder überquerten den Jordan und lieferten sich lieber den israelischen Streitkräften auf Gnade und Ungnade aus, als den Beduinensoldaten des Haschimidenkönigs in die Hände zu fallen.

Moshe Dayan war Verteidigungsminister, und als Held des Tages besaß er in der Regierung Eshkol die größte Autorität. Die besetzten

Gebiete standen in den ersten Jahren unter Militärverwaltung und damit unter Dayans Kontrolle. Unmittelbar nach dem Sieg erwartete Dayan täglich einen Telefonanruf aus Amman, der den Auftakt zu einem umfassenden Friedensabkommen bilden würde. Dieses Abkommen würde auf der Rückgabe eines Teils der besetzten Gebiete an Jordanien und auf einer gemeinsam beschlossenen, dauerhaften Grenze zwischen Jordanien und Israel beruhen.

Der erwartete Anruf kam nie. Selbst nachdem König Hussein gezwungen gewesen war, die PLO als organisierte und quasi-autonome Streitkraft auf seinem Gebiet zu vernichten, zog er es vor, soweit wie möglich innerhalb des arabischen Konsens und damit im Kriegszustand mit Israel zu bleiben. Doch es wurde ein eigenartiger Kriegszustand.

Es gehörte zu Dayans Politik, die politischen und gesellschaftlichen Angelegenheiten der arabischen Bevölkerung in den besetzten Gebieten soweit wie möglich unter haschimidischer oder prohaschimidischer Kontrolle zu belassen. Einzig die israelischen Sicherheitsbestimmungen mußten erfüllt werden.

Dayan lehnte es ab, hier eine zivile israelische Verwaltung einzusetzen, und gestattete auch der Militärregierung nur, sich soweit in arabische Angelegenheiten zu mischen, als es für die israelische Sicherheit notwendig war. Die Araber des Westjordanlandes sollten weitgehend so leben, wie sie es unter jordanischer Herrschaft getan hatten. Als Währung wurde in diesem Gebiet der jordanische Dinar beibehalten. Die Araber des Westjordanlandes unterstanden weiterhin dem jordanischen Gesetz; die Rechtsprechung erfolgte durch die Gerichte in Amman. Die Schulen blieben jordanisch, und es wurde nach einem »revidierten jordanischen« Lehrplan unterrichtet; das bedeutete, daß alle Passagen, die sich auf den »Haß auf Israel« bezogen, gestrichen wurden. Die Araber des Westjordanlandes wurden dazu ermutigt, Amman auch weiterhin als ihre Hauptstadt zu betrachten.

Das Nervenzentrum dieses Systems bildeten die Brücken über den Jordan, die auf Befehl Moshe Dayans nach dem Ende des Krieges offen blieben. Die offenen Brücken erwiesen sich als eine äußerst erfolgreiche und dauerhafte Einrichtung, vielleicht die einzige, die Juden und Araber gleichermaßen schätzten. Das gesellschaftliche und wirtschaftliche Leben des alten haschimidischen Königreiches blieb dank der Brücken an beiden Ufern des Jordan erhalten; es stand den Arabern auf beiden Seiten frei, nach erfolgter Sicherheitskontrolle auf das andere Ufer des Flusses zu reisen und ihre Waren mitzunehmen. Waren aus dem Westjordanland und aus Israel konnten an das Ostufer und von dort in den gesamten Nahen Osten gebracht werden.

Was den Belagerungszustand anlangt, so führte der Krieg von 1967 einerseits zu einer Verschärfung, andererseits aber zu einer Lockerung. Verschärfend wirkte sich aus, daß eine große Zahl potentiell feindlich gesinnter Menschen in israelisch verwaltetes Gebiet gelangt war – und damit innerhalb der Mauer lebte, wenn auch nicht in der Zitadelle. Die Lockerung bestand in der teilweisen Öffnung der bis 1967 hermetisch abgeschlossenen Grenze zwischen dem von Israel kontrollierten Gebiet und dem seiner Nachbarn. Diese Grenze war in beiden Richtungen durchlässig geworden, mit einer Ausnahme: nicht für israelische Juden.

Die Beziehung, die sich nach 1967 zwischen Israel und Jordanien hinsichtlich des Westjordanlandes entwickelte, wurde von verschiedenen Fachleuten als »stillschweigende Allianz«, als »System stillschweigender Allianzen«, als »praktische Koexistenz« und als »eine informelle Doppelherrschaft« beschrieben. Ich möchte mich gern Jan Lusticks glücklicher Prägung »feindschaftliche Partnerschaft« bedienen.

Wie zu erwarten war, schwankte die Beziehung zwischen Partnerschaft und Feindschaft. Anfänglich, als Hussein versuchte, mit der PLO zu arbeiten, lag der Schwerpunkt auf Feindschaft. In der Zeit von 1970 bis 1973, nach dem Schwarzen September, trat die Partnerschaft in den Vordergrund, und die Bewohner des Westjordanlandes bekannten sich offen dazu. Im September 1972 brachte Ägypten in der Arabischen Liga den Vorschlag ein, die Brücken zu schließen; sowohl die Bürgermeister des Westjordanlandes als auch Jordanien stellten sich dagegen, und der Vorschlag verlief im Sand.

1973 war Hussein infolge seiner »arabischen Konsens«-Politik gezwungen, sich Ägypten und Syrien im Yom-Kippur-Krieg gegen Israel anzuschließen. Doch selbst dieses bedrohliche Problem in der Beziehung zwischen Israel und Jordanien wurde im Geist der feindschaftlichen Partnerschaft gelöst. Der König entsandte eine Brigade, die an der syrischen Front gegen die Israelis kämpfen sollte, doch im geheimen bat er die Israelis, nicht an der jordanischen Front zurückzuschlagen. Israel hatte sehr gute Gründe, dem Vorschlag zuzustimmen; so blieben die Brücken während des Krieges offen.

Dem Yom-Kippur-Krieg folgten weitere Spannungen. Die Begeisterung für die PLO erreichte ihren Höhepunkt. Husseins Jordanien war isoliert; die in der Stunde der Not der arabischen Nationen offenen Brücken waren nicht unbemerkt geblieben. Der arabische Gipfel in Rabat anerkannte 1974 die PLO als einzigen legitimen Vertreter der Palästinenser. Hussein sah sich gezwungen, die Erklärung ebenfalls zu unterschreiben.

Man sollte meinen, daß Rabat jegliche Form der »Partnerschaft«, sogar eine »feindschaftliche zwischen Israel und einem arabischen Land«, ausschloß. Die Wirklichkeit sah anders aus.

Im Januar 1975, nur wenige Monate nach Rabat, trafen Vertreter von

Jordanien, Ägypten, Syrien und der PLO in Kairo zusammen. Man kam überein, daß die Palästinenser »ihre jordanische Staatsbürgerschaft und die sich daraus ergebenden Rechte behalten würden«. Einen Monat danach bezog sich der jordanische Premierminister Zayd al-Rifa öffentlich auf die beiden Völker des Ost- und Westjordanlandes, die zu einer Einheit verschmolzen waren.

Hussein war jetzt nicht nur in eine »feindschaftliche Partnerschaft« verwickelt, sondern in zwei; die zweite bestand mit der PLO. Demokratischen Gradmessern zufolge befand sich die PLO im Westjordanland im Vormarsch und Hussein im Rückzug. Die Kommunalwahlen im April 1976 gaben den Menschen im Westjordanland Gelegenheit, ihre Solidarität mit der PLO zu beweisen. In den großen Zentren wurden die traditionellen prohaschimidischen Abgeordneten nicht wiedergewählt, sondern durch Kandidaten ersetzt, die sich für die Unterstützung der PLO aussprachen. So manchem Beobachter schien damit der Niedergang Husseins im Westjordanland vollzogen.

Die PLO war nun also zwar aufgetreten, doch Hussein war nicht abgetreten; er hatte auch nichts aufgegeben, es sei denn rhetorisch. Rhetorisch kontrollierte die PLO zum Großteil die Politik des Westjordanlandes, doch in vielen sachlichen Belangen besaß Hussein immer noch unauffällig ausgeübte Autorität. Die Brücken blieben offen, und viele der neu gewählten Pro-PLO-Abgeordneten benutzten sie 1976 und danach auf dem Weg zu Audienzen beim Haschimidenkönig in Amman. Die Beamten im Westjordanland wurden von Jordanien bezahlt, und Subventionen der reichen Ölstaaten erreichten das Westjordanland über die Bankkanäle von Amman.

»Sumud« – Standhaftigkeit – ist im Westjordanland zum Schlüsselwort geworden. Jemand, der standhaft ist, ist ein Samid. Die Bewohner des Westjordanlandes mußten sich ihren Weg durch ihre dreifach politische Umwelt – israelisch, jordanisch und PLO – mühevoll suchen; dabei wurde Sumud zu einem nützlichen, vielseitigen Begriff. Er bringt die Anerkennung der arabischen Welt dafür zum Ausdruck, daß die Bewohner des Westjordanlandes bleiben, wo sie sind. Diese Anerkennung war nicht selbstverständlich; in der Zeit zwischen 1948 und 1967 galten die Araber Israels als Verräter, weil sie geblieben waren; auch sie können jetzt zu den Samid zählen.

Mit der Anerkennung des mit Sumud bezeichneten Zustandes akzeptiert die PLO auch das Mißlingen ihres Versuches, sich in die Rolle der bewaffneten Revolutionäre zu »implantieren«. Sie mußte auf eine Wahl- und Rhetorikrolle zurückgreifen, die Israel in der Praxis tolerierte. Dank Sumud können die Bewohner des Westjordanlandes mit der PLO und Jordanien einer Meinung sein, ohne sich damit die aktive Feindschaft Israels zuzuziehen. Es ist ein Wort, mit dem die Menschen leben können, ohne ihre Würde zu verlieren.

Unter israelischer Herrschaft hat die Bevölkerung des Westjordanlandes und des Gazastreifens zugenommen, doch in bedeutend geringerem Ausmaß als die arabische Bevölkerung Israels. Die Zuwachsraten im Westjordanland und in Gaza liegen in der Zeit von 1968 bis 1980 mit 1,4 und 2,3 Prozent klar unter jener der jüdischen Bevölkerung Israels (2,53 Prozent) und noch deutlicher unter der Zuwachsrate der nichtjüdischen (fast ausschließlich arabischen) Bevölkerung Israels. Die Fruchtbarkeitsziffer ist zwar hoch, doch ihre Auswirkungen werden durch die hohe Auswanderungsrate (besonders von Gebildeten) nach Jordanien und in die Emirate nahezu vollkommen ausgeglichen. Obwohl die Zuwachsrate niedrig ist, liegt sie immer noch über jener der jordanischen Ära.

Meron Benvenisti bezeichnete die Wirtschaft des Westjordanlandes unter israelischer Herrschaft als unterentwickelt, nicht lebensfähig, stagnierend und abhängig. Zweifellos sind einige dieser Adjektive gerechtfertigt, aber »stagnierend« ist eine nicht ganz zutreffende Charakterisierung. Zwischen 1968 und 1980 nahm das Bruttonationalprodukt des Westjordanlandes jährlich um durchschnittlich zwölf Prozent zu; auch der Pro-Kopf-Zuwachs lag bei zehn Prozent. Dies deckt sich nicht mit dem Bild einer stagnierenden Wirtschaft.

»Abhängig« scheint eher zuzutreffen, doch es ist ein Reizwort, das man verwenden kann, um eine positive Entwicklung negativ erscheinen zu lassen. Die Landwirtschaft des Westjordanlandes ist zwar, was technische Einrichtungen, Maschinen und Dünger anlangt, von Israel abhängig, doch sie hat von dieser Abhängigkeit ungeheuer profitiert. Der Gesamtwert der landwirtschaftlichen Produktion des Westjordanlandes stieg von einhundertvierzehn Millionen israelische Pfund im Jahr 1968 auf dreihundertfünfzig Millionen im Jahr 1972. Man kann die Auswirkungen dieses Booms auch als zunehmende Abhängigkeit sehen. Verbesserungen in der landwirtschaftlichen Technik und in der Produktivität bedeuten aber, daß weniger Menschen auf den Feldern Arbeit finden. Jene, die auf diese Weise verdrängt wurden, arbeiten in Israel für geringeren Lohn als die Israelis (die Lücke wird angeblich kleiner). Die an Israel grenzenden Teile des Westjordanlandes wurden auf diese Weise zu Schlafstädten. Die Zahl der Pendler schwankt zwischen neunundzwanzig Prozent (offizielle Zahl) und neunundvierzig Prozent (Benvenistis Zahl).

Die Bewohner des Westjordanlandes, die in Israel arbeiten, werden gern mit abschätzigen Ausdrücken bezeichnet. Doch wird dieses Phänomen von den Betroffenen wahrscheinlich weniger negativ empfunden als von jenen, die es von fern betrachten.

Der arabische Schriftsteller Salim Tamari stellte einmal Arbeitern im Distrikt Ramallah die Frage, warum sie es vorzogen, in Israel zu arbeiten, wenn sie im Westjordanland für den gleichen Lohn für einen arabischen Arbeitgeber arbeiten konnten. Bezeichnenderweise lautete die Antwort von Hasam, einem der Gesprächspartner von Tamari: »Einen arabischen Bauunternehmer muß ich vier- bis fünfmal daran erinnern, mich zu bezahlen. Tut er es dann endlich, habe ich einen guten Teil meines Geldes bereits durch die Inflation verloren. Der Jude kann es sich nicht leisten, dich zu betrügen, denn er muß vier oder fünf Baustellen gleichzeitig fertigstellen und möchte die Arbeit erledigen.«

Die Möglichkeit, in Israel zu arbeiten, hat besonders in Gaza das Leben auf dramatische Weise verändert. Der drusische Journalist Rafik Halabi, der 1971 während seiner Militärdienstzeit in Gaza über die dort herrschenden Zustände entsetzt gewesen war, fand bei seiner Rückkehr Mitte der siebziger Jahre ein »neues Gaza« vor. Sehr anschaulich beschreibt er eine Rundfahrt durch Gaza City um fünf Uhr morgens, die ihn und sein Fernsehteam über den Palästina-Platz führte, wo die Ra'isin (die örtlichen arabischen Unternehmer) einen Arbeitsmarkt organisiert hatten und Hilfskräfte für israelische Farmen und andere Unternehmen bereitstellten. Doch Halabi zieht keine optimistischen *politischen* Schlußfolgerungen aus der verhältnismäßig günstigen wirtschaftlichen Entwicklung. Im Gegenteil, er endet nur wenige Zeilen nach der bunten Schilderung jener morgendlichen Szene: »Man muß mit gutem Grund fürchten, daß der nächste Ausbruch nur eine Frage der Zeit ist.«

Den Arabern des Westjordanlandes und des Gazastreifens sowie jenen des eigentlichen Israels brachte die jüdische Herrschaft einen deutlichen wirtschaftlichen Fortschritt, bessere materielle Bedingungen – einschließlich einer jährlichen Lohnerhöhung von fünfzehn Prozent – und Vorteile auf dem Gesundheits- und Erziehungssektor. Die im Westjordanland ansässigen Araber, die etwas zu verlieren hatten, als die Israelis kamen, hatten im Verlauf der Besetzung immer mehr zu verlieren. Die Flüchtlinge in Gaza, die 1967 nichts zu verlieren hatten, hatten 1975 etwas zu verlieren. Diese Umstände trugen wahrscheinlich viel dazu bei, daß es der PLO nicht gelang, sich als bewaffnete Widerstandsgruppe zu »implantieren«. Professor Bard O'Neill meint dazu, daß der verbesserte Lebensstandard sicherlich zum Teil für die Beruhigung des Westjordanlandes und auch für den fehlgeschlagenen Versuch der Fedajin, hier eine geheime Basis zu errichten, verantwortlich war.

Doch die »Beruhigung« war relativ und beschränkte sich hauptsächlich auf die Ablehnung einer Fedajin-Basis. Der steigende Wohlstand war von der Ablehnung der jüdischen Herrschaft begleitet, die unter jenen am deutlichsten war, die am meisten profitiert hatten: die gebildete Klasse. Der Anschein trügt zum Teil, denn in der israelischen Wirtschaft, die über ein Überangebot an gebildeten Juden verfügt, fand sich wenig Verwendung für gebildete Araber. *Un*gebildete Araber des Westjordanlandes waren in Israel gefragt; gebildete Araber des Westjordanlandes waren in Jordanien und in den Golfstaaten gefragt.

Die Emigration der gebildeten Araber aus dem Westjordanland und aus Gaza nach Osten wirkte zwar als Sicherheitsventil, gleichzeitig führten Studenten die Protestbewegung gegen die israelische Herrschaft an. Vor allem die Bir Zeit Universität im Westjordanland war der Brennpunkt der Protestbewegung. Dort, wo die Studenten die besten Aussichten auf einen Arbeitsplatz hatten, wurde eine Vergangenheit als antiisraelischer Kämpfer gern gesehen, vorausgesetzt, daß sich der Hang zum Protestieren auf Gebiete unter israelischer Herrschaft beschränkte und sich für arabische Machthaber keine Probleme daraus ergaben. Gebildete Araber, die im Westjordanland blieben, standen im allgemeinen der israelischen Herrschaft mit entschlossener Feindseligkeit gegenüber.

H. A. Kampf führte 1973 eine Untersuchung über die Einstellung der Araber im Westjordanland zur israelischen Herrschaft durch. Seine Studie beruht hauptsächlich auf achtundsiebzig Tiefeninterviews von Arabern im Westjordanland. Als sie aufgefordert wurden, die Realität der Okkupation mit ihren Erwartungen im Jahr 1967 zu vergleichen, antworteten vier von fünf, daß es besser ausgefallen war, als sie erwartet hatten. Beim Vergleich der israelischen Herrschaft mit der arabischen stellte eine Mehrheit der Befragten fest, daß die israelische Herrschaft entweder besser, weniger brutal, effizienter oder weniger korrupt als die jordanische sei. Die meisten Interviewten hatten das Gefühl, daß sie nicht schlecht behandelt wurden, und viele hatten sogar materielle Vorteile erzielt. Dennoch lehnte eine große Mehrheit die israelische Herrschaft entschieden ab. Auf die grundlegende Frage, ob sie einen Rückzug der Israelis aus dem Westjordanland begrüßen würden, selbst wenn dies den Zusammenbruch der Wirtschaft bedeutete, antworteten achtundsiebzig Prozent mit Ja, ohne Rücksicht auf die Folgen.

Je länger die Besetzung dauerte, desto mehr dominierte die Frage der jüdischen Siedlungen die Auseinandersetzung um das Westjordanland. Die Araber lehnten natürlich *jegliche* Besiedlung der besetzten Gebiete durch Juden ab; die internationale Meinung unterstützte diese Ansicht, denn jüdische Siedlungen im Westjordanland widersprachen dem internationalen Recht und der Genfer Konvention. Die israelischen Juristen wandten ein, daß es sich hier nicht um die militärische Okkupation eines Teilgebietes eines souveränen Staates handelte, da in diesem Fall die Oberhoheit Jordaniens über das Westjordanland international nie anerkannt worden war. Die jüdische Meinung in Israel war geteilt: Sollten solche Siedlungen überhaupt gegründet werden, und wenn ja, wo und wie sollten sie angelegt werden und welchem Zweck sollten sie dienen?

Während der Besiedlungen von 1967 bis 1977 hatte das Labor-Bündnis das Übergewicht in der Regierung. Die Politik der Likud-Regierung von 1977 an wird in Kapitel 12 behandelt. Die Labor-Regierung strebte während der Zeit ihrer Herrschaft über das Westjordanland aus strategischen Gründen eine begrenzte, aber großangelegte Besiedlung an. Yigal Allon, stellvertretender Premierminister in der Regierung Eshkol, entwarf bereits am 26. Juli 1967 einen Plan, der zwar offiziell nie angenommen wurde, aber mit der Zeit zur territorialen und ideologischen Grundlage der ausgedehnten offiziellen Besiedlungsprogramme in den besetzten Gebieten wurde.

Der Allon-Plan schlug vor, Israel einen zwölf bis fünfzehn Kilometer breiten Streifen entlang dem westlichen Jordanufer und der Westküste des Toten Meeres einzugliedern. (In diesem Gebiet war die arabische Bevölkerung relativ gering.) In der zu inkorporierenden Zone forderte Allon »die möglichst umgehende Errichtung von ländlichen und städtischen Siedlungsbasen gemäß den Sicherheitserfordernissen«. Weiter verlangte er für Ostjerusalem neue jüdische Wohnsiedlungen – ebenfalls aus Sicherheitsgründen – und neue Städte, die die dicht bewohnten arabischen Zentren Jericho und Hebron überwachen sollten.

Der zweite Hauptaspekt von Allons Plan lag in der Bemühung, die Aneignung von Landstrichen durch Israel zu vermeiden, die dicht von Arabern besiedelt waren. Der Großteil des nördlich von Jerusalem besetzten Gebietes – Samaria – sollte »autonom« werden, eventuell in Form einer Konföderation mit Jordanien. Was Gaza anlangte, so hoffte man, daß die Bevölkerung die Umsiedlung in das autonome (oder mit Jordanien konföderierte) Westjordanland akzeptieren würde, so daß der Gazastreifen Israel eingegliedert werden konnte.

Der Autonomieaspekt des Allon-Planes war von vornherein etwas nebulos. Es erschien undenkbar, daß Hussein das ungeheure Risiko, das mit der Unterzeichnung *jedes* Friedensvertrages mit Israel verbunden war, in Kauf nehmen würde, um eines Abkommens willen, das ihn jeglicher Mitsprache in Jerusalem beraubte und ihn außerdem vierzig Prozent seines ehemaligen Territoriums westlich des Jordans kostete.

Weder die Regierung Levi Eshkol noch später die Regierung Golda Meir und Yitzhak Rabin faßten hinsichtlich der Eingliederung oder der Autonomie einen formellen Entschluß. Doch mit den Besiedlungsplänen im Jordantal und in Ostjerusalem machten sie weiter, so wie Allon es empfohlen hatte. Die dicht von Arabern bewohnten Gebiete waren zwischen 1967 und 1977 von der jüdischen Besiedlung ausgenommen.

Begin und seine Herut (später Teil der Likud) widersetzten sich der Idee, sich aus *irgendeinem* der von Israel 1967 eroberten Gebiete zurückzuziehen. Begin und seine Kollegen blieben drei Jahre in der Regierung der Nationalen Einheit (gegründet 1967), verließen sie jedoch im August 1970, als Golda Meir – sie hatte das Amt des Premierministers übernommen, nachdem Levi Eshkol einem Herzinfarkt erlegen war – öffentlich erklärte, daß Israel die Resolution 242 »in allen Teilen« annahm; eines der darin angestrebten Ziele war der »Rückzug israelischer Truppen aus im Konflikt des Jahres 1967 besetzten Gebieten«.

Begin und seine Anhänger glaubten leidenschaftlich daran, daß die Zionisten nicht das Recht hatten, auch nur einen Teil von Erez Israel aufzugeben, ganz bestimmt nicht Judäa und Samaria. Die öffentliche Meinung tendierte langsam in Begins Richtung; nach dem Yom-Kippur-Krieg im Jahr 1973 beschleunigte sich dieser Prozeß.

Für viele Israelis zeigten die Umstände des Yom-Kippur-Krieges deutlich, daß es für Israel lebenswichtig war, an den besetzten Gebieten festzuhalten. In diesem Krieg war den arabischen Armeen – zum allgemeinen Erstaunen – eine strategische Überraschung geglückt. Die besetzten Territorien hatten Israel Spielraum und Zeit gewährt, um sich von der Überraschung zu erholen. Doch was wäre gewesen, wenn den Arabern die Überraschung eines Israels geglückt wäre, das innerhalb der Grenzen des Jahres 1967 kämpfte? Viele Israelis hatten den Eindruck, daß die Besetzung der Gebiete der Faktor gewesen war, der Israel 1973 vor einer militärischen Niederlage rettete, auf die die Ausrottung der jüdischen Bevölkerung gefolgt wäre.

Man konnte der Labor-Regierung fairerweise nicht vorwerfen, daß sie in ihrer Politik für die besetzten Gebiete die Sicherheit vernachlässigt hatte; die Sicherheit hatte für sie immer an erster Stelle gestanden. Doch nach dem Yom-Kippur-Krieg verstärkte sich die Tendenz unter Israelis, Labor-Politikern grundsätzlich zu mißtrauen. Die Labor-Führer wurden kollektiv für das Versagen des Geheimdienstes, für den Überraschungsangriff und die Beinahe-Niederlage verantwortlich gemacht. Das ashkenasische Establishment und die aus den Kibbuzim stammende Offiziersklasse gerieten ebenfalls in Verruf. Nur Begin und seine Freunde entgingen diesem Schicksal.

Drei Ereignisse des Jahres 1974 vertieften das Gefühl der Belagerung. Im Mai kidnappten Fedajin neunzig israelische Schulkinder in Ma'alot. Bei der darauffolgenden Rettungsaktion der israelischen Streitkräfte wurden zwanzig Kinder getötet. Das Entsetzen aller Israelis nahm eine ausgeprägt politische Wendung, als sich herausstellte, daß die Organisatoren der Fedajin-Operation in Ma'alot wohlbekannte palästinensische »Gemäßigte« waren, die mit den israelischen »Tauben« im Gespräch gestanden hatten. Im Oktober anerkannte der arabische Gipfel in Rabat die PLO – die Konföderation aller Fedajin-Gruppierungen – als einzig legitime Vertretung des palästinensischen Volkes. Am 13. November sprach Jasir Arafat, Anführer der PLO, vor der Generalversammlung der Vereinten Nationen und erhielt eine stehende Ovation. Die Wut der Juden darüber verdoppelte sich, wenn sie an den Jubel dachten, mit dem die palästinensischen Araber dieses Schauspiel verfolgten.

Eine von der Herut sowie von Angehörigen religiöser Gruppen und sogar der Labor-Partei begünstigte Bewegung rückte nun in den Vordergrund: Sie verfolgte die *inoffizielle* Besiedlung der besetzten Gebiete durch Juden, ohne Rücksicht auf die Gefühle der Araber, auf Bevölkerungsdichte oder auf die internationale öffentliche Meinung.

Gush Emunim – Block der Getreuen – wurde am 7. Februar 1974 in Gush Ezion in der Nähe von Jerusalem von mehreren hundert jungen Aktivisten gegründet, die zur Nationalen Religiösen Partei gehörten. Im Grunde genommen handelt es sich um eine religiöse Gruppe, aber die Kernfragen von Religion und Land sind hier untrennbar verbunden. Die Mitglieder der Gush Emunim vertreten die Meinung, daß sowohl die jüdische Nation als auch das jüdische Land heilig sind, da beide von Gott auserwählt wurden. Die Gush glauben, daß sie nicht nur eine religiöse Mission erfüllen, sondern auch den Geist der Pioniere und der ersten Kibbuzim zu neuem Leben erwecken.

Obwohl ihre Zahl nur klein ist, verfügen die Gush über eine unverhältnismäßig große Stärke, deren Quelle ihre Aufrichtigkeit und Entschlossenheit ist, verbunden mit der Kontinuität zwischen dem Geist ihrer Bewegung und einem wichtigen Teil der Traditionen des Judaismus und Zionismus.

Durch die Hartnäckigkeit, mit der sie ihre Politik der Hitnahalut verfolgten, etablierten sich die Gush als Macht innerhalb der Politik Israels. Hitnahalut wird als Kolonisierung übersetzt, doch was die Gush in der Praxis betrieben, war die illegale Ansiedlung in von Arabern bewohnten Gebieten; wurden sie gewaltsam vertrieben, kamen die Siedler einfach wieder. Dieses Verfahren drängte die bereits unpopuläre Regierung in noch größere Unpopularität, da sie hart mit religiösen, zionistischen Juden verfuhr. Das belastete die Labor-Regierung schwer, und die Belastung wurde nach den Kommunalwahlen im April 1976 noch größer. Das Resultat dieser Wahlen zeigte, daß offensichtlich die meisten Araber im Westjordanland Jasir Arafat unterstützten.

Ende 1976 erlahmte der Labor-Widerstand gegen die Hitnahalut. Im Dezember erlaubte Shimon Peres, der Verteidigungsminister der Labor-Partei, später Vorsitzender seiner Partei und ab 1984 Premierminister, den Gush-Siedlern, in Sebastia in der Nähe der arabischen

Stadt Nablus in einem Armeelager zu bleiben, »bis die Regierung einen passenden alternativen Standort gefunden hat«.

Es war den Gush gelungen, in die etablierte Politik der beschränkten Besiedlung eine Bresche zu schlagen, noch bevor ihre Freunde und Verbündeten in der Likud die Wahlen in die Knesset im Mai 1977 gewannen. Das Gesamtergebnis der Besiedlungspolitik während der zehn Jahre der Labor-Regierung bestand aus zweiunddreißig Siedlungen mit Verteidigungscharakter im Westjordanland.

Während der ersten zehn Jahre der Besetzung nahm die Verhärtung der in der Knesset vertretenen öffentlichen Meinung hinsichtlich der in den besetzten Gebieten anzuwendenden Politik unermüdlich zu. Zwei Politologen, Avner Yaniv von der Universität Haifa und Fabian Pascal von der Northwestern University, Illinois, verfolgten diesen Verhärtungsprozeß Schritt für Schritt in einer wertvollen Studie über die Verhaltensweise der Mitglieder der Knesset während dieser Periode.

Yaniv und Pascal begannen damit, der alten Tauben/Falken-Antithese mehr Bedeutung beizumessen als üblich. Sie unterschieden zunächst jeweils drei Kategorien von Falken und Tauben, wobei jede Kategorie aufgrund ihrer Einstellung zur Politik in den besetzten Gebieten definiert wird. Zur Vereinfachung fassen die beiden Autoren ihre sechs Kategorien zu drei maßgeblichen zusammen:

Falken (bedingungslose Falken und *militante Falken)*: beide Gruppen lehnen die Rückgabe von Gebieten innerhalb Palästinas ab.

Gemäßigte (gemäßigte Falken und *gemäßigte Tauben)*: für beide ist der Allon-Plan maßgebend; sie sehen im Jordan eine strategische, aber nicht unbedingt politische Grenze. Die gemäßigten Tauben versuchen außerdem, eine »unnötige Dominanz« zu vermeiden.

Tauben (militante Tauben und *bedingungslose Tauben)*: beide Gruppen befürworten die Rückgabe aller besetzten Gebiete sowie die Errichtung eines palästinensischen Staates im Westjordanland und Gazastreifen; die militanten Tauben erwarten dabei eine Gegenleistung, die bedingungslosen Tauben wollen nichts außer der Anerkennung und einem Friedensvertrag.

In der Sechsten Knesset, zur Zeit des Sechstagekrieges, besaßen die Gemäßigten die klare Mehrheit mit dreiundsiebzig der einhundertzwanzig Knesset-Sitze, während die Falken siebenunddreißig und die Tauben zehn Sitze hatten. In der Folgezeit blieben die Tauben zahlenmäßig gleich und stets die kleinste Gruppe, die Gemäßigten nahmen dagegen ständig ab und die Falken zu. In der Neunten Knesset verfügten die Falken 1977 bereits über zweiundsechzig Sitze, die Gemäßigten kamen nur noch auf neunundvierzig, und innerhalb dieser Gruppe übertrafen die gemäßigten Falken wiederum die gemäßigten Tauben.

In Begins Likud dominierten mehr und mehr die Falken. 1977 war nicht nur die Mitgliederzahl der Likud stark gestiegen, sondern das Verhältnis lautete jetzt sechsundachtzig Prozent Falken und vierzehn Prozent Tauben.

Yaniv und Pascal warnen sehr richtig davor, aus der dramatischen Verschiebung der Standpunkte allzu weitreichende Schlüsse hinsichtlich der Zukunft der Gebiete zu ziehen. Ihre Studie endet mit den Worten, daß letztendlich eine sowohl von Angst geprägte als auch pragmatische Ausrichtung der Politik überwiegen wird, wer immer an der Macht ist.

Die Angst der Israelis entspricht jedoch nicht unserer Auffassung dieses Wortes, denn wir leben in einer Gesellschaft und in politischen Systemen, deren Existenzberechtigung niemals in Frage gestellt wurde. Die Angst der Israelis ist von elementarer und existentieller Art: Es ist die Angst eines Volkes, das im Verlauf der Geschichte immer bedroht, ja im vierten Jahrzehnt des zwanzigsten Jahrhunderts in der Alten Welt beinahe ausgelöscht wurde und von der tief verwurzelten Feindseligkeit seiner neuen und gleichzeitig alten Umgebung immer noch bedroht wird. Der Pragmatismus des jüdischen Staates ist an eine Angst dieser Art gebunden und kann dadurch leicht Formen annehmen, die für Menschen, die weniger zu befürchten haben, kaum noch pragmatisch wirken.

Durch den beinahe verlorenen Yom-Kippur-Krieg ist die Aufrechterhaltung der militärischen Kontrolle, insbesondere über das Westjordanland, für eine zunehmende Zahl von Israelis zu einer Lebensnotwendigkeit geworden. In diesem Punkt zumindest waren sich Pragmatiker und Mystiker einig.

Für die Araber des Westjordanlandes wirkte die Verschiebung im Spektrum der jüdischen Meinung entmutigend. Ein »Kompromiß« – wie der Allon-Plan, den alle arabischen Führer voll Verachtung abgelehnt hatten – wurde nicht mehr angeboten. Die 1977 in der Knesset und in Israel dominierenden Kräfte waren sich darin einig, daß sie gegen *alle* Zugeständnisse hinsichtlich der palästinensischen Gebiete waren. Alle im Sechstagekrieg eroberten Gebiete sollten auch weiterhin von Israel kontrolliert werden, unabhängig davon, ob sie formell annektiert worden waren oder nicht.

Das Übergewicht der Falken mochte sich als dauerhaft herausstellen oder auch nicht. Die Stärke der Gemäßigten war in dieser Periode zwar rückläufig, war aber immer noch beträchtlich und innerhalb des Labor-Bündnisses dominant. Bedenklicher – wenn es um ein mögliches Friedensabkommen ging – war der Charakter der Debatten innerhalb Israels auf der einen Seite und zwischen den Arabern auf der anderen. Die beiden Debatten deckten sich in keinem einzigen Punkt. Die beiden Völker sprachen jeweils über vollkommen verschiedene

Dinge und erwogen Möglichkeiten, die ihnen die andere Seite sehr wahrscheinlich nicht anbieten würde.

In Israel trennte folgende Frage die Gemäßigten von den Falken: Was sollte man tun, wenn die arabischen Führer bereit wären, einem Übereinkommen in der Art des Allon-Plans zuzustimmen und Israel innerhalb der erweiterten Grenzen anzuerkennen, vorausgesetzt, daß Israel einen Teil der besetzten Gebiete abtrat?

Auf arabischer Seite lautete die Frage, die die Falken von den Gemäßigten schied: Was sollte man tun, wenn Israel bereit wäre, *alle* Gebiete zurückzugeben und sie einschließlich Ostjerusalems, mit der Altstadt und der Mauer, einem unter der Leitung der PLO stehenden palästinensischen Staat zu überlassen? Sollten sich die Araber als Gegenleistung zu einer Anerkennung Israels innerhalb der Grenzen vor 1967 entschließen?

Die lang andauernde Besetzung begann, neue und beunruhigende Formen anzunehmen. Die ersten jüdischen Siedlungen – hauptsächlich im dünn bevölkerten Jordantal – hatten einen begrenzten säkularen Verteidigungszweck gehabt. Die neuen Siedler vom Typ Gush Emunim waren messianische Fundamentalisten, die das ganze Land wiederherstellen wollten und dazu entschlossen waren, alles, was sich ihrer Mission entgegenstellte, aus dem Weg zu räumen.

David Glass, ein zu den Tauben gehörendes ehemaliges Mitglied der Knesset, berichtet über den Schock anläßlich eines Besuchs in einer Siedlung der Fundamentalisten im Westjordanland: »Bei der ersten mir gestellten Frage verschlug es mir die Rede: ›Was würden Sie tun, wenn Sie Joshua wären und den Befehl erhielten, die sieben Völker zu vernichten?‹ ... Für alle Anwesenden war es klar, daß die Frage auf die Gegenwart anspielte; die Siedlung ist von arabischen Dörfern umgeben.«

David Glass fragte seinen Gesprächspartner, was dieser tun würde. Er antwortete ihm, daß er zuerst die Araber ersuchen würde, das Land freiwillig zu verlassen. Taten sie es nicht, so würde er sie dazu zwingen. Das war nicht die Meinung eines einzelnen; zu Glass' Erstaunen wurde sie von vielen geteilt.

Die arabischen Samid weigerten sich, freiwillig zu gehen, aber sie sahen auch davon ab, den Siedlern und ihren Hintermännern begründeten Anlaß zu umfangreichen Repressalien zu geben. Während der ersten zehn Jahre der Besetzung war Sumud ein relativ einfacher Weg gewesen. Doch zu Ende der sechziger Jahre machten die schwindenden Hoffnungen (auf einen Rückzug der Israelis) und der neue Typ von Siedlern Sumud schwieriger. Wenn Sumud trotzdem beibehalten wurde, so wahrscheinlich deshalb, weil die Alternative das hohe Risiko beinhaltete, alles zu verlieren.

Nach dem Sechstagekrieg von 1967 war die Zahl der nicht unter Israels Herrschaft stehenden Palästinenser etwas geringer als die Zahl jener unter israelischer Herrschaft: etwas über eineinhalb Millionen gegen 1,6 Millionen. In den an Israel grenzenden Staaten (East Bank von Jordanien, Libanon, Syrien, Ägypten) lebten 1,154 Millionen Palästinenser, in den nicht an Israel grenzenden Staaten (Kuwait, Saudi-Arabien, Irak, sonstige) 0,355 Millionen.

Die palästinensische Bevölkerung in den arabischen Staaten setzte sich aus jenen zusammen, die 1948 das von den Juden kontrollierte Gebiet verlassen hatten, plus jenen, die während des oder kurz nach dem Sechstagekrieg aus dem Westjordanland und aus Gaza gekommen waren. Die Beziehungen zwischen den Palästinensern einerseits und der Bevölkerung sowie den Regierungen ihrer Gastländer andererseits war von Anfang an gespannt – besonders in Jordanien und im Libanon. Anfang der siebziger Jahre betrug der Anteil der Palästinenser in Jordanien fünfzig Prozent der Gesamtbevölkerung, in der Hauptstadt Amman etwa fünfundachtzig Prozent. Viele der politisch denkenden Palästinenser gehörten der Hadschi-Amin-Tradition an, standen der Haschimiden-Dynastie feindlich gegenüber und hofften auf deren Sturz.

Der Anteil der Palästinenser an der Gesamtbevölkerung des Libanon war geringer; die Palästinenser stellten aber hier eine noch größere potentielle Bedrohung des nationalen Staatswesens dar. Im Zentrum des politischen Lebens im Libanon stand ein »nationales Einvernehmen« über die Aufteilung der Macht zwischen den maronitischen (syrischen) Christen, den Sunniten und den Schiiten – so ziemlich in dieser Reihenfolge. Die Aufnahme von mehr als einer Viertelmillion Außenstehender, fast alles Sunniten, wurde als mögliche Bedrohung dieses Gleichgewichtes abgelehnt.

Während der fünfziger und bis zur Mitte der sechziger Jahre waren die Palästinenser (zum Großteil) demoralisiert und verzweifelt und wurden im allgemeinen von der Gastbevölkerung von oben herab behandelt. Fawaz Turki, der als Knabe aus Haifa in den Libanon gekommen war, schrieb über seine Erfahrungen: »Ich war Palästinenser. Das bedeutete, daß ich ein Außenseiter, ein Fremder, ein Flüchtling und damit eine Last war.« Turki erinnert sich an einen Vorfall in Beirut. Er war damals vierzehn Jahre alt und beobachtete einen Schausteller mit seinem Äffchen. Der Mann befahl dem Tier: »Zeig uns, wie ein Palästinenser seine Essensration aufhebt.« Turki schreibt, er habe die Araber damals mehr gehaßt als die Juden. Und allgemein: »Der gesamte Nahe Osten ist eine widerwärtige Lüge. Eine abscheuliche Komödie. Ein abstoßender Sumpf.«

Die bitteren Erfahrungen, die Fawaz Turki mit den arabischen Gastgebern der palästinensischen Flüchtlinge machte, waren keine Ausnahme. Rosemary Sayigh interviewte in den Jahren 1975 bis 1978 Palästinenser in libanesischen Lagern. Häufig erfuhr sie von feindlicher und verächtlicher Behandlung durch das Gastvolk. Die Palästinenser wurden als »Erinnerung an eine nationale Demütigung« betrachtet. Man hielt sie für Menschen, die zuerst »ihr Land verkauft hatten« und dann »geflohen waren«. »Der Arabismus ist die Ideologie der Städte und der städtischen Intelligenzia.« Aber die Anhänger dieser Ideologie interessierten sich nicht für die Leute in den Lagern, die für sie nur einfache Bauern waren. Und die Bauern der Gegend befürchteten, daß die vom Unglück verfolgten Palästinenser Unglücksbringer waren.

Gegen Ende der sechziger Jahre besserten sich die materiellen Bedingungen für die Palästinenser ein wenig. Viele Familien erhielten Geld von Familienmitgliedern, die in den Golfstaaten arbeiteten; viele fanden Arbeit und erhielten die Unterstützung der UNRWA. Die Kinder besuchten die Schule, und der Bildungsstand der Palästinenser lag beträchtlich über dem der Gastbevölkerung. Doch das Stigma, weggelaufen zu sein, blieb ihnen.

Die erste Gruppe, der es gelang, wieder Achtung zu erringen, war die Fatah. Die Fatah wurde 1958/1959 in Kuwait von einer Gruppe palästinensischer Studenten gegründet; auch Jasir Arafat zählte zu ihnen. Arafat war vielleicht nicht der ursprüngliche Anführer, aber als die Gruppe nach Beirut übersiedelte, wurde er zu ihrem Hauptsprecher und begann, die Aufmerksamkeit weiter Kreise auf sich zu ziehen.

Arafat ist im wahrsten Sinn des Wortes zu einer legendären Figur geworden. Sogar sein Geburtsort ist umstritten. Er selbst gibt an, daß er in Jerusalem geboren wurde (um 1928), in einem der Häuser, die seither von den Israelis niedergerissen wurden, um den freien Platz vor der Westmauer zu schaffen. Andere behaupten, daß er in Gaza zur Welt kam. Sein Biograph Thomas Kiernan glaubt, daß seine Geburtsstadt Kairo ist.

Wo auch immer Arafat geboren wurde, er wuchs in Gaza auf. Bei seiner Geburt hieß er angeblich Rahman Abdul Rauf Arafat al-Kudna al-Husajni. Er gehörte einer wohlhabenden Handelsfamilie an, die über ausgezeichnete gesellschaftliche und politische Verbindungen verfügte. Seine Mutter Hamida gehörte zu der großen Husseini Hamula. Hadschi Amin war ein entfernter Vetter Arafats. Arafats Vater, Abdul Rauf al-Kudna, war ein prominentes Mitglied der Ichwan – der moslemischen Bruderschaft. Arafat wuchs in der politischen Atmosphäre des arabischen Nationalismus mit seinen wechselnden Allianzen, Fehden, Verrätereien und häufigen Gewalttaten auf; es war eine gute Ausbildung für das, was später kam.

Diejenigen, die in Erinnerungen an Arafat schwelgen, sprechen oft von seinen großen, vorstehenden Augen, mit denen er Zuneigung oder Bedrohung signalisieren konnte, deren Ausdruck willkürlich wechselte und die einen gewissen hypnotischen Effekt besaßen. Um in der nahezu hoffnungslosen Politik, wie er sie betrieb, so lange zu überleben wie er, braucht man kühle Intelligenz und Mut sowie ein hohes Maß an Unverwüstlichkeit. Sein Hang zum Theatralischen spielt zusätzlich eine wichtige Rolle in seinem politischen Repertoire. Arafat erlitt Niederlage um Niederlage, wurde von Jordanien und dreimal von Syrien im Libanon verraten, aber er spielte seine Rolle so gut, daß er sich die Bewunderung und Sympathie eines großen Publikums bewahrte; es gelang ihm sogar, den Eindruck zu erwecken, daß er der Sieger sei.

Ein beeindruckender Aspekt von Arafats politischem Debüt liegt darin, daß er nicht den geringsten Versuch unternahm, die politischen Beziehungen seiner Familie auszunützen. Sobald er in die Politik einstieg, legte er sowohl den Namen seines Vaters als auch den der Familie seiner Mutter ab. Er lernte Hadschi Amin kennen, doch er war nicht beeindruckt. Die gesamte Führungsgeneration war durch al-Nakba, die Katastrophe, in Mißkredit geraten. Arafat war darauf aus, sich als Symbol der moslemischen Fedajin zu etablieren.

Die Fatah, die politische und – letzten Endes – paramilitärische Gruppe, die Arafat und seine Gefährten gründeten, war von Anfang an durch ihr scharfsinniges, pragmatisches politisches Verständnis gekennzeichnet. Die Gruppe beschränkte sich auf ein einziges Ziel – die Befreiung Palästinas –, versuchte jedoch, die größtmögliche Unterstützung und Finanzierung von der arabischen Welt zu erhalten.

Fatah bedeutet wörtlich »Öffnung«, hat aber im Islam einen besonderen Beiklang: Fatah steht auch für die Eroberung eines Landes im Namen des Islams. Aus dem Namen Fatah geht hervor, daß die Gruppe kein Interesse an einer Ausrichtung nach dem Westen oder an der Verbreitung säkularer und marxistischer Ideen hatte; kurz gesagt, die Gruppe vertrat nichts, was mit dem orthodoxen Islam unvereinbar gewesen wäre. Die Fatah wollte die Türen zu den wichtigen arabischen Ländern offenhalten und sich die Unterstützung der säkularen, modernen arabischen Staaten – vor allem Ägyptens und Syriens – und auch die der orthodoxen Ölstaaten sichern.

Die Fatah beschränkte sich auf ein Minimum an Ideologie, im Gegensatz zu anderen Bewegungen, die später ebenfalls die Fedajin unterstützten, wie etwa George Habasch' Volksfront zur Befreiung Palästinas. Die Volksfront ist eine marxistische Organisation vom Typ der »neuen Linken«. Ihr Ziel ist die Revolution in der gesamten arabischen Welt. Damit verzichtet sie automatisch bis auf ganz wenige exzentrische Ausnahmen auf die Unterstützung durch die arabischen

Staaten. Doch die Volksfront ist auch insofern exotisch, als mehrere ihrer Anführer, auch Habasch, Christen sind.

In den frühen sechziger Jahren begann die Fatah, durch den zündenden Journalismus ihres Organs ›Unser Palästina‹ die Aufmerksamkeit auf sich zu ziehen; um sich von der Abhängigkeit von den arabischen Staaten zu distanzieren, wurde das palästinensische Selbstvertrauen mit Nachdruck betont. Zu dieser Zeit war die Fatah ein rein propagandistisches und journalistisches Unternehmen; ihr Militarismus war zwar haarsträubend, blieb aber rein rhetorisch. Doch gegen Mitte der sechziger Jahre erregten die Rhetorik der Fatah, ihre palästinensische Ausrichtung und ihre internationalen Aktivitäten die Aufmerksamkeit einer anderen revolutionären Gruppe; sie kam den Bedürfnissen der Offiziere des syrischen militärischen Geheimdienstes sehr gelegen, die allmählich unter die Kontrolle des linken Flügels der syrischen Baath-Partei gerieten; im Februar 1966 riß dieser dann die Macht im Staat an sich.

Was die Syrer brauchten, war eine palästinensische Organisation als Fassade, die die Verantwortung für die vom Libanon und von Jordanien aus gegen israelische Ziele unternommenen Überfälle der Fedajin übernahm. Den Syrern ging es bei diesen Operationen nicht um die Auswirkungen auf Israel; für sie waren in erster Linie die Folgen für das interne Gleichgewicht des innerarabischen Systems interessant. Sie wußten, daß Israel seinen etablierten Grundsätzen zufolge auf solche Überfälle mit viel umfassenderen Vergeltungsschlägen reagieren würde. Daher gingen die Angriffe auch vom Libanon und von Jordanien und nicht von Syrien aus. Die israelischen Vergeltungsschläge würden die »reaktionären Regime« im Libanon und in Jordanien gefährden. Wenn sie Maßnahmen gegen die Fedajin ergriffen, so standen sie damit außerhalb des arabischen Konsens, und ihre Unbeliebtheit bei ihrem eigenen Volk würde zunehmen. Gelang es ihnen nicht, die Fedajin in Schranken zu halten, setzten sie sich weiteren israelischen Vergeltungsschlägen aus und riskierten einen Zusammenbruch. In jedem Fall konnten Syrien und der Einfluß der Baath-Partei in der arabischen Welt nur gewinnen.

Doch das psychologische und politische Hauptziel der Überfälle war weder der Libanon noch Jordanien, sondern Nassers Ägypten. Syrien war fest entschlossen, Nasser dazu zu bringen, hinter den Vereinten Nationen hervorzukommen und sich Israel zu stellen. Wieder konnten die Anführer der Baath-Partei nur an politischem Einfluß und Ansehen in der arabischen Welt gewinnen. Wenn Nasser »untätig zusah«, während der Libanon und Jordanien von Israel angegriffen und Syrien bedroht wurde, so würde sein Anspruch auf die Führungsposition in der arabischen Welt zerbröckeln. Wenn aber Nasser zu einer Konfrontation mit Israel gezwungen wurde, so wäre dies ein wichtiger politischer Sieg für Syrien, den Schrittmacher des arabischen Nationalismus.

Betrachtet man die syrische Politik dieser Periode allein im Hinblick auf ihren Einfluß auf den innerarabischen Wettkampf um die Vormachtstellung, so war sie schlau berechnet und ausgesprochen erfolgreich. Die Regime der Haschimiden und Maroniten waren zerrüttet; Nasser war gezwungen, sich der syrischen Linie anzuschließen; die rivalisierenden Baathisten in Bagdad hatte man ausgebootet.

Syriens Politik barg einkalkulierte, hohe Risiken. Aber seine Politiker glaubten offensichtlich, daß ein Krieg mit Israel tragbar, ja sogar wünschenswert war, sobald sich auch Ägypten daran beteiligte. Man plante einen Zermürbungskrieg, der Israel wesentlich größeren Schaden zufügen mußte als den Arabern, die bevölkerungsmäßig bei weitem überlegen waren. Syrien gab das Tempo im arabischen Rennen zum Sechstagekrieg an.

Grob gesprochen, sah der Handel zwischen Damaskus und der Fatah so aus: Die Syrer rekrutierten die Fedajin vorwiegend aus dem Libanon. Syrien würde die Freiwilligen bewaffnen und ihnen eine elementare Ausbildung verpassen. Dann sollten sie in Israel eindringen, Juden töten und Einrichtungen sprengen. Radio Damaskus würde übertriebene Berichte über diese Heldentaten senden und sie der Fatah zuschreiben; damit würde die Fatah in der arabischen Welt berühmt werden, und die arabischen Führer würden unter Druck geraten; sie mußten sich in einem panarabischen revolutionären Befreiungskrieg hinter den palästinensischen Freiheitskämpfern sammeln.

Die kombinierten Operationen des syrischen Geheimdienstes und der Fatah begannen erst 1965, doch bereits ein Jahr zuvor waren Nasser und Hussein durch den wachsenden Kult um die Fedajin so beunruhigt, daß sie versuchten, die Bewegung unter Kontrolle zu bringen. Im Mai 1964 wurde in Jerusalem unter der Schirmherrschaft der Arabischen Liga, also Nassers Ägypten, die Palästinensische Befreiungsorganisation gegründet; durch dieses Organ hoffte man, die Guerillaaktivitäten zu verhindern. Die PLO sollte als Ventil für die palästinensische Frustration dienen und keine echte militärische Organisation sein. Als Führer wählte Nasser eine durchaus passende Persönlichkeit: Ahmed Shugeiri.

Die PLO erwies sich für Nasser als keine gute Lösung; sie führte genau das herbei, was er unter allen Umständen vermeiden wollte. Arafats Fatah prangerte lautstark Shugeiris PLO an; deshalb sah Syrien in der Fatah das geeignete Werkzeug, die phrasendreschende Palästinapolitik Ägyptens zu enthüllen. Die vehement inaktive Politik der PLO sollte durch die »Propaganda zur Tat« der Fatah auf israelischem Territorium bloßgestellt werden. Im Dezember 1964 wurde schließlich die Zusammenarbeit zwischen der Fatah und dem syrischen Geheimdienst vereinbart. Die erste gemeinsame bewaffnete Operation in diesem Rahmen wurde im berühmten Militärkommuniqué Nr. 1 der Fatah am Silvestertag 1965 bekanntgegeben.

Diese erste Operation, ein Angriff auf Israels staatliche Wasserleitung, fand nie statt, da die Libanesen die Mitglieder des ersten geheimen Sprengtrupps verhafteten, bevor er die Grenze überschritt. Dieser Fehlschlag war relativ unbedeutend. Das Militärkommuniqué Nr. 1 erfüllte seinen Zweck, obwohl nichts dahinterstand. Die Regierungen von Ägypten, Jordanien und dem Libanon verurteilten die Aktion, Syrien pries sie; doch Syrien hatte sie ja auch ausgeheckt. Radio Damaskus posaunte diese wie auch die folgenden Operationen aus und brachte sie mit dem Namen der Fatah in Verbindung; andere arabische Medien taten das gleiche. Die Fatah wurde zum Objekt der Heldenverehrung und der Identifikation. Die Rekruten meldeten sich scharenweise und bauten die Fatah zu einer paramilitärischen Organisation mit eigenem Potential aus.

Im Lauf der Jahre 1965 und 1966 nahm der Druck auf Nasser und die PLO zu. Gegen Ende 1966 machte die PLO schließlich eine Kehrtwendung: Statt die Fedajin im Zaum zu halten, startete sie eigene Fedajin-Überfälle von Gaza aus und übernahm die Verantwortung dafür. Syriens Strategie funktionierte.

Die besiegten arabischen Regime hielten es für das beste, eine herausfordernde Haltung einzunehmen. Im August 1967 bekannte sich der arabische Gipfel in Khartum zu den »drei Nein«: »Nein zu einem Frieden mit Israel, Nein zu einer Anerkennung Israels und Nein zu Verhandlungen mit Israel ...« Die Stimmung in Khartum war für jene Fedajin-Organisationen günstig, die bereit waren, mit den wichtigsten arabischen Regierungen zusammenzuarbeiten. Die Fatah und Arafat waren allgemein beliebt, hauptsächlich dank Radio Damaskus, und die Regierungen bedurften dringend der Verbindung zu anerkannten arabischen Helden. Die Helden bedurften ihrerseits der Unterstützung der Regierungen.

Dieser politische Kontext bot Arafat eine hervorragende Gelegenheit, die er nicht ungenützt ließ; er bewies ein beachtliches Gefühl für Diplomatie und Publicity. In der Zeit vor dem Ausbruch des Sechstagekrieges begann er bereits, die Tatsache lästig zu finden, daß er allein von Syrien abhängig war. Kurz vor dem Krieg hatte er dann versucht, mit Nassers PLO ein Abkommen zu treffen. Nach dem Krieg verfolgte er diesen Weg bereits selbstsicherer weiter. Syrien und Ägypten arbeiteten nun gemeinsam an einer umfassenden Reorganisation der PLO rund um Arafat. 1968 wurde die PLO zu einer Föderation der Fedajin-Organisationen, deren größte die Fatah war. Am 4. Februar 1969 wurde Arafat, der immer noch Anführer der Fatah blieb, Vorsitzender des Exekutivkomitees des Palästinensischen Nationalen

Rates – also Vorsitzender der PLO und Symbol des arabischen Kampfes für die Freiheit. Alle arabischen Staaten unterstützten jetzt die PLO.

Arafats Fatah hatte damit die Patronanz mehrerer Staaten erworben – die Ägyptens, Saudi-Arabiens und auch die Syriens – und verfügte somit über eine gewisse Bewegungsfreiheit. Darüber hinaus verlieh der Status, ein Symbol des arabischen Kampfes zu sein, Arafat merkliche Macht bei seinen Verhandlungen mit seinen Gönnern und mit den anderen arabischen Regimen.

Als Folge des Sechstagekrieges erwarteten die arabischen Staaten ein Ansteigen der Fedajin-Aktivität. Immer mehr Rekruten schlossen sich der PLO an, und immer mehr Geld floß der Bewegung zu. Doch die grundlegenden Probleme waren auch nach dem Krieg unverändert: Aktivitäten der Fedajin zogen weitreichende israelische Vergeltungsschläge nach sich. Syrien hatte dieses Problem vor dem Krieg gelöst, indem es dafür sorgte, daß die Fedajin-Überfälle von Jordanien oder vom Libanon ausgingen. Nasser, der sich vor dem Krieg dieser Strategie widersetzt hatte, akzeptierte sie jetzt. Damaskus hatte das Sagen.

Für Ägypten und Syrien, die stärksten arabischen Staaten, war es leicht, die begrenzte Zahl der Palästinenser, die in ihren Staatsgebieten Aufnahme gefunden hatten, zu kontrollieren. Jordanien und der Libanon waren im Hinblick auf die wesentlich größere Palästinenserbevölkerung in ihren Ländern viel schwächer. Die Regierungen beider Länder waren in der arabischen Welt nicht sehr beliebt; die Fedajin hingegen waren beliebt, zumindest theoretisch und von fern. Außerhalb Jordaniens und des Libanons fand die Idee der Befreiung Palästinas durch die Fedajin, die ihre Basen ausschließlich in Jordanien und im Libanon hatten, allgemeine Unterstützung.

Mit Syriens Zustimmung und Husseins Duldung verlegte Arafat sein Hauptquartier von Damaskus nach Amman. Die libanesische Regierung versuchte anfänglich, nicht hineingezogen zu werden. Es kam zu blutigen Zusammenstößen zwischen der libanesischen Armee und den Palästinensern. Dabei stellte sich heraus, daß man sich in einer solchen Situation nicht auf die libanesische Armee – die hauptsächlich aus angeworbenen moslemischen Soldaten unter maronitischen Offizieren bestand – verlassen konnte. Der libanesische Präsident, Charles Hélou, ersuchte Nasser zu vermitteln. Nasser erklärte sich dazu bereit. Die Verhandlungen führten zum (geheimen) Abkommen von Kairo vom 3. November 1969. Als Gegenleistung für die bedeutungslose Anerkennung der »Souveränität des Libanons und der Autorität seiner Regierung« durch die PLO anerkannte die libanesische Seite das Recht der PLO, vom Libanon aus gegen Israel zu agieren; der Libanon warf damit das vor zwanzig Jahren geschlossene israelisch-libanesische Waffenstillstandsabkommen über Bord.

Unmittelbar nach dem Sechstagekrieg schienen die Beziehungen zwischen der PLO – oder zumindest der Fatah – und der Regierung des Gastlandes Jordanien verhältnismäßig gut zu sein. Durch ein gemeinsames Unternehmen der Fatah und der jordanischen Streitkräfte erlitt eine israelische Panzerkolonne im März 1968 hohe Verluste. Diese Großtat wurde in der gesamten arabischen Welt begeistert begrüßt. Für kurze Zeit bezeichnete sich sogar Hussein als Fedaji.

Die Entente zwischen Hussein und Arafat hätte wahrscheinlich nur überleben können, wenn es den Fedajin gelungen wäre, sich als Widerstandsbewegung des Untergrundes festzusetzen, die sich auf die Bevölkerung des Westjordanlandes stützte. Arafat versuchte es, aber es mißlang. Somit blieb das Ostufer die Operationsbasis gegen Israel. Das mußte zur Kollision mit Jordanien führen.

Dennoch hätte die Kollision verzögert oder sogar verhindert werden können – indem man die Fedajin-Aktivitäten auf eine libanesische Basis konzentrierte –, wären die Dinge Arafat und Hussein überlassen geblieben. Doch weder Arafat noch sonst jemand hatte die PLO unter Kontrolle. Trotz ihres Namens war die PLO gar keine Organisation. Sie war ein Name, ein Forum für eine bunte Sammlung von paramilitärischen Splittergruppen, von denen etliche von einzelnen arabischen Staaten aus Gründen unterstützt wurden, die nichts mit der Befreiung Palästinas zu tun hatten. Eine solche Kollektion war für den selbstzerstörerischen Drang, einander zu überbieten, anfällig – und darauf aus, das Tempo anzugeben.

Die vom Irak unterstützten Truppen »Volksfront zur Befreiung Palästinas« und »Demokratische Volksfront zur Befreiung Palästinas« versuchten, in Jordanien eine Revolution herbeizuführen. Sie wetteiferten auch in spektakulären internationalen Terrorakten, die Anfang September 1970 in der Entführung von vier internationalen zivilen Verkehrsflugzeugen gipfelten; drei dieser Flugzeuge wurden auf einen Wüstenflughafen im Norden Jordaniens gebracht, wo die Flugzeuge gesprengt und die Passagiere als Geiseln festgehalten wurden.

Hussein stand nun vor der Wahl, entweder etwas gegen die Fedajin-Organisationen zu unternehmen oder in Gefahr zu geraten, den Rest seines Königreiches entweder an die PLO-Revolutionäre oder durch eine israelische Invasion zu verlieren; die Israelis wurden von den Vereinigten Staaten unterstützt: Eines der Flugzeuge war eine Pan American 747 gewesen.

Hussein entschloß sich, gegen die PLO vorzugehen. Er unterschied nicht zwischen den »Extremisten« und den anderen; er wollte sie allesamt loswerden. Im Gegensatz zur libanesischen Regierung verfügte Hussein über eine Armee, die willens war, diese Aufgabe zu übernehmen. Jordaniens Kampftruppen bestanden aus Beduinen, die die Palästinenser haßten. Doch die Hauptfrage blieb: Welche Hilfe würden die arabischen Staaten, die alle dem Namen nach hinter der PLO standen, jetzt den PLO-Streitkräften in ihrer Stunde der Not gewähren?

Ein einziger arabischer Staat leistete materielle Hilfe. Die Palästinenser glaubten, daß Hussein Nassers »stillschweigende Zustimmung« hatte. Der Irak hatte zwar Truppen in Jordanien stehen und drohte einzugreifen, tat jedoch nichts. Nur Syrien griff auf der Seite der PLO ein. Die Streitkräfte Syriens wurden von den jordanischen Boden- und Luftstreitkräften vernichtend geschlagen und zogen sich zurück.

Nach der Abwehr der Syrer und gegen Ende des Schwarzen September – diesen Ausdruck hatten die Palästinenser geprägt – berief Nasser ein Treffen der arabischen Führer in Kairo ein, zu dem auch Hussein und Arafat beordert wurden. Am 27. September wurde ein Waffenstillstand unterzeichnet, wobei die Streitkräfte der PLO in der Defensive waren. Am folgenden Tag starb Nasser, und Anwar Sadat trat seine Nachfolge an. Im Jahr darauf gelang es Hussein, die gesamte PLO-Streitmacht von jordanischem Gebiet zu vertreiben. Die Streitkräfte der PLO konnten nunmehr einzig im gelähmten, zerfallenden Libanon Basen für ihre selbständigen Aktivitäten errichten.

In der Zeit von 1971 bis 1973 nahmen diese Aktivitäten zum Großteil die Form von spektakulären internationalen Terrorakten an. Die Fatah hatte bis jetzt in dieser Hinsicht eine verhältnismäßig zurückhaltende Politik verfolgt; nun erlöste sie ihre Mitglieder von ihrer Frustration: Sie schuf eine Tarnorganisation, die dem Namen nach unabhängig, doch in Wirklichkeit ein Arm der Fatah war: die Organisation Schwarzer September, mit Zielrichtung internationaler Terror. Der Schwarze September ermordete am 28. November 1971 den jordanischen Premierminister Wasfi al-Tal in Kairo. Der Schwarze September führte im September 1972 auch jenen Coup aus, der als der publicitywirksamste aller Terroranschläge gilt: die Unterbrechung der Olympischen Spiele in München durch die Geiselnahme und Ermordung von neun israelischen Sportlern. In der arabischen Welt wurde München allgemein verziehen, wenn nicht sogar bewundert. Am 1. März 1973 überfielen bewaffnete Männer des Schwarzen September die Saudi-Botschaft in Khartum und ermordeten drei diplomatische Gäste des Botschafters: eine aus arabischer Sicht wesentlich abscheulichere Tat als die Ermordung der israelischen Sportler in Deutschland.

Khartum war um so peinlicher, als die Tarnung des Schwarzen September aufflog und die arabische Welt erkannte, daß die Fatah dafür verantwortlich war. Die Mörder hatten unter anderem die Freilassung von Abu Daud, einem in Jordanien inhaftierten Anführer der Fatah, gefordert. Abu Daud identifizierte die Drahtzieher der

Operationen des Schwarzen September als drei führende Fatah-Leute, einschließlich Arafats Stellvertreter, Abu Dschihad.

Unter dem Eindruck der Niederlage in Jordanien hatte sich die Fatah sehr weit von ihren Gründungsprinzipien entfernt und lief Gefahr, falls sie diese Linie weiterverfolgte, auf die saudiarabischen Geldmittel verzichten zu müssen. Arafat zog zurück. Auf für ihn charakteristische Weise verurteilte er öffentlich die Entführer als »Renegaten« und »Söldner« und versprach, die Verantwortlichen zu bestrafen.

Die Fatah war an der Entstehung des Sechstagekrieges beteiligt gewesen, aber weder die Fatah noch die PLO hatten viel mit den Berechnungen zu tun, die 1973 zum Yom-Kippur-Krieg führten. Doch die politische Konstellation nach dem Yom-Kippur-Krieg hoben die PLO und die Fatah zu neuen Höhen empor.

Die am Krieg von 1973 beteiligten arabischen Staaten – vor allem Ägypten und Syrien – befanden sich im Anschluß daran der arabischen Welt gegenüber in einer fragwürdigen Position. Einerseits bewunderte man sie dafür, daß sie Israel überrascht und – wie man dachte – die israelischen Verteidigungskräfte nahezu besiegt hatten; andererseits hatten sie unerklärlicherweise einer Waffenruhe zugestimmt. Sowohl Ägypten als auch Syrien brauchten die Waffenruhe. Aber sie waren auch gezwungen zu behaupten, daß der Kampf gegen Israel trotz der Waffenruhe weiterging. Diesen beiden Erfordernissen konnte man kaum gerecht werden, es sei denn, die arabischen Staaten wandten sich in einer feierlichen Zeremonie neuerlich der PLO zu. Im Rahmen der vom 26. bis 29. Oktober 1974 in Rabat stattfindenden arabischen Gipfelkonferenz wurde diese Zeremonie denn auch abgehalten.

Alle Gipfelkonferenzen haben eine scheinheilige Seite, doch die Heuchelei in Rabat muß alles bisher Dagewesene übertroffen haben. Alle waren sie da, und alle versprachen feierlich, die PLO als »einzigen legitimen Repräsentanten des palästinensischen Volkes« zu unterstützen. Hussein, der die PLO aus seinem Land vertrieben hatte, Assad, der ihm dabei zu Hilfe gekommen war, Sadat, der bereits dabei war, einen eigenen Frieden zu schließen und die PLO dabei im Stich zu lassen, und all die Nebendarsteller, großspurig in Worten und passiv in Taten.

Die Lorbeeren aus Rabat waren noch frisch, als Jasir Arafat nach New York flog, wo ihm am 13. November 1974 seine hundert Minuten dauernde »Gewehr-und-Olivenzweig«-Rede vor der Generalversammlung der Vereinten Nationen stehende Ovationen von fast der gesamten Mitgliedschaft einbrachte. Fast: Die israelische Delegation fehlte, und die Delegation der Vereinigten Staaten blieb sitzen. Die Delegierten der westeuropäischen Länder, geschworene Feinde des internationalen Terrorismus, schlossen sich der stehenden Ovation für den Anführer der Fatah und der PLO an.

Ich war damals Mitglied der Regierung der Republik Irland und fragte unseren Außenminister Garret FitzGerald, ob es so besonders klug war, der PLO so überschwenglich zuzujubeln; könnte das nicht ein Präzedenzfall im Hinblick auf die IRA sein? Garret verneinte; er hielt Arafat und seine Fatah für Gemäßigte. Zu der Zeit war dies die allgemeine Meinung in Europa. Ich wußte damals nicht, und Garret wußte es bestimmt auch nicht, daß die Fatah unter der Tarnung des Schwarzen September das Verbrechen in München verübt hatte.

Arafats Auftritt bei den Vereinten Nationen war seinem Image und seinem Einfluß auf die einfachen Palästinenser sehr zuträglich. Für Menschen, die so lange unter den Demütigungen der Israelis und auch der Araber gelitten haben, mußte die Hochachtung, die die internationale Versammlung Arafat demonstrativ entgegenbrachte, dringend benötigter Balsam sein. Arafat spielte seine Rolle gut und war auch richtig gekleidet. Die Keffiyeh und die verschmutzte Windjacke stachen aus der bourgeoisen Eleganz der Generalversammlung heraus und setzten den gewünschten Akzent. Arafat bedankte sich für den Beifall, aber nicht in seinem Namen, sondern im Namen der gewöhnlichen Palästinenser, ganz besonders aber des Haufens der Fedajin.

Erwartungsvolle Stimmung herrschte: das Gefühl, daß all das etwas *bedeutete.* Schließlich hatte die Generalversammlung mit ihrer Resolution vom 29. November 1947 die Gründung des Staates Israel legitimiert. Kehrten nun die Vorgänge in der Generalversammlung des Jahres 1974 den früheren Spruch der Weltmeinung um und *ent*legitimierten den Staat Israel? Würden sich daraus keine Konsequenzen ergeben?

In der Praxis ergaben sich keine Konsequenzen. 1974 hatten Vorgänge in der Generalversammlung kaum noch Gewicht. Die Supermächte waren nicht daran interessiert, diese Vorgänge zu beeinflussen. Die Generalversammlung war zum Forum der Länder der Dritten Welt geworden, in dem sie Dampf ablassen konnten und in dem die westeuropäischen Länder in Angelegenheiten, die den Saudis am Herzen lagen, Lippenbekenntnisse ablegten.

Die Sympathie, die die Regierungen der Welt für die palästinensische Sache zeigten, war Heuchelei, genau wie die Sympathie der arabischen Regime. Doch die PLO hatte trotz allem ein echtes, wenn auch begrenztes Maß an internationaler Macht und Einfluß erlangt.

Nach Rabat und New York unternahm Arafat noch mehrere Reisen und erntete ähnlichen internationalen Ruhm. Die Fedajin der PLO saßen allerdings weiterhin zwischen den Felsen des südlichen Libanon fest und wurden jetzt in den beginnenden Bürgerkrieg hineingezogen. Der libanesische Bürgerkrieg brach im März 1975 in Beirut aus. Im darauffolgenden Jahr war die PLO auf der Seite der antimaronitischen Streitkräfte offen daran beteiligt. Die PLO vertrat den Standpunkt, daß der Weg nach Palästina durch den Libanon führte.

Hafis al-Assad hatte jedoch nicht die Absicht, die PLO diesen Weg nach Palästina gehen zu lassen. Syrien hatte den Libanon immer als einen Teil Syriens betrachtet, und Assad hatte jetzt die Möglichkeit, im Libanon einzuschreiten. Im April 1976 griffen reguläre syrische Truppen direkt ein; sie unterstützten anfänglich die Christen und griffen Syriens natürliche Verbündete in der PLO, die Moslems und »Linken« (die meisten von ihnen waren Drusen), an. Assads Ziel war es, die PLO in die Schranken zu verweisen und sie auf eine Pufferzone im südlichen Libanon, zwischen Israel und dem von Syrien kontrollierten Teil des Libanons, zu begrenzen. Es blieb der PLO überlassen, von dieser Zone aus Palästina zu befreien, und es blieb ihr auch überlassen, die Konsequenzen aus diesen Versuchen zu tragen.

1977 befand sich schließlich ein großer Teil des Libanons unter direkter oder indirekter Kontrolle Syriens. Die arabischen Gipfel in Riad (18. Oktober 1976) und Kairo (26. Oktober 1976) hießen die syrische Vorgangsweise gut.

Die einfachen Palästinenser bringen auf ihre eigene Art zum Ausdruck, was es heißt, »auf die Dynamik der innerarabischen Politik« angewiesen zu sein (ein Ausdruck von Fuad Jabber). Als Nels Johnson nach den in diesem Kapitel geschilderten Ereignissen durch Palästina reiste, traf er verschiedene Leute, die sich als »quamis uthman« bezeichneten. Einer von ihnen erklärte es: »Wir sind nur Uthmans Hemd. Nachdem der Kalif Uthman ermordet wurde, pflegten die Anführer zu sagen: ›Ich mache dies im Namen Uthmans.‹ Wenn sie wollten, daß die Menschen ihnen glaubten. Doch sie bedienten sich nur seines Namens. Sie schwenkten sein blutiges Hemd. Heute sind wir Palästinenser Uthmans Hemd.«

10
Existenz ohne Diplomatie (1967–1973)

»Israel hat keine Außenpolitik,
nur eine Verteidigungspolitik.«
Moshe Dayan

Unmittelbar im Anschluß an den verblüffenden Sieg im Juni 1967 war die Regierung Levi Eshkol bereit, große Teile – wenn auch nicht alle – der besetzten Gebiete im Austausch für den Frieden abzutreten. Am 19. Juni 1967 nahm das Kabinett eine Vier-Punkte-Resolution an, die es am 22. Juni der Regierung der Vereinigten Staaten übermittelte, ohne sie aber zu veröffentlichen.

Gemäß dieser Resolution war Israel bereit, sich als Gegenleistung für ein Friedensabkommen auf die internationale Grenze mit Ägypten zurückzuziehen, unter der Bedingung, daß der Sinai entmilitarisiert und die freie Schiffahrt für Israel in der Straße von Tiran und im Suezkanal garantiert wurde. Israel war auch bereit, sich auf die internationale Grenze mit Syrien zurückzuziehen; die Golanhöhen sollten entmilitarisiert werden. Das Westjordanland und den Gazastreifen wollte man laut der Resolution »separat behandeln, ebenso das Problem der palästinensischen Flüchtlinge«.

Dabei war die Regierung in ihrer damaligen Zusammensetzung überhaupt nicht in der Lage, über das Westjordanland zu verhandeln. Die Labor-Mitglieder wären vielleicht bereit gewesen, über eine auf dem Allon-Plan basierende Version zu verhandeln, aber für Begin und seine Anhänger – die noch drei Jahre nach dem Sechstagekrieg in der Regierung blieben – waren »Judäa und Samaria« absolut kein Verhandlungsthema. Die unterschiedlichen Meinungen innerhalb der Regierung führten zu keinem Zwist, denn die Frage blieb rein akademisch. Auch für Hussein war »Allon-Plan« gleichbedeutend mit »kein Verhandlungsthema«.

Die erstaunliche Tatsache, daß Begin und seine Kollegen schon in einem so frühen Stadium einwilligten, den Sinai abzutreten, ist wahrscheinlich daraus zu erklären, daß man bereit war, den Sinai und die Golanhöhen zu opfern, um Judäa und Samaria zu behalten.

Abba Eban wußte, daß man Israel 1967 nicht wieder so unter Druck setzen würde wie seinerzeit 1957. 1967 hatte Israel – im Unterschied zu 1956 – einen Krieg gewonnen, dem die Vereinigten Staaten formell zugestimmt hatten. 1967 zeichnete sich auch bereits langsam ab, daß der Vietnamkrieg nicht zu gewinnen war. Ein Sieg für »unsere Seite«, die unsere Waffen verwendete, über Gegner, die von den Kommunisten bewaffnet und unterstützt wurden, war eine dringend benötigte gute Nachricht. Daher gab es während der noch verbleibenden neunzehn Monate von Johnsons Amtszeit keinen ernstlichen Druck auf Israel.

Seitens der Araber gab es weder einen Druck noch eine Bereitschaft, überhaupt etwas mit Israel auszuhandeln. Auf dem ersten Treffen der arabischen Staaten nach dem Krieg – der Khartum-Konferenz vom 19. August bis 1. September 1967 – wurden die berühmten »drei Nein« beschlossen. In Wirklichkeit waren die Vorgänge in Khartum wesentlich pragmatischer und interessanter, als man aus den prahlerischen »drei Nein« schließen konnte.

Das Wesentliche in Khartum war ein Abkommen zwischen Nasser und den reichen Ölstaaten. Im Austausch für eine dringend benötigte jährliche Subvention von über zweihundert Millionen Dollar an Ägypten nahm es Nasser auf sich, seine propagandistischen Attacken gegen die monarchistischen und sonstigen »reaktionären« Regime zu unterlassen.

Der Nasser, der den Sechstagekrieg überlebte – den er übrigens einen »Rückschlag« nannte –, unterschied sich in wichtigen Punkten vom alten Nasser. Durch den Abschluß des Abkommens mit den Saudis und Konsorten verzichtete Nasser bedingungslos auf seinen panarabischen Traum.

Das Abkommen und der aufgegebene Traum hatten zwei wichtige, eng verwandte logische Folgen: Wenn Ägypten nicht mehr das Ziel verfolgen konnte, die arabische Welt zur Einheit zu führen, so gab es auch keinen Grund mehr dafür, sich in der arabischen Welt um Popularität zu bemühen. Die zweite Folge war, daß Ägypten nicht mehr der Sklave seiner eigenen Propaganda und seines Images in der arabischen Welt war. Seit Nasser und seinem Nachfolger die Massen in Damaskus und Bagdad gleichgültig waren, konnten sie es sich leisten, selbst das Tempo zu bestimmen und die eigenen nationalen Interessen zu wahren, ohne sich zu spektakulären, dafür aber unklugen Handlungen drängen zu lassen. All dies machte Ägypten zu einem potentiell gefährlicheren Gegner für Israel, aber auch zu einem potentiellen Vertragspartner.

In gewisser Hinsicht war Israel Anlaß für das Treffen in Khartum. Dadurch konnte die thermidorische Natur der tatsächlichen Vorgänge in Khartum verborgen bleiben. Die arabische Revolution wurde still und leise ad acta gelegt, doch der Ton und der Stil der arabischen Revolution konnten beibehalten werden, solange sie sich auf Israel beschränkten. Die Unterstützung, die man in Khartum den Fedajin zugesichert hatte, diente dem gleichen Ziel. Nach Khartum wurde Israel zum einzigen Zielobjekt aller Aktivitäten, die von der arabischen Revolution übriggeblieben waren.

Der libanesische Denker Fouad Ajami schrieb: »Der arabisch-israelische Konflikt, den die Radikalen als Katalysator für revolutionäre Umwälzungen brauchten, war in Wirklichkeit eine erhaltende Kraft.« Ein interessanter Gedanke. Die Unterstützung der Fedajin durch die Saudis lenkte die Aufmerksamkeit von der engen Verbindung der Saudis mit Israels großem Hintermann, den Vereinigten Staaten, ab. Und Ägypten unterstützte jetzt ebenfalls die Fedajin und nahm davon Abstand, die fragwürdige Natur der Beziehung der Saudis zu den Fedajin aufzudecken oder einen anderen arabischen Staat wegen angeblicher oder tatsächlicher Unterwürfigkeit dem Westen gegenüber anzugreifen.

Der Ärger der arabischen Staaten über die fortdauernde Anwesenheit israelischer Truppen auf arabischem Territorium war mit ein Grund für ihre Feindschaft gegen Israel. In Ägypten, dem mächtigsten der arabischen Staaten, war dieser Ärger am größten. Die Golanhöhen waren für Syrien relativ unbedeutend; wie sehr sich Hussein über den Verlust des Westjordanlandes auch ärgerte, er wußte, er konnte nur wenig dagegen tun.

Für Ägypten hingegen war die anhaltende Anwesenheit israelischer Truppen am gesamten Ostufer des Suezkanals unerträglich; der Kanal war dadurch für die Schiffahrt geschlossen. Für Ägypten war der Kanal sowohl als Einnahmequelle als auch in bezug auf sein Prestige außerordentlich wichtig. Nachdem Nasser die Verhandlungen in Khartum geführt hatte, konnte er kaum den Weg zu Verhandlungen mit Israel beschreiten. Nasser sah sich neuerlich zu Feindseligkeiten gegen den Sieger des Sechstagekrieges gezwungen.

Während des Jahres 1968 beschoß die ägyptische Artillerie sporadisch israelische Stellungen auf der anderen Seite des Kanals. Im Februar 1969 verkündete Nasser eine Politik »fortgesetzter militärischer Aktivitäten« am Kanal. Im März begann der sogenannte Zermürbungskrieg. Er dauerte bis zum August 1970.

Den militärischen Planern Israels war ein Zermürbungskrieg ein Greuel. In einem langen Zermürbungskrieg zwischen Israel und Ägypten würde Israel langsam verbluten. Es war daher notwendig, die Zermürbung durch die »ungleiche Reaktion« abzuwenden; wie bei den Fedajin-Überfällen mußten die Vergeltungsmaßnahmen jede einzelne Provokation bei weitem übertreffen. Dieses Prinzip ist angesichts von Israels besonders mißlicher Lage verständlich. Doch diesmal ließ sich die Regierung Israels dazu verleiten, die »Abschreckung« extrem und gefährlich in die Länge zu ziehen.

Die Sowjetunion war bereits ziemlich intensiv in Ägypten involviert; sie stellte eine neue Ausrüstung für die ägyptischen Truppen zur Verfügung, wenn auch diesmal nicht die modernste. Nassers Zermürbungskrieg erhöhte allmählich das Risiko einer direkten sowjetischen

Intervention – und das entsprechende Risiko einer Konfrontation der Supermächte.

Die Lage war kompliziert, und die Gefahr durch die Tatsache vergrößert, daß vom Herbst 1969 an Golda Meirs Regierung – sie wurde nach dem Tod Levi Eshkols gebildet – widersprüchliche Signale von Richard Nixons byzantinischer Administration erhielt. Der Außenminister William Rogers drängte auf einen Waffenstillstand und Friedensverhandlungen. Der Sicherheitsberater des Präsidenten, Henry Kissinger, befürwortete zu dieser Zeit offensichtlich eine Eskalation. Israels Botschafter in Washington, Yitzhak Rabin, der Kissinger nahestand, telegrafierte am 19. September 1969 nach Jerusalem: »Der Nationale Sicherheitsrat berät über die Auswirkungen der israelischen Militäroperationen gegen Ägypten... Nassers Position würde unterminiert werden, und dies würde die sowjetische Position in der Region schwächen... Die Bereitschaft, uns mit Waffen zu beliefern, hängt eher von einer Erhöhung unserer militärischen Aktivitäten als von ihrer Reduzierung ab.«

Golda Meir fand diesen Rat offenbar kongenial. Bei ihrem Besuch in Washington im September 1969 schuf sie ein System der »direkten Kommunikation« über Rabin und Kissinger, das ihr eigenes Außenministerium umging und das amerikanische nicht beachtete. Die Früchte dieser »Kontaktmethode« zeigten sich sehr rasch in der Eskalation des Konflikts und der Ablehnung diplomatischer Bemühungen.

Am 25. Oktober 1969 empfahl Botschafter Rabin das Bombardement ägyptischer Ziele durch »tiefes Eindringen«. Im Zusammenhang mit der vereinbarten »Kontaktmethode« mußte Golda Meir diesen ungewöhnlichen Rat eines Botschafters so verstehen, daß er über Kissinger vom Präsidenten der Vereinigten Staaten kam.

Abba Eban erinnert sich, daß zu dieser Zeit das israelische Kabinett gespalten war: Einige waren bereit, das Risiko eines tiefen Eindringens in den ägyptischen Luftraum zwecks massiver Angriffe auf Kairo einzugehen, andere befürchteten, daß ein solcher Schritt die Sowjetunion veranlassen könnte, Ägypten zu verteidigen. Eban gehörte offensichtlich zur zweiten Gruppe. Doch der israelische Außenminister wurde damals von seinem eigenen Botschafter rangmäßig übertroffen und überstimmt.

Die Debatte über eine Eskalation wurde nun durch eine diplomatische Initiative unterbrochen. Am 29. Oktober 1969 bot Außenminister William Rogers eine Auslegung der Resolution 242 des Sicherheitsrates an, die sich auf Ägypten und Israel bezog. Er schlug die »internationale Grenze zwischen Ägypten und Israel« als »die sichere und anerkannte Grenze zwischen den beiden Ländern« vor. Ein »formeller Frieden« sollte geschlossen und Verhandlungen über Gaza und Sharm al-Sheik sowie über entmilitarisierte Zonen geführt werden.

Als das Außenministerium diese Vorschläge Ägypten und der Sowjetunion unterbreitete, hatte es guten Grund anzunehmen, daß sie für Israel akzeptabel waren. Sie deckten sich voll mit der Vier-Punkte-Resolution Israels vom Juni 1967. Doch die israelische Regierung betrachtete diese Resolution nicht mehr als bindend. Dayan teilte Rabin mit, daß die Regierung sich 1968 von dieser Resolution distanziert hatte. Wenn dem so war, so hatte sie offensichtlich die Amerikaner nicht darüber informiert.

Golda Meir verließ sich auf alle Fälle auf ihren Weg der Kommunikation; Rogers und seine Initiative waren zweitrangig. Die wirkliche Nachricht – die, wie sie glaubte, indirekt vom Präsidenten kam – lautete »nicht verhandeln«. Sie lautete »Eskalation«.

Am 17. November übermittelte die Regierung Israels ihre negative Antwort. Gemäß den neuen »Kontaktmethoden« wurde die Antwort nicht dem Außenminister, sondern über Botschafter Rabin Henry Kissinger zugestellt. Am 7. Januar 1970 drang die israelische Luftwaffe zum ersten Mal tief in den ägyptischen Luftraum ein.

Am 22. Januar 1970, zwei Wochen nach Israels erstem »tiefem Eindringen«, flog Nasser nach Moskau. Das Ziel seiner Mission war, eine wirksame Luftverteidigung zu erhalten, und zwar Boden-Luft-Raketen – SAM-3 – mit russischen Bedienungsmannschaften. Die russischen Gastgeber versuchten, ihn hinzuhalten. Breschnjew befürchtete ernste internationale Folgen. Daraufhin legte Nasser seine Karten auf den Tisch. Wenn Moskau nicht bereit war, ihm zu helfen, »auf die gleiche Weise, wie die Amerikaner Israel helfen«, dann würde Nasser abtreten und bekanntgeben, daß die Russen ihn im Stich gelassen hätten und er daher beschlossen habe, »an einen proamerikanischen Präsidenten zu übergeben«. Nassers enger Vertrauter Mohammed Heikal berichtet, daß Breschnjew daraufhin aufsprang und protestierte: »Genosse Nasser, sprechen Sie nicht so! Sie sind der Führer...«

Nach einem Treffen des gesamten Politbüros beschloß der Kreml, Nasser alles zu geben, was er verlangte, und noch mehr. Die Sowjetunion hatte sich nun voll zur Modernisierung und Umschulung der ägyptischen Streitkräfte verpflichtet. Israels »tiefes Eindringen« in Ägypten hatte zu einer größeren Verschiebung im militärischen Gleichgewicht der Region zugunsten Ägyptens und zum Nachteil Israels geführt.

Die israelische Regierung hatte natürlich eine für Israel nachteilige Reaktion der Sowjets erwartet, doch kaum in diesem Ausmaß. Aber Golda Meir und ihr Botschafter in Washington vertrauten voll auf die Unterstützung der zweiten, stärkeren Supermacht. Sie hielten ihre Beziehungen zum Präsidenten der Vereinigten Staaten für so gut wie noch nie und glaubten, daß sie genau das taten, was Präsident Nixon von ihnen erwartete. Das war vielleicht einmal der Fall gewesen, aber dann hat der Präsident seine Meinung geändert, zweifellos deshalb, weil das Risiko einer Konfrontation der Supermächte zu groß wurde.

Die Regierung der Vereinigten Staaten begann nun stillschweigend, anhaltenden Druck auf Israel auszuüben: Es sollte die Eskalation stoppen, einen Waffenstillstand akzeptieren und aufgrund einer Version der Resolution 242 und der Vorschläge Rogers' Verhandlungen aufnehmen.

Gideon Rafael, der äußerst scharfsinnige damalige Generaldirektor im israelischen Außenministerium, liefert eine subtile und überzeugende Analyse der Situation Golda Meirs in der ersten Hälfte des Jahres 1970. Bei ihrem Besuch in Washington im September 1969 hatte Golda Meir versucht, das Thema Friedensverhandlungen zu vermeiden und sich auf die Beschaffung von Waffen zu konzentrieren. Da der Präsident nichts über Verhandlungen sagte, nahm sie an, daß sie das Drängen des Außenministeriums auf solche Verhandlungen gefahrlos übersehen konnte. Darin wurde sie durch Kissingers Rat bestärkt, nur auf das zu achten, was der Präsident sagte. Doch der Sicherheitsberater des Präsidenten klärte sie nicht darüber auf, daß Präsidenten es bei Treffen mit ausländischen Staatsoberhäuptern manchmal vorziehen, umstrittene Themen nicht zu berühren; sie verließen sich darauf, daß das Außenministerium die weniger angenehmen Pflichten erfüllte.

Golda Meir geriet jetzt in Schwierigkeiten. Nixon hatte ihr neue Flugzeuge und elektronische Kriegsausrüstung versprochen. Bei ihrer Rückkehr nach Israel prahlte sie damit. Man hatte ihr zwar die Lieferung zugesagt, aber sie wurde verzögert.

Rafael erklärt die Technik der »sanften Erpressung«: »Die Vereinigten Staaten besaßen ein eigenes Idiom, das mehr eine Zeichensprache war. Bestimmte Dinge, die geschehen sollten, geschahen einfach nicht. Die amerikanische Administration würde Israel kaum darüber informieren, daß sie Gegenmaßnahmen ergriffen hatte, weil sie mit einer bestimmten Vorgangsweise oder Politik nicht einverstanden war. Die amerikanische Diplomatie bevorzugte eine wortlose Methode, und oft dauerte es ziemlich lang, bis den israelischen Politikern dämmerte, was gespielt wurde. Plötzlich wurden Liefertermine verzögert. Finanzielle Hilfe, die zuvor von höchster Stelle zugesagt worden war, stieß auf unerwartete Hindernisse, und die ganze Angelegenheit mußte neu behandelt werden.«

Rafael deutet an, daß diese Botschaft für Golda Meir zu subtil war. Im März 1970 beschloß Washington, dieses wortlose Vorgehen zu beenden. Das verschmähte Außenministerium informierte die israelische Botschaft in Washington über seine Absicht, eine öffentliche Erklärung abzugeben, daß Israels Ersuchen um Waffen noch unbestimmte Zeit in der Schwebe bleiben würde. Verblüfft, aber immer noch voll Hoffnung, wandte sich die Botschaft an das Weiße Haus, erhielt aber keine Antwort. Das Außenministerium hatte im Namen des Präsidenten gesprochen.

Golda Meirs Regierung erhielt nun den Rat, öffentlich entschiedenen Protest einzulegen; die proisraelische Lobby in Amerika mußte mobilisiert werden, um die Nixon-Administration zu einer Kehrtwendung zu veranlassen.

Während die Regierung immer noch über diese etwas bombastischen Maßnahmen nachdachte, fand Gideon Rafael, daß es an der Zeit war, sich einzuschalten. Bis jetzt hatte Botschafter Rabin nach seinem Gutdünken entschieden, und die Profis im israelischen Außenministerium waren rücksichtslos zur Seite gedrängt worden. Doch nun versuchte das amerikanische Außenministerium, Israel fertigzumachen, was man bisher für unmöglich gehalten hatte, und die israelische Regierung war in Not. Golda Meir empfand jetzt vielleicht doch das Bedürfnis, den Rat eines Fachmanns einzuholen. Rafael rief sie an. Sie bat ihn zu kommen und empfing ihn herzlich.

Rafael brachte sie rasch davon ab, Nixon öffentlich zu konfrontieren. Es dauerte viel länger, bis er sie dazu überredete, den Wünschen Washingtons zuzustimmen, angefangen mit einer Feuereinstellung. Es ist eigentlich verwunderlich, daß ihre Regierung einer Feuereinstellung negativ gegenüberstand. Man hatte die Eskalation damit gerechtfertigt, daß man einem Zermürbungskrieg zuvorkommen wollte. Dieses an sich vernünftige Vorhaben war jedoch kaum damit vereinbar, eine Feuereinstellung auch dann noch abzulehnen, wenn Ägypten bereit war, ihr zuzustimmen.

Anscheinend hoffte die israelische Regierung immer noch, durch ihr Bombardement ägyptischer Städte Nasser politisch zu ruinieren. Wenn es darum ging, Nasser zu stürzen, ähnelte Golda Meirs Denkweise gefährlich den Zwangsvorstellungen Anthony Edens im Jahr 1956.

Golda Meir hatte noch einen anderen Grund, eine Feuereinstellung abzulehnen. Wenn sie ihr nämlich zu den amerikanischen Bedingungen zustimmte, nahm Israel damit die Resolution 242 des Sicherheitsrates an. Sie hatte offenbar vergessen, daß Israel diese Resolution bereits im Jahr 1968 öffentlich und feierlich akzeptiert hatte, was damals sehr zu Israels Vorteil gewesen war. Levi Eshkol hatte trotz der scharfen Einwände Moshe Dayans an der Anerkennung festgehalten. Doch Eshkols Nachfolgerin hatte sich mittlerweile eingeredet – und einige ihrer Kollegen waren noch überzeugter als sie –, daß etwas, das öffentlich geschehen war, überhaupt nie geschehen war.

Dieser vom Wunsch beseelte Gedächtnisschwund ist in der Zeit vom Juni 1967 bis zum Oktober 1973 für die manchmal ungesunde geistige Verfassung einiger wichtiger Persönlichkeiten in der israelischen Öffentlichkeit symptomatisch.

Inzwischen übte Amerika, taktvoll aber bestimmt, weiterhin Druck auf Israel aus: Am 23. März hielt Rogers vor der Öffentlichkeit seine Rede über »die in Schwebe gehaltenen Angelegenheiten«. Der amerikanische Botschafter in Tel Aviv, Walworth Barbour, überreichte Golda Meir den Text der Rede und streute etwas Zucker darüber; man würde gerade jetzt nicht alles wirklich »in Schwebe lassen«. Rafael berichtet weitere Details aus diesem Gespräch: »Der Botschafter versicherte der Premierministerin, daß die Beziehungen zwischen den Vereinigten Staaten und Israel so beständig und sicher bleiben würden, wie sie es in all den Jahren seit Israels Bestehen als Nation gewesen waren.«

Mit bewundernswerter Finesse setzte der Botschafter die Frau Premierministerin davon in Kenntnis, daß die idyllische Periode der Beziehungen unmittelbar nach dem Sechstagekrieg nicht als permanente Norm zu betrachten sei. Die Beziehung hatte davor ihre Höhen und ihre Tiefen gehabt und würde sie wahrscheinlich wieder haben. Augenblicklich befand sie sich eher in einem Tief. Dieses Tief würde so lange andauern, bis Golda Meirs Regierung aufhörte, Ägypten zu bombardieren, und nicht länger vorgab, nie zuvor die Resolution 242 akzeptiert zu haben.

Während des darauffolgenden Monats stellten die Israelis zum ersten Mal fest, daß sich die Sowjetunion wesentlich stärker als je zuvor in Ägypten engagierte. Wenn es den gegenwärtigen Kurs beibehielt, so lief Israel Gefahr, sich mit der einen Supermacht konfrontiert zu sehen, ohne auf die volle Unterstützung der anderen zählen zu können.

Dennoch bestand die tollkühne Premierministerin bis zum Sommer 1970 auf dem haarsträubenden Kurs. Sie riskierte damit Israels vollkommene Vernichtung. Henry Kissinger fragte einmal den sowjetischen Botschafter in Washington, Anatoly Dobrynin, wie die Sowjetunion reagieren würde, wenn ihre Truppen in Ägypten in israelische Gefangenschaft gerieten. »Wenn uns die Israelis bedrohen, so werden wir sie innerhalb von zwei Tagen hinwegfegen. Ich kann Ihnen versichern, es gibt Pläne für diese Eventualität.«

Am 30. Juli schossen israelische Kampfflugzeuge etwa dreißig Kilometer westlich des Kanals vier sowjetische Flugzeuge mit *russischen* Piloten ab. Am nächsten Tag akzeptierte die Regierung Israels eine Feuereinstellung und die Resolution 242 »in vollem Umfang«. Golda Meir war bereits sehr nahe am Abgrund, als sie endlich auf die Bremse trat.

Anfang August 1970 konnte Außenminister William Rogers einen Friedensvertrag zwischen Ägypten und Israel anpeilen – eine für die Vereinigten Staaten dringende Priorität im Nahen Osten; die Erfolgsaussichten waren verhältnismäßig gut.

Was Ägypten betraf, so wußte das Außenministerium – über die Saudis –, daß sich Nassers Ziele mittlerweile auf Ägypten beschränkten und er vorrangig bestrebt war, die Israelis vom Kanal weg- und aus dem Sinai hinauszubekommen. Um dieses Ziel zu erreichen, würde Nasser auch wieder Krieg führen, doch er war auch bereit, friedliche Wege zu beschreiten.

Es gab mehr als einen Rogers-Plan. Kurz nach dem Vorschlag zum Rückzug aus dem Sinai legte Rogers einen gesonderten Vorschlag zum Rückzug aus dem Westjordanland vor. Die Trennung der beiden Vorschlagspakete ist von Bedeutung. Sie waren weder gleich wichtig noch gleich dringend. Es war undenkbar, daß eine israelische Regierung, der Menachem Begin angehörte, Judäa und Samaria – oder auch nur einen Teil davon – den Haschimiden oder jemand anderem aushändigte, und Rogers wußte das genau. Das Westjordanland war, international gesehen, von geringerer Bedeutung als der Sinai und der Kanal. Der Streit zwischen Israel und Ägypten und nicht der Streit zwischen Israel und Jordanien drohte zu einer Konfrontation zwischen den Supermächten zu führen.

Die Amerikaner versuchten, etwas zu erreichen, was ihnen erst neun Jahre später, nach dem Yom-Kippur-Krieg, gelingen sollte: der separate Friede zwischen Israel und Ägypten. Unter den gegebenen Umständen waren die das Westjordanland betreffenden Vorschläge nichts weiter als eine Schaufensterdekoration für die Saudis.

Was die israelische Seite anlangte, so schien die Hoffnung berechtigt, daß Golda Meirs Regierung durch die starke sowjetische Präsenz in Ägypten ausreichend beunruhigt war, um die Notwendigkeit von ernsthaften Verhandlungen einzusehen; durch die Räumung des gesamten ägyptischen Territoriums konnte vielleicht ein Frieden zwischen Israel und Ägypten erreicht werden. Leider klappte das nicht, weil der Waffenstillstand in Israel und auch international zu Folgen geführt hatte, die das unmöglich machten.

Die innerisraelischen Auswirkungen stellten sich zuerst ein: Am 4. August 1970 traten Menachem Begin und seine fünf Kollegen aus Protest dagegen zurück, daß Golda Meir die Resolution 242 angenommen hatte. Sie hatten jener Regierung angehört, die 242 sofort nach dem Sechstagekrieg akzeptiert hatte. Aber das war damals gewesen, nicht jetzt. Die nationale Stimmung hatte sich eindeutig verhärtet.

Begin beschwor anläßlich seines Rücktritts die Erinnerungen an Auschwitz und Masada herauf. Masada ist das Symbol des belagerten Israel. Diese herodianische Festung war der letzte Stützpunkt der

Zeloten während des jüdischen Krieges gegen Rom (66 bis 70/73 n. Chr.). Eine zelotische Garnison unter Eleazar verteidigte die Festung gegen die Zehnte Römische Legion unter Flavius Silva. Als am Ende einer langen Belagerung eine Bresche in die Mauer geschlagen wurde, überredete Eleazar seine Anhänger, sich selbst zu töten. Ein Massenselbstmord von neunhundertsechzig Männern, Frauen und Kindern war die Folge. Im modernen Israel kommt Masada eine besondere Bedeutung zu. An dem imposanten Ort, an dem einst Herodes' Festung stand, legen alljährlich die neuen Offiziere des israelischen Panzerkorps den Eid ab: »Masada soll nie wieder fallen.«

Wenn also Begin die Geister Masadas im Zusammenhang mit Golda Meirs Annahme (eher Wiederannahme) der Resolution 242 heraufbeschwor, so unterstellte er damit, daß der Versuch, Frieden zu erreichen, indem man besetztes Gebiet aufgab, einer Bresche in der Sicherheit gleichkam, wie jene, die in der Vergangenheit den Massenselbstmord der israelischen Helden heraufbeschworen hatte.

Golda Meir befand sich in einer heiklen politischen Lage – zwischen dem ernsten Druck der Amerikaner und der durch Begins Appell zunehmend chauvinistischen Stimmung. Doch der amerikanische Druck sollte bald nachlassen.

Die PLO verurteilte den Waffenstillstand als Verrat an der palästinensischen und arabischen Sache. Nasser hatte keine Lust mehr, sich solche Erklärungen gefallen zu lassen. Er schloß die Rundfunkstation der Fatah in Kairo. In der Annahme, Nassers stillschweigendes Einverständnis zu besitzen, ging Hussein gegen die Fatah und den Rest der PLO vor, wie im letzten Kapitel beschrieben. Syrien – besser gesagt ein Teil der syrischen Streitkräfte – drang daraufhin in Jordanien ein.

Die Nixon-Administration war äußerst beunruhigt. Die Annexion eines amerikanischen Satellitenstaates durch einen sowjetischen Satellitenstaat kam äußerst ungelegen. Bei einem Treffen am 20. September erörterte Kissinger mit Rabin mögliche Vorkehrungen für ein Eingreifen Israels in Jordanien. Die israelischen Streitkräfte sammelten sich entlang dem Jordan. Die Syrer zogen sich zurück.

Israels Ansehen in Washington stieg, und das allein hätte den Druck gelockert. Außerdem war es nicht möglich, auf Israel Druck auszuüben, ohne es durch »in Schwebe gehaltene« Waffenlieferungen oder Geldmittel entsprechend zu schwächen. Doch nach der jordanischen Krise hatte es den Anschein, als käme eine Schwächung Israels der Schwächung des amerikanischen Einflusses im Nahen Osten gleich.

Für den Rest des Jahres 1970 sah Golda Meir keine Veranlassung zu ernsthaften Verhandlungen. Der Zermürbungskrieg war vorbei, aber auf der Seite der Araber bestand offenbar keinerlei Verhandlungsbereitschaft. Die »drei Nein« von Khartum waren immer noch in Kraft. Doch im Februar 1971 änderte sich die Lage radikal.

Am 4. Februar wandte sich Nassers Nachfolger Anwar Sadat mit folgender Erklärung an das ägyptische Parlament: Falls Israel seine Truppen im Sinai bis zu den Pässen zurückzog, war er gewillt, den Suezkanal wieder zu öffnen und seine Truppen an die East Bank zurückzunehmen; er war bereit, eine feierliche öffentliche Waffenstillstandserklärung abzugeben, die diplomatischen Beziehungen zu den Vereinigten Staaten wieder aufzunehmen und mit der Unterstützung von Jarring, dem Vertreter des Generalsekretärs der Vereinten Nationen, ein Friedensabkommen mit Israel zu unterzeichnen. Am 14. Februar bestätigte er in einem Schreiben an die Vereinten Nationen diese Erklärung.

Der Sonderbeauftragte des Generalsekretärs, der schwedische Diplomat Gunnar Jarring, setzte seine Bemühungen, die Kontakte zwischen den betroffenen Staaten aufrechtzuerhalten, um ein Abkommen herbeizuführen, auch nach dem Februar 1971 fort. Seine Bemühungen hatten den gleichen Erfolg wie zuvor, nämlich keinen.

Gunnar Jarring war wahrscheinlich kein besonders begabter Unterhändler, aber selbst der geschickteste Vermittler der Welt hätte in diesem Fall keine Fortschritte erzielen können, denn auf seiten der Israelis bestand keinerlei Bereitschaft, die ägyptische Initiative ernsthaft aufzugreifen.

David Ben Gurion hatte immer gehofft, daß Kairo eines Tages Annäherungsversuche machen würde, die zu einem Friedensvertrag zwischen Israel und Ägypten führen konnten. Er war krank und im Ruhestand, als dieses Angebot kam – und seine Nachfolger machten keinen Gebrauch davon.

In den zwei Jahren und acht Monaten zwischen Sadats diplomatischer Initiative im Februar 1971 und seiner militärischen Initiative zu Yom Kippur im Jahr 1973 kann die apathische Unbeweglichkeit von Golda Meirs Regierung in bezug auf einen Frieden mit Ägypten nur durch die internen Probleme dieser Regierung erklärt werden. Nach dem Rücktritt Begins und seiner Kollegen verfügte Golda Meirs Regierung – wie die meisten Regierungen in Israel – über eine knappe Mehrheit. Unweigerlich schrie Begin – also die Opposition – »Masada«, sobald die Regierung einen Schritt in Richtung Friedensverhandlungen tat. Doch die Regierung wußte, wie sie wirksam darauf reagieren konnte. Die Regierung Eshkol, der Begin und seine Kollegen angehört hatten, hatte öffentlich und feierlich der Resolution 242 des Sicherheitsrates zugestimmt. Begins Opposition stellte somit kein ernsthaftes Problem dar. Die echten Probleme – und diese waren lähmend – lagen innerhalb der Regierung selbst.

Zum Beispiel die Position des Außenministers Abba Eban. Eban, ein brillanter Mann, wurde von drei stärkeren Kollegen – Golda

Meir, Yitzhak Rabin und Moshe Dayan – so eingeengt, daß er auf wichtige außenpolitische Entscheidungen seiner Regierung, deren Außenminister er ja war, praktisch keinen Einfluß besaß.

Zu Eshkols Zeiten war es nicht ganz so schlimm gewesen. Eshkol wußte, daß er über keine Erfahrung und kein Talent in außenpolitischen Angelegenheiten verfügte, und er vertraute Eban. Doch selbst unter Eshkol wurde Eban überstimmt, als es um die wichtigste Ernennung innerhalb seines Ministeriums ging: den Botschafter in Washington. Dadurch, daß Eshkol im Februar 1968 Yitzhak Rabin für diese Position ernannte, entglitt dem Außenminister die Kontrolle über die lebenswichtige Beziehung zu den Vereinigten Staaten nahezu vollkommen.

Solange Levi Eshkol lebte, konnte der Außenminister hoffen, seinen gebieterischen und hochmütigen Botschafter wenigstens einigermaßen unter Kontrolle zu halten. Doch sobald Golda Meir zum Premierminister aufrückte, wurde der Botschafter in Washington ein wichtigerer Beamter als sein nomineller Vorgesetzter.

Golda Meir war selbst einmal Außenminister gewesen und hatte nicht die Absicht, sich wie Eshkol Abba Ebans Sachkenntnis zu beugen. Sie war in Milwaukee aufgewachsen und glaubte schon deshalb, daß sie Israels wichtigsten ausländischen Partner – die USA – besser verstand als ihr aus England stammender Außenminister. Abba Eban befand sich in einer nahezu unerträglichen Situation: Er war zwischen seiner Premierministerin und seinem Botschafter in Washington eingekeilt, die über seinen Kopf hinweg Außenpolitik betrieben. Zusätzlich stellte ihn der Verteidigungsminister Moshe Dayan bei der Gestaltung der Außenpolitik in den Schatten.

Israel hat sich immer in einer solchen Zwangslage befunden, daß in jedem israelischen Kabinett der Verteidigungsminister nach dem Premierminister das wichtigste Regierungsmitglied ist; manchmal – wie in diesem Fall – überschattete er sogar den Premierminister. Moshe Dayan genoß an sich schon hohes Ansehen, auch ohne sein Amt. Bereits als Eroberer des Sinai im Jahr 1956 war sein Ansehen so groß gewesen, daß er seinen Eintritt in Eshkols Regierung erzwingen konnte. Golda Meirs Regierung war nicht in der Lage, auf dem Gebiet der Außenpolitik ohne die Zustimmung des amtierenden Helden, also des Verteidigungsministers, Initiativen zu ergreifen – ja nicht einmal, auf Initiativen zu reagieren.

Dayans oft wiederholter Aphorismus (den er vielleicht von Ben Gurion übernommen hat), »Israel hat keine Außenpolitik, nur eine Verteidigungspolitik«, war für den Außenminister ein harter Brocken. Ob zu Recht oder nicht, Abba Eban beschloß weiterzumachen, obwohl er schmerzlich eingeengt war. Vielleicht wäre es besser gewesen, wenn er zurückgetreten wäre und der Öffentlichkeit den Grund dafür mitgeteilt hätte.

Das israelische Volk verehrte und bewunderte Moshe Dayan, während er bei seinen Kollegen eine Art faszinierter Angst erweckte. Dayans Äußerungen in der Außenpolitik waren unvorhersehbar, rätselhaft und manchmal widersprüchlich. Er war abwechselnd Taube und Falke. Bis zum August 1970 dominierte offensichtlich meist die Taube, wenn auch nicht immer. Er war gegen ein Vorrücken bis zum Suezkanal und hatte »den großen Sprung ins kalte Wasser« der Gespräche mit Jarring befürwortet. Er stellte Spekulationen über den begrenzten Rückzug vom Kanalufer an, ließ sie aber wieder fallen. Im August 1970 machte er bei der Feuereinstellung Schwierigkeiten und versuchte, den Austritt Menachem Begins aus der Regierung zu verzögern. Eine Zeitlang befürchteten seine Kollegen sogar, er würde sich Begin anschließen. Er blieb, ahmte jedoch zunehmend Begins Ton nach. Im August 1971, als er Minister für die besetzten Gebiete war, sprach er davon, in diesen Gebieten »Fakten zu schaffen«, wenn die Araber sich weigerten, Frieden zu schließen; das war sechs Monate nach Sadats Friedensangebot.

Eines der von Dayan beschlossenen Fakten war die Gründung einer Siedlung im besetzten ägyptischen Gebiet, in Yamit, in der Nähe des Gazastreifens. Diese Siedlung in Yamit war für Sadat einer der Gründe, warum er 1973 in den Krieg zog. Im Frühjahr 1973 hatte Dayan Menachem Begin bereits übertroffen. Im April 1973 verkündete er anläßlich einer Zeremonie auf dem Gipfel von Masada seine Vision »eines neuen Staates Israel, mit weiten, sicheren Grenzen, in dem die Macht der israelischen Regierung vom Jordan bis zum Suezkanal reicht«.

Als sich die Regierung im Frühjahr 1971 darüber klar werden mußte, wie sie auf Sadats Initiative reagieren wollte, war Dayan noch weit davon entfernt, der Superfalke zu sein, zu dem er sich bis 1973 entwickelte, doch er war bereits darauf bedacht, die Verbindung zu Begin offenzuhalten.

Abba Eban verfaßte den Entwurf zur Antwort Israels. Selbst aus diesem Entwurf ist zu ersehen, wie eingeengt die Diplomatie Israels unter der Regierung Golda Meir war. Der Entwurf mußte in irgendeiner Form zum Ausdruck bringen, daß die Premierministerin darauf bestand, die Araber müßten sich mit Israel an den Verhandlungstisch setzen, *bevor* Israel bekanntgab, worüber es bereit war zu verhandeln. Rafael zitiert Ebans Entwurf: A) Israel begrüßt Ägyptens Bereitschaft, ein Friedensabkommen zu schließen. B) Es schlägt vor, mit Ägypten alle Punkte zu besprechen, die in seiner Antwort an Botschafter Jarring enthalten sind, ferner alle Themen aus Israels Memorandum ›Voraussetzungen für den Frieden‹, sowie alle zusätzlichen Fragen, auf die man sich einigt. C) Bei diesen Verhandlungen auf

Außenministerebene unter der Schirmherrschaft von Jarring werden beide Seiten ausführliche Stellungnahmen bezüglich der territorialen, demographischen, militärischen und sonstigen offenen Fragen abgeben.«

Das Element des »Gebens« war in diesem Dokument im zweiten Absatz enthalten, in der Bezugnahme auf das Memorandum »Voraussetzungen für den Frieden«. Dieses Dokument des israelischen Außenministeriums wurde Botschafter Jarring anläßlich seines Besuches in Israel am 8. Januar 1971 übermittelt. Darin »akzeptierte Israel ausdrücklich den Rückzug sowie alle übrigen Bestimmungen der Resolution 242«. Ebans Entwurf war vielleicht der Anlaß zu Sadats Friedensinitiative im Februar gewesen.

Für Premierministerin Golda Meir war das Außenministerium jedoch zu schnell vorgegangen. Am Tag nach Jarrings Abreise nahm sie die Kontrolle »aller mit der Jarring-Mission verbundenen Aktivitäten« in die Hand. Das Außenministerium, das bereits die Kontrolle über die Beziehungen mit Amerika verloren hatte, verlor nun die Kontrolle über die indirekten Verhandlungen mit den Arabern via Jarring.

Die Regierung konnte das Memorandum »Voraussetzungen für den Frieden« nicht mehr zurückziehen, da es bereits an Jarring und von ihm an Sadat weitergeleitet worden war. Doch die Regierung konnte dem Entwurf Ebans etwas hinzufügen, das für Sadat so unangenehm war, daß es ihn daran hinderte, die »Voraussetzungen für den Frieden« anzunehmen. Mit Unterstützung der großen Autorität des Verteidigungsministers wurde eine kurze, aber äußerst wichtige Ergänzung hinzugefügt. Sie lautete einfach: »Israel wird sich nicht auf die vor dem 5. Juni 1967 gültigen Grenzen zurückziehen.«

Selbst wenn also Sadat das außerordentliche Risiko einging, einen Friedensvertrag mit Israel auszuhandeln, so würde Israel trotz dieses Abkommens in unbestimmtem Ausmaß im Besitz ägyptischen Territoriums bleiben. Der »Friedensplan« steckte damit hoffnungslos fest.

Zehn Jahre später schrieb Moshe Dayan ein Buch mit dem Titel ›Breakthrough‹, in dem er seinen Beitrag zum Friedensvertrag zwischen Ägypten und Israel im Jahr 1979 gebührend darstellte. Doch der »Durchbruch« wäre im Jahr 1971 genauso möglich gewesen wie 1979, wenn die Regierung Israels nur daran interessiert gewesen wäre. Sadats Angebot vom Februar 1971 bildete den Kern des Friedensvertrages, der acht Jahre später, nach einem vernichtenden Krieg, der Israel schweren Schaden zufügte, Wirklichkeit wurde.

Der Yom-Kippur-Krieg hätte vermieden werden können, hätte die Regierung Golda Meir nicht nach der Maxime gehandelt, ›daß Israel keine Außenpolitik, sondern nur eine Verteidigungspolitik brauchte. Man vertraute allgemein Israels Quasi-Allmacht und der permanenten

Unfähigkeit der Araber. Der Verteidigungsminister, der letztlich die Außenpolitik und die Verteidigungspolitik bestimmte, und – als Militärgouverneur – auch die Befehlsgewalt über die besetzten Gebiete besaß, hielt die Araber für so unbedeutend, daß er weder Ägyptens Friedensangebot noch seine Kriegsvorbereitungen ernst nahm.

Diese Einschätzung verstärkte sich, als Anwar Sadat am 18. Juli 1972 verkündete, daß er den Großteil seiner sowjetischen Militärberater aus Ägypten ausgewiesen hatte. Nach Ansicht der israelischen Politiker mußte dieser dramatische Schachzug der ägyptischen militärischen Schlagkraft nicht wiedergutzumachenden Schaden zufügen.

Es gab nur einen, der anders dachte, eine Kassandra: Gideon Rafael. In seiner Autobiographie erinnert sich Abba Eban, daß Rafael »die Möglichkeit in Erwägung zog, Sadat wolle durch die Ausweisung der sowjetischen Militärs darauf hinweisen, daß er die Alternative eines Kriegs konkreter ins Auge fasse. Sadat sah in der Sowjetunion vielleicht eher einen hemmenden Faktor als einen möglichen Helfer bei militärischen Unternehmungen.«

Bereits zwei Tage nach Sadats Verlautbarung übermittelte Rafael seinem Minister eine Analyse, bei der es sich um ein bemerkenswertes Beispiel politischer Klarsicht handelt: »Israel sollte auf die Möglichkeit gefaßt sein, daß Ägypten in absehbarer Zeit die Feindseligkeiten in begrenztem Ausmaß erneut beginnen könnte. Es würde von der Annahme ausgehen, daß die Vereinigten Staaten Israel daran hindern würden, seine volle Stärke in einem längeren Feldzug einzusetzen, um Ägypten entscheidend zu besiegen. Sadat nahm wahrscheinlich an, daß nach einem kurzen, heftigen Aufflackern der Kämpfe, in deren Verlauf er seine Kampfbereitschaft zeigte, die Vereinigten Staaten das volle Gewicht ihres Einflusses zugunsten einer politischen Lösung einsetzen würden.« Rafaels meisterhafte Analyse konnte nicht einmal Eban überzeugen, geschweige denn seine Kollegen. Man hielt es für unwahrscheinlich, daß der ägyptische Führer solche komplizierten politischen Erwägungen anstellte. Sadat wurde international allgemein unterschätzt.

Sein »Bruch mit den Russen« diente mehr demonstrativen Zwekken. Er schickte die meisten Berater heim, doch er gestattete den Sowjets weiterhin, die ägyptischen Luft- und Marineeinrichtungen zu benützen; das war im Hinblick auf die sowjetische Präsenz im Mittelmeer bei weitem der wichtigste Teil der sowjetisch-ägyptischen Beziehung. Die sowjetische Militärhilfe nach Ägypten floß auch weiterhin.

Nach Dayans Masada-Rede im April 1973 wußte der ägyptische Führer, daß ihm nur zwei Möglichkeiten blieben. Er konnte sich damit abfinden, daß das von den Israelis besetzte ägyptische Territorium für immer verloren war; verbunden damit war die demütigende permanente Anwesenheit israelischer Truppen entlang dem Kanal und die zunehmende politische Bedrohung seiner Führungsposition. Oder er konnte einen Krieg beginnen und die großen damit verbundenen Risiken eingehen.

Sadat entschied sich für den Krieg. Der Entschluß fiel nach einer Reihe von Kontakten, die er über eine Vielzahl von Kanälen mit Henry Kissinger in Washington gehabt hatte. Die Querverbindung zwischen diesen Kontakten und Sadats Entschluß zum Krieg verdienen die genauere Überprüfung.

Ermutigte Henry Kissinger 1973 Anwar Sadat dazu, einen Angriff auf Israel zu starten? Das in einem Buch von Mohammed Heikal enthaltene Material weist darauf hin, daß dem tatsächlich so war. Heikal war Nassers engster Vertrauter gewesen und wurde nach Nassers Tod im Jahr 1970 ein enger Berater Sadats. Der fragliche Beweis findet sich in Heikals Buch ›Autumn of Fury. The Assassination of Sadat‹.

Heikal zufolge erhielt Sadat in den ersten Monaten des Jahres 1973 immer häufiger Nachrichten über seinen zuverlässigsten Informationskanal – Kamal Adhem und die CIA. Kamal Adhem war damals Chef des Saudi-Geheimdienstes. Kissinger war noch Sicherheitsberater des Präsidenten und für die CIA verantwortlich.

Heikal führt aus: »Viele Jahre später bestätigte Kamal Adhem, daß er mit dem für militärische Angelegenheiten verantwortlichen CIA-Mann gesprochen hatte. Da die Israelis immer halsstarriger wurden, war es möglich, daß die Amerikaner bereit waren, ein bißchen anzuheizen.« Heikal ist der Meinung, daß diese Gespräche dazu beigetragen haben, daß sich Sadat für den Krieg entschied.

Keine der beiden Hauptpersonen – Sadat und Kissinger – erwähnen den Rat »anzuheizen«, aber Sadat zog aus Kissingers Entgegnungen eindeutig die von Heikal aufgezeigte *Schlußfolgerung*.

In seinen Memoiren erwähnt Sadat ein Treffen zwischen seinem Vertreter Hafis Ismail und Kissinger in Paris: »Das Treffen zwischen Hafis Ismail und Kissinger in Paris im Februar 1973 führte zu keinen Ergebnissen. Wie ich schon immer gesagt hatte, war es für die Vereinigten Staaten (oder jede andere Macht) unmöglich, etwas zu unternehmen, solange wir nicht selbst militärische Initiativen ergriffen, um den toten Punkt zu überwinden. Kissinger gab Ismail zu verstehen, daß die Vereinigten Staaten bedauerlicherweise nicht helfen konnten, solange wir die besiegte Partei waren und Israel seine Überlegenheit beibehielt.«

Welche Botschaft auch immer Kissinger übermitteln wollte, Sadat schloß aus seinen Worten, daß die Vereinigten Staaten nur dann ausreichenden Druck auf Israel ausüben und es zur Rückgabe der ägyptischen Gebiete bewegen konnten, wenn er, Sadat, sich für den Krieg entschied.

In seinen eigenen Memoiren spricht Henry Kissinger von einem »Anheizen« im Sinn von Heikals Berichten. Aber er erwähnt es als etwas, das Sadat plötzlich eingefallen sei, als Teil einer »außergewöhnlichen Taktik, die niemand ergründen konnte«.

Laut Heikal begannen Anfang 1973 die Nachrichten von Kissinger an Sadat über die Kanäle des Geheimdienstes zu fließen. Gegen »ein geringfügiges Anheizen der Situation« sei nichts einzuwenden, hieß es. Kissingers Darstellung seines Treffens mit Hafis Ismail im Februar 1973 ist wesentlich weniger aufschlußreich als Sadats (von Ismail übernommene) Darstellung desselben Treffens. Statt Information zu liefern, ergeht er sich in Gemeinplätzen über die Natur der Verhandlungen.

Er bezeichnet Ismail als einen gutaussehenden Burschen und beginnt dann zu schwärmen: »... ein archetypischer Ägypter hat in ihm überlebt: Sein Gesicht ist geprägt von den Statuen und Tempeln, die von allem, was ein Volk je geschaffen hat, am ehesten in die Ewigkeit eingehen werden.«

Als aufmerksamer Leser Kissingers habe ich den Eindruck gewonnen, daß er immer dann, wenn seine Prosa gefühlvoll wird, wahrscheinlich über eine Transaktion hinweggleitet, über die er seine Leser nicht zu genau informieren möchte.

Kissinger traf ein weiteres Mal mit Hafis Ismail zusammen, und zwar im Mai 1973 in Frankreich. Der Bericht über die Gespräche ist wenig aufschlußreich, doch er läßt zumindest keinen Zweifel darüber, welcher Eindruck bei Kissingers Gesprächspartner zurückblieb. Kissinger berichtet darüber: »Nach unserem Gespräch blieb Ismail ziemlich entmutigt zurück, denn er wußte, daß Sadat zum Krieg entschlossen war. Nur eine Garantie Amerikas, daß wir das gesamte arabische Programm innerhalb kürzester Zeit erfüllen würden, hätte ihn noch davon abbringen können. Das war unmöglich. Ismail war Militarist, und dennoch voll Menschlichkeit. Er fürchtete die Ereignisse, die unvermeidlich waren. Der Nahe Osten ging einem Krieg entgegen. Wir wußten es nicht. Doch er wußte es.«

Das bestätigt Sadats Darstellung der Schlußfolgerung, die er aus Kissingers Ausführungen zog, und deckt sich mit seiner Interpretation von Kissingers Empfehlung. Es paßt auch durchaus zu Heikals Version, derzufolge Sadat über die CIA und den Geheimdienst der Saudis geheime Nachrichten von Kissinger erhielt.

Nachdem wir die Memoiren der Hauptpersonen näher betrachtet haben, wollen wir nochmals Heikals Darstellungen untersuchen. Einer der Gründe, warum wir Heikals Behauptungen in Frage stellen, ist die Tatsache, daß er in seinem früheren Buch ›The Road to Ramadan‹ nicht erwähnt, daß eine Empfehlung Kissingers, »die Lage anzuheizen«, zum Ausbruch des Yom-Kippur-Krieges (Ramadan-Krieg bei den Arabern) beigetragen hat. In dem früheren Buch heißt es nur, daß vom September 1971 an Sadats Verhandlungen mit Washington über Kissinger geführt wurden und nicht über das Außenministerium. Doch er äußert sich in diesem Buch nicht darüber, was Kissinger durch den Geheimdienst gesagt oder übermittelt haben könnte.

Als Heikal ›The Road to Ramadan‹ schrieb, war Sadat noch am Leben und Heikal sein Vertrauter. Doch als Heikal ›Autumn of Fury‹ schrieb, war Sadat tot. In seinen letzten Jahren hatte Sadat Heikal verabschiedet und verhaften lassen, da er gegen einen Separatfrieden zwischen Ägypten und Israel war.

Es gibt zwei alternative, recht plausible Hypothesen über die Widersprüche zwischen den beiden Büchern:

Hypothese A: In seinem ersten Buch durfte Heikal die Transaktionen, die er in seinem späteren Buch aufdeckte, nicht erörtern. Hätte er es getan, hätte er sowohl Kissingers als auch Sadats Zorn erregt. In seinem späteren Buch kann er hingegen ungehindert die Wahrheit schreiben.

Hypothese B: Das erste Buch ist ernstzunehmen. Im späteren Buch versucht Heikal, sich zu rächen, indem er seinen früheren Herrn als Handlanger der Amerikaner hinstellt. Zu diesem Zweck erfindet er Anregungen von Kissinger, die es außer in Heikals Phantasie nie gegeben hat.

Ich habe mich an eine Autorität auf dem Gebiet der modernen ägyptischen Politik gewendet. In seiner (vertraulichen) Antwort meinte mein Gewährsmann, daß der Inhalt von ›Autumn of Fury‹ mit Skepsis zu betrachten sei. Seiner Meinung nach hatte Heikal allen Grund, Sadat in diesem Buch als willfähriges Werkzeug der amerikanischen Politik darzustellen.

Diese Ansicht weist eindeutig in die Richtung von Hypothese B. Ich halte aber dennoch die Behauptungen in ›Autumn of Fury‹ für glaubwürdig; Hypothese A besitzt für mich mehr Überzeugungskraft als die Alternative. Meine Gründe dafür hängen teilweise mit dem Buch selbst zusammen, teilweise mit den internationalen Konstellationen jener Zeit.

Es stimmt, daß ›Autumn of Fury‹ versucht, Sadat herabzusetzen, während die früheren Bücher des Autors ihm eher schmeicheln. Doch die diesbezüglichen Passagen in ›Autumn‹ erscheinen mir keineswegs polemisch. Sadat wird nicht als Handlanger der Amerikaner dargestellt. Er gelangt vielmehr aufgrund mehrerer Faktoren, zu denen auch Kissingers Rat gehörte, zu einer vernünftigen Entscheidung. Würde es sich für einen Autor lohnen, Daten zu *erfinden,* nur um zu einem solchen Bild zu kommen?

Wichtiger aber ist, daß Heikals Behauptungen perfekt in die internationale Konstellation passen. Hat Kissinger tatsächlich – indirekt und/oder stillschweigend – Sadat die Notwendigkeit einer militärischen Initiative (ein »Aufheizen«) nahegelegt, so handelt es sich dabei um einen vernünftigen, realpolitischen Rat, den ein Staatsmann einem anderen gegeben hat.

Betrachten wir zuerst Sadats heikle Lage Mitte 1973. Israel behandelte seine beiden Friedensinitiativen mit ebenso offener Verachtung wie seine Kriegsdrohung. Sadat hatte 1971 als das Jahr der Entscheidung bezeichnet; das lag nun zwei Jahre zurück, und er hatte nichts erreicht. Worauf wartete er noch? Ein weiteres Jahr der Untätigkeit, vielleicht sogar weniger, konnte sehr wohl sein Ende bedeuten.

Vom Standpunkt Kissingers und seiner Kollegen im amerikanischen Geheimdienst und in den Verteidigungsgremien aus wäre Sadats Sturz eine Katastrophe gewesen. Sadat hatte signalisiert, daß er bereit war, die Beziehungen zu den Vereinigten Staaten wieder zu verbessern. Als er dann 1972 den Großteil der sowjetischen Berater aus Ägypten auswies, verstärkten sich diese Signale.

Die sichtbare Schwächung von Sadats Position im Jahr 1973 mußte in Washington als Schwächung des amerikanischen Einflusses und Prestiges im Nahen Osten angesehen werden. Bereits vor Sadats offenen »antisowjetischen Schachzügen« hatte Kissinger die Israelis gedrängt, auf Sadats Initiative vom Februar 1971 positiv zu reagieren, doch vergeblich.

Die Regierung Nixon war zwischen 1971 und 1973 nicht in der Lage, Israel mit Hilfe der üblichen Druckmittel zu beeinflussen. Das einzige Druckmittel, das Washington normalerweise zur Verfügung stand, war eine Verzögerung der Lieferungen an Israel. Doch eine solche Verzögerung schwächte Israel unweigerlich. Nach dem Schwarzen September lief jedoch eine Schwächung der israelischen Position gegenüber seinen von den Sowjets bewaffneten arabischen Nachbarn den amerikanischen Interessen zuwider.

Im Verlauf des Jahres 1972 verschoben sich die Zusammenhänge im Nahen Osten. Nach der Ausweisung der sowjetischen Berater aus Ägypten im Juli erschienen den Politikern im amerikanischen Außenministerium Friedensverhandlungen zwischen Ägypten und Israel, die von den USA gefördert wurden, sehr verlockend. Ein solcher Friede konnte bedeuten, daß die beiden wichtigsten Staaten im Nahen Osten in den amerikanischen Einflußbereich gerieten. Doch in der amerikanischen Innenpolitik ergaben sich Schwierigkeiten: 1972 fanden Präsidentenwahlen statt, keine gute Zeit also, um auf Israel Druck auszuüben. Außerdem war Nixon im Frühjahr 1973 tief in Watergate verstrickt. Sich zusätzlich zu seinen übrigen Problemen den Zorn der proisraelischen Lobby zuzuziehen, war das letzte, was er damals brauchte.

1973 verblieben Henry Kissinger und seinen Kollegen nur noch zwei Möglichkeiten. Die eine war, Sadat abzuschreiben und ihn sozusagen auf glühenden Kohlen sitzen zu lassen. Die andere Möglichkeit war, Sadat zu verstehen zu geben, daß die Vereinigten Staaten ihm nur dann wirkungsvoll beistehen konnten, wenn er selbst das Kräfteverhältnis durch eine militärische Aktion veränderte.

In welcher Form auch immer diese Botschaft durchgekommen war, es ist ganz sicher, daß Sadat Kissingers Botschaft so verstand: »Vielleicht sind Sie imstande, bestehende Realitäten – und demzufolge auch unsere Einstellung zu einer Lösung – zu ändern, vielleicht auch nicht.« Die Schlüsselworte waren hier »und demzufolge unsere Einstellung«, und sie hatten weitreichende Folgen. Sadat konnte darunter nur folgendes verstehen: Wenn es ihm gelang, Israel anzugreifen und Erfolge zu erringen, so würden die Vereinigten Staaten hinsichtlich seiner Position nicht ungünstig reagieren.

Das war alles, was Sadat wissen mußte. Nach dem Yom-Kippur-Krieg soll Kissinger angeblich mit Golda Meir seine Vorkriegsgespräche mit Hafis Ismail erörtert haben. Kissinger behauptete, er hätte die Idee, daß Sadat einen Krieg beginnen könne, einfach lächerlich gefunden.

Als Sadat im September 1970 Nassers Nachfolge antrat, war er offenbar von oben herab als eine Art »Hausmeister« angesehen worden. Doch als er weniger als ein Jahr später seine prosowjetischen Rivalen entließ und verhaftete, hatte er sich als Politiker profiliert, mit dem man rechnen mußte. Durch die Ausweisung der sowjetischen Berater im Juli 1972 wurde er zu einer international bedeutenden Persönlichkeit, nicht zuletzt auch für die Vereinigten Staaten.

Die Möglichkeit eines Krieges war für Ägypten keineswegs so absurd. Ägypten konnte zwar einen solchen Krieg nicht gewinnen, doch wenn es ihn beginnen und dabei eine vernichtende Demütigung (durch eine von beiden Supermächten unterstützte Feuereinstellung) vermeiden konnte, so hätte dies von Sadats Standpunkt aus gereicht. Und das militärisch-technologische Gleichgewicht hatte sich durch die Einführung der sowjetischen Boden-Luft-Raketen in der Nähe des Kanals zugunsten Ägyptens verschoben.

Während Kissinger Sadat in seinen Annahmen bestärkte, ermutigte er 1973 gleichzeitig auch Golda Meir, nur auf andere Art: durch seine scheinbare Passivität. Sie wies die Warnungen ihres Außenministeriums bezüglich der »Gefahren eines diplomatischen toten Punkts« zurück und berief sich (inter alia) auf Kissingers hohes internationales Ansehen und seine augenscheinliche Haltung. Warum sollte Kissinger so passiv bleiben, wenn er ein diplomatisches Vakuum für militärisch gefährlich hielt?

Aufgrund der bereits erwähnten Fakten kann man jedoch annehmen, daß Kissinger in dieser Zeit genau deshalb »so passiv« blieb, weil er wußte, daß ein diplomatisches Vakuum militärisch gefährlich war;

er glaubte nicht ohne Grund, daß ein Friede zwischen Israel und Ägypten erst dann möglich sein würde, wenn die Machthaber in Israel durch eine unerwartete militärische Gefahr aus ihrer überheblichen Selbstzufriedenheit aufgerüttelt wurden. Israel würde sich dabei verstärkt seiner Abhängigkeit von den Vereinigten Staaten bewußt werden.

William B. Quandt, der damals Pressesprecher in Kissingers Nationalem Sicherheitsrat war, fragt, warum der amerikanische Geheimdienst noch am 4. Oktober »keine deutlichen Anzeichen für nahe bevorstehende Feindseligkeiten« erkennen konnte. Warum wurde Kissinger überrumpelt? Wo blieben die Nahostexperten?

Quandts Antworten auf diese Fragen sind wenig aufschlußreich, bis auf eine etwas erschreckende Fußnote: »Einige Analytiker in der CIA spielten den Beweis für die Vorbereitung auf Feindseligkeiten absichtlich herunter, da sie befürchteten, daß jede Seite auf die Maßnahmen der anderen überreagieren könnte.« Die einzigen, die mit diesen frisierten Berichten getäuscht werden konnten oder sollten, waren die Israelis. Sie würden sie als Bestätigung ihrer überaus selbstbewußten Annahmen interpretieren.

Am 6. Oktober 1973, dem Yom-Kippur-Tag, um 14.00 Uhr, starteten die Ägypter und Syrer gleichzeitig ihre Angriffe und erreichten damit einen strategischen und taktischen Überraschungseffekt. Die ägyptische Offensive begann mit einem Luftangriff, begleitet von verheerendem Artilleriesperrfeuer auf Israels berühmte befestigte Bar-Lev-Linie am Westufer des Kanals.

Herzog schreibt: »Über dreitausend Tonnen konzentrierter Zerstörung wurden auf eine Handvoll israelischer Befestigungen abgeschossen; das Sperrfeuer verwandelte das gesamte Ostufer des Suezkanals eine knappe Stunde lang in ein Inferno.«

Nach fünfzehn Minuten überquerte die erste Welle von achttausend Mann ägyptischer Infanterie in einer sehr gut geübten Aktion den Kanal. Weitere Wellen folgten, und die Bar-Lev-Linie wurde überrannt; am 7. Oktober gegen 11.00 Uhr wurde der Befehl zur Räumung der Befestigungen gegeben. Die israelischen Befestigungen waren unterbesetzt; der Angriff traf sie völlig unvorbereitet.

Herzog berichtet: »Die Ägypter setzten über den Suezkanal auf einer Länge von einhundertsiebzig Kilometern und prallten mit voller Wucht auf nur wenig mehr als vierhundert israelische Soldaten in einer Reihe von zehn bis zwölf Kilometer voneinander entfernten Befestigungsanlagen, sowie auf drei Panzer, die am Ufer standen.«

Die krasse Übersteigerung des israelischen Selbstvertrauens wird im Gegensatz zwischen der Wucht des ersten ägyptischen Angriffs und dem unmittelbar verfügbaren israelischen Widerstand sichtbar. An der

Nordfront wurden zwei israelische Brigaden von über drei syrischen Divisionen angegriffen; eintausend syrische Panzer gegen einhundertsiebenundfünfzig israelische. Sonntag zu Mittag – nach zweiundzwanzig Stunden Kampf – waren neunzig Prozent der Offiziere der israelischen Brigaden und die meisten Soldaten entweder tot oder verwundet. Am Sonntag, vierundzwanzig Stunden nach dem ersten Schuß, standen die syrischen Truppen zehn Minuten vom Jordan und vom See Genezareth entfernt. An der Südfront hatte bis zum Mittag des 7. Oktober die Siebente Ägyptische Division den Kanal in voller Stärke überquert.

Die ersten vierundzwanzig Stunden waren für das überraschte Israel natürlich die schlimmsten. Israels Feinde verfügten über große stehende Heere – die Armee Ägyptens war eine der größten und am besten ausgerüsteten der Welt –, während Israel hauptsächlich auf seine Bürgerarmee von Reservisten angewiesen war, von denen sich die meisten am Yom-Kippur-Tag zu Hause oder in den Synagogen befanden. Der heilige Tag machte es jedoch leichter, die Reservisten einzuberufen: Ihre Aufenthaltsorte waren bekannt, die Straßen waren frei.

Am 8. Oktober setzte ein israelischer Gegenangriff auf den großen ägyptischen Brückenkopf am Westufer des Kanals ein. Dieser Angriff schlug unter großen Verlusten fehl. Innerhalb von drei Tagen hatten die Israelis fünfzig Flugzeuge und Hunderte Panzer verloren. Die folgenden fünf Tage – 9. bis 14. Oktober – waren für die israelische Regierung eine Zeit der tiefsten Angst und Niedergeschlagenheit. Laut Herzog verhinderte Golda Meir am 9. Oktober eine Rundfunkrede von Moshe Dayan, da sie deren Wirkung auf die Moral der Truppen fürchtete.

Drei Tage später teilte ihre Regierung dem Außenminister, der sich gerade in New York aufhielt, mit, daß sie bereit war, einen Waffenstillstand an den Feuerlinien zu akzeptieren. Das bedeutete, daß die Regierung zu diesem Zeitpunkt die Rückeroberung jener Gebiete, über deren Zukunft Israel zuvor Verhandlungen abgelehnt hatte, durch Ägypten anerkannte.

Doch zu dieser Zeit hatte Israel bereits begonnen, sich militärisch zu erholen. Der israelische Generalstab hatte beschlossen, seine Offensiven auf die Nordfront zu konzentrieren. Am 10. Oktober waren die Syrer aus allen von ihnen zu Anfang des Krieges eroberten Gebieten vertrieben. Am 11. Oktober drangen die israelischen Streitkräfte in Syrien ein und bedrohten Damaskus. Der Sieg der Israelis über die syrischen Truppen und ihr Einfall in Syrien bildeten sowohl im Hinblick auf die internationalen politischen Zusammenhänge als auch hinsichtlich des Kriegsverlaufs den Wendepunkt im Yom-Kippur-Krieg.

Die Bedrohung von Damaskus alarmierte die Sowjetunion, die über eine massive Luftbrücke Waffen nach Kairo und Damaskus transportierte. Die sowjetische Luftbrücke alarmierte die Nixon-Administration, die – im Gegensatz zu ihrer zuvor so vorsichtigen Politik – mit einer nicht weniger massiven Luftbrücke nach Israel reagierte; es wurden Transportflugzeuge der amerikanischen Luftwaffe eingesetzt. Eine Konfrontation der Supermächte im Nahen Osten stand durchaus im Bereich des Möglichen.

Die Bedrohung von Damaskus veranlaßte auch die Ägypter, von ihren sicheren Positionen am Kanal weiter vorzurücken, um den Druck auf ihre syrischen Verbündeten abzuschwächen. Dieser Schachzug wurde vom ägyptischen Generalstabschef, dem überaus fähigen General Saad el-Din Schasli, scharf mißbilligt. Schasli fand, daß es für Ägypten am besten war, wenn es unter dem schützenden Schirm der Boden-Luft-Raketen am Kanal blieb und sich auf defensive Aktionen beschränkte, was es am 8. Oktober erfolgreich getan hatte. Doch Sadat stand unter dem doppelten Druck von Syrien und der Sowjetunion und setzte sich mit einem direkten Befehl über Schasli hinweg.

Am Sonntagmorgen, dem 14. Oktober, begannen die ägyptischen Panzereinheiten ihre Offensive im Sinai. Das darauf folgende Gefecht entwickelte sich zu einer der angeblich größten Panzerschlachten der Geschichte: Etwa zweitausend Panzer standen einander entlang der gesamten Front im Kampf gegenüber.

Diese Panzerschlacht war der Wendepunkt des Krieges. Sie endete am selben Abend mit einem totalen Sieg für Israel. Zweihundertundvierundsechzig außer Gefecht gesetzte ägyptische Panzer wurden auf dem Schlachtfeld gezählt; Israel hatte etwa zehn Panzer verloren. Die ägyptischen Streitkräfte zogen sich an den Kanal zurück. Israel beschloß, seinen Sieg auszunutzen und rasch (wie lang geplant) über den Kanal zu setzen. Am Tag nach der Panzerschlacht überquerten die ersten Truppen unter dem Kommando von General Ariel Sharon den Kanal; »hinein nach Afrika« lautete seine Devise. Bis zum 19. Oktober hatten bereits starke Truppenverbände den Kanal überquert, zerstörten ägyptische Raketenbasen und waren im Begriff, die Dritte Ägyptische Armee abzuschneiden.

Der sowjetische Ministerpräsident Alexei Kosygin hielt sich seit dem 16. Oktober in Kairo auf, um zu betonen, wie ernst die Sowjetunion die eigene Luftbrücke und die der Vereinigten Staaten nahm. Sadat war nun – wie Golda Meir eine Woche zuvor – für einen Waffenstillstand an den Feuerlinien. Er ersuchte die Sowjetunion, ihren Einfluß zugunsten eines Waffenstillstands einzusetzen.

Am 16. Oktober verkündeten die Golfstaaten eine Erhöhung des geltenden Rohölpreises um siebzig Prozent. Am 17. Oktober verkündeten die in Kuwait tagenden zehn ölproduzierenden Staaten ihren Beschluß: »Die Rohölproduktion wird jeden Monat stufenweise um fünf Prozent gedrosselt, bis sich Israel aus den im Jahr 1967 besetzten Gebieten restlos zurückzieht und die gesetzlichen Rechte der Palästinenser wiederhergestellt sind.« Dem folgte ein Embargo für Ölverkäufe an die Vereinigten Staaten und die Niederlande. (Sowohl die Verringerung der Produktion als auch die Embargos wurden zu Jahresbeginn 1974 aufgehoben.)

Am 20. Oktober traf Henry Kissinger auf Einladung der Sowjetunion in Moskau ein, um die Bedingungen für ein Waffenstillstandsabkommen zu besprechen, das die beiden Supermächte dann dem Sicherheitsrat »empfehlen« würden.

Wenn es um die Lebensader des kampfbereiten Israels zu den Vereinigten Staaten ging, so vertraute Golda Meir Henry Kissinger bedingungslos. Im März 1973 war Yitzhak Rabin von der Botschaft in Washington zurückgekehrt, um bei den für den Oktober 1973 erwarteten allgemeinen Wahlen für die Knesset zu kandidieren. Golda Meir behielt ihre Politik bei: Sie umging das israelische Außenministerium und ernannte ihren persönlichen Mitarbeiter Simcha Dinitz zum Nachfolger Rabins als Botschafter in Washington.

Dinitz' Erfahrungen in der Diplomatie hatten sich bis dahin darauf beschränkt, Rabins telefonische Berichte über die von Kissinger vertretenen Ansichten für Golda Meir aufzuzeichnen. Es ist nicht verwunderlich, daß der neue Botschafter vor Henry Kissinger eine Art ehrfürchtiger Scheu empfand. Dinitz wurde ganz zu Kissingers Mann.

In der ersten – und für Israel bei weitem gefährlichsten – Phase des Krieges gehörte es zu Kissingers Politik, den Nachschub an Waffen nach Israel hinauszuzögern. William Quandt berichtet über »zunehmendes Drängen« von seiten Israels um Waffen ab dem 8. Oktober. Die Antwort der Amerikaner war vorsichtig; prinzipiell sollten die israelischen Verluste ersetzt werden, doch nicht über eine amerikanische Luftbrücke. El-Al-Maschinen, an denen die Kennzeichen entfernt wurden, konnten »bescheidene Mengen« (Quandt) an Nachschubmaterial transportieren. Als sich Dinitz über die langsame amerikanische Reaktion beklagte, machte Kissinger das Verteidigungsministerium dafür verantwortlich, eine List, derer er sich im Verlauf der nächsten Tage noch öfter bediente.

Matti Golan berichtet, daß Kissinger während der ersten Kriegswoche seine »besondere Beziehung« zu dem verwirrten Dinitz ausnutzte: Er vergewisserte sich, daß die israelische Botschaft »kein Signal gab«, das die pro-israelische Lobby im Kongreß und in der Presse entfesseln würde. Nixon wäre dadurch gezwungen gewesen, »aus seinem Watergate-Kokon herauszukommen« und Israel massive Unterstützung zu gewähren. Mindestens sechsmal täglich rief Kissinger Dinitz an und versicherte ihm immer wieder, daß die Waffen unterwegs waren. Dinitz' Vertrauen zu Kissinger war unerschütterlich, und er erklärte sich bereit zu warten.

Bis zum 12. Oktober funktionierte Kissingers Taktik, die er genau auf seine politische Strategie abgestimmt hatte. An diesem Tag erklärte sich Golda Meir unter dem Druck der Vereinigten Staaten zu einem Waffenstillstand an den Feuerlinien bereit.

Aber was genau war nun Kissingers politische Strategie? Ich sehe keinen Grund, in dieser Angelegenheit Kissingers Angaben, die er anläßlich einer Pressekonferenz am 12. Oktober 1973 gemacht hat, zu bezweifeln: »Nachdem die Feindseligkeiten ausbrachen, setzten sich die Vereinigten Staaten zwei Hauptziele. Erstens die Feindseligkeiten so rasch wie möglich zu beenden, und zweitens, sie so zu beenden, daß sie (sic!) einer dauerhaften Lösung im Nahen Osten förderlich waren.« Das waren Kissingers Gedanken zur Zeit der Kampfhandlungen. Aber hatte er bereits so gedacht, bevor sie begonnen hatten?

Kissingers taktischer Plan – wenn auch nicht seine Strategie – scheiterten. Am 10. Oktober, bereits zwei Tage vor dieser Pressekonferenz, hatte die sowjetische Regierung auf die Niederlage Syriens mit einer Luftbrücke nach Kairo und Damaskus geantwortet. Am 11. Oktober hatte Golda Meir sowohl ihre Bereitschaft zur Feuereinstellung erklärt, als auch einen dringenden persönlichen Appell (um eine Luftbrücke nach Israel) an Nixon gerichtet. Zum ersten Mal seit 1969 hatte es die israelische Regierung für notwendig erachtet, Henry Kissinger zu umgehen.

Am 13. Oktober beging Sadat seinen ersten großen Fehler, indem er den Waffenstillstand an den Feuerlinien ablehnte. Noch am selben Tag befahl Nixon die Luftbrücke nach Israel mit den riesigen amerikanischen Transportmaschinen.

Obwohl Kissinger wirklich sein Bestes getan hatte, die Luftbrücke zu verhindern, konnte er sie doch in seine allgemeine Strategie einbauen. Sowohl die Luftbrücke als auch ihre zermürbende Verzögerung mußten Israel vor Augen führen, in welchem Ausmaß es von den Vereinigten Staaten abhängig war. Und was Sadat anging, nun, Sadat hatte Kissingers wiederholte Aufforderung zum Waffenstillstand an den Feuerlinien ignoriert, ebenso seine Warnung (9. Oktober): »Gut, Sie haben sich durchgesetzt. Aber wohin führt der Weg von hier? Wir können nicht erwarten, daß die Situation lange hält, und wenn sie sich ändert, so ändert sie sich zu Ihrem Nachteil.«

Infolge des arabischen Ölembargos wurde Kissingers Streben nach einem Waffenstillstand an den Feuerlinien bei der amerikanischen und der westlichen Öffentlichkeit immer populärer. Kissinger erfuhr während seines Fluges nach Moskau am 20. Oktober vom Embargo.

Trotz des Embargos befand sich Kissinger in Moskau in einer außerordentlich starken Verhandlungsposition. Sein unmittelbares Ziel war ein Waffenstillstand an den Feuerlinien. Seine Gegner bei den Verhandlungen hatten ein noch viel größeres Interesse an einem solchen Waffenstillstand, denn die Israelis schlugen jetzt die Ägypter und die Syrer gleichzeitig und schienen knapp vor einem entscheidenden Sieg zu stehen. Innerhalb von vier Stunden hatte Kissinger mit den Russen das Abkommen ausgehandelt, dem die Resolution 338 des Sicherheitsrates später internationale Gesetzmäßigkeit verlieh.

Die Resolution wurde vom Sicherheitsrat am 22. Oktober angenommen; sie forderte eine Waffenruhe an den Fronten innerhalb von zwölf Stunden, die Durchführung der Resolution 242 und »Verhandlungen zwischen den betroffenen Parteien unter entsprechender Schirmherrschaft, die die Errichtung eines gerechten und dauerhaften Friedens im Nahen Osten zum Ziel haben«.

Zu der Zeit, als der Sicherheitsrat der Resolution 338 zustimmte, machte Kissinger auf seiner Heimreise von Moskau Station in Tel Aviv. Golda Meir und ihre Kollegen nahmen die Resolution und den Waffenstillstand, der sie (vom militärischen Standpunkt aus) der Früchte eines hart errungenen Sieges beraubte, nur zögernd an.

Unmittelbar nach seinem Eintreffen in Washington am 23. Oktober informierten die Sowjets Kissinger, daß Israel den Waffenstillstand gebrochen hatte. Wer auch immer die Waffenruhe verletzt hatte, die neuerlichen Kämpfe brachten, militärisch gesehen, Israel Vorteile. Die Ägyptische Dritte Armee war eingekreist, und die Israelis drohten, sie zu vernichten, oder, sollte ihnen das nicht gelingen, sie auszuhungern. Die Sowjetunion stellte klar, daß sie eine Liquidierung der Dritten Armee nicht hinnehmen würde. Breschnew drohte in einem Brief an Nixon, wenn notwendig »einseitig entsprechende Schritte« zu unternehmen. Die amerikanischen Streitkräfte wurden sofort in Alarmbereitschaft versetzt, und zwar Alarmstufe Def Con 3.

Kissinger setzte nun Israel hart zu. Es ist nicht erwiesen, ob er drohte, amerikanische Streitkräfte zum Entsatz der Dritten Armee zu senden, oder, was wahrscheinlicher scheint, den Israelis nicht zu helfen, wenn sie sich mit den Sowjets konfrontiert sahen. Kissinger ließ die Israelis keinesfalls im Zweifel darüber, woran sie waren.

Am Nachmittag des 25. Oktober trat der Waffenstillstand in Kraft, und diesmal hielt er. Der Yom-Kippur-Krieg war vorbei; er hatte in eine Sackgasse geführt.

Die kombinierten militärischen und diplomatischen Aspekte des Yom-Kippur-Krieges stellten eine traumatische Zerreißprobe für Israel dar, wie sie das Land bis dahin noch nicht erlebt hatte. Israel wußte jetzt, daß seine arabischen Feinde gefährlicher geworden waren, als man es je für möglich gehalten hatte, und daß die Beziehungen zu den

Vereinigten Staaten wesentlich kryptischer und hypothetischer waren, als man vertrauensvoll nach dem Sechstagekrieg angenommen hatte. Im Oktober 1973 breiteten Hybris und Euphorie erneut ihre Schwingen aus und ließen Jerusalem im Stich, doch nicht unausweichlich für alle Zeit.

11
Schritt für Schritt
(1973–1977)

»Israel hat keine Außenpolitik,
nur ein innenpolitisches System.«
Henry Kissinger

Ihr könnt nicht gewinnen! In diesem Satz drückte sich das unmittelbar nach dem Yom-Kippur-Krieg in Israel vorherrschende Gefühl aus. So lautete auch die unmißverständliche Botschaft, die Israel soeben von beiden Supermächten erhalten hatte. Israel hatte Ägyptens Dritte Armee vollkommen abgeschnitten; der totale militärische Sieg war dadurch in Reichweite gerückt und wurde dann Israel entrissen! Beide Supermächte hatten gegen den Sieg ihr Veto eingelegt, eine von ihnen war Israels einziger Freund.

Israel war sich seiner extremen Isolation völlig bewußt. Während des Krieges hatten die westeuropäischen Staaten – mit Ausnahme von Portugal – den amerikanischen Flugzeugen auf dem Weg nach Israel die Erlaubnis zum Landen und Auftanken auf ihren Territorien verweigert. Zur selben Zeit brachen auch nahezu alle afrikanischen Staaten – die Israel zuvor nicht ohne Erfolg umworben hatte – die Beziehungen ab, die meisten, nachdem Ariel Sharons Truppen den Kanal »nach Afrika« überquert hatten.

Im Anschluß an den Yom-Kippur-Krieg gaben sich die Länder der Alten Welt – von den Britischen Inseln bis Japan – größte Mühe, auf die verschiedenste Weise und in unterschiedlichem Umfang ihre Mißbilligung für Israel und ihre Sympathie für die Araber zum Ausdruck zu bringen. Wenn Israel in der Alten Welt überhaupt einen Freund hatte, so erhöhte sich dadurch das Unbehagen vieler Israelis eher noch; denn dieser Freund war die Republik Südafrika, die zweite Paria-Nation der Alten Welt.

Die zu dieser Zeit deutlicher hervortretende Isolation Israels ging nicht auf ein neuerliches Aufleben des Antisemitismus zurück. Die Wurzel dafür lag im Eigennutz der westeuropäischen Länder und

Japans – der Großkonsumenten des arabischen Erdöls und Nutznießer der Investitionen von arabischen Öldollars. Es war also angebracht, sich deutlich von Israel zu distanzieren und Sympathie für die arabische und palästinensische Sache zu zeigen.

All das hatte, und hat noch immer, etwas Komödienhaftes an sich. Man konnte proarabische Erklärungen abgeben und zur gleichen Zeit mit einem Augenzwinkern den Vereinigten Staaten zu verstehen geben, daß diese Erklärungen nicht zu wörtlich genommen werden durften. Die Japaner bewiesen dabei ganz besonderes Talent.

Israel nahm die Moralpredigten der internationalen Ölkonsumenten verständlicherweise übel. Außerdem war es verärgert, weil offenbar niemanden die Frage interessierte, wer den eben zu Ende gegangenen Krieg begonnen hatte. In der Vergangenheit hatte man Israel vorgeworfen, daß es einen Aggressionskrieg geplant hatte. Jetzt war es nur zu offenkundig, daß Ägypten, und nicht Israel, den Yom-Kippur-Krieg geplant hatte, aber wieder machte man Israel den Vorwurf.

In diesem speziellen Fall hatte die internationale Gemeinschaft – allerdings durch Zufall – das Recht mehr auf ihrer Seite, als die meisten Israelis zugeben wollten. Sadat hatte den Krieg zwar geplant und begonnen, doch erst nachdem seine ernst gemeinte Friedensinitiative auf Mißachtung gestoßen war.

Die Israelis beschuldigten die Regierung Golda Meir zu Recht, daß infolge ihrer Fehlbeurteilung Israel auf den Yom-Kippur-Krieg militärisch nicht vorbereitet gewesen war. Doch sie hätten die Regierung auch dafür zur Rechenschaft ziehen können, daß sie es zu diesem Krieg hatte kommen lassen.

Die Frage eines Friedens im Austausch für Gebiete mußte jetzt ernsthaft erwogen werden; zweitausend Israelis waren im Krieg gefallen, und die Umstände waren für Israel wesentlich weniger günstig als drei Jahre zuvor, als Sadat sein historisches Angebot gemacht hatte.

Der amerikanische Außenminister Henry Kissinger war nach dem Yom-Kippur-Krieg fast zwei Jahre lang die dominierende Persönlichkeit in der Diplomatie des Nahen Ostens. Es war Kissingers Hauptziel, die Sowjetunion soweit wie möglich aus der Region zu verdrängen und dabei den Eindruck zu erwecken, man fordere sie im Rahmen eines Konsens der Supermächte zur Beteiligung an einer Entspannung auf.

Die sogenannte Genfer (Friedens-)Konferenz, die am 21. Dezember 1973 eröffnet wurde, spielte in Kissingers Plan eine entscheidende Rolle. Die Vereinigten Staaten, die Sowjetunion, Ägypten, Israel und Jordanien nahmen an der Genfer Konferenz teil. Den Vorsitz führte der Generalsekretär der Vereinten Nationen Kurt Waldheim, ein Mann mit beachtlicher Erfahrung auf der Bühne der internationalen

Diplomatie, dem auch die Realitäten hinter den Kulissen vertraut waren.

Formell billigte die Konferenz einen amerikanischen Vorschlag zur Einsetzung eines gemeinsamen Komitees, das ein Disengagement-Abkommen ausarbeiten sollte. Doch in der Realität mußte jedes Detail eines solchen Abkommens von den betroffenen Regierungen sanktioniert werden. Und die beiden wichtigsten betroffenen Regierungen – die Ägyptens und die Israels – wollten ihre separaten, gegensätzlichen Interessen durch amerikanische Vermittlung fördern beziehungsweise schützen, ohne daß sich die Sowjets aktiv daran beteiligten.

Offensichtlich hat Kissinger Sadat schon vor dem Krieg davon überzeugt, daß nur die Vereinigten Staaten dank ihres Einflusses auf Israel Ägypten helfen konnten, das verlorene Gebiet wiederzuerlangen. Die Sowjetunion hatte keinerlei Einfluß auf Israel und konnte daher nichts für Ägypten tun.

Frühere amerikanische Außenminister hatten Israel immer als eine von der Innenpolitik auferlegte Bürde und ein Handicap für die Außenpolitik im Nahen Osten betrachtet. Kissingers unorthodoxer, weitblickender Verstand erkannte, wie Israel bei den Verhandlungen mit Israels arabischen Nachbarn zu einem Aktivposten der Vereinigten Staaten werden konnte. Die mehr oder weniger unausgesprochene Botschaft Amerikas an jene Nachbarn lautete: »Wenn ihr von eurem unangenehmen, gefährlichen Nachbarn etwas haben wollt oder zurückhaben wollt, müßt ihr zu uns kommen.« Sadat hatte die Botschaft verstanden.

Die amerikanische Luftbrücke nach Israel wurde für Sadat nach dem Krieg tatsächlich zu einem politischen Aktivposten. Sie war die Erklärung dafür, warum auf den Sieg, den Sadat geltend machte, nicht die Vernichtung des jüdischen Staates folgte, sondern ein Waffenstillstand am Suezkanal. Am 19. Oktober, dem Tag, an dem Sadat beschloß, den Waffenstillstand zu akzeptieren, telegrafierte er seinem vorwurfsvollen Verbündeten Assad: »Ich bin gewillt, gegen Israel zu kämpfen, egal wie lang, aber niemals gegen die USA.« Daher also nicht nur der Waffenstillstand, sondern auch die Notwendigkeit von Verhandlungen.

Sowohl in Ägypten als auch in der gesamten arabischen Welt war der Wunsch, an einen Sieg über die Juden zu glauben, so groß, daß Sadats Erklärung zumindest eine Zeitlang glaubwürdig erschien.

Um den amerikanischen Einfluß im Nahen Osten zu vergrößern, genügte es nicht, daß Henry Kissinger auf Israel Druck ausübte. Der arabischen Welt mußte auch klar vor Augen geführt werden, daß er derjenige war, der den Druck ausübte, ohne den bei Israel niemals etwas zu erreichen sein würde. Spontane Konzessionen Israels nützten den Vereinigten Staaten nicht und wurden entschieden mißbilligt.

Sofort nach dem Krieg war zwischen Ägypten und Israel ein direkter Kontakt auf militärischer Ebene hergestellt worden. General Aharon Yariv von den israelischen Streitkräften traf regelmäßig bei Kilometer 101 auf der Straße Kairo-Suez mit General Abd al-Ghani al-Gamassi aus Ägypten zusammen. Die beiden regelten dringende Angelegenheiten wie die Stabilisierung des Waffenstillstandes oder die Versorgung der eingekreisten Dritten Armee Ägyptens. Die Generäle kamen gut miteinander aus, zu gut für Kissinger, da sie zu schnell auf ein baldiges Disengagement zusteuerten. Kissinger forderte die Israelis auf, erst etwas zu unternehmen, wenn er sie drängte.

William Quandt schreibt dazu: »Kissinger wollte demonstrieren, daß für einen anhaltenden diplomatischen Fortschritt der anhaltende Einsatz der USA unerläßlich war... Sollte der Ölboykott aufgehoben werden, so würde dies auch als Gegenleistung für den amerikanischen Erfolg bei der Förderung eines Abkommens geschehen. Und damit das sowjetische Prestige weiterhin gering blieb, mußten die Vereinigten Staaten die Kontrolle über die Verhandlungen behalten.« Die »israelische Unnachgiebigkeit« kam den Amerikanern jetzt sehr gelegen.

Wie wir noch sehen werden, hatte Kissinger nichts für die Halsstarrigkeit der Israelis übrig, sobald sie ihn selbst betraf. Er wollte jetzt nur den Anschein von Halsstarrigkeit, hinter der jedoch Gefügigkeit stand. Diese Kombination war aber nicht immer zu haben.

Wegen des Krieges fanden die allgemeinen Wahlen in Israel erst am 31. Dezember 1973 statt. Das regierende Labor-Bündnis verlor fünf Sitze, zum Großteil an die Likud, doch war die Verschiebung nicht so gravierend ausgefallen, wie man befürchtet oder gehofft hatte; Labor konnte wieder die Regierung bilden.

Wenn die Wähler mehr Zeit gehabt hätten, die jüngsten Ereignisse zu verdauen und zu verstehen, so wären sie vielleicht weniger nachsichtig mit der Labor-Partei umgegangen. Ironischerweise führte Labor die Wahlkampagne unter dem Motto »Frieden«; im Labor-Programm kam das Wort Frieden siebzehnmal vor. Durch ihre Angriffe auf die Labor-Partei klang die Propaganda der Likud für viele kriegsmüde Wähler wie der Aufruf einer Kriegspartei. Golda Meir bildete wieder die Regierung, und Moshe Dayan blieb Verteidigungsminister.

Nachdem die israelischen Wahlen mehr oder weniger vorüber waren, konnte Kissinger mit der ersten Runde seiner berühmten »Pendeldiplomatie« zwischen Jerusalem und den arabischen Hauptstädten beginnen. Am 18. Januar 1974 hatte sich Kissinger endlich mit Sadat und Dayan über einen Plan zum Disengagement und zur Reduzierung der Truppen in der Kanalzone sowie zur neuerlichen Schaffung einer UN-Pufferzone geeinigt. (Rückblickend wurde der Plan Sinai I genannt.) Der offiziell verkündete Plan wurde durch die geheime Zusicherung der Vereinigten Staaten an Israel ergänzt, die besagte, daß Ägypten Israels freie Schiffahrt im Roten Meer nicht behindern würde und daß die UN-Truppen nur mit Zustimmung beider Seiten abgezogen werden konnten; zumindest letzteres war für Israel eine Verbesserung im Vergleich zur Lage vor 1967.

Nach Sinai I hielten die israelischen Truppen immer noch den Giddi- und den Mitlapaß in der westlichen Sinaiwüste besetzt, doch die Puffer-Streitkräfte der Vereinten Nationen trennten sie vom Suezkanal. Sinai I war im Interesse aller Parteien ein vernünftiges Abkommen. Doch es trug wesentlich mehr zum Prestige Sadats – und Kissingers – bei als zu dem der Regierung Israels. Trotzdem hätte die Regierung Golda Meir die Unterzeichnung von Sinai I leicht überleben können. Was die Regierung zu Fall brachte, war die Demobilisierung der vielen Reservisten, die durch das Disengagement und Sinai I frei wurden. Ende 1973 war das Land durch den Yom-Kippur-Krieg verwirrt und betäubt. Die jungen Leute aber, die Anfang 1974 von der Front im Süden nach Hause kamen, waren rachsüchtig und zornig und übertrugen ihre Gefühle – und ihre Erfahrungen – auf ihre Familien und Freunde.

Der Zorn der Soldaten richtete sich hauptsächlich gegen den Verteidigungsminister Moshe Dayan. Als die Agranat-Untersuchungskommission den Verteidigungsminister und die Premierministerin vom Vorwurf der »unmittelbaren Verantwortung« für Israels Nicht-Bereitsein freisprach, explodierte der Volkszorn. Unter diesem Druck brach Golda Meirs Anhängerschaft auseinander. Am 11. April 1974 verkündete sie ihren Rücktritt. Moshe Dayan folgte ihr.

Labor mußte nun einen Führer und – etwas später – einen Premierminister finden. Am 22. April fiel die Wahl der Labor-Partei auf Yitzhak Rabin. Er schien der ideale Mann für die Betreuung der beiden lebenswichtigen Belange Israels zu sein: die militärische Bereitschaft und die Beziehungen zu den Vereinigten Staaten. Damals, als die Menschen einen neuen Anfang suchten, sprach auch Rabins Jugend für ihn. Er war in Israel geboren, ein Sabra, und sollte der erste Premierminister Israels sein, der nicht der Generation der Gründer angehörte. Wahrscheinlich war jedoch Rabins entscheidende Qualifikation nach Ansicht der Öffentlichkeit, daß er das einzig prominente Labor-Mitglied war, das nicht zur Regierung Golda Meir gehört hatte.

Daß Rabin nicht vom »Makel« von Golda Meirs Administration befleckt war, ist wieder eine Ironie des Schicksals, wie sie in dieser Geschichte so häufig vorkommt. Als Botschafter in Washington hatte Rabin mehr Einfluß auf Israels Außen- und Verteidigungspolitik besessen als jedes andere Mitglied dieser Regierung.

Als Rabin seine Regierung bildete, ließ er Eban als Außenminister fallen und bot ihm statt dessen den Posten des Informationsministers an. Eban wies dieses Angebot zurück und war somit nicht mehr in der neuen Regierung. Yigal Allon – der Verfasser des Allon-Planes – wurde Außenminister.

Rabin hatte einen guten Grund dafür, Eban fallenzulassen. Eban war – verständlicherweise – der wichtigste Anhänger von Rabins großem politischem Rivalen Shimon Peres. Peres war bisher in der israelischen Innenpolitik hauptsächlich als der treueste Anhänger von Moshe Dayan bekannt und hatte Rabin im Kampf um die Parteiführung herausgefordert. Rabin hatte mit äußerst knapper Mehrheit gewonnen. Der Vorsprung war so gering, daß Rabin sich gezwungen sah, seinen Herausforderer als Verteidigungsminister zu akzeptieren. Rabins Regierung war somit von allem Anfang an eine äußerst unruhige Doppelherrschaft zweier alter Feinde, deren Reaktionen nicht vorhersehbar waren.

Die Feindschaft zwischen Rabin und Peres reichte mindestens fünfzehn Jahre zurück, bis in die Zeit Ben Gurions. Peres war einer von Ben Gurions begabten jungen Männern und stellvertretender Verteidigungsminister gewesen. Rabin glaubte, daß Peres seinen Einfluß bei Ben Gurion benutzt hatte, um Rabins militärische Karriere zu vereiteln.

Über die Berufung von Peres im Jahr 1974 in seine Regierung schreibt Rabin rückblickend: »Ich akzeptierte Peres als Verteidigungsminister – wenn auch schweren Herzens. Es war ein Fehler, den ich bereute und für den ich den vollen Preis zahlte.« Wie aber Rabin selbst klarstellt, hätte er ohne diesen »Fehler« keine Regierung bilden können. Peres' Anhängerschaft war stark genug, um für ihn das Portefeuille des Verteidigungsministeriums zu fordern.

Israels häufige Kriege und sein hoher militärischer Standard ließen die internationale Presse oft vom »Preußen des Nahen Ostens« sprechen. Der Vergleich unterstellt das Bild einer äußerst disziplinierten, hierarchischen, autoritären Gesellschaft. Dieses Bild ist fast grotesk weit von der Wirklichkeit des sozialen und politischen Lebens in Israel entfernt.

Im täglichen Leben Israels ist Rücksichtnahme eine Rarität, wie jeder Besucher beobachten kann. Es ist ein Land der tatkräftigen Individualisten, und jeder von ihnen denkt, daß seine oder ihre Meinung zumindest ebenso gut ist wie die jedes anderen. Der gleiche Geist findet sich in der Politik des Landes. Der jüdische Staat ist in der Abwicklung seiner internen Angelegenheiten derartig demokratisch, daß er nahezu arbeitsunfähig wird. David Ben Gurion konnte durch seine einmalige persönliche Autorität eine gewisse Ordnung schaffen und den Entscheidungen eine zentrale Richtung geben.

Seit der Zeit Ben Gurions gleichen die Regierungen jedoch eher schwächlichen Organen, in denen starke Persönlichkeiten vertreten sind, deren Standpunkte und/oder Ambitionen in argem Widerspruch zueinander stehen. Das macht es schwierig, einen kollektiven Willen zu mobilisieren, um Entscheidungen zu treffen, die bei einem großen Teil der Bevölkerung unpopulär sind.

Die Regierung Rabin war noch schwächer als die Regierung Golda Meir, besonders in bezug auf die Außenpolitik, die eng mit der Verteidigungspolitik zusammenhing. Rabin war lange nicht so populär wie Golda Meir, und die Anhängerschaft seiner Regierung teilte sich auf noch mehr Splittergruppen auf. Rabin wurde so sehr von allen Seiten bedrängt, daß er keine eigene Initiative ergreifen konnte; »er konnte nur auf die Initiativen anderer reagieren, besonders auf jene des amerikanischen Außenministers«, wie Aronson es ausdrückt.

Golda Meir hatte den Rücktritt ihrer Regierung im April 1974 verkündet. Gemäß der in Israel üblichen Praxis trat der Rücktritt erst Anfang Juni in Kraft. In der Zwischenzeit machte Henry Kissinger mit seiner Schritt-für-Schritt-Politik weiter. Der nächste Schritt war ein Disengagement-Abkommen zwischen Syrien und Israel.

Als er zwischen Damaskus und Jerusalem hin und her pendelte – dreizehnmal in einem Monat –, wußte Kissinger, daß beide Seiten ein Abkommen brauchten. Wie Sadat, so mußte auch Assad zeigen, daß er zumindest einen Teil des 1967 verlorenen Territoriums wiedergewinnen konnte; das würde auch ihm ermöglichen, einen »Sieg« für sich in Anspruch zu nehmen. Andererseits war Israel bereit, Gebiete abzutreten, um seine Gefangenen aus Syrien heimzuholen; außerdem konnten durch ein Disengagement die Reservisten von der Nordfront entlassen werden und nach Hause zurückkehren. Doch die israelische Regierung war verzweifelt bestrebt, auf nicht mehr Territorium, als unbedingt nötig, zu verzichten. Die Grenze zu Syrien verläuft sehr nahe an den jüdischen Siedlungsgebieten und ist wesentlich heikler als die Wüste des westlichen Sinai.

Kissinger wollte ein Abkommen herbeiführen, bevor die neue Regierung Israels ihr Amt antrat. Er kannte die Mitglieder der Regierung Golda Meir sehr gut und stellte auch bald gute Beziehungen zum Herrscher Syriens her. In allem, was auf ihre Verhandlungen Bezug hatte, waren die beiden Männer einander sehr ähnlich. Der Machiavelli aus Damaskus und der Machiavelli aus Washington waren dafür geschaffen, einander zu verstehen, sobald sie ihre gemeinsamen Interessen abklären konnten.

Nach nächtelangem Feilschen, das von süffisantem Geplänkel aus Damaskus und Gejammer aus Jerusalem begleitet war, fand man schließlich eine gemeinsame Grundlage. Israel stimmte einem begrenzten Rückzug von seinen vorgeschobenen Posten auf den Golanhöhen zu. Die evakuierte Zone war schmal, doch in ihr lag Quneitra, eine zerstörte und verlassene Stadt, aber immerhin eine Stadt, die auf den Landkarten eingezeichnet und somit für Assads Prestige wichtig war. Die evakuierte Zone sollte entmilitarisiert und von den Disengagement-Beobachtungstruppen der Vereinten Nationen überwacht werden.

Das Disengagement-Abkommen wurde von den militärischen Vertretern Israels und Syriens am 31. Mai 1974 in Genf unterzeichnet.

Im Sommer 1974 hatte Henry Kissinger den Höhepunkt seiner Laufbahn erreicht. Seine diplomatische Leistung im Nahen Osten in den sechs Monaten nach dem Yom-Kippur-Krieg war in jeder Hinsicht erstaunlich, doch es war ihm gelungen, sie als noch erstaunlicher und anders zu präsentieren, als sie tatsächlich war.

Die Öffentlichkeit im Westen erhielt durch Kissinger den Eindruck, daß er den Frieden im Alleingang bewerkstelligt hatte. Er flitzte zwischen den orientalischen Hauptstädten hin und her wie der wohltätige »Superman«. ›Newsweek‹ und ›Time‹ prägten diesen Ausdruck, und Kissinger stimmte ihm zu. Aber Kissingers Leistung bestand nicht darin, das Disengagement-Abkommen zustandegebracht, sondern vielmehr, es zum Vorteil der Vereinigten Staaten *abgewickelt* zu haben.

Das Disengagement kam eigentlich in dieser Phase fast von allein, denn die regional am Konflikt beteiligten Parteien wollten es. Ja, sie brauchten es so dringend, daß sie der Außenminister zumindest in einem Punkt erst einmal bremsen mußte. Wie jeder gute Zauberer, so wollte auch Kissinger, daß man sein Kunststück für unmöglich hielt.

Israel war zum Disengagement gezwungen und hatte gute Gründe dafür, Tempo und Vorgehen mit den Vorstellungen der Vereinigten Staaten, seinem einzigen Freund, abzustimmen. Dringend benötigte Lieferungen sowie zukünftige Entwicklungen hingen von diesem einzigen Freund ab. Auch die arabischen Staaten brauchten das Disengagement – Sadat brauchte es außerordentlich dringend –, und Kissinger überzeugte die Araber davon, daß sie durch eine Zusammenarbeit mit ihm zumindest einen Teil ihrer 1967 verlorenen Gebiete wiedererlangen konnten.

Bis zum Juni 1974 war es Kissingers Management des Disengagements gelungen, die diplomatischen Beziehungen zwischen den Vereinigten Staaten und Ägypten und zwischen den Vereinigten Staaten und Syrien – beide waren 1967 abgebrochen worden – auf freundschaftlicher Basis wiederherzustellen. Auf Sadats dringende Bitte hin hatten die Ölstaaten – auch zu ihrem eigenen Vorteil – versprochen, das Embargo gegen die Vereinigten Staaten aufzuheben. Und das allerbeste war, daß die Sowjetunion vom Prozeß des Disengagements ausgeschlossen blieb; das entsprach nicht nur dem Wunsch Israels, sondern auch dem Ägyptens und Syriens. Die Sowjetunion konnte nicht einmal öffentlich darüber Klage führen, denn dadurch hätte sie gleichzeitig den Verlust ihres Einflusses auf ihre Anhänger und in der Region allgemein ausposaunt.

Kissingers Leistungen sind um so hervorragender, als sie ihren Höhepunkt während des für die Vereinigten Staaten innenpolitisch und international unheilvollsten Jahres erreichten. Ende April 1975 wurde es für die Welt offenkundig, daß die jahrelangen Anstrengungen der Amerikaner in Vietnam vergeblich gewesen waren: Saigon fiel an die Kommunisten. Innenpolitisch war im Frühsommer 1974 Watergate in das Endstadium getreten.

Als Nixon am 9. August 1974 zurücktrat, war sein Nachfolger Gerald Ford nur zu glücklich, Kissinger als Außenminister zu behalten. Doch die ihm noch verbleibende Amtszeit von zweieinhalb Jahren wurde für Kissinger keineswegs so glanzvoll, wie es die vorangegangenen sechs Monate gewesen waren.

In dieser Zeit zeigten sich die Israelis wie auch zu anderen Zeiten bereit, »Territorium gegen Frieden einzutauschen«, vorausgesetzt, das Territorium war nicht zu groß oder nicht am falschen Platz, und die Signale für einen Frieden waren angemessen. Doch Ende 1974 hielten die Israelis die Friedenssignale der Araber für alles andere als angemessen.

Die Israelis empfanden den Arabischen Gipfel in Rabat im Oktober 1974 als beunruhigendes und äußerst ärgerliches Spektakel. Sadat und Assad unterstützten hier die PLO – *nachdem* Israel territoriale Zugeständnisse gemacht hatte – noch stärker, als sie es *vor* diesen Zugeständnissen getan hatten. Die PLO wurde von allen arabischen Staaten als »einziger legitimer Vertreter des palästinensischen Volkes« anerkannt und fühlte sich dadurch ermutigt, ihre terroristischen Aktivitäten gegen Israel zu verstärken. Sadat und Assad machten nun die Anerkennung Israels von der Zustimmung der PLO abhängig, die sowohl eine Anerkennung als auch Verhandlungen ablehnte. Klarerweise verhärtete sich die Einstellung Israels hinsichtlich weiterer Zugeständnisse an einen der Partner in Rabat. Als Jasir Arafat im darauffolgenden Monat seinen triumphalen Auftritt auf der Bühne der Generalversammlung der Vereinten Nationen hatte, wurde Israels Einstellung nur noch härter.

Kissinger war bemüht – offensichtlich zu deutlich bemüht –, den nächsten Schritt in seiner Diplomatie zu setzen: Sinai II, Israel sollte sich hinter die strategischen Sinaipässe zurückziehen. Er hat offensichtlich versäumt, die verhärtete Stimmung in Israel und die gewichtigen emotionellen Gründe dafür zur Kenntnis zu nehmen. Er drängte auf Sinai II und stieß auf unerwartet deutlichen, anhaltenden Widerstand.

Anfang 1975 befand sich die Regierung Israels keineswegs mehr unter dem *inneren* Druck, ein Abkommen zu erreichen, wie es während der eigentlichen Disengagementperiode der Fall gewesen war (wegen der Gefangenen und Reservisten). Sobald das Disengagement vollzogen war, wandte sich der innere Druck in die andere Richtung gegen weitere Zugeständnisse an die Araber, es sei denn im Austausch für sichtbare und solide Vorteile für Israel. Sadat war nicht bereit, Israel in diesem Punkt auch nur eine Erklärung über einen »Nichtkriegszustand« anzubieten.

Rabin war die Notwendigkeit der Lebensader zu Amerika sehr wohl bewußt, und er wäre in diesem Stadium vielleicht gewillt gewesen, Sinai II zuzustimmen, wenn er sein Kabinett in der Hand gehabt hätte. Doch in solchen Angelegenheiten benötigte er unbedingt die Zustimmung seines Verteidigungsministers – und nahezu gleichgestellten Partners – Shimon Peres. Diese Zustimmung erhielt er nicht. Rabin hatte keine andere Wahl, als sich Kissinger zu widersetzen.

Nachdem Kissinger zehn Tage lang vergeblich zwischen Ägypten und Israel gependelt hatte, verlor er die Geduld mit Israel. Am 22. März 1975 eröffnete er der israelischen Regierung, daß das Schritt-für-Schritt-Programm abgewürgt worden sei und daß die Vereinigten Staaten allmählich die Kontrolle über die Ereignisse verloren hätten. Kissinger kehrte sofort nach Washington zurück und erzählte noch im Flugzeug den Reportern, Rabin sei ein »kleiner Mann, dessen einzige Sorge war, was Peres über ihn sagen würde«.

Präsident Ford drückte, zweifellos auch auf Kissingers Rat hin, sein Mißfallen über Israel aus – was er im darauffolgenden Jahr bereuen sollte – und kündigte drohend eine »Neubewertung« der gesamten Nahostpolitik Amerikas an.

Kissinger hatte die Flucht nach vorn gewählt, statt mit sanftem Druck vorzugehen, auch hatte er nicht den gewohnten sicheren Takt bewiesen. Der Außenminister verdankte bisher seinen Erfolg größtenteils seiner Fähigkeit, sich die proisraelische Lobby vom Hals zu halten. Kissinger stieß nun den israelischen Botschafter und seine Regierung vor den Kopf und bedrohte damit auch Israel; er erregte die Aufmerksamkeit der Lobby, die diesmal ausgesprochen »günstige« Bedingungen vorfand.

In militärischen Notlagen – nicht nur in Kriegszeiten, sondern auch während instabiler Waffenruhen – hat es die proisraelische Lobby an sich nicht leicht, in den USA Druck auszuüben. In einer solchen Situation hat Israel Bedürfnisse, die keinen Aufschub vertragen, während die Lobby Zeit braucht, sich zu mobilisieren und sich Geltung zu verschaffen. Anders im März 1975: Ohne militärische Dringlichkeiten hatte die Lobby Zeit, ihre Kräfte zu mobilisieren.

Im April wurde die von Präsident Ford versprochene Neubewertung durchgeführt. Kissinger beriet sich am 1. April mit den besten und klügsten Männern des außenpolitischen Establishments: Dean Rusk, McGeorge Bundy, George Ball, Cyrus Vance, George Shultz, Robert McNamara und anderen. Mehrere Wochen lang saß Kissinger wie zu Füßen der Weisen aus akademischen und Botschafterkreisen und spielte seine neue Rolle als demütiger Praktiker, der von den Weisen lernen will, wie man internationale Angelegenheiten betreibt. Quandt faßte den Tenor der Empfehlungen, die Kissinger von diesen Weisen erhielt, zusammen: »Die Zeit für eine Schritt-für-Schritt-Diplomatie war vorbei. Eine ehrgeizigere Strategie war erforderlich. Die Palästinenser konnten nicht länger ignoriert werden. Die Sowjets mußten in die Verhandlungen miteinbezogen werden.«

Kissinger wollte jetzt sehr wahrscheinlich den Israelis ein wenig angst machen, indem er sie daran erinnerte, daß es unangenehmere Möglichkeiten als Sinai II und gefährlichere Männer in Washington als Henry Kissinger gab. Die Drohung bestand hauptsächlich darin – Kissinger verwendete sie kurz darauf Rabin gegenüber ausdrücklich –, daß die Genfer Konferenz wieder aufgenommen werden konnte. Kissingers Taktik im Frühjahr und Sommer 1975 war, eine umfassende Regelung zu erreichen, die sowohl die PLO als auch Israel einbezog. Die pragmatischeren Elemente in der PLO, allen voran Yasir Arafat, unterstützten diese Idee seit dem Sommer 1974. Arafats Ansicht zu diesem Punkt wurde durch Henry Kissingers Erfolge in den frühen Phasen des Disengagements beeinflußt. Wenn Israel dazu gezwungen werden konnte, besetztes Gebiet zuerst an Ägypten und dann auch an Syrien abzutreten, könnte dann nicht Israel auch dazu gezwungen werden, ein Gebiet an die PLO abzutreten, auf dem ein palästinensischer Staat errichtet werden konnte?

Der Nationale Palästinensische Rat der PLO, der im Juni 1974 in Kairo zusammentrat, verlangte die »Festsetzung der nationalen unabhängigen Verfügungsgewalt des Volkes über jeden Teil des palästinensischen Gebiets, der befreit wurde«. Dies wurde als Sieg des gemäßigten Flügels der PLO gewertet.

Auch für gemäßigte Kreise des Westens galt die Idee eines solchen Kompromisses, der der Region Frieden brachte, als attraktiv. Doch schwierige Fragen blieben bestehen und konnten noch nicht zufriedenstellend beantwortet werden.

Erstens: Würde der palästinensische Staat auf einem Kompromiß mit Israel beruhen, oder würde er als Sprungbrett für die Vernichtung Israels dienen? »Kompromiß« war die Antwort der arabischen Befürworter eines palästinensischen Staates in Gesprächen mit dem Westen; »Sprungbrett« sagten dieselben Leute in der innerarabischen Diskussion. Westliche Befürworter des gemäßigten Flügels der PLO meinen, daß die im westlichen Kontext gegebenen Versicherungen und öffentlichen Andeutungen ernst zu nehmen sind. Skeptiker – zu denen auch ich zähle – vertreten die Ansicht, daß die den Arabern gegenüber abgegebenen Erklärungen eher die Realitäten der Region widerspiegeln.

Eines scheint auf alle Fälle klar zu sein: Eine gemäßigte PLO und der jüdische Staat sind unvereinbar. Muhammad Y. Muslih, ein arabischer Gelehrter, hat eine Studie über den »gemäßigten« und den »ablehnenden« Flügel der PLO gemacht; er ist offenbar Anhänger der »gemäßigten« Richtung und sagt dazu folgendes: »Die Beziehung zwischen ... bewaffnetem Kampf und Befreiung ist organisch ... Der nächste Schritt nach der Befreiung ist die Demontage der ›rassistischen‹ politischen und wirtschaftlichen Struktur Israels als Staat und die Errichtung eines demokratischen, nicht konfessionsgebundenen säkularen Palästinas, in dem Juden, Moslems und Christen als palästinensische Staatsbürger mit gleichen Rechten und Pflichten zusammenleben würden.« Wenn das stimmt, so mußte der palästinensische Staat, den diese Gemäßigten errichten wollten, die Zerstörung des jüdischen Staates zum Ziel haben.

Der zweite wichtige Fragenkomplex betrifft Israel. Kann man annehmen, daß Israel eine Gebietsabtretung an die PLO zum Zweck der Gründung eines palästinensischen Staates freiwillig akzeptieren wird, oder wird man Israel dazu zwingen müssen? Wenn ja, wie?

Israel sollte einsehen, daß es zu seinem eigenen Besten wäre, wenn es die Lösung akzeptierte. Der Vorschlag für eine umfassende israelische Friedensinitiative, die sich auch auf die Palästinenser erstreckt, weist laut William Quandt einen Schönheitsfehler auf: Eine solche Politik erfordert eine starke israelische Regierung, hinter der ein allgemeiner öffentlicher Konsens steht. Das fehlte offensichtlich.

Die Friedensstifter, die mit der Neubewertung beschäftigt waren, sahen voraus, daß Israel das Westjordanland und Ostjerusalem niemals *freiwillig* der PLO überlassen würde. Diese Lösung müßte Israel durch die in Genf wiedervereinten Supermächte aufgezwungen werden.

Doch für viele Israelis – und nicht nur für Begins Likud – wäre eine solche »aufgezwungene Lösung« tatsächlich der Casus Masadae. Würde die amerikanische Öffentlichkeit wirklich dafür sein, daß die Sowjetunion und die Vereinigten Staaten Israel gemeinsam überwältigten?

Am 21. Mai 1975 sandten sechsundsiebzig Senatoren der Vereinigten Staaten einen Brief an Präsident Ford, in dem sie ihn drängten, »auf Israels wirtschaftliche und militärische Bedürfnisse einzugehen«. Es war offenkundig, daß die proisraelische Lobby nichts von ihrem politischen Einfluß verloren hatte. Im kommenden Jahr sollten Präsidentschafts- und Kongreßwahlen stattfinden. Kissingers veröffentlichte Neubewertung hatte die politische Zukunft seines Chefs – und seine eigene – einem großen Risiko ausgesetzt.

In diesem Sommer welkte die Neubewertung in Washington dahin. Kissinger kehrte wieder zu seiner Schritt-für-Schritt-Friedenspolitik und zu dem Problem zurück, wie er Sinai II Israel schmackhaft machen konnte. Im Juli zog er sich mit Botschafter Simcha Dinitz auf die Jungferninseln zurück, um die Einzelheiten auszuarbeiten. Beide Seiten hatten einander mittlerweile genügend Angst eingejagt, um Respekt für die Position des anderen zu haben. Der »Zucker« für Israel verhielt sich proportional zu Israels Halsstarrigkeit und politischer Macht. Zusätzlich zu einer Unterstützung von zwei Milliarden Dollar erklärten sich die Vereinigten Staaten bereit, die Idee eines interimistischen Rückzugs aus dem Westjordanland fallenzulassen und zu akzeptieren, daß in einer zweiten Vereinbarung zu den Golanhöhen nur »kosmetische« Änderungen enthalten sein würden. Unter diesen Bedingungen erklärte sich Israel schließlich bereit, seine Truppen von den Sinaipässen zurückzuziehen, so daß diese zur entmilitarisierten Zone wurden, die von amerikanischen Technikern und von den Streitkräften der Vereinten Nationen beobachtet werden sollte.

Sinai II wurde am 4. September 1975 in Genf unterzeichnet. Außerdem erhielt Israel wichtige Garantien hinsichtlich der Beziehungen der Vereinigten Staaten zur PLO in Form eines geheimen Memorandums. Dieses Memorandum – das natürlich prompt zur Presse durchsickerte – enthielt folgende Feststellung: »Die Vereinigten Staaten werden weiterhin ihre derzeitige Politik gegenüber der PLO beibehalten, solange die PLO Israels Existenzberechtigung nicht anerkennt und die Resolution 242 des Sicherheitsrates nicht akzeptiert.«

Die amerikanischen Friedensbemühungen beschränkten sich nun auf ein einziges Ziel: einen Separatfrieden zwischen Ägypten und Israel.

Das Team Rabin und Peres hatte dank seiner Ungeschicklichkeit einen ungeschickten diplomatischen Sieg errungen. Es war Israel gelungen, zwei seiner Nachbarstaaten – Syrien und Jordanien (und auch die PLO) – aus dem »Friedensprozeß« auszuklammern. Ein Erfolg, der bei nüchterner Betrachtung nicht mit den Erfordernissen der israelischen Diplomatie übereinstimmte, wohl aber mit der innen- und außenpolitischen Zwangslage der israelischen Regierung.

Auf alle Fälle war eines klar: Da die amerikanischen Präsidentenwahlen bevorstanden, würde es bis 1977 keinen weiteren Druck auf die israelische Regierung geben – und damit auch keinen weiteren Fortschritt in Richtung Frieden mit Ägypten.

Sinai II war Henry Kissingers letzter Erfolg bei seinen Friedensbemühungen im Nahen Osten. Ein Erfolg, der sich bewährte: Ägypten hat in das westliche Lager gewechselt, und die Grundlagen für den Frieden zwischen Ägypten und Israel sind geschaffen worden. Dieser Friede war durch den Krieg möglich geworden. Das war ganz bestimmt Sadats Idee. Die Frage bleibt offen, wieviel von dieser Idee von Henry Kissinger stammte.

Eine friedliche Einigung in einem Gebiet des Nahen Ostens beschwört mit großer Wahrscheinlichkeit Gewalttätigkeiten in einer anderen Gegend herauf. Sinai II trug dazu bei, die Ereignisse, die zum libanesischen Bürgerkrieg von 1975/1976 führten, ins Rollen zu bringen.

Die Anführer der PLO waren über Sinai II tief enttäuscht und erzürnt. Ihre westlichen Sympathisanten und die offene Neubewertung im April hatten sie zu der Hoffnung ermutigt, daß man sie in einen umfassenden Friedensprozeß einbeziehen würde; sie hatten gehofft, mit Hilfe der Unterstützung des Westens eine territoriale Basis in Palästina zu erreichen.

Sinai II machte diese Hoffnungen zunichte. Die PLO fühlte sich sowohl von den Vereinigten Staaten als auch von Ägypten betrogen. Jetzt wollte sie beweisen, daß sie unentbehrlich war. In dem ihr noch verbliebenen »Gastland« – dem Libanon – schloß sie sich mit verschiedenen moslemischen und drusischen Splittergruppen (die für gewöhnlich als »Linke« bezeichnet wurden) zusammen, um die seit langem bestehende Hegemonie der christlichen Maroniten zu stürzen.

Als der libanesische Bürgerkrieg unter Beteiligung der PLO um sich griff, erwogen Anfang 1976 sowohl Israel als auch Syrien eine Intervention. Die Gründe für Israel waren offenkundig, und Syrien hatte einerseits den Libanon immer als Teil Syriens angesehen, andererseits wußte Assad, daß eine Machtübernahme im Libanon durch Kräfte, zu denen auch die PLO gehörte, wahrscheinlich zu einer israelischen Besetzung des Landes führen würde.

In den ersten Monaten des Jahres 1976 warnten die Vereinigten Staaten Syrien und Israel ganz entschieden vor einer Intervention. In einem Wahljahr wollte die Administration keineswegs eine neuerliche internationale Krise im Nahen Osten. Doch als sich der Konflikt ausweitete, wurde es offenkundig, daß eine Intervention unvermeidlich war. Israel konnte nicht zulassen, daß eine Gruppierung, der die PLO angehörte, die Christen vernichtete und den Libanon beherrschte.

Von Quandt wissen wir, daß die Idee einer israelischen Intervention im Libanon im Jahr 1976 für Washington wenig attraktiv war. Sie würde von Kissingers Erfolgen als Friedensstifter ablenken und sie gefährden; diese Erfolge aber bildeten eines der wenigen wirkungsvollen Themen im Wahlkampf der Republikaner. Im Gegensatz dazu erschien eine syrische Intervention – eine innerarabische Angelegenheit und damit für die westliche Öffentlichkeit von verhältnismäßig geringem Interesse – als das kleinere Übel. Im Mai 1976 erhielt Damaskus von Washington grünes Licht, Schritte in Richtung auf sein permanentes Ziel Groß-Syrien zu unternehmen. Mit der stillschweigenden Zustimmung der Vereinigten Staaten und Israels marschierten die syrischen Truppen im Juni im Libanon ein.

Israel war 1970 bereit gewesen, eine Intervention Syriens in Jordanien zu verhindern, selbst wenn dies Krieg bedeutet hätte. Doch damals hatte es sich um die Aktion einer militanten, radikalen Regierung – vor Assad – gehandelt, die die Rettung der PLO und den Sturz eines prowestlichen Regimes erreichen wollte. Assad hatte geholfen, die Intervention auf Kosten der Palästinenser zu sabotieren. Auch Assads jetzige Intervention im Libanon, die in stillschweigender Übereinstimmung mit den Vereinigten Staaten und Israel erfolgte, ging wieder auf Kosten der Palästinenser; man machte ihnen und ihren Verbündeten den Sieg und die Herrschaft im Libanon streitig. Die syrischen Truppen stießen wiederholt mit jenen der PLO zusammen und brachten sie schließlich, wenn auch mit Mühe, unter Kontrolle; damit war der Bürgerkrieg »eingefroren«.

Der »neue Libanon« nahm jene Formen an, die für die nächsten sechs Jahre für die Beobachter eine vertraute Tatsache wurden. Im überwiegenden Teil des Landes behielt die Hegemonie von Damaskus die Oberhand. Es gab drei wichtige Ausnahmen, die für Israel von Interesse waren.

Erstens: Im äußersten Süden des Libanons, zwischen dem Litanifluß und der Grenze zu Israel, entstand eine Pufferzone, die von Israel durch eine lokale Miliz mit christlichen Offizieren kontrolliert wurde.

Zweitens: Etwas nördlich davon war »Fatahland«, der Bezirk um den Hafen Sidon, der von Arafats Truppen und ihren »linken« moslemischen Verbündeten kontrolliert wurde.

Drittens: Im Osten von Beirut und nördlich davon auf dem Mount Libanon sowie rund um den Hafen Junieh befand sich die Hauptenklave der Maroniten, die sehr enge Beziehungen zu Israel unterhielten.

Mit dieser Einteilung konnte Israel zumindest für den Augenblick leben.

Für bemerkenswert kurze Zeit wurde Assad von den Medien der arabischen Welt wegen seiner unsanften Behandlung der »einzigen legitimen Vertreter des palästinensischen Volkes« heftig verurteilt. Anläßlich eines Mini-Gipfels zwischen Ägypten, Saudi-Arabien und Syrien in Riad im Oktober 1976 kam Assad aus der Kälte zurück. Die jüngsten Ereignisse im Libanon waren vergessen, als sich die Teilnehmer auf einen PLO-palästinensischen Staat im Westjordanland und

Gaza einigten. Ein allgemeiner arabischer Gipfel in Kairo ratifizierte das in Riad erzielte Abkommen zwischen den beiden mächtigsten und reichsten arabischen Staaten. Die syrische Besetzung des Libanon wurde rückwirkend zum panarabischen Unternehmen, das auf »Einladung« des Libanons stattgefunden hatte. Die syrischen Besatzungstruppen wurden von den Französisch sprechenden Libanesen als La Force Arabe de Dissuasion bezeichnet.

Durch Riad und Kairo ermutigt, zog Assads Force Arabe de Dissuasion in Beirut ein, und die Regierung des Libanon wurde zu einer Marionettenregierung.

Assads Status hatte durch seine Intervention im Libanon und seine Zurechtweisung der PLO keineswegs gelitten, sondern sich vielmehr verbessert. Er stand jetzt im Zentrum des innerarabischen Systems und, vom internationalen Standpunkt aus gesehen, auch im Zentrum der Ereignisse im Nahen Osten. Die Sowjetunion betrachtete ihn als ihren verläßlichsten Verbündeten im Nahen Osten. Gleichzeitig sahen die Vereinigten Staaten in ihm einen vernünftigen Herrscher, mit dem immer Geschäfte zu machen waren, die beiden zum Vorteil gereichten.

Langsam verdrängte Assad Sadat aus seiner Rolle als Anwalt der arabischen Sache. Sadat hatte sich bereits durch die Annahme von Sinai II etwas kompromittiert: eine rein ägyptische Angelegenheit ohne eine Spur eines »umfassenden« Aspekts, auf den man gehofft hatte. Im Gegensatz dazu akzeptierte Assad kein Golan II; er wirkte desinteressiert und unbestechlich. Wie wir wissen, gab es eigentlich gar kein wirkliches Golan II, aber das wußte die arabische Öffentlichkeit nicht. Außerdem verdankte Assad, im Unterschied zu Sadat, zumindest dem Anschein nach seine territorialen Gewinne keinem schmutzigen Handel mit den Vereinigten Staaten oder Israel. Ende 1976 war Hafis al-Assad der wichtigste Verfechter der arabischen Sache im allgemeinen und der palästinensischen Sache im besonderen. Die wichtigsten Führer der PLO saßen ernüchtert im Schatten Syriens in ihrer jetzt eingeengten Basis im Libanon und hegten keineswegs den Wunsch, die arabische Welt an frühere Transaktionen zu erinnern.

Der Herrscher von Damaskus, und jetzt auch eines Großteils von Groß-Syrien, hatte Uthmans Hemd fest im Griff.

Am 21. Dezember 1976 trat die Regierung Rabin und Peres zurück. Ihr Rücktritt stand nicht direkt mit dem Sieg Jimmy Carters über Gerald Ford bei den Präsidentschaftswahlen im vorangegangenen Monat in Verbindung. Doch diese beiden Ereignisse bedeuteten, daß Anfang 1977 in beiden Ländern neue Teams an die Macht kamen.

Rabin wollte unbedingt zeigen, daß die Beziehung zu den Vereinigten Staaten ausgezeichnet war. Er war besonders stolz auf die Leistungen seiner Regierung beim Aufbau der israelischen Streitkräfte und darauf, daß amerikanische Militärhilfe in großem Umfang erreicht werden konnte. In seinen Memoiren schreibt er, daß während seiner Amtszeit (Juni 1974 bis Juni 1977) die israelischen Verteidigungskräfte (IDF) ihre Gesamtschlagkraft verdoppelt hatten.

Um diese Leistung zu betonen, wurde anläßlich der Ankunft von F-15 Jagdbombern eine öffentliche Zeremonie angesetzt. Irgendwer bewies einen erstaunlichen Mangel an Einfühlungsvermögen, und die Ankunft der Flugzeuge wurde auf Freitag nachmittag festgesetzt, also kurz vor Beginn des Sabbats. Die religiösen Parteien nahmen daran Anstoß, was nicht überrascht. Die Opposition brachte einen auf den Sabbat bezogenen Mißtrauensantrag ein. Der Antrag wurde abgelehnt, doch Rabins Koalitionskollegen, die der Nationalen Religiösen Partei angehörten, enthielten sich der Stimme. Rabin trat daraufhin mit der Begründung zurück, daß der Zusammenhalt seiner Regierung beeinträchtigt worden war.

Durch Rabins Rücktritt wurden die für den Herbst 1977 geplanten allgemeinen Wahlen in Israel auf den Mai vorverlegt. Wegen der israelischen Beziehungen zu den Vereinigten Staaten und auch wegen der Auswirkungen dieser Beziehungen auf die Wahlkampagne hielt die Regierung das frühere Datum für vorteilhaft. Eine israelische Regierung, die mitten im Wahlkampf steht – was der Fall sein würde, sobald der neue US-Präsident Anfang Januar sein Amt antrat –, ist in gewissem Ausmaß davor gefeit, von den Vereinigten Staaten unter Druck gesetzt zu werden. Und diese Sicherheit ist sehr willkommen, wenn in Washington ein neuer Besen kehrt.

Was die Außenpolitik Israels betraf, so stand Rabins Regierung im Wahlkampf auf festem Boden. Sicherlich, man mußte einen Teil des besetzten Gebietes aufgeben, ohne dafür von den Arabern definitive Friedenszugeständnisse zu erhalten; hier konnte die Likud einhaken. Doch Israel besaß nun sowohl in der Straße von Tiran als auch im Roten Meer freie Schiffahrt, und seine nichtmilitärische Fracht konnte den Suezkanal passieren. Vor allem war die Lebensader zu den Vereinigten Staaten erhalten und ausgebaut worden, ohne daß Israel Konzessionen im Westjordanland oder im Gazastreifen gemacht oder der PLO Vorteile eingeräumt hätte.

Alles in allem hinterließen die Leistungen der Regierung Rabin bei der Wählerschaft einen günstigen Eindruck. Israel befand sich jetzt jedenfalls in einer stärkeren Position als unmittelbar nach dem Yom-Kippur-Krieg, bevor Rabin Golda Meirs Nachfolge antrat.

Die von den israelischen Streitkräften hervorragend geplante und durchgeführte Rettung der israelischen Geiseln, die im Juli 1976 von der PLO nach Entebbe in Uganda entführt worden waren, verlieh den Leistungen einen Anflug von Ruhm.

Die Verwundbarkeit der Regierung lag weit mehr in den innenpolitischen Belangen als in der Außenpolitik. Die Inflationsrate – achtunddreißig Prozent – erschien zu dieser Zeit extrem hoch, und es gab viele Streiks. Sowohl das Labor-Establishment als auch die Regierung wurden der Korruption beschuldigt. Zu Beginn der Wahlkampagne tauchte dieser skandalöse Aspekt der Regierung Rabin plötzlich auf. Am Abend des 3. Januar 1977 beging Rabins Minister für Wohnungsbau Avraham Ofer am Strand nördlich von Tel Aviv Selbstmord. Seit zwei Monaten hatte die Polizei wegen Mißständen während seiner Zeit als Generaldirektor der Wohnbaugesellschaft der Histadrut gegen ihn ermittelt.

Fast zur gleichen Zeit kam die tiefe Kluft innerhalb der Labor-Partei wieder zum Vorschein. Shimon Peres bewarb sich neuerlich – zu Rabins größtem Zorn – um die Führungsposition, so daß noch in der Zielgeraden der Wahlen ein interner Kampf auszutragen war. Am 22. Februar gewann Rabin erneut, doch auch diesmal mit dem schmerzhaft kleinen Vorsprung von einundvierzig Stimmen.

Am selben Tag wurde Asher Jadlin, Präsident der Bank von Israel – Rabin hatte ihn seinerzeit für diesen Posten ernannt –, von einem Richter in Tel Aviv wegen Annahme von Bestechungsgeldern und Steuerhinterziehung zu einer fünfjährigen Haftstrafe verurteilt. Während des Prozesses hatte Jadlin zugegeben, Bestechungsgelder in Höhe von dreißigtausend Dollar angenommen zu haben, wovon er aber zwanzigtausend an die Labor-Partei weitergegeben habe.

Es war nur natürlich, daß der Premierminister gegen Ende dieser unter einem erstaunlich bösen Stern stehenden Kampagne bemüht war, die Aufmerksamkeit von der angeschlagenen heimischen Szene abzulenken. Er versuchte, die Wählerschaft von der Vorrangigkeit der internationalen Beziehungen Israels und der Unentbehrlichkeit seiner Talente auf diesem Gebiet zu überzeugen. Er beschloß, zu Gesprächen mit Präsident Carter nach Washington zu reisen.

Die Entscheidung war riskant, denn es bestand die Gefahr, daß es zu unvorteilhaften Reaktionen der neuen Administration kam. Der neue Außenminister Cyrus Vance war einer jener Weisen gewesen, die Kissinger am 1. April 1975 demonstrativ konsultiert hatte. Seine Ernennung hätte bereits signalisieren müssen, daß eine Neubewertung in der Luft lag (was auch stimmte) und daß es unklug war, sie vor den Wahlen heraufzubeschwören. Rabin nahm keine Notiz davon.

Anfang März traf er in Washington zu mehreren Gesprächen mit dem neuen Präsidenten zusammen, in deren Verlauf Jimmy Carter unmißverständlich klarmachte, daß er tatsächlich eine »Neubewertung« erwog. Noch schlimmer war von Rabins Standpunkt aus, daß der Präsident in diesem Fall den »Weg an die Öffentlichkeit« wählte. Unmittelbar nach seinem dritten Gespräch mit Rabin gab der Präsident bekannt, daß er von Israel erwartete, sich bis auf kleine Änderungen auf die Grenzen von 1967 zurückzuziehen. Zehn Tage später sprach Carter öffentlich über die Notwendigkeit einer palästinensischen Heimat, was für Rabin eine weitere dramatische Veränderung in der traditionellen US-Politik bedeutete.

Doch eine private Transaktion am Tag des dritten Gesprächs zwischen Rabin und Carter beendete schließlich Rabins Führungsposition. Rabins Frau Leah zahlte Geld auf ihr gemeinsames Konto ein, das Rabin in Washington behalten hatte, obwohl es gegen das israelische Gesetz verstieß. Der Washingtoner Korrespondent einer israelischen Zeitung erfuhr von der Transaktion. Er stellte den Beweis über die tatsächliche Existenz des Kontos sicher und veröffentlichte die Nachricht am 15. März 1977.

Zuerst erregte sie nur wenig Aufsehen. Rabin gab dazu an: »Die zweitausend Dollar auf dem Konto stellen den Saldo unserer Ersparnisse aus der Zeit dar, als wir noch in Washington lebten.« Eine passable Erklärung. Doch Slater, der Biograph von Shimon Peres, stellte weiteres Material zur Verfügung, und der Generalstaatsanwalt forderte Rabins Bankauszüge an. Es stellte sich heraus, daß nicht ein Konto existierte, sondern zwei, und nicht zweitausend Dollar auf diesen Konten deponiert waren, sondern dreiundzwanzigtausend.

Am 7. April – etwas mehr als einen Monat vor den Wahlen – gab Rabin in einer Fernsehrede an die Nation seinen Rücktritt als Premierminister und als Vorsitzender der Partei bekannt. Aber nach israelischem Gesetz durfte er unter diesen Umständen nicht als Premierminister zurücktreten. Rabin mußte dem Namen nach Premierminister bleiben. Peres war nur »Vorsitzender der Kabinettssitzungen«. Rabin war »beurlaubter« Premierminister. Labor hatte keine Chance, sich auch nur von einem Teil der Affäre Rabin zu distanzieren.

Unter diesen düsteren Umständen konnte die Labor-Partei kaum auf einen Sieg hoffen. Ezer Weizman, ein Held der Luftwaffe und Neffe von Chaim Weizmann, leitete die Kampagne der Likud für die Wahlen im Mai 1977. Ezer Weizman war keineswegs der Erbe von Chaim Weizmanns politischer Aura, doch er besaß zweifellos einen Hauch des politischen Flairs seines Onkels. »Achten Sie darauf, was nicht vorhanden ist«, empfahl er den Reportern, nachdem er das Wahlprogramm der Likud verkündet hatte.

Nicht vorhanden waren die Masada-Töne: hochtrabende Worte, Säbelgerassel, die besetzten Gebiete, all das, was 1973 die Wähler abgeschreckt hatte. Vorhanden war hingegen die Tatsache der Korruption in der Regierung. Begins bescheidener Lebensstil und seine strenge persönliche Ehrlichkeit – die ihm sogar seine Gegner zugestanden – wurden unauffällig und wirksam ins Bild gebracht. »Er ist ein ehrlicher Mann«, sagte Weizman sanft, »keine Kleinigkeit heutzutage.«

Nach den allgemeinen Wahlen am 17. Mai 1977 war die Likud mit dreiundvierzig Sitzen (vier mehr als 1973) die stärkste Partei in der Knesset. Labor fiel auf zweiunddreißig zurück, ein Verlust von neunzehn Sitzen seit 1973. Ein Teil des Labor-Verlustes war auf den Absprung der Wähler aus der Mittelklasse zurückzuführen, die von den vielen Skandalen genug hatten. Doch zum Teil lag die Ursache auch in einer grundlegenden Verschiebung: einem Massenabsprung der orientalischen Juden.

Silver erläutert dazu, daß diesmal im Unterschied zu früher die orientalischen Juden »mit ihren Herzen wählten und nicht mit ihren Taschen«. Doch wahrscheinlich spielten auch ihre Köpfe eine Rolle. In der Vergangenheit hatten die Orientalen Labor gewählt, weil sie die Regierungspartei war. Die Idee, daß Regierungsparteien durch Wahlen abgesetzt werden können, war für die Orientalen anfänglich neu. Aber die Wahlen 1973 hatten gezeigt, daß die Regierung Anhänger verlieren und die Opposition welche gewinnen konnte. Und im Mai 1977 konnte die Labor-Regierung unter einem beurlaubten Premierminister nicht mehr als sicherer Sieger gelten. Sie jetzt loszuwerden schien machbar und war für viele Orientalen eine verlockende Aussicht.

Begin bildete im Juni sein Kabinett. Ezer Weizman wurde Verteidigungsminister und – eine Überraschung – Moshe Dayan verließ die Labor-Partei und wurde Außenminister.

Als Begin am 20. Juni sein Kabinett der Knesset vorstellte, hielt er eine Rede, deren emotioneller Inhalt aus der Geschichte vertraut war, die aber einen völlig neuen Schwerpunkt setzte. Israel würde keine Nation bitten, so sagte er, seine Existenzberechtigung anzuerkennen: »Unser Recht zu existieren wurde uns vom Gott unserer Väter im frühen Dämmerlicht der menschlichen Zivilisation vor nahezu viertausend Jahren gewährt... Daher betone ich nochmals, wir erwarten von niemandem, daß er in unserem Namen darum ersucht, unser Recht, im Land unserer Väter zu leben, möge anerkannt werden. Zwischen uns und unseren Nachbarn ist eine andere Anerkennung erforderlich: Anerkennung der Souveränität und des gemeinsamen Anspruchs auf ein Leben in Frieden und Einvernehmen. Dieser gegenseitigen Anerkennung sehen wir entgegen. Für sie werden wir jede nur mögliche Anstrengung unternehmen.«

12
Frieden und Krieg
(1977–1982)

»Krieg ist Frieden.«
George Orwell in ›1984‹

Im ersten Regierungsjahr bemühte sich die Administration Carter um eine umfassende Regelung im Nahen Osten, die Israel, alle arabischen Nachbarn Israels und Vertreter der Palästinenser (PLO) einschließen sollte. Dieser Versuch führte innerhalb von zwei Jahren zu einem Separatfrieden zwischen Ägypten und Israel, einem Frieden, der von allen arabischen Staaten – mit Ausnahme von Marokko – und von allen Palästinensern abgelehnt wurde.

Die wichtigsten Berater Präsident Carters waren sein Außenminister Cyrus Vance und sein Sicherheitsberater Zbigniew Brzezinski. Die beiden waren in vielen Belangen verschiedener Ansicht, doch hinsichtlich einer Regelung im Nahen Osten stimmten sie weitgehend überein. Beide verfochten eine umfassende Lösung und standen Henry Kissingers Schritt-für-Schritt-Politik kritisch gegenüber, da diese die Palästinenser nicht miteinbezog. Brzezinski war Mitverfasser der Bibel für die umfassende Lösung: der Bericht der Brookings Institution aus dem Jahr 1975. In den ersten neun Monaten – und gelegentlich auch danach – bildeten die Prinzipien des Brookings-Reports die Richtlinien der Carter-Administration.

Im Kapitel ›Nicht Genf, sondern Jerusalem‹ seines Buches ›Power and Principle‹ zitiert Brzezinski die fünf Prinzipien, die es wert sind, hier erwähnt zu werden. Sie wurden zwar nie konsequent angewandt, doch hatten sie bleibenden Einfluß auf die theoretischen Debatten zu diesem Thema. Kurz gefaßt lauten die fünf Prinzipien:

»1. Interessen der USA. Die Vereinigten Staaten haben großes moralisches, politisches und ökonomisches Interesse an einem dauerhaften Frieden im Nahen Osten.

2. Dringlichkeit. Welcher Art auch immer die Vorteile des vorläufigen Abkommens über den Sinai sind, so läßt es doch die grundlegenden Fragen im arabisch-israelischen Zwist im wesentlichen unberührt ... Wir glauben, daß diese Frage am besten durch die angestrebte umfassende Regelung gelöst werden kann.

3. Vorgangsweise. Wir glauben, daß die Zeit gekommen ist, mit Verhandlungen zwischen den Parteien über eine solche Regelung zu beginnen, und zwar entweder im Rahmen einer allgemeinen Konferenz oder in Form von zwanglosen multilateralen Zusammenkünften ...

4. Regelung. Eine faire und dauerhafte Regelung sollte folgende Elemente als integriertes Paket enthalten: a) Sicherheit. Alle an der Regelung beteiligten Parteien verpflichten sich, die Souveränität und territoriale Einheit der anderen zu respektieren und von jeglicher Bedrohung oder Gewaltanwendung Abstand zu nehmen. b) Etappen der Durchführung. Der Rückzug auf vereinbarte Grenzen und die Schaffung friedlicher Beziehungen sollte in Etappen erfolgen, die sich auf mehrere Jahre erstrecken; jede Etappe soll erst in Angriff genommen werden, wenn die Bestimmungen der vorhergehenden Etappe getreulich erfüllt wurden. c) Friedliche Beziehungen. Die arabischen Partner verpflichten sich, feindliche Aktionen gegen Israel zu beenden und sich um Fortschritte in der Entwicklung von normalen internationalen und regionalen politischen und wirtschaftlichen Beziehungen zu bemühen. d) Grenzen. Israel verpflichtet sich zu einem vereinbarten etappenweisen Rückzug auf die Grenzen vom 5. Juni 1967. Die Grenzen müssen wahrscheinlich durch von UN-Truppen kontrollierte entmilitarisierte Zonen gesichert werden. e) Palästina. Es sollten Vorkehrungen für eine palästinensische Selbstbestimmung getroffen werden, doch unter der Voraussetzung, daß die Palästinenser die Souveränität und Einheit Israels innerhalb der vereinbarten Grenzen anerkennen. Palästina sollte entweder ein unabhängiger Staat werden oder eine freiwillige Föderation mit Jordanien eingehen. f) Jerusalem. Der Bericht beinhaltet keine spezifische Lösung für das besonders schwierige Problem Jerusalem, doch er empfiehlt, daß, welche Lösung auch getroffen wird, mindestens folgende Kriterien berücksichtigt werden sollten: Alle heiligen Stätten sollten unbehindert zugänglich sein und jede sollte unter der Verwaltung des eigenen Glaubens stehen; die Stadt sollte durch keine Sperren geteilt werden, so daß volle Bewegungsfreiheit gegeben ist; jede Volksgruppe innerhalb der Stadt sollte, wenn sie es wünscht, ausreichende politische Autonomie innerhalb jenes Gebietes besitzen, in dem sie zahlenmäßig vorherrscht. g) Garantien. Es wäre wünschenswert, daß der UN-Sicherheitsrat das Friedensabkommen billigt. Zusätzlich werden sich einseitige oder multilaterale Garantien für einen oder alle Partner ebenso wie beträchtliche wirtschaftliche und militärische Unterstützungen als notwendig erweisen.

5. Rolle der USA. Die direkt betroffenen Regierungen tragen die Verantwortung für die Verhandlungen und das Abkommen, aber es wird ihnen wahrscheinlich nicht möglich sein, allein zu einem Abkommen zu gelangen. Initiative, Antrieb und Anreiz werden sehr wohl von außen kommen müssen. Da die Vereinigten Staaten ein gewisses Vertrauen beider Seiten genießen, bleiben sie die Großmacht, die am besten dazu geeignet ist, aktiv mit ihnen zusammenzuarbeiten, um eine Regelung herbeizuführen ... Die Vereinigten Staaten sollten

in all dem soweit mit der Sowjetunion zusammenarbeiten, als die Bereitschaft der Sowjetunion, eine konstruktive Rolle zu spielen, dies gestattet.«

Die Verfasser dieses Berichtes und ihre Anhänger glaubten, daß ihre Prinzipien nicht nur an sich fair und vernünftig – was im allgemeinen zutrifft –, sondern auch praktisch anwendbar waren.

Die Annahmen des Brookings-Reports weisen jedoch zumindest zwei Schwachstellen auf:

Erstens: Die selbstsichere Kategorisierung der arabischen Staaten gemäß den vorwiegend westlichen Kriterien (»radikal«, »gemäßigt«) beinhaltet die nicht gerechtfertigte Annahme, daß Staaten, die vom Westen der gleichen Kategorie zugeordnet werden (Syrien, Ägypten) notwendigerweise in die gleiche Richtung gehen wollen.

Zweitens: Die Annahme, daß die »arabischen Schlüssel-Staaten« am Rückzug der Israelis aus ihren eigenen Gebieten nicht mehr interessiert sind als am Rückzug aus Gebieten von Dritten (Westjordanland), ist nicht gerechtfertigt. Der wichtigste der »arabischen Schlüsselstaaten« bewies sehr bald, daß sein Interesse am israelischen Rückzug aus ägyptischem Gebiet – dem Sinai – größer war als sein Interesse an Israels Rückzug aus dem Westjordanland.

Bereits sehr früh, noch vor dem Regierungswechsel in Israel, signalisierte die Carter-Administration ihr großes Interesse an einer umfassenden Regelung im Nahen Osten. Im Februar bereiste Außenminister Vance die Region, und wenig später (März bis Mai) empfing Washington die führenden Staatsmänner des Nahen Ostens: Sadat, Hussein, Kronprinz Fahd von Saudi-Arabien und Rabin. Am 9. Mai traf Carter mit Assad in Genf zusammen und informierte die Presse in Assads Gegenwart: »Es muß eine Lösung für die palästinensische Frage und eine Heimat für die Palästinenser geben.« Der Präsident wollte die PLO dazu bringen, die Resolution 242 des Sicherheitsrates zu akzeptieren und die Existenz Israels innerhalb der vor dem Juni 1967 gültigen Grenzen anzuerkennen. Dies würde den Präsidenten von der von seinem Vorgänger übernommenen Verpflichtung entbinden, nicht mit der PLO zu verhandeln.

Doch wieder einmal waren es die Araber, die Israel aus der Patsche halfen. Die PLO ermöglichte es dem Präsidenten nicht, mit ihr zu verhandeln. Dies war zum Teil zweifellos auf die chaotische Struktur der PLO zurückzuführen, eine Sammlung divergierender Splittergruppen, die nur ihr gemeinsamer Haß gegen Israel verband. Der PLO als solcher wäre es kaum möglich gewesen, dem Präsidenten auf halbem Weg entgegenzukommen; Jasir Arafat hätte es als Führer der Fatah tun können. Doch ohne Syriens Erlaubnis war damals keine Initiative der PLO möglich, und diese Erlaubnis fehlte offensichtlich.

Hafis al-Assad hatte in dieser Zeit mit Recht das Gefühl, sich in einer starken politischen Position zu befinden. Eine umfassende Lösung sagte ihm zu. Wenn die Palästinenser der Schlüssel zum Problem waren, so war er, Assad, es, der den Zugang zu diesem Schlüssel kontrollierte. Er war der Herr über den Standort der PLO, den Libanon; er besaß die direkte Kontrolle über einen Großteil der Streitkräfte der PLO – al-Saika, »der Blitzstrahl« – und übte beherrschenden Einfluß auf die gesamte PLO aus. Er favorisierte keineswegs einen unabhängigen palästinensischen Staat. Für ihn war Palästina Süd-Syrien, ein Teil von Groß-Syrien, das er als Gegenpol zu Ägypten aufbauen wollte.

So stellte sich Damaskus eine umfassende Regelung vor. In ihr gab es für die PLO als unabhängige, die Politik beeinflussende Einheit keinen Platz. Die Aufgabe der PLO innerhalb des syrischen Planes bestand darin, für Propaganda und Unruhe zu sorgen. Ernsthafte Verhandlungen mußten Damaskus überlassen bleiben.

Nachdem er vom Führer der PLO eine schroffe Abweisung erfahren hatte, mußte sich Carter an Assad wenden, um eine Beteiligung der Palästinenser an seiner umfassenden Regelung sicherzustellen. Die dreieinhalb Stunden, die Assad im Mai 1977 mit Carter in Genf verbrachte, wurden als »der Zenit von Assads Außenpolitik« bezeichnet.

Die Verfechter von Carters umfassender Regelung ließen sich weder durch den Fehlschlag mit der PLO noch durch die unerwartete Bildung einer israelischen Regierung einschüchtern, die verkündete, daß sie für immer an ganz Palästina, vom Mittelmeer bis zum Jordan, festhalten würde. Soweit es die Araber betraf, beurteilten der Präsident und seine Berater die Aussichten auf eine umfassende Regelung damals recht zuversichtlich.

Carter mochte Sadat und war – wie sich herausstellte mit Recht – von Sadats echtem Wunsch nach Frieden überzeugt. Auf arabischer Seite schien man bereit, für die schon so lange währenden Zwistigkeiten eine Lösung zu finden.

Doch Begin machte Schwierigkeiten. Nach der Aufzeichnung eines Fernsehinterviews mit Menachem Begin schrieb Carter am 23. Mai 1977 in sein Tagebuch: »Es ist erschreckend, wie unerbittlich er zu Fragen Stellung nimmt, die gelöst werden müssen, wenn ein Friedensabkommen im Nahen Osten erreicht werden soll.«

Carter sah ein, daß beträchtlicher Druck von seiten der Vereinigten Staaten notwendig sein würde, um Menachem Begin zur Beteiligung an einer umfassenden Regelung zu zwingen, die letztlich auch die PLO einschließen würde. Ihm war auch bewußt, daß es in bezug auf die amerikanische Innenpolitik ein äußerst riskantes Unterfangen war, auf Israel großen Druck auszuüben. Doch er war mutig. Und als praktischer Politiker wußte er, daß das erste Amtsjahr des Präsidenten die richtige Zeit dafür war, solche Risiken einzugehen.

Menachem Begin hatte die Anzeichen richtig gedeutet und war auf ein zähes Ringen mit der US-Regierung gefaßt. Er bereitete sich kaltblütig, schlau und mit nüchterner Sachlichkeit auf den Kampf vor, was man ihm weder innerhalb noch außerhalb von Israel zugetraut hatte. Jimmy Carter hatte ihn als »unerbittlich« empfunden, und das war er auch in jenen Dingen, an denen ihm am meisten lag: Judäa, Samaria, Jerusalem. Doch er sah ein, daß es ein Wahnsinn war, in allem unerbittlich zu sein. Er war bereit, »Gebiete gegen Frieden einzutauschen«.

Vor den Wahlen sagte Begin anläßlich einer Tagung seiner Partei, der Herut: »Sollte die Likud mit der Regierungsbildung beauftragt werden, so wird es unsere erste Sorge sein, einen Krieg zu verhüten. Die Likud-Regierung wird Friedensinitiativen ergreifen. Wir werden einen befreundeten Staat, der reguläre diplomatische Beziehungen zu Israel und unseren arabischen Nachbarn unterhält, ersuchen, unseren Vorschlag zu übermitteln, der Verhandlungen zur Unterzeichnung eines Friedensabkommens einleiten soll.«

Die Likud hatte die Wahlkampagne geführt, ohne »Masada« zu erwähnen. Die Zusammensetzung der neuen Regierung spiegelte die gleiche pragmatische Einstellung wider. Die Schlüsselpositionen für Frieden oder Krieg wurden mit zwei Männern besetzt, die nicht zu den Veteranen der Irgun gehörten. Das wichtigste Portefeuille – Verteidigung – übernahm Ezer Weizman. Weizman erwies sich im Verlauf seiner Amtszeit als beständigste und entschlossenste Taube der Regierung Begin. Moshe Dayan wurde Außenminister, der trotz des Schattens des Yom-Kippur-Krieges das Gewicht seiner großen persönlichen Autorität mit ins Amt brachte. Die Ernennung Dayans zum Außenminister war Teil der Vorbereitungen Begins für das Ringen mit der Carter-Administration.

Die Wahl dieser beiden Männer war auch in anderer Hinsicht bedeutsam. Erstens signalisierte sie eine deutliche Wiederbelebung der Autorität der Stellung des Premierministers. Hier war also ein Premierminister, der die Ansprüche altgedienter Parteiaktivisten nicht beachtete und von ihm persönlich ausgewählte Außenseiter für die Schlüsselpositionen nominierte. Und wenn er sie ernannte, so konnte er sie auch ohne politische Auswirkungen wieder entlassen – oder sie gehen lassen, was er später auch tat.

In Begins Regierung war das Vertrauen des Premierministers die einzige Machtbasis des Verteidigungsministers Weizman und des Außenministers Dayan. Die autoritäre Parteistruktur, die Begins Partei vom Rosh Betar, Wladimir Jabotinsky, übernommen hatte, ermöglichte es nun Begin, der stärkste Premierminister Israels seit David Ben Gurion zu werden.

Die von Begin getroffene Wahl reflektierte seine Stärke. Sie symbolisierte auch seine hart erarbeitete Zentralität. Dayan war Ben Gurions Assistent und – vielleicht – Erbe gewesen. Weizman war der Neffe von Israels erstem Präsidenten. Ihre Namen erinnerten an die großen Traditionen im Zionismus und in Israel, die Jabotinsky und die Irgun ausgeschlossen und verurteilt hatten.

Wenn es um Verhandlungen ging, konnte diese Regierung Entscheidungen treffen und sie auch durchführen. Während Begins erstem Besuch als Premierminister in Washington schrieb Carter am 19. Juli 1977 in sein Tagebuch: »Meiner Ansicht nach wird sich Begin, wenn wir ihn unterstützen, als starker Führer erweisen, sehr zum Unterschied zu Rabin.«

Begin lobte Carter über den grünen Klee und schien die Idee der umfassenden Regelung gutzuheißen. Dementsprechend war Carter enttäuscht und erstaunt, als Begin bei seiner Rückkehr nach Israel öffentlich die Permanenz der jüdischen Siedlungen im Westjordanland betonte.

Als nächsten Schritt faßte Carter die Wiedereinberufung der Genfer Konferenz ins Auge, um Israels Kompromißlosigkeit durch das vereinte Auftreten der beiden Supermächte zu beenden. Bei den neuen Genfer Gesprächen sollten, im Unterschied zu früher, Vertreter der Palästinenser anwesend sein.

Am 12. September 1977 veröffentlichte das Außenministerium im Zusammenhang mit Israel die entscheidendste Erklärung seit den Tagen Eisenhowers und des Suez/Sinai-Konfliktes: »Der Status der Palästinenser muß durch ein umfassendes arabisch-israelisches Abkommen geregelt werden ... Darüber hinaus muß der Friedensvertrag, um dauerhaft zu sein, von allen am Konflikt beteiligten Parteien, einschließlich der Palästinenser, unterstützt werden ... Die Vertreter der Parteien müssen in Genf anwesend sein, damit die palästinensische Frage gelöst werden kann.«

Eine Woche danach traf Dayan in Washington ein, um die Teilnahme Israels an der wiederaufgenommenen Genfer Konferenz vorzubereiten. Sowohl der Präsident als auch Vizepräsident Walter Mondale setzten Dayan heftig unter Druck. Aber Dayan hatte seine eigene Art, sein Mißfallen auszudrücken – er schwieg. Gideon Rafael berichtet, daß seinerzeit in Israel Moshe Dayan bei seinen Gesprächspartnern die Angst geweckt hatte, »auf einer schlecht beleuchteten politischen Kreuzung überfahren zu werden«. Diese Fähigkeit besaß er immer noch.

Er erzählt selbst über Washington: »Es zeigte sich bald, daß die Amerikaner meine Unzufriedenheit spürten, die ich über die Einstellung des Präsidenten zu einem arabisch-israelischen Frieden empfand, und daß sie mein Ressentiment über seine Kritik an Israel bemerkt hatten ... Hamilton Jordan, der Pressesprecher des Weißen Hauses, rief unseren Botschafter in Washington an und bat dringend um eine Unterredung. Er hatte gehört, daß ich bei Zusammenkünften verschiedener jüdischer Gemeinden in den Vereinigten Staaten sprechen wollte; zweifellos würde ich dabei die Differenzen zwischen uns und der amerikanischen Regierung erwähnen. Das war keine Vermutung des Beamten aus dem Weißen Haus. Ich hatte keinen Grund gesehen, bei meinen Zusammenkünften mit Korrespondenten und jüdischen Leitern meine Enttäuschung zu verbergen. Es war auch richtig, daß ich zweifellos bei den jüdischen Versammlungen in meinen Reden die amerikanische Einstellung zum Frieden im Nahen Osten kritisieren würde, auch wenn das nicht der ursprüngliche Zweck der Versammlungen war.«

Hamilton Jordan war zwar besorgt, aber noch nicht die außenpolitischen Berater des Präsidenten. Das Außenministerium hatte einen Entwurf für eine Gemeinsame Stellungnahme vorbereitet, der am 1. Oktober von den Vereinigten Staaten und der Sowjetunion vorgelegt werden sollte. Die Supermächte verschrieben sich damit einer umfassenden Regelung, die alle betroffenen Parteien und alle Fragen einschloß. »Alle Parteien« bezog sich auch auf die PLO, und »alle Fragen« schloß das Westjordanland und Jerusalem ein. Vance zeigte Dayan diese Gemeinsame Stellungnahme einen Tag vor ihrer Veröffentlichung. Rückblickend bemerkt Brzezinski trübselig: »Dayan enthielt sich jeglicher Reaktion – vielleicht mit Absicht.«

Das erfahrene Auge des israelischen Kriegsveteranen, der an politische Hinterhalte gewöhnt war, hatte etwas entdeckt, das (nahezu unerklärlicherweise) der Aufmerksamkeit Carters und seiner außenpolitischen Berater entgangen war: Das Gelände, das die Carter-Administration für ihre Auseinandersetzung mit Israel gewählt hatte, eignete sich außerordentlich gut für gegen die Regierung gerichtete Operationen der proisraelischen Lobby in den Vereinigten Staaten. Im Fall der Gemeinsamen Erklärung würde die Lobby nach Ansicht vieler Amerikaner die wahren Interessen der Vereinigten Staaten *verteidigen.*

Nahezu alle Republikaner würden in der Gemeinsamen Stellungnahme ein Instrument sehen, mit dessen Hilfe Carter die Sowjets in eine wichtige Region zurückbrachte, aus der sie die republikanische Regierung ausgeschlossen hatte. Auch viele Demokraten würden dieser Meinung sein. »Israel opfern, um die Sowjetunion zu beschwichtigen« war in diesem Zusammenhang ein Thema, das die Herzen und Stimmbänder aller Carter-Gegner erwärmte, ganz gleich, ob sie normalerweise für Israel waren oder nicht.

Brzezinski hatte Dayans Schweigen natürlich mißverstanden und leitete den Entwurf der Gemeinsamen Stellungnahme mit Vances Empfehlungen an den Präsidenten weiter. Die Gemeinsame Stellungnahme wurde am 1. Oktober 1977 veröffentlicht und war sofort dem gemeinschaftlichen Angriff all jener Amerikaner ausgesetzt, die Israel mochten, und all jener, die die Sowjetunion entschieden ablehnten.

Es war eine jener schlecht beleuchteten politischen Kreuzungen.

In seiner Not zeigte Carter erste Anzeichen politischer Verwirrung und erklärte bei einer Versammlung jüdischer Mitglieder des Kongresses: »Ich würde lieber politischen Selbstmord begehen, als Israel verletzen.« Es war eine kuriose Formulierung – denn Israel verletzen und politischen Selbstmord begehen sind durchaus Tätigkeiten, die sich ergänzen.

Die Regierung versuchte zu retten, was zu retten war. Dayan erhielt alle möglichen Zusicherungen, um ihn dazu zu bewegen, seine Lobby zurückzupfeifen. Carter, Vance und Dayan entwarfen für Genf ein kompliziertes Arbeitspapier. Insgeheim wurde damit bestätigt, daß Israels Veto gegen eine Teilnahme der PLO in Genf immer noch, oder besser gesagt: wieder gültig war.

Es war ein bedeutsamer Sieg für Israel, den die neue Regierung gegen Ende ihres gefährlichen ersten Arbeitsjahres erreichte. Es war gleichzeitig ein erheblicher Rückschlag für die Bemühungen um eine umfassende Lösung. Die Gemeinsame Stellungnahme vom 1. Oktober 1977 sollte der Höhepunkt von Carters Idee einer Gesamtlösung bleiben. Die Genfer Konferenz trat nie mehr zusammen.

Der Widerstand der Israelis hat Carters Idee einer Gesamtlösung geschadet und sie verzögert. Doch den Todesstoß erhielt sie von arabischer Seite.

Carter und seinen Leuten war offenbar entgangen, daß ihre Gemeinsame Erklärung in Kairo nahezu ebenso unerwünscht war wie in Jerusalem. Die Erklärung wurde in Ägypten mit offener Enttäuschung und einiger Besorgnis aufgenommen, schien sie doch der UdSSR jene aktive Rolle in den regionalen Angelegenheiten zuzugestehen, die ihr Ägypten seit 1972 verweigerte. Sadat machte in einem Brief an Carter eine diesbezügliche Andeutung, doch sie wurde nicht zur Kenntnis genommen. Wie Gunnar Jarring verstand Jimmy Carter zwar, was die streitenden Parteien sagten, nicht aber, was sie meinten.

Von Ägyptens Standpunkt aus entwickelte sich die Situation *vor* Genf zum Vorteil Syriens und zum Nachteil Ägyptens. Falls die Sowjets in der politischen Szene der Region wieder eine Rolle spielten, so wurde dadurch das Prestige ihres Freundes Assad größer und das ihres Exfreundes Sadat würde darunter leiden. Die Palästinenser erhielten mehr Gewicht, was in die gleiche Richtung ging und sogar noch schlimmer war. Die Amerikaner, die die Palästinenser um jeden

Preis in die Friedensverhandlungen einbeziehen wollten, würden sich um Assad bemühen, sich seiner Sachkenntnis beugen müssen, während Sadat die zweite Geige spielen mußte. Weder persönlich noch politisch eine verlockende Aussicht.

Sadats Prestige mußte dringend gehoben werden. Das Ansehen, das er dem Yom-Kippur-Krieg verdankte, war längst aufgebraucht. Sadat mußte eine neue große Tat für Ägypten vollbringen. Er mußte jenen Ägyptern, die von ihm als Nassers unwürdigem Nachfolger sprachen, antworten können: »Nasser verlor den Sinai an Israel, Sadat gewann ihn zurück.« Sadat hatte keine Lust, bis zu einer Meinungsänderung der Juden auf den Sinai zu warten, deren Symbol Menachem Begins Herausgabe von Judäa, Samaria und Ostjerusalem an Jasir Arafat sein würde.

Im November 1977 befreite sich Sadat aus seiner mißlichen Lage. Er sprach am 9. November anläßlich der Eröffnung der Sitzungsperiode vor dem Parlament. Jasir Arafat befand sich unter den Anwesenden. Sadat verkündete, daß er »für den Frieden bis ans Ende der Welt« gehen würde. »Israel wird erstaunt sein, wenn ich jetzt vor Ihnen erkläre, daß ich bereit bin, in sein Parlament, in seine Knesset zu kommen, um dort zu seinen Menschen zu sprechen.«

Diese Aussage wurde, wie viele andere in der Rede, mit Applaus begrüßt, an dem sich auch Arafat beteiligte. Es ist jedoch für Arafat typisch, seinem jeweiligen Gastgeber zuzustimmen, wo immer er sich gerade befindet.

Als Sadat seine Erklärung abgab, wußte er, daß Jerusalem wahrscheinlich positiv darauf reagieren würde. Vom rumänischen Staatsoberhaupt Nicolae Ceausescu und durch verschiedene Hinweise, die Dayan anläßlich eines Besuches in Marokko im September 1977 fallengelassen hatte, wußte Sadat, daß Begin bereit war, territoriale Konzessionen außerhalb Palästinas zu machen. Er wußte auch, daß Begin, im Unterschied zu Rabin, ein starker Führer war, der in der Lage war, sein Wort zu halten, sobald ein Übereinkommen getroffen war.

Doch zuerst sah es so aus, als würde die Regierung Israels dieses historische Angebot wieder verpatzen. Begins erste öffentliche Reaktion war: »Sadat kann seine Ansichten der Genfer Konferenz vorlegen, genau wie wir es können.«

Vier Tage später aber, am 14. November, kam Begins verzögerte Reaktion, und er zeigte sich der Situation gewachsen. Er teilte einer zu Besuch weilenden französischen Delegation mit, daß er »im Namen der israelischen Regierung den Präsidenten von Ägypten, Anwar Sadat, offiziell nach Jerusalem einlade, um Gespräche über einen dauerhaften Frieden zwischen Israel und Ägypten zu führen«. Die offizielle Einladung an Kairo erging am nächsten Tag, und zwar über die amerikanischen Botschaften. Man schlug Sadat vor, in der darauffolgenden Woche nach Jerusalem zu kommen. Sadat stimmte zu.

Es war offenbar Begins Entscheidung gewesen, Sadat einzuladen. Dayan und Weizman standen, wie sie später zugaben, Sadats Initiative mißtrauisch (Dayan) oder verächtlich (Weizman) gegenüber. Das Mißtrauen wurde durch die Äußerung von Radio Kairo über den Zweck des Besuches verstärkt: »Israel präsentiert sich als Freund des Friedens; wir werden sein wahres Gesicht enthüllen.« Begin glaubte trotzdem Sadat und nicht seinem Rundfunk.

Niemals erwies sich Begin mehr als der Erbe von Wladimir Jabòtinksy als in dem Augenblick, in dem er Sadats Angebot aufgriff, während erfahrenere und pragmatischere Zeitgenossen nicht erkannten, was es bedeutete.

In der Zeit zwischen der Feststellung, er wolle Jerusalem aufsuchen, und der Reise gestattete sich Sadat das Vergnügen eines Besuches in Syrien, um sich mit Assad zu »beraten«. Assad stand dem Ganzen »skeptisch« gegenüber und blieb dabei. Assad, die PLO und einige der arabischen Führer reagierten öffentlich mit bitteren Vorwürfen.

Am Samstag, dem 19. November, traf Sadat um 20.30 Uhr, kurz nach dem Ende des jüdischen Sabbats, auf dem Ben-Gurion-Flughafen ein. Während Sadats Absichtserklärung viele Israelis kalt gelassen hatte, löste seine Ankunft eine ungeheure emotionale Wirkung aus. Halb Israel schien sich auf dem Flughafen zu befinden; die andere Hälfte klebte an den Fernsehschirmen. Es gab das übliche Zeremoniell – roter Teppich, Scheinwerfer, Nationalhymnen, Ehrengarde, einundzwanzig Salutschüsse –, doch im Mittelpunkt stand ein eindrucksvoller Mann: eine hochgewachsene, kräftige, stattliche, elegant gekleidete Erscheinung; eine Gestalt, die in jeder Hinsicht der Stunde gerecht wurde.

Am nächsten Morgen betete der Präsident in der al-Aksa-Moschee auf dem Tempelberg von Jerusalem; später besuchte er die Grabeskirche und die Holocaust-Gedenkstätte Yad Vashem. Am Nachmittag wandte er sich, wie versprochen, an die Knesset. Er erinnerte seine Zuhörer daran, daß sein Friedensangebot kein plötzlicher Einfall sei, sondern eine lang gehegte Absicht.

Er schlug einen religiösen Ton an, doch dabei schwang ein ernsterer Ton mit als bei den meisten Politikern, die sich dieses Instruments bedienen. Er bezog sich darauf, daß sein Besuch mit dem islamischen Fest al-Adha, dem Opferfest, zusammenfiel, das dem Gedenken an Abraham, den Ahnen von Arabern und Juden, geweiht ist.

Sadat der Schwärmer war nicht weniger echt als Sadat der Rechner. Sadat der Rechner war für die politischen Details der Rede an die Knesset zuständig. Auf den ersten Blick schienen diese Details im

Widerspruch zur Bedeutung dieser Reise und zum Schauplatz zu stehen. »Ich bin nicht hierher gekommen«, sagte Sadat, »um ein separates Abkommen zwischen Ägypten und Israel zu erreichen.« Er forderte einen Friedensvertrag, »der die seit 1967 andauernde israelische Besetzung der arabischen Gebiete beenden« und »die grundlegenden Rechte des palästinensischen Volkes sowie sein Recht zur Selbstbestimmung, einschließlich dem Recht zur Gründung eines eigenen Staates« gewährleisten würde. Die palästinensische Sache war für ihn der springende Punkt des gesamten Problems.

Er machte außerdem, wenn auch weniger eindeutig, den arabischen Anspruch auf Jerusalem geltend. Sadat erwartete kaum, daß all dies Musik in den Ohren der Knesset sein würde. Doch indem er seinen Fall eindeutig und überzeugend im Sinn einer Gesamtlösung aufbaute, hielt er die Tür zu Jimmy Carter und seinen Kollegen in Washington (und auch zu den prowestlichen arabischen Führern) offen. Verbal hatte er sich um keine Haaresbreite von der Idee eines Gesamtabkommens entfernt. Aber seine Reise und die Tatsache, in welcher Umgebung er sich befand, übermittelten eine unausgesprochene Botschaft, deren Inhalt keineswegs dieser Gesamtlösung entsprach.

In seiner Antwort enthielt sich Begin der Wortklauberei und nahm keinerlei Anstoß. Er und andere Israelis freuten sich nicht nur über Sadats Anwesenheit, sondern auch über seinen neuen Ton, vor allem den Satz: »Wir sind bereit, mit Israel in Frieden und Gerechtigkeit zu leben.« Begin griff Sadats Hinweis auf Abraham – »unseren gemeinsamen Ahnen« – auf, ließ klugerweise Sadats politische Einzelheiten beiseite und konzentrierte sich auf die unausgesprochene Botschaft:

»Ich begrüße den Präsidenten von Ägypten und heiße ihn in unserem Land und hier in der Knesset willkommen ... Präsident al-Sadat setzte sich mutig über die Entfernung zwischen Kairo und Jerusalem hinweg. Wir, die Juden, wissen diesen Mut zu schätzen, wir wissen ihn an unserem Gast zu schätzen, denn mit Mut stehen wir hier; nur so können wir weiter existieren, und wir werden weiter existieren.«

Begin und Sadat verstanden einander wahrscheinlich besser als Jimmy Carter einen von ihnen verstehen konnte. Doch wie die Dinge nun einmal lagen, brauchten sie beide Jimmy Carter und hätten ohne seine Hilfe ihr separates Abkommen wahrscheinlich niemals erreicht.

Die erste Reaktion der Vereinigten Staaten auf Sadats Initiative war Überraschung und Besorgnis. Die Brookings-Methode hatte mit Kissingers Schritt-für-Schritt-Methode eines gemeinsam: Beide setzten voraus, daß der Friede durch die Vereinigten Staaten zustandekommen würde. Doch Sadats Angebot, Begins Einladung und schließlich Sadat in der Knesset – all das führte dazu, daß Carter und seine Mitarbeiter sprachlos waren.

Sobald sie sich von der ersten Überraschung erholt hatten, blieb ihnen jedoch keine andere politische Wahl, als mitzumachen. Sie konnten jetzt dem Präsidenten von Ägypten kaum mitteilen, daß er auf Genf – und die Russen – hätte warten sollen, statt nach Jerusalem zu reisen. Sadats Schachzug hatte die Phantasie von Millionen Amerikanern und Menschen anderer Länder gefesselt. Es lag vor allem im politischen Interesse Carters, an Sadats Seite gesehen zu werden.

Sadat machte es dem Präsidenten leicht, ihm zu helfen, ohne das Gesicht zu verlieren. Sadat vermittelte den Eindruck, daß alles, einschließlich seines Flugs nach Jerusalem, zu Carters großem Plan gehörte. Warum sollte ihm der Präsident widersprechen?

Zbigniew Brzezinski erwies sich nun als hervorragender Revisionist der Gesamtlösung. Er entwickelte die Theorie der »konzentrischen Kreise« im Friedensprozeß. Er sagt darüber: »Ich begann, in der Öffentlichkeit von einer Annäherung in ›konzentrischen Kreisen‹ zu sprechen, die auf dem Übereinkommen zwischen Ägypten und Israel beruhten, dann vergrößerte ich den Kreis, indem ich die Palästinenser im Westjordanland und dem Gazastreifen einbezog, schließlich wurde der Kreis noch größer und bezog Syrien und vielleicht sogar die Sowjetunion in eine umfassende Gesamtlösung ein.«

Diese Theorie entsprach den politischen und intellektuellen Bedürfnissen der Vertreter der Gesamtlösung im Weißen Haus, die in Sadats Kielwasser einen separaten Frieden zwischen Ägypten und Israel anstrebten.

Sobald die Vereinigten Staaten Sadats Initiative gutgeheißen hatten, änderte sich das gesamte innere Gleichgewicht des innerarabischen Systems. Syrien und die PLO wurden vom Zentrum an die Peripherie abgeschoben. Vor dem November 1977 schien Damaskus den Schlüssel zu einer umfassenden Lösung zu besitzen. Nach dem November war Damaskus nur noch ein Element in Brzezinskis »drittem Kreis«.

Durch seine Reaktion auf die Niederlage betonte Assad nur seine Isolation. Er schuf eine Front der Standhaftigkeit (Sumud) und des Widerstandes gegen Ägypten. Als die Front der Standhaftigkeit in Tripolis zusammentrat (2. bis 5. Dezember 1977), nahmen außer Syrien, der PLO und dem Gastgeber Oberst Gaddaffi, »dem verrückten Jungen«, wie ihn Sadat nannte, nur Algerien und der Südjemen daran teil. Die Saudis, Kuwaiter und Jordanier blieben aus; der Irak erschien, verließ die Versammlung aber wieder unter Protest. Die Front verurteilte »den großen Betrug« und beschloß, die politischen und diplomatischen Beziehungen zu Ägypten »einzufrieren«. Sadat machte reinen Tisch, indem er die Beziehungen zu allen Teilnehmern einschließlich des Irak abbrach. Sadat erklärte auch, daß die PLO durch die Teilnahme an der Front Rabats Anerkennung ihres Rechts, das palästinensische Volk zu vertreten, aufgehoben habe.

Sadats Stellung innerhalb der arabischen Welt war noch isolierter als die Syriens, doch sie war für den Friedensprozeß weder peripher noch unwesentlich. Ja, er betonte seine Isolierung sogar noch dadurch, daß er eine »Vorkonferenz für Genf« in Kairo (14. bis 22. Dezember 1977) anberaumte. Sadat lud dazu die Vereinigten Staaten, die Sowjetunion, Israel, Syrien, den Libanon, Jordanien, die PLO und die Vereinten Nationen ein. Nur Israel und die Vereinigten Staaten (ein Zweiter Sekretär des Außenministeriums) sowie ein Vertreter des Generalsekretärs der Vereinten Nationen nahmen an der Konferenz teil.

Dem Augenschein nach war Kairo ein noch größerer Reinfall als Tripolis. Doch von Sadats Standpunkt aus stellten die leeren Sitze der Araber eine Aussage für die amerikanische Öffentlichkeit dar: Nur Ägypten war ernsthaft an einem Frieden mit Israel interessiert.

In Kairo kam es auch zu einer bedeutenden symbolischen Entwicklung. Die PLO war zwar nicht anwesend, aber ihre Flagge war es. Als Israel dagegen Einspruch erhob, wurde das Symbol entfernt.

Sadat und Begin trafen wieder zusammen, diesmal auf ägyptischem Boden, in Ismailia (25. bis 26. Dezember 1977). Sie kamen überein, zur Fortführung der Verhandlungen militärische und politische Komitees einzusetzen. Man einigte sich auf kein Kommuniqué, doch Sadat gab abschließend eine lakonische Erklärung zur Einstellung der Parteien in bezug auf Palästina ab: »Ägypten vertritt den Standpunkt, daß in Westjordanien und dem Gazastreifen ein palästinensischer Staat errichtet werden soll. Israel vertritt den Standpunkt, daß die palästinensischen Araber in Judäa und Samaria und im Gazastreifen in den Genuß der Selbstverwaltung gelangen sollen.«

Außenminister Ezer Weizman umriß Sadats Einstellung zu einer Gesamtlösung: »Die Ägypter haben genug. Sie wären bereit, ein separates Abkommen mit Israel zu treffen, wenn man einen Weg findet, der es ihnen ermöglicht, die Frage einer Gesamtlösung auf einen späteren Zeitpunkt zu verschieben.«

Auf der Suche nach einem solchen Weg legte Begin seinen Plan für eine Autonomie der palästinensischen Araber in Judäa, Samaria und Gaza vor. Die wichtigsten Prinzipien in Begins Plan waren die einer »administrativen Autonomie« und der Wahl eines Verwaltungsrates; die Sicherheit und die Fragen der öffentlichen Ordnung sollten weiterhin im Verantwortungsbereich der israelischen Behörden bleiben; den Bewohnern würde es freistehen, sich für die israelische oder die jordanische Staatsbürgerschaft zu entscheiden; den Bewohnern Israels würde es freistehen, Land zu erwerben und sich in Judäa und Samaria niederzulassen (und umgekehrt). Bezüglich der Souveränität schlug Begin vor, diese Frage im Interesse eines Abkommens und des Friedens noch offenzulassen.

Zum Sinai stellte Begin klar, daß er zu gegebener Zeit den vollständigen Rückzug auf die alte internationale Grenze ins Auge fasse. In der Knesset griff Yitzhak Rabin Begins Plan an, da er den Arabern zu viele Zugeständnisse machte. Die Knesset stimmte jedoch Begins Plan begeistert zu.

Am 4. Januar 1978 trafen Carter und Sadat in Assuan zusammen. Man einigte sich darauf, »die legitimen Rechte des palästinensischen Volkes anzuerkennen und es den Palästinensern zu ermöglichen, an der Entscheidung über ihre Zukunft teilzunehmen«. Ähnlich wie bei Sadats Rede vor der Knesset bestand die Bedeutung der Assuan-Erklärung viel mehr in dem Ort, an dem sie gemacht wurde, als in ihrer Formulierung.

Nur zwei Wochen nach der Assuan-Erklärung kam der Friedensprozeß zwischen Ägypten und Israel plötzlich zum Stillstand. Das anläßlich des Ismailia-Gipfels ins Leben gerufene Politische Komitee trat am 17. Januar 1978 in Jerusalem zusammen, doch am nächsten Tag zog Sadat unvermittelt seine Vertreter aus dem Komitee und aus Jerusalem ab. Der Friedensprozeß steckte bis zum September 1978 fest.

Sadat und Carter hatten in Assuan die Notwendigkeit für ein umfassendes Abkommen unter Einbeziehung der Palästinenser betont; man könnte meinen, daß der Friedensprozeß an dieser Frage gescheitert war: Die Kluft zwischen dem Konzept von Assuan und Begins Plan war einfach zu groß. Sadat unterstützte diese Lesart.

Doch, wie Henry Kissinger schon gesagt hat, Augenschein und Tatsache stehen im Nahen Osten oft im Widerspruch. Der Grund für das Scheitern hatte einzig und allein mit Ägyptens nationaler Zielsetzung zu tun: der Wiedererlangung des gesamten Sinai.

Anfang Januar fand Sadat heraus, daß er in dieser Frage von Begin hintergangen wurde. Begin hatte versprochen, daß Ägypten die volle Souveränität über den gesamten Sinai wiedererhalten würde, sobald ein Abkommen getroffen war. Begins Verhalten Anfang 1978 stand im Widerspruch zu dieser Zusage. Am 3. Januar beschloß die israelische Regierung im geheimen, die bestehenden Siedlungen im Sinai zu vergrößern und im östlichen Sinai den Boden für sechs neue Siedlungen urbar zu machen. Nachdem dieses Projekt zur Presse durchgesickert war, und angesichts der heftigen Proteste aus Kairo und Washington, ließ die israelische Regierung die neuen Siedlungen fallen, setzte aber das Projekt der »Vergrößerung« fort. Eine Mehrheit in der Regierung nahm an, man könne Sadat dazu überreden, ein Friedensabkommen zu schließen, das unter einer Version der ägyptischen Souveränität israelische Siedlungen auf ägyptischem Territorium gestattete.

Der Landwirtschaftsminister Ariel Sharon (der für die Besiedlungen zuständig war) unterstützte diese Politik; Moshe Dayan stand hinter

Sharon. In diesem Stadium teilte auch Begin Sharons und Dayans Ansicht.

Ezer Weizman, der Verteidigungsminister, stimmte als einziger im Kabinett nicht mit der exzentrischen Linie der Politik überein, die jetzt die Friedensverhandlungen blockierte. Weizman, der immer noch ausgezeichnete persönliche Beziehungen zu Sadat unterhielt, waren Sadats intensive Gefühle hinsichtlich des Sinai sehr wohl bewußt. Bei dem Gipfeltreffen in Ismailia im Dezember hatte Sadat zu Weizman gesagt: »Ich bin bereit, einen Friedensvertrag zu schließen, mit Botschaftern, freier Schiffahrt, einfach mit allem. Aber ihr verschwindet aus dem Sinai! Das schließt auch die Siedlungen ein. Sie müssen weg!«

Weizman kleidete seine Opposition gegen die Politik Sharon-Dayan in deutliche Worte: »Der ägyptische Präsident spricht über Big Business, und wir befassen uns mit Trivialitäten... Ich halte es für einen ungeheuerlichen Versuch, den Friedensprozeß hintergehen zu wollen und sich für die neue Beziehung zwischen Israel und Ägypten blind zu zeigen.«

Rückblickend fällt es schwer, diesem Urteil zu widersprechen. Doch damals hielt die Sharon-Dayan-Front. Der Friedensprozeß kam nicht nur zum Stillstand, sondern wurde sogar rückläufig.

Da Carter sein Prestige an den Erfolg von Sadats Initiative gebunden hatte, war man in Washington über Israels Verhalten sehr verärgert. Zu diesem Zeitpunkt entstand in Israel als Protest gegen die Regierung Begin, die den Friedensprozeß blockierte, die Bewegung Friede-Jetzt. Die Beziehungen Israels zum Weißen Haus wurden damals noch schlechter, weil Amerika an Ägypten und Saudi-Arabien Waffen verkaufte.

Im Februar 1978 besuchte Sadat die Vereinigten Staaten und wurde als Held empfangen. Weizman kam im darauf folgenden Monat in die Vereinigten Staaten und berichtete über einen »eisigen Wind«. Während Weizmans Aufenthalt in den USA wurden die Beziehungen zwischen den USA und Israel noch um etliche Grade schlechter. Ein schwerer Überfall der Fedajin, dem die traditionelle »asymmetrische Vergeltung« der Israelis folgte, war der Grund dafür.

Am 11. März traf eine Gruppe von Fatah-Fedajin mit einem Boot aus dem Libanon ein, entführte auf der Straße Haifa-Tel Aviv zwei Busse, tötete siebenunddreißig Menschen und verwundete zweiundachtzig weitere. Als Vergeltungsschlag starteten die Israelis am 14. März die Operation Litani, mit dem Ziel, die Anwesenheit der PLO im südlichen Libanon zu beenden. Die massive militärische Offensive endete mit der Besetzung des südlichen Libanon bis an den Litanifluß durch Israel. Syrien schaltete sich nicht ein.

Die Carter-Administration enthielt sich einer direkten Verurteilung

Israels. Doch sie bestand auf einer Resolution des Sicherheitsrates. Die Resolution 425 des Sicherheitsrates vom 19. März 1978 verlangte von Israel, »sofort die militärische Aktion auf libanesischem Gebiet einzustellen und seine Truppen umgehend aus dem Libanon zurückzuziehen«. Die Resolution forderte auch den Einsatz von Truppen der Vereinten Nationen (UNIFIL) im südlichen Libanon.

In Israel rief die Tatsache, daß die Vereinigten Staaten für die Resolution 425 verantwortlich waren, tiefe Empörung hervor, genau wie die Resolution selbst, da sie den ursprünglichen Fedajin-Angriff und die Anwesenheit der Fedajin im Libanon außer acht ließ. Doch Israel gab nach, wenn auch langsam.

In der Hoffnung, die Beziehungen wieder einzurenken, reiste Begin einige Tage nach der Resolution 425 nach Washington. Carter empfing ihn eiskalt; er ließ nicht nach, Begin zu drängen, und dieser weigerte sich weiterhin nachzugeben.

Während der Gespräche zwischen Moshe Dayan und Außenminister Vance in den Vereinigten Staaten vom 26. bis 28. April begann unauffällig eine neue Periode. Dayan schlug vor, daß die Parteien, statt über grundlegende Prinzipien zu verhandeln, versuchen sollten, sich auf ein Rahmenabkommen zu einigen. Innerhalb dieses Rahmens konnten praktische Maßnahmen zur Herbeiführung einer Autonomie für die arabischen Bewohner des Westjordanlandes und des Gazastreifens ausgearbeitet werden. Die Parteien konnten den Begin-Plan als Diskussionsgrundlage verwenden, ohne ihn billigen zu müssen.

Das Konzept des Rahmenvertrages – es sollte später zur Grundlage von Camp David werden – hatte etwas Geniales an sich, so genau paßte es in die internationale Konstellation und entsprach den Bedürfnissen des Hauptbeteiligten. Diesem Rahmen konnte man allgemein zustimmen und dabei offen lassen, wie man ihn später füllen werde.

Die israelische Regierung nahm an, daß Ägypten Israels Angebot wirklich wollte: mit Weizmans Worten ausgedrückt, »eine Formel, die es Ägypten ermöglicht, die Frage einer umfassenden Lösung auf einen späteren Zeitpunkt zu verschieben«, nach dem Abschluß eines separaten Abkommens, das das eigentliche Ziel Ägyptens darstellte.

Eine weitere interessante Eigenart an Dayans Vorschlag war, daß er sich ausschließlich auf das Westjordanland und den Gazastreifen konzentrierte. Wie wir gesehen haben, waren die Verhandlungen an den Siedlungen im Sinai gescheitert, nicht an der Palästinafrage. Was Begin und seine Kollegen bei der Auflösung der Siedlungen im Sinai am meisten befürchteten, war, daß man sie als Präzedenzfall ansehen konnte, der vielleicht zur Auflösung der Siedlungen in Judäa und

Samaria führen würde. Diese Angst wäre jedoch wesentlich geringer gewesen, wenn die Carter-Administration den Begin-Plan zumindest als Diskussionsbasis akzeptiert hätte.

Sollte dieser Plan jemals zur Durchführung gelangen, so blieben Judäa und Samaria voll unter israelischer Kontrolle, und die dortigen Siedlungen waren nicht betroffen. Sollte der Plan *niemals* zur Durchführung gelangen, so würde seine Billigung durch Amerika einen Pluspunkt für die Zukunft und eine Absicherung gegen Druckmaßnahmen bedeuten. Die Zustimmung zu »Rahmenverhandlungen« und zu Begins Plan würde die Verlegung der Siedlungen aus dem Sinai weniger erschreckend erscheinen lassen. Dayan befürwortete jetzt die Verlegung der Siedlungen, vorausgesetzt, daß es sich um eine Vorbedingung zu einem Frieden mit Ägypten handelte. Durch sein Verhalten nach dem 19. Januar brachte Sadat klar zum Ausdruck, daß es eine Vorbedingung *war.*

Zu Sommerbeginn 1978 hatte Jimmy Carter schwerwiegende Gründe, eine Gesamtlösung à la Moshe Dayan zu akzeptieren. Daß er im März die Resolution des Sicherheitsrates unterstützt hatte, war in einem Jahr, in dem es Kongreßwahlen gab, ein großes politisches Risiko gewesen.

Carter hatte zu Beginn seiner Präsidentschaft sein Prestige mit »einer Lösung im Nahen Osten« verknüpft; er mußte jetzt auf diesem Gebiet noch vor November einen Erfolg aufweisen, jedoch einen, mit dem die Regierung Begin leben konnte. Ein solcher Erfolg war auf die von Brookings vorgezeichnete Art nicht zu erzielen. Diesem Weg aber hatte sich der Präsident öffentlich verpflichtet. Dayans Vorschlag bot nun den *Anschein* einer Kontinuität in dieser Richtung und einen Ausweg, den der Präsident ergriff.

Ende Juli 1978 entsandte Präsident Carter seinen Außenminister Cyrus Vance in den Nahen Osten, um Begin und Sadat zu einem Zusammentreffen mit ihm in Camp David in den Bergen von Maryland einzuladen; hier würde man für die Presse unerreichbar sein. Begin und Sadat sagten sofort zu. Sadat stellte die Bedingung, daß die Vereinigten Staaten bei den Gesprächen vollwertige Partner sein mußten. Die Camp-David-Gespräche begannen am 5. September und dauerten bis zum 18. September.

Carter hatte gehofft, daß die einfache ländliche Umgebung und ein gemeinsames Speisezimmer zu zwanglosen Beziehungen und damit zum besseren Verständnis zwischen Israelis und Ägyptern führen würden. Das war nicht der Fall. Nur Ezer Weizman suchte die Gesellschaft der Ägypter und verstand sich persönlich ausgezeichnet mit Sadat. Weizmans fröhliche, aufgeschlossene Persönlichkeit war ein hilfreicher Gegensatz zu Menachem Begins düsterer Inbrunst und

Moshe Dayans unergründlicher Intensität. Die Beziehungen zwischen Dayan und Sadat waren ganz besonders »schwierig«.

In Anbetracht der schwierigen Beziehungen und Verständigung zwischen Ägyptern und Israelis ist es unwahrscheinlich, daß man ohne die ständige Anwesenheit und die unverdrossene Energie Präsident Carters zu einem Abkommen gelangt wäre.

Bei den Diskussionen in Camp David ging es meist um das Westjordanland, Gaza und die Palästinenser, doch der springende Punkt der Verhandlungen war der Sinai, was Carter von Sadat erfahren hatte. Carter schreibt über ein in Camp David geführtes Gespräch mit Sadat: »Ich wollte ihn dazu überreden, daß er einigen Israelis gestattete, unter dem Schutz der Vereinten Nationen in den Siedlungen im Sinai zu bleiben. In allen übrigen Punkten erwies er sich als sehr flexibel, aber in diesem blieb er unerbittlich.«

Das echte Problem in Camp David bestand darin, daß man Israel zur Verlegung der Siedlungen im Sinai bewegen mußte. Carter erreichte dies am 16. September 1978 in einem Gespräch mit Begin. Er schreibt darüber: »Ich dachte, die Diskussion würde nie zu Ende gehen. Es war für Premierminister Begin offensichtlich sehr schmerzvoll... Doch letztlich versprach er, der Knesset innerhalb von zwei Wochen folgende Frage zu unterbreiten: ›Wenn es in allen übrigen Fragen bezüglich des Sinai zu einer Übereinstimmung kommt, werden die Siedler dann umgesiedelt?‹ Dieses Zugeständnis mußte Sadat genügen. Durchbruch!«

Der Rest war danach mehr oder weniger Routine. Camp David nahm zwei »Rahmenverträge« an: einen Rahmen für den Frieden (hauptsächlich hinsichtlich des Westjordanlandes und Gazas) und einen Rahmen für einen Friedensvertrag zwischen Ägypten und Israel. Wie Carter berichtet, war Sadat »an den Details des Rahmens für den Frieden nicht besonders interessiert«.

Das Rahmenabkommen für den Frieden war nebulos und bezog sich auf künftige Verhandlungen. Ägypten, Israel und – wie man hoffte – Jordanien und »die Vertreter des palästinensischen Volkes« sollten an Verhandlungen über die Zukunft des Westjordanlandes und des Gazastreifens teilnehmen. Eine fünfjährige Periode als »Übergang zur Autonomie« wurde ins Auge gefaßt, um »eine friedliche und ordnungsgemäße Machtübergabe zu gewährleisten«.

Dieser Wortlaut war völlig akzeptabel, gleichwohl waren sich sowohl Sadat als auch Begin der großen Differenzen in der Auslegung bewußt, doch sie beließen es dabei.

Das Rahmenabkommen für einen Friedensvertrag war wesentlich konkreter. Es sah die »volle Ausübung der ägyptischen Souveränität innerhalb der international anerkannten Grenzen« vor, und außerdem das Recht der Israelis zur freien Durchfahrt durch die Straße von Tiran und den Suezkanal.

Die Rahmenabkommen waren von Briefen begleitet. Ein Brief von Begin an Carter, mit der Zusage, die Frage des Abzugs der Siedler aus dem Sinai der Knesset zur freien Abstimmung vorzulegen. Ein Brief von Sadat an Carter, in dem Sadat erklärte, daß es zu keinem Friedensabkommen zwischen Ägypten und Israel kommen würde, sollten die Siedler *nicht* aus dem Sinai zurückgezogen werden. Ein weiterer Brief von Sadat an Carter wiederholte die arabische Einstellung zu Jerusalem. Doch der Jerusalem-Brief verband – im Unterschied zum Sinai-Brief – seinen Inhalt nicht mit dem Abschluß eines Friedensabkommens.

Man kam außerdem überein, obwohl es nicht ins Camp-David-Abkommen aufgenommen wurde, daß sowohl Ägypten als auch Israel erheblich höhere amerikanische Unterstützungen erhalten sollten.

In Camp David hatte sich Begin nur dazu verpflichtet, die Frage der Knesset vorzulegen. Sobald er nach Unterzeichnung des Camp-David-Abkommens wieder in Israel war, setzte er seine gesamte Autorität dafür ein, die Evakuierung der Siedler und somit den Abschluß eines Friedensvertrages mit Ägypten zu erreichen.

Begin wandte sich an sein Kabinett; er wollte der Knesset nicht eine Frage, sondern einen definitiven Vorschlag in Form folgender Resolution vorlegen, die Dayan zitiert: »Die Knesset billigt das Camp-David-Abkommen, das am 17. September 1978 vom Premierminister im Weißen Haus unterzeichnet wurde. Wenn bei den Verhandlungen zwischen Ägypten und Israel Übereinstimmung erzielt wird, die zur Unterzeichnung eines Friedensvertrages führt... und dies in einem schriftlichen Dokument festgehalten wird, so ermächtigt die Knesset die Regierung..., die israelischen Siedler aus dem Sinai zu evakuieren und anderswo wieder anzusiedeln.«

Die entscheidende Kabinettssitzung fand am 24. September statt und dauerte sieben Stunden. Moshe Dayan erinnert sich: »Der Premierminister verteidigte das Abkommen autoritär und zielstrebig, betonte seine Vorzüge und griff gnadenlos jene Minister an, die Zweifel äußerten oder sich dagegen stellten. Als äußerst erfahrener Parlamentarier und Parteipolitiker setzte er geschickt taktische Argumente und Verfahrenstechniken ein. Er richtete es so ein, daß die Knesset-Debatte am folgenden Tag stattfand, so daß keine Zeit blieb, die parlamentarischen Komitees des Außenministeriums und des Verteidigungsministeriums einzuberufen. Er lehnte auch Diskussionen mit seiner eigenen Partei vor der Debatte ab, die eigentlich vor wichtigen politischen Entscheidungen üblich sind.«

Das Kabinett nahm Begins Vorschlag mit großer Mehrheit an. Die Störungen in der Knesset kamen am nächsten Tag vom rechten Flügel, Begins eigener Partei; der Anführer war der extrem streitbare Geulah

Cohen. Cohens Betragen hatte seinen Ausschluß aus dem Plenarsaal zur Folge. Dayan zitiert den Anfang von Begins Rede: »Ich präsentiere der Knesset, und durch die Knesset der Nation, die Nachricht vom Frieden zwischen Israel und dem mächtigsten und größten der arabischen Staaten, und daher, letztlich unvermeidlich, mit allen unseren Nachbarn.«

Der Führer der Opposition, Shimon Peres, war der nächste Redner. Er begann damit – gemäß Dayan unerwartet –, daß er dem Premierminister und der Regierung seine Glückwünsche zu dieser schwierigen, schrecklichen, aber lebenswichtigen Entscheidung aussprach. Peres ging dann sofort auf den Beitrag seines Rivalen Rabin zum Begin-Plan ein. Das Camp-David-Abkommen war keineswegs so gut wie ein Abkommen, das das Labor-Bündnis erreicht hätte. Die Evakuierung der Siedlungen in Sinai hätte vermieden werden können, fand Peres. Was das Rahmenabkommen für den Frieden betraf, so würde es zu einem palästinensischen Staat führen. Dennoch würde er für die Resolution der Regierung stimmen.

Peres' Vortrag war bemerkenswert unlogisch und inkonsequent, aber er half insgesamt der Regierung und dem Friedensvertrag. Die Labor-Unterstützung wog die Überläufer der Likud auf. Moshe Dayan berichtet über das Ergebnis der Abstimmung: »Alle hundertzwanzig Mitglieder der Knesset nahmen an der Wahl teil. Vierundachtzig stimmten für das Vorgehen der Regierung, neunzehn dagegen und siebzehn enthielten sich der Stimme.«

In Amerika war das Camp-David-Abkommen ein großer politischer Erfolg für Präsident Carter. Im Anschluß an das Abkommen registrierte Gallup einen Anstieg der Popularität des Präsidenten um siebzehn Prozent. Doch in der arabischen Welt – mit Ausnahme von Ägypten – war die Reaktion auf Camp David einstimmig negativ. Die konservativen Staaten – hauptsächlich Jordanien und Saudi-Arabien – schlossen sich nun der Front der Standhaftigkeit an und verdammten Sadats Friedenspolitik. Dadurch kam der neunte arabische Gipfel in Bagdad (2. bis 5. November 1978) zustande, an dem alle arabischen Staaten mit Ausnahme von Ägypten, das nicht eingeladen war, teilnahmen; das Camp-David-Abkommen wurde einstimmig verurteilt.

Brzezinskis Theorie der drei »konzentrischen Kreise« des Friedensprozesses geriet jetzt in Schwierigkeiten. Seine beiden »äußeren Kreise« waren sich in der Verurteilung des dritten einig; ein Phänomen, das seine Theorie nicht vorhergesehen hatte. Es gab nicht das geringste Anzeichen für Friedensbestrebungen unter den übrigen arabischen Staaten. Hussein erklärte, daß Jordanien sich »rechtlich oder moralisch« an keinen Bestandteil des Camp-David-Abkommens gebunden fühle.

Erstaunlicherweise erregte ausgerechnet jener Hauptpunkt von Camp David den besonderen Unmut der Araber in Bagdad, der sie eigentlich hätte beschwichtigen sollen: das Rahmenabkommen über den Frieden, mit der vorgesehenen »Autonomie« und dem »Übergang der Autorität«. Die Reaktionen, die zu dieser Frage aus Bagdad kamen, waren Musik in Begins Ohren. Sadat hatte Israel mit Carters Unterstützung gedrängt, rasch für die Durchführung der Autonomiebestimmungen zu sorgen, um die arabische Welt vom Wert von Camp David zu überzeugen. Doch die arabische Welt machte es in Bagdad nur zu deutlich, daß sie die Durchführung der Autonomiebestimmungen ablehnte.

Das Ausmaß und die Einigkeit der arabischen Opposition lenkten Sadat nicht von seinem Ziel ab. Der Friedensvertrag zwischen Ägypten und Israel wurde durch den zweiten Camp-David-Rahmenvertrag vorbereitet und am 26. März 1979 im Weißen Haus unterzeichnet. Die im Vertrag verankerte Evakuierung begann sofort, und am 30. April konnten die Israelis im Fernsehen das erste israelische Schiff beobachten, das durch den Suezkanal fuhr.

Nach dem Friedensvertrag versuchte die Carter-Administration noch eine Zeitlang, den Friedensprozeß auszuweiten. Ganz besonders war man bemüht, die PLO einzubeziehen. Die USA wollten die relevanten Resolutionen des Sicherheitsrates erweitern, so daß sie für die PLO annehmbar wurden.

Die Anhänger der Brookings-Variante waren davon überzeugt, daß es erst eine umfassende oder dauerhafte Lösung des arabisch-israelischen Konfliktes geben könne, wenn die PLO in den Friedensprozeß einbezogen war. Doch da gab es eine weitere Schwierigkeit. Im September 1975, zur Zeit des zweiten Sinaikrieges, hatte Henry Kissinger Israel schriftlich zugesichert, daß die Vereinigten Staaten die PLO erst anerkennen und als Verhandlungspartner akzeptieren würden, wenn die PLO Israels Recht auf Existenz anerkannt und die Resolutionen 242 und 338 akzeptiert hatte.

Verschiedentliche Erklärungen von PLO-Vertretern dem Westen gegenüber konnten als Anerkennung des israelischen Rechts auf Existenz gewertet werden. Doch die PLO lehnte die beiden Resolutionen ganz eindeutig ab, im besonderen 242. Der Grund dafür liegt darin, daß 242 die legitimen Rechte der Palästinenser nicht anerkennt, ja auf die Palästinenser überhaupt keinen Bezug nimmt, außer in ihrer Eigenschaft als Flüchtlinge.

Um diese Schwierigkeit zu umgehen, wollte man nun 242 (und 338) so abändern, daß die Einwände der PLO berücksichtigt wurden. Wenn die Vereinigten Staaten einen derartigen Vorschlag unterstützten, war auch mit keinem sowjetischen Einwand zu rechnen, und man konnte erwarten, daß die Änderung den Sicherheitsrat ohne Schwierigkeiten passierte. Die PLO würde die abgeänderten Resolutionen voraussichtlich akzeptieren. Damit wären die in Kissingers Garantie enthaltenen Bedingungen erfüllt, und die Vertreter der Vereinigten Staaten konnten mit der PLO verhandeln. Israel würde wütend sein; man konnte nur hoffen, daß sich die Israelis mit dem Fait accompli abfinden würden. Der Vorschlag zur Abänderung der Resolutionen wurde im Sommer 1979 von Kuwait eingebracht; wahrscheinlich standen auch einige Kreise der PLO dahinter.

Das Weiße Haus griff die Idee auf; am 18. August 1979 schnitt Robert Strauss, der persönliche Vertreter des Präsidenten, dieses Thema Sadat gegenüber an und erwartete seine Unterstützung. Sadat beanstandete mild, daß die Idee »dumm« sei; er hatte keinerlei Interesse daran, die PLO aus der Kälte hereinzuholen. Was noch verwunderlicher war: Assad stimmte in diesem Fall mit Sadat überein. Noch im selben Monat widersetzte sich Syrien heftig Kuwaits Vorschlag.

Ägypten wollte ihn nicht. Syrien wollte ihn nicht. Wollte ihn denn die PLO? Anfänglich schien es sehr wohl so, doch später – zweifellos unter syrischem Einfluß und innerem Druck – änderte sie ihren Standpunkt. Im März 1980 verlautbarte ein Sprecher der PLO, daß die PLO eine neue Resolution verlangte, die völlig unabhängig von 242 war. Das lief natürlich dem ursprünglichen Grundgedanken der Operation völlig zuwider. Obendrein fügte Arafat noch hinzu, daß die neue Resolution *keine* »sicheren und anerkannten Grenzen« für Israel vorsehen sollte.

Die »erweiterte 242« war tot, aber immer noch nicht bereit, in der Versenkung zu verschwinden. Im Frühsommer 1980 machte sich Großbritannien im Namen der europäischen Staaten erbötig, die gewünschte Abänderungsresolution vor den Sicherheitsrat zu bringen.

Am 30. Mai 1980 trat Präsident Carter öffentlich dafür ein, im Sicherheitsrat jedem europäischen Antrag zur Abänderung der Resolution 242 mit einem Veto entgegenzutreten. Die Europäer zogen den Antrag zurück.

Zu dieser Zeit hatte sich jedoch der Nahe Osten, vom westlichen Standpunkt aus gesehen, radikal verändert. Bis gegen Jahresende 1978 waren die westlichen Staaten – und ganz besonders Washington – gewohnt gewesen, den Nahen Osten nahezu ausschließlich im Hinblick auf den arabisch-israelischen Konflikt zu betrachten und zu erörtern. Über dreißig Jahre lang hatten führende westliche Politiker die Hauptursache für die Unruhe im Nahen Osten in diesem Konflikt erblickt.

Die Revolution im Iran Anfang 1979 veränderte die gesamte Perspektive. Und als die iranische Revolution in zunehmendem Maß antiamerikanischen Charakter annahm, wurde der arabisch-israelische

Konflikt für die Politiker in Washington bestenfalls zu einem zweitrangigen Problem.

Im Sommer 1979 verurteilte eine Resolution des US-Senats die Hinrichtung von Gefolgsleuten des Schahs; darauf folgten große antiamerikanische Demonstrationen im ganzen Iran. Ende Oktober begab sich der Schah in die Vereinigten Staaten (zu einer medizinischen Behandlung). Khomeinis Anhänger gerieten darüber in Raserei, die ihren Höhepunkt am 4. November 1979 mit der Besetzung der amerikanischen Botschaft in Teheran erreichte; die Amerikaner wurden als Geiseln genommen. Dieser Tatbestand beherrschte Carters letzte Monate im Weißen Haus und machte seine Hoffnungen auf eine Wiederwahl zunichte.

Trotz der zunehmenden Eskalation des iranischen Problems befaßte sich Carter weiterhin mit der arabisch-israelischen Frage. Doch je näher der November 1980 rückte, desto mehr veränderte sich Carters Einstellung. Es beunruhigte ihn, daß Begin nach Camp David die jüdische Besiedlung des Westjordanlandes und des Gazastreifens intensivierte, um zu beweisen, daß eine Verlegung der Siedlungen aus dem Sinai *keinen* Präzedenzfall für Judäa und Samaria bildete. Damals bemerkte Carter Vance gegenüber, daß er bereit wäre, die Wahl zu verlieren, weil er die jüdische Gemeinde verärgern werde, daß er aber, wenn notwendig, härter gegen die Israelis vorgehen wolle.

Cyrus Vance hatte offenbar angenommen, daß die Kamikazestimmung seines Chefs auch im Wahljahr noch gültig war. Am 1. März 1980 stimmte die Delegation der Vereinigten Staaten im Sicherheitsrat für eine extrem harte Resolution. Diese Resolution bedauerte den Entschluß der israelischen Regierung, Siedlungen in besetzten Territorien zu fördern, erklärte, daß diese Maßnahmen keine Rechtsgültigkeit besäßen, und forderte, daß dieser Beschluß rückgängig gemacht und die Siedlungen abgerissen wurden.

Daraufhin protestierten Israel und seine Freunde so empört, daß Carter eine Kehrtwendung machte und das Abstimmungsverhalten der USA desavouierte, indem er erklärte, es wäre »nicht vorsätzlich« erfolgt. Da die Resolution des Sicherheitsrates gültig blieb, besänftigte Carters Rückzug die Regierung Begin und ihre Freunde in Amerika nicht besonders. Die demokratische Partei lief zu diesem Zeitpunkt Gefahr, die proisraelischen Stimmen, die ihr normalerweise größtenteils zufielen, zu verlieren. Carters Aussichten auf eine Wiederwahl wurden im Laufe des Jahres 1980 noch geringer. Vor diesem bedrohlichen politischen Hintergrund traf Carter Ende Mai seine eiserne Entscheidung, wenn nötig ein Veto gegen die europäische Initiative zu einer umfassenden Lösung der arabisch-israelischen Kontroverse einzulegen. Die Bereitschaft, eine Wahl zu verlieren, verhält sich direkt proportional zu der Distanz zum Wahltag. Je kürzer die Distanz, desto kleiner die Bereitschaft.

Die Idee der umfassenden Lösung, die von den Vereinigten Staaten bereits verworfen und vom Sicherheitsrat verhindert worden war, hatte in Europa Zuflucht gefunden. Am 13. Juni 1980 gaben die Staatsoberhäupter der Mitgliedsstaaten nach dem Gipfeltreffen der EG in Venedig eine Erklärung heraus, in der neuerlich auf die Notwendigkeit hingewiesen wurde, die PLO in zukünftige Verhandlungen einzubeziehen, und in der die EG neuerlich bestätigte, daß sie Israels Recht auf eine sichere Existenz unterstützte.

Die Erklärung von Venedig führte erstaunlicherweise in dem Gebiet, zu dessen Vorteil sie erfolgt war, zu negativen Reaktionen. Israel bezeichnete die Erklärung als »eine Kapitulation vor totalitärer Erpressung wie in München«. Die in Damaskus versammelten Vertreter der PLO bezeichneten die Erklärung als »sehr schwach und sehr armselig«.

Arafat und seine engsten Mitarbeiter hatten ihr Möglichstes getan, um eine solche Erklärung zu erreichen. Doch die Reaktion der PLO auf die europäische Initiative hing mehr von Assad als von Arafat ab. Und Assad stand den unabhängigen diplomatischen Bestrebungen der PLO-Funktionäre sehr mißtrauisch gegenüber und verstand es, sie zu vereiteln.

Die Erklärung von Venedig trug genauso wenig zu einer Gesamtlösung bei wie die erweiterte Resolution 242.

Rein rhetorisch bildeten die arabischen Staaten, mit Ausnahme von Ägypten, nach dem Abschluß des Friedensvertrages zwischen Ägypten und Israel eine einheitliche Front gegen Israel. Der zweite Gipfel in Bagdad am 31. März 1979 verurteilte den Vertrag, genau wie der erste Gipfel in Bagdad Camp David verurteilt hatte; Sanktionen gegen Ägypten wurden gefordert. Auf einem Gipfeltreffen in Tunis im November desselben Jahres wurde diese Haltung bestätigt und Ägypten weiterhin isoliert.

Charakteristisch für diese Zeit war der Versuch der konservativen arabischen Führer – Kronprinz Fahd und König Hussein –, die moslemischen Staaten zu einer Art Djihad gegen Israel zu mobilisieren. Eine Konferenz der moslemischen Außenminister nahm eine Resolution zu diesem Thema an.

Inzwischen war jedoch sogar der Kern der antizionistischen Araber bereits wieder gespalten und stand knapp vor einer noch gravierenderen Spaltung. Am 14. Januar 1980 trat die Generalversammlung der Vereinten Nationen zu einer außerordentlichen Sitzung zusammen, um über die sowjetische Invasion in Afghanistan zu beraten; Afghanistan ist ein moslemisches Land. Die arabischen Staaten stimmten für eine Verurteilung, mit Ausnahme der fünf Mitglieder der Front der Standhaftigkeit, von denen die meisten, einschließlich Syriens, sich der Stimme enthielten. Der Vertreter der PLO – er besaß Beobachterstatus, der ihm das Recht zur Meinungsäußerung, nicht aber das Stimmrecht gewährte – hielt eine energische prosowjetische Rede, vermutlich mit der Zustimmung Syriens. Syrien und seine Verbündeten hatten einen moslemischen und arabischen Konsens gebrochen.

Da Syrien der feindseligste von Israels Nachbarn war, kam diese Entwicklung vom Standpunkt Israels sehr gelegen. Es sollte noch besser kommen. Im September 1980 brach zwischen dem Irak und dem Iran Krieg aus. Die saudiarabische Presse bezeichnete ihn als »Krieg zwischen einem Araber und einem Fremden«, und man erwartete daher, daß die meisten Araber den Irak unterstützen würden. Syrien jedoch entschied sich für den Iran. Offenbar spielten die alte Feindschaft zwischen den divergierenden Baath-Parteien des Iraks und Syriens und der persönliche Konflikt zwischen Assad und Iraks Saddam Hussein dabei eine Rolle. Die syrische Haltung war um so befremdlicher, als sich das Land gern als das Herz des Arabismus aufgespielt hatte. König Hussein von Jordanien profilierte sich jetzt als Vertreter der arabischen Nation gegen den Fremden. Er unterstützte den Irak aktiv, und sein Rundfunk verurteilte Syrien, das ihm nichts schuldig blieb.

Saudi-Arabien setzte seine kluge Politik fort; es schmähte weder andere Araber noch die Perser, ließ jedoch seine geheime, aber sehr gewichtige Unterstützung dem Irak und Jordanien zuteil werden. Diese Umstände machten der PLO das Leben recht ungemütlich. Ihr wichtigster Schirmherr, Syrien, wurde von ihrem wichtigsten Geldgeber, Saudi-Arabien, unterminiert.

Von Menachem Begins Standpunkt aus gestalteten sich die außenpolitischen Beziehungen Israels außergewöhnlich günstig und verbesserten sich 1980 weiter. Von den Vereinigten Staaten war während des Präsidentschafts-Wahljahres kein ernsthafter Druck zu erwarten, zudem konzentrierte sich die amerikanische Aufmerksamkeit nahezu ausschließlich auf das Schicksal der Geiseln in Teheran.

Der Frieden mit Ägypten konnte als dauerhaft angesehen werden, zumindest bis April 1982, wenn sich gemäß den Vertragsbedingungen der gesamte Sinai wieder in Ägyptens Besitz befinden sollte. Was den Rest der arabischen Welt betraf, so waren das dort herrschende Chaos und der interne Konflikt schlimmer als alles, was sich seit dem Abkommen von Khartum 1967 abgespielt hatte.

Unter diesen Umständen konnte Begin sein Programm für »Judäa und Samaria« energisch und unbehindert fortsetzen. Dieses Programm unterschied sich von dem der Vorgänger Begins in zwei wichtigen Punkten.

Erstens hatte die Labor-Partei immer versucht, die jüdischen Siedlungen fern von Gebieten mit dichter arabischer Bevölkerung zu konzentrieren. Die Regierung Begin ließ diese Einschränkung fallen und vertrat den Standpunkt, daß der Standort jüdischer Siedlungen in jüdischem – biblischem – Land von den Juden und nicht von den Arabern bestimmt wurde.

Zweitens war es die Politik der Labor-Partei gewesen, sich so wenig wie möglich in die Angelegenheiten der arabischen Einwohner einzumischen. Ein ausgeklügeltes politisches System (in Symbiose mit Jordanien) war die Folge, innerhalb dessen die Araber des Westjordanlandes ihre gewohnte Lebensweise in minimalem Kontakt mit den israelischen Behörden beibehalten konnten.

Dies stellte eine begrenzte, aber realistische Form der Autonomie dar, die zwar nie als solche bezeichnet wurde, jedoch den örtlichen Gegebenheiten so reibungslos wie möglich gerecht wurde. Dieses System (nennen wir es Autonomie I) hatte sich über zehn Jahre lang als nützlich erwiesen; jetzt war es durch eine neue Version gefährdet: Autonomie II.

Autonomie II – Begins Autonomie – war die Antwort auf den internationalen Druck, insbesondere auf die Forderung nach einer endgültigen, umfassenden Lösung, die auch das Westjordanland einbezog. Autonomie I konnte diese Forderung nicht befriedigen, zumal die Araber, die sich dieses System eifrig als Alltagsroutine zu eigen gemacht hatten, einstimmig bestreiten würden, daß es sich dabei um ein Abkommen handelte.

Man brauchte etwas Anspruchsvolleres als Autonomie I und hatte es in der recht vagen Fassung von Camp David erhalten (Autonomie II). Alle repräsentativen Persönlichkeiten des Westjordanlandes – Prohaschimiden und Pro-PLO – lehnten die Camp-David-Autonomie ab, egal, ob Begin oder jemand anderer sie interpretierte.

Wenn Begin die Welt davon überzeugen wollte, daß seine Version von Autonomie II die endgültige und umfassende Lösung darstellte – um dadurch die internationale Berechtigung für sein Festhalten an Judäa und Samaria zu bekommen –, so mußte er eine neue arabische Elite finden oder schaffen, die seine Version akzeptierte; Gesprächspartner, die im Namen der Araber sprechen würden, aber genau das sagten, was Begin von ihnen erwartete.

Die Suche nach einer alternativen Elite – die bald unter israelischer Patronanz in Form von Bauerngenossenschaften oder Dorfbünden entstand – war an sich für die alten Eliten im Westjordanland, die sich an Autonomie I gut angepaßt hatten, beunruhigend.

Der Versuch, eine stillschweigend funktionierende Einrichtung durch ein international erkennbares Abkommen zu ersetzen, war gefährlich zerrüttend. Der Versuch, die arabische Führung zu manipulieren, ging Hand in Hand mit der Einführung der unbeschränkten jüdischen Ansiedlung und mit Provokationen durch einige der neuen Siedler; das Ergebnis war die größte Unruhewelle im Westjordanland in den dreizehn Jahren der israelischen Besetzung.

In der von Arabern bewohnten Stadt Hebron im Westjordanland hatte die Regierung eine Yeshiva (Talmudschule) eingerichtet. Am 2. Mai 1980 wurden sechs Studenten der Yeshiva in Hebron von Arabern erschossen und siebzehn verwundet. Die Regierung reagierte mit repressiven Maßnahmen, darunter der Zerstörung einer Reihe von Häusern und Geschäften in Hebron und der Sperre der Jordanbrükken für die Bewohner von Hebron. Außerdem wies die Regierung drei Araberanführer aus Hebron aus, zu denen auch der Bürgermeister gehörte. Die drei Ausgewiesenen fuhren nach New York und wandten sich dort an den Sicherheitsrat. Die repressiven Maßnahmen Israels wurden gehörig gerügt.

Nach internationaler Ansicht waren die Reaktionen der Regierung auf die Morde in Hebron übertrieben; innerhalb Israels aber waren immer mehr Menschen der Ansicht, daß die Reaktionen reichlich ungenügend waren. Am 2. Juni 1980 wurden die Bürgermeister von Ramallah und Nablus durch Autobomben verstümmelt. Da diese Anschläge kurz nach dem Ende der vorgeschriebenen Trauerzeit für die Yeshiva-Studenten stattfanden, hielt man sie generell für Aktionen jüdischer Siedler, die das Gesetz selbst in die Hand genommen hatten.

Ezer Weizman warf man vor, auf die Mordfälle in Hebron »unterreagiert« zu haben; er trat im Mai zurück, und Begin übernahm als Ministerpräsident auch das Verteidigungsministerium. Einige Monate lang herrschte vorübergehend Ruhe.

Als im November 1980 die Bir-Zeit-Universität geschlossen wurde (es war zu Pro-PLO-Demonstrationen gekommen), breiteten sich im gesamten Westjordanland schwere Unruhen aus, die bis in den Dezember hinein andauerten. Straßen wurden gesperrt, israelische Autos mit Steinen beworfen und Aufrührer durch Schüsse der israelischen Truppen verletzt. Die Bewohner des Westjordanlandes erwarteten die Rückkehr der verletzten Bürgermeister von Nablus und Ramallah, die zur Behandlung im Ausland gewesen waren. Der überschwengliche Empfang, den man ihnen bereitete, demonstrierte den Willen zur Fortsetzung des Kampfes, bis ein palästinensischer Staat erreicht war.

Begins Politik der uneingeschränkten Besiedlung und manipulierten Autonomie hatte das Gegenteil dessen bewirkt, was er erreichen wollte. Jetzt stand zweifelsfrei fest, daß die arabische Bevölkerung des Westjordanlandes Begins Version der Autonomie ablehnte. Doch das hinderte Begin nicht daran, seine Politik fortzusetzen, da er seiner Ansicht nach dazu nicht die Zustimmung der Araber brauchte. Dies war das Land, das Gott den Juden gegeben hatte.

Über die dramatische Radikalisierung, zu der es im Winter 1980/1981 im Westjordanland kam, zerbrach man sich vielerorts die Köpfe. Man nahm unter anderem an, daß in der PLO der konservative haschimidische Einfluß langsam dem »Radikalismus« wich. Manche Anzeichen deuteten in diese Richtung; anderes sprach dagegen. Arafats Fatah arbeitete offensichtlich während dieser Zeit mit den Haschimiden zusammen; Amman benützte die Tatsache, daß die Verteilung der Geldmittel, die Ausstellung von Pässen und so weiter seiner Kontrolle unterstanden, um die radikalen Anführer einzuengen und zu behindern. Der Einfluß der Haschimiden und die Autorität der alten Eliten überlebten sowohl Begins Autonomie als auch die populistische Reaktion darauf.

Das erste Jahr eines neuen amerikanischen Präsidenten gilt traditionellerweise als »schwierig«. Doch als Ronald Reagan im Januar 1981 Präsident wurde und General Alexander Haig zum Außenminister ernannte, hatte Begins Regierung Grund zum Optimismus hinsichtlich der Beziehungen zur neuen amerikanischen Regierung. Der Präsident war während seiner Wahlkampagne militant proisraelisch aufgetreten, was zu erwarten gewesen war. Reagan hatte jedoch in seinen Reden seine Weltanschauung dargelegt; er sah in Israels schlimmsten Feinden – Syrien und der PLO – auch die Feinde der Vereinigten Staaten, und zwar nicht, weil sie Feinde Israels, sondern weil sie Freunde der Sowjetunion waren. Und diese Einstellung war für Israel äußerst beruhigend. Syrien war ein Protektorat der Sowjetunion; die PLO war ein Protektorat Syriens. Beide waren für Reagan ganz offensichtlich Feinde, was sich besonders deutlich im Januar 1980 bei den Vereinten Nationen gezeigt hatte, als die sowjetische Invasion in Afghanistan behandelt wurde.

Die Regierung Israels konnte erwarten, daß unter Reagan Schluß mit Carters Streben nach einer umfassenden Lösung war, an der Arafat, Assad und Gromyko beteiligt sein sollten. Die »neue« amerikanische Anschauung hatte für Israel besonders im Hinblick auf den Libanon interessante Folgen. In Washington dominierte die Ansicht, daß der Libanon ein unabhängiger, traditionell gemäßigter und prowestlicher Staat sei, der jedoch derzeit von zwei sowjetischen Satellitenstaaten besetzt war: Syrien und der PLO. (Die Tatsache, daß sich Syrien mit der stillschweigenden Billigung und sogar Ermutigung Washingtons im Libanon eingenistet hatte, war Reagan vielleicht nicht bekannt. Auf alle Fälle hatte sich Syrien seit jenen Tagen noch mehr dem Kreml genähert und im Oktober 1980 einen Freundschafts- und Kooperationsvertrag mit der Sowjetunion unterzeichnet.)

Seit zehn Jahren – seit der Vertreibung der PLO aus Jordanien – war der Libanon ein Stachel in Israels Fleisch: nicht der Libanon als Staat, sondern als verbleibendes politisches und militärisches Habitat der PLO.

Die politische und militärische Führung der maronitischen Christen des Libanon empfand die neue Konstellation als äußerst günstig, wenn es um ihre Interessen ging. Die Möglichkeit einer Allianz zwischen Maroniten und Israel war schon vor der Gründung des Staates Israel erwogen worden und hatte seit dem Ausbruch des libanesischen Bürgerkrieges praktische Formen angenommen. Angeblich hatte die Regierung Rabin hundertfünfzig Millionen Dollar in die Ausrüstung und Ausbildung der maronitischen Miliz (Kateb, Phalanges) investiert. Als Menachem Begin die Macht übernahm, war die Verbindung bereits fest geknüpft.

Begin setzte sich nun voll dafür ein, daß die Zusammenarbeit mit den Maroniten weiterentwickelt wurde. Öffentlichen Bemerkungen Begins zufolge sagte es dem romantischen, schwärmerisch-idealistischen Teil seines Charakters zu, daß die Juden Christen im Nahen Osten beschützten, die von der christlichen Welt im Stich gelassen worden waren.

Der Anführer der maronitischen Miliz, Bashir Gemayel, wurde dazu ermutigt, nach der Macht im Libanon zu greifen. Er besaß die Unterstützung der Regierung Begin und die besondere Gunst Ariel Sharons. Bashir war eine charismatische, bombastische Gestalt; er sprach mit Hingabe über die »neuen Libanesen« – heroische, kriegerische Christen. Die Maroniten nahmen Bashir durchaus ernst, und er wurde von der maronitischen Jugend als Held verehrt.

Bashir konnte hoffen, daß er als Fürsprecher der »prowestlichen« libanesischen Politik die Unterstützung der Vereinigten Staaten erhalten würde. Die Syrer würden gegen ihn sein, doch 1981 wirkte Syrien geschwächt und in der arabischen Welt isoliert.

Bis zum Frühjahr 1981 hatte sich Bashir skrupellos seiner wichtigsten maronitischen Rivalen entledigt und war der unangefochtene Anführer der maronitischen Gemeinde. Sein Ziel war, seine Führungsrolle auf alle Christen des Libanon auszudehnen und der panchristliche Kandidat für die Präsidentschaftswahlen 1982 zu werden.

Als er Ende 1980, Anfang 1981 den Schutz seiner maronitischen Miliz auf die griechisch-orthodoxen Bewohner von Zahla im Ostlibanon ausdehnte, geschah dies einerseits im Hinblick auf seine Kandidatur, nicht zuletzt aber auch als Herausforderung Syriens.

Es war ein äußerst kühner Zug. Zahla ist eine Stadt mit zweihundertfünfzigtausend Einwohnern im Bekaatal, in der Nähe der Straße Beirut – Damaskus, eine Gegend, die Syrien für seine Verteidigung als lebenswichtig betrachtet. Syrien wartete eine Weile ab; im April 1981 traf es Zahla und die christlichen Stellungen in den nahen Bergen mit einem harten Schlag. Die Christen von Zahla wurden bombardiert und belagert und bezahlten Bashirs »Schutz« teuer. Bashirs Miliz war keinesfalls in der Lage, den Kampf mit der syrischen Armee aufzunehmen, und Ende April waren die Maroniten in ihrem eigenen christlichen Herzland gefährdet. Bashir hatte offensichtlich angenommen, daß ihm die Israelis zu Hilfe kommen würden; angeblich hatten ihn hohe israelische Offiziere in diesem Glauben bestärkt. Syrien war auch auf diese Eventualität vorbereitet.

Israel ging in diesem Fall bis an die Grenze, aber nicht darüber hinaus. Am 28. April 1981 zerstörten israelische Kampfflugzeuge als »Warnung« an die Syrer zwei syrische Hubschrauber. Am nächsten Tag stationierte die syrische Armee sowjetische Boden-Luft-Raketen, SAM-2 und SAM-6, im Libanon.

Israel hätte die syrischen Raketen gern zerstört, wurde aber von den Vereinigten Staaten zurückgehalten. Die Vereinigten Staaten übernahmen es, die Raketen durch Verhandlungen aus dem Libanon zu entfernen. Philip Habib, Beamter des Außenministeriums, fuhr nach Damaskus und verhandelte; die Raketen blieben, wo sie waren, und Bashir kehrte auf seinen Ausgangspunkt zurück.

Reagans Politik war in der Praxis offensichtlich weniger resolut, als seine Reden glauben machten. Anfang April hatte Haig Syrien in einer Erklärung scharf angegriffen. Aber am 17. April – am Höhepunkt der Zahlakrise – sandte Reagan anläßlich von Syriens Nationalfeiertag eine herzliche Grußbotschaft an Assad. Die Botschaft enthielt auch einen Satz über »die Rolle, die die syrische Führung zur Stärkung der Sicherheit und Stabilität der Staaten der Region spielen könnte«.

Die Vereinigten Staaten verfolgten während dieser Krise offensichtlich eine Politik, die noch von traditionellen, aus der Vor-Reagan-Zeit stammenden Faktoren bestimmt war: von dem Wunsch, sich nicht so nahe an Israel anzuschließen, daß die gemäßigten Staaten, wie etwa die Saudis, beunruhigt wurden; außerdem wollte man keine sowjetische Intervention provozieren.

Aus reinem Überlebensdenken kann keine Supermacht einem ihrer Satellitenstaaten bereitwillig gestatten, durch seine Anmaßungen und Initiativen den künftigen Kurs dieser Macht gegenüber der anderen Supermacht zu beeinflussen. Die Beziehung zwischen Supermacht und Satellitenstaat ist jedoch nicht symmetrisch. Kein Satellitenstaat der Sowjetunion besaß einen ähnlichen Einfluß auf seine Schutzmacht wie Israel seit 1967 auf die Vereinigten Staaten. Doch in diesem Fall fühlte sich Israel für den Augenblick verpflichtet, sich zurückzuziehen.

Zahla war für Israel eine demütigende und beunruhigende Erfahrung. Die Affäre stärkte seinen Hauptgegner sowohl materiell als auch in seinem Prestige. Israels christliche Verbündete waren gedemütigt und über Israels »Verrat« verärgert.

1981 war Wahljahr in Israel. Zu Anfang des Jahres hatte es den Anschein, daß Begin und seine Kollegen verlieren würden. Die größte Leistung von Begins Regierung (1977 bis 1981) war der Friedensvertrag mit Ägypten gewesen. Obwohl es eine beachtliche Leistung war, konnte man sie keinesfalls als Wahlschlager bezeichnen. Die Rückgabe der Gebiete im Sinai mit all den Ölfeldern und Flughäfen – und die Aussicht auf die Verlegung der Siedler – riefen Unmut hervor, der die Erleichterung und Befriedigung nach dem Friedensschluß aufhob. Der Friede selbst wurde als »kalter Friede« empfunden, der keine Freundschaft beinhaltete. Die Kritik der Ägypter an der israelischen Politik im Westjordanland und im Libanon wurde ebenfalls übelgenommen, und die Befürchtung nahm zu, daß Ägypten mit Israel ein falsches Spiel trieb und in die Reihen von Israels Feinden zurückkehren würde, sobald die Evakuierung des Sinai im April 1982 vollzogen war.

Auch die Beziehungen zwischen Israel und den Arabern oder den Vereinigten Staaten wirkten auf die Wähler weder attraktiv noch hoffnungsvoll. Zweifellos waren die meisten Israelis – einer Anzahl von Meinungsumfragen in den ersten Monaten des Jahres 1981 zufolge zwischen zweiundsechzig und vierundsiebzig Prozent – für die fortgesetzte Siedlungsaktivität im Westjordanland. Aber die Versicherung der Regierung, daß sie im Westjordanland »Ruhe« hergestellt habe, hatte sich als Unsinn erwiesen.

In und um den Libanon war das Bild noch bedrückender. Die Ereignisse um Zahla hatten Israel gedemütigt und seinem Feind Syrien Vorteile gebracht. Kurz gesagt, auf dem Gebiet der Außenpolitik gab es Ende Mai 1980 nichts, was im Hinblick auf die Wahl die unpopulären Entwicklungen an der innenpolitischen Front wettmachen konnte.

Das schlechte Management der Likud auf wirtschaftlichem Sektor wurde nahezu allgemein beklagt. Die Inflationsrate, die bei der Amtsübernahme der Likud bei vierzig Prozent gelegen hatte, erreichte Ende 1980 etwa hundertdreißig Prozent. Bei einem Mißtrauensvotum zur wirtschaftlichen Lage im November 1980 stimmten Dayan und Weizman – die Säulen von Begins ursprünglicher Regierung – mit der Opposition.

Die Wahl war für den 30. Juni 1981 angesetzt; Ende Mai schien es für die Likud nur wenig Hoffnung zu geben. Aber in der zweiten Juniwoche hatte sich das Gleichgewicht radikal verschoben, was auf eine spektakuläre und brillant durchgezogene militärische Operation der Regierung zurückzuführen war.

Am 7. Juni 1981 zerstörte die israelische Luftwaffe den irakischen Atomreaktor Osirak in Tuwaitha in der Nähe von Bagdad. Die Aktion trug den Codenamen Operation Babylon.

Seit seinem Bau im Jahr 1963 war Israel über die möglichen Auswirkungen des Atomzentrums Tuwaitha besorgt gewesen, besonders aber seit dem Abschluß eines Nuklear-Kooperationsabkommens zwischen dem Irak und Frankreich im Jahr 1975 (garantierte Öllieferungen als Austausch gegen nukleare Hilfestellung bildeten die Basis für den Vertrag). Ob der Irak tatsächlich vorhatte, in diesem Atomreaktor Atomwaffen herzustellen, oder ob er für friedliche Zwecke vorgesehen war (wie der Irak offiziell behauptete), blieb offen. Doch weder die israelische Regierung noch das israelische Volk waren gewillt, in dieser Angelegenheit Risiken einzugehen.

Die Operation Babylon löste international Entrüstung aus, doch die Entrüstung klang ziemlich rasch ab. Die Vereinigten Staaten verurteilten den israelischen Überfall und seinen »beispiellosen Charakter«. Andere internationale Reaktionen waren schärfer, hielten sich jedoch in Grenzen. Der Irak, dessen Hauptanliegen immer noch der Krieg mit dem Iran war, nützte die Gelegenheit, um seine angeschlagene Position bei den Vereinigten Staaten zu verbessern. Bei den Vereinten Nationen arbeiteten die Delegationen des Irak und der Vereinigten Staaten einen »Kompromiß« aus, der bald darauf den Kern der Resolution 487 vom 19. Juni 1981 des Sicherheitsrates bilden sollte. Die Resolution verurteilte die Aktion Israels scharf, ohne aber irgendwelche Sanktionen zu verhängen; den Vereinigten Staaten blieb somit ein peinliches Veto erspart.

Die Resolution, der eine Abmachung zwischen dem Irak und den Vereinigten Staaten zugrunde lag, wurde allgemein als Rückschlag für die Sowjetunion gewertet. Die Vereinigten Staaten hatten am Rand von der israelischen Aktion profitiert. Die »internationale Krise« wegen der Operation Babylon war jedenfalls damit vorüber.

In Israel wurde die Nachricht über die Operation von allen Teilen der israelischen Bevölkerung quer durch die Parteien mit großer Begeisterung und Euphorie begrüßt. Menachem Begin hatte ein Thema, das seiner ewigen Passion entsprach: »Niemals wieder wird es in der Geschichte einen Holocaust geben.«

Im Vergleich zu diesem starken, klaren Thema wirkte die Haltung der Labor-Partei unsicher und verworren. Shimon Peres beschwerte sich über den im Hinblick auf die Wahl überaus günstig gewählten Zeitpunkt für die Aktion und deutete an, daß die Labor-Partei durch ihre guten Beziehungen zu Frankreichs neuem sozialistischem Präsidenten Mitterrand es vielleicht zuwege gebracht hätte, den irakischen Reaktor auf friedlichem Weg zu beseitigen. Keines der Argumente beeindruckte die Öffentlichkeit.

Begin veranstaltete einen »Blitz-und-Donner«-Wahlkampf, der sich sehr von der sanften Kampagne der Likud im Jahr 1977 unterschied. Die Leidenschaften wurden geweckt und führten zu einer Reihe von gewalttätigen Zwischenfällen; bei den meisten handelte es sich um Angriffe von Begins orientalischen Gefolgsleuten auf Peres und seine Anhänger. Der Unmut der Labor-Partei nahm zu.

Die Labor-Partei hatte außerdem nach wie vor unter der hochgradigen persönlichen Rachsucht und den Feindseligkeiten zu leiden, die so lange charakteristisch für die Beziehung zwischen Peres und Rabin gewesen waren. Zu Beginn der Wahlkampagne hatte Peres verkündet, er würde das Verteidigungsministerium nicht Rabin geben. Diese Erklärung nahm er jedoch gegen Ende des Wahlkampfs bei einer Pressekonferenz zurück.

Der Labor-Partei gelang es zwar, Boden zu gewinnen; sie erhielt siebenundvierzig Sitze im Vergleich zu katastrophalen zweiunddreißig im Jahr 1977, dennoch hatten sich ihre zu Beginn der Kampagne gehegten Hoffnungen keineswegs erfüllt, und sie konnte gerade noch mit der Likud gleichziehen. Der Likud gelang es, mit Hilfe von zwei religiösen Gruppen (NRP und Agudat) und einer ethnischen (orientalischen) Partei, Tami, die Regierung zu bilden.

Die Wahlen zeigten, daß die ethnische Polarisation in der Wahlpolitik Israels noch ausgeprägter war als 1977. In den neuen – größtenteils orientalischen – Städten gingen die Labor-Stimmen zwischen 1965 und 1981 um fünfzig Prozent zurück, während sich der Likud-Stimmenanteil mehr als verdoppelte. Zwei Soziologen aus Tel Aviv stellten fest, daß die demographische Veränderung mit etwa zwei Prozent pro Wahlkampagne zugunsten der Likud ablief.

Die nach den Juniwahlen des Jahres 1981 von Begin gebildete Regierung unterschied sich gänzlich von der Regierung Begin des Jahres 1977. Damals war der Likud bewußt, daß das Säbelgerassel im Jahr 1973 die Wähler abgeschreckt hatte, und sie bemühte sich, die Öffentlichkeit zu beruhigen. Aber 1981 rasselten Begin und seine Kollegen nicht nur mit den Säbeln. Die gesamte Wahlkampagne der letzten drei Wochen konzentrierte sich auf die Ausschlachtung einer spektakulären, erfolgreichen Verwendung des Säbels: die Zerstörung von Osirak. Ägypten, der bei weitem gefährlichste der potentiellen Gegner Israels, war inzwischen durch den Friedensvertrag neutralisiert worden. Unter diesen neuen Umständen war Begins Einstellung, sich von den verbleibenden feindlichen Arabern »nichts mehr gefallen zu lassen«, offensichtlich allgemein akzeptabel.

Die Ernennung Ariel Sharons zum Verteidigungsminister besaß Symbolwert und war gleichzeitig eine drastische Bekräftigung der Entschlossenheit der neuen Regierung. Schon durch seine starke Persönlichkeit und sein Prestige war Sharon eines der mächtigsten Mitglieder der Regierung, ganz gleich, welches Amt er innehatte. Dank seiner Leistungen in den Kriegen 1956, 1967 und 1973 – und als Kommandant der berühmten Einheit 101 – war er nach Yom Kippur und dem Niedergang von Moshe Dayan der berühmteste Soldat Israels. Von 1973 bis zum Herbst 1982 entsprach sein Prestige dem Moshe Dayans zwischen dem Sechstagekrieg 1967 und Yom Kippur 1973.

Aber Sharon weckte bei seinen militärischen wie zivilen Kollegen ein noch tieferes Mißtrauen als seinerzeit Dayan. Ben Gurion hegte ihm gegenüber die gleichen Gefühle, wie sie Lenin für den jungen Stalin hatte: mit Unbehagen versetzte Bewunderung. Ben Gurion fand, daß Sharon zu wenig Achtung vor der Wahrheit besaß; außerdem hatte er zuviel für »Klatsch« übrig, wie Ben Gurion es nannte, eine Eigenschaft, die vielleicht weniger harmlos ist, als sie klingt.

Die Ernennung von Sharon zum Verteidigungsminister bedeutete, daß die Initiative und Entscheidung über Krieg und Frieden nicht mehr den Arabern überlassen blieb. Es bedeutete auch, daß der Premierminister und die Regierung nicht mehr die volle Entscheidungsgewalt besaßen. Es ist in Israel immer schon schwierig gewesen, den Verteidigungsminister unter Kontrolle zu halten. Diese Schwierigkeit war nun durch die Ernennung Sharons um ein Vielfaches größer geworden.

Doch als Sharon im August 1981 sein Amt als Verteidigungsminister übernahm, war es an Israels Grenzen ruhig. Ein kurzer Konflikt zwischen den israelischen Streitkräften und der im Libanon stationierten PLO war am 24. Juli mit einem Waffenstillstand beendet worden, der von den Vereinigten Staaten betrieben worden war und von den Truppen der Vereinten Nationen überwacht wurde. Soweit es die israelisch-libanesische Grenze betraf, blieb der Waffenstillstand nahezu ein Jahr in Kraft. Vom israelischen Standpunkt aus handelte es sich dabei um einen äußerst unzulänglichen Waffenstillstand. Die PLO vertrat den Standpunkt, daß sie nicht aufgehört habe, Krieg zu führen, und daß sich der Waffenstillstand nur auf eine bestimmte Grenze bezog. Für Israel hingegen kam jeder Angriff der Fedajin, ganz gleich von welcher Seite, einer Verletzung des Waffenstillstandes durch die PLO gleich. Wenn also die Fedajin-Angriffe anhielten – was der Fall war –, konnte Israel jederzeit eine beliebige Fedajin-Aktion als Bruch des Waffenstillstandes auffassen und die Feindseligkeiten wieder aufnehmen. Die PLO-Theorie des Einfronten-Waffenstillstandes konnte nicht bis in alle Ewigkeit geduldet werden.

Immerhin hielt der Waffenstillstand an Israels Nordgrenze bis zum Ende des Jahres 1981. Während dieser Zeit konzentrierte sich die Aufmerksamkeit des neuen Verteidigungsministers offenbar auf die Probleme im Westjordanland. Ariel Sharon versuchte eine Zeitlang, zu einem liberaleren Image zu gelangen: Darauf hatte er bis dahin noch nie Wert gelegt.

Die wichtigste Errungenschaft der »neuen« Politik Sharons war die Einführung einer Zivilverwaltung im Westjordanland im November 1981, die unter der Leitung des israelischen Arabisten Professor Menachem Milson stand. Zivilverwaltung klingt wahrscheinlich liberaler als Militärregierung, selbst wenn der Zivilverwalter dem Verteidigungsminister untersteht. Doch diese Zivilverwaltung war im Grunde wesentlich weniger liberal als die Militärregierung, die Moshe Dayan eingesetzt hatte und die im ersten Jahrzehnt der Besetzung praktiziert worden war. Die neue Zivilverwaltung stellte nur eine Fortsetzung und Intensivierung von Begins Autonomieversion dar; sie erforderte ständige Interventionen in die arabischen Angelegenheiten und eine beharrliche Suche nach den so schwer zu findenden »richtigen« Gesprächspartnern.

Wie vorauszusehen, war das Ergebnis eine deutlich zunehmende Unruhe im Westjordanland. Nachdem es zwei Tage lang auf dem Universitätsgelände zu Demonstrationen gegen die Zivilverwaltung gekommen war, wurde die Bir-Zeit-Universität am 4. November 1981 auf unbestimmte Zeit geschlossen. Streiks und andere Unruhen folgten.

Vergeblich versuchte Menachem Milson, die gemäßigteren Bürgermeister des Westjordanlandes und die Jordanier für sich zu gewinnen. Im Dezember 1981 verurteilten alle Bürgermeister des Westjordanlandes geschlossen die Zivilverwaltung. Im März 1982 verbot die jordanische Regierung die Bauerngenossenschaften – das wichtigste politische Instrument der Zivilverwaltung –, beschuldigte ihre Mitglieder der »Kollaboration mit der Besatzungsmacht« und drohte mit einer Anklage wegen Landesverrats.

Diese Intervention Jordaniens war der Regierung Begin besonders unangenehm und peinlich. Die Zivilverwaltung hatte ihre Maßnahmen damit gerechtfertigt, daß die Araber des Westjordanlandes angeblich vor PLO-Extremisten geschützt werden mußten. König Hussein war keineswegs dafür bekannt, daß er den PLO-Extremisten freundlich gegenüberstand. Und Hussein verfügte – im Gegensatz zur PLO – über Einfluß auf die Reagan-Administration. Es fiel der Regierung Begin immer schwerer, ihre Behauptung aufrecht zu erhalten, daß sie nur die Autonomiebestimmungen des Camp-David-Rahmenabkommens für den Frieden erfülle.

Sharon reagierte mit Drohungen und weiterem Druck. Am 25. März ließ er die beiden bekanntesten und beliebtesten Bürgermeister des Westjordanlandes – die beiden Bombenopfer aus Ramallah und Nablus – absetzen und verhaften. Da es keine lokalen Nachfolger gab, wurden sie schließlich durch ehemalige israelische Militärgouverneure ersetzt.

Am 30. Mai beteiligten sich alle Städte des Westjordanlandes an einem Generalstreik. Dann folgte ein sich verstärkender Zyklus von Unruhen und Repressionen. Die Repressionen wurden härter. Zwischen März und Mai 1982 wurden während der Unruhen dreizehn arabische Zivilisten von Israelis erschossen.

Die israelische Presse kritisierte die harte Linie im Westjordanland scharf. Aber die Mehrheit der Bevölkerung unterstützte die Regierung weiterhin.

Israels Entschluß vom Juni 1982, die PLO im Libanon anzugreifen, wird oft auf den Wunsch Begins und Sharons zurückgeführt, ihren Einfluß im Westjordanland zu verstärken. Zweifellos gab es eine Verbindung zwischen dem Krieg und der Situation im Westjordanland. Die Regierung schob all ihre Schwierigkeiten im Westjordanland auf die PLO – obwohl sie in Wirklichkeit wahrscheinlich weit mehr die Folge der zunehmenden Interventionspolitik der Regierung waren.

Anfang 1982 hatte Israel noch dazu besonderen Grund, der PLO möglichst bald einen harten Schlag zu versetzen. Laut Legum schlug Kronprinz Fahd im August 1981 die Schaffung »eines unabhängigen palästinensischen Staates ... mit Jerusalem als Hauptstadt« vor. Prinz Fahd sagte nicht, daß der »palästinensische Staat« unter der Leitung der PLO stehen solle, aber er erwähnte Jasir Arafat positiv und hoffte sichtlich auf Unterstützung durch die PLO.

Auf dem Gipfel in Fez im November 1981 fand der Fahd-Plan keine Unterstützung, weil er den Satz enthielt, »daß alle Staaten in dem Gebiet die Möglichkeit haben sollten, in Frieden zu leben«, der allgemein als eine Art Anerkennung der Existenzberechtigung Israels verstanden wurde. Wegen dieses Satzes wurde der Fahd-Plan jedoch im Westen, also auch in den Vereinigten Staaten, positiv aufgenommen.

Zu dieser Zeit bereitete der zunehmende saudiarabische Einfluß in Washington der israelischen Regierung große Sorgen. Präsident Reagan war sehr darauf bedacht, Saudi-Arabien nicht zu einem »zweiten Iran« werden zu lassen, wodurch die Saudis offenbar in eine bessere Position gerieten. Im Herbst 1981 war es der proisraelischen Lobby nicht gelungen, den Verkauf von Hochtechnologie – einschließlich AWACS-Aufklärungsflugzeugen und Kommunikationssystemen – an die Saudis zu verhindern. Der Senat hatte seine Zustimmung erteilt, vielleicht unter dem Eindruck der Ermordung von Anwar Sadat am 6. Oktober 1981. Man hielt es für notwendig, die arabischen Alliierten Amerikas stärker zu unterstützen.

Für Israels Politiker beinhaltete der Fahd-Plan in Verbindung mit dem zunehmenden Einfluß der Saudis in Washington unheilvolle Auswirkungen. Er wies auf eine mögliche Rehabilitierung der PLO und Einbeziehung in den Friedensprozeß unter dem Schutz des saudiarabischen Einflusses hin. Dadurch wurde der bereits vorliegende Plan, die PLO soweit wie möglich aus ihrer militärischen und politischen Basis im Libanon zu verdrängen, noch dringlicher.

Es ist ziemlich unwahrscheinlich, daß eine israelische Regierung die fortgesetzte Anwesenheit der PLO und ihrer Streitkräfte im Libanon geduldet hätte. Bestimmt würde kein Staat das Vorhandensein eines radikalen, feindlich gesinnten politischen Gebildes in einem Nachbarstaat dulden, wenn dieses Gebilde für sich das Recht in Anspruch nimmt, jederzeit an jedem beliebigen Ort einen Krieg zu beginnen.

Sobald sich Ägypten aus der feindseligen arabischen Koalition zurückgezogen hatte, konnte die israelische Regierung vernünftigerweise damit rechnen, daß eine gegen die PLO im Libanon gerichtete Aktion keine Intervention anderer arabischer Staaten zur Folge haben würde. Der noch verbliebene führende gegnerische Staat – Syrien – war jetzt isoliert und hatte zu seinen Nachbarn, dem Irak und Jordanien, ein besonders schlechtes Verhältnis. Außerdem kämpfte das Assad-Regime mit ernsten Schwierigkeiten. Als ein säkulares und in der Praxis von der Alawi-Sekte dominiertes Regime war die Regierung Assad besonders bei vielen sunnitischen Moslems (die die Mehrheit der syrischen Bevölkerung ausmachen) und den moslemischen Fundamentalisten unpopulär; der Einfluß der Fundamentalisten unter den Moslems war seit der Revolution im Iran allgemein im Ansteigen. Die Ermordung Sadats, für die eine gebildete, effiziente Gruppe moslemischer Fundamentalisten die Verantwortung übernahm, verdeutlichte die Verletzlichkeit säkularer Beherrscher moslemischer Völker.

Assad gelang es zu überleben, aber um einen hohen Preis, der hauptsächlich vom Volk getragen wurde. Anfang Februar 1982 belagerten seine Truppen Syriens viertgrößte Stadt, Hama, die damals von moslemischen Fundamentalisten besetzt war. In der zweiten Februarhälfte stürmten die Regierungstruppen die Stadt. Während der Kämpfe durften ausländische Journalisten Hama nicht betreten, aber danach schrieb Patrick Seale – ein gut informierter Korrespondent, der dem syrischen Regime wohlwollend gegenüberstand – im ›Observer‹, daß »zumindest fünfundzwanzigtausend Menschen niedergemetzelt und ganze Wohnviertel von den Verteidigungsbrigaden des Regimes verwüstet wurden«.

Die nackte Grausamkeit der Repression in Hama hat offenbar andere potentielle Rebellen abgeschreckt, was zweifellos beabsichtigt war. Doch die internen Schwierigkeiten des syrischen Regimes im Winter 1981/1982 und zum Teil auch danach verleiteten israelische Politiker zu der Annahme, daß die Zeit für Schritte gekommen war, denen sich Syrien in besseren Zeiten widersetzt hätte. Im Dezember 1981 dehnte die Knesset auf einen Antrag Begins die Gültigkeit des israelischen Rechts auf das ehemals syrische Gebiet der Golanhöhen aus, die seit 1967 von Israel besetzt waren.

Da es für diese Maßnahme keinen unmittelbaren, praktischen Anlaß gab, wurde sie weitgehend nicht nur als eine gegen Syrien und die restliche arabische Welt, sondern auch gegen die einschränkende Hand der Vereinigten Staaten gerichtete Herausforderung gewertet. Die Regierung Begin litt zweifellos darunter, daß es ihr nicht gelungen war, die Vereinigten Staaten vom AWACS-Geschäft mit den Saudis abzubringen. Vielleicht wirkte auch die nur knappe Niederlage der Opposition im Senat gegen diesen Handel etwas ermutigend. Die starke Opposition im Senat (zusammen mit der überwältigenden, wenn auch erfolglosen Mehrheit im Abgeordnetenhaus) kann als Warnung für Präsident Reagan und als vielversprechendes Anzeichen dafür interpretiert werden, daß Israel die Fähigkeit besitzt, amerikanischem Druck zu widerstehen und ihn abzuwenden.

Begins zweite Regierung war eher als jede frühere Regierung Israels geneigt, Risiken in bezug auf die lebenswichtige amerikanische Beziehung auf sich zu nehmen.

Anfang 1982 wußten sowohl die Regierung in Damaskus als auch die in Washington, daß eine größere israelische Intervention im Libanon erwogen wurde. Damaskus reagierte, indem es die Bereitschaft signalisierte, die PLO zu opfern, vorausgesetzt, daß Israel sich aus dem Libanon zurückzog.

Am 13. Februar 1982 zitierte Louis Fares, ein Korrespondent von Radio Monaco in Damaskus, über den das Assad-Regime oft seine Ansichten inoffiziell verbreiten ließ, einen »hohen syrischen Diplomaten«: »Sollte die israelische Intervention in Form von Anschlägen gegen palästinensische Positionen und Lager im Libanon erfolgen, so wird die Intervention Syriens begrenzt bleiben..., doch sollte es sich um eine Besetzung handeln, so wird Syrien den Palästinensern und den libanesischen patriotischen Streitkräften die nötige Hilfe leisten, um eine Okkupation zu verhindern... Die syrische Aktivität wird sich auf den Widerstand gegen die Besetzung beschränken..., doch wenn die Umstände es erfordern, so kann sich auch ein totaler Krieg daraus entwickeln.«

Das war eine bemerkenswert scharfsichtige Feststellung, deren volle Auswirkungen sowohl Israel als auch – später – die Vereinigten Staaten wohlweislich hätten erwägen sollen. Im Augenblick schien sie jedoch hauptsächlich deshalb interessant zu sein, weil sie zeigte, daß Syrien bereit war – nicht zum ersten und auch nicht zum letzten Mal –, die Palästinenser ihrem Schicksal zu überlassen.

Im selben Monat entsandte Israel den Direktor des militärischen Geheimdienstes, General Saguy, nach Washington, damit er Israels frühere Feststellung bestätigte, daß Israel entschlossen war, eine radikale Veränderung des Status quo im Libanon herbeizuführen. Beamte der Reagan-Administration versuchten damals, die Israelis von einem solchen Versuch abzubringen oder ihn zumindest hinauszuschieben. Man befürchtete, daß ein Krieg im Libanon den israelischen Rückzug aus dem Sinai verzögern und dadurch das noch freundschaftliche Regime von Sadats Nachfolger Hosni Mubarak gefährden würde.

Vielleicht entschloß sich die Regierung Israels aufgrund dieser Argumentation, die Aktion im Libanon zu verschieben, bis der israelische Abzug aus dem Sinai (25. April 1982) beendet war. Nachdem im Mai der Rückzug aus dem Sinai abgeschlossen war, wurde die amerikanische Opposition gegen Israels Pläne bezüglich des Libanons und der PLO offenbar schwächer.

Diese Pläne ließen sich in vier Punkte zusammenfassen: 1. Zerstörung der militärischen Infrastruktur der PLO im südlichen Libanon und Schaffung einer Sicherheitszone von etwa vierzig Kilometern Tiefe. 2. Vernichtung der PLO- Stellungen im restlichen Libanon, besonders in Beirut, um ihren Einfluß auf das politische System im Libanon und ihre Rolle im arabisch-israelischen Konflikt zu beenden. 3. Niederwerfung der syrischen Armee im Libanon. 4. Wiederaufbau des libanesischen Staates und eines politischen Systems unter der Hegemonie der Verbündeten Israels – Bashir (Gemayel) und der Libanesischen Front.

Reagans Außenminister Alexander Haig war anscheinend besonders vom vierten, dem bei weitem ehrgeizigsten Punkt des Viererpaketes, eingenommen. Am 8. April hatte John Chancellor von NBC die Invasionspläne in den Abendnachrichten besprochen und darauf hingewiesen, daß der Angriff großräumig geplant war und bis Beirut reichen könnte.

Am 28. Mai sandte Haig einen Brief an Begin, in dem er zu »absoluter Zurückhaltung« riet. Doch dieser Brief war sanft und unbestimmt abgefaßt, so daß Sharon und Begin den Eindruck hatten, daß ihnen der Außenminister leicht verschleiert grünes Licht gegeben hatte. Der Außenminister hatte in gewissem Rahmen Israels Ansicht akzeptiert, daß jeder gegen Israel gerichtete PLO-Angriff, auch wenn er nicht über die nördliche Grenze erfolgte, einen Bruch des Waffenstillstandsabkommens darstellte.

Anfang Juni war klar, daß der nächste Fedajin-Angriff den Anlaß für eine groß angelegte und gut vorbereitete israelische Intervention im Libanon bieten würde.

Am 3. Juni 1982 ergab sich dieser Anlaß durch ein Attentat auf den israelischen Botschafter in London, Shlomo Argov. Für diesen Anschlag war die PLO allerdings nicht verantwortlich, sondern die Abu-Nidal-Gruppe. Die Abu-Nidal-Gruppe war eine Terroristenorganisation, die Anschläge auf »gemäßigte« PLO-Mitglieder sowie Synagogen und jüdische Einrichtungen in Europa durchführte. Es wurde sogar unterstellt, daß die Abu-Nidal-Gruppe für den israelischen Geheimdienst arbeitete. Doch die angeblichen »israelischen Verbindungen« Abu Nidals sind eine unbewiesene Theorie der PLO und ihrer Anhänger. Abu Nidals weitreichende Verbindungen zu arabischen Staatsmännern hingegen sind bewiesen.

Abu Nidal war seit 1974 der erklärte Feind Jasir Arafats; sowohl der Irak als auch Syrien gewährten ihm Zuflucht und setzten ihn verschiedentlich gegen Arafat (und auch gegen Israel) ein. Im März 1982 kam es zu einer vorübergehenden Aussöhnung zwischen Assad und Arafat, und Abu Nidal mußte Damaskus verlassen.

Zum Zeitpunkt des Anschlags auf Argov war allgemein bekannt, daß jeder Fedajin-Angriff auf ein wichtiges israelisches Ziel den lang geplanten israelischen Angriff auf die PLO im Libanon auslösen würde. Es ist anzunehmen, daß Abu Nidal und seine Freunde nichts dagegen einzuwenden hatten. Israel beschloß anzunehmen, daß die PLO für den Anschlag auf Argov verantwortlich war, auch wenn es nicht stimmte.

Am Nachmittag des 4. Juni bombardierte die israelische Luftwaffe einen Sportplatz in Beirut, der angeblich von der PLO als Munitionsdepot verwendet wurde. Die PLO im südlichen Libanon erwiderte mit Granatfeuer auf jüdische Ansiedlungen in Galiläa. Am 5. Juni beschuldigte die Regierung Israels die PLO formell, den Waffenstillstand gebrochen zu haben. Am 6. Juni um 11.00 Uhr überschritten israelische Bodentruppen die Grenze zum Libanon.

Etwa zur gleichen Zeit veröffentlichte die Regierung Israels folgendes Kommuniqué: »Der Premierminister berichtete über die Lage an der nördlichen Grenze. Das Kabinett faßte folgenden Beschluß: 1. Die israelischen Verteidigungskräfte wurden angewiesen, die Zivilbevölkerung von Galiläa außer Reichweite der terroristischen Artillerie im Libanon zu verlegen. 2. Der Name der Operation ist Frieden für Galiläa. 3. Die syrische Armee wird im Zuge der Operation nicht angegriffen, es sei denn, sie greift unsere Truppen an. 4. Israel strebt weiterhin die Unterzeichnung eines Friedensvertrages mit einem unabhängigen Libanon an, dessen territoriale Integrität erhalten bleiben soll.«

Punkt drei war irreführend; Punkt vier enthielt einen diskreten Hinweis auf den tieferen politischen Zweck der Operation Frieden für Galiläa. Was Punkt eins betrifft, so interpretierte ihn Premierminister Begin in einem Brief an Präsident Reagan so, daß der Schutz Galiläas Israel dazu zwinge, »die Terroristen auf eine Entfernung von vierzig Kilometern nach Norden zurückzudrängen«. Doch die übrigen – in Punkt vier angedeuteten – Ziele Israels erforderten, daß Israels Truppen über dieses Limit hinaus vordrangen.

In der Eröffnungsphase der Kämpfe am 6. und 7. Juni zerstörten die israelischen Verteidigungskräfte PLO-Basen im südlichen Libanon und besetzten die Küstenstädte Tyre und Sidon. Am 8. Juni erhielt Sharon vom Kabinett die Erlaubnis, die im Bekaatal errichteten Raketenbasen anzugreifen. Das war ein höchst riskanter Kurs. Die Regierung nahm an, daß entweder die Sowjetunion nicht reagieren würde oder daß die Vereinigten Staaten Israel unterstützen würden, sollte die

Sowjetunion eingreifen. Die Israelis hatten in diesem Hasardspiel Glück. Die Sowjetunion reagierte nur verbal.

Am 9. Juni griff die israelische Luftwaffe das syrische Luftverteidigungssystem an und zerstörte innerhalb weniger Stunden ohne eigene Verluste siebzehn SAM-6, SAM-3 und SAM-2 Batterien. In einer großen Luftschlacht, an der auf jeder Seite über hundert Flugzeuge beteiligt waren, schoß die israelische Luftwaffe fünfundzwanzig syrische Flugzeuge ab, wieder ohne ein eigenes Flugzeug zu verlieren. Israel erlangte die uneingeschränkte Herrschaft über den libanesischen Luftraum. Die Syrer zogen sich zurück, und die Israelis drangen nach Beirut vor. Mitte Juni betraten die israelischen Streitkräfte Ost-Beirut und wurden von der maronitischen Miliz und der Bevölkerung mit »Shalom!« begrüßt.

Die Truppen Syriens und der PLO waren nun in West-Beirut zu Land vollkommen abgeschnitten. Der Zugang vom Meer her wurde durch patrouillierende israelische Marineeinheiten kontrolliert, und der Flughafen lag innerhalb der Reichweite der israelischen Artillerie.

Die Israelis wollten in Beirut bleiben, bis sie zwei politische Ziele erreicht hatten: Die PLO sollte aus ihrer »Hauptstadt« vertrieben und die syrische Hegemonie über den libanesischen Staat durch eine israelische ersetzt werden. Um dieses zweite Ziel zu verwirklichen, sollte das libanesische Parlament den Verbündeten Israels, Bashir Gemayel, wählen. Seit 1976 erwartete man vom libanesischen Parlament, daß es denjenigen Kandidaten wählte, den die jeweilige Besatzungsmacht gerade bevorzugte.

Die libanesischen Präsidentenwahlen waren jedoch erst im August fällig. Israels unmittelbares Ziel war die Vertreibung der PLO. Hier kam es zu einer internen Debatte darüber, wie dies zu bewerkstelligen sei. Sharon hatte erwartet, daß es die maronitische Miliz tun würde, diese lehnte es jedoch ab. Daraufhin traten Sharon und Generalstabschef Eytan dafür ein, daß die israelischen Verteidigungskräfte die Stellungen der PLO und Syriens in West-Beirut direkt angreifen sollten. Diese Idee wurde angeblich von den meisten israelischen Kommandanten abgelehnt – aus Angst vor den voraussichtlich schweren Verlusten unter den eigenen Leuten und unter der Zivilbevölkerung; das israelische Kabinett wies den Vorschlag zurück.

Israel beschloß, die Vermittlungsdienste des US-Botschafters Philip Habib in Anspruch zu nehmen und eine Lösung auf Verhandlungsbasis anzustreben, während man den militärischen Druck auf West-Beirut beibehielt. Habib besaß fast die gleiche unermüdliche Geduld wie Kissinger, nicht aber seine Autorität und sein Glück. Dieser militärisch-diplomatische Kompromiß führte zu einer blutigen, neun Wochen dauernden Belagerung.

Die Anführer der PLO waren sehr darum bemüht, die Verhandlungen mit Habib in die Länge zu ziehen. Sie waren immer auf die »Weltmeinung« bedacht und wußten, daß dieser Krieg im Fernsehen präsentiert wurde wie noch kein Krieg in der Geschichte; er hatte Israels internationalem Image bereits ungeheuren Schaden zugefügt. Die Führer der PLO wußten, daß Israel um so schlechter dastehen würde, je mehr es auf West-Beirut einschlug, und zwar sowohl international als auch in den Augen einer wichtigen Minderheit seiner eigenen Bevölkerung. Die PLO-Führer hofften auch, daß die Reagan-Administration infolge des Umschwungs in der öffentlichen Meinung mehr Druck auf Israel ausüben und die von Kissinger erlassenen Beschränkungen der Kontakte mit der PLO lockern würde.

Die Erwartungen der PLO erfüllten sich, soweit es die Weltmeinung betraf, erwiesen sich aber hinsichtlich der politischen Konsequenzen als übertrieben. Im August war die PLO-Führung – und auch Syrien – bereit aufzugeben. Zwischen dem 21. August und dem 1. September wurde Beirut von den Streitkräften der PLO und Syriens geräumt. Über zehntausend Mann, die den verschiedenen militärischen und paramilitärischen Einheiten der PLO angehörten, sowie nahezu viertausend Mann der syrischen Truppen verließen die Stadt. Kein einziger jener Staaten, die die PLO als »den einzigen legitimen Vertreter des palästinensischen Volkes« anerkannt hatten, kam der PLO zu Hilfe.

Während der Belagerung Beiruts erhoben die arabischen Staaten erbitterte gegenseitige Anschuldigungen; einer schob die Verantwortung dem anderen zu. Im September kam endlich ein arabischer Krisengipfel in Fez zustande; »nach der Beerdigung«, nannte es ein Sprecher der PLO. Ein anderer Sprecher bemerkte sardonisch, daß die Araber doch noch zur Einigkeit gefunden hatten, der Einigkeit des Schweigens und des Verrats.

Nachdem sich Ägypten zurückgezogen hatte, war 1982 keine Koalition arabischer Staaten in der Lage, freiwillig gegen Israel zu kämpfen. Auch Appelle der PLO, wirtschaftliche Sanktionen zu ergreifen, wie etwa die Beziehungen zu den Vereinigten Staaten abzubrechen oder zu suspendieren und das Erdöl als Waffe einzusetzen, wurden zurückgewiesen. 1982 herrschte eine Ölschwemme, kein Verkäufermarkt wie seinerzeit 1973. Kein Staat war gewillt, seine eigenen wirtschaftlichen Interessen um der Palästinenser willen zu gefährden.

Die Sowjetunion hatte sich ebenfalls entschlossen, kein Risiko einzugehen. Die Sowjets bedienten sich der klassischen Methode jeder Supermacht, der es lästig ist, einem Verbündeten beizustehen, den sie ermutigt hat und der jetzt in Schwierigkeiten geraten ist. Der Trick besteht darin, die ganze unbequeme Angelegenheit den Vereinten Nationen in den Schoß zu werfen. Wenn die Vereinten Nationen, die von

Natur aus nicht fähig sind, solche Probleme zu lösen, dann tatsächlich versagen, kann die initiierende Supermacht »das Versagen der Vereinten Nationen« den Machinationen der anderen Supermacht zuschreiben und selbst makellos saubere Hände vorweisen.

Die arabischen Staaten, die Sowjetunion und ein Großteil der Mitgliedsstaaten der Vereinten Nationen hatten die PLO ermutigt, an ihrem Krieg gegen Israel festzuhalten. Aber als Israel es schließlich für ratsam hielt, diesen »Krieg« ernstzunehmen und ihn auszutragen, stand die PLO völlig allein da.

Die Evakuierung der PLO aus West-Beirut war noch im Gang, als Bashir Gemayel am 23. August 1982 zum Präsidenten des Libanon gewählt wurde, wobei das Parlament nur knapp beschlußfähig war (von zweiundneunzig Mitgliedern waren zweiundsechzig anwesend). Die Tatsache, daß Israel Syrien aus Beirut verdrängt hatte, hatte den Maroniten das Feld überlassen. Viele prominente libanesische Politiker – Schiiten, Sunniten und Drusen – verurteilten in Übereinstimmung mit Syrien die Abhaltung von Wahlen während einer Besatzungszeit. Syrien verurteilte diesen Sachverhalt ganz besonders heftig.

Damaskus hatte vier Monate vor der israelischen Invasion darauf hingewiesen, daß es zwar die Ausweisung der PLO aus dem Libanon akzeptieren, sich aber gegen den Versuch Israels stellen würde, eine Hegemonie über den Libanon anzustreben und Syrien auszuschließen. Genau in diesem Licht sah Assad Bashirs Wahl.

Die Wahl Bashirs zum Präsidenten war der Höhepunkt in Sharons großem Plan für den Libanon. Doch nach der Wahl und für die noch verbleibende Lebenszeit Bashirs war dieser Plan eine große Torheit. Bashir war weit davon entfernt, sich Israel anzuschließen und dann dem Libanon seinen Willen aufzuzwingen. Er versuchte vielmehr, sich zumindest ein wenig von Israel zu distanzieren und blieb, abgesehen von seinen unmittelbaren Sympathisanten, im Libanon isoliert und machtlos. Er versuchte, von seinen Erbfeinden, den Drusen, die Bergdörfer im Shouf, die früher den Christen gehört hatten, wieder zurückzuerobern. Die Drusen schlugen seine Truppen ohne große Schwierigkeiten zurück.

Bashir Gemayel war zwar nominell Präsident des Libanon, blieb aber in der Praxis nur der Anführer eines der einander ständig bekriegenden Clans, und dabei nicht unbedingt des stärksten. Gemayels Clan war keineswegs so stark, daß er sich gegen eine Koalition der anderen Clans, hinter denen Syrien stand, durchsetzen konnte.

Am 14. September 1982 zerstörte eine Bombe das Gebäude des Parteihauptquartiers in Ost-Beirut, in dem Bashir eine Rede hielt. Sechsundzwanzig Menschen fanden den Tod, darunter auch Bashir. Die ›Al-Ba'ath‹ in Damaskus begrüßte die Tat, ohne die Verbrecher zu identifizieren. In Ost-Beirut wurde Habib Shartouni verhaftet und angeklagt; er war Mitglied der Syrischen Sozialen Nationalistischen Partei.

Als unmittelbare Antwort besetzte Israel am 15. September West-Beirut, das als das Zentrum des Terrorismus galt, da das unter sowjetischem Schutz stehende Damaskus außer Reichweite blieb. Laut Legum wurde in einem Kommuniqué des Kabinetts festgestellt, daß Israel mit seinem Einmarsch in West-Beirut »eventuelle Zwischenfälle verhindern und die Ruhe gewährleisten« wolle.

Wenige Tage später war es der Regierung Begin infolge dieser Erklärung unmöglich, die Verantwortung für das Massaker von Hunderten palästinensischen Zivilisten, Frauen und Kindern in den Flüchtlingslagern Sabra und Chatila durch maronitische Truppen von sich zu weisen.

Die israelischen Truppen in West-Beirut brachten Phalangisten in die Palästinenserlager, damit sie eventuelle Nester von Fedajin-Kämpfern ausräumten. Gemäß der im libanesischen Bürgerkrieg allgemein üblichen Praxis übten die christlichen Soldaten an der gesamten als feindlich empfundenen Bevölkerung uneingeschränkt Vergeltung. Ein solches Vorgehen lag immer im Bereich des Möglichen, unmittelbar nach der Ermordung des populärsten Maronitenführers konnte es jedoch als sicher angenommen werden. Offensichtlich wollten Sharon und Eytan die israelischen Verluste, die in diesem Krieg schon über vierhundert Mann betrugen, nicht noch weiter erhöhen.

Das nun folgende Massaker war nach libanesischem Standard ein »gewöhnliches« Massaker: eines unter vielen Vendetta-Gemetzeln, wie sie seit dem Ausbruch des Bürgerkriegs immer wieder vorgekommen waren. Doch in einem unterschied es sich von den gewöhnlichen Gemetzeln: Jene, die sie verübten, waren von hohen israelischen Offizieren losgelassen worden, und zwar in einem Gebiet, das die israelischen Truppen besetzt hatten, um »eventuelle Zwischenfälle zu verhindern und die Ruhe zu gewährleisten«.

Die Massaker in den Lagern dauerten nahezu zwei Tage, ohne daß sie eine Intervention der israelischen Verteidigungskräfte ausgelöst hätten. Doch die Wahrheit sickerte durch. Anfangs bestritt die Regierung alle Anschuldigungen als jeder Grundlage entbehrend. Begin lehnte eine gerichtliche Untersuchung ab. In einem Interview mit einem amerikanischen Journalisten traf Begin die in der ›New York Times‹ veröffentlichte Feststellung: »Goyim töten Goyim, und sofort hängen sie die Juden dafür.«

Die Enthüllungen mehrten sich jedoch, und der Sturm wurde stärker. Am 25. September nahmen mehrere hunderttausend Bürger unter der Führung des Labor-Bündnisses an der größten jemals im Land abgehaltenen Protestkundgebung teil. Die tiefe Sorge vieler Israelis wurde von einigen Mitgliedern der Koalitionsregierung Begin geteilt; Yitzhak Berman trat aus Protest zurück. Der Druck nahm zu, als Israels hochgeachteter Präsident Yitzhak Navon eine Untersuchung durch »verläßliche, unabhängige Männer« forderte und mit seinem Rücktritt drohte, wenn die Untersuchung nicht in die Wege geleitet würde.

Am 28. September erklärte sich Begin bereit, eine umfassende, unabhängige Untersuchung durchzuführen und eine Kommission einzusetzen: die Kahan-Kommission, die unter dem Vorsitz des Präsidenten des Obersten Gerichtshofes Israels stand. Der Bericht der Kommission lag am 8. Februar 1983 vor. Die israelische Regierung wurde von der direkten Verantwortung freigesprochen, doch der Verteidigungsminister, der Generalstabschef und zwei hohe Offiziere wurden beschuldigt, indirekt für die Morde verantwortlich zu sein, und der Rücktritt oder die Entlassung Sharons wurde gefordert. Nach einer mehrere Tage dauernden Krisensitzung beschloß das Kabinett, den Kahan-Bericht und seine Empfehlungen vollinhaltlich anzunehmen. Doch Sharon weigerte sich zurückzutreten, und Begin wollte ihn nicht entlassen. Das Kabinett stimmte ab. Sechzehn Minister bestanden darauf, daß Sharon das Verteidigungsministerium aufgab, er selbst gab die einzige Gegenstimme ab. Schließlich einigte man sich auf den Kompromiß, daß Sharon das Verteidigungsministerium verließ, jedoch als Minister ohne Portefeuille in der Regierung blieb.

Während der Regierungskrise im Februar 1983 erreichten die oppositionellen Ausbrüche in der Öffentlichkeit eine in Kriegszeiten in Israel noch nie dagewesene Intensität. In allen vorangegangenen Kriegen hatten die Israelis angesichts eines gemeinsamen Feindes die Reihen geschlossen. Der Krieg im Libanon war der erste, in dem die tiefen Gräben, die während Friedenszeiten das israelische Leben kennzeichneten, als Folge des Krieges noch deutlicher hervortraten. Die Protestbewegung ging weitgehend von den Ashkenasim aus. Ein Großteil von Begins Anhängerschaft, besonders seine orientalischen Gefolgsleute, fanden, daß die Protestbewegung Israels Feinden in die Hände arbeitete, wenn nicht sogar absichtlich Verrat an der Nation beging. So verstärkte der Krieg noch die Erbitterung eines Antagonismus, der schon in Friedenszeiten erbittert genug war.

In gewisser Weise wurde Menachem Begin zum Opfer des Krieges, den er begonnen hatte, vor allem zum Opfer der Tatsache, daß er Ariel Sharon zum Verteidigungsminister ernannt hatte. Nachdem Israel Beirut verlassen hatte, zog sich Begin zurück und dankte bald darauf am 15. September 1983 ab. Dies wurde allgemein dem Kummer über die Krankheit und den Tod seiner geliebten Frau zugeschrieben. Aber dieser Kummer wurde wahrscheinlich durch den Schock über das Massaker in Sabra und Chatila und die sich daraus für Israel ergebenden Folgen verstärkt. Am Ende seiner politischen Karriere ließ Begin durchblicken, daß Sharon ihn verraten habe. Während der Wahlkampagne im Juli 1984 – in der Sharon sehr in den Vordergrund trat – weigerte sich Begin sogar, im Rundfunk eine kurze Ansprache für die Likud zu halten.

Wenn Begin von Sharon verraten worden war, so war dies die direkte Folge seiner eigenen Fehlentscheidung, eine notorisch unkontrollierbare Persönlichkeit zum Verteidigungsminister zu ernennen. Indem Begin die Erkenntnisse der Kahan-Kommission akzeptierte, anerkannte er damit stillschweigend, daß er für die Aktionen verantwortlich war, die nicht nur Israels Freunde in der ganzen Welt entsetzt, sondern auch das Volk Israels gespalten hatten.

Der Krieg im Libanon erregte international Abscheu und Empörung – schon vor Sabra und Chatila – wie noch keiner von Israels vorhergehenden Kriegen. Dafür gibt es eine Anzahl ganz unterschiedlicher Gründe. Der Hauptgrund ist, daß es an sich ein ganz besonders schrecklicher Krieg war. Israels bewaffnete Feinde hielten sich in besiedeltem Gebiet inmitten der Zivilbevölkerung versteckt. Die israelischen Truppen taten, was sie konnten, um die Opfer unter der Zivilbevölkerung gering zu halten – so wurden etwa als Warnung vor einem Bombardement Flugzettel abgeworfen –, doch diese Maßnahmen waren nur zum Teil wirksam.

Der zweite, weniger wichtige Grund war, daß dieser Krieg, sehr zum Unterschied zu anderen entsetzlichen Kriegen, im Fernsehen gezeigt wurde. Menschen, die ihn sahen – Zivilisten, die sich zu Hause im Kreis ihrer Familien befanden –, identifizierten sich mit den zivilen Opfern des Krieges. Die menschlichen Reaktionen von Leuten ohne besondere Beziehung zum arabisch-israelischen Konflikt führten zu Mitgefühl für die Palästinenser und unvermeidlich zu feindseligen Gefühlen für die Israelis.

Einfache Menschen, die sich wenig für internationale Politik interessierten, aber über die Gewalt im Fernsehen entsetzt waren, begriffen kaum, daß es hier um die PLO ging; sie wußten auch nicht, was die PLO für Israel war. Ohne dieses Wissen erschien der Krieg als ein brutaler, nicht provozierter Angriff eines mächtigen Staates auf seinen harmlosen, hilflosen Nachbarn. Dieser Eindruck brutaler Barbarei seitens Israels wurde noch durch die häufige Erwähnung von israelischen Angriffen auf »Flüchtlingslager« verstärkt. Die allgemeine Öffentlichkeit wußte kaum, daß diese Flüchtlingslager – eigentlich von Palästinensern bewohnte Stadtviertel – auch militärische und paramilitärische Basen waren, in denen Menschen lebten, die sich der Zerstörung Israels verschrieben hatten.

Die Reaktion der gebildeten Menschen – im besonderen jener, die an der Meinungsbildung beteiligt waren – sah selbstverständlich anders, aber kaum weniger feindselig aus. Sie wußten zwar alles über die PLO, vertraten aber allgemein den Standpunkt, daß die PLO den israelischen Verteidigungskräften in jeder Hinsicht so unterlegen war, daß sie keine wirkliche Bedrohung für Israel darstellte.

John Le Carré entwarf in einem Artikel in ›The Observer‹ eine Analogie zu Irland, die ungefähr so aussah: Wenn Israel den Libanon wegen der PLO angriff, so käme dies einem Angriff Großbritanniens auf die Republik Irland wegen der IRA gleich. Diese falsche Analogie ist deshalb interessant, weil sie die zu der Zeit weitverbreitete Tendenz widerspiegelt, das Wesen der ständigen Provokation, gegen die sich Israel zur Wehr setzte, zu unterschätzen.

Doch in der Republik Irland herrschten keineswegs, wie im Libanon, anarchistische Zustände, und die IRA hatte keine territoriale Kontrolle über einen Teil des irischen Territoriums erlangt. Hätten diese Zustände in Irland geherrscht, so wäre England ganz sicher eingeschritten, um die IRA zu vertreiben. Mrs. Thatcher hätte sich nicht durch den Gedanken abhalten lassen, daß die IRA wesentlich schwächer ist als die britische Armee.

Doch Israel ist anders. Ein großer Teil der Kritik am Vorgehen Israels ist vernünftig und berechtigt. Doch sehr oft wurde übermäßig scharf kritisiert. Einer meiner Bekannten befürchtete, daß Israels Handlungsweise zu einer Rechtfertigung der unter dem Hakenkreuz verübten Greuel führen könne. Er schrieb mir, daß ihm ein »furchtbarer Gedanke« gekommen sei: Wenn Israel so weitermache, könnten die Menschen eines Tages sagen: Die Kamine haben zu früh aufgehört zu rauchen. Man muß dabei beachten, daß dieser Satz anti-antisemitisch gemeint ist. Der Schreiber wollte damit den furchtbaren Gedanken ausdrücken, daß die Juden im Begriff waren, die Menschen auf diese Idee zu bringen.

Israels schlechte Presse war keineswegs vom Antisemitismus »verursacht«, doch gewann ich im Sommer 1982 den Eindruck, daß durch diese Presse der Antisemitismus entstand und sich unter dem Deckmantel der Humanität ausbreitete.

Es gab einige gutinformierte Kommentatoren, die wirklich böse auf Israel waren, doch aus Gründen, die nichts mit Antisemitismus zu tun hatten. Diese Menschen glaubten, daß das Vorgehen gegen die PLO im Libanon ein brutaler, zerstörerischer Akt war, der von Menschen verübt wurde, die ohne weiteres den Frieden mit der arabischen Welt hätten erreichen können, indem sie das Westjordanland aufgaben; doch sie hatten statt dessen vorgezogen, die palästinensischen Vertriebenen anzugreifen. Jeder, der auf diesem Standpunkt steht, besitzt das Recht, zornig zu sein, und sollte nicht des Antisemitismus beschuldigt werden.

Meiner Ansicht nach ist das oben angeführte Argument halb richtig und halb falsch. Es stimmt, daß das Ziel der Operation Frieden für Galiläa zum Teil darin bestand, durch die Ausschaltung gefährlicher, störender Nachbarn in Judäa und Samaria Frieden zu schaffen. Doch es stimmt *nicht* – meiner Meinung nach –, daß Israel Frieden erlangen kann, indem es dafür Territorium im Westjordanland eintauscht. Die Gründe für diese Ansicht sind im abschließenden Teil dieses Buches dargelegt. Hier soll nur festgehalten werden, daß jemand, der nicht wirklich an die Möglichkeit »Territorium gegen Frieden« glaubt – soweit es um das Westjordanland geht –, die Operation im Libanon ganz anders beurteilen wird als jemand, der gegenteiliger Ansicht ist.

Schaltet man die Möglichkeit »Territorium gegen Frieden« für das Westjordanland aus, dann versteht man heute unter »Israel« einen jüdischen Staat, der das gesamte Gebiet zwischen dem Jordan und dem Meer besitzt – und dem es unmöglich ist, es *nicht* zu besitzen. Das Staatsgebilde, das belagert wird, ist *dieser* jüdische Staat: nicht das mittlerweile imaginäre Gebilde innerhalb der vor dem Juni 1967 gültigen Grenzen.

Wenn wir akzeptieren, daß eben dieses Staatsgebilde belagert wird, so ist klar, daß diese Belagerung – ganz gleich in welcher Form – lange dauern wird. Israels Situation, vor allem in Anbetracht der großen und ständig wachsenden arabischen Bevölkerung, ist dadurch prekärer geworden, daß es die Möglichkeit »Territorium gegen Frieden« nicht gibt. Auch die PLO ist entsprechend gefährlicher. Sicherlich stellt sie, kurzfristig gesehen, keine größere Bedrohung Israels dar. Doch es handelt sich nicht um eine kurzfristige Situation; beide Seiten wissen das nur zu gut.

Unter diesen Bedingungen empfand das derzeitige Israel die PLO im Libanon als eine Bedrohung auf lange Sicht. Der Beschluß, sich der PLO im Libanon zu entledigen, ist weder brutal noch irrational. Bei dieser Intervention gab es irrationale Aspekte – vor allem die Fantasiegespinste um Bashir Gemayel – und auch brutale Gefühllosigkeit von seiten der Israelis in Sabra und Chatila. Doch die grundlegende Entscheidung einzugreifen – die ursprünglich auch von der Labor-Opposition gebilligt wurde –, sie war vernünftig und von den Notwendigkeiten des Überlebens diktiert.

In diesem Abschnitt habe ich mich bisher mit den internationalen Reaktionen auf den Krieg im Libanon beschäftigt, doch nicht mit jenen auf die Massaker in Sabra und Chatila. Die Presse, die Israel für diese Massaker erhielt, war in bezug auf Sharons und Eytans Vorgehen durchaus verdient und nicht übertrieben.

Im Grunde war es überraschend, wie schnell die internationale Empörung über diese Ereignisse abklang, doch dafür gibt es auch eine Erklärung. Die Journalisten wußten, daß es ihre Kollegen in Israel waren, die den großen Skandal aufgedeckt hatten. Die informierte Öffentlichkeit hatte erwartet, daß die Angelegenheit vertuscht würde, stellte aber fest, daß eine ehrliche Untersuchung stattfand, deren Erkenntnisse für die Regierung Israels bindend waren. Auch das Ausmaß und die Intensität der öffentlichen Empörung in Israel über die Vorkommnisse war für Außenstehende nicht zu übersehen.

In diesem Zusammenhang kam es, so glaube ich, zu ersten Reaktionen gegen den Begriff des Monstrum-Staates, ein Ausdruck, der in früheren Kommentaren aufschien. Besonders die Absurdität eines »Nazi-Israel« wurde für jedermann offensichtlich. Hier war ein »Nazi-Staat«, dessen Presse die Missetaten der eigenen Regierung und Armee aufdeckte und dessen Volk in riesigen Versammlungen seiner Empörung über diese Taten Ausdruck verlieh; die ehrbaren und furchtlosen Richter dieses Staates zwangen durch ihren Spruch ihren Marschall Göring, seine militärische Verantwortung niederzulegen.

Am 21. September 1982 stimmte Israel einem Rückzug seiner Truppen aus Beirut zu – hauptsächlich aufgrund des amerikanischen Drucks. Die israelischen Truppen wurden durch eine kleine, multinationale Streitmacht »ersetzt«, die hauptsächlich ein Symbol für den guten Willen Amerikas und seinen Wunsch nach einem »starken und unabhängigen Libanon« war. Am 21. September wurde Bashirs Bruder Amin von der Abgeordnetenkammer nahezu einstimmig zum Präsidenten gewählt.

Amin Gemayel galt – im Unterschied zu seinem Bruder Bashir – nicht als »Israels Mann«, sondern als der Gesprächspartner der Familie Gemayel mit den Syrern, und Syrien stellte sich nicht gegen seine Wahl.

Sobald Amin jedoch gewählt war, zeigte er sich weniger an Syrien und Israel interessiert als vielmehr an den Vereinigten Staaten. Er war ängstlich bestrebt, sich in jeder Hinsicht als Amerikas treuer Freund zu beweisen, und ließ sich von Amerikas Ratschlägen leiten. Diese Politik brachte ihn und seine amerikanischen Berater in große Schwierigkeiten.

Das Außenministerium entwickelte unter George Shultz – der den eher »proisraelischen« Alexander Haig im Juli als Außenminister abgelöst hatte – ehrgeizige Pläne zur Stärkung der gemäßigten Araber und Erweiterung der Pax Americana. Sie hofften, im Libanon den Abzug sowohl der syrischen als auch der israelischen Truppen durchzusetzen, auf den die Wiedervereinigung und der Wiederaufbau des libanesischen Staates unter seinem proamerikanischen Präsidenten folgen sollte.

Hinsichtlich Palästinas dachte das amerikanische Außenministerium – im Rahmen des am 1. September 1982 verkündeten Reagan-

Planes – »an eine Selbstverwaltung des Westjordanlandes und Gazastreifens durch die an Jordanien angeschlossenen Palästinenser«. Die Regierung Begin, die sich verpflichtet hatte, Judäa und Samaria auf ewig zu behalten, verwarf den Reagan-Plan als Ganzes. Was den Libanon anlangte, so würde sich Israel zurückziehen, sobald es die Syrer getan hatten.

Damaskus widersetzte sich ganz entschieden sowohl den amerikanischen Plänen bezüglich des Libanon als auch dem Reagan-Plan für das Westjordanland. Reagan hatte erklärt, daß er die Syrer außerhalb der libanesischen Grenzen sehen wollte. Doch er hatte keine Möglichkeit, dies durchzusetzen. Die Israelis hatten die Syrer zwar militärisch etwas nachdenklich gestimmt, doch die syrischen Landstreitkräfte im Libanon waren weitgehend intakt geblieben. Der Beschluß der Sowjetunion im Herbst 1982, Syrien neue Boden-Luft-Raketen und sowjetisches Personal zur Verfügung zu stellen, stärkte Syriens Position sehr. Die Syrer nun zum Abzug aus dem Libanon zu zwingen würde ein außergewöhnlich hohes Risiko beinhalten. Israel war nach Sabra und Chatila nicht in der Stimmung, ein solches Risiko einzugehen, und Amerika war es nach Vietnam auch nicht.

Im Mai 1983 ermächtigte das libanesische Parlament Präsident Gemayel, ein Abkommen mit Israel zu unterzeichnen. Das Abkommen konnte – selbst wenn es unterzeichnet wurde – nur von symbolischem Wert sein, da es erst nach Syriens Rückzug in Kraft treten sollte. Als Symbol sollte es zweifellos Israel und die proisraelische Lobby in Amerika beschwichtigen, die sowohl über den Reagan-Plan als auch über die Vorkommnisse im Libanon beunruhigt waren. Doch das Symbol führte auch zur Bildung einer von Syrien inspirierten, feindseligen Koalition von libanesischen Splittergruppen: die Nationale Rettungsfront (NSF), der die Drusen, Sunniten und Schiiten angehörten, sowie eine maronitische Gruppe, die schon lange mit der Familie Gemayel in Fehde lag. Die NSF griff den Vertrag an und ebenso die Regierung, die ihn unterschrieben hatte, sowie deren Hintermänner; in der zweiten Jahreshälfte 1983 erhielt sie zunehmende Unterstützung.

Die Regierung Israels – mit Moshe Arens als Verteidigungsminister – war weder daran interessiert, Gemayel zu unterstützen, noch den Vertrag zu retten, noch die amerikanischen Pläne im Libanon zu fördern oder die Syrer zu verärgern. Israel widerstand dem amerikanischen Druck und zog im August 1983 seine Truppen aus dem Shoufgebirge zurück, indem es sich mit den Drusen darüber einigte, daß man es der PLO nicht mehr gestatten würde, in das Gebiet zurückzukehren.

Dem Rückzug Israels aus den Bergen folgten, wie erwartet, neue Feindseligkeiten zwischen Drusen und Christen, in deren Verlauf die

Drusen schätzungsweise siebzehntausend Christen niedermetzelten. Der Sieg der Drusen wurde allgemein als Sieg der Nationalen Rettungsfront über das Regime Gemayel und seine amerikanischen Hintermänner gewertet.

Durch die internen Entwicklungen im Libanon ermutigt, ging Assad nun auch daran, den Reagan-Plan für das Westjordanland zu vereiteln. Das greifbare Ergebnis des Reagan-Planes war der Ausbruch eines neuen Konflikts, diesmal zwischen den Syrern und Jasir Arafat sowie seinen Anhängern in der PLO.

Weder Arafat noch andere Araber hatten den Reagan-Plan gutgeheißen, doch sowohl Hussein als auch Arafat wollten zumindest seine Möglichkeiten erforschen und taten es gemeinsam. Hussein brauchte die Hilfe des »einzigen legitimen Vertreters«, wollte er bei der Rückgewinnung des Westjordanlandes Fortschritte erzielen. Arafat war offensichtlich an einem Durchbruch zu den Amerikanern interessiert.

Assad wollte von all dem nichts wissen. Er lehnte eigenständige Initiativen Arafats ab; er lehnte einen Aufstieg Husseins ab; und er lehnte alle amerikanischen Versuche ab, die »Lösungen« finden wollten und dabei Damaskus umgingen. Er beschloß, Arafats Macht im Libanon zu brechen und dort nur jene PLO-Elemente zu dulden, die ihre Aufträge von Damaskus erhielten. Assad förderte eine Rebellion innerhalb der Fatah gegen Arafat. Die Anti-Arafat-Truppen verfügten über die Unterstützung der syrischen Truppen. Ende 1983 waren die Anhänger Arafats von den Syrern aus allen jenen Teilen des Libanon verdrängt, aus denen sie die Israelis nicht schon ein Jahr zuvor vertrieben hatten. Die einzigen Libanesen, die zu Arafat standen, waren die Maroniten.

Anfang 1984 hatten sich die Syrer auch gegen Gemayel und die Amerikaner durchgesetzt. Nach dem Bombenanschlag eines Selbstmordkommandos – er wurde der schiitischen Miliz zugeschrieben –, der Hunderten amerikanischer Marines das Leben kostete, begann Reagan im Februar 1984, seine Truppen aus dem Libanon zurückzuziehen. Etwa zur gleichen Zeit widerrief Präsident Gemayel seinen Vertrag mit Israel und leitete Verhandlungen mit den Syrern und ihren libanesischen Verbündeten ein.

Israel hatte, wenn auch um einen hohen Preis, die Hälfte seiner Ziele erreicht. Zwei waren vollkommen danebengegangen. Sharons großer Plan war zusammengebrochen, und der Versuch, den syrischen Einfluß auszuschalten, hatte sich in sein Gegenteil verkehrt.

Doch in bezug auf die Anwesenheit der PLO im Libanon hatte Israel Erfolg gehabt (wenn auch mit Hilfe Syriens). Nirgendwo an Israels Grenzen gab es mehr eine autonome PLO mit territorialen Basen. Der Preis für diesen begrenzten, aber nicht unbedeutenden

Erfolg war unmöglich abzuschätzen. Viele Israelis glaubten, daß der Preis – besonders im Hinblick auf die tiefe Kluft in der israelischen Gesellschaft – bei weitem die sich aus dem Krieg ergebenden Vorteile überstieg. Doch gab es keine Anzeichen dafür, daß die Popularität der Likud abgenommen oder daß die Labor-Partei infolge des Krieges im Libanon an Popularität gewonnen hätten.

Die Beziehungen Israels zu seinen arabischen Nachbarn haben sich in der Zeit der beiden Regierungen Begin durch den Frieden mit Ägypten und den Krieg im Libanon drastisch verändert – so sehr, daß außenstehende Kommentatoren feststellten, Israel befände sich überhaupt nicht mehr in einem Belagerungszustand. Doch in Israel selbst blieb das Gefühl der Belagerung und der ständigen Bedrohung der Sicherheit präsent. Israel findet, und das mit Recht, daß die Anerkennung, die es erlangt hatte – selbst von Ägypten –, eine »erzwungene Anerkennung« ist. Jegliche Schwächung der militärischen Stärke Israels könnte dazu führen, daß sich die gesamte arabische Welt gegen Israel wendet, diesmal jedoch, um es zu vernichten.

Eine Phase der Belagerung war vorüber, doch die Israelis hatten nicht das Gefühl, daß die Belagerung als solche vorüber war. Und wahrscheinlich sind die Gefühle der Israelis in dieser Beziehung gar nicht so unvernünftig und unbegründet, wie es Kommentatoren gerne annehmen, die selbst weit weg sitzen und deren eigenes Schicksal nicht auf dem Spiel steht.

Kann Israel aber diesen Belagerungszustand selbst beenden, indem es zur rechten Zeit Zugeständnisse macht – so wie es viele Staatsmänner und Kommentatoren glauben und anregen? Diese Frage konnte ich, der ich dieses Buch Mitte der achtziger Jahre geschrieben habe, nur in einem Epilog erörtern: ›Territorium gegen Frieden?‹

Epilog
Territorium gegen Frieden?

Bei den allgemeinen Wahlen in Israel am 23. Juli 1984 verlor die Likud-Partei an Boden, und Labor wurde wieder die stärkste Partei. Das Wahlergebnis hinderte jede der beiden großen Parteien, eine arbeitsfähige Koalition zu bilden. So wurde die Bildung einer Regierung der Nationalen Einheit in Betracht gezogen, die – wie in der Zeit von 1967 bis 1970 – sowohl Labor als auch Likud in sich vereinen sollte.

Der Regierung der Nationalen Einheit, die schließlich gegründet wurde, mit Shimon Peres als Premierminister und Yitzhak Shamir (Begins Nachfolger als Anführer der Likud-Partei) als sein Stellvertreter und Außenminister, war von vornherein unfähig, die »gewagten Schritte« zu unternehmen, wie sie ein Sprecher aus Washington für eine erfolgreiche Weiterbetreibung der Friedensbemühungen für erforderlich hielt. Doch die stillschweigende Unterstellung, daß in Israel eine Wahl möglich wäre, deren Resultate diese gewünschten »gewagten Schritte« ermöglicht hätten, ist allein schon fragwürdig. Diese Schritte hätten bedeutet, daß Israel sich nahezu aus dem gesamten Westjordanland zurückziehen müßte; auf diesem Gebiet hätte irgendeine Art von politischem palästinensischem Gebilde geschaffen werden müssen, das vielleicht ein Bündnis mit Jordanien eingehen oder durch einen Vertrag an Israel gebunden würde.

Das günstigste aller Wahlergebnisse im Hinblick auf »Territorium gegen Frieden« wäre jenes, das zu einer Koalitionsregierung zwischen dem Labor-Bündnis und den beiden linken »Tauben«-Parteien – Shinui und Bewegung der Bürgerrechte – führen würde.

Eine solche Regierung könnte Jordanien einen *Teil* des Westjordanlandes im Austausch für einen Friedensvertrag anbieten. Das ist die berühmte jordanische Option der Labor-Partei; diese Möglichkeit hat die Labor-Partei schon verschiedentlich in Wahlen ausgeschlachtet, auch in der von 1984. Jordanien würde Ostjerusalem nicht zurückerhalten; Jerusalem würde vereint und Hauptstadt Israels bleiben. Israel würde auch seine Verteidigungslinie und alle jüdischen Siedlungen am Westufer des Jordan beibehalten sowie militärische Zugangsrechte quer durch jordanisches Gebiet für sich in Anspruch nehmen.

Labors jordanische Option ist faktisch nichts anderes als der alte Allon-Plan, der von Jordanien vor mehr als fünfzehn Jahren abgelehnt worden war. Hussein (oder sein Nachfolger) würden ein hohes Risiko eingehen, wenn sie mit Israel einen Friedensvertrag abschließen. Würde er einen Vertrag wie den oben ausgeführten unterzeichnen, so wäre das gleichbedeutend mit Selbstmord für ihn und seine Dynastie; daher ist es unwahrscheinlich.

Man nimmt offensichtlich an, daß eine Labor-Koalition von den Vereinigten Staaten dazu überredet werden kann, bei ihrer Jordanien-Option »den Einsatz zu erhöhen«, um sie für Jordanien attraktiver zu gestalten.

Auch das scheint mir höchst unwahrscheinlich. Die Übergabe eines Teils des Westjordanlandes an Jordanien müßte in der Knesset debattiert werden. Likud und die nationalistische Rechte sowie die religiöse Rechte würden sofort die Fahne von Masada schwingen. Die Labor-Partei und ihre Verbündeten wären als Verräter gebrandmarkt.

Das Labor-Bündnis könnte auch in den eigenen Reihen nicht auf eine geschlossene Front zählen. Meinungsumfragen zeigten, daß dreißig Prozent der Labor-Wähler dagegen sind, auch nur einen Teil von Judäa und Samaria aufzugeben. Der Versuch, die jordanische Option einzubringen, würde nicht nur eine größere politische Krise in Israel heraufbeschwören, sondern auch zu einer lähmenden Krise innerhalb des Labor-Bündnisses führen.

Es ist ziemlich sicher, daß, sollte die Labor-Partei den Versuch anstellen, die jordanische Option zu *verbessern*, dies ihren politischen Selbstmord bedeuten würde. Die jordanische Option ist für Labor wirklich nur solange sicher, als Jordanien es ablehnt, sie anzurühren.

Es mag stimmen, daß künftige Regierungen Israels von den Vereinigten Staaten wahrscheinlich unter Druck gesetzt werden, diese »kühnen Schritte« zu unternehmen, die zur weiteren Verfolgung der Friedensbemühungen und des Reagan-Planes notwendig sind. Keine Regierung, der die Likud angehört, kann diesem Druck nachgeben, ohne die gesamte Tradition der Likud und das größte Anliegen der Partei lächerlich zu machen. Doch selbst eine Labor-Regierung wird es wahrscheinlich vorziehen, solchem Druck seitens der Vereinigten Staaten zu widerstehen.

Sollte sich in obiger Analyse nicht ein ernsthafter Fehler befinden, so wird weder die jordanische Option noch der (sehr ähnliche) Reagan-Plan, noch irgendeine Variante davon je in die Verlegenheit kommen, Früchte zu tragen.

Stellen wir uns das Unmögliche vor, daß sich eine Variante des Reagan-Planes durchsetzen kann. Wir wollen die rosigste aller möglichen Hypothesen des Friedensprozesses annehmen. Stellen wir uns vor, das aufflackernde Rapprochement von 1983 zwischen Hussein und Arafat – das Arafat seine letzte Basis im Libanon gekostet hat – konsolidiert sich, wie es im Frühjahr und Sommer 1985 der Fall zu sein schien. Am 23. Februar wurde in Amman der Text eines Abkommens zwischen Hussein und Arafat veröffentlicht. Das Abkommen konnte nicht als Grundlage für ein Abkommen zwischen diesen beiden Parteien und Israel dienen. Es verlangte (unter anderem) die »Beendigung der israelischen Besetzung der arabischen Territorien, einschließlich Jerusalems«. Es enthält keinerlei Hinweis auf die Anerkennung Israels innerhalb der vor dem Juni 1967 gültigen Grenzen und bedient sich einer Sprache, die mit einer Anerkennung unvereinbar ist.

Dieses Abkommen ist also vom israelischen Standpunkt gesehen kein sehr vielversprechender Auftakt zum Frieden. Doch Präsident Mubaraks beharrliches Bestehen auf direkten Verhandlungen in den Vereinigten Staaten zwischen Israel und einer »gemeinsamen jordanisch-palästinensischen Delegation« (ohne die PLO namentlich zu erwähnen), traf auf eine vorsichtig positive Erwiderung durch Shimon Peres. Im Sommer 1985, als dieser Epilog fertiggestellt wurde, zeigte sich Außenminister Shultz leicht hoffnungsvoll über die mögliche Aussicht auf Verhandlungen, besonders im Licht der verschiedenen positiven Aussagen Husseins.

Wollen wir nun annehmen, daß das Hussein-Arafat-Rapprochement, auf dem Mubarak bestand, zu den günstigsten nur möglichen Ergebnissen führt: Arafat verkündet öffentlich und ausdrücklich seine Bereitschaft, Israel innerhalb der vor dem Juni 1967 gültigen Grenzen (mit wenigen, geringfügigen Änderungen) anzuerkennen, und Israel akzeptiert Arafats PLO zusammen mit Jordanien als Partner für direkte Verhandlungen. Hussein und Arafat sind bereit, auf der Basis des Reagan-Planes zu kooperieren. Israel ist bereit, sich auf die vor dem Juni 1967 gültigen Grenzen (mit kleinen Abänderungen) zurückzuziehen, im Austausch für eine Anerkennung innerhalb dieser Grenzen durch die PLO und Jordanien.

Israel würde damit eine Menge Land im Austausch für den Frieden aufgeben. Wieviel Frieden würde man aber Israel tatsächlich gewähren?

Voraussichtlich Frieden mit Arafat und Hussein. Doch wieviel Frieden können Arafat und Hussein überhaupt anbieten? Kann man denn annehmen, daß die gesamte oder nahezu die gesamte PLO diesem Handel oder überhaupt einem Handel zustimmen würde? Die Abmachung würde wahrscheinlich mit der üblichen Heftigkeit verurteilt werden, sowohl von den Splittergruppen des linken Flügels der PLO als auch von den von Syrien kontrollierten Gruppen. Syrien würde, in Zusammenarbeit mit den PLO-Gruppen, mit seiner wie gewöhnlich rücksichtslosen Geschicklichkeit das Leben für Arafat, Hussein und ihre Freunde im Westjordanland und vielleicht auch in Jordanien, »zur unerträglichen Hölle« machen, wie damals im Libanon. Unter diesen Bedingungen würden die vormals von Israel besetzten Gebiete zum fröhlichen Jagdrevier für alle möglichen Fedajin-Aktivitäten, die sich gegen alle Partner des verabscheuten Vertrages richten würden. Leicht möglich, daß die wichtigsten der arabischen Vertragspartner nicht überleben; mit ihnen würde der Vertrag untergehen.

Sicherlich würden die gemäßigten arabischen Staaten – Ägypten und die Saudis – das Abkommen »Territorium gegen Frieden« gutheißen, doch nur unter einer Bedingung: Das von Israel den Arabern überlassene Gebiet müßte Ostjerusalem beinhalten. Sollte dies nicht der Fall sein, so würde der Vertrag wahrhaftig von der gesamten arabischen und moslemischen Welt verurteilt werden.

Eines kann als sicher angenommen werden: Der Staat Israel wird keinen Teil seiner Hauptstadt Jerusalem aufgeben und ihn eintauschen, für nichts, nicht einmal für den Frieden.

Auch die Möglichkeit eines palästinensischen Staates im Westjordanland muß in Erwägung gezogen werden. Da diese Möglichkeit von *beiden* großen Parteien in Israel ebenso strikt abgelehnt wird wie von den kleineren Parteien und der israelischen Bevölkerung, ist die Wahrscheinlichkeit, daß die Möglichkeit eines palästinensischen Staates zum Tragen kommt, wesentlich geringer als die der Realisierung der jordanischen Lösung.

Dennoch muß die Idee eines palästinensischen Staates erwogen werden, da sie von den arabischen Staaten, selbst von den äußerst gemäßigten, vertreten wird.

Sowohl die Befürworter des palästinensischen Staates als auch seine Gegner erwarten, daß ein solcher Staat in irgendeiner Form unter der Kontrolle durch die PLO stehen wird. Nahezu alle Israelis sehen in einem derartigen Staat eine unmittelbare Bedrohung der Sicherheit ihres eigenen Staates und langfristig auch ihrer eigenen Existenz. Sie glauben, daß die PLO den »Ministaat« im Westjordanland als einen Anfang für ihr wirkliches Ziel sehen wird, nämlich ganz Palästina. Die PLO wird nach Meinung der Palästinenser diesen Ministaat als Ausgangsbasis für die Destabilisierung sowohl Israels als auch Jordaniens benutzen, wobei Jordanien zuerst an die Reihe käme. Diesem letzten Punkt stimmt auch König Hussein zu. Es ist nicht wahrscheinlich, daß bei seiner Idee einer »Konföderation« die PLO die Kontrolle über das Westjordanland erhalten würde. Andererseits glauben eine Anzahl von einflußreichen außenstehenden Beobachtern, daß die Angst der Israelis in diesem Punkt illusorisch sei und daß ein palästinensischer Staat in Frieden und Glück neben einem Israel existieren könne, das sich auf seine vor dem Juni 1967 gültigen Grenzen zurückzieht.

Es ist ziemlich offensichtlich, daß, sollte der höchst unwahrscheinliche Fall einer Einigung zwischen Israel und der PLO über das Westjordanland eintreten, die PLO zersplittern würde. Im Grund hat diese Zersplitterung bereits stattgefunden. Die Gruppen des linken Flügels und die von den Syrern kontrollierten Gruppen würden mit »mörderischen« Attacken auf die »Verräter« reagieren. Lange bevor ein palästinensischer Staat andere Staaten destabilisieren könnte, hätte er wahrscheinlich selbst bereits all seine Stabilität verloren.

So attraktiv das Konzept, Territorium für Frieden einzutauschen, auch sein mag, für das Westjordanland scheint es keine akzeptable Lösung zu sein. Es hat den Anschein, als sollte Israel seine Kontrolle über das Westjordanland noch lange beibehalten.

Die wirklich brennenden Fragen betreffen nicht die Zukunft der Gebiete, sondern die Zukunft der arabischen Bewohner dieser Gebiete. In den ersten zehn Jahren nach dem Juni 1967 entwickelte sich im Westjordanland ein Arrangement, demzufolge die arabischen Bewohner soweit wie möglich sich selbst überlassen blieben. Diese Bedingungen – die in erster Linie von Moshe Dayan ermöglicht wurden – schufen für die arabische Bevölkerung die Gelegenheit, sich in Frieden zu entwickeln und auch einen beachtlichen Wohlstand zu erreichen.

In den nachfolgenden Jahren, besonders von 1980 an, sorgte das Drängen der Likud auf vermehrte jüdische Siedlungen, zusammen mit den Vorgängen rund um die Autonomie im Sinn Begins, für steigende Unruhe unter den Arabern. Die alten Arrangements, mit und durch Jordanien, wurden dadurch belastet, zerbrachen aber nicht.

An der extremen Rechten des israelischen politischen Spektrums tauchte jedoch eine offensichtlich wachsende Tendenz zur absichtlichen Provokation der Araber auf; dahinter stand die Hoffnung, dadurch gewalttätige Unruhen auszulösen, die wiederum verstärkte israelische Repressalien zur Folge hätten. Ein Kreislauf, der am Ende zur Zwangsausweisung der arabischen Bevölkerung führen könnte.

Rabbi Meir Kahane, ein Fanatiker des rechten Flügels, war Mitte der achtziger Jahre das lebende Symbol dieser Tendenz. Die Wahl des Rabbi in die Knesset im Juli 1984 entsetzte viele Israelis (einschließlich einiger Rabbis) und alarmierte die Araber im Westjordanland und in Israel. Rabbi Kahane war der Verfasser eines Werkes mit dem Titel ›They must go‹; er hat sich dem Gedanken verschworen, so lange Schwierigkeiten zu machen, bis sie wirklich gehen. Sowohl unter den ultranationalistischen Rechten und den religiösen Rechten sowie auch unter den Mitgliedern des rechten Flügels der Likud müssen sich zumindest einige befinden, die seine Ziele gutheißen, wenn auch nicht seinen Stil und alle seine Methoden. Die Wahlergebnisse vom Juli 1984 beweisen, daß solche Ideen unter den aktiven israelischen Soldaten mehr Unterstützung finden als in der übrigen israelischen Bevölkerung.

Präsident Herzogs entschiedene Ablehnung Kahanes und seine Aufforderungen zur Toleranz und gegen den Rassismus wurden vom

Großteil der Presse und des politischen Spektrums von der Linken bis zum Zentrum unterstützt. Doch wenn die Radikalen in der israelischen Gesellschaft auch eine Minorität darstellen, so ist ihre Zahl doch nicht unbedeutend, und sie sind erschreckend in ihrer Dynamik und Zielstrebigkeit. Wenn der Staat diese Minorität nicht entsprechend kontrollieren kann, so besteht die ernste Gefahr, daß sie in der von ihnen angestrebten Richtung Fortschritte erzielen. Die Interaktion von jüdischen und arabischen Extremisten im Westjordanland könnte das weitere Verbleiben der arabischen Bevölkerung im Westjordanland gefährden.

Jene Kritiker im Westen, die darauf hinweisen, daß Israels Bemühen, über eine möglichst große Zahl von Arabern zu herrschen, am Ende den Staat zerstören kann, sollen zur Kenntnis nehmen, daß Meir Kahane das gleiche Argument verwendet, dabei aber zu einem ganz anderen Schluß gelangt als die westlichen Kritiker.

»Unbehagen in Zion«, wie Wasserstein einmal zitierte, ist, so wie es von der augenblicklichen Perspektive des Jahres 1985 aus scheint, dazu bestimmt, noch für beträchtliche Zeit der Zustand in Israel zu bleiben. Israels umstrittene Anwesenheit im Westjordanland und die verschiedenen Formen von Einwänden darauf sowie die Erwiderungen auf diese Einwände werden wahrscheinlich noch eine Zeitlang die tiefe Kluft, die sich ganz offensichtlich in der israelischen Gesellschaft bereits auftut, noch vergrößern.

Es wird Menschen geben, die dem Großteil meiner Analyse zustimmen, die aber von mir erwarten, in irgendeiner Weise Israel für seine törichten Handlungen und seine Halsstarrigkeit zu verurteilen. Das kann ich aber nicht tun, denn ich sehe keine Möglichkeit, wie ich ein Volk verurteilen soll, weil es etwas nicht tut, was es einfach nicht tun *kann.*

Der Grund dafür, daß es für Israel unmöglich ist, alle im Jahr 1967 erworbenen Gebiete zu verlassen, ist eng verbunden mit den beiden großen Raisons d'être des Zionismus: der jüdische Staat und die Rückkehr.

Grundlegend für den Gedanken des jüdischen Staates war die Notwendigkeit für die Juden, die Sicherheit für Juden zu garantieren, da Nichtjuden schon so oft und an so vielen verschiedenen Plätzen bewiesen hatten, daß ihnen in dieser Hinsicht nicht zu trauen war. Daher sind »sichere Grenzen« für einen jüdischen Staat ein grundlegendes Erfordernis. Die vor dem Juni 1967 gültigen Grenzen – die nur wenige Kilometer von der Küste und Tel Aviv verliefen – wurden von fast allen Israelis als höchst unsicher empfunden. Die Jordanlinie mit dem Steilabbruch wurde dagegen von den Planern bei den israelischen Streitkräften für Verteidigungszwecke als ideal bezeichnet.

Außenstehende haben oft vorgebracht, daß Israel keine so starken Verteidigungslinien gegen die Bedrohung der schwächlichen Araber brauche. Die Israelis zogen jedoch im allgemeinen den Rat ihrer eigenen Soldaten dem von Außenstehenden vor. Die Israelis wußten, daß arabischer Goodwill für den jüdischen Staat auch durch territoriale Zugeständnisse nicht zu erreichen war, trotz all der versöhnlichen Äußerungen arabischer Sprecher gegenüber westlichem Publikum. Der jüdische Staat, dieses »rassistische« Gebilde, war Anathema, egal wo seine Grenzen verliefen. Daher ließen sich die für die Sicherheit des Staates Verantwortlichen einzig und allein von der militärischen Sicherheit leiten und nicht von der vergeblichen Jagd nach dem unerreichbaren Wohlwollen der Araber.

Was die Rückkehr betrifft, so wurde die Errichtung eines jüdischen Staates irgendwo anders im Lauf der Frühgeschichte des Zionismus oft und oft erwogen. Säkulare Juden mit westlicher Denkweise begrüßten diese Idee. Doch von den Zionisten des russischen Zarenreiches wurde dieser Gedanke in den Jahren 1903 bis 1905 entschieden abgelehnt. Gleichgültig, woher die Juden stammten, ihr Ziel war Palästina. Jerusalem war der Magnet, wie Ben Gurion im Januar 1937 vor der Peel-Kommission erklärte.

Nach nahezu zweitausend Jahren hatten die Juden mit unzähligen Mühen Jerusalem wieder erobert. Von ihnen nun zu erwarten, die Altstadt mit der Tempelmauer an eine arabische Macht oder eine internationale Behörde wieder abzugeben, hieße etwas zu erwarten, was nicht sein kann.

Daß sich die Dinge so verhalten, kann kaum geleugnet werden. Doch es gibt Menschen, die zwar akzeptieren, daß die Dinge so liegen, aber voll Leidenschaft darauf bestehen, daß sie nicht so sein *sollten*. Auch wenn der jüdische Staat und die Rückkehr die Situation im Westjordanland – und in Gaza und Israel selbst – heute beherrschen und es vielleicht auch morgen noch tun werden, so haben sie doch kein Recht dazu (lautet die Argumentation). Beide Konzepte sind illegitim. Der jüdische Staat ist ein rassistisches und die Rückkehr ein mystisches Konzept. Als illegitime Konzepte haben sie jedoch nicht das Recht, sich gegen ein legitimes, rationales und menschliches Prinzip durchzusetzen: das Prinzip des Konsens der Beherrschten.

Ich möchte hier diese Behauptung kurz erörtern, und zwar in bezug auf die drei Grundsätze, die in ihr enthalten sind und die ihr widersprechen.

»Der jüdische Staat ist ein rassistisches Konzept.« Das stimmt insofern, als jeder Nationalismus in gewisser Weise rassistisch ist. Simon Weil hielt den Rassismus für eine »romantischere Form des Nationalismus«. Der moderne Nationalismus der Juden ist weitgehend die Reaktion auf den europäischen Nationalismus, der in steigendem Maße die Juden ablehnte. Die Gründer des Zionismus waren fast alle abgewiesene Verfechter der Assimilation. Ihre Logik war ganz einfach: »Da die bestehenden Staaten sagen, daß wir nicht zu ihnen gehören, müssen wir unseren eigenen Staat haben.«

Die meisten Staaten bewahren ihren nationalen Charakter durch eine scharfe Kontrolle der Einwanderer. Der jüdische Staat ist wie alle anderen Staaten entschlossen, seinen eigenen nationalen Charakter zu bewahren. Durch folgende Elemente unterscheidet sich der jüdische Staat auf zum Teil unverwechselbare Art:

1. Der jüdische Staat entstand nicht wie die europäischen Staaten durch einen langsamen, allmählichen Prozeß in ein und demselben Gebiet. Er wurde durch die beispiellose Konvergenz eines zerstreuten Volkes geschaffen; sie sammelten sich auf ihrem *früheren* nationalen Territorium, und die Entwicklung vom politischen Traum zum Staat ging mit unglaublicher Schnelligkeit vor sich.

2. Das Kriterium der Nationalität hat eine besondere Prägung, da die Gründung des jüdischen Staates religiösen Ursprungs war. Unter der vor 1948 vorherrschenden ashkenasischen Bevölkerung Israels gab es Menschen, die aus vorwiegend rassischen Gründen die orientalischen Juden gern ausgeschlossen hätten. Doch für die Aufnahme war einzig das Kriterium der Religion ausschlaggebend.

3. Jeder Nationalismus schließt einen Personenkreis aus. Die Menschen, deren Ausschluß für den jüdischen Staat am wichtigsten gewesen wären – um seines eigenen Überlebens willen –, waren seine vom Schicksal bestimmten Feinde, die große Masse der bereits früher hier ansässigen Bevölkerung. Der heutige Staat Israel kann zum Beispiel den Arabern des Westjordanlandes nicht die Staatsbürgerschaft gewähren, ohne damit die Zerstörung des jüdischen Staates vorzubereiten.

Ich glaube nicht, daß man vernünftigerweise sagen kann, daß die Idee des jüdischen Staates dem Wesen nach rassistisch und daher illegitim ist, es sei denn, man verurteilt gleichzeitig jeden Nationalismus – einschließlich des arabischen Nationalismus – wegen seiner Exklusivität.

Das Recht der Juden, nach Palästina zurückzukehren, geht sicherlich auf eine religiöse Idee zurück, auch wenn es von Zeit zu Zeit durchaus säkulare Formen annimmt. Wird es dadurch illegal?

Wahrscheinlich würden nur die unbeugsamen Anhänger der säkularen Tradition diese Frage mit einem zweifelsfreien »Ja« beantworten. Doch irgendeine Art von »Ja« ist seit der Aufklärung im achtzehnten Jahrhundert implizite in der gesamten Tradition Westeuropas und Nordamerikas vorhanden. Die Tradition der Post-Aufklärung setzt die Trennung der Religion vom politischen Prozeß voraus. Für die dominierende intellektuelle Tradition im Westen ist seit beinahe einem Vierteljahrtausend die Idee, mittels eines *religiösen* Anspruchs einen *politischen* Anspruch zu rechtfertigen, ihrem Wesen nach abstoßend. Die Frage ist jedoch, ob die dominierende intellektuelle Tradition des Westens auch für den Nahen Osten Gültigkeit besitzt.

Oberflächlich gesehen, hat man diesen Eindruck. Die Rhetorik der arabisch-israelischen Debatte ist beinahe zur Gänze die Rhetorik der Tradition der westlichen Aufklärung gewesen. Es ist eine Rhetorik, die extrem hohes internationales Prestige besitzt. Die Charta der Vereinten Nationen bedient sich ständig der Termini der Aufklärung, und die diesbezüglichen Debatten werden allgemein so geführt, als herrsche Konsens über die Verpflichtung zu diesen Ideen.

Der arabisch-israelische Streit wird in der Ausdrucksweise dieser Tradition sehr effizient dargelegt. Der palästinensische Staat zum Beispiel, der 1968 im Palästinensischen Bund in Aussicht genommen wird, soll – theoretisch – »ein säkularer, demokratischer Staat« sein. Dadurch wären die arabischen Staaten – mit einer Regierung durch Konsens – immer im Recht, und Israel – mit seinem archaischen Recht der Rückkehr und dem jüdischen Staat – immer im Unrecht.

Doch wir begeben uns damit auf ein Gebiet, in dem Rhetorik und Realität weit voneinander entfernt sind. Die auf den Werten der Aufklärung beruhende politische Praxis geht nur in wenigen Ausnahmefällen, von denen sich keiner im Nahen Osten befindet, über die Grenzen des Westens hinaus; als Ironie des Schicksals bildet Israel durch seine internen politischen Arrangements unter Juden die Ausnahme. Wenn es heute einen palästinensischen Staat gäbe und wenn er tatsächlich ein demokratischer Staat wäre, wäre er in der arabischen Welt einmalig. Denn die Herrscher in diesem Gebiet nehmen die Zustimmung der Beherrschten als gegeben an und erzwingen sie, wie es die Herrscher in diesem Gebiet seit urdenklichen Zeiten getan haben. Rechtsstaatlichkeit und Redefreiheit sind heute genauso unbekannt wie in der Vergangenheit. Säkularität ist eine Weltanschauung für kleine Eliten; doch durch das Erstarken des moslemischen Fundamentalismus seit 1980 sind die weltlichen Eliten in zunehmendem Maß bedroht.

Mehr als jede andere der großen Religionen leugnet der Islam die Existenz der Dichotomie zwischen religiösem und politischem Leben, die von der westlichen Aufklärung postuliert wurde. Das beherrschende Symbol ist Jerusalem. Der Anspruch der Juden auf Jerusalem basiert nicht auf rationalen Argumenten, genausowenig wie der Anspruch der Moslems; durch einen Schiedsspruch werden weder die beiden Ansprüche in Einklang gebracht noch einer von ihnen beschwichtigt; und keiner von ihnen wird eine Volkszählung als Entscheidung anerkennen, es sei denn, sie fällt zu seinen Gunsten aus.

Die Juden herrschen heute in Jerusalem aus den gleichen materiellen Gründen, aus denen vor ihnen die Engländer geherrscht haben, und vor diesen die osmanischen Türken, und alle anderen davor – weil sie den Ort erobert haben. Aber die *Bindung* der Juden an die Stadt ist älter und geht tiefer als die aller anderen Eroberer.

Obwohl die Eroberung als Herrschaftsanspruch früher – und sehr weitgehend bis zum Ersten Weltkrieg – anerkannt war, wird heute damit argumentiert, daß dies seit den Vierzehn Punkten, der Atlantik-Charta und der Charta der Vereinten Nationen nicht mehr der Fall ist. Doch sowohl der jüdische als auch der moslemische Anspruch auf Jerusalem sind um viele Jahrhunderte älter als diese Dokumente und werden nicht durch die Bezugnahme auf diese Dokumente entschieden werden. Bibel und Koran sind ihnen weit überlegen.

Das Recht auf Rückkehr beruht auf der Bibel und wird vom Koran (durch stillschweigende Folgerung) angegriffen. Wenn jedoch der Koran besiegt wird – zumindest für einige Zeit –, erfolgt der Appell an die nachchristliche Welt mit den Ausdrücken der nachchristlichen Aufklärung unter dem Schlagwort des Konsens der Regierten. Ich weiß genau, daß viele Bewohner des Westens – mögen sie nun Israel freundlich oder feindlich gegenüberstehen – und auch viele Bewohner Israels diesen Gedankengang als unangenehm ablehnen werden.

Die Juden der Diaspora spielten eine wichtige Rolle bei der Entwicklung und Verbreitung der Ideen der Aufklärung, sonnten sich eine Zeitlang in ihnen und zogen Nutzen aus ihnen. Die Israelis europäischen Ursprungs haben ein System von Wertvorstellungen geerbt, das zum großen Teil auf den Ideen der Aufklärung beruht. Und dieses Erbe ist eine der Ursachen für die große innere Malaise Israels. Die meisten orientalischen Juden besitzen kein solches Erbe und neigen mehr oder weniger dazu, es unverständlich und entweder irrelevant oder sogar für die Bedürfnisse des belagerten Israels für nachteilig zu halten.

Ich fürchte – und diese Befürchtung ist begründet –, daß die Orientalen damit recht haben. Die westliche Aufklärung ist mit dem Postulat der Rückkehr unvereinbar, und sie reiben sich unangenehm aneinander. Die Idee der Rückkehr stammt aus der alten Welt, die die »Philosophes« ablehnten, und die Rückkehr nahm unter unvorstellbar härteren Bedingungen Gestalt an, als es sich die »Philosophes« je träumen ließen.

Am Ende des Prologs habe ich geschrieben, daß Israel nur sein kann, was es ist.

Ich halte dies in dem grundlegenden Sinn für richtig, daß es Israel nicht freisteht, etwas anderes zu sein als der jüdische Staat in Palästina, und daß der jüdische Staat, sobald er sich im Besitz von Jerusalem befindet, nicht fähig ist, diese Stadt aufzugeben.

Der moslemischen Welt steht es ebenfalls nicht frei, etwas anderes zu sein, als sie ist, und sie ist bestimmt nicht fähig, offen, in vollem Umfang und freiwillig, einem jüdischen Staat in Palästina mit arabischen Untertanen und der Hauptstadt Jerusalem zuzustimmen.

Daraus ergibt sich offenbar, daß die Belagerung in irgendeiner Form bis in eine unbestimmte Zukunft fortdauern wird.

Diese Feststellung ist nicht notwendigerweise oder sofort so tragisch, wie es vielleicht den Anschein hat. Unter bestimmten Voraussetzungen könnte die Belagerung – zumindest für einige Zeit – zu einem größtenteils latenten und beinahe metaphorischen Zustand werden. Israel könnte auf irgendeine Weise zu einem Frieden mit seinen Nachbarn gelangen. Von Israels arabischen Nachbarn stellt Syrien mit seiner Unterstützung durch die Sowjets, seiner Präsenz und seinem zunehmenden Einfluß im Libanon das größte Problem dar.

Doch sogar mit Syrien ist eine *stillschweigende* Verständigung in bezug auf den Libanon möglich, wie sich 1976 erwiesen hat. Daß diese Regelung später zusammenbrach, ist zum Teil auf den anmaßenden, übersteigerten Ehrgeiz von Ariel Sharon zurückzuführen. Doch zum größeren Teil ist es wahrscheinlich auf eine Klausel zurückzuführen, die Israel 1976 in das stillschweigende Übereinkommen mit Syrien aufgenommen hat. Es handelt sich um die Klausel, daß die Autorität Syriens sich nicht auf den äußersten Süden des Libanon und auf die Grenze Israels erstrecken solle.

Innerhalb der Grenzen des Möglichen sieht es so aus, als könne mit Syrien eine neue, weniger restriktive Vereinbarung in bezug auf den Libanon getroffen werden, und zwar mit einem gewissen Gehalt an »Territorium gegen Frieden«. Eine Version eines solchen Übereinkommens könnte folgende Punkte enthalten:

Auf Israels Seite: Erstens zieht Israel alle seine Truppen aus dem gesamten Libanon ab. Zweitens stimmt Israel im geheimen Syriens Hegemonie über den gesamten Libanon zu. Auf Syriens Seite und als Gegenleistung dafür verpflichtet sich drittens Syrien, dafür zu sorgen, daß es im Libanon keine PLO mit Ausnahme der unter der vollständigen Kontrolle Syriens stehenden Streitkräfte dieses Namens gibt und daß diesen Streitkräften verboten ist, an Fedajin-Angriffen teilzunehmen. Viertens garantiert Syrien die Sicherheit der maronitischen Bevölkerung in seinem Gebiet sowie die Sicherheit jener Elemente an der Grenze zu Israel, die mit Israel zusammengearbeitet haben. Und schließlich fünftens: Wenn diese Abmachungen eingehalten werden und während einer festgesetzten Periode Frieden herrscht, erhält Syrien die Golanhöhen zurück.

Im Sommer 1985 lag eine israelisch-syrische Verständigung aufgrund dieser allgemeinen Richtlinien im Bereich des Möglichen, war aber problematisch. Israel zog damals *beinahe* seine gesamten Streitmächte aus *beinahe* dem gesamten Libanon zurück, ohne auf seiner früheren Forderung zu bestehen: daß die Syrer sich ebenfalls aus dem gesamten Libanon zurückziehen müßten. Aber – und es ist ein großes Aber – Israel hatte offenbar vor, weiterhin die sogenannte »Südlibanonarmee« – eine unter christlicher Führung stehende Miliz in dem Grenzstreifen im äußersten Süden des Libanon – zu unterstützen. Das würde weiterhin zu Reibereien mit Syrien führen. Wie Moshe Dayan es ausgedrückt hat: »Israel verfügt über keine Außenpolitik, sondern nur über eine Verteidigungspolitik.«

Im Juni 1985 veranschaulichten die Syrer auf ihre charakteristische Art, daß sie entschlossen waren, keine neuerlichen Überfälle durch die Fedajin zuzulassen, weil diese zu Vergeltungsmaßnahmen der Israelis führten. Amal griff mit geheimer syrischer Unterstützung die Palästinenserlager an, darunter auch Sabra und Chatila, tötete Hunderte Palästinenser und schrieb ein weiteres blutiges Kapitel in Assads zynischer Abwandlung von »Uthmans Hemd«. Assad schien den Israelis zu signalisieren, daß man sich über den Libanon einigen könne.

Wenn man zu einem Übereinkommen mit Syrien in der Art des oben Beschriebenen gelangen könnte – indem man auf dem Präzedenzfall des Jahres 1976 aufbaut –, hätte Israel endlich Frieden mit allen seinen Nachbarn: Frieden durch einen Vertrag mit Ägypten; Frieden durch eine stillschweigende Vereinbarung mit Jordanien (siehe weiter unten) und mit Syrien, und durch Syrien mit dem Libanon.

Doch auch dann bleibt das Problem des Westjordanlandes und Israels Unfähigkeit, es zu verlassen, bestehen. Das Beste, was man hier realistischerweise erhoffen kann, wäre eine Rückkehr zu der nicht-interventionistischen Einstellung Dayans. Das wird jedoch durch das Vorhandensein der »Begin-Siedlungen« erschwert. Man könnte zu einem System gelangen, das es unter Dayan, aber nicht unter Begin, bereits gegeben hat und das auf den Prinzipien eines Minimums an Einmischung und der Vermeidung von Provokationen beruht.

»Es gibt keine jordanische Lösung«, hat ein jordanischer Minister erklärt, »aber es gibt eine jordanische *Rolle.«* Das klingt wie eine Andeutung. Offenbar ist es möglich, daß man mit Jordanien zu einer stillschweigenden Vereinbarung über gewisse Gebiete des Westjordanlandes gelangt; sie könnte in mancher Hinsicht dem Allon-Plan entsprechen, aber ohne großes Aufsehen und ohne die Unterzeichnung eines Vertrages erreicht werden.

Israels Lage und Stimmung nach dem Libanonkrieg und dem Rückzug aus dem Libanon scheinen für eine solche stillschweigende Übereinkunft günstig zu sein. Infolge der schweren Wirtschaftskrise und einer Inflationsrate von beinahe vierhundert Prozent hätte Shimon

Peres seinen Kollegen sagen können – und tat es auch –, daß einfach kein Geld für weitere Siedlungen im Westjordanland vorhanden ist. Die Likud und das Land akzeptierten dies offenbar. Das könnte dazu führen, daß man – wieder stillschweigend – den Versuch aufgibt, Judäa und Samaria »jüdisch zu machen«, und daß man zur alten Politik Dayans der möglichst weitreichenden Nichteinmischung gegenüber der arabischen Bevölkerung zurückkehrt. Sowohl die Araber als auch die Israelis könnten die Bewohner des Westjordanlandes dazu bewegen, sich mit ihrem abnormalen, aber nicht notwendigerweise unerträglichen Status als Bürger Jordaniens abzufinden, die in einem Territorium leben, das unter der militärischen Kontrolle Israels steht.

Realistischerweise dürften Vereinbarungen dieser Art das Beste sein, was man erreichen kann. Alle diese Vereinbarungen werden prekär und verletzlich bleiben.

Für den Israeli gehört die Belagerung zum Alltag. Am 21. Mai 1985 sah ich in Jerusalem zu, wie eine Schar von Schulkindern – etwa neunjährige Jungen und Mädchen – aus der Schule kamen. Dicht hinter den Kindern gingen zwei Männer in Zivilkleidung mit Maschinenpistolen.

Außenstehende beziehen sich oft auf Israels »Belagerungsmentalität«. Der Ausdruck stimmt, außer man will damit andeuten, daß die Belagerung nur in der Phantasie besteht. Die Belagerung ist jetzt im Nahen Osten genauso eine Realität wie sie es in Europa war. Die Verschmelzung der beiden Belagerungszustände zu einem – eine Verschmelzung, der Menachem Begins Vorstellung von der Welt zugrunde lag – ist tatsächlich ein historisch geprägtes geistiges Phänomen.

Es ist üblich geworden, Israel als Militärstaat, als neues Preußen oder neues Sparta zu bezeichnen. Doch Israel ist ganz anders. Der spartanische und der preußische Militarismus beruhten auf der Bereitschaft, hohe Verluste in Kauf zu nehmen. Israels Politik wird von dem Bestreben geprägt, Verluste an Menschenleben unter seinen Soldaten zu vermeiden. Und eben dieses Bestreben, jüdisches Leben zu retten, führt zu dem militärischen Verhalten, über das auswärtige Beobachter empört sind. Israel weigert sich, einen Abnützungskonflikt zu akzeptieren – Mann für Mann –, den Israel infolge seiner geringen Bevölkerungszahl unweigerlich verlieren muß. Israel hat daher konsequent die Doktrin der »asymmetrischen Vergeltung« befolgt.

Israel hat im Frühjahr 1985 begonnen, sich aus dem Libanon zurückzuziehen, weil die hohen Verluste – über sechshundertfünfzig Mann seit dem Juni 1982 –, die bei einem Verbleib im Libanon unvermeidlich waren, nicht tragbar waren. Und als die schiitische Miliz den auf dem Rückzug befindlichen Streitkräften weitere Verluste zufügte, schlugen diese mit ihrer gewohnten verstärkten Gewalttätigkeit zurück. Die Höhe der israelischen Verluste bestimmten den Rückzug und die Vergeltungsmaßnahmen.

Für einige auswärtige Beobachter überdeckten die Vergeltungsmaßnahmen im Frühjahr und Sommer 1985 die Tatsache des Rückzugs und die Stimmung, die diesen Rückzug notwendig erscheinen ließ.

Diese Stimmung hat Eric Silver sofort nach Begins Abdankung richtig geschildert: »Der Israeli, den Menachem Begin nach seinem eigenen Abbild geschaffen hatte, war engstirniger jüdisch, aggressiver und isolierter. Die gesellschaftlichen und religiösen Spannungen lagen dichter unter der Oberfläche. Doch wie die Kahan-Kommission bewies, war die Regierung dem Volk immer noch verantwortlich, und die Demokratie sowie die Rechtsstaatlichkeit befanden sich bei bester Gesundheit. Die Presse war durch Appelle an den Patriotismus nicht zum Schweigen zu bringen. Das Absetzen von den Problemen im Libanon im Herbst 1983 zeigte, daß den Israelis ihre Grenzen und ihre Stärken nüchtern bewußt waren. Dies war nicht das Erbe, das der sechste Premierminister seinem Volk hatte hinterlassen wollen, aber es war wert, hochgehalten zu werden.«

Shimon Peres' Stil als Premierminister spiegelt diese Einstellung wider. Heute ist er bescheiden und vernünftig und ist – wie auch Shamir – frei von dem ansteckenden, berauschenden, schrillen Ton Begins. Die Regierung der Nationalen Einheit hat sich etwas besser gehalten als die meisten ursprünglich annahmen, und Peres' Ansehen ist entsprechend gestiegen. Doch weder die Regierung der Nationalen Einheit noch ihre Nachfolger werden imstande sein, die Belagerung gänzlich aufzuheben.

Israel ist gezwungen, auf der Hut zu bleiben und seine Sicherheitserfordernisse selbst einzuschätzen. Und jene, die Israel verurteilen, sollten bedenken, daß Israels mißliche Lage nicht nur von den Israelis, sondern von uns allen geschaffen wurde – von jenen, die die Juden in Europa verfolgten und vernichteten, und von jenen in Europa und Amerika, die leise ihre Türen schlossen.

Vor diesem Hintergrund sollten die Staatsmänner Europas so taktvoll sein, sparsamer mit ihren an Israel gerichteten Ermahnungen umzugehen und sich ins Gedächtnis zu rufen, daß so viele der Völker, die diese Staatsmänner vertreten, in so vielen Jahren so viel auf so viele Arten getan haben, das den Juden die Notwendigkeit aufzwang, den jüdischen Staat zu schaffen.

Die palästinensischen Araber können mit voller Berechtigung sagen, daß sie die indirekten, unschuldigen Opfer der Judenverfolgung in Europa geworden sind. Sie sind auch die Opfer der Eitelkeit und der Hirngespinste ihrer eigenen Führer; auch die Opfer der machiavellistischen arabischen Herrscher, die sie als Uthmans Hemd benützen, und der Illusionen, die ihnen das falsche Mitgefühl der europäischen Führer vorgaukelt.

Die Bewohner des Westjordanlandes täten am besten daran, sich nicht mehr auf palästinensische Emigranten oder Teilnahmebezeugungen zu verlassen, deren grausame Unzuverlässigkeit sich bei zahllosen Gelegenheiten erwiesen hat. Sie müssen sich selbst Israel stellen, und ihr einziger wirklicher Rückhalt dabei ist die Lebensader nach Jordanien. Ihre Hoffnung für die Zukunft liegt nicht in der illusorischen und immer wieder schwindenden Aussicht auf »Territorium gegen Frieden«, sondern im Erstarken der »stillschweigenden Koexistenz«. In der Praxis haben die Bewohner des Westjordanlandes im Lauf der Jahre bewiesen, daß sie zu dieser Koexistenz bereit sind, soweit sie erreichbar ist. Die Ereignisse im Libanon zwischen 1982 und 1985 haben den Bewohnern des Westjordanlandes bestimmt gezeigt, daß jene, die am lautesten die absolute Notwendigkeit betonen, »volle palästinensische Rechte« zu erreichen, nicht Freunde der Palästinenser sind.

Es waren nicht nur die mit Israel verbündeten christlichen Araber, die 1982 in Sabra und Chatila palästinensische Araber hinschlachteten; es waren auch mit Syrien verbündete moslemische Araber, die 1985 solche Massaker veranstalteten. Bei den ersten Massakern schrie die Welt auf; über das zweite hörte man bemerkenswert wenig. Und doch waren in beiden Fällen die Opfer Palästinenser.

Wie Eric Silver betont, sind die israelischen Führer zumindest in gewissem Ausmaß durch die Folgen ernüchtert und beschämt worden, die Sharons Überheblichkeit in bezug auf den Libanon für Israel heraufbeschwor. Vielleicht ist ein ähnlicher Prozeß unter den palästinensischen Führern im Gang, und zwar dort, wo es am wichtigsten ist: im Westjordanland. Wenn dem so ist, dann wird das mit so viel Werbeaufwand propagierte Schlagwort »Territorium gegen Frieden« durch überlegtere Gespräche darüber ersetzt werden, wie man das gemeinsame Leben in diesem Gebiet für Israelis und Palästinenser erträglicher und weniger gefährlich machen könnte. In diesem Fall würden wir gegen Ende des Jahrhunderts ein wesentliches Nachlassen der Belagerung erleben. Aber dieses Nachlassen hängt davon ab, daß die Araber die überlegene militärische Stärke der Israelis anerkennen und sich auf diese Tatsache einstellen, obwohl sie wahrscheinlich nicht als unveränderliche Tatsache akzeptiert werden wird. Daher beinhaltet »nachlassen« eine Unterbrechung, aber nicht notwendigerweise eine näherrückende Beendigung. Eines ist jedenfalls nicht in Sicht: das Ende der Belagerung.

Zeittafel

1787	Gleichberechtigung der Juden in den USA.
1791	Gleichberechtigung der Juden in Frankreich.
1807	Der »Große Sanhedrin« tritt in Frankreich zusammen und legt fest, daß das Judentum eine Religion und nicht eine Nationalität ist; von den westlichen jüdischen Gemeinden weitgehend akzeptiert.
1850	Richard Wagners ›Das Judentum in der Musik‹, erstes bedeutendes Dokument des modernen Antisemitismus.
1853–1855	Joseph Arthur Gobineaus ›Versuch über die Ungleichheit der menschlichen Rassen‹, erste systematische Rassentheorie.
1862	Moses Hess' ›Rom und Jerusalem‹, erste Manifestation des modernen jüdischen Nationalismus.
1865	Eugen Dührings ›Der Wert des Lebens‹, erster Vorschlag zur Lösung der Judenfrage: »Ertötung und Ausrottung«.
1871	Gleichberechtigung der Juden im neugegründeten Deutschen Reich.
1881–1882	Judenverfolgung im ganzen russischen Reich nach der Ermordung von Zar Alexander II.
1881–1914	Auswanderung von 2,6 Millionen Juden aus Rußland und Osteuropa in die USA.
1882	Leon Pinskers ›Autoemanzipation!‹, Plädoyer für einen jüdischen Staat.
1882–1903	Erste Aliyah (Auswanderung nach Palästina).
1891	Arabische Proteste gegen die zionistischen Siedlungen in Palästina.
1894	Affäre Dreyfus in Paris.
1895	Karl Lueger Bürgermeister von Wien, Führer der antisemitischen Christlich-sozialen Partei.
1896	Theodor Herzls ›Der Judenstaat‹.
1897	Erster Zionistischer Kongreß in Basel.
1897–1904	Theodor Herzl Präsident der Zionistischen Organisation.
1898	Kaiser Wilhelm II. besucht Palästina.
1899	Houston Stewart Chamberlains ›Die Grundlagen des 19. Jahrhunderts‹, die germanische Rasse als das »höchstwertige Kulturferment«.
1903	Großer Pogrom im bessarabischen Kischinew.
1904	Tod Theodor Herzls.
1904–1911	David Wolfssohn Präsident der Zionistischen Organisation.
1904–1914	Zweite Aliyah.
1905	Siebter Zionistischer Kongreß in Basel, Entscheidung, daß ausschließlich Palästina Nationale Heimstätte ist.
1906	Gründung des American Jewish Committee.
1908–1909	Revolution im Osmanischen Reich. Verstärkter arabischer Widerstand gegen die jüdischen Siedlungen in Palästina.
1909	Gründung von Tel Aviv.
1911–1920	Otto Warburg Präsident der Zionistischen Organisation.
1914–1918	Erster Weltkrieg.
1917	2. November: Britische Balfour-Erklärung über die Schaffung einer Nationalen Heimstätte in Palästina.
	9. Dezember: Britische Streitkräfte erobern das osmanische Jerusalem.

1919–1920	Pogrome in der Ukraine.
1919–1921	Arabische Unruhen in Palästina.
1919–1923	Dritte Aliyah.
1920	Großbritannien Mandatarmacht Palästinas, Hochkommissar Sir Herbert Samuel.
1920–1931	Chaim Weizmann Präsident der Zionistischen Organisation.
1921–1924	USA unterbinden Masseneinwanderungen.
1924–1928	Vierte Aliyah (hauptsächlich aus Polen).
1929	Gründung der Jewish Agency. August: Arabische Aufstände in Jerusalem, Massaker in Hebron und Safed. 24. Oktober: New Yorker Börsenkrach, weltweite Wirtschaftskrise.
1929–1939	Fünfte Aliyah (aus Deutschland und den besetzten Gebieten).
1930	Britisches Weißbuch (Passfield), Distanzierung vom Auftrag zur Schaffung der Nationalen Heimstätte.
1931	Auf Betreiben Weizmanns Erneuerung der britischen Verpflichtung. Gründung der Irgun Zvai Leumi (militante Untergrundbewegung).
1933	30. Januar: Adolf Hitler Reichskanzler.
1935	Nürnberger Gesetze. Mussolini überfällt Äthiopien.
1936	Arabische Unruhen in Palästina, Vermittlungsversuche arabischer Fürsten. Mai: Italienische Armee erreicht Addis Abeba, Kaiser Haile Selassie flieht, besucht als Pilger Jerusalem.
1937	Juli: Peel-Kommission schlägt Teilung Palästinas vor.
1938	Niederwerfung der arabischen Aufstände durch die britische Armee. März: Anschluß Österreichs. Juli: Evian-Konferenz zum Flüchtlingsproblem. November: Reichskristallnacht.
1939	Januar–Februar: Konferenz im St. James's Palace in London, zionistische und arabische Beteiligung. Mai: Britisches Weißbuch, das die Teilung zurückweist und einen unabhängigen palästinensischen Staat in Aussicht stellt. 16.–24. August: Einundzwanzigster Zionistischer Kongreß in Genf. 23. August: Hitler-Stalin-Pakt. 1. September: Deutscher Einmarsch in Polen, Beginn des Zweiten Weltkriegs.
1939–1942	Enge militärische Zusammenarbeit zwischen Juden und Briten in Palästina.
1942	20. Januar: Wannsee-Konferenz (»Endlösung«). Februar: Untergang des Flüchtlingsschiffes Struma. 9.–11. Mai: Biltmore-Konferenz in New York, amerikanische Zionisten fordern die Öffnung Palästinas für jüdische Flüchtlinge.
1943	19.–30. April: Bermuda-Konferenz über das Flüchtlingsproblem.
1944	6. November: Ermordung des britischen Gesandten Lord Moyne in Kairo durch die Lehi.
1945	22. März: Gründung der Arabischen Liga. 12. April: Tod Franklin D. Roosevelts, Harry S. Truman amerikanischer Präsident. 8. Mai: Kapitulation Deutschlands. Juli: Labour Party Regierungspartei in Großbritannien.

	Juli–September: Illegale Einwanderungen nach Palästina, von der britischen Mandatarmacht unterbunden, von Truman unterstützt. November–Dezember: Zwischenfälle zwischen Juden und Arabern.
1946	30. April: Truman fordert die Aufnahme von 100000 Einwanderern, Weigerung der Engländer. 16. Juni: Unter Führung David Ben Gurions jüdische Übergriffe und Sabotageakte. 29. Juni: Verhaftung jüdischer Führer durch die Briten, Ben Gurion entkommt. 22. Juli: Sprengstoffanschlag der Irgun auf das King David Hotel in Jerusalem. 4. Oktober: Präsident Truman fordert die Teilung Palästinas und die Gründung eines jüdischen Staates (»Yom Kippur Speech«). 31. Dezember: Die Franzosen verlassen den Libanon.
1947	18. Februar: Großbritannien möchte das Mandat an die UNO zurückgeben. Juli: Das Einwandererschiff Exodus wird von den Briten zurückgewiesen. Die Irgun erhängt zwei britische Soldaten als Vergeltung für die Hinrichtung von drei jüdischen Terroristen. 29. November: UN-Generalversammlung stimmt für die Teilung Palästinas und die Gründung eines jüdischen Staates. 11. Dezember: Großbritannien kündigt die Mandatsniederlegung zum 15. Mai 1948 an.
1947–1948	Großbritannien beliefert arabische Staaten mit Waffen, heftige Kämpfe zwischen Juden und Arabern.
1948	9. April: Massaker im Dorf Deir Yassin durch die Irgun unter Führung Menachem Begins, arabische Vergeltungsaktion gegen einen Ärztekonvoi. März–Mai: 300000 Araber fliehen aus Palästina. 14. Mai: David Ben Gurion ruft den Staat Israel aus. 15. Mai: Ende des britischen Mandats. 15.–16. Mai: Arabische Einheiten überfallen Israel. Mai–Oktober: 400000 Araber fliehen in die Nachbarländer. 11. Juni–7. Juli: Waffenstillstand auf Vermittlung der UNO. 8.–18. Juli: Erneute Kämpfe, erfolgreiche Abwehr durch Israel. 17. September: Ermordung des UN-Beauftragten Graf Bernadotte in Jerusalem durch jüdische Terroristen. Oktober–Dezember: Kämpfe zwischen Israel und Ägypten, Vertreibung der ägyptischen Truppen aus dem Negev.
1949	Februar–Juni: Waffenstillstandsabkommen zwischen Israel und Ägypten, Libanon, Jordanien, Syrien; Teilung Jerusalems.
1949–1952	Chaim Weizmann Staatspräsident.
1950	25. Mai: Dreimächteerklärung (Großbritannien, Frankreich, USA) über eine »Regelung« der Waffenlieferungen an Israel und die arabischen Staaten und Garantie der Waffenstillstandslinien.
1950–1970	Starke Einwanderung von orientalischen Juden nach Israel.
1951	20. Juli: Ermordung von König Abdullah von Jordanien durch arabische Haschimiden-Gegner.
1952	Militärrevolte in Ägypten, König Faruk dankt ab, Beginn der politischen Karriere von Gamal Abdel Nasser.
1953	Januar: Dwight D. Eisenhower amerikanischer Präsident.

	Die Sowjetunion bricht die Beziehungen zu Israel ab.
	Regierungskrise in Israel, vorübergehendes Ausscheiden von Ben Gurion.
	13. Juni: Ägypten wird Republik, Mohammed Nagib Staats- und Ministerpräsident.
1954	Gamal Abdel Nasser Ministerpräsident von Ägypten.
	Großbritannien verläßt die Suezkanalzone.
	Zunehmende Fedajin-Überfälle in Israel.
1955	24. Februar: Bagdad-Pakt der Amerikaner und Briten auch mit arabischen Staaten als Verteidigungslinie gegen die Sowjetunion, Nasser reagiert mit Vereinbarungen über sowjetische Militärhilfe.
	28. Februar: Israelischer Überfall im Gazastreifen.
	September: Militärbündnis zwischen Ägypten und Syrien.
	November: Ben Gurion wieder Ministerpräsident.
1956	USA ziehen Finanzhilfe für Assuan-Projekt zurück.
	26. Juli: Verstaatlichung der Suezkanalgesellschaft.
	16.–25. August: Erste Londoner Suezkanalkonferenz.
	29. Oktober: Israelische Eroberung der Sinaihalbinsel.
	30. Oktober: US-Antrag im UN-Sicherheitsrat auf Rückzug der israelischen Truppen aus dem Sinai; Veto von Großbritannien und Frankreich.
	31. Oktober–5. November: Britisch-französische Militäraktion am Suezkanal, Rückzug und Übergabe an UN-Truppen.
1957	25.–27. Februar: Arabische Viererkonferenz in Kairo.
	2. April: UN-Truppen räumen Kanalzone.
	März: Israels Rückzug aus dem Sinai.
1958	1. Februar: Ägypten und Syrien bilden Vereinigte Arabische Republik.
	14. Februar: Irak und Jordanien bilden Arabische Union.
	14. Juli: Militärputsch im Irak.
1958–1959	Gründung der palästinensischen Fatah-Organisation unter Führung Jasir Arafats.
1961	September: Syrien verläßt die Vereinigte Arabische Republik.
	15. Dezember: Todesurteil im Eichmann-Prozeß in Jerusalem.
1963–1969	Levi Eshkol Ministerpräsident.
1964	Mai: Gründung der PLO (Palestine Liberation Organization) unter dem Patronat der arabischen Staaten.
	Papst Paul VI. in Israel.
1965	Aufnahme diplomatischer Beziehungen zwischen Israel und der Bundesrepublik.
	17. September: Solidaritätsabkommen der Arabischen Liga in Casablanca.
1966–1967	Grenzzwischenfälle und Anwachsen der Sabotageakte von Fatah und PLO.
1967	17. Mai: Einmarsch ägyptischer Truppen in den Sinai.
	18. Mai–22. Mai: Nasser erzwingt den Abzug der UN-Truppen im Sinai und schließt den Golf von Akaba für israelische Schiffe.
	1. Juni: Moshe Dayan Verteidigungsminister und Menachem Begin Regierungsmitglied.
	5. Juni: Israelischer Luftangriff, Beginn des Sechstagekriegs.
	10. Juni: Feuereinstellungsbefehl des UN-Sicherheitsrats wird be-

	folgt, ohne Rückzug aus den eroberten Gebieten (Sinai, Westjordanien, Gaza, Golan).
	19. August–1. September: Arabischer Gipfel in Khartum.
	Oktober: Kämpfe zwischen Israel und Ägypten.
	22. November: UN-Resolution 242.
1968	Juli: Militärputsch im Irak.
1968–1969	Reorganisation der PLO unter Führung Arafats mit Basis im Libanon und in Jordanien.
1969	September: Arabischer Gipfel in Rabat.
	Grenzgefechte.
1969–1974	Golda Meir Ministerpräsidentin.
	Richard Nixon amerikanischer Präsident.
1970	Militärhilfe der Sowjetunion für Ägypten.
	August: Waffenstillstand aufgrund des US-Friedensplans. Regierungskrise in Israel.
	September: Flugzeugentführung durch Fedajin.
	28. September: Tod Nassers, Nachfolger Anwar Sadat.
	November: Rechtsruck der Regierung in Syrien.
1971	Februar: Verhandlungsangebot Sadats an Israel.
1972	Juli: Ausweisung der sowjetischen Militärberater aus Ägypten.
	September: Schwarzer-September-Überfall in München während der Olympischen Spiele.
	Israelische Luftangriffe im Libanon.
1973	Januar: Kämpfe auf den Golanhöhen.
	6.–25. Oktober: Yom-Kippur-Krieg nach ägyptischem und syrischem Überraschungsangriff auf Israel.
	17. Oktober: Arabisches Ölembargo.
	22. Oktober: UN-Resolution 338 über Verhandlungen zwischen Israel und den arabischen Staaten.
	21. Dezember: Nahost-Konferenz in Genf.
	Vermittlungstätigkeit des US-Außenministers Henry Kissinger.
1974	18. Januar: Truppenentflechtungsabkommen zwischen Israel und Ägypten (Erstes Sinaiabkommen).
	Februar: Arabischer Gipfel in Lahore.
	11. April: Rücktritt von Golda Meir, Nachfolger Yitzhak Rabin.
	31. Mai: Abkommen zwischen Israel und Syrien.
	26.–29. Oktober: Arabischer Gipfel in Rabat, PLO als rechtmäßige Vertretung der Palästinenser anerkannt.
	13. November: Arafat vor der UN-Generalversammlung.
	23. November: UN-Beschluß über das Recht auf Selbstbestimmung.
1975	25. Mai: Israel dringt im Libanon ein.
	4. September: Zweites Sinaiabkommen.
	3. Dezember: Israelische Luftangriffe im Libanon.
1976	Januar: Jimmy Carter amerikanischer Präsident.
	Juni: Einmarsch syrischer Truppen im Libanon (libanesischer Bürgerkrieg). Entführung eines israelischen Flugzeugs durch PLO nach Entebbe, Befreiung durch israelisches Kommando.
	21. Dezember: Rücktritt der Regierung Rabin.
1977	Mai: Israelische Wahlen, Sieg des Likud-Blocks.
	20. Juni: Menachem Begin Ministerpräsident; Ezer Weizman Verteidigungsminister, Moshe Dayan Außenminister.

1. Oktober: Gemeinsame Stellungnahme von Sowjetunion und USA.
9. November: Sadats Friedensinitiative.
14. November: Einladung Sadats durch Begin.
19.–20. November: Sadat in Jerusalem.
2.–5. Dezember: Antiägyptische Konferenz arabischer Staaten in Tripolis.

1978 11. März: Massaker der Fatah an israelischen Zivilisten.
14. März: Vergeltungsschlag Israels im Südlibanon (Operation Litani).
19. März: UNO-Resolution 425 (Einstellung der militärischen Aktionen im Libanon und Truppenrückzug).
6.–18. September: Camp-David-Gespräche zwischen Ägypten, Israel, den USA.
25. September: Israel nimmt Camp-David-Abkommen an.
2.–5. November: Arabischer Gipfel in Bagdad.

1979 Januar–Februar: Iranische Revolution.
31. März: Zweiter arabischer Gipfel in Bagdad, wiederholt Verurteilung des Camp-David-Abkommens.
4. November: Besetzung der amerikanischen Botschaft in Teheran durch Khomeini-Anhänger und Geiselnahme.

1980 Mai–Juni: Unruhen im Westjordanland.
September: Beginn des irakisch-iranischen Kriegs.

1981 Januar: Ronald Reagan amerikanischer Präsident.
April: Israelisch-syrische Zusammenstöße im Libanon.
7. Juni: Israel zerstört das irakische Kernkraftwerk Osirak.
Ariel Sharon Verteidigungsminister.
6. Oktober: Ermordung Sadats, Nachfolger Hosni Mubarak.
Dezember: Israel annektiert die syrischen Golanhöhen.

1982 Februar: Niederschlagung fundamentalistischer Rebellen in Hama durch syrisches Militär.
März–Mai: Blutige Unruhen im Westjordanland.
3. Juni: Arabischer Mordanschlag auf israelischen Botschafter Shlomo Argov in London.
6. Juni: Israel fällt im Libanon ein.
9. Juni: Israel zerstört syrische Luftabwehr im Libanon.
Juli–August: Israel bombardiert West-Beirut nach Einmarsch im christlichen Ost-Beirut.
21. August–1. September: Evakuierung der PLO und syrischer Truppen aus Beirut.
14. September: Ermordung von Bashir Gemayel.
15. September: Israel besetzt West-Beirut.
17.–18. September: Maronitisches Massaker an Palästinensern im Libanon.

1983 Februar: Rücktritt von Verteidigungsminister Sharon.
August: Rückzug der israelischen Truppen in den Südlibanon.
September: Rücktritt Begins, Nachfolger Yitzhak Shamir.

1984 Juli–August: Nach Wahlen Regierung der Nationalen Einheit mit Shimon Peres als Ministerpräsident und Yitzhak Shamir als stellvertretendem Ministerpräsidenten und Außenminister.

Bibliographie

Enthalten sind die Werke und Artikel, die im Text zitiert sind, sowie einige wenige andere Werke als Hintergrundinformation.

Abbott, George Frederick: Israel in Europe. New York: Humanities 1972.
Adelson, Roger: Mark Sykes. Portrait of an Amateur. London: Cape 1975.
Ajami, Fouad: The Arab Predicament. Arab Political Thought and Practice Since 1967. Cambridge: Cambridge University Press 1981.
Alexander, Edward: Abba Kovner. Poet of the Holocaust and Rebirth. In: Midstream (Oktober 1977).
Ders.: The Journalists War Against Israel. In: Encounter (September–Oktober 1982).
Amichai, Yehuda: Not of This Time, Not of This Place. London: Vallentine, Mitchell 1973.
Antonius, George: The Arab Awakening. London: Hamish Hamilton 1955.
Appelfeld, Aharon: 1946. In: Jerusalem Quarterly 7 (Frühjahr 1978).
Aronson, Shlomo: Conflict and Bargaining in the Middle East. An Israeli Perspective. Baltimore: Johns Hopkins University Press 1978.
Avineri, Shlomo: The Making of Modern Zionism. The Intellectual Origins of the Jewish State. London: Weidenfeld and Nicolson 1981.
Bachi, Roberto: The Population of Israel. Jerusalem: Institut für jüdische Zeitgeschichte, Hebräische Universität von Jerusalem 1974.
Barakat, Halim: Alienation and Revolution in Arab Life. In: Jerusalem Quarterly 4 (Sommer 1977).
Baranski, Salih: The Story of a Palestinian. In: Journal of Palestine Studies 11, Nr. 1 (Herbst 1981).
Baron, Salo Wittmayer: The Russian Jew Under Tsars and Soviets. London: Collier-Macmillan 1964; New York: Macmillan 1965.
Bar-Zohar, Michael: Ben-Gurion. London: Weidenfeld and Nicolson 1978.
Bauer, Yehuda: From Diplomacy to Resistance. A History of Jewish Palestine, 1939–1945. New York: Atheneum 1973.
Beaverbrook, Lord: Men and Power. Neue Ausgabe London: Collins 1966.
Becker, Jillian: The Rise and Fall of the Palestine Liberation Organization. London: Weidenfeld and Nicolson 1984.
Begin, Menachem: The Revolt. Neue Ausgabe New York: 1977.
Bell, J. Bowyer: Terror out of Zion. Fight for Israeli Independence. Dublin: Academy Press 1979.
Ben-Ezer, Ehud: War and Siege in Israeli Literature 1948–1967. In: Jerusalem Quarterly 2 (Winter 1977).
Ders.: War and Siege in Israeli Literature After 1967. In: Jerusalem Quarterly 9 (Herbst 1978).
Ben-Gurion, David: Israel: A Personal History. New York: Funk and Wagnalls 1971.
Ders.: My Talks with Arab Leaders. Jerusalem: Keter Books 1972.
Bentwich, Norman und Helen: Mandate Memories. London: Hogarth Press 1965.
Benvenisti, Meron: Jerusalem. Study of a Polarized Community. Research paper Nr. 3 of the West Bank Data Project, Jerusalem 1983.
Ders.: The West Bank and Gaza Data Base Project Interim Report No. 1. Jerusalem 1982.

Berlin, Sir Isaiah: Chaim Weizmann. London: Weidenfeld and Nicolson 1958.
Ders.: The Life and Times of Moses Hess. Cambridge: W. Heffes 1959.
Bernadotte, Graf Folke: To Jerusalem. London: Hodder and Stoughton 1951.
Bethell, Nicholas: The Palestine Triangle. London: Deutsch 1979.
Birdwood, Christopher B.: Nuri Said. A Study in Arab Leadership. London: Cassell 1959.
Boorstin, Daniel J. (Hrsg.): An American Primer. Chicago und London: University of Chicago Press 1966.
Bowle, John: Viscount Samuel. A Biography. London: Gollancz 1957.
Brecher, Michael: Decisions in Israel's Foreign Policy. London: Oxford University Press 1974; New Haven: Yale University Press 1975.
British Institute of International Affairs. Survey of International Affairs 1920–1923 and 1924. Oxford: Oxford University Press 1925 und 1926.
Brzezinski, Zbigniew: Power and Principle. Memoirs of the National Security Adviser 1977–1981. New York: Farrar, Straus and Giroux 1983; London: Weidenfeld and Nicolson 1983.
Bullock, Alan: The Life and Times of Ernest Bevin; Band 3, Foreign Secretary, 1945–1951. London: Heinemann 1983.
Byrnes, R. F.: Antisemitism in Modern France. New Brunswick, N. J.: Rutgers University Press 1950.
Ders.: Pobedonostsev. Bloomington, Ind.: Indiana University Press 1968.
Calder, Angus: The People's War. Britain 1939–45. London: Cape 1969.
Caplan, Neil: Palestine Jewry and the Arab Question. London: Cass 1978.
Carter, Jimmy: Keeping Faith. London: Collins 1982.
Caspi, Dan/Abraham Diskin/Emanuel Gutmann (Hrsg.): The Roots of Begin's Success. London: Croom Helm; New York: St. Martin's 1984.
Chapman, Guy: The Dreyfus Case. London: Hart-Davis 1955.
Chesterton, G. K.: The New Jerusalem. New York: George H. Doran 1921.
Chomsky, Noam: The Fateful Triangle. The United States, Israel and the Palestinians. Boston: South End Press 1983.
Churchill, Randolph S.: Winston S. Churchill. Band 2: Young Statesman. London: Heinemann 1967.
Cohen, Erik: The Black Panthers and Israeli Society. In: Jewish Journal of Sociology 14, Nr. 1.
Cohen, Michael J.: Palestine. Retreat from the Mandate. The Making of British Policy 1936–45. New York: Holmes and Meier 1978.
Cowles, Virginia: The Kaiser. London: Collins 1963.
Cowling, Maurice: The Impact of Hitler. British Politics and British Policy, 1933–1940. Chicago und London: University of Chicago Press 1975.
Crossman, Richard: A Nation Reborn. London: Hamish Hamilton 1960; New York: Atheneum 1960.
Ders.: Palestine Mission. A Personal Record. London: Hamish Hamilton 1947.
Curtis, Michael (Hrsg.): Religion and Politics in the Middle East. Boulder, Colo.: Westview Press 1981.
Curtis, Michael/Mordecai S. Chertoff (Hrsg.): Israel. Social Structure and Change. New Brunswick, N. J.: Transaction Books 1973.
Dayan, Moshe: Breakthrough. A Personal Account of the Egypt-Israel Peace Negotiations. London: Weidenfeld and Nicolson 1981; New York: Knopf 1981.
Ders.: Story of My Life. London: Weidenfeld and Nicolson 1966.
Documents of British Foreign Policy, siehe: United Kingdom.
Drumont, Edouard: La France Juive, Paris: Flammarion 1886.

Dubnov, Simon: History of the Jews. 4. Auflage. New York und London: Thomas Yoseloff 1967.
Dugdale, Blanche: Arthur James Balfour. 2 Bde. London: Hutchinson 1936; New York: Putnam 1937.
Dundas, siehe: Ronaldshay.
Dutter, Lee E.: Eastern and Western Jews. Ethnic Divisions in Israeli Society. In: Middle East Journal 31, Nr. 4 (Herbst 1977).
Eban, Abba: An Autobiography. London: Weidenfeld and Nicolson 1978.
Eisenstadt, Shmuel N.: The Absorption of Immigrants. London: Routledge and Kegan Paul 1954.
Eliot, George: Daniel Deronda. London: Penguin Books 1979.
Elon, Amos: Herzl. London: Weidenfeld and Nicolson 1976.
Encyclopedia Judaica. Jerusalem: Keter Books 1972.
Encyclopedia of Zionism and Israel, siehe: Patai, Raphael.
Esco Foundation for Palestine, Inc. Palestine. A Study of Jewish, Arab and British Policies. Yale und Oxford: Yale University Press 1947.
Feiling, Keith: The Life of Neville Chamberlain. London: Macmillan 1946.
Friedman, Isaiah: Germany, Turkey, and Zionism. 1897–1918. Oxford: Oxford University Press 1977.
Ders.: The Question of Palestine, 1914–18. British-Jewish-Arab Relations. London: Routledge and Kegan Paul 1973.
Frye, R. N. (Hrsg.): The Near East and the Great Powers. Cambridge, Mass.: Havard University Press 1951.
Gabatello, Eitan: The Population of the Administered Territories. Some Demographic Trends and Implications. In: West Bank Data Project, Jerusalem 1983.
Gannon, Franklin R.: The British Press and Germany 1936–39. Oxford: Clarendon Press 1971.
Gelber, Yoau: Zionist Policy and the Transfer Agreement. In: Yalkut Moreshet 17 (Januar 1974).
Gertz, Nurith: Israeli Novelists. In: Jerusalem Quarterly 17 (Herbst 1980).
Gilbert, Martin: Winston Spencer Churchill. Bd. 4, London: Heinemann 1975.
Gilboa, Amir: Songs in the Early Morning. The Vehicle of Parody. In: Jerusalem Quarterly 5 (Herbst 1977).
Gilmour, David: Dispossessed. The Ordeal of the Palestinians. London: Sidgwick and Jackson 1980.
Glick, Edward B.: The Triangular Connection. America, Israel and American Jews. London: George Allen and Unwin 1982.
Glubb, Sir John Bagot: A Soldier with the Arabs. London: Hodder and Stoughton 1957; New York: Harper 1957.
Golan, Matti: The Secret Conversations of Henry Kissinger. Step-by-Step Diplomacy in the Middle East. New York: Quadrangle/New York Times Books 1976.
Ders.: Shimon Peres. A Biography. London: Weidenfeld and Nicolson 1982.
Goldberg, Giora: The I.D.F. at the Polls. In: Jerusalem Quarterly 34 (Winter 1985).
Gooch, George Peabody: Before the War. Studies in Diplomacy. Bd. 1. London und New York: Longman Green 1936.
Greenberg, Louis: The Jews in Russia. The Struggle for Emancipation. New Haven: Yale University Press 1965.
Gwynn, Stephen (Hrsg.): The Letters and Friendships of Sir Cecil Spring-Rice. Bd. 2. London: Constable 1929; New York: Houghton Mifflin 1929.

Hadawi, Sami: Bitter Harvest. Palestine Between 1911 and 1967. New York: New World Press 1967.
Halabi, Rafik: The West Bank Story. An Arab's View of Both Sides of a Tangled Conflict. New York und London: Harcourt Brace Jovanovich 1982.
Halpern, Ben: The Idea of the Jewish State. 2. Auflage Cambridge, Mass., und London: Harvard University Press 1961, 1969, 1976.
Hanna, Paul: British Policy in Palestine. Washington, D.C.: American Council on Public Affairs 1942.
Hansard Parliamentary Debates, siehe: United Kingdom.
Hareven, Alouph (Hrsg.): Can the Palestinian Problem Be Solved? Israeli Positions. Jerusalem: Van Leer Foundation 1983.
Ders.: Every Sixth Israeli. Relations Between the Jewish Majority and the Arab Minority in Israel. Jerusalem: Van Leer Foundation 1983.
Harkabi, Yehoshua: Arab Attitudes to Israel. Jerusalem: Keter 1972.
Harris, Kenneth: Attlee. London: Weidenfeld and Nicolson 1982.
Harris, William Wilson: Taking Root. Israeli Settlement in the West Bank, the Golan and Gaza-Sinai. 1967–1980. Chichester und New York: Research Studies Press 1980.
Heikal, Mohamed: Autumn of Fury. The Assassination of Sadat. London: Deutsch 1983; New York: Random House 1984.
Ders.: The Road to Ramadan. London: Collins 1975; New York: Quadrangle/New York Times Books 1975.
Herman, Simon: In the Shadow of the Holocaust. In: Jerusalem Quarterly 3 (Frühjahr 1977).
Herzberg, Arthur: The French Enlightenment and the Jews. New York: Columbia University Press 1968.
Herzl, Theodor: Der Judenstaat. Versuch einer modernen Lösung der Judenfrage. Wien: M. Breitenstein 1896.
Ders.: Diaries, siehe: Patai, Raphael.
Herzl Year Book, siehe: Patai, Raphael. Siehe auch: Elon, Amos; Nevada, Joseph; Stewart, Desmond.
Herzog, Chaim: The Arab-Israeli Wars. London: Arms and Armour Press 1982.
Hirst, David: The Gun and the Olive Branch. London: Faber and Faber 1977; New York: Harcourt Brace Jovanovich 1977.
Hirszowicz, Lukasz: Third Reich and the Arab East. London und Toronto: 1966.
Hitler, Adolf: Hitler's Table Talk. His Private Conversations 1941–44. Hrsg. von Roper. London: Weidenfeld and Nicolson 1973.
Ders.: Mein Kampf. London: Hutchinson 1939, 1969; Boston: Houghton Mifflin 1943.
Hoffman, Stanley: A New Policy for Israel. In: Foreign Affairs 53, Nr. 31 (April 1975).
Hurewitz, Jacob Coleman: The Struggle for Palestine. New York: Norton 1950.
Ders.: The Middle East and North Africa in World Politics. 2. rev. und erw. Auflage. Bd. 2: British-French Supremacy 1914–1945. New Haven und London: Yale University Press 1979.
Hyamson, Albert Montefiore: Palestine Under the Mandate. London: Methuen 1950.
Ingrams, Doreen: Seeds of Conflict. Palestine Papers. London: John Murray 1972.
Isaac, Rael Jean: Party and Politics in Israel. New York und London: Longman 1981.

Jeffery, Arthus: Reader on Islam. Columbia University Publications in Near and Middle East Studies. Serie A, 2. S-Gravenhage: Mouton 1962.
Jiryis, Sabri: The Arabs in Israel. New York und London: Monthly Review Press 1976.
Johnson, Nels: Islam and the Politics of Meaning in Palestinian Nationalism. London: Kegan Paul 1982.
Kampf, H. A.: Israeli Administration of the West Bank. The Arab View. In: International Problems (The Journal of the Israeli Institute for the Study of International Affairs) 16 (Frühjahr 1977).
Kann, Robert A.: History of the Habsburg Empire, 1526–1918. Berkeley und London: University of California Press 1974.
Kedourie, Elie: The Chatham House Version. London: Weidenfeld and Nicolson 1970.
Ders.: England and the Middle East. London: Bowes and Bowes 1956.
Ders.: Islam and the Modern World and Other Studies. London: Mansell Publishing 1980.
Ders. und Sylvia G. Haim (Hrsg.): Palestine and Israel in the 19th and 20th Centuries. London: Cass 1982.
Ders.: Zionism and Arabism in Palestine and Israel. London: Cass 1982.
Kenen, I. L.: Israel's Defense Line. Her Friends and Foes in Washington. Buffalo, N. Y.: Prometheus Books 1981.
Kerr, Malcolm H.: The Arab Cold War. Gamal Abd al-Nassir and His Rivals, 1958–1970. 3. Auflage London und New York: Royal Institute of International Affairs/Oxford University Press 1971.
Kiernan, Thomas: Yasir Arafat. The Man and the Myth. London: Sphere Books 1976; New York: Norton 1976.
Kimche, Jon und David: Both Sides of the Hill. London: Secker and Warburg 1960.
Kirk, George, siehe: Royal Institute of International Affairs.
Kirkbride, Alec Seath: A Crackle of Thorns. Experiences in the Middle East. London: John Murray 1956.
Kissinger, Henry: Years of Upheaval. Boston: Little Brown 1982; London: Weidenfeld and Nicolson und Michael Joseph 1982.
Klausner, Joseph: Menachem Ussishkin. His Life and Work. New York: Scopus Publishing 1942.
Koestler, Arthur: Promise and Fulfillment: Palestine 1917–1949. Neuausgabe. London: Papermac 1983.
Kohn, Hans (Hrsg.): Nationalism and the Jewish Ethic. Basic Writings of Ahad Ha'am. New York: Herzl Press 1962.
Kovner, Abba: My Little Sister. In: A Canopy in the Desert. Selected Poems. Pittsburgh: University of Pittsburgh Press 1973.
Krikler, Bernard: Boycotting Nazi Germany. In: Wiener Library Bulletin 1969, Bd. XXIII, Nr. 4 (neue Serie Nr. 17).
Kurzman, Dan: Ben-Gurion. Prophet of Fire. New York: Simon and Schuster 1983.
Ders.: Genesis, 1948. First Arab-Israeli War. London: Vallentine, Mitchell 1972.
Landau, Jacob M.: The Arabs in Israel. A Political Study. London: Royal Institute of International Affairs 1969.
Landshut, Siegfried: Jewish Communities in the Muslim Countries of the Middle East. A Survey. London: Jewish Chronicle 1950.
Langer, Lawrence L.: The Holocaust and the Literary Imagination. New Haven und London: Yale University Press 1975.

Laqueur, Walter: A History of Zionism. London: Weidenfeld and Nicolson 1972.
Lash, Joseph P.: Eleanor. The Years Alone. New York: Norton; London: Deutsch 1973.
Legum, Colin (Hrsg.): Middle East Contemporary Survey. Bd. 1, 1976–1977, und jährlich. New York und London: Holmes and Meier für das Shiloah Center for Middle Eastern and African Affairs, Tel Aviv University.
Lesch, Ann: Arab Politics in Palestine. Ithaca, N. Y.: Cornell University Press 1979.
Lewis, Bernard: L'Islam et les Non-Musulmans. In: Annales. Economies, Sociétés, Civilisations 3, 4 (Mai, August 1980).
Ders.: Islam in History. Ideas, Men and Events in the Middle East. London: Alcove Press 1973.
Ders.: The Middle-East and the West. London: Weidenfeld and Nicolson 1968.
Ders.: Review of ›Autumn of Fury. The Assassination of Sadat‹ von Mohamed Heikal. In: New York Review of Books, 31. Mai 1984.
Liddell Hart, B. H.: A History of the World War 1914–1918. London: Faber and Faber 1934; Boston: Little, Brown 1935.
Littman, David: Jews Under Muslim Rule in the Late Nineteenth Century. Teil 1 und 2. Wiener Library Bulletin 28 (neue Serien Nr. 35–36) (1975).
Ders.: Jews Under Muslim Rule: Morocco 1903–1912. In: Wiener Library Bulletin 29.
Lorch, Netanel: The Edge of the Sword. Israel's War of Independence, 1947–1949. London und New York: Putnam 1961.
Louis, William Roger: The British Empire in the Middle East, 1945–51. Oxford: Oxford University Press 1984.
Lucas, Noah: The Modern History of Israel. London: Weidenfeld and Nicolson 1974.
Luke, H. C.: Cities and Men. An Autobiography. 3 Bde. London: Bles 1953–1956.
Luks, Harold Paul: Iraqi Jews during World War II. In: Wiener Library Bulletin XXX (1977).
Lustick, Ian: Arabs in the Jewish State. Israel's Control of a National Minority. Austin und London: University of Texas Press 1980.
Macartney, C. A.: The Habsburg Empire. 1790–1918. London: Weidenfeld and Nicolson 1971.
McDonald, James G.: My Mission in Israel. 1948–51. London: Gollancz 1951; New York: Simon and Schuster 1951.
Mandel, Neville J.: The Arabs and Zionism Before World War I. Berkeley: University of California Press 1976.
Marlowe, John: The Seat of Pilate. London: Cresset Press 1959.
Marom, Ran: The Development of U.S. Policy in the Palestine Issue. October 1973–November 1976. Tel Aviv: Shiloah Center 1978.
Marquand, David: Ramsay MacDonald. London: Jonathan Cape 1977.
Meinertzhagen, Richard: Middle East Diary, 1917–56. London: Cresset Press 1959.
Meir, Golda: My Life. New York: Putnam and Dell Paperback 1975.
Meiring, Desmond: Fire of Islam. London: Wildwood House 1982.
Monroe, Elizabeth: Britain's Moment in the Middle East. London: Chatto and Windus 1981.
Moore, John Norton (Hrsg.): The Arab-Israeli Conflict. Readings and Documents. Revidierte Auflage Princeton, N. J.: Princeton University Press 1977.
Morse, Arthur D.: While Six Million Died. New York: Random House 1968.

Mortimer, Edward: Faith and Power. London: Faber and Faber 1983; New York: Random House 1982.
Muslih, Muhammad Y.: Moderates and Rejectionists Within the Palestine Liberation Organization. In: The Middle East Journal 30 (Frühjahr 1976).
Nakhlek, K. und E. Zureik (Hrsg.): The Sociology of the Palestinians. London: Croom Helm 1980.
Nevada, Joseph: Herzl and Messianism. In: Herzl Year Book (siehe: Patai, Raphael). Bd. VII. New York: Herzl Press 1971.
Newman, David: Jewish Settlement in the West Bank. The Role of Gush Emunim. Durham: University of Durham Centre for Middle Eastern and Islamic Studies 1982.
O'Neill, Bard E.: Armed Struggle in Palestine. Boulder, Colo.: Westview Press 1978.
Oz, Amos: Elsewhere, Perhaps. New York: Harcourt Brace Jovanovich 1973.
Ders.: The Hill of Evil Counsel. London: Fontana Books 1981.
Ders.: In the Land of Israel. London und New York: Hogarth Press 1983.
Ders.: Touch in the Water, Touch in the Wind. London: Chatto and Windus 1975.
Ders.: Unto Death. London: Chatto and Windus 1976.
Ders.: Where Jackals Howl. London: Chatto and Windus 1981.
Patai, Raphael (Hrsg.): The Complete Diaries of Theodor Herzl. New York: Herzl Press und Thomas Yoseloff 1960.
Ders.: Encyclopaedia of Zionism and Israel. New York: Herzl Press 1971.
Ders.: Herzl Year Book. Bd. 1. 1958 und jährlich. New York: Herzl Press. Siehe auch: Nevada, Joseph.
Peel Commission Report, siehe: United Kingdom, Sessional Papers.
Peres, Yochanan: Ethnic Relations in Israel. In: American Journal of Sociology 76 (Juli 1970– Mai 1971).
Peri, Yoram: Between Battles and Ballots. Israeli Military in Politics. Cambridge: Cambridge University Press 1983.
Poliakov, Leon: The History of Anti-Semitism. Bd. 3: From Voltaire to Wagner. London: Routledge and Kegan Paul 1968.
Polk, William R.: The Arab World. 4. Auflage Cambridge, Mass., und London: Harvard University Press 1980.
Porath, Yehoshua: The Emergence of the Palestinian-Arab National Movement. 1918–1929. London: Cass 1974.
Prittie, Terence: Eshkol of Israel. London: Museum Press 1969.
Pulzer, P. G. J.: The Rise of Political Anti-Semitism in Germany and Austria. New York: Wiley 1964.
Quandt, William B.: Decade of Decisions. American Policy Toward the Arab-Israeli Conflict. Berkeley und Los Angeles: University of California Press 1977.
Quandt, William B./Fuad Jabber/Ann Lesch: Politics of Palestinian Nationalism. Berkeley: University of California Press 1973.
Rabin, Yitzhak: The Rabin Memoirs. London: Weidenfeld and Nicolson 1979; Boston: Little, Brown 1979.
Rabinovich, Itamar: The War for Lebanon, 1970–1983. Ithaca, N. Y., und London: Cornell University Press 1984.
Rabinowicz, Oskar: Fifty Years of Zionism. London: R. Anscombe 1950.
Rafael, Gideon: Destination Peace. London: Weidenfeld and Nicolson 1981; New York: Stein and Day 1981.
Rahman, Fazlur: Islam. Chicago: University of Chicago Press 1979.

Reinharz, Jehuda: Chaim Weizmann. The Making of a Zionist Leader. London und New York: Oxford University Press 1985.
Rodinson, Maxime: Israel and the Arabs. 2. Auflage London: Penguin Books 1968, 1982.
Ronaldshay, Lord (John Lawrence Dundas, später Marquis of Zetland): The Life of Lord Curzon. 3 Bde. London: Ernest Benn 1928.
Rose, Norman Anthony: The Gentile Zionists. A Study in Anglo-Zionist Diplomacy 1929–1939. London: Cass 1973.
Rothwell, V. H.: British War Aimes and Peace Diplomacy, 1914–18. Oxford: Oxford University Press 1971.
Royal Institute of International Affairs. Documents on International Affairs. Bd. 1, 1928, und jährlich. London: Oxford University Press.
Dass.: Survey of International Affairs. Bd. 1, 1925, und jährlich. Siehe vor allem den Band von 1954 von George Kirk: The Middle East 1945–1950. Siehe auch: British Institute (Vorgänger des Royal Institute).
Rubin, Barry M.: The Arab States and the Palestine Conflict. Syracuse, N. Y.: Syracuse University Press 1982.
Sachar, Howard M.: Europe Leaves the Middle East. London: A. Lane 1974.
Ders.: A History of Israel from the Rise of Zionism to Our Time. Oxford: Blackwell 1977.
Sadat, Anwar: In Search of Identity. An Autobiography. London: Collins and Fontana 1978; New York: Harper and Row 1978.
Safran, Nadav: Engagement in the Middle East. In: Foreign Affairs 52, Nr. 1 (Oktober 1974).
Ders.: From War to War. The Arab-Israeli Confrontation, 1948–1967. New York: Pegasus 1969.
Said, Edward W.: The Question of Palestine. London: Routledge and Kegan Paul 1981.
Sanders, Ronald: The High Walls of Jerusalem. New York: Holt, Rinehart and Winston 1953.
Sayigh, Rosemary: Palestinians. From Peasants to Revolutionaries. London: Zed Press 1979.
Sayigh, Yusif A.: Arab Oil Policies in the 1970s. Opportunity and Responsibility. London und Canberra: Croom Helm 1983.
Schechtman, J. B.: Fighter and Prophet. The Vladimir Jabotinsky Story. The Last Years. New York und London: Thomas Yoseloff 1961.
Ders.: Rebels and Statesmen. The Vladimir Jabotinsky Story. The Early Years. New York: Thomas Yoseloff 1956.
Ders.: The Mufti and the Fuehrer. New York: Thomas Yoseloff 1969.
Schiff, Ze'ev/Ehud Ya'ari: Israel's Lebanon War. New York: Simon and Schuster 1984.
Schlesinger, Arthur M., Jr./Fred Israel (Hrsg.): History of American Presidential Elections. Bd. 4: 1940–1968. New York und London: Chelsea House in Zusammenarbeit mit McGraw-Hill 1971.
Schueftan, Dan: Nasser's 1967 Policy Reconsidered. In: Jerusalem Quarterly Nr. 3 (Frühjahr 1977).
Seale, Patrick: The Struggle for Syria. A Study of Post-War Arab Politics, 1945–1958. London und New York: Oxford University Press 1965.
Segre, V. D.: Israel. A Society in Transition. London: Oxford University Press 1971.
Shadid, Mohammed K.: The United States and the Palestinians. London: Croom, Helm 1981; New York: St. Martin's 1981.

Shahar, David: The Death of the Little God. In: Stories from Jerusalem. London: Elek 1976.
Shaked, Haim/Itamar Rabinovich (Hrsg.): The Middle East and the United States. Perceptions and Policies. New Brunswick, N. J.: Transaction Books 1980.
Sharef, Ze'ev: Three Days. London: W.H. Allen 1962.
Sheffer, Gabriel: Resolutions vs. Management of the Middle East Conflict. Jerusalem 1980.
Shehadeh, Raja: The Third Way. A Journal of Life on the West Bank. London und New York: Quartet Books 1982.
Shirer, William E.: The Rise and Fall of the Third Reich. New York: Simon and Schuster 1960; London: Secker and Warburg 1963.
Sicherman, F. Harry: Broker or Advocate? The U.S. Role in the Arab-Israeli Dispute 1973–1978. Philadelphia: Foreign Policy Research Institute 1978.
Silver, Eric: Begin. A Biography. London: Weidenfeld and Nicolson 1984.
Simson, H. J.: British Rule in Palestine. Edinburgh und London: Blackwood 1937.
Slater, Robert: Rabin of Israel. London: Robson Books 1977.
Smooha, Sammy: Israel. Pluralism and Conflict. London: Routledge and Kegan Paul 1978.
Snetsinger, John: Truman, the Jewish Vote and Israel. Stanford, Calif.: Hoover Institution Press 1974.
Snow, Peter: Hussein. A Biography. London: Barrie and Jenkins 1972.
Sperber, Manes: The Ending Aftermath. Thirty Years after the Wannsee Conference. In: Wiener Library Bulletin 25 (neue Serie 24–25) (1972).
Stein, Leonard: The Balfour Declaration. London: Vallentine Mitchell 1961.
Stephens, Robert: Nasser. A Political Biography. London: Allen Lane 1971.
Stern, Noah: Stopgap Litter. In: Dennis Silk (Hrsg.): Fourteen Israeli Poets. London: Deutsch 1976.
Stewart, Desmond: Theodor Herzl. London: Hamish Hamilton 1974.
Storrs, Ronald: Orientations. London: Nicholson and Watson 1937.
Stoyanovsky, Jacob: Mandate for Palestine. London und New York: Longman Green, 1928.
Susser, Asher: Jordanian Influence in the West Bank. In: Jerusalem Quarterly Nr. 8 (Sommer 1978).
Sykes, Christopher: Crossroads to Israel. Bloomington, Ind.: Indiana University Press 1973.
Talmon, J. L.: Yad Vashem. Holocaust and Rebirth. Jerusalem: 1974; London: Secker and Warburg 1981.
Tamari, Salim: Building Other People's Homes. The Palestinian Peasant's Household and Work in Israel. In: Journal of Palestine Studies 11, Nr. 1 (Herbst 1981).
Teveth, Shabtai: Ben-Gurion and the Palestinian Arabs. From Peace to War. London und New York: Oxford University Press 1985.
Tibawi, A. L.: A Modern History of Syria, Including Lebanon and Palestine. London: Macmillan 1969; New York: St. Martin's 1970.
Tillman, Seth P.: The United States in the Middle East. Interests and Obstacles. Bloomington, Ind.: Indiana University Press 1982.
Treinin, Avner: Gates. In: Jerusalem Quarterly 17 (Herbst 1980).
Truman, Harry S.: Memoirs. Bd. 2: Years of Trial and Hope, 1946–1953. New York: Doubleday; London: Hodder and Stoughton 1956.
Truman, Margaret: Harry S. Truman. New York: Morrow 1973.
Turki, Fawaz: The Disinherited. Journal of a Palestinian Exile. London und New York: Monthly Review Press 1972.

United Kingdom. H. M. Stationery Office, Official Publications. Documents on British Foreign Policy, 1919–1939 (veröffentlicht 1947 bis 1955): Erste Serie, Bd. I bis XXV (1919–1925); Serie 1 A, Bde. I bis VII (1925–1930); zweite Serie, Bde. I bis XXI (1930–1938); dritte Serie, Bde. I bis IX (1938–1939).

Dass.: Documents on German Foreign Policy, 1933–1941 (hrsg. von Großbritannien in Abständen – 1954 bis 1983 – nach dem Zweiten Weltkrieg).

Dass.: Sessional Papers, dem Parlament übergeben durch Royal Command Papers:

Cmd. 1500 (1921). Final Drafts of the Mandates for Palestine and Mesopotamia as Submitted for the Approval of the League of Nations.

Cmd. 1540 (1921). Palestine: Disturbances in May, 1921. (Bericht der Haycroft Commission).

Cmd. 1700 (1922). Correspondence with the Palestine Arab Delegation and the Zionist Organization. (»1922 White Paper«).

Cmd. 1785 (1923). Mandate for Palestine, Together with a Note by the Secretary-General of the League of Nations, Relating to Its Application to the Territory Known as Trans-Jordan Under the Provisions of Article 25. (Bezweckt wurde dadurch, daß jene Bestimmungen des Mandats, die sich auf die jüdische Nationale Heimstätte bezogen, im Mandatsgebiet Palästina östlich des Jordans – dem jetzigen haschimidischen Königreich Jordanien – unanwendbar wurden).

Cmd. 3686 (1930–31). Palestine: Report on Immigration, Land Settlement and Development, von Sir John Hope Simpson.

Cmd. 3692 (1930–35). Palestine: Statement of Policy by His Majesty's Government in the United Kingdom. (»Passfield White Paper«).

Cmd. 5479 (1936–37). Report by the Royal Commission on Palestine. (»Peel Commission Report«).

Cmd. 5513 (1936–37). Statement of Policy by His Majesty's Government on Palestine. (Unterstützt den Bericht der Peel-Kommission und befürwortet »die Lösung des Palästinaproblems mittels der Teilung«).

Cmd. 5584 (1936–37). Report of the Palestine Partition Commission. (»Woodhead Report«, der den Weg zur Umkehrung des Statement of Policy in Cmd. 5513 vorbereitet hat).

Cmd. 6019 (1938–39). Palestine: Statement of Policy. (Das Weißbuch vom Mai 1939, das die Teilung aufhebt und damit den jüdischen Staat ablehnt. Dies blieb, zumindest formell, die Grundlage der britischen Politik bis zum Ende des Mandats).

United Nations, Department of Public Information, United Nations, New York. Yearbook of the United Nations, 1946–1980. (Diese Serie stellt einen unerläßlichen Schlüssel zum Labyrinth der UNO-Dokumentation dar.)

Urofsky, Melvin I.: American Zionism from Herzl to the Holocaust. Garden City, N. Y.: Anchor Press 1975.

Vambery, Arminius: Story of My Life. 2 Bde. London: Fisher Unwin 1905.

Vatikiotis, P. J.: Conflict in the Middle East. London: Allen and Unwin 1971.

Vinner, Shlomo: Jerusalem; und: In the Wardrobe. In: Jerusalem Quarterly 10 (Winter 1979).

Vital, David: The Origins of Zionism. Oxford: Clarendon Press 1975.

Ders.: Zionism. The Formative Years. New York: Oxford University Press 1982.

Von Bülow, Prinz: Memoirs 1903–1909. London und New York: Putnam 1931.

Wallenrod, Reuben: The Literature of Modern Israel. New York und London: Abelard-Schuman 1956–1957.

Walters, L. P.: A History of the League of Nations. London: Royal Institute of International Affairs 1952.

Wasserstein, Bernard: The British in Palestine. The Mandatory Government and the Arab-Jewish Conflict, 1917–29. London: Royal Historical Society 1979.
Webb, Sidney und Beatrice: Letters. 3 Bde. Hrsg. von Norman Mackenzie. Cambridge: Cambridge University Press 1978.
Weisgal, Meyer W./Joel Carmichael (Hrsg.): Chaim Weizmann. London: Weidenfeld and Nicolson 1962.
Weizman, Ezer: The Battle for Peace. London und New York: Bantam 1981.
Weizmann, Chaim: The Letters and Papers of Chaim Weizmann. Hrsg. von Meyer W. Weisgal u.a. Bde. 1–3, Serie A. London: Oxford University Press und Yad Chaim Weizmann 1968–1972; Bde. 4–7, Serie A. Jerusalem: Israel Universities Press 1973–75.
Ders.: Trial and Error. Autobiography. London: Hamish Hamilton 1949. Siehe auch: Berlin, Isaiah, und Reinharz, Jehuda.
Weizmann, Vera: The Impossible Takes Longer. London: Hamish Hamilton 1967.
White Papers, British, siehe: United Kingdom.
Williams, Francis (Hrsg.): A Prime Minister Remembers. The War and Post-War Memoirs of the Rt. Hon. Earl Attlee. London: Heinemann 1961.
Wittlin, Alma: Abdul Hamid. The Shadow of God. London: John Lane 1940.
Yaniv, Avner/Fabian Pascal: Doves, Hawks and Other Birds of a Feather. The Distribution of Israeli Parliamentary Opinion on the Future of the Occupied Territories, 1967–1977. In: British Journal of Political Science (Cambridge University Press) 10 (1980).
Yehoshua, A. B.: The Lover. London: Heinemann 1979.
Ye'or, Bat: Aspects of the Arab-Israeli Conflict. In: Wiener Library Bulletin 32 (1979).
Ders.: The Dhimmi. Jews and Christians Under Islam. London und Toronto: Associated University Press 1985.
Ders.: Zionism in Islamic Lands. The Case of Egypt. In: Wiener Library Bulletin 30 (1977).
Yodfat, A. Y./Y. Arnon-Channa: P.L.O. Strategy and Tactics. London: Croom Helm 1981.
Zetland, siehe: Ronaldshay, Lord.
Zureik, Elia T.: The Palestinians in Israel. Boston und London: Routledge and Kegan Paul 1979.

Gerhard Konzelmann im dtv

Der Nil
Heiliger Strom unter Sonnenbarke, Kreuz und Halbmond

Die bewegte Geschichte der Länder am Nil von den Pharaonen bis zu Mubarak und den westpolitischen Machtblöcken der Gegenwart – geschrieben von dem exzellenten Nahostkenner Gerhard Konzelmann. Er macht die politische Brisanz vielfältiger kultureller Brüche aus rund 5000 Jahren deutlich. dtv 10432

Jerusalem
4000 Jahre Kampf um eine heilige Stadt

Konzelmann erzählt detailliert und kenntnisreich die viertausendjährige Geschichte dieser Stadt, die sowohl für Juden wie für Mohammedaner und Christen die »heilige Stadt« ist. Ein wichtiges Buch für jeden, der den Ursprüngen des unversöhnlichen Streites um Jerusalem nachgehen möchte. dtv 10738

Der unheilige Krieg
Krisenherde im Nahen Osten

Ein Versuch, das für den westlichen Beobachter schier unentwirrbare Knäuel verschiedener Einflüsse und Strömungen im libanesischen Bürgerkrieg zu entwirren und durch geschichtliche Rückblicke die Ursachen des Konflikts aufzudecken. dtv 10846

Die islamische Herausforderung

Der Ruf »Allah ist über allem!« hat eine ungeheure Aufbruchstimmung unter allen Völkern des Islams bewirkt, die die Rettung der Welt zum Ziel hat. Der allumfassende Anspruch und die Kompromißlosigkeit dieser Religion geben der neuen islamischen Bewegung ihre Kraft. Konzelmann vermittelt das Wissen, das zum Verständnis der islamischen Revolution nötig ist, mit der das Abendland sich die nächsten Jahrzehnte wird auseinandersetzen müssen.
dtv 10873

Schalom Ben-Chorin im dtv

Die Heimkehr
Jesus, Paulus und Maria in jüdischer Sicht

Mit dieser Triologie will Schalom Ben-Chorin die tragenden Gestalten des neuen Testaments sozusagen ins Judentum heimholen und damit einen Beitrag zum »Abbau der Fremdheit zwischen Juden und Christen durch den lebendigen Dialog« leisten.
Kassettenausgabe in drei Bänden
dtv 5996
Auch einzeln lieferbar:

Bruder Jesus
Der Nazarener in jüdischer Sicht
dtv 1253

Paulus
Der Völkerapostel in jüdischer Sicht
dtv 1550

Mutter Mirjam
Maria in jüdischer Sicht
dtv 1784

Jugend an der Isar

Ben-Chorins Schulzeit in München das Engagement in der jüdischen Jugendbewegung, die Begegnung und Auseinandersetzung mit Martin Buber und dessen Werk, und seine Liebe zur Dichtung seiner Zeit. dtv 10937

Ich lebe in Jerusalem

Ben-Chorin, 1935 von München nach Jerusalem emigriert, schildert in seinen Erinnerungen das Wachsen und Werden dieser berühmten Stadt. dtv 10938

Zwischen neuen und verlorenen Orten
Beiträge zum Verhältnis von Deutschen und Juden

»Unwissenheit erzeugt Mißtrauen, Mißtrauen erzeugt Haß, Haß erzeugt Gewalttaten. Wir alle müssen die Kettenreaktion beim untersten Glied abbauen. Christen müssen mehr von Juden und umgekehrt Juden von Christen mehr wissen, damit die Fremdheit verschwindet.« dtv 10982

Der Engel mit der Fahne
Geschichten aus Israel

Gemütvolle Geschichten aus einem halben Jahrhundert »zwischen den Welten«, zwischen der Vaterstadt München und dem Jerusalem von heute, zwischen Christentum und Judesein. dtv 11087